中国科协学科发展研究系列报告
中国科学技术协会 / 主编

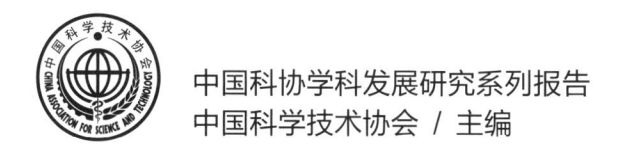

REPORT ON ADVANCES IN BRIDGE ENGINEERING DISCIPLINE

2020—2021
桥梁工程学科发展报告

中国土木工程学会　编著

中国科学技术出版社
·北 京·

图书在版编目（CIP）数据

2020—2021桥梁工程学科发展报告 / 中国科学技术协会主编；中国土木工程学会编著 . -- 北京：中国科学技术出版社，2022.4

（中国科协学科发展研究系列报告）

ISBN 978-7-5046-9542-0

Ⅰ. ①2… Ⅱ. ①中… ②中… Ⅲ. ①桥梁工程—学科发展—研究报告—中国— 2020-2021 Ⅳ. ① U44-12

中国版本图书馆 CIP 数据核字（2022）第 056159 号

策　　划	秦德继
责任编辑	何红哲
封面设计	中科星河
正文设计	中文天地
责任校对	焦　宁
责任印制	李晓霖

出　　版	中国科学技术出版社
发　　行	中国科学技术出版社有限公司发行部
地　　址	北京市海淀区中关村南大街16号
邮　　编	100081
发行电话	010-62173865
传　　真	010-62173081
网　　址	http://www.cspbooks.com.cn

开　　本	787mm×1092mm　1/16
字　　数	660千字
印　　张	29.25
版　　次	2022年4月第1版
印　　次	2022年4月第1次印刷
印　　刷	河北鑫兆源印刷有限公司
书　　号	ISBN 978-7-5046-9542-0 / U・102
定　　价	169.00元

（凡购买本社图书，如有缺页、倒页、脱页者，本社发行部负责调换）

2020—2021
桥梁工程学科发展报告

顾　　　问　易　军　项海帆　尚春明　李明安

首席科学家　葛耀君

编　写　组（按姓氏笔画排序）

　　　　　　牛　斌　冯良平　吉　林　刘　高　孙利民
　　　　　　苏权科　李　丹　李　惠　李亚东　李建中
　　　　　　肖汝诚　邵长宇　邵旭东　周水兴　周外男
　　　　　　孟凡超　赵君黎　高宗余　龚维明

学术秘书组

　　　　　　张　洁　孙　斌　包雪松　孙志勇　杨卫国
　　　　　　杨詠昕　张清华　赵　林　夏　烨　黄　永
　　　　　　梁　鹏　管仲国　操金鑫

序

  学科是科研机构开展研究活动、教育机构传承知识培养人才、科技工作者开展学术交流等活动的重要基础。学科的创立、成长和发展，是科学知识体系化的象征，是创新型国家建设的重要内容。当前，新一轮科技革命和产业变革突飞猛进，全球科技创新进入密集活跃期，物理、信息、生命、能源、空间等领域原始创新和引领性技术不断突破，科学研究范式发生深刻变革，学科深度交叉融合势不可挡，新的学科分支和学科方向持续涌现。

  党的十八大以来，党中央作出建设世界一流大学和一流学科的战略部署，推动中国特色、世界一流的大学和优势学科创新发展，全面提高人才自主培养质量。习近平总书记强调，要努力构建中国特色、中国风格、中国气派的学科体系、学术体系、话语体系，为培养更多杰出人才作出贡献。加强学科建设，促进学科创新和可持续发展，是科技社团的基本职责。深入开展学科研究，总结学科发展规律，明晰学科发展方向，对促进学科交叉融合和新兴学科成长，进而提升原始创新能力、推进创新驱动发展具有重要意义。

  中国科协章程明确把"促进学科发展"作为中国科协的重要任务之一。2006年以来，充分发挥全国学会、学会联合体学术权威性和组织优势，持续开展学科发展研究，聚集高质量学术资源和高水平学科领域专家，编制学科发展报告，总结学科发展成果，研究学科发展规律，预测学科发展趋势，着力促进学科创新发展与交叉融合。截至2019年，累计出版283卷学科发展报告（含综合卷），构建了学科发展研究成果矩阵和具有重要学术价值、史料价值的科技创新成果资料库。这些报告全面系统地反映了近20年来中国的学科建设发展、科技创新重要成果、科研体制机制改革、人才队伍建设等方面的巨大变化和显著成效，成为中国科技创新发展趋势的观察站和风向标。经过16年的持续打造，学科发展研究已经成为中国科协及所属全国学会具有广泛社会影响的学术引领品牌，受到国内外科技界的普遍关注，也受到政府决策部门的高度重视，为社会各界准确了解学科发展态势提供了重要窗口，为科研管理、教学科研、企业研发提供了重要参考，为建设高质量教育体系、培养高层次科技人才、推动高水平科技创新提供了决策依据，为科教兴国、人才强国战略实施做出了积极贡献。

2020年，中国科协组织中国生物化学与分子生物学学会、中国岩石力学与工程学会、中国工程热物理学会、中国电子学会、中国人工智能学会、中国航空学会、中国兵工学会、中国土木工程学会、中国风景园林学会、中华中医药学会、中国生物医学工程学会、中国城市科学研究会等12个全国学会，围绕相关学科领域的学科建设等进行了深入研究分析，编纂了12部学科发展报告和1卷综合报告。这些报告紧盯学科发展国际前沿，发挥首席科学家的战略指导作用和教育、科研、产业各领域专家力量，突出系统性、权威性和引领性，总结和科学评价了相关学科的最新进展、重要成果、创新方法、技术进步等，研究分析了学科的发展现状、动态趋势，并进行国际比较，展望学科发展前景。

在这些报告付梓之际，衷心感谢参与学科发展研究和编纂学科发展报告的所有全国学会以及有关科研、教学单位，感谢所有参与项目研究与编写出版的专家学者。同时，也真诚地希望有更多的科技工作者关注学科发展研究，为中国科协优化学科发展研究方式、不断提升研究质量和推动成果充分利用建言献策。

中国科协党组书记、分管日常工作副主席、书记处第一书记
中国科协学科发展引领工程学术指导委员会主任委员
张玉卓

前言

桥梁是指架设在水上或空中以便跨越障碍实现交通功能的结构物，是关系国计民生的经济大动脉和交通承载体（公路和铁路的关键连接结点）。随着城市交通和高速交通的现代化建设，以现代城市高架道路、高架轻轨桥梁以及高速公路长桥和高速铁路长桥为代表的现代桥梁成为现代公路和铁路的关键连接区段和重要组成部分。我国地形复杂、河流众多、海岸线漫长，使得公路线和铁路线上分布着许许多多的桥梁，特别是高速公路和高速铁路沿线的桥梁密度更高、数量更多。从桥梁保有数量而言，我国已经建成公路桥梁91万座、6600多万延米，铁路桥梁20万座、2200多万延米，在数量上均居世界首位。我国已建成全球结构形式最多样、区域人口最密集、交通任务最繁重、服役桥梁数量最多的在役桥梁群。近年来，我国桥梁工程飞速发展，取得了举世瞩目的成就，已成为推动国际桥梁技术进步和科技创新的主要原动力之一，正从"跟跑者"到"并跑者"再向"领跑者"发展。在全世界已经建成的前10座不同桥型的最大跨度桥梁中，有5座梁桥、7座拱桥、7座斜拉桥、6座悬索桥在中国。

桥梁工程是指在桥梁全寿命周期中的规划、设计、施工、运行和拆除等工作过程，桥梁工程学科的主要目的是研究这一过程相关的工程科学，主要包括勘测、设计、施工、监测、养护、检定、试验等方面。桥梁工程学科泛指桥梁工程相对独立的知识体系。目前，桥梁工程学科已发展成为融规划、环境、节能等综合理论与结构理论、材料科学、设计技术、建造技术、管养监测于一体的系统性学科，为桥梁工程的应用和发展提供理论指导与创新动力。

2020年，由中国科协学科发展项目立项，中国土木工程学会桥梁及结构工程分会承担并组织编写了《2020—2021桥梁工程学科发展报告》，并于2021年12月完成。本报告由综合报告和九个专题报告组成，综合报告包括引言、我国桥梁工程学科发展现状、国内外桥梁工程进展比较分析、我国桥梁工程学科展望与对策四部分内容，专题报告包括桥型结构与跨度发展研究，新型材料与结构发展研究，荷载作用与效应发展研究，设计方法与标准发展研究，施工技术与装备发展研究，桥梁结构试验、检测与监测发展研究，桥梁运维与管理发展研究，振动、冲击与控制发展研究，智能建造与运维发展研究九个子报告。

在本书的撰写过程中，得到了中国土木工程学会、桥梁及结构工程分会理事会的大力支持以及课题研究与编写组全体专家的全力配合，在此表示由衷的感谢！

衷心希望本书的出版对推动我国桥梁工程学科的发展起到积极的作用。限于编者水平和写作时间，书中难免有不足之处，敬请批评指正。

中国土木工程学会
2021 年 12 月

序 / 张玉卓

前言 / 中国土木工程学会

综合报告

桥梁工程学科发展研究 / 003
 一、引言 / 003
 二、我国桥梁工程学科发展现状 / 005
 三、国内外桥梁工程进展比较分析 / 032
 四、我国桥梁工程学科展望与对策 / 046
 参考文献 / 053

专题报告

桥型结构与跨度发展研究 / 057

新型材料与结构发展研究 / 113

荷载作用与效应发展研究 / 160

设计方法与标准发展研究 / 247

施工技术与装备发展研究 / 278

桥梁结构试验、检测与监测技术发展研究 / 316

桥梁运维与管理发展研究 / 353

振动、冲击与控制发展研究 / 386

智能建造与运维发展研究 / 409

ABSTRACTS

Comprehensive Report

Advances in Discipline of Bridge Engineering / 435

Report on Special Topics

Advances in Bridge Structure and Span Development / 444

Advances in New Materials and Structures / 445

Advances in Loads and Effects / 446

Advances in Design Methods and Standards / 447

Advances in Construction Technology and Equipment / 449

Advances in Testing, Inspection and Monitoring / 450

Advances in Maintenance and Management / 451

Advances in Bridge Vibration, Impact and Control / 452

Advances in Intelligent Construction, Operation and Maintenance / 453

索引 / 455

综合报告

桥梁工程学科发展研究

一、引言

桥梁是指架设在水上或空中以便跨越障碍实现交通功能的结构物。桥梁所跨越的障碍物包括天然障碍物如山川、峡谷、江河、湖海等，以及人工障碍物如铁路、公路、线路、建筑物等。桥梁一般从水上或空中即障碍物的上方跨越，区别于从水下或地下即障碍物的下方穿越的隧道。桥梁能够提供通行的结构物有火车、汽车、人行、气液流等。总之，桥梁可以定义为从上方跨越障碍物以便通行的结构物。

桥梁是关系国计民生的经济大动脉和交通承载体（公路和铁路的关键连接结点）。随着城市交通和高速交通的现代化建设，以现代城市高架道路、高架轻轨桥梁以及高速公路长桥和高速铁路长桥为代表的现代桥梁成为现代公路和铁路的关键连接区段和重要组成部分。我国地形复杂、河流众多、海岸线漫长，使得公路线和铁路线上分布着许许多多的桥梁和隧道，特别是高速公路和高速铁路沿线的桥梁密度更高、数量更多。从桥梁保有数量而言，我国已经建成公路桥梁91万座、6600多万延米，铁路桥梁20万座、2200多万延米，在数量上均居世界首位。中国已建成全球结构形式最多样、区域人口最密集、交通任务最繁重、服役桥梁数量最多的在役桥梁群。

桥梁作为一种跨越障碍物的空间结构，需要将桥面荷载和结构恒载通过拉伸、压缩、弯曲等基本受力方式传递到基础，从而形成不同受力形式的桥型，如受弯为主的梁桥、受压为主的拱桥、受拉为主的悬索桥和组合受力的斜拉桥等。从桥梁跨越能力而言，在全世界已经建成的前10座不同桥型的最大跨度桥梁中，梁桥有5座在中国，重庆石板坡长江复线桥是世界最大跨度的梁桥；拱桥有7座在中国，广西平南三桥、重庆朝天门长江大桥和上海卢浦大桥分列前三名；斜拉桥有7座在中国，沪苏通长江公铁大桥、苏通长江大桥和昂船洲大桥分列第二、第三、第四名；悬索桥有6座在中国，杨泗港长江大桥、南沙大桥圫洲水道桥和西堠门大桥分列第二、第三、第四名。近年来中国桥梁工程飞速发展，取得了举世瞩目的成就，已成为推动国际桥梁技术进步和科技创新的主要原动力之一，正从"跟跑者"到"并跑者"再向"领跑者"发展。

桥梁工程是指在桥梁全寿命周期中的规划、设计、施工、运行和拆除等工作过程，桥梁工程学科的主要目的是研究这一过程相关的工程科学，主要包括勘测、设计、施工、监测、养护、检定、试验等方面。桥梁工程科学研究的目的是发现，即发现客观存在的规律和问题，服务或防患于未然。桥梁工程作为一项专业技术，主要有勘测设计、建设施工、养护维修、加固改造和分体解体拆除之分。桥梁工程技术研发的目的是创新，即创造有增值的工具或方法，主要有发明新技术、改进旧技术和集成好技术。桥梁工程作为一种工程结构，主要涵盖设计、施工和运维。桥梁工程设计施工的目的是建造，即建造客观不存在的桥梁，建造的最高境界是创造，主要表现为采用新材料、新体系、新结构、新工法等方面的工程创造。中国正处于从"建设为主"向"建养并重"的关键转型期，新建桥梁迅猛发展的同时，在役桥梁的老化和病害问题以及对在役桥梁服役安全和服役质量的高需求与结构的实际性能不足之间的突出矛盾日趋凸显。

桥梁工程学科泛指桥梁工程相对独立的知识体系。"相对"强调了桥梁工程学科分类具有不同的角度和侧面，例如，土木工程学科的一个分支学科；"独立"则是指桥梁工程不可被其他学科所替代，例如，土木工程学科中其他分支学科；"知识体系"是使"桥梁工程学科"区别于具体的"业务体系"或"产品"的一个重要标志，任何一个学科都包含有科学研究、技术研发、工程建造和运维管理等知识体系。桥梁工程学科的知识体系可以概括为桥型结构与跨度、新型结构与材料、荷载作用与效应、振动冲击与控制、设计方法与标准、施工技术与装备、试验检测与监测、桥梁运维与管理以及智能建造与运维。目前，桥梁工程学科已发展成为融规划、环境、节能等综合理论与结构理论、材料科学、设计技术、建造技术、管养监测于一体的系统性学科，为桥梁工程的应用和发展提供理论指导与创新动力。

本报告主要开展了桥型结构与跨度发展研究，新型材料与结构发展研究，荷载作用与效应发展研究，振动、冲击与控制发展研究，设计方法与标准发展研究，施工技术与装备发展研究，桥梁结构试验、检测与监测发展研究，桥梁运维与管理发展研究和智能建造与运维发展研究九个专题研究；总结了我国2016—2021年桥梁工程学科发展现状，包括科学研究重要进展、技术开发创新成果、工程建造重大成就和运维管理成功实践；开展了桥梁工程学科国内外比较分析，涉及桥型结构与新型材料、荷载效应与振动控制、设计方法与标准规范、施工技术与重大装备、试验检测与运维管理以及智能建造与数字融合；指出了我国桥梁工程学科展望与对策，整合优化资源、强化共性基础研究，改革机制体制、促进创新驱动发展，凝聚科技实力、引领重大工程创造，对标国际国内、加快建设桥梁强国。

二、我国桥梁工程学科发展现状

我国桥梁工程学科发展具有鲜明的特点：从桥梁工程的保有量来看，作为世界第一桥梁大国，我国在建和在役公路桥梁、铁路桥梁规模居世界第一；从桥梁工程的应用场景和服役条件来看，作为全球经济发展最活跃和地理环境条件最复杂的地区，交通荷载具有"重载、高速、大流量"的重要特征，极端环境条件下的结构性能保障技术需求远高于常规桥梁，桥梁工程结构在设计、建造、运维以及防灾减灾等全寿命周期的各个阶段面临的挑战前所未有；从桥梁工程的历史发展阶段来看，近年来我国桥梁工程飞速发展，取得了举世瞩目的成就，已成为推动国际桥梁技术进步和科技创新的主要原动力之一，正处于从"并跑者"向"领跑者"过渡的转变时期；从桥梁工程的建设和养护来看，中国正处于从"建设为主"向"建养并重"的关键转型期，新建桥梁迅猛发展的同时，在役桥梁的老化和病害问题，以及对在役桥梁服役安全和服役质量的高需求与结构的实际性能不足之间的突出矛盾日趋凸显。我国桥梁工程学科发展现状主要包括科学研究重要进展、技术开发创新成果、工程建造重大成就和运维管理成功实践四个方面。

（一）科学研究重要进展

1. 桥型结构与跨度

（1）超大跨度缆索承重桥梁合理结构体系

基于多重作用耦合下结构性能衰变与全寿命设计方法，针对制约特大跨桥梁结构性能提升的正交异性钢桥面耐久性问题，通过理论分析和模型试验研究提出了预制式钢–UHPC组合桥面解决方案；基于全寿命性能设计和动力灾变控制，提出了跨度达到5000m的超大跨度悬索桥和跨度达到1500m的超大跨度斜拉桥的合理体系，挑战悬索桥和斜拉桥的跨度极限；基于多重作用耦合下全寿命性能设计，针对钢混组合梁斜拉桥最大跨度不超过650m的现状，提出采用槽形钢梁＋混凝土桥面板整体式组合箱梁方案，分别对700~1000m主跨的组合梁斜拉桥进行设计计算和经济性分析，提出了组合梁斜拉桥经济跨度可达900m的研究结论；基于混凝土材料和结构性能退化，提出了多重耦合随机作用和随机结构系统的结构全寿命可靠性分析模型，建立了混凝土梁斜拉桥结构性能衰变预测及耐久性能评估方法，提出了跨度达到400m级的混凝土梁部分斜拉桥结构方案。

（2）特大跨度拱桥设计施工关键技术

特大跨度钢管混凝土拱桥具有造价低廉、施工快速、后期维护费用低、抗风抗震性能好等优点，在2013年建成的主跨530m世界最大跨度钢管混凝土拱桥——合江长江一桥基础上，2020年又建成了主跨575m钢管混凝土拱桥——广西平南三桥，一举超越钢结构拱桥跨度，创造了拱桥跨度新的世界纪录。在特大跨度钢管混凝土拱桥设计施工关键技术方面，首创应用北斗卫星定位系统、智能张拉等技术，以力主动控制代替刚度被动控制，塔架顶部偏位控制精度达到0.01%；提出了基于影响矩阵原理的"过程最优，结果可控"扣索一次张拉控制方法，实现大跨度拱桥主拱类肋合龙误差小于3mm；研发了C70自密实无收缩复合膨胀混凝土，创新采用真空辅助连续四级泵送工艺，确保管内混凝土灌注施工质量。

特大跨度混凝土拱桥具有造价低廉、运维费用低、刚度大、温度变形小等优点，特别适用于艰险山区高速铁路和高速公路桥梁。2016年先后建成了445m跨度的沪昆高铁北盘江特大桥和416m跨度的云桂铁路南盘江大桥，二者都是采用钢管混凝土劲性骨架的混凝土拱桥，前者刷新了混凝土拱桥跨度的世界纪录。在特大跨度混凝土拱桥设计施工关键技术方面，钢管混凝土劲性骨架施工方法是在国外型钢劲性骨架施工方法的基础上由中国工程师创立的拱桥施工方法，其中，钢管混凝土劲性骨架施工借鉴钢管混凝土拱肋施工方法，将用钢量节省的钢管混凝土桁架拱作为箱型混凝土拱圈的内置劲性骨架，将箱梁底板、腹板和顶板划分成多个工作面，每个工作面再分环同步浇筑混凝土，同时采用斜拉扣索调载，依次浇筑成拱，可以达到以较小的经济代价建成特大跨度混凝土拱桥的目的。这些关键技术正在不断发展和完善，并正用于施工中的600m跨度天峨龙滩特大桥，建成后将创造拱桥跨度新的世界纪录。

（3）多功能合建大跨度桥梁关键技术

桥梁按照功能可以划分为公路桥梁、铁路桥梁和公铁两用桥梁，公铁两用桥和多条铁路共用桥可以更好地利用大跨度桥梁所必须的结构宽度和刚度，多功能合建桥梁特别是大跨度桥梁比分别按照单一功能建设多座桥梁可节省工程材料，节减工程投资，节约桥位资源。沪苏通长江公铁大桥除通行沪苏通铁路和通苏嘉城际铁路外，还承载无锡至南通高速公路；武汉天兴洲长江大桥除通行京广高铁和沪汉蓉铁路外，还承担武汉城市三环线交通功能；五峰山长江大桥、成贵铁路金沙江大桥也都是高铁和高等级公路的合建桥梁。此外，还有同一座桥上通行两条或两条以上的铁路，如安庆长江铁路大桥通行南京至安庆城际铁路和阜阳至景德镇铁路共4线，新白沙沱长江大桥通行渝黔客运专线、渝长客运专线和渝黔铁路共6线，大胜关长江大桥通行京沪高铁、沪汉蓉客运专线和南京地铁共6线。

（4）钢箱梁和钢桁梁全焊接及结合梁关键技术

钢箱梁较早实现了全焊接，但是钢桁梁全焊接结构直到2019年建成的武汉杨泗港长江大桥——钢桁梁双层公路悬索桥中才得以实现，该桥加劲梁单个吊装单元为双节间钢桁梁，平面尺寸为36m×32m，自重1000t，采用钢桁梁整节段全焊结构，既可以加快钢梁架设进度，又能有效降低主梁用钢量。为了减轻重量和提高刚度，研发了钢箱梁与钢桁梁结合梁技术，典型代表桥梁是商合杭铁路芜湖长江公铁大桥，该桥为4线铁路、8线公路斜拉桥，主梁为双层钢箱钢桁结合结构，双加劲桁设计，两桁间距33.8m，主梁采用强箱弱桁的结合梁形式，解决了该桥塔矮、索平以及主梁水平轴力大的问题，为大跨、重载、高速斜拉桥提供了一种新的主梁断面形式。正在建设中的1176m跨度的常泰长江大桥也采用了钢箱钢桁结合梁，并且按照强桁弱箱的结构特点设计，建成后将创造斜拉桥新的跨度世界纪录。

（5）大型桥梁深水基础设计施工关键技术

大型桥梁深水基础主要包括桩基础和沉井基础，大直径钻孔桩和大型沉井基础技术含量和施工难度很高。平潭海峡公铁大桥中的元洪航道桥为主跨532m的斜拉桥，桥塔处水深45m，海床为弱风化花岗岩，桥塔基础采用4.0m和4.5m大直径钻孔桩，桩长60m，将大直径钻孔桩的桩径从3.8m提高到4.5m。商合杭铁路芜湖长江公铁大桥为主跨588m的斜拉桥，桥塔设置于倾斜裸露的光板岩上，水深15~23m，桥塔基础采用大型沉井基础，嵌岩深度15m，岩层单轴抗压强度25MPa，是我国首次在深水、裸岩条件下采用沉井基础。已经建成的沪苏通长江公铁大桥和正在建设中的常泰长江大桥都采用了大型沉井基础。

2. 新型材料与结构

（1）超高性能混凝土及结构

我国在超高性能混凝土（UHPC）方面的研究，主要侧重于应用研发与工程实践，包括基本构件性能、组合构件与结构性能、连接构件性能、既有结构加固以及新结构与新体系研发等，并形成了相应的技术规范和标准。目前，我国约有80座桥梁采用了UHPC材料，其中约有20座桥梁主体结构（主梁、拱圈等）采用UHPC材料，其余主要用于钢–UHPC轻型组合桥面结构、现浇接缝、维修加固等方面。我国桥梁工程建设正处在大规模建设向建养并重转移的阶段，UHPC在新建高性能结构和既有结构加固改造中的应用呈现出快速发展的趋势。除UHPC外，还研发了自密实混凝土技术，腊八斤特大桥最高主墩182.5m，是目前中国桥梁建造史上的第一高墩，该桥的主桥桥墩钢管混凝土中，核心混凝土采用了C80自密实微膨胀高强混凝土，同时采用了高位抛落免振捣方法进行施工。

（2）高性能钢材及结构

我国高性能钢材研究和应用发展迅速，主要包括高强钢、耐候钢和高强度钢丝等。2015年，鞍钢集团（简称鞍钢）与武钢集团有限公司（简称武钢集团）一起试制成功具有世界先进水平的Q500qE高性能桥梁用钢，用于世界最大跨度的公铁两用桥——沪苏通长江公铁大桥。目前，我国已经完成了屈服强度235~500MPa级别耐海洋大气腐蚀桥梁钢的研制，形成了1%镍和3%镍两种类型的镍系高耐候钢，完成了工业试制生产；我国钢厂已经完成适用于城乡及工业大气环境的系类高性能耐候桥梁用钢工业试制及批量应用，包括Q345qNH、Q370qNH、Q420qNH、Q460qENH、Q500qNH和Q690qENH，海洋大气环境及工业大气环境应用的耐候钢也已经开发成功；国家重点研发计划"高性能桥梁用钢"研究项目，Q690级别高性能桥梁钢已经初步研发成功，在武汉江汉七桥中获得首次试用。我国高强度钢丝研究和应用持续发展，直径5~7mm高强钢丝是悬索桥主缆和斜拉桥拉索的主要材料，特别是在悬索桥主缆中，高强度钢丝具有提高强度、减轻自重、节省造价等优势，为此，我国高强度钢丝的强度从21世纪初的1670MPa，发展到1770MPa、1860MPa、1960MPa，强度2000MPa高强钢丝成功应用于沪苏通长江公铁大桥，处于国际领先水平。强度2100MPa以上高强度钢丝正在研发中。

（3）钢与混凝土组合结构

我国钢与混凝土组合结构研究进展主要体现在钢与普通混凝土组合及钢与UHPC组合结构桥梁上。我国钢与普通混凝土组合结构桥梁研究成果主要包括钢与混凝土组合结构桥梁的整理力学行为、钢与混剪力连接键、波形钢板与混凝土组合、组合梁负弯矩区段性能、组合效应与空间受力行为等。2015年以来，交通运输部制定了一系列有利于推动钢与混凝土组合结构桥梁发展的政策与规范，为钢与混凝土组合结构桥梁在我国更快更好地发展创造了有利条件，使得该类组合结构的桥梁有望成为我国在世界上具有竞争力的桥型。钢–UHPC组合结构桥梁的技术研究主要集中在桥面板上，提出了UHPC结构层实际应力分布的截面应力法，可以用于计算钢–UHPC组合板在纯弯曲作用下的开裂荷载；通过对钢与UHPC组合结构梁的剪力滞效应及其影响因素的研究，对于轻型钢与UHPC组合桥面板，可以通过增加UHPC层厚度的方式来提高桥面板的疲劳使用寿命。南京江心洲长江大桥是世界上首座采用UHPC桥面板结构的组合梁斜拉桥，该桥主梁采用流线型扁平整体钢箱组合梁，梁顶铺设UHPC桥面板，为典型的钢–UHPC组合结构桥梁；该桥桥塔采用了钢壳与混凝土组合结构，桥塔中的钢板、钢壳及各类加劲肋均采用Q345C钢，内部浇筑C50混凝土。

（4）预应力混凝土同向回转锚固体系

为了克服预应力混凝土结构开裂，特别是混凝土索塔斜拉索锚固区的开裂，四索面布置的芜湖长江二桥斜拉桥，索塔锚固采用了同向回转锚固体系预应力创新技术。同向回转拉索采用无黏结钢绞线索股，钢绞线从一侧锚拉板出发，穿过鞍座、环绕索塔，回到桥面同截面另一侧锚拉板。每组鞍座环抱在索塔上，索力通过鞍座以环形径向压力的形式传递至索塔，成为锚固区环向预应力，从机理上避免了索塔锚固区出现拉应力，有效抑制了混凝土塔柱开裂，提高了结构的耐久性。

（5）超大位移高性能钢轨伸缩装置

沪苏通长江公铁大桥主桥钢桁梁全长2296m，梁端设计位移量达到1636mm，需要超大位移高性能轨道伸缩调节器与梁端伸缩装置才能满足梁端转角、伸缩变形的需求。据此研发了1800mm级钢轨伸缩调节器与梁端伸缩装置，从而保证了梁端轨道的连续性、平顺性和稳定性，提高了高速列车行车的舒适度和安全度。

3. 荷载作用与效应

（1）汽车车辆荷载模型改进研究

针对典型路段或地区，通过实测统计数据建立相应类型的车辆荷载模型，采用正态分布函数等加权和拟合得到车辆荷载分布密度函数，再利用 Poisson 过程或 Weibull 过程等表示不同运行状态下的车辆荷载过程，建立了基于长期荷载效应的车辆荷载最大值。针对车辆荷载中的冲击系数，除考虑结构跨度和频率外，研究了冲击系数与桥面不平整度、结构截面类型、支承方式、行驶速度之间的相关关系，提出了新的冲击系数计算方法。

（2）铁路桥梁车－线－桥耦合振动分析

轨道交通桥梁中的车－线－桥耦合振动属于多学科交叉的研究问题，其目的是准确预测复杂运营条件下车－线－桥耦合系统的动力响应，为列车安全运营提供技术支撑。近年来，在车－线－桥耦合振动研究主要集中在精细化模型、简化解析模型及高效算法、车－线－桥系统随机振动、多动力（风、地震）作用下的车－线－桥耦合振动、新型轨道交通车－桥耦合振动等方面的研究取得了较大进展。

（3）大跨度桥梁风荷载及效应

在桥梁抗风理论方面，围绕极端风作用下的结构灾变机理，提出了基于结构强健性的桥梁风致振动及控制理论，实现了桥梁抗风设计理论从传统的"现状安全设计"到"全寿命性能设计"的理论升华；在桥梁抗风设计方面，围绕极端风动力作用下的结构强健性，建立了极限跨度桥梁抗风设计新方法，实现了桥梁抗风安全和长期性能从"独立设计"到全寿命服役性能"统一设计"的跨越；在桥梁抗风软件方面，研发了具有自主知识产权的特大跨桥梁三维全过程风致振动模拟分析软件和风－车－线－桥耦合振动分析与行车抗风安全性评价软件，提升了我国桥梁抗风设计和性能控制的基础研究原始创新能力；在桥梁抗风验证方面，率先完成了 2×1500m 的三塔斜拉桥和 2000m+5000m+2000m 悬索桥抗风性能研究，为保障我国超大尺度特大跨桥梁（5000m 级悬索桥和 1500m 级斜拉桥）的安全建设和正常运营提供了科学技术支撑。

（4）桥梁结构地震荷载及效应

基于可恢复性的桥梁地震控制目标是实现地震后桥梁重要构件不发生破坏，或仅发生微小破坏，或主要破坏发生在可更换的减震耗能构件上，以保证地震后结构能较快地恢复使用功能及结构安全。通过对桥梁地震损伤演化过程与机理、地震破坏风险与震后损伤评估理论、基于可恢复性的地震灾变控制方法等研究，提出了基于性能的大跨度桥梁抗震设计理论与方法，通过抗震设计，控制不同类型构件的损伤程度（如重要构件基本不损伤，不影响车辆通行的可替换构件可以破坏等），达到震后功能可恢复；采用运营荷载与地震承载机制分离的新型减震耗能体系，震后减震耗能构件可以快速替换；研发了自恢复体系结构，例如提离桩基础自恢复体系等。

（5）近海桥梁波浪流荷载及效应

随着桥梁从内陆走向海洋，需要了解海洋环境中强风、波浪、水流之间的多场耦合效应，实现桥址处波流场的多点、同步和连续观测，以及波流场的整体空间数值模拟。近海桥梁波浪流荷载是研究热点之一，目前的研究重点包括风－浪－流耦合场数值模拟、复杂断面结构所承受的波浪荷载、跨海桥梁基础结构的波流力、极端风暴潮引起的桥梁上部结构波流力等。

4. 监测检测与试验

（1）北斗监测系统研发

目前桥梁位移的监测方法有全站仪测试法、加速度计积分测试法、位移传感器测试法、激光测试法和GPS位移监测法等，其中运用最为广泛的是以GPS技术为核心的位移监测法。但是，随着近几年北斗技术的高速发展，以北斗为核心的高精度自动化监测系统研发完毕，这不仅破除了美国GPS系统在桥梁监测市场中的"一家独大"，还提升了桥梁工程整体施工质量，并保证桥梁的安全运营。与GPS系统相比，北斗系统有如下优势：导航定位与通信集成，定位和授时精度高；覆盖范围广，能全方位覆盖我国国土；采用混合星座定位模式；能兼容其他国家导航系统，兼容性更强；自行研发，自主控室，安全性高。目前该系统已成功运用于港珠澳大桥、平南三桥等桥梁的施工或运营监测中。

（2）光纤传感技术应用

长期以来，人们对桥梁结构的监测始终以常规的电类传感测量技术为主，但这类技术只能测量瞬时结果，难以对桥梁结构进行长期、准确的测量。从20世纪70年代诞生至今，光纤传感技术经过40多年的飞速发展，已经成功应用于桥梁监测领域，并因其抗电磁干扰、耐久性好、传输带宽大、灵敏度高、响应速度快等特点成为桥梁监测的理想选择。主要应用案例有上海东海大桥、武汉长江二桥，通过在桥梁上布置光纤格光栅传感器对东海大桥的使用寿命进行监测，使用光纤传感技术嫁接于传统索力测试的方法进行监测；利用光纤传感技术对桥梁实现安全监测，对桥梁重要结构的应变及应力、环境的温度、桥梁重要部位的位移、裂缝状况、钢筋的腐蚀程度等实时在线监测，以用于对桥梁的工作状况作出诊断和评估。

（3）物联网技术开发

在以物联网为理论基础的桥梁结构健康监测系统出现之前，传统的结构监测解决方案侧重于维护人员利用监测设备对桥梁结构状态进行实地测量，再分析数据，生成健康报告。这样做一是增加了运营和维护的成本，二是缺少实时性。如今，桥梁健康监测系统主要依托物联网技术，在不同感知节点传感器支撑下，快速获取桥梁运行的状态信息，能完成对桥梁结构准确实时监控，真正实现数据的实时化、自动化、集成化及网络化，为桥梁安全监测提供全方位的保障，提升安全性的同时，节约大量的桥梁维护及管理经费。该技术已经应用于重庆主城数十座特大型桥梁。

（4）监测云平台建立

云计算是当代信息技术发展的主要趋势，互联网的计算架构也由"服务器+客户端"向"云服务平台+客户端"演变。建立一个以云计算和云服务为核心的桥梁结构云监测平台能有效解决人工测量效率低、信息化程度低、实时性差等问题，在降低高昂造价和运维成本的同时，能进行深层次的数据挖掘，更好地为建养服务。目前该项技术已应用于近五年修建的特大型桥梁中。

（5）测量机器人应用

为实现智能管养在桥梁中的普及，基于智能传感技术进一步拓展，研发出全自动智能机器人替代传统的人工检测方式，全方位地实现了对桥梁各类复杂、隐蔽、高空部位的检测。其中桥梁拉索智能检测机器人完成了缆索外部 PE 损伤及内部钢丝断裂检测；梁底智能检测机器人实现了对梁底照片的全自动拼接并分析裂缝、蜂窝麻面等损伤；桥梁智能巡检无人机实现了对桥梁结构高耸塔柱、梁底表面等不易到达部位的检测。目前，测量机器人技术已在百余座大型桥梁中得到应用。

5. 振动冲击与控制

（1）桥梁结构振动被动控制惯容技术

惯容是近年来发展起来的一种具有两个独立的自由端点、类似于弹簧和阻尼器的元件，又称为惯性储能器或惯性质量储能器。近年来，学者们通过对惯容的研究发现其在振动控制方面有很好的应用前景，克服了一般阻尼器减振时需要较大位移空间的问题，使得阻尼器的应用条件更加宽泛，可以应用于桥梁风致振动、车辆振动等控制中。

（2）大跨度桥梁风致振动主动和被动控制技术

大跨度桥梁风致振动主要包括颤振和涡振，我国曾自主研发了一系列颤振和涡振被动控制方法。颤振控制方法有两侧裙板（南浦大桥等）、中央稳定板（润扬长江大桥等）、分体箱梁（西堠门大桥）等，近年来在南沙大桥坭洲水道桥和深中通道伶仃航道桥中先后研发并采用了新的被动控制措施——水平稳定板。涡振控制方法有导流板（南京四桥等）、两侧风障（西堠门大桥）、质量调质阻尼器 TMD（崇启大桥），近年来在虎门大桥继发涡振中研发并采用了新的被动控制措施——45°抑流板。湖南大学研发的电涡流阻尼器比传统的 TMD 具有更好的功能和效果。在颤振和涡振主动控制方面，研发了安装在桥面结构两侧的可实时调整姿态的气动翼板主动控制措施，改变主梁周围流畅特性，进而减小其风致振动响应；主动吸吹气则是在结构上布置一系列吸吹气孔，通过一定的吸吹气控制律，扰动因气流分离产生的旋涡脱落规律，对涡振起到了很好的控制效果。

（3）桥梁结构自复位抗震桥墩体系

为提高震后桥梁结构的使用功能，快速恢复交通，进入 21 世纪以来，美国、日本等国越来越注重桥梁震后使用功能。我国学者对震后桥梁进行了具有自复位性能的桥墩体系（Self-Centering Structural Systems）探索研究。目前国内外对于桥梁抗震韧性设计问题都予以了大量关注，开展了许多卓有成效的研究。与国外相比，国内的相关研究总体上处于跟跑和并跑的态势，在少数节点处呈现领跑优势。

（4）桥梁碰撞冲击振动控制技术

湖南大学开展了桥梁船撞简化分析方法研究，建立了基于宏观单元的相互作用模型法、时程分析法、冲击谱法及考虑荷载模式的等效静力法，提出了针对船撞冲击谱分析的组合方法。同济大学基于非线性有限元分析不同船舶的力-位移曲线，探讨了船撞冲击时程荷载等。中国公路学会2018年发布了《公路桥梁防船撞装置技术指南》，以规范公路桥梁防船撞装置的技术要求，提升桥梁防船撞产品的质量水平。此外，光电预警系统的桥梁主动防撞研究得到了迅猛发展。2017年，中国国家铁路集团有限公司（简称国铁集团）立项开展了铁路桥梁防撞关键技术研究，在沪苏通长江公铁大桥组织实施了实船-实桥原位撞击试验，获得了裸墩的船撞力，得到了不同防撞设施的防撞消能效果，并建立了大桥主动防撞预警监测系统。

（5）轨道交通桥梁噪声控制技术

随着轨道交通桥梁在城市中的大量出现，桥梁结构振动噪声逐步引起重视。为降低噪声对周边人们生活和工作的影响，对混凝土高架桥梁的振动与噪声特性进行了深入研究，提出了桥梁噪声预测的多种方法。系统对比了箱梁和U型梁的振动噪声性能，研发新型减振降噪U型梁，进一步减小了U型梁的结构振动与噪声，并应用于轨道交通桥梁中。我国先后研发了控制钢桥振动与结构噪声的约束阻尼层，优化了约束阻尼层参数和安装位置，并在秦沈客运专线跨102国道钢混结合梁桥进行试验；研发了预制拼装长型浮置板，解决了传统预制钢弹簧浮置板维护工作量大的问题，在上海轨道交通18号线进行了200m长试验线的铺设；研发了混凝土隔声板全封闭声屏障，相比钢制声屏障大大降低了成本和维护工作量，首次在深茂铁路距"小鸟天堂"核心保护区应用。

（二）技术开发创新成果

1. 设计方法与标准

（1）概率极限状态设计法

目前，我国桥梁结构设计主要采用极限状态法。《公路工程结构可靠度设计统一标准》（GB/T 50283-1999）全面引入了结构可靠性理论，把影响结构可靠性的各种因素均视为随机变量，以大量现场实测资料和试验数据为基础，运用统计数学的方法寻求各随机性变量的统计规律，确定结构的失效概率（或可靠度）来度量结构的可靠性。这种方法国际上通常称为"可靠度设计法"，而将其应用于结构的极限状态设计称为"概率极限状态设计法"。2020年8月1日起新版《公路工程结构可靠性设计统一标准》（JTG 2120-2020）开始施行。

（2）铁路列车荷载设计标准

《铁路列车荷载图式》（TB/T 3466-2016）中规定了高速铁路（ZK）、城际铁路（ZC）、客货共线铁路（ZKH）和重载铁路（ZH）的列车荷载图示。《市域（郊）铁路设计规范》（TB 10624-2020）适用于设计速度100～160km/h的市域（郊）铁路，规定了市域（郊）铁路（ZS）的列车荷载，其图示与高速铁路、城际铁路等荷载图示相同，集中力和均布荷载的数值为城际铁路荷载的67%。

（3）市政桥梁设计规范

对于市政桥梁设计，目前有《城市桥梁设计规范》（CJJ 11-2019）、《城市桥梁抗震设计规范》（CJJ 166-2011）、《城市桥梁工程施工与质量验收规范》（CJJ 2-2008）、《城市桥梁桥面防水工程技术规程》（CJJ 139-2010）、《城市桥梁缆索用钢丝》（CJ/T 495-2016）和《城市桥梁养护技术标准》（CJJ 99-2017）等，对于抗风、钢筋混凝土及预应力混凝土桥梁设计、钢结构和组合结构桥梁设计、地基与基础等方面的内容，市政桥梁一般直接引用公路桥梁的相关规定。

（4）斜拉桥设计规范

《公路斜拉桥设计规范》（JTG/T 3365-01-2020）为修订版，涵盖了常用材料、作用的取值、总体设计、构造设计、结构分析计算、设计对施工监控的要求等，与上游的系列规范（《公路桥涵设计通用规范》等）共同形成了公路斜拉桥设计体系。《铁路斜拉桥设计规范》（TB 10095-2020）是第一次颁布，适用于新建和改建跨径在1100m以下的高速铁路、城际铁路、客货共线铁路及重载铁路斜拉桥的设计，主要内容包括：结构的总体布置、设计荷载种类及荷载组合、结构计算的基本要求和分析方法、结构及附属设施的构造要求等，与上游的系列规范《铁路桥涵设计基本规范》等共同形成了铁路斜拉桥设计体系。

（5）公路桥梁抗灾设计规范

《公路桥梁抗风设计规范》（JTG/T 3360-01-2018）为修订版，在充分吸收参考近年来国内外桥梁抗风科研及设计成果的基础上，针对风致行车安全、桥址风观测、基本风速图和风速值表、风速参数和风荷载等进行了修订完善。《公路桥梁抗震设计规范》（JTG/T 2231-01-2020）也是修订版，保持了原有的两水准设防、两阶段设计，抗震设防标准和性能目标要求，在地震作用方面，根据现行《中国地震动参数区划图》的规定，对抗震设计提出了更高的要求。《公路桥梁抗撞设计规范》（JTG/T 3360-02-2020）从基于性能的抗撞设计方法出发，提出了降低船撞风险的总体要求、结构性防船撞设施要求、船撞力计算的分位值法和基于性能的桥梁抗船撞的具体设计方法，是对《公路桥涵设计通用规范》（JTG/D 60-2015）中"作用"的补充完善。

2. 全寿命性能设计

（1）特大跨桥梁安全性设计

针对多因素作用下特大跨预应力混凝土桥梁，分析预应力混凝土箱梁桥典型开裂部位复杂应力状态，结合多场作用效应计算理论和分析方法，揭示了多场作用下特大跨预应力混凝土箱梁桥开裂、下挠及其交互作用的机理，建立了预应力混凝土箱梁桥复杂应力状态下应力限值设计方法，提出了混凝土斜拉桥主梁预应力度设计方法，建立了特大跨预应力混凝土斜拉桥极限状态的设计理论。针对特大跨钢结构桥梁，结合多场作用效应不确定性分析理论，研究了复杂钢桥结构响应不确定性在体系中的传递机制；提出了连接件－构件－整体多层次串并联判别模型，建立了多因素作用下结构失效路径搜寻方法，研究了多失效模式下结构体系可靠度的高效算法；建立了材料－构件－结构体系的多层次目标可靠指标评判准则，提出了基于失效树网络拓扑结构的钢桥体系优化模型；基于已完成的钢结构材料退化模型，形成了基于体系可靠度的特大跨钢结构桥梁设计理论。

（2）公路混凝土桥梁耐久性设计

为进一步提升我国公路工程混凝土结构的耐久性，强化工程全寿命周期设计理念，交通运输部正式发布公路工程行业标准《公路工程混凝土结构耐久性设计规范》（以下简称规范）（JTG/T 3310-2019）。有别于传统面向荷载作用的结构设计规范，该《规范》面向环境作用。《规范》认真总结了我国大量现有规范和工程实践经验、汲取了成熟新技术和应用成果，同时借鉴了发达国家相关经验，体现了耐久性设计的最新理念和发展趋势。《规范》首先根据公路工程结构物整体、可更换构件与不可更换构件的种类划分，给出了桥涵和隧道及其构件的设计使用年限。针对我国公路工程环境特点，划分了7个环境类别，以及每类环境的6种作用等级。根据结构物所处环境类别和作用等级，提出了混凝土原材料、混凝土和水泥灌浆材料的耐久性要求和控制指标，同时从结构构造方面提出了混凝土保护层、裂缝宽度、构造等相关控制措施要求。该《规范》还支持节段预制拼装、体内体外混合配束、预应力体系多重防护、整体式无缝桥梁等有利于提高耐久性的新技术应用。

（3）正交异性钢桥面板耐久性设计

正交异性钢桥面板以其明确的受力方式、较高的承载能力和较轻的自重在大跨度钢结构桥梁中大规模应用，但其疲劳和铺装问题一直是桥梁运营过程中难以避免的顽疾。其中重载交通是造成上述问题的一个主要原因。通过对大跨度桥梁交通流的分析发现，重载车辆主要行驶在外侧慢车道。因此提出将闭口钢箱梁桥面结构最外侧慢车道及以外的部分更换为疲劳性能相对更优的 UHPC 华夫板或组合桥面板，中间车道和快车道仍采用正交异性钢桥面，组成混合桥面体系。其横向连接位置可设置纵隔板或T型加劲肋，已有工程实例表明纵隔板位置设置在两车道交界位置，并非车辆轮载高频作用位置，疲劳开裂风险较低。

（4）基于环境保护的基础设计

港珠澳大桥桥墩基础的阻水率需控制在10%以内，因此基础需埋置在海床以下。由于全线地质条件复杂，大部分区域覆盖层厚，预制沉箱或沉井方案对不同地质的适应性差，而且下沉较深、规模大、造价高，因此桥梁工程基础采用桩基础方案。在广泛吸收国内外跨海桥梁基础建设的有益经验的基础上，通过对打入桩、钻孔桩和钢管复合桩综合比选，最终确定采用钢管复合桩，钢管与钢筋混凝土共同组成桩结构主体。通航孔桥基础采用变直径钢管复合桩，非通航孔桥复合桩钢管内径2150mm（高墩区）和1950mm（低墩区）。钢管复合桩具有承载力高、延性好、可靠性好、便于施工、风险可控、费用相对经济等优点，特别是在承受荷载时钢管核心混凝土桩以复合体形式表现出良好的共同工作性能，使其在深海桩基工程中具有极大的发展前景。

（5）基于全寿命性能桥梁设计

基于全寿命性能的桥梁设计可定义为从桥梁结构规划、设计、建设、运营、管理和养护以及拆除的各个环节，来寻求恰当方法和措施以满足桥梁结构生命周期的总体性能最优的设计理念和方法。基于全寿命的桥梁设计主要包括桥梁使用寿命规划设计、桥梁性能设计、监测、养护和维修设计、美学与生态环境设计以及全寿命周期成本控制等。其中，养护和维修策略对桥梁使用性能影响最大，首次构建了基于性能的养护和维修时机概率分布模型，提出了桥梁维修加固策略多目标多约束的优化方法。结合所建立的特大跨桥梁施工期和服役期安全评估方法和模型，提出了桥梁全寿命性能设计准则和目标，创建了基于时空可靠度的特大跨桥梁全寿命性能设计理论和方法。

3. 施工技术与装备

（1）长大跨海桥梁施工技术

从 20 世纪 80 年代厦门海沧大桥建设开始，我国先后修建了 50 多座跨海大桥，长度超 10km 的就有 10 座以上，其中以东海大桥、杭州湾跨海大桥、港珠澳大桥和平潭海峡公铁大桥最具代表性。港珠澳大桥为满足低阻水率、水陆空立体交通线互不干扰、环境保护以及行车安全等苛刻要求，优选桥、岛、隧三位一体的建筑形式。其中，非通航孔桥基础采用变直径钢管复合桩＋埋置式承台结构形式，利用整体导向架插打钢管桩，研发可拆装整体式移动水上作业平台进行桩基施工。下部结构墩身、墩帽均采用工厂化预制和大型浮吊吊装，研发了新型装配式钢套箱围堰、移动式围堰＋胶囊止水、钢圆筒围堰和外海桥梁墩柱预制安装等干法施工新工艺。上部结构分别采用 85m 钢与混凝土组合梁和 110m 钢箱梁，工厂化制造和大型浮吊整孔全幅架设。九洲航道桥和江海航道桥钢主塔分别采用一台大型浮吊和两台浮吊抬吊整体吊装技术。大桥建设克服了外海复杂的气候水文条件，形成了具有自主知识产权的《海上装配化桥梁建设成套技术》，对我国外海大桥的建设具有重要指导意义。

（2）大跨度跨江、跨河桥梁施工技术

近年来，我国在长江上先后建成了沪苏通长江公铁大桥、武汉杨泗港长江大桥、连镇铁路五峰山长江大桥、芜湖长江三桥、武汉鹦鹉洲长江大桥等一批具有世界影响力的大跨度桥梁。沪苏通长江公铁大桥主桥采用 1092m 跨度钢桁梁斜拉桥结构，主塔高 330m，采用 C60 混凝土，桥塔基础为钢－混凝土组合沉井基础，底节钢沉井高 56m，上节混凝土沉井高 49m，平面尺寸为 86.9m×58.7m，最大水深 30m，入土深度超过 70m，沉井厂内整体制造、出坞浮运，定位分别采用了"大直径钢管桩＋混凝土重力锚"锚碇系统及液压连续千斤顶多向快速定位技术施工，下沉就位采用不排水吸泥技术。桥塔采用液压爬模施工，标准节段长 6m，混凝土浇注大功率输送泵 – 泵到顶。主梁为钢桁梁结构，按"1+3"分段匹配制造后总拼成整节段，船运到位双悬臂对称架设，墩顶节段采用 18000kN 浮吊架设，其余标准节段由 18000kN 固定吊架式架梁吊机架设。

（3）公路与铁路桥梁预制装配施工技术

公路桥梁预制装配化施工技术具有代表性的桥梁分别为珠江口的南沙大桥坭洲水道桥和长江口的宁波舟山港主通道陆域桥梁。其中，南沙大桥坭洲水道桥引桥箱梁采用"短线匹配法"工艺，将世界级工程搬上流水线，实现全桥节段箱梁的装配化预制拼装施工，墩顶节段梁包含横隔梁采用"空心式墩顶块"方案，在工厂完成墩顶节段梁外壳预制，吊装至墩顶后再浇筑外壳填充部分的混凝土；宁波舟山港主通道陆域桥梁下部墩柱、盖梁和上部结构 30m/28m 标准跨 T 梁均采用工厂法集中预制，预制率达 92.75%，采用双工作面架桥机，进行墩柱、盖梁和 T 梁无便道一体化安装架设。铁路桥梁预制装备化施工技术上部结构以郑济高速铁路为代表，该桥上部结构为 40m 预应力混凝土简支箱梁，梁重 9250kN，突破 32m 标准跨度，是国内首次使用。箱梁在预制梁场集中预制，通过自主研发的 5000kN 级梁场提梁机、10000kN 级低位槽型过隧运梁车和五支腿过隧架桥机架设。下部结构以新建京雄城际铁路固霸特大桥为代表，该桥全长 13.65km，其中 32 个桥墩及桩基础采用预制装配化施工，桩基采用外径 1.0m，内径 0.74m，预应力 C80 混凝土管桩，柴油锤或液压锤进行沉桩，墩身和墩帽在梁场集中预制，履带机起吊安装，最大构件吊装重量 1500kN。2018 年，国铁集团开展了 3 个预制拼装桥墩足尺试验，分别进行了 8m、12m、15m 桥墩及对应的灌浆套筒式、承插式、预应力式连接形式的受力性能试验。试验结果表明，装配式双柱桥墩刚度符合设计要求，具有良好的抗震性能。

（4）山区桥梁施工技术

随着我国交通网络的不断拓展，山区桥梁建设得到快速发展。在建和已建成的千米级悬索桥，仅贵州地区就有 5 座，跨度大于 500m 的斜拉桥有 6 座。随着铁路在山区的建设，已建成跨度大于 400m 各类型铁路拱桥超过 10 座，铁路悬索桥也进行了首次采用，形成了以贵州六盘水大河特大桥施工为代表的山区悬索桥施工技术、以杭瑞高速公路毕都北盘江大桥为代表的山区斜拉桥施工技术和以大瑞铁路澜沧江特大桥为代表的山区拱桥施工技术等。

（5）施工装备和施工管理

近年来，随着我国桥梁施工工业化进程的发展，桥梁施工装备有了很大发展：研发了成套基础施工装备，包括回旋钻机、旋挖钻机和打桩设备等；研发了高墩高塔施工装备，包括桥塔爬模机、塔式起重机和混凝土输送泵，其中桥塔爬模机标准分节长度为 6m，世界领先；研发了各种架桥机，包括整孔预制梁运架成套装备、节段梁拼装架桥机、架梁吊机、门式起重机、浮式起重机等，几乎涵盖了所有形式的架桥机。

我国桥梁工程项目的施工管理一直以项目经理负责制模式为主。施工单位对承接的工程成立项目经理部，聘用项目经理，成立工程技术部、安全质量环保部、物资机械部、计划财务部、试验室等部室，对项目的技术、安全质量、计划资金等进行管理。施工单位本部负责对项目部工作的检查与监督。施工管理中贯彻"以人为本""精品工程"的安全质量管理理念和"精细化管理"的成本管理理念。目前，信息化技术和BIM技术在桥梁施工管理中得到越来越广泛的应用。

4. 桥梁运维与管理

（1）桥梁检测与监测技术

桥梁检测是多学科综合的工作，涉及桥梁的计算理论、实验测试技术、仪器设备性能、数据采集和传输技术、数理统计分析等方面，具有较强的综合性、应用性和复杂性。我国目前已经发展了便携式测试设备的无损检测、测试结构力学性能的实桥荷载试验等。检测对象已经可以覆盖水下基础、桥面铺装、钢箱梁、主缆、吊索、斜拉索、混凝土结构等。

结构健康监测系统得到了进一步推广。在传感领域，近年来分布式传感技术、区域传感技术及其相应的分析理论体系得到了快速发展，为损伤发现和大幅降低系统造价提供了新的有效手段。在数据存储与处理领域，在高噪声环境下分离信号以及进行知识挖掘方面取得了进展，并发展了数据可视化等技术发挥健康监测数据对于结构状态评估中的作用。

（2）性能演化与状态评估

针对大跨度桥梁服役性能演化规律监测需求，研发了分布式多类传感器同步采集方法，实现了多类传感器（光纤光栅、电压、电流和数字I/O）和多终端设备的精准同步采集；研发了基于状态机架构的多线程运行的模块化、规范化的软件平台和桥梁性能演化与状态评估系统。在此基础上，研发了大跨桥梁结构荷载和响应特征参数提取方法，解决了海量监测数据与时变结构特征的快速链接问题；建立了温度和车载作用下大跨度桥梁结构响应特征参数与结构性能核心参数的非线性映射模型，融合监测数据不确定性统计建模方法与随机有限元数值模拟方法，建立了考虑服役性能长期退化的结构时变可靠度状态评估模型，揭示了全寿命周期桥梁结构的时变可靠性长期演化规律，给出了时变效应下桥梁结构的状态评估、失效模式预测与安全预警方法。

（3）结构抗腐蚀性能提升

近年来，混凝土结构耐久性能提升主要从钢筋和混凝土抗腐蚀性两方面出发。不锈钢覆层钢筋、FRP筋等新型筋材的成功研发及应用很大程度解决了常规钢筋易锈蚀的问题，UHPC等高耐久性的水泥基材料的产业化及应用也提高了混凝土自身的抗腐蚀性，极大地提升了混凝土结构的防腐能力。钢结构防腐方面包覆层防腐研究取得了突破，采用优良的缓蚀剂成分并采用能隔绝氧气的密封技术可以提升钢结构的防腐性能。除湿系统主要应用于悬索桥主缆、鞍座和各种钢结构箱梁上，是主动防腐技术研究的代表性成果之一。

（4）资产管理与养护决策

交通基础设施资产管理是运营、维护、提升实物资产的战略性和系统性过程，重点是基于高质量的信息，通过工程和经济分析，确定维护、保养、修复、更换活动的结构性序列，使资产在全寿命周期内以最小的实际成本保持预期状态。我国目前资产管理系统围绕检查、维护、评估等核心运维活动，以移动互联网、计算机、数据库、BIM 和 GIS 等技术为手段进行信息系统架构，以数据归集、管理、流转、展示和应用为功能主线，以数据资产（全资产静态数据和动态数据体系）为核心，以养护管理为功能核心构建系统体系，以唯一 ID 编号构件作为数据载体，通过业务流程和数据体系规范养护管理，实现科学决策。

（5）智能养护及 BIM 平台

随着新一轮科技革命的孕育兴起，"5G"技术、"互联网+"技术、高性能智能材料、人工智能等现代科技正成为桥梁工程精细化运维的关键。近年来，中国已自主研发了一系列智能化设备和技术，在大量跨江跨海桥梁中应用，并且通过开发更加智能的识别算法，实现了对桥梁检测数据的快速识别和智能分析。

基于 BIM 的建管养一体化平台开发迅速发展，BIM 正逐步成为桥梁工程建管养一体化及管理系统的模型和数据基础。

5. 智能建造与运维

（1）智能化桥梁设计

我国基于人工智能技术的桥梁设计科学研究主要包括基于人工智能技术的桥梁结构设计和气动外形优化设计等方面。在基于人工智能技术的桥梁结构设计研究方面，提出了新的、多材料的拓扑优化模型，以适应桥梁结构的多材料性质，并将其用于桥梁布局设计；解决了将拓扑优化结果解释为混凝土结构拉压杆模型（STM）的关键问题，并以简支深梁和牛腿的设计实例验证了基于移动可变形组件（MMC）的拓扑优化方法作为混凝土结构设计工具的有效性；将深度学习与拓扑优化算法进行有效结合，大幅度提高了计算效率。在基于人工智能技术的桥梁气动外形设计方面，采用强化学习对大跨度桥梁气动措施优化设计进行了探索，通过训练强化学习智能体作出最优的策略，并获取最优的气动措施外形参数或主动控制策略，对于大跨度桥梁颤振的稳定性有显著的提高。

（2）智能化材料研发

我国在桥梁工程智能化材料方面的科学研究主要集中在智能混凝土和智能索方面。对于自感知混凝土，主要研究了由自感知混凝土材料层、电极和引出导线组成的具有自感知功能的桥梁路面结构，并在监测交通参数中得到了较为广泛的应用。对于智能索，将 FRP 筋封装成光纤光栅传感器，制成光纤光栅 - 纤维增强塑料复合筋（FRP-OFBG），将复合筋通长埋设到拉索中，制成智能拉索，并将传感器内置于缆索内部，监测其内部温度、应力等参数。

（3）智能化施工技术

在智能化施工技术方面，BIM 等技术可以实现信息共享、多方协同作业、全局仿真、降低安全隐患等，同时还能够有效提高施工管理水平、保障施工安全性、提升施工质量和降低施工成本。基于 BIM 技术和"互联网+"等新一代信息化技术,将现代施工管理 4D 理论引入桥梁施工期信息管理中,以桥梁的 BIM 模型为载体,研发了桥梁主梁钢预制构件施工过程信息化管理技术,实现了钢梁、预制板等关键构件施工过程信息共享和施工管控。此外,在 BIM 与三维地理信息系统(3DGIS)的基础上研发了铁路桥梁数值化建设系统,该系统可以实现从 3DGIS 可视化、漫游和三维空间分析到 BIM 施工管理、施工动态模拟和施工进度总览的全过程信息化管理。

(4)智能化检测技术

桥梁智能化检测技术主要研究集中在无人机技术和智能机器人技术等方面。在无人机技术方面,以旋翼无人机为工作平台,设计适合无人机成像的图像预处理程序,实现了结构表面裂缝宽度与形状的智能识别;利用多轴旋翼无人机搭载的高清云台相机,批量密集地采集桥索的表观图像,通过图像处理提取有效信息,并依照现有相关规范对桥索的健康状况作出了全面综合的评价。在智能机器人技术方面,不仅设计了双轮缆索攀爬机器人,提高了攀爬机器人在高空的稳定性,还研制出了拉索智能检测机器人,实现了桥梁拉索检测的自动化、标准化、规范化,提高了检测效率,避免了对交通的干扰;自主研发了梁底自动检测机器人,同时搭载了 5 个超高清照相机、激光测距、雷达等大量智能传感器,能对照片进行全自动拼接并分析裂缝、蜂窝麻面等损伤,并实现图片与桥梁坐标的自动对应,在作业时能自动防撞和自动回避桥墩等障碍。

(5)智能化防灾减灾

我国在智能化防灾减灾的研究方面取得了重大进展。基于大跨度桥梁现场长期监测数据,首次提出以桥梁振动加速度 10 分钟均方根值和主频能量比为特征变量,建立大跨度桥梁主梁涡激振动聚类自动识别模型,准确快速识别了西堠门大桥多次涡振事件;为了解决桥梁在长期运营过程中可能面临的地震、洪水等自然灾害的严重威胁,基于高速铁路海量自然灾害监测数据,搭建了灾害大数据分析平台,系统阐述了人工智能算法在风、雨、雪、地震及滑坡等灾害监测和预警中的应用;研发了高速路桥上行车安全智能化评价系统,该系统在列车-轨道-桥梁系统空间映射理论和多水准桥上行车安全评价准则的基础上,能够考虑不同桥梁附加变形模式的时空效应和基础结构服役过程中性能演变的时序性和规律性。

(三)工程建造重大成就

中国桥梁正在不断突破世界纪录,桥梁工程建造重大成就不断涌现。近五年,先后建成了跨度达到 300m 的梁桥——泉州成功大桥、全世界最大跨度混凝土拱桥和钢管混凝土拱桥——沪昆高铁北盘江特大桥和广西平南三桥、世界第二和中国最大跨度悬索桥——武汉杨泗港长江大桥和南沙大桥坭洲水道桥、全世界最长的跨海桥梁——港珠澳大桥、中国首座公铁两用跨海大桥——平潭海峡公铁大桥、世界上首座超千米公铁两用斜拉桥和悬索桥——沪苏通长江公铁大桥和五峰山长江大桥、世界上首座全钢-混凝土组合结构三塔斜拉桥——南京江心洲长江大桥等。

1. 大跨度梁式桥

梁桥是最古老和最简单的桥型，主要承受弯曲作用，随着混凝土和钢材性能的不断提高，梁桥有了更多的抗弯材料选择，跨度也越来越大。1997年建成的虎门大桥辅航道桥曾创造梁桥跨度世界纪录，2006年建成的重庆石板坡长江复线桥创造并保持着梁桥跨度世界纪录。大跨度梁桥主要有预应力混凝土梁桥、钢结构梁桥和钢混组合梁桥等。全世界已经建成的前10座最大跨度梁桥如表1所示，其中，中国有5座、挪威有3座、巴西和法国各有1座。在10座大跨度梁桥中，近五年建成的仅有一座——泉州成功大桥。

表1 全世界已经建成的前10座最大跨度梁桥

序号	桥名	跨度（m）	结构材料	国家	建成时间（年）
1	重庆石板坡长江复线桥	330	钢混组合	中国	2006
2	Stolma桥	301	预应力混凝土	挪威	1998
3	Rio-Niteroi桥	300	钢结构	巴西	1974
4	泉州成功大桥	300	钢混组合	中国	2020
5	Raftsundet桥	298	预应力混凝土	挪威	1998
6	Sundøy桥	298	预应力混凝土	挪威	2003
7	贵州北盘江大桥	290	预应力混凝土	中国	2012
8	Bras de la plaine桥	280	钢混组合	法国	2002
9	虎门大桥辅航道桥	270	预应力混凝土	中国	1997
10	苏通大桥辅航道桥	268	预应力混凝土	中国	2008

泉州成功大桥是福建省泉州市境内连接晋江市和南安市的一座跨海桥梁，位于安海湾之上，是福州—厦门高速公路的重要组成部分，2020年12月25日建成通车。成功大桥桥面为双向6车道高速公路，主桥结构为钢混组合梁连续刚构桥，全桥长570m，跨度组合为（135+300+135）m，主墩两侧悬臂现浇混凝箱梁，中跨钢箱梁吊装段长度103m，上、下行桥梁分幅布置（图1）。该桥位于中国沿海高风速带，热带气旋（台风）是影响大桥的主要灾害性天气，桥位区域地震基本烈度为Ⅶ度。

图1 泉州成功大桥

2. 大跨度拱式桥

拱桥是一种古老的桥型，主要承受压力，随着混凝土和钢材性能的不断提高，拱桥有了更多的抗压材料选择，跨度也越来越大，在经历了20世纪最后20年的停滞之后，新世纪拱桥跨度纪录不断被上海卢浦大桥、重庆朝天门长江大桥和广西平南三桥所打破。大跨度拱桥可以分为钢结构拱桥、混凝土拱桥和钢管混凝土拱桥。全世界已经建成的前10座最大跨度拱桥如表2所示，其中，除美国有2座、澳大利亚有1座外，其余7座都在中国，广西平南三桥是世界最大跨度拱桥，中国已经成为拱桥建设大国。

表2 全世界已经建成的前10座最大跨度拱桥

序号	桥名	跨度（m）	结构材料	国家	建成时间（年）
1	广西平南三桥	575	钢管混凝土拱	中国	2020
2	重庆朝天门长江大桥	552	钢桁架拱	中国	2009
3	上海卢浦大桥	550	钢箱拱	中国	2003
4	合江长江一桥	530	钢管混凝土拱	中国	2013
5	New River Gorge 桥	518	钢桁架拱	美国	1977
6	秭归长江大桥	508	钢管混凝土拱	中国	2019
7	Bayonne 桥	504	钢桁架拱	美国	1931
8	Sydney Harbor 桥	503	钢桁架拱	澳大利亚	1932
9	巫山长江大桥	460	钢管混凝土拱	中国	2005
10	宁波明州甬江大桥	450	钢箱拱	中国	2011

（1）沪昆高铁北盘江特大桥

上海（沪）至昆明（昆）客运专线铁路（简称沪昆客专）北盘江特大桥是世界最大跨度的混凝土拱桥，是中国艰险山区高速铁路的标志性工程。为满足高速铁路刚度和变形要求，同时适应艰险山区建桥条件，沪昆高铁北盘江特大桥采用了445m跨度上承式混凝土拱桥跨越北盘江大峡谷（图2）。大桥采用刚度大、用钢量节省的钢管混凝土桁架拱作为箱型混凝土拱圈的内置劲性骨架；采取六个工作面、分环同步浇筑与斜拉全断面两个工作面依次浇筑相结合的成拱方法，以较小的经济代价建成了世界最大跨度的混凝土拱桥。

图2 沪昆高铁北盘江特大桥

（2）广西平南三桥

广西贵港平南三桥位于广西贵港市平南县，是荔玉高速平南北互通连接线上跨越浔江的一座特大桥，2020年12月28日建成通车（图3）。平南三桥的建设，将"圆形地下连续墙+卵石层注浆加固"的拱座基础方案成功应用到拱桥施工领域；配备300t吊装能力的缆索起重机系统，且搭建高达200m的装配式塔架，实现电气化自动控制；首创应用北斗卫星定位系统、智能张拉等技术，以力主动控制代替刚度被动控制，将200m高度的塔架顶部偏位精确控制在20mm以内；提出了基于影响矩阵原理的"过程最优，结果可控"扣索一次张拉计算方法，实现大跨径拱桥主拱圈线形控制技术的新突破，使9000t拱肋合龙精度在3mm内；采用C70自密实无收缩复合膨胀混凝土，运用真空辅助连续四级泵送工艺，确保钢管混凝土拱桥管内混凝土灌注施工品质。

图3 广西平南三桥

3. 大跨度斜拉桥

虽然斜拉索支撑桥梁的概念历史悠久，但是，从第一座现代斜拉桥出现到现在不过60多年的时间，斜拉桥是一种最年轻的桥型。斜拉桥借助斜拉索弹性支撑主梁，具有良好的跨越能力，1993年建成的上海杨浦大桥和2008年建成的苏通长江大桥曾创造斜拉桥跨度世界纪录。全世界已经建成的前10座最大跨度斜拉桥如表3所示，其中，中国有7座，俄罗斯、日本和法国各有1座。在10座大跨度斜拉桥中，沪苏通长江公铁大桥是世界上首座超千米公铁两用斜拉桥。此外，南京江心洲长江大桥是首创全钢-混凝土组合结构新技术。

表3 全世界已经建成的前10座最大跨度斜拉桥

序号	桥名	跨度（m）	结构材料	国家	建成时间（年）
1	Russky桥	1104	钢箱梁	俄罗斯	2012
2	沪苏通长江公铁大桥	1092	钢桁梁	中国	2020
3	苏通长江大桥	1088	钢箱梁	中国	2008
4	香港昂船洲大桥	1018	钢箱梁	中国	2009
5	武汉青山长江大桥	938	钢箱梁	中国	2021
6	鄂东长江大桥	926	钢箱梁	中国	2010
7	湖北嘉鱼长江大桥	920	钢箱梁	中国	2019

续表

序号	桥名	跨度（m）	结构材料	国家	建成时间（年）
8	Tatara 桥	890	钢箱梁	日本	1999
9	Normandy 桥	856	钢箱梁	法国	1995
10	湖北石首长江大桥	828	钢箱梁	中国	2019

（1）沪苏通长江公铁大桥

沪苏通长江公铁大桥主航道桥跨度1092m，塔高330m，是世界首座跨度超千米公铁两用斜拉桥，2020年7月1日建成通车。大桥采用（140+462+1092+462+140）m钢桁架主梁，下层为四线铁路通道，上层为6车道高速公路（图4）。大桥设计和施工取得了多项科技创新，自主研发了500MPa高性能桥梁钢，直径7mm、抗拉强度2000MPa平行钢丝斜拉索，在提高桥梁结构承载能力的同时，减轻了桥梁自重；首次采用了三主桁两节间全焊接箱桁组合结构，公路和铁路桥面均为整体钢桥面，参与总体受力，有效地增加了加劲梁横断面的受力面积，突破了桥梁跨度受制于钢梁杆件因受力大而难设计、制造的瓶颈；首创了成套深水大截面沉井关键技术，通过集成创新，解决断面尺寸超5000m²，下沉深度超70m，井孔内施工水深超100m的世界上体量最大水中沉井基础制造、浮运、定位、下沉等难题；复杂结构和环境下超高强混凝土制造及施工技术，解决了330m高塔一泵到顶、抗裂等难题，研究"盾壳法"水下混凝土施工新工艺，解决超深水、复杂结构和环境下混凝土施工难题，并保证质量。

图4 沪苏通长江公铁大桥

（2）南京江心洲长江大桥

南京江心洲长江大桥是南京"高快速路系统"中绕城公路的重要组成部分，采用双向6车道一级公路标准建设，设计行车速度100km/h，2020年12月24日建成通车。大桥选择三塔斜拉桥桥型，跨径布置为（80+218+600+600+218+80）m，是世界上首座全钢－混组合结构斜拉桥（图5）。桥塔采用以纵横双向钢筋混凝土榫群为剪力连接件、钢壳与

图5 南京江心洲长江大桥

混凝土协同受力的钢壳 – 混凝土组合结构，有效提高了抗压弯索塔构件的结构韧性和耐久性；主梁采用粗骨料活性粉末混凝土钢 – 混组合梁桥面板，形成了轻型化高性能钢 – 混组合梁结构，并研发了世界上第一条数控自动化桥面板制造生产线，实现了粗骨料活性粉末混凝土桥面板生产、钢和混凝土构件叠合作业的自动化、智能化，显著提高了施工质量和生产效率。

4. 大跨度悬索桥

悬索桥起源于中国古代利用竹、藤、铁索做成的桥，现代悬索桥的跨度增长主要得益于高强钢丝主缆及其架设方法的不断发展，已经成为跨越能力最大的桥型。中国从公元前250年就有古代悬索桥的建设记录，是悬索桥的发源地，而现代大跨度悬索桥的发展始于20世纪90年代。全世界已经建成的前10座最大跨度悬索桥如表4所示，其中，中国有6座，日本、丹麦、土耳其和韩国各有1座。在10座大跨度悬索桥中，杨泗港长江大桥和南沙大桥坭洲水道桥分列悬索桥跨度的第二和第三。此外，五峰山长江大桥是世界上首座超千米公铁两用悬索桥。

表4　全世界已经建成的前10座最大跨度悬索桥

序号	桥名	跨度（m）	结构材料	国家	建成时间（年）
1	Akashi Kaikyo 桥	1991	钢桁架梁	日本	1998
2	杨泗港长江大桥	1700	钢桁架梁	中国	2019
3	南沙大桥坭洲水道桥	1688	整体钢箱梁	中国	2019
4	舟山西堠门大桥	1650	分体钢箱梁	中国	2009
5	Storebælt East 桥	1624	整体钢箱梁	丹麦	1998
6	Osman Gazi 桥	1550	整体钢箱梁	土耳其	2016
7	Yi Sun–sin 桥	1545	分体钢箱梁	韩国	2012
8	润扬长江大桥	1490	整体钢箱梁	中国	2005
9	杭瑞高速洞庭湖大桥	1480	整体钢箱梁	中国	2018
10	南京栖霞山长江大桥	1418	整体钢箱梁	中国	2012

（1）杨泗港长江大桥

杨泗港长江大桥是湖北省武汉市境内连接汉阳区与武昌区的过江通道，是武汉市第十座长江大桥，2019年10月9日建成通车。考虑到通航和交通量等因素，大桥设计主跨1700m，居世界第二，主桥设置双层双向12车道，是世界跨度最大的双层悬索桥（图6）。大桥主缆设计张力6.5万吨，吊索设计拉力500t，主缆钢丝强度等级世界最高，承受了最大的设计荷载。锚碇基础采用直径98m的圆形地下连续墙结构，是世界上最大的圆形桥梁基础。

图6 杨泗港长江大桥

（2）南沙大桥坭洲水道桥

南沙大桥坭洲水道桥中主跨1688m的坭洲水道桥是世界上最大跨度的钢箱梁悬索桥，2019年4月2日建成通车（图7）。加劲梁采用整体钢箱梁，全宽49.7m；主缆研发了1960MPa高强钢丝主缆索股，大大降低了悬索桥单位跨径总自重和主缆钢丝用量，主缆长度3km、最大缆力5万吨，锚碇采用直径90m圆形地下连续墙基础；桥塔采用门式混凝土结构，单塔混凝土用量40000m³。坭洲水道桥结构整体刚度小、阻尼低，桥位处颤振检验风速要求63m/s，设计采用2.5m宽水平稳定板改善主梁气动外形，确保了桥梁结构整体抗风稳定性。

图7 南沙大桥坭洲水道桥

（3）五峰山长江大桥

五峰山长江大桥是江苏省镇江市境内连接丹徒区与京口区的过江通道，是连镇高速铁路跨越长江的关键工程，大桥采用主跨 1092m 的悬索桥方案，是世界首座跨度超千米的公铁两用悬索桥，2021 年 6 月 30 日建成通车。大桥采用公铁两用钢桁梁双层桥面结构，板桁结合的整体结构，上层为双向 8 车道高速公路，设计速度为 100km/h；下层为双向四线高速铁路，设计速度为 250km/h（图 8）。主缆采用超高强度锌铝合金镀层钢丝，标准强度不低于 1960MPa，成缆后直径约 1.3m。钢桁加劲梁采用华伦式带副桁的直主桁横断面，钢桁梁按大节段设计制造吊装。

图 8 五峰山长江大桥

5. 跨海大桥

跨海通道具有三种形式，即跨海桥梁、海底隧道和跨海桥岛隧，除海底隧道外，一般统称为跨海大桥。现代跨海大桥的发展主要朝着长大化、多功能和耐久性方向。全世界已经建成的前 10 座最长跨海大桥如表 5 所示，其中，中国有 6 座，文莱、美国、沙特和丹麦各有 1 座。在 10 座长大跨海桥梁中，港珠澳大桥是全世界最长的跨海桥梁。此外，平潭海峡公铁大桥是中国首座公铁两用跨海大桥。

表 5 全世界已经建成的前 10 座最长跨海大桥

序号	桥名	长度（km）	跨海通道	国家	建成时间（年）
1	港珠澳大桥	55.0	桥岛隧	中国	2018
2	杭州湾跨海大桥	35.7	桥梁	中国	2007
3	东海大桥	32.5	桥梁	中国	2005
4	胶州湾大桥	31.6	桥梁	中国	2011
5	Temburong 桥	30.0	桥梁	文莱	2020
6	金塘跨海大桥	26.5	桥梁	中国	2009
7	上海长江隧桥	25.5	桥岛隧	中国	2009

续表

序号	桥名	长度（km）	跨海通道	国家	建成时间（年）
8	Chesapeake Bay 桥隧	25.4	桥岛隧	美国	1964
9	King Fahrenheit 桥	25.1	桥梁	沙特	1986
10	Great Belt 桥	24.3	桥岛隧	丹麦	2000

（1）港珠澳大桥

港珠澳大桥总投资约1200亿元，是首次三地合作共建的超级跨海交通工程，2018年10月24日正式通车运营，总长55km。港珠澳大桥主体工程东起粤港分界线，西至珠澳口岸人工岛，长约29.6km，由6.7km的海底沉管隧道、22.9km的跨海桥梁、20多万m^2的东、西人工岛组成，集"桥–岛–隧"为一体，是世界上总体长度最大、钢结构桥体最长、海底隧道最长的跨海大桥，开创了世界桥梁建设领域的多个第一（图9）。港珠澳大桥构建了跨海桥岛隧工程混凝土结构长寿命设计理论、方法和技术体系，突破了超长跨海沉管隧道建设运营关键技术瓶颈，全面实现跨海桥隧工业化建造和钢桥面铺装的准工业化建造，完成了海上人工岛、深埋沉管隧道、装配化桥梁、120年耐久性和跨境工程建设运营五大创新技术群及60余部标准规范。

图9 港珠澳大桥

（2）平潭海峡公铁大桥

平潭海峡公铁大桥是福建省福州市境内跨海通道，是福平铁路、长乐—平潭高速公路的关键性控制工程，2020年10月1日建成通车（图10）。平潭海峡公铁大桥为世界建设难度最大的海峡大桥，工程规模大，技术难度高，大桥全长16.34km，是世界上最长的跨海峡公铁两用大桥，第一次在世界三大风口海域施工，突破了建桥禁区，实现了海峡建桥的跨越式突破。平潭海峡公铁大桥采用整孔全焊、整孔架设钢桁梁，使得大规模工厂化预制、运输吊装技术及相关装备研制得以发展。大桥钢桁梁的铁路桥面采用预制预应力混凝土槽形梁，发展了桥梁长寿命耐久性技术。平潭海峡公铁大桥在全桥范围内的铁路、公路桥面两侧均采用了多孔形式金属障条的风屏障。

图10 平潭海峡公铁大桥

（四）运维管理成功实践

中国桥梁正处于从"建设为主"向"建养并重"的关键转型期，一方面，新建桥梁迅猛发展的同时，在役桥梁的老化和病害问题，以及对在役桥梁服役安全和服役质量的高需求与结构的实际性能不足之间的矛盾日趋凸显；另一方面，相对于桥梁设计和施工，桥梁运维管理的时间更长、问题更复杂，结构性能演化过程具有典型的经时特性，影响因素多且机制复杂，需要构建完备的桥梁运维支撑体系。

1. 系统性监测与安全评估

桥梁健康监测的发展，是政府监管的要求，是桥梁业主的需求，也是科学发展的自身驱动。①政府监管的要求：我国桥梁安全隐患日益凸显，桥梁管养压力持续增大，建设国家公路桥梁结构健康监测系统平台对完善公路桥梁安全风险防控体系，提升公路桥梁运行安全水平和服务品质，防范安全风险具有重要意义。2020年4—6月，我国多座悬索桥出现了大幅涡激振动，引发社会极大关注，再一次将桥梁健康监测推向风口浪尖，各方对其在桥梁运维中发挥的实际作用褒贬不一。②桥梁业主的需求：桥梁业主作为桥梁健康监测系统的投资方和使用者，桥梁业主的需求理应成为桥梁健康监测设计的首要目的，桥梁健康监测应能够直接为桥梁养护和管理服务。③科学发展的驱动：桥梁健康监测作为"原位原型实验室"，已经成为继理论研究、模型试验、数值仿真之外的第四研究范式，是探索规律、探明机理不可替代的研究途径。

（1）港珠澳大桥健康监测系统

港珠澳大桥健康监测系统分为桥梁结构监测系统、隧道结构监测系统、人工岛结构监测系统、综合布线、监控中心系统、结构监测系统软件6个分部工程。共计1266个传感器，15个数据采集站。桥梁段设置一个数据采集环形以太网，包括桥梁上的7个节点和西人工岛监控所的1个节点；隧道和东人工岛段设置一个数据采集环形以太网，包括隧道的6个节点、东人工岛的1个节点和西人工岛监控所的1个节点；17个GPS节点单独组建环形以太网。通过通信主干光缆连接到西岛监控中心机房内的交换机。

2021年，科技部批准建立"广东港珠澳大桥材料腐蚀与工程安全国家野外科学观测研究站"。将结合大桥120年安全运营保障技术建成海洋环境观测、材料腐蚀观测和工程结构安全监测三大长期观测系统，逐步构建跨海集群设施结构安全和长期性能观测技术体系。港珠澳大桥健康监测系统已进入维护期，正在进行数据分析软件的升级，将大幅提升从数据到信息、知识、决策全链条演变的自动化水平，更好地为桥梁管养服务。

（2）交通部路网中心长大桥隧健康监测平台

部级公路长大桥隧健康监测平台建立了部级平台监测预警指标体系，已接入11个省份53座桥隧监测数据的接入，实现了全国国道重点桥隧健康监测信息的集中展示和监管，为交通运输部相关职能部门掌握长大桥隧健康监测技术应用状况提供了技术支撑，也是国家公路网综合养护管理系统平台的一个重要组成部分。

（3）香港三桥健康监测系统

20世纪末，为了监测青马大桥、汲水门大桥和汀九大桥的结构健康状态和开展结构状态评估，香港特别行政区政府路政署设计和安装了一套桥梁结构健康监测系统，涵盖了三座桥梁。该系统简称为WASHMS，由四个分系统组成，包括传感器系统、信息收集系统、信息处理和分析系统、系统运作和控制电脑系统。WASHMS系统具有健康监测状态评估的功能，结构健康是指结构的可靠性，其中包括有结构的承载能力、营运状态和耐久能力等，监测内容包括桥梁工作环境（包括桥址处风速和风向、环境温度、结构温度、车辆荷载及其分布、铁路荷载、地震荷载等）和桥梁整体性能（包括动力特性、控制部位应力和位移、钢索索力等）；状态评估是指利用特定信息，分析既有桥梁的可靠性并作出工程决策的工作过程，WASHMS系统结构评估主要采用可靠性评估方法。WASHMS系统的主要作用是监测大桥在营运期间的结构健康状态变化并进行快速评估，以作出相应的应变措施，例如检查和维修等工作。

2. 规范化管养与行车安全

传统的桥梁管理和养护在很大程度上依赖管理者和技术人员的经验，缺乏科学系统的方法，往往对桥梁特别是大型桥梁的状况缺乏全面的把握和了解，信息得不到及时反馈。如果对桥梁的病害估计不足，就很可能失去养护的最佳时机，加快桥梁损坏的进程，缩短桥梁的服务寿命。如果对桥梁的病害估计过高，会造成不必要的资金浪费，使桥梁的承载能力不能充分发挥。因此，规范性管养、确保行车安全成为桥梁运维管理的发展方向，南京大胜关长江大桥、苏通长江大桥和广州黄埔大桥等都取得了很大成功。

（1）苏通长江大桥规范性管养

苏通长江公路大桥位于江苏省东部的南通市和苏州市之间，跨江大桥长8958m，由主跨1088m双塔斜拉桥及辅航道桥和南北引桥组成。自2008年6月建成通车以来，大桥相关管养工作由江苏苏通大桥有限责任公司承担，通过精细化、规范化的养护管理，大桥经受住了急剧增长的交通量和复杂自然环境的考验，桥梁技术状况长期保持优良状态，保障了过江交通顺畅和桥梁运营安全。2018年，在大桥通车运营十周年之际，完成了对全桥重点区域和关键部件的复核性检查，并根据专项检测结果对桥梁的各项性能进行了综合评估，系统掌握了大桥建成通车以来的性能状况和演变规律，编制和修编了《苏通大桥未来5年期养护规划》《苏通大桥养护手册》等规范性文件，为后续管理养护工作的开展提供了基础。

（2）南京大胜关长江大桥规范性管养

南京大胜关长江大桥是江苏省南京市境内一座跨长江的高速铁路桥梁工程，是世界上首座六线铁路大桥，也是世界上设计荷载最大的高速铁路桥，主桥是主跨为2×336m的六跨连续钢桁梁拱桥，2011年1月11日建成通车。南京大胜关大桥采取了一系列新技术、新工艺、新材料、新结构，拓宽了高速铁路桥梁设计的理念，也给运营养修模式带来了新的挑战。大桥成立南京大胜关大桥车间负责管理，下设四个工区，分别为大桥江北检养工区、大桥江南检养工区、线路检养工区、综合检养工区。针对高速铁路桥梁检修需要，在传统的利用夜间"天窗时间"进行养护检修基础上，应用大桥的健康监测系统和动检车检测，建立监测信息库，结合人工检查结果、桥梁设计、竣工资料对桥梁进行健康评估，根据评估结果指导大桥检修。

（3）广东黄埔大桥规范性管养

黄埔大桥是广东省广州市境内一座连接黄埔区和番禺区的过江通道，全长18.694km，主桥总长7.0km，南汊桥为主跨1108m悬索桥，2008年12月16日建成通车。黄埔大桥公司以目标管理为核心，以预警防控为目标，以权责一致为依据，以规范化、合理化为准则，以业主经营班子负责制为控制主体，以项目组织架构和业主组织架构为执行主体，形成了目标管理合同化（Contract）、管理内容格式化（Format）、内容执行程序化（Procedure）、执行手段信息化（Information）的CFPI规范化管理技术，基于执行力和预控原理，通过深入研究提出公路工程建设执行控制理论体系并应用于珠江黄埔大桥实例。业主单位组织编纂合同化管理方法、格式化管理内容和程序化工程实施细则，并组织科研单位开发信息管理系统。

3. 预防性养护与性能提升

桥梁养护是桥梁运维管理中的重要环节，其核心是采用"最佳成本效益"的养护措施，确保桥梁资产的优化，强调养护工作的主动性、计划性、合理性；适时开展"预防性养护"，能延缓性能过快衰减，延长工程使用寿命，提高资金使用效益，是一种主动防护措施；"延续性再造"是基于循环经济与可持续发展理念，通过合理的材料、结构及工艺措施，提升性能退化桥梁的安全服役水平。在预防性养护与性能提升方面，江阴长江公路大桥、东海大桥和军山长江大桥等都取得了很大成功。

（1）江阴长江公路大桥预防性养护

江阴长江公路大桥是我国大陆地区首座跨度超千米的特大型钢箱梁悬索桥，主跨1385m，1999年9月28日建成通车。开通运营以来，交通流量逐年递增，过度饱和的交通流量给大桥营运管理带来巨大压力，加速了江阴大桥桥面铺装、钢箱梁、吊索和支座、阻尼器、伸缩缝等桥梁构件的损伤累积，大流量、重载荷的交通现状给江阴大桥的管养带来了严峻挑战。在江阴长江公路大桥20多年的服役期间，江苏扬子大桥股份有限公司作为养护与管理主体，经历了从被动到预防，再到精细化的递进式养护。江阴大桥采取了健康监测、定期检查、专项检测、综合评估、专项处治等"预防性养护"措施，并在国内首次研究应用了既有悬索桥主缆加装除湿系统等技术，为大桥的健康运维提供了有效保障。

（2）东海大桥预防性养护

东海大桥是我国首座跨越外海的长桥，全长32.5km，2005年12月10日建成通车，是当时世界上最长的跨海桥梁。东海大桥自然环境恶劣，海洋氯离子浓度达到1‰~3.2‰，结构防腐蚀要求高，并且大雾、大风、暴雨等极端天气频发。作为上海国际航运中心洋山深水港区的重要配套工程，大桥主要交通以重载交通为主，且交通量逐年增长。东海大桥也是国内首次对这样的大型工程进行运营期养护管理工作，缺少先例可依可循。针对上述特点，东海大桥养护过程中特别强调预防性养护。根据以往的经验，大桥投入运营使用后，在行车荷载和各种自然因素的作用下，其损耗随着时间的推移不断增加，逐步由量变向质变转化，最终有可能导致突发性的破坏或者严重的病害，从而影响大桥的正常运营。为了保证大桥安全优质的运营状况，及时开展有针对性的养护措施，必须准确判断桥梁结构的内部物理形态。东海大桥的预防性养护是通过对桥梁结构实施健康监测，通过桥梁结构的外在响应，判断桥梁结构的内部物理形态，从而为预养护提供决策依据。

（3）军山长江大桥性能提升

军山长江大桥位于湖北省武汉市，主桥为460m跨度双塔双索面钢箱梁斜拉桥，自2001年12月建成通车以来，随着车流量的增加和超重车辆的影响，该桥正交异性钢桥面板出现疲劳裂缝。虽先后进行过多次常规维修，但是裂缝病害仍然继续发展且产生旧缝重新开裂的现象。经多次论证，在国内首次采用UHPC组合桥面体系来处治军山长江大桥正交异性板的病害。基于已建立的运营期安全监测系统，结果表明，钢–UHPC组合桥面铺装明显改善了该桥正交异性钢桥面板的疲劳应力，延长了其疲劳寿命。

4. 智能化检测与数字孪生

桥梁运维管理中一个最新的发展方向就是智能化检测与数字孪生，前者涉及高精度、便捷、快速、非接触、数据自动采集分析等智能检测技术与装备，包括无损检测、雷达扫描、损伤识别、无人机技术、机器人技术等；后者是指充分利用物理模型BIM、传感器、运行历史等数据，集成多学科、多物理量、多尺度、多概率的仿真过程，在虚拟空间中完成映射，从而反映实际桥梁全寿命周期过程。港珠澳大桥和武汉天兴洲长江大桥在智能化检测方面作了很多探索，一批桥梁开始尝试基于BIM技术的数字孪生运维管理。

（1）港珠澳大桥智能化运维

2019年12月和2020年3月分别启动了国家重点研发专项项目"港珠澳大桥智能化运维技术集成应用"和广东省重点领域研发计划项目"重大跨海交通集群工程智能安全监测与应急管控"，尝试探索把5G、北斗、大数据、三维数字化模型等新技术融入结构安全监测、应急管控、运维管理中。目前，"港珠澳大桥智能运维数据标准体系"已完成规划，共包含四大类33项标准，将作为大湾区标准体系建设三大样板工程之一，纳入湾区标准；5G网络已实现全桥覆盖，一体化云平台服务项目已在建设，感知及维养设备研发、资产管理系统、应急管理系统、系统平台集成等主线任务均在稳步推进当中。

（2）智能化检测装备

武汉天兴洲长江大桥采用基于无人机航拍技术的大桥斜拉桥桥索表观损伤检测技术，进行了索表层 PE 保护套外观检测，取得了令人满意的结果；在郧阳汉江公路大桥，应用了一种双轮缆索攀爬机器人，效果良好；国内单位研发的拉索智能检测机器人，实现了桥梁拉索检测的自动化、标准化、规范化，提高了检测效率，避免了对交通的干扰，有力推动了桥梁各类复杂、隐蔽、高空部位检测技术的发展，提高了处于交通命脉核心位置的现代大跨桥梁的健康和安全水准。此外，针对不同类型的桥底复杂环境，国内单位研制了一套以机器视觉技术为核心的多传感器信息融合的 BIR-X 桥梁智能快速无损检测机器人，已完成了湖南的高速公路大桥、安徽铜陵长江大桥、广昆高速公路广东云浮段新庆高架桥等许多桥梁的检测工作。

（3）数字孪生算法

国内学者在桥梁智能化管养系统中引入基于 BIM 的数字孪生技术，将建设阶段的纵向信息与运营期数据的横向信息相结合，打造桥梁建管养一体化平台，实现协同办公、工程信息标准化、工程信息参数化，促进我国管养模式的自动化和智能化发展，提高了维护效率，提升了管养工作层次。在高速铁路桥梁方面，基于高速铁路大型桥梁运营特征研发了高速铁路大型桥梁养护维修 PHM 系统，借助 3S 网络架构和 BIM 技术，基于车-线-桥-环境一体化监测和智能巡检，利用数字融合和孪生技术对多源数据开展历史趋势分析与相关性研究，实现桥梁病害的诊断与预测，对桥梁健康状态进行综合评估，通过实时监测和视情维修进行 RAMS（可靠性、可用性、可维护性和安全性）高速铁路管理。沪苏通长江公铁大桥、芜湖长江二桥等一些大型桥梁工程已开始试点 BIM 应用实践。在公路桥梁方面，武汉青山长江大桥构建了基于 BIM 的大型桥梁管养平台，集成了设计施工资料，实现竣工 BIM 模型电子化交付，为养护管理提供了多方面的参考数据。

三、国内外桥梁工程进展比较分析

桥梁工程发展水平，是一个国家科技含量和经济实力的集中体现。中国桥梁工程的发展得益于经济实力、科技实力和综合国力的不断提升，特别是大量大型桥梁工程建设项目驱动近年来取得了很大发展。国际桥梁界受一些传统桥梁强国新建桥梁数量的影响，在大跨度桥梁建设技术方面进展缓慢，但是依然保持很高的理论研究水平、核心桥梁技术和人才创新能力，特别是强大的国际影响力。中国桥梁工程正在从 20 世纪末的"跟跑"，到 21 世纪初的"并跑"，再到近五年的部分"领跑"，国内外桥梁工程进展比较主要基于桥型结构与新型材料、荷载效应与振动控制、设计方法与标准规范、施工技术与重大装备、监测检测与运维管理、智能建造与数字融合等方面。

（一）桥型结构与新型材料

1. 桥梁结构体系

（1）梁桥结构体系

按结构材料不同，梁桥分为混凝土梁桥、钢结构梁桥、钢混组合结构梁桥和钢混混合结构梁桥。最近五年，前两种梁桥基本上没有跨度的突破，但是，钢混组合和混合梁桥的发展取得了长足的进步，主要包括钢混组合或混合梁桥的波形钢腹板预应力组合梁桥、钢桁架腹杆预应力组合梁桥和钢与混凝土混合梁桥。波形钢腹板预应力组合梁桥是20世纪80年代由法国工程师针对预应力混凝土箱梁腹板开裂率先研发成功的，2005年我国建成第一座波形钢腹板预应力组合梁桥，截至2021年6月，已经建成了200多座，创造了最大跨度纪录190m，在已经建成的160m以上跨度的6座波形钢腹板预应力组合梁桥中，中国占4座；钢桁架腹杆预应力组合梁桥与波形钢腹板预应力组合梁桥几乎是同时出现的，最早也是由法国工程师倡导技术研发和工程实践的，中国自21世纪初开始建造钢桁架腹杆预应力组合梁桥，已经建成100多座，最大跨度达到210m，在已经建成的200m以上跨度的4座钢桁架腹杆预应力组合梁桥中，中国只有1座；钢混混合结构梁桥的最大跨度超过了混凝土梁桥和钢结构梁桥，达到了330m，但由于建造历史短、钢混结合构造复杂等原因，在国外大跨度连续梁桥中的工程应用并不多，近五年中国建成了1座300m跨度的钢混混合梁桥，从而包揽了世界上200m以上跨度的6座钢混混合结构梁桥。

（2）拱桥结构体系

大跨度钢结构拱桥主要有三种结构形式：钢管混凝土拱桥、钢桁架拱桥和钢箱拱桥。国内外已经建成的450m以上跨度的拱桥共13座，都是钢结构拱桥，中国占了9座。钢管混凝土拱桥的最大跨度纪录由575m的广西平南三桥创造，类似的钢管混凝土还有4座，都在中国；钢桁架拱桥是一种传统的大跨度拱桥结构，20世纪30年代跨度就突破了500m，目前最大跨度是重庆朝天门长江大桥，跨度为552m，曾经保持了世界最大跨度11年；钢箱拱桥的最大跨度是上海卢浦大桥，2003年建成时也曾创造了跨度世界纪录，类似的钢箱拱桥还有3座，都在中国。

混凝土拱桥的跨度要比钢结构拱桥略小一点，中国桥梁专家在劲性骨架施工混凝土拱桥（米兰拱）的基础上，独创了钢管混凝土劲性骨架施工混凝土拱桥的方法。2016年建成的世界最大跨径混凝土拱桥——445m跨径的沪昆高铁北盘江特大桥和416m跨径的云桂铁路南盘江特大桥均采用了全跨钢管混凝土劲性骨架施工方法，创造并保持着混凝土拱桥跨度的世界纪录。我国修建劲性骨架混凝土拱桥30多年来，跨径超过400m的拱桥有4座、超过300m的有9座，而国外修建劲性骨架混凝土拱桥100多年来，最大跨径仅有260m，中外劲性骨架施工方法的不同是主要原因。

（3）斜拉桥结构体系

在全世界已建成的前10座最大跨度斜拉桥中，中国有7座。而沪苏通长江公铁大桥是公铁两用斜拉桥，跨度达到1092m，是世界上首座跨度超千米公铁两用斜拉桥，标志着世界公铁两用斜拉桥主跨正式迈入"千米级"时代。

在双主跨斜拉桥方面，2011年武汉二七长江大桥曾经以616m跨度创造了双主跨斜拉桥跨度的世界纪录，主要采用提高中塔刚度来改善体系刚度。2017年英国建成了650m跨度的福斯三桥，创造了新的跨度纪录，并提出了跨中交叉索提高体系刚度。同年，英国建成的默西盖特威大桥是一座双主跨318m的三塔斜拉桥，虽然跨度不大，但提出了采用高低塔布置改善体系刚度。2019年和2020年，我国相继建成了浩吉铁路洞庭湖大桥（2×406m）、舟岱跨海大桥（2×550m）和南京江心洲长江大桥（2×600m）三座大跨度双主跨斜拉桥。

（4）悬索桥结构体系

在全世界已建成的前10座最大跨度悬索桥中，中国有6座，其中排名第二和第三的杨泗港长江大桥和南沙大桥坭洲水道桥都建成于"十三五"期间，南沙大桥坭洲水道桥以1688m的跨度创造了钢箱梁悬索桥跨度的世界纪录，主跨1700m的杨泗港长江大桥将我国悬索桥的跨度推进到1700m。

在铁路悬索桥方面，2020年建成了主跨1092m的五峰山长江大桥，是世界上首座高速铁路悬索桥。

在双主跨悬索桥方面，2012年和2013年我国相继建成了主跨同为1080m的泰州长江大桥和马鞍山长江公路大桥，创造了双主跨悬索桥跨度的世界纪录，主要采用控制中塔刚度来改善体系刚度和防止中塔索鞍滑移。目前智利正在建设双主跨1055m+1155m的查考大桥，我国正在建设2×800m的温州瓯江北口大桥。

在斜拉悬索协作体系桥方面，2016年土耳其建成了主跨1408m的博斯普鲁斯海峡三桥，创造了斜拉-悬索协作体系桥跨度的世界纪录，并且是跨度最大的公铁两用协作体系桥梁（铁路为远期预留，未实施）。我国在伶仃洋大桥、深中通道等大型工程中曾多次提出过相似方案，但未能实施。2020年12月开工建设的宁波至舟山铁路西堠门大桥，主跨为1488m，是公铁两用协作体系桥梁，建成后将成为世界上跨度最大的公铁合建桥梁。

（5）跨海桥梁结构体系

跨海桥梁结构包括跨海桥梁和桥岛隧结构。在全世界已建成的前10座最长跨海桥梁中，中国有5座，其中杭州湾大桥和东海大桥分列长度第一和第二，"十三五"期间建成的共有3座，包括文莱淡布隆跨海大桥、俄罗斯刻赤海峡大桥和中国平潭海峡公铁大桥；在全世界已建成的前10座最长跨海桥岛隧结构中，美国有4座、中国和丹麦各2座，其中港珠澳大桥和上海长江隧桥分列长度第一和第二。

2. 大型深水基础

（1）桩基础

桩基础是桥梁工程中应用最为广泛的基础型式，中国已创造了直径5m、长度148m的最大规模钻孔灌注桩基础，以及120m最大打入深度钢管桩基础应用世界纪录。在施工技术取得巨大成就的同时，面临着理论方法与设计规范落后的困境。以《Eurocode7》为代表的欧洲岩土设计规范，全面采用极限状态法进行桩基础竖向承载力的设计，采用p-y曲线法考虑桩基水平非线性变形特征。我国目前仍在使用容许应力法和线弹性m值法设计桩基础，极大地制约了我国桩基精细化设计应用和海外工程建设的竞争力。

（2）沉井基础

近年来，我国特大型桥梁基础创造了最大陆上沉井（长100.7m×宽72.1m×高56m）和最大水中沉井（长86.9m×宽58.7m×高105m）的世界纪录。然而，辉煌成就的背后是极高的施工风险与漫长的建造周期，其主要原因是机械化、自动化以及智能化集成度高的施工技术不足。

（3）组合基础

组合基础是取多种传统基础的优点组合而成的新型基础。在我国深水桥梁基础中应用却极为匮乏，仅钱塘江大桥、南京长江大桥和泸州长江二桥采用沉井-管柱（或桩）组合基础。国外在组合基础领域的创新与应用遥遥领先，典型的有美国纽约Williamsburg大桥、澳大利亚Mount Henry大桥，均采用沉箱-钢管桩组合基础，并提出了逆作法概念与施工工艺。此外，伊兹米特海湾大桥重力式锚碇-桩基础、日本柜石岛桥钢沉箱-灌注桩基础等进一步丰富了组合基础型式。

（4）浮式基础

浮式基础是未来跨海峡通道工程的主要基础型式，国外已发展技术成熟的混凝土浮箱浮筒、吸力筒锚固系统，并成功应用于挪威Nordhordland大桥（水深500m）、西雅图常青点浮桥等。我国目前在该领域的技术储备和应用几乎空白。

3. 高性能结构材料

（1）超高性能混凝土（UHPC）

中国目前使用了UHPC的桥梁约有80座，其中约20座桥梁的主体结构采用了UHPC，其余主要采用了钢-UHPC轻型组合桥面结构、现浇接缝、维修加固等。近年来，钢-UHPC组合梁在我国桥梁结构创新与应用方面也取得了重大进展。在美国，UHPC最主要的应用为快速桥梁施工，在主要结构部件中使用UHPC的概念也越来越受欢迎，但由于组成材料的成本较高，UHPC比传统混凝土更贵，因此若要推动UHPC在结构部件中的大量应用必须提供可量化的优势。我国UHPC研究起步较晚，但目前在研究和应用上发展迅速，得益于我国在UHPC等新型材料上的研究投入以及数量庞大、提供规模化的实际工程。

（2）自密实混凝土（SCC）

在自密实混凝土的研究和应用上，日本走在了世界的前列。虽然20世纪70年代SCC在欧洲已经初具雏形，但是欧洲和我国对SCC的研究与应用均在90年代以后。从总体上来看，国内外对SCC的研究和应用虽然在时间上有先后，但是目前在研究应用的水平和规模上并没有太大差异，原因是SCC的出现主要是为了解决混凝土密实问题，对普通混凝土而言，解决该问题尚存他法，混凝土的密实度也并非桥梁结构研究与发展中的关键性难题。

（3）高性能钢材

与日本、美国、欧洲、韩国相比，我国高性能桥梁用钢的研发与生产在强度、性能和应用量上差距较大。我国高性能钢发展的不足主要表现在：高性能钢范围小，超高强度钢应用很少，相关标准、体系系统性差，现有的高强螺栓存在脆性断裂现象，高性能钢的制造水平有待提高等。耐候钢桥总体而言在中国应用并不普遍，尚未形成相关的设计方法和设计理论，相关参数和指标尚未得到量化，目前主要是借鉴国外的设计建造经验，整体规模化应用的进程缓慢，存在材料标准落后、耐候钢制造商技术储备低以及配套材料的研发落后等问题。高强钢丝方面，我国在研究和应用上已经位居世界前列，但一些基础性研究尚偏薄弱。

（4）组合结构桥梁

我国在钢-混凝土组合结构桥梁上的发展起步较晚，但随着我国经济发展，与国外差距逐渐缩小，有些方面开始处于国际领先水平，主要得益于我国作为桥梁大国，拥有许多可以作为组合结构研究和应用的实际依托工程以及我国冶金工业近年来的快速发展。钢-UHPC组合结构由国外提出，主要用于解决桥梁工程中桥面板开裂问题，我国在国外研究基础上进一步深入研究与使用，突破了传统用途的局限性，在钢-UHPC的组合桥面、主梁和索塔的研究和应用已经处于领先地位。

（二）荷载效应与振动控制

1. 公路车辆荷载标准

（1）车辆荷载规范标准

国内外公路车辆荷载一般分为设计车道荷载和设计车辆荷载。设计车道荷载横向在车道范围内满布，英国BS5400规范和中国公路桥梁规范规定的车道荷载纵向由均布荷载和一个集中（单轴）荷载组成，美国AASHTO规范和欧洲Eurocode规范只有均布荷载，其中，中国均布荷载的集度最大，达到10.5kN/m，其次是美国AASHTO规范值9.3kN/m。设计车辆荷载是一个横向宽度确定、纵向多轴布置的车辆荷载，欧洲规范是双轴车辆，美国AASHTO规范包括一个双轴车辆和一个三轴卡车，英国BS5400规范和中国公路桥梁规范都是四轴车辆。其中，中国车辆荷载的总重最大，达到550kN，其次是美国AASHTO规范值325kN。在设计车道荷载和设计车辆荷载是否叠加计算方面，由于英国BS5400规范和中国公路桥梁规范的车道荷载都包括一个均布荷载和一个集中荷载，所以车道荷载与车辆荷载不得叠加计算；由于美国AASHTO规范和欧洲Eurocode规范的车道荷载只有均布荷载，所以车道荷载与车辆荷载需要叠加计算。

（2）疲劳荷载规范标准

国内外公路疲劳荷载作用标准分为一种或多种疲劳车辆荷载作用模型。美国AASHTO规范和英国BS5400规范都采用一种疲劳车辆荷载作用模型，其中，美国AASHTO规范规定的是三轴车辆，总重325kN；英国BS5400规范规定的是四轴车辆，总重320kN。欧洲Eurocode规范和中国公路钢桥规范都采用多种疲劳车辆荷载作用模型，其中，欧洲Eurocode规范规定了五种形式的疲劳车辆荷载，对于疲劳车辆荷载模型三、四和五，当荷载横向位置对结构效应非常重要时，必须考虑车辆荷载中心线的横向分布概率；中国公路钢桥规范规定了三种形式的疲劳车辆荷载，必须考虑车辆荷载中心线的横向分布，最大的疲劳车辆总重达到480kN。

2. 桥梁冲击荷载作用

（1）船舶撞击作用

2020年，我国首次发布了《公路桥梁抗撞设计规范》，提出公路桥梁主体结构宜采用基于性能的抗撞设计方法。其中，主要参考美国《公路桥梁船撞设计指南》，提出了采用两个作用水准的失效概率评价；汽车荷载参与船撞组合时取其准永久值，与美国船撞组合考虑0.55倍的汽车荷载类似；为了简化工程设计计算，船舶撞击桥梁的动态过程以我国8艘代表性轮船（3000～50000DWT）的船撞动态时间过程为依据，用一个等效静力值来近似代替。通过比较常用船桥撞击力理论公式与ANSYS仿真分析数值结果，我国规范规定的船舶撞击力值与数值模拟结果比较接近。

（2）车辆撞击作用

我国公路桥涵和铁路桥涵设计规范规定，桥梁在必要时应考虑车辆的撞击作用，车辆撞击力采用等效静力设计值，沿行车方向为1000kN，垂直于行车方向为500kN，撞击力作用位置距离地面1.2m。但是，规范中未对桥墩防车辆撞击设计的具体条件作出明确规定，设计人员须自行判断是否需要考虑车辆撞击作用。

欧洲Eurocode规范对桥梁遭受车辆撞击的设计荷载进行了明确规定，一是车辆撞击力采用等效静力设计值，该设计值考虑了撞击角度、车辆速度、车辆质量等因素的随机分布，并按照道路等级和车辆类型进行分类；二是规定了撞击力作用位置，按载重汽车和小型汽车分别给出了具体数值。在确定撞击力量值和作用位置时，欧洲统一规范引入了风险分析方法，但未考虑材料非线性和动态效应。

美国AASHTO规范中有关车辆撞击桥梁问题的条款已经过数次修订，在撞击力设计值、撞击角度、撞击高度等方面进行了调整。对距离道路边界9.144m（30ft）以内或距离铁路中心线 15.24m（50ft）以内的桥墩应进行防车辆撞击设计，撞击力采用 2669kN（600kip）的等效静力设计值，作用方向与道路方向的夹角为 0~15°，作用位置距离地面 1.524m（5ft）。

3. 桥梁振动控制方法

（1）桥梁风致振动与控制

桥梁抗风设计研究目前主要依赖于风洞试验，中国已经建成了 70 多座风工程风洞，从数量上已经超越日本居世界首位，其中包括世界第一和第二大的边界层风洞——西南交通大学 XNJD-3 风洞和同济大学 TJ-3 风洞，世界上风扇数量最多的多风扇主动控制风洞——同济大学 TJ-5 风洞。

大跨度桥梁风致振动主要涉及颤振和涡振，国内外颤振和涡振控制主要采用被动控制方法。传统的颤振被动控制方法有两侧裙板（南浦大桥等）、中央稳定板（润扬长江大桥等）、分体箱梁（西堠门大桥、李舜臣大桥和恰纳卡莱大桥等）、开槽和稳定板组合（明石海峡大桥和青马大桥等）等，近年来在南沙大桥坭洲水道桥和深中通道伶仃航道桥中先后研发并采用了新的被动控制措施——水平稳定板。传统的涡振被动控制方法有导流板（大海带大桥和南京四桥等）、两侧风障（西堠门大桥）、质量调质阻尼器 TMD（东京湾大桥、伏尔加河桥河和崇启大桥等），近年来在虎门大桥继发涡振中研发并采用了新的被动控制措施——45°抑流板。

除传统的被动控制方法外，主动翼板控制技术是近年来探索的新方法。丹麦学者较早提出了主动控制翼板，成为后续研究主动控制的模型蓝本。日本学者提出了一种远离桥梁断面的主动控制面模型，在桥梁梁底两侧装一对控制面，通过拉线与内部的单摆相连，在桥梁运动过程中，单摆会与主梁反向运动，带动迎风侧与背风侧的翼板运动，从而达到抑制主梁颤振的目的。同济大学结合现代控制理论，利用开环控制的方法研究了翼板振动的频率与相位对主梁颤振控制的影响，并建立了主动控制系统的闭环反馈控制理论框架。

（2）桥梁抗震设计与韧性

桥梁抗震设计研究方法目前主要依赖于地震模拟振动台，振动台是抗震试验的主要设备，中国已经建成了 60 多座地震模拟振动台，数量居世界首位，其中包括国际领先的同济大学多功能地震模拟台阵，由四个协同工作的振动台在两条轨道上自由调节距离；西南交通大学的大台面（8m×10m）、大吨位（160t）的三向六自由度地震模拟振动台等。

目前，桥梁结构的韧性评价标准和评价方法仍是一个亟待解决的问题，国内外都鲜有研究。有关桥梁结构抗震韧性方面的研究主要集中在各类新型低损伤、自复位桥梁结构体系的研究。其中，较有代表性的是美国太平洋地震工程中心（PEER）和美国多灾害地震研究中心（MCEER）研发的各类无黏结预应力自复位桥墩。还有新西兰坎特布雷大学和中国台湾地震工程研究中心等结合桥梁预制装配化建造技术研发的带附加耗能器的摇摆隔震桥墩；同济大学基于汶川地震震害经验提出了面向板式橡胶支座的中小跨径桥梁"拟减隔震"系统，以及面向群桩基础的低损伤、自复位可提离式隔震基础的桥梁结构新体系；北京工业大学将摇摆隔震桥墩技术首次应用于北京黄徐路跨线桥工程。

（3）桥梁船撞设计和防撞

美国 AASHTO 最新版船撞规范指出：相比桥梁抗风和抗震研究，桥梁船撞研究处于一个非常初级的阶段。现有大量的试验与数值表明，静力法不能反映碰撞过程中船-桥动力相互作用的本质，没有考虑结构惯性效应的影响，将导致结构响应被低估。利用非线性接触有限元技术建立精细化的船舶与桥梁模型来模拟船-桥碰撞过程，可以反映船-桥动力相互作用的全过程，较真实地估计船撞下桥梁结构的需求与能力。近年来，有学者致力于研究介于两者之间的分析方法，将船撞力动力简化计算方法效率与准确度均折中，是目前的研究热点之一。国内外学者逐步关注桥梁船撞可靠度设计、考虑其他因素影响的船撞分析等工作，已有学者提出了非线性弹簧概率模型与船撞力时程概率模型。国铁集团立项开展了实船-实桥原位撞击试验，试验结果表明，我国铁路桥涵设计规范规定得到撞击力计算值偏低，公路桥涵通用规范中的船撞力碰撞时间明显偏长，理论计算值也偏低，美国 AASHTO 规范计算值偏大。桥梁船撞研究应重点放在船-桥动力相互作用机理方面，对原位船撞试验结果及数值模拟方面开展更深入研究，提出规范修改意见。

（4）轨道交通桥梁降噪

轨道交通桥梁不仅考虑桥上列车行车的安全性与舒适性问题，还需要关注桥梁结构的低频噪声问题，涉及低频噪声的评价方法和标准及其控制。有关桥梁结构噪声控制的研究主要集中在桥梁结构优化、轨道隔振、声屏障隔声及阻尼减振等方面。其中，较有代表性的有减振降噪 U 型梁技术、预制拼装长型浮置板技术、混凝土隔声板全封闭声屏障技术以及钢桥约束阻尼技术。轨道交通减振降噪通常需要采用多种技术手段匹配使用才能达到预期效果，例如重庆南纪门长江大桥就采用了混凝土桥面板叠合梁、钢弹簧浮置板减振道床和敏感地段全封闭声屏障等综合降噪措施。

（三）设计方法与标准规范

1. 设计方法与指标体系

（1）极限状态规定

目前，国内外桥梁设计大都采用极限状态设计方法。其中，中国和欧洲规范均规定了正常使用极限状态、承载能力极限状态和偶然状况；极限状态表达式均为效应≤抗力的形式，但中国规范中定义了结构重要性系数，而欧洲规范中为分项安全系数；中欧规范中作用效应均分为永久作用、可变作用和偶然作用，但欧洲规范将地震作用单列，而中国规范将地震作用归为偶然作用；中国规范中作用组合有基本组合、偶然组合、频遇组合和准永久组合，欧洲规范中除上述组合外还有单独的地震组合和用于正常使用极限状态验算的标准组合；作用组合时两种规范均针对效应对结构是否有利给出了不同的组合系数。

（2）结构可靠度指标

近年来，国内外桥梁设计开始探索可靠性设计方法，并制定了相应的规范。中国规范中规定的设计基准期内结构可靠度指标普遍高于欧洲规范，例如，中国规范中安全等级为一级、设计使用年限100年的桥梁结构，等同于欧洲规范的等级为RC3，按照延性破坏标准，中国规范给出的可靠度指标为4.7，而欧洲规范为4.3，对应的结构失效概率同一个量级 10^{-6}，但是数值上有差别。

2. 材料强度与分项系数

（1）钢材强度等级

国内外在钢材强度设计值方面取值有所不同，中国是以钢材屈服强度作为钢材标号，日本道桥示方书以前以材料抗拉强度作为钢材标号，分为SM400、SM490、SM520、SM570等，对应的屈服强度分别为235MPa、315MPa、355MPa和450MPa，最新规范引入了SBHS400级和SBHS500级高屈强比钢材，屈服强度分别为400MPa和500MPa，抗拉强度分别为490MPa和570MPa。

（2）材料屈服强度

中国和欧洲钢结构桥梁设计规范中规定均以钢材屈服强度作为钢材标号，再根据冲击韧性的不同分为若干等级。中国规范在屈服强度的基础上除以材料抗力分项系数，并取5的整倍数后得到1.25，而欧洲规范规定在一般情况下材料分项系数取为1.0，即以材料屈服强度作为设计值，同时对厚板进行适当折减。

（3）分项系数规定

荷载作用效应组合时，中国规范需要考虑结构重要性系数，日本规范虽然没有结构重要性系数，但结构重力等永久作用的分项系数为1.05，汽车荷载、风荷载等可变作用的分项系数为1.25。按照我国规范安全等级为一级的桥梁结构，计算得到的作用效应设计值比日本规范规定大20%左右。

3. 设计寿命与安全等级

（1）设计使用寿命

美国AASHTO规范将设计极限状态划分为四种：使用极限状态、疲劳和断裂极限状态、强度极限状态和极端事件极限状态。其中，使用极限状态与我国规范正常使用极限状态持久状况对应，强度极限状态与我国规范承载能力极限状态短暂状况和持久状况对应，极端事件极限状态与我国规范承载能力极限状态偶然状况对应。美国公路桥梁的设计使用寿命为75年，并未按照桥梁结构类别作出区分。我国《公路工程技术标准》（JTG B01-2014）按照公路等级、桥梁规模、构件类别等分别规定了桥梁设计使用寿命，对于特大桥设计使用寿命为100年，对于一级公路的中桥设计使用寿命亦为100年，其余等级规模的桥梁的设计使用寿命相对缩短，对于可更换部件如斜拉索、吊索等设计使用寿命为20年。

在这方面，中国规范作出了更加详尽的规定。美国规范给出了荷载系数的概念，此系数综合考虑了结构延性、超静定性以及结构重要性，中国规范则规定了三个安全等级，对应的结构重要性系数由高到低分别为 1.1、1.0、0.9。

（2）安全等级

在可靠度指标方面，我国《公路工程可靠度设计统一标准》（JTG 2120-2020）中针对不同结构的安全等级和破坏类型给出了不同的目标可靠度指标，例如发生延性破坏、安全等级为 1 级时，可靠度指标为 4.7；安全等级为 2 级时，可靠度指标为 4.2 等。美国规范中桥梁的设计使用寿命为 75 年且与荷载系数有关，如果按照欧洲规范公式换算为 100 年，且荷载系数中只考虑结构重要性的影响，对于重要性依次为高、中、低的结构，对应的可靠度指标为 3.73、3.42、2.91。可见我国规范规定结构可靠度指标较高。

（四）施工技术与重大装备

1. 桥梁预制装配施工技术

（1）桥梁预制装配化施工

近年来，随着我国对预制装配化施工产业化的政策支持，桥梁预制装配化施工在市政、公路和铁路方面得到较大发展，但主要集中在墩身、盖梁和上部结构，基础预制装配化率不高、施工技术还不成熟。国外在基础装配化施工方面的研究比我国更加深入，日本开发了装配式钢筋混凝土井筒施工工法，法国留尼汪新沿海高架桥采用了直径 20～23m 预制混凝土重力式基础。

（2）桥梁吊装施工装备

随着国内基础设施建设的大规模开展，为了满足预制装配化施工产业化需求，国内桥梁施工装备取得了很大发展，旋转钻机、旋挖钻机、打桩船等桩工机械性能已经接近并达到了国际先进水平。我国拥有最大吊重 240t、最大起重力矩 5200t·m 的塔吊，而且正在研制最大吊重 400t、最大起重力矩 12000t·m 的塔吊，处于国际领先水平。大型吊船、架桥机、缆载吊机、桥面吊机等桥梁架设装备也进入世界先进行列。但是，大型液压打桩锤几乎完全由外国公司垄断，国内设备关键零部件还依赖进口，整机可靠性还有待进一步提升。

2. 大跨度拱桥施工技术

我国采用劲性骨架施工法建设的沪昆高铁北盘江大桥混凝土拱桥主跨达到了 445m，远超国外水平（210m）；劲性骨架外包混凝土浇筑技术采用三级连续真空辅助泵送，输送效率达 30.8m³/h。采用斜拉扣挂悬拼架设法建设的广西贵港平南三桥主桥跨径达 575m，创造了拱桥跨度的世界纪录；首创配备 300t 吊装能力的缆索起重机系统实现电气化自动控制；首创基于影响矩阵原理的"过程最优，结果可控"扣索一次张拉计算理论；首创采用 C70 自密实无收缩复合膨胀混凝土，运用真空辅助连续四级泵送工艺。大瑞铁路澜沧江特大桥拱肋劲性骨架采用二次竖向转体工艺施工，是世界上首次采用"二次竖转"

施工的大桥和竖转下放重量最大的桥梁（2500t）。我国大跨度拱桥施工技术总体处于国际领先水平。

3. 大跨度缆索承重桥梁施工技术

（1）桥塔施工技术

国内外混凝土桥塔通常采用爬模法施工。我国混凝土桥塔爬模法施工标准分节长度为6m，国外混凝土桥塔爬模施工分节长度一般较短，例如韩国露梁大桥（Nor yang Bridge）标准分节长度为4m，我国在该领域已处于国际领先水平。在施工智能化方面取得较大进步，研制采用了集混凝土自动布料与振捣、智能养护、自动爬升及实时监控等多功能为一体的智能筑塔机。钢塔施工方面，港珠澳大桥江海直达船航道桥主塔含吊具总质量约3100t，高达105m，采用海上浮吊抬吊就位安装，国内外尚属首例。但国外设计使用过抗风能力超强的爬模，比如波兰维斯瓦河新桥（New Bridge over Wislok River）爬模模板系统可在极端天气条件下施工，塔柱施工时桥址风速达80km/h。

（2）主梁施工技术

全世界已经建成的大跨度悬索桥前10座中有6座在中国，已建成的大跨度斜拉桥前10座中有7座在中国。沪苏通长江公铁大桥、武汉杨泗港长江大桥、连镇铁路五峰山长江大桥等桥梁的建成标志着我国大跨度悬索桥和斜拉桥施工技术处于世界领先水平。在大节段钢梁吊装技术方面，我国走在世界前列，沪苏通长江公铁大桥采用桥面架桥机架设钢桁梁节段的吊装重量达1700t，武汉杨泗港长江大桥和五峰山长江大桥采用缆载吊机架设钢主梁的吊装重量达1430t。保定乐凯大街南延工程跨越京广铁路子母塔单索面斜拉桥采用水平转体法施工，5万吨级桥塔和主梁转体施工达到世界领先水平。

4. 深水基础施工技术

国内桥梁深水基础以钻孔桩、钢管桩（复合）和沉井为主。旋转钻机施工钻孔桩桩径已达4.5m；沉井基础施工开发了千吨级的"大直径钢管桩+混凝土重力锚"锚碇系统及液压连续千斤顶多向快速定位技术。国外内陆桥梁基础多以钻孔桩基础为主，少数采用小型沉井基础，大型跨海大桥通常采用设置基础和复合基础。我国桥梁在传统的钻孔桩基础、沉井基础等施工技术已处于世界先进行列，但设置基础、复合基础（如沉箱+管桩）在我国桥梁基础中应用较少。另外，国外桥梁斜桩基础常有采用，在这些方面我国与国外还存在一定差距。

5. 大型桥梁施工管理

我国仍然以施工总承包模式为主，而国外通常采用施工设计总承包模式，因此，国内施工企业在管理模式和方法上与国外企业存在一定差异。国外一流承包商会充分重视设计工作对项目成本、施工方案、施工工期等方面的影响，往往会引入国际知名的设计公司，采用先进的设计理念及国际规范，综合考虑项目的主体设计及实现设计所需的重要临时工程及重点装备，以此来实现项目的成本经济、施工便捷等目标。

（五）监测检测与运维管理

1. 监测检测技术

（1）健康和安全监测

国外学者提出了基于概率的结构健康监测方法，能考虑在计算期望损伤度量时的可变性，检测桥梁的整体损伤。他们将基于振动的监测方法应用于桥梁健康监测问题中，该研究结果被应用于康涅狄格州的实际公路桥梁。国外学者研究将结构健康监测系统与桥梁实际交通荷载的称重测量相结合，进行疲劳损伤计算。国外采用合成孔径雷达干涉测量（Interferometric Synthetic Aperture Radar）对一座横跨意大利高速公路的桁架桥"A14"的桥台过渡区进行监测，证明了其对于监控桥台沉降的可靠性。

（2）无损检测技术

国内外桥梁结构检测中开始采用探地雷达、虚拟传感技术、扫描电镜、超声CT、磁检测方法等无损检测技术。国外学者将地质雷达传感器所收集的资料作为钢筋检测与定位系统的输入，提出了一种新型的钢筋检测和定位系统；国外在无人机系统上安装激光多普勒振动计，以实现铁路桥梁的无接触横向动态位移测量。

（3）智能检测技术

近年来，基于人工智能技术、大数据技术的桥梁检测方法开始出现，图像识别技术被广泛应用于桥梁的裂缝检测、外观检测，可以实现裂缝检测的自动化。美国交通运输部在南达科他州的一座木拱桥检测中采用了无人机技术，分析了无人机在该州的应用效果。通过对无人机拍摄的高分辨率图像和视频多次分析，完成了无人机桥梁检测。智能检测技术常常与检测机器人相结合，如无人机、拉索检测机器人等。日本在2016年对熊本大地震造成的各种损坏地点进行了无人机检测，如地表断层、墓碑翻转、滑坡、倒塌的建筑物和桥梁。无人机飞行捕获了高分辨率的视频足迹和照片，并基于结构运动模型比较技术建立了三维模型，能形象地描述损伤情况。

2. 结构状态评估方法

（1）现有评估方法

国际上，各个国家都根据养护需求建立了各自较为完善的桥梁检查、检测、评定体系，对桥梁技术状况、性能进行评估。我国桥梁状态评估已形成了较完善的规范体系，对桥梁的使用功能、使用价值、承载能力进行综合评价。通过既有桥梁评定，可鉴定其是否仍具有原设计的工作性能及承载能力，进而为桥梁的维修、改造、加固提供决策性的意见。美国桥梁检测分为初始检查、常规检查、损害检查、深入检查、断裂危险构件检查、水下检查和特殊检查；在评估方面，主要根据适用性对桥梁进行综合评估。日本桥梁的定期检测体系是为进行稳定性评估和退化预测而设计的，包括初始检测、周期检测以及常规检测等；结构稳定评估、功能退化预测、寿命周期成本分析的功能均在定期检测数据的支撑下由桥梁管理系统来实现。英国桥梁的评价和养护管理标准由英国运输部制定和修改，主要包括桥梁的评价标准、管理规程、混凝土桥梁的检测和修复规程等；英国运输部在技术规程中对次等级桥梁给出了详尽的指南，将次等级桥梁的评价分级，并规定了详细的检测手段。德国养护、检测规范主要是德国工业标准DIN1076，规定桥梁检查包括一般检查和常规监测，所有桥梁结构均应在每年相同时间段内进行一般检测，主要检查明显的损伤和缺陷；常规监测每年2次，主要针对严重损伤和缺陷进行监测。法国把桥梁检测分为表观检测、评估检测、详细检测；依据IQOA规范的评估检测是一种应用于所有桥梁构件的快速视觉检测评级方法，IQOA规范把桥梁结构划分为多种构件类型，针对每类构件给出其相应病害的种类、病害发展的形态示意图、病害等级评价标准。丹麦的病害分类较笼统，把桥梁结构划分为15个部件，较粗略且层次性较差，这也是导致后续病害等级评估标准模糊的原因之一。

（2）评估方法发展

国内外桥梁运营期间的状态评估方法趋于多样化。传统方法中层次分析法较经典和实用，随着对桥梁状态评估研究的深入，发展出了基于概率统计、矩阵论、运筹学、模糊理论、神经网络、大数据等多种状态评估方法，并在桥梁健康监测系统中得到了不同程度的应用。国外学者基于高架桥长期监测获得的车辆作用效应对结构的影响，提出了桥梁结构疲劳安全性验证直接监测方法，将监测数据与结构分析结合，来确定结构构件中的相关应力，从而降低移动荷载和温度荷载的不确定性。

3. 预防性养护方法

在预防性养护方法方面，国内外差异主要体现在指导文件的不同上。美国联邦公路局（FHWA）已经针对预防性养护出台了相应的指导手册和指南，对不同形式的预防性养护提出了不同的养护方法。我国还没有出台国家层面上对桥梁预防性养护的标准，仅有少量地市出台了地方标准，虽然也针对基于技术状况评定的预防性养护提出了解决方法，但放眼全国还不具备普适性。

4. 桥梁运维管理系统

（1）桥梁信息建模（BrIM）

桥梁运维管理系统简称桥梁管理系统，是由国外率先起步，并逐步在国内发展起来的。国外学者率先提出了一个BrIM框架，用于桥梁监测应用。该框架适用于桥梁管理应用中的数据交换和信息集成，并扩展了标准的数据模式，以促进桥梁监测和管理应用程序之间的数据互操作性。他们定义数据实体来捕获桥梁工程分析、传感器描述和桥梁监测所需的信息。BrIM框架还提供了与时间序列传感器数据和图像数据的数据链接，使用户可以通过信息模型定位数据。

（2）桥梁管理系统差异

现阶段国内外桥梁管理系统是有差异的。国内桥梁管理系统划分目标不明确，对中小跨径桥梁不能做到充分的信息管理，但是，美国的 BrM 系统和日本的 J-BMS 系统以及多国联合建立的 SeeBridge 系统则更加注重于项目级桥梁在整个路网融合的管理，重在实现桥梁全寿命周期的安全管理工作；国内各个桥梁管理系统没有统一标准，系统之间数据信息无法实现互通和共享，国外的 BrM 系统数据都来源于 NBI 桥梁信息库，信息数据来源都有统一的格式，数据的融合、共享便得到更进一步发展。

（六）智能建造与数字融合

1. 桥梁设计与分析软件

虽然国内外都在开展桥梁设计与分析软件的研发，近几年国内刚刚开始进行参数化、自动化设计与分析软件的自主研发，但与国外先进软件还有较大的差距。国外桥梁辅助设计软件仍有较大先发优势，其技术成熟、分析功能齐全、商业化程度高、市场占有率高，一些软件已实现了参数化自动化。虽然国内在商业软件上相比于国外较为落后，但是，国内许多设计院都有自主研发并使用的各有特色的自用软件。

2. 桥梁智能化施工

（1）智能化施工技术

在智能化施工技术方面，国内的研究已经较为深入，一些智能化施工技术在我国已经被应用于实际工程中，其中，桥梁预应力混凝土智能张拉施工技术已经形成技术指南。发达国家由于存在着更为严重的人工成本高、人力资源不足等问题，为降低工程成本，国外一些企业已将一些智能化施工技术应用到工程当中，同时提高了施工质量和效率。特别是在桥梁的 3D 打印方面，国内相对于国外研究起步较晚，但发展较迅速，且已有一些实践研究。国外由于发展时间较长，已经在桥梁 3D 打印技术方面取得了实质性的突破，国内相比于国外仍有着一定差距。

（2）智能化施工控制

在智能化施工控制领域，国内已取得了一定的发展，提出了一些桥梁运营安全预警机制和桥梁施工过程风险智能化管理方法。国外的桥梁施工技术已经发展到自动监控、分析预报、优化调整的计算机自动控制，并形成了较为完善的桥梁施工控制系统，而且国外早已在开展以数据高速采集系统、数据双向传输系统、智能参数识别系统与计算分析决策控制系统为核心的智能施工控制系统研究，并正在研发集液压、微电子和信息技术于一体的智能化系统。同时，国外数据采集的自动化程度也相对较高。

（3）智能化施工装备

在智能化施工装备方面，尽管我国在打桩船、液压打桩锤、大型浮吊、大直径钻机、架桥机等大型装备方面均已实现了自主研发，但在这些装备的效率、吨位、可靠性、故障率等方面与国外装备还有一定差距，部分装备存在寿命期较短、需要频繁修理和更换等问题，控制系统、液压系统、行走系统等关键核心部件还没有实现自主研发，因此不得不依赖进口。同时，我国的自动化施工装备研发和应用还处在起步阶段，除在钢箱梁数字化制造生产线、钢箱梁机器人焊接、多工位智能化步履式顶推、预应力智能张拉等方面有一些实践外，桥梁施工其他方面的智能化程度相比国外仍有较大差距，亟待提升。

3. 桥梁智能化运维

（1）智能化监测技术

在桥梁智能监测领域，国外仍以动力反演方法为主，存在数据分析形式单一、诊断敏感度低、识别准确性差的问题。国内近年来利用不断积累的桥梁监测大数据，建立了结构健康监测数据科学与工程的研究方向，系统结合结构监测大数据开展了机器学习和深度学习研究，在国际上引领此方向研究。深度学习方法通过建立数据驱动模型，直接从监测数据中挖掘评估结构状态的改变。为了解决其缺乏力学物理机制且可解释性差的问题，国内学者融合物理知识增强手段，建立了桥梁状态评估的可解释深度学习算法。

（2）智能化养护管理

在智能化养护管理方面，国内在智能建管养一体化技术开发和平台建设方面做得还不充分，预防性养护技术研究缺乏系统性，在基础数据积累和挖掘方面利用不够；关键管养设备主要依赖发达国家进口，自主创新能力还有待提高。此外，国内目前还缺乏专门针对国家级或区域级桥梁群的桥梁资产管理系统和智能化信息化技术的开发和应用，相应的管理体制、标准、管理平台系统等方面也落后于发达国家。但是，国内在人工智能算法的探索方面具有一定优势。国内学者将深度强化学习算法与养护管理相结合，提出了桥梁结构智能风险管控的强化学习框架。考虑结构全寿命服役下的长期和短期风险、综合维修管养花费设计奖励规则，基于马尔科夫决策过程模拟，将风险管控表述为通过维修等动作在花费最小的情况下维护结构安全的优化控制过程；基于深度强化学习算法，架构了结构智能风险管控系统。

四、我国桥梁工程学科展望与对策

改革开放40多年来，我国桥梁工程取得了一批自主创新成果，建成了一大批具有国际影响力的桥梁。但是，我国现有桥梁科技体系存在低层次重复、资源分散分隔、没有形成全产业链、成果转化不足和多产业领域合作不足等问题。在未来10年，我国桥梁工程产业将步入创新、转型和升级的重要战略机遇期。未来桥梁工程的建设，应该更加注重从细节上把控质量，重视桥梁质量的检验检测，铸造品质工程、精品工程，实现从桥梁大国到桥梁强国的彻底转变。既要金山银山也要绿水青山，在桥梁基建带动经济的同时，还应该更注重朝着低碳绿色的方向发展，在环保新技术研发上提高标准、加大投入。响应平安中国与智能建造的号召，逐步提高桥梁智能化管养与安全监测水平，加强桥梁安全风险预警、防控机制和能力建设，实现基础建设领域安全可控，进而保障国家经济安全。打造适应中国桥梁可持续发展的技术体系和产业链，进而达到提升工程建设质量、提高我国桥梁技术的国际竞争力的目的。

进入21世纪后，全球正在孕育新一轮科技革命和产业变革，国际桥梁界为了适应新的科技革命和产业变革，迎接桥梁工程新一轮大发展，已经启动了一系列宏伟计划，北欧正在筹划新欧亚大陆桥项目"新丝路"（The N.E.W. Corridor: The Northern East-West Freight Corridor），美国正在实施为期20年的"桥梁长期性能研究计划"（Long-Term Bridge Performance Program），日本启动了十大战略计划（Strategic Innovation Program）之一"基础设施维护、更新和管理计划"（Infrastructure maintenance, renovation and management technology），韩国正在实施"200年超级桥梁计划"（Super Bridge 200）。为了赶超世界桥梁强国，响应《交通强国建设纲要》建设交通强国，中国必须尽快规划桥梁工程学科发展战略、制订桥梁科技发展计划，全面提升中国桥梁技术创新能力和水平；桥梁工程界必须认清差距、急起直追、重视质量、走出误区，改革体制、加强研发和原始创新；桥梁工作者要积极加入国际学术组织、参加国际学术会议，参与国际交流、合作和竞争，为实现中国从桥梁大国迈向桥梁强国贡献力量。

（一）整合优化资源，强化共性基础研究

中国桥梁正处于创新与超越的关键发展时期，随着"一带一路"、长江经济带和京津冀协同发展等国家经济发展战略、"中国制造2025"国家工业重大发展战略和"创新驱动发展"国家科技发展战略的实施，需要在保证庞大已建和大量新建桥梁的安全和耐久的前提下，实现科技和人才领先的桥梁强国梦，为此，应从以下几个方面整合优化资源、强化共性基础创新。

1. 桥梁高性能材料产业化

目前我国桥梁高性能材料的研发及推广应用还不够，需要从生产制造、经济性能、设计方法、施工技术等方面对高性能材料进行系统性研究，形成通用的系列化产品并及时反映到标准规范中，促进高性能材料的产业化发展。此外，智能材料已经被广泛应用于结构的无损检测、抗震设计、降噪控制等领域中，但其热稳定性、可靠性、自修复性能有待进一步研究。同时，如何进行材料-结构一体化设计，真正实现桥梁结构的自主检测和自适应控制，也是未来研究的重点。

2. 桥梁信息化技术原创性

信息化技术可以显著提高桥梁的生产效率、性能水平和建养一体化水平，推动桥梁智能化、工业化水平的提升。首先，要培养一批具有自主知识产权的桥梁软件企业，面向工程需求开发一系列高度自主化的BIM软件和桥梁设计、监测和管理软件。其次，应促进全寿命周期不同阶段BIM技术的接轨，系统性研发大型桥梁数字化建造、管理、养护、运营一体化平台，统筹针对国家级或区域级桥梁群的桥梁资产管理系统和智能化信息化技

术的开发和应用。最后,要拓宽人工智能技术的泛用性,促进人工智能与桥梁工程的全寿命周期深入融合,为桥梁行业赋能。

3. 桥梁建设技术工业化

我国桥梁建设的工业化、智能化、产业化水平有待进一步提升。在基本理论与方法体系方面,我国全寿命设计理论方法、基于性能的设计理论方法和多灾害作用下防灾减灾理论方法的系统深化研究与应用仍需加强,指标和规范体系有待完善与建立。桥梁施工方面,应提升施工技术的工业化程度,提高施工装备的性能和可靠性,同时推进桥梁智能施工技术和装备的研发。

4. 桥梁运维技术智能化

随着我国桥梁建设规模的扩大和已建成桥梁桥龄的增大,更多、更复杂的病害和问题会逐步暴露出来,而目前有很多基础理论和技术问题没有得到很好解决,不足以保障庞大已建和新建桥梁的安全长寿,需加强桥梁全寿命周期内运维技术的研究和开发。监测检测技术方面,发展无线传感测试技术、数据采集及通信技术,研发高精度监测设备、隐蔽工程检测设备、非接触性检测设备和结构快速无损检测设备。结构评估方面,建立实用的基于桥梁结构状态和退化模型的长期性能预测、养护规划与决策等方面的理论与方法,进一步提高桥梁长期性能、承载能力评估及耐久性评估诊断技术。管养技术方面,提升预防性养护技术研究的系统性,加强基础数据积累和挖掘利用,推进专门针对国家级或区域级桥梁群的桥梁资产管理系统和智能化信息化技术的开发和应用,健全相应的管理体制、标准、管理平台系统。

(二)改革机制体制,促进创新驱动发展

我国桥梁工程的发展具有鲜明特色,其中推动桥梁工程发展和应用的条件、制度、机制和体制与欧美等发达国家具有显著差异。近40年我国桥梁工程飞速发展,技术水平大幅度提高,取得了举世瞩目的伟大成就,与我国特有的制度和不断探索并逐步形成的体制机制密不可分。在既有体制机制建设优势的基础上,根据交通强国战略所确定的目标、需求和部署,充分发挥我国在制度方面的优势,以促进我国桥梁工程的可持续发展为主要目标,以创新成果驱动提升我国桥梁工程的发展水平和发展质量为抓手,深化改革机制体制、充分激发创新活力、促进成果转化,建立具有中国特色的桥梁工程发展机制保障体系是极为必要的,是新时期我国桥梁工程的高质量发展和交通强国战略深入推进的重大战略需求。

1. 充分发挥制度和政策引导作用

《交通强国建设纲要》明确部署了到2035年基本建成交通强国和到21世纪中叶全面建成世界前列交通强国的两阶段战略目标,并在基础设施布局、交通装备、运输服务、科技创新等10个重要方面给出了明确要求,强调建立统筹协调的交通强国建设实施工作机制、科

学制定配套政策和配置公共资源。为在制度和政策层面进行顶层设计，统筹规划整合资源，集中力量办大事、全国一盘棋推进交通强国战略纲领性指导，交通运输部和各地政府相继制定并颁布了相关政策文件。围绕大幅度提升建设质量和结构性能，有效保障桥梁结构全寿命周期服役安全、服役质量和耐久性的相关共性问题，在勘察、设计、建造、运维等环节制定科学适用的制度和政策及构建完备的制度和政策体系仍是下阶段的重点工作。

2. 完善桥梁可持续高质量发展机制

桥梁工程可持续高质量发展是交通强国建设战略的重大需求之一，我国在该领域进行了卓有成效的探索。在从"建设为主"向"建养并重"转型和从"桥梁大国"向"桥梁强国"稳步迈进的关键历史阶段，我国桥梁工程发展仍面临新需求、新问题和新挑战。对标交通强国的战略目标和相关部署，科学谋划，顶层设计和支撑体制机制通盘考虑，针对制约桥梁发展的关键共性问题，明确问题属性和目标指向，深化桥梁可持续高质量发展机制改革，优化资源配置，完善责任体系，探索建立具有中国特色国家、主管部门、地方政府和行业多层面分级管理、高效协同、多维联动、深度融合的桥梁高质量可持续发展创新发展机制。

3. 加强桥梁原创性引领性科技攻关

桥梁的高质量可持续发展，原创性和引领性科技攻关及其成果推广应用是基础和前提。依托新材料、人工智能、信息技术、检测新技术等方面的最新研究成果，制定能够最大化激发创新活力并推动成果快速转化的相关机制和制度，通过产学研用有机融合，在高性能新结构、智能结构、现代化装备、智能检测与评估技术、预防性养护技术、维修加固新方法和新技术等共性基础关键技术方面重点突破，形成系列创新成果并推动成果转化应用，加强在招投标过程中对科研、设计、建设单位的科技水平评价权重，显著提升桥梁的系统韧性、服役性能、服役寿命和服役安全水平，构建安全风险防控关键技术体系。

4. 促进新型桥梁结构体系工程应用

适宜的结构体系能充分发挥材料的力学性能，减小工程投资，提高结构的安全性和耐久性。目前，欧洲、日本、韩国等国都在探索主跨1200～1600m的斜拉桥、主跨700m以上的多塔斜拉桥、主跨2700～3300m悬索桥、主跨1400m协作体系桥梁等大跨度和超大跨度桥梁的新型结构体系、关键技术和应用前景。我国超大跨度桥梁新型结构体系及合理结构型式的研发水平处于国际领先，但关键技术和工程应用落后，甚至有些国内研发成功的创新桥型在国外首先建造。因此，必须制定政策和引入机制，加强创新桥梁结构体系的工程应用。

（三）凝聚科技实力，引领重大工程创造

"十三五"期间，依靠不断增强的综合国力和自主创新能力，我国桥梁设计建设水平

不断提升，创造了多项世界第一，为联通"一带一路"、畅通国内国际"双循环"发挥了重要作用。"十四五"期间，正在建设的1176m跨度的常泰长江大桥，是世界上首座集高速公路、城际铁路、一级公路为一体的过江通道，并将刷新斜拉桥跨度的世界纪录；正在建设的2300m跨度张皋长江大桥和600m跨度天鹅龙滩特大桥，都是世界上跨度最大的悬索桥和拱桥；正在建设的1120m跨度马鞍山公铁两用长江大桥，是世界上跨度最大的双主跨斜拉桥。

1. 将规划纲要变成建设实践

未来我国发展处于重要战略机遇期，国内国际新形势对加快建设交通强国、构建现代化高质量国家综合立体交通网提出了新的更高要求。《交通强国建设纲要》明确要求到2035年基本建成交通强国，到21世纪中叶，全面建成位居世界前列的交通强国。《"十四五"规划和2035年远景目标纲要》明确要求加快建设交通强国，具体提出了"完善综合运输大通道，加强出疆入藏、中西部地区、沿江沿海沿边战略骨干通道建设，有序推进能力紧张通道升级扩容，加强与周边国家互联互通""构建快速网，基本贯通'八纵八横'高速铁路""实施川藏铁路、西部陆海新通道"等。《国家综合立体交通网规划纲要》要求注重交通运输创新驱动和智慧发展，着力推动交通运输更高质量、更有效率、更加公平、更可持续、更为安全的发展。作为交通基础设施的核心组成部分，桥梁工程的高质量发展与创新实践是实现交通强国建设目标的重要抓手和基本前提。根据中国桥梁工程的具体情况和未来发展需求，紧密围绕桥梁工程高质量可持续发展的核心支撑性理论方法和关键技术，将规划纲要变成建设实践。

2. 聚科技实力协同创新共赢

《"十四五"规划和2035年远景目标纲要》明确要求强化国家战略科技力量，制定科技强国行动纲要，健全社会主义市场经济条件下新型举国体制。桥梁工程学科凝聚科技实力，主要针对中国桥梁建设和运维领域存在的科技成果转化渠道不畅、"产学研用"市场机制与合作体制不完善、科技创新和成果转化分散等问题，必须按照共享与协同发展理念，贯彻"资源共享、优势互补、联合开发、协同共赢"的发展原则，对重要企业、知名高校、科研院所以及桥梁和相关领域的国家和行业重点实验室与技术中心等优势资源进行整合，建立协同创新机制，以创新发展的内在需求和相关方的共同利益为基础，遵循市场经济规律，通过具有法律约束力的合同对各成员形成有效的行为约束和利益保护。

3. 用重大工程实现超越引领

工程建造的最高境界是工程创造，桥梁工程创造就是针对国内外长大桥梁的建设需求，通过重大工程创造实现国际桥梁工程技术的超越和引领。我们将面对超长度跨海通道如琼州海峡通道、渤海海峡通道和台湾海峡通道等，超大跨桥梁工程如常泰长江大桥、张皋长江大桥和天峨龙滩大桥等。我们将面临长大而又雄伟、轻质而又超重、基深而又桥高、大跨而又宽阔的超级桥梁工程，这些工程将挑战宽阔海峡、战胜自然灾害、化解飓风和海况等地球力量，并且担负着连接人与人、国与国、大陆与大陆的使命。我们要将这些工程在尽可能短的时间内建成、在尽可能长的时间内使用、用尽可能方便的方式养护，实现引领重大桥梁工程建养。

4. 从桥梁大国走向桥梁强国

中国桥梁建设已经取得了举世瞩目的成就，为世界桥梁建设提供了中国智慧、中国经验，为联通"一带一路"、畅通国内国际"双循环"发挥了重要作用。桥梁建设水平是一个国家科技含量和经济实力的集中体现，在工程方面，中国已经是一个名副其实的桥梁大国；在技术方面，我国已经拥有了一批具有自主知识产权的创新技术；在人才队伍和国际竞争方面，正在赢得国际桥梁界的尊重。中国正在从桥梁大国走向桥梁强国。

（四）对标国际国内，加快建设桥梁强国

从桥梁建设数量、建设规模和建设技术各个方面，中国已经成为名副其实的桥梁大国，桥梁建造也因此而走出国门，参与到国际交流、合作和竞争中。但是，我国桥梁工程"大"而非"强"的发展现状始终存在，需要桥梁工程学科的相关领域进一步发展和完善，制定桥梁强国建设标准和规划的同时，强化我国桥梁的国际地位。

1. 桥梁核心技术原创

桥梁强国一般都有较长的发展历史并积累了成熟的经验，拥有一批原创性的桥梁核心技术，并且在重大桥梁工程中推广应用，形成了各自不可替代的优势。世界上，有垄断了1980年以前所有悬索桥世界纪录的美国、预应力混凝土之父及以大跨度斜拉桥著称的法国、现代斜拉桥创始国及有强大科技实力的德国、中小跨度桥梁及山区桥梁技术创新的瑞士、创造并保持悬索桥和斜拉桥跨度纪录的日本、跨海工程创新及拥有世界著名公司COWI的丹麦。反观我国桥梁工程发展的支撑技术领域，材料、软件和机械装备设计制造领域尚未充分掌握核心技术，需要进一步独立自主地推进新型材料及相应结构形式的研发和应用，结合实际科学研究和生产需求研发自主计算软件和先进装备，克服对过度"集成创新"的依赖，催生更多的"原始创新"。

2. 桥梁杰出人才培养

桥梁强国的竞争是桥梁杰出人才的竞争，国际上这些桥梁强国的桥梁设计和施工企业不仅具有先进的核心技术、计算软件和大型装备，还拥有强大的研发和创新团队，因而具有很高的国际信誉和知名度，这些企业的技术负责人经常受邀担任国际著名学术团体或组织（IABSE、FIB、IASS、ASCE和ICE等）的领导人或大会特邀报告人，以此引领桥梁工程学科发展。我国桥梁工程学科杰出人才培养和选拔体制仍需完善，除大学教育、职业教育和创新发展外，必须重视以英语或外语为基础的国际化人才培养，对标国际国内，为加快建设桥梁强国培养和选拔桥梁杰出人才。

3. 桥梁学科国际影响

近20年来，虽然世界上桥梁强国新建桥梁工程很少，但桥梁工程发展依然保持很高的理论研究水平、核心桥梁技术和人才创新能力，特别是强大的国际影响力。桥梁工程学科的国际影响力，一方面需要自主创新特别是原始创新逐步积累，另一方面也需要通过国际交流和合作特别是国际竞争宣传推广。在国际交流和合作方面，我们应当通过积极加入国际学术组织和参与国际学术会议，逐步发挥在著名国际学术团体或组织的主导作用，同时我国也应当自主建立或创办桥梁工程学科相关的国际组织或国际会议，增强我国桥梁工程学科的国际影响力。另外，通过跨国人才流通增强国际学术和技术交流及成果转化，使我国桥梁工程学科发展成果能够"走出去、走得远、能落地"。

4. 桥梁标准国际通用

桥梁强国不仅拥有原创核心技术和专利，还制定并修订着一批国际通行的桥梁工程标准和规范。随着"一带一路"倡议国际影响力的提升，相关国家在基础设施互联互通领域的合作日渐紧密，为国际基础设施投资建设行业，特别是桥梁工程的发展提供了广阔的发展空间。我国桥梁工程行业应当抓住这一重要机遇，与相关国家和地区通过建立新的互惠政策以加强国际合作、激发增长潜力，推动跨国桥梁基建业务向纵深发展，特别是相关国际标准的制定与推广等。与桥梁强国标准和规范相比，我国桥梁工程标准和规范仍存在一定差距，最大的差距莫过于国际认可度。在基础理论方面，需要加强桥梁全寿命设计方法、基于性能的设计方法等方面的研究，为新一代桥梁标准规范理论体系的建立奠定基础；在标准体系方面，亟须制订和修订适应绿色、信息化、智能化、工业化发展的桥梁标准，建立国家、行业、地方、企业及团体标准"五位一体"的标准体系，发挥其在推进桥梁工程学科发展中的基础性和战略性作用。我国桥梁标准的国际认可度亟待提高，对我国桥梁"走出去"的支撑力度不够，亟须加大国际标准跟踪、评估和转化力度，推动我国规范与国际接轨，并制定国际标准。同时，突出我国桥梁标准优势，推动特色桥梁标准的国际化，创建我国桥梁标准的国际品牌，实现桥梁工程标准和规范的国际通用和引领。

《交通强国建设纲要》明确要求未来30年分两个阶段推进，到2035年基本建成交通强国，到21世纪中叶全面建成位居世界前列的交通强国。《"十四五"规划和2035年远景目标纲要》明确，要加快建设交通强国，在完善综合运输大通道，加强出疆入藏、中西部地区、沿江沿海沿边战略骨干通道建设的同时，还要构建快速网，基本贯通"八纵八横"高速铁路，提升国家高速公路网络质量，完善干线网。《国家综合立体交通网规划纲要》要求注重交通运输创新驱动和智慧发展，着力推动交通运输更高质量、更有效率、更加公平、更可持续、更为安全的发展。桥梁作为交通基础设施的核心组成部分，推动桥梁工程的高质量发展与创新实践是实现交通强国建设目标的重要抓手和基本前提。因此，桥梁工程学科的发展是一个不断创新、不断总结、不断提升的过程，需要建设具有中国特色的桥梁工程学科，推动我国从桥梁大国迈向桥梁强国。

参考文献

[1] 项海帆,潘洪萱,张圣城,等. 中国桥梁史纲[M]. 上海:同济大学出版社,2009.

[2] 聂建国. 钢-混凝土组合结构桥梁[M]. 北京:人民交通出版社,2011.

[3] 葛耀君. 大跨度悬索桥抗风[M]. 北京:人民交通出版社,2011.

[4] N. J Gimsing, C. T Georgakis. Cable Supported Bridges:Concept and Design, Third Edition[M]. John Wiley & Sons, Ltd, 2012.

[5] 冯正霖,周海涛,朱永灵,等. 港珠澳大桥跨海集群工程建设关键技术与创新成果书系[M]. 北京:人民交通出版社股份有限公司,2018.

[6] 张喜刚,刘高,马军海,等. 中国桥梁技术的现状与展望[J]. 科学通报,2016,61(Z1):415-425.

[7] 《中国公路学报》编辑部. 中国桥梁工程学术研究综述·2021[J]. 中国公路学报,2021,2(34):1-97.

[8] 聂建国,陶慕轩,吴丽丽,等. 钢-混凝土组合结构桥梁研究新进展[J]. 土木工程学报,2012,45(6):110-122.

[9] 刘永健,高诣民,周绪红,等. 中小跨径钢-混凝土组合梁桥技术经济性分析[J]. 中国公路学报,2017,30(3):1-13.

[10] 高宗余,阮怀圣,秦顺全,等. 我国海洋桥梁工程技术发展现状、挑战与对策研究[J]. 中国工程科学,2019,21(3):1-4.

[11] 张瑞霞. 海洋桥梁工程施工技术及装备发展研究[J]. 中国工程科学,2019,21(3):5-11.

[12] 滕锦光. 新材料组合结构[J]. 土木工程学报,2018,51(12):1-11.

[13] 邵旭东,邱明红,晏班夫,等. 超高性能混凝土在国内外桥梁工程中的研究与应用进展[J]. 材料导报,2017,31(23):33-43.

[14] 邵旭东,吴佳佳,刘榕,等. 钢-UHPC轻型组合桥梁结构华夫桥面板的基本性能[J]. 中国公路学报,2017,30(3):218-245.

[15] 陈宝春,韦建刚,周俊,等. 我国钢管混凝土拱桥应用现状与展望[J]. 土木工程学报,2017,50(6):50-61.

[16] 孙利民,周毅,谢大圻. 环境因素对斜拉桥模态频率影响的周期特性[J]. 同济大学学报(自然科学版),2015,43(10):1454-1462.

[17] 葛耀君,赵林,许坤. 大跨桥梁主梁涡激振动研究进展与思考[J]. 中国公路学报,2019,32(10):1-18.

[18] BS EN1991-1-7:2006 Eurocode1-Actions on Structures, Part 1-7:General Actions-Accidental Actions[S]. London:British Standards Institution, 2006, 1-32.

[19] AASHTO LRFD Bridge Design Specifications, 3rd ed.[S]. Washington D.C.:American Association of State Highway and Transportation Officials, 2017.

[20] 裴岷山,陈艾荣. 桥梁管养信息化的发展与展望[J]. 公路,2019,64(10):209-215.

[21] 凤懋润,赵正松. 桥梁工程运营维护方法论[J]. 工程研究——跨学科视野中的工程,2016,8(6):644-644.

[22] 项海帆,葛耀君. 悬索桥跨径的空气动力极限[J]. 土木工程学报,2005,38(1):60-70.

[23] 鲍跃全,李惠. 人工智能时代的土木工程[J]. 土木工程学报,2019,52(5):1-11.

[24] 蒲黔辉,杨长卫,勾红叶,等. 高速铁路防灾减灾——大数据智能化技术与应用[M]. 北京:科学出版社,2020.

专题报告

桥型结构与跨度发展研究

一、引言

（一）定义

在人类文明发展史上，桥梁的发展占有重要的一页。中国古代桥梁的辉煌成就曾经在世界桥梁发展史上占有重要地位。中华人民共和国成立后，特别是改革开放以来，中国桥梁通过自主建设，迎来了崛起和腾飞，取得了举世瞩目的成就。中国正在从桥梁大国向桥梁强国迈进。

桥梁可以根据其功能、体系、跨径、桥面位置、材料、跨越方式、施工方法等不同进行分类。按照不同的结构体系，桥梁可以分为梁式桥（在竖向荷载作用下无水平反力的桥梁结构）、拱式桥（主要承重构件是拱圈或拱肋的桥梁结构）、斜拉桥（主要由塔、梁、斜拉索等组成的桥梁结构）、悬索桥（用悬挂在两边塔架之间的强大主缆作为主要承重构件的桥梁结构）。

（二）定位

随着新结构、新材料、新装备和新技术的进步及其在大跨度桥梁上的应用，一批具有重要国际影响的超级工程相继建成，成为一张张中国桥梁的国际名片。归纳与总结中国桥型结构与跨度发展的最新进展，是总结近年来我国桥梁工程学科创新发展的重要抓手和基本视角，并与后续相关专题的研究内容紧密联系、前后呼应。

（三）发展研究范畴

本专题分为三部分，系统梳理了梁式桥、拱式桥、斜拉桥、悬索桥和大型桥梁基础的发展历程和我国在桥型结构与跨度发展取得的重要成就，从桥型和跨度的角度详细对比了近五年来四种桥型、大型深水基础和跨海桥梁的国内外发展情况，从"梁式桥结构创新""拱式桥跨度递增""斜拉桥跨度增长""悬索桥跨度突破""高铁桥中国名片""跨海峡桥梁梦想"和"深水基础结构创新"七个方面对我国桥型结构与跨度发展的前景和仍存在的问题进行了总结，提出了对策。

二、国内外桥型结构与跨度发展现状

（一）梁式桥

在原始时代，人们跨越水道和峡谷，一般是利用自然倒下的树木、天然形成的石梁或石拱、突出溪涧的岩石、生长谷岸的藤萝等，但是，人类有目的的伐木为梁或堆石成桥始于何时，已难以考证。根据桥梁历史学家推测，史前第一座人工修建的桥梁可以追溯到公元前15000年，新石器时代的人类祖先用石斧砍下的一根原木作为桥梁。

根据我国现有考古发现，中国最早桥梁应该出现在新石器中晚期的公元前6000年到公元前5000年，桥型一般认为是最简单的梁桥，材料可以推断是木梁桥或石梁桥。我国自商朝起已有关于桥梁的文字记载，《诗经·卫风·有狐》咏："有狐绥绥，在彼淇梁。"淇梁是指商朝的木梁桥。我国具有悠久的建造石梁桥的历史，北魏郦道元《水经注·卷二十五》记载："泗水之上有石梁焉，故曰吕梁也。昔宋景公以弓工之弓，弯弧东射，矢集彭城之东，饮羽于石梁，即斯梁也。"

梁桥主要受力作用是弯矩，随着两种人工合成结构材料混凝土和钢材的出现，梁桥有了更多的抗弯材料选择，跨度也越来越大。因此，从近代的发展历史来看，可以把梁桥分为混凝土梁桥（包括钢筋混凝土梁桥和预应力混凝土梁桥）、钢结构梁桥（包括连续桁架梁桥、悬臂桁架梁桥和连续钢箱梁桥）、钢混组合梁桥（包括钢梁与混凝土桥面板结合梁桥、波形钢腹板预应力组合梁桥、钢桁架腹杆预应力组合梁桥和钢与混凝土混合连续刚构桥）和索辅梁桥。

1. 混凝土梁桥

尽管古罗马在公元前就发明了石灰或火山灰天然混凝土，但现代混凝土是以波特兰水泥为主要材料。1824年，英国人Joseph Aspdin最先发明了波特兰水泥，并申请了发明专利，随后在欧洲一些国家开始被用于混凝土。1865年，在法国一座将瓦恩河引入巴黎的渡槽，波特兰水泥混凝土被首次用作建桥主要材料，该渡槽全长151km，采用最原始的素混凝土结构。

自19世纪中后期混凝土被用于桥梁建设以来，其跨度越来越大，材料从钢筋混凝土突破到预应力混凝土之后，混凝土梁桥的跨度有了快速增长，结构形式从固端梁发展到连续梁再发展到连续刚构，特别是20世纪30年代诞生的预应力混凝土梁桥。随着混凝土和预应力钢筋强度的不断提高，采用连续刚构和箱形截面后的预应力混凝土梁桥跨径不断增长。20世纪60年代，预应力混凝土梁桥跨径增长出现了第一次飞跃，首先突破100m，达到108m（德国Mangfall桥），随后又达到了152m（英国Medway桥），最后达到208m（德国Bendorf桥）。70年代，预应力混凝土梁桥跨径纪录改写了两次，分别是240m（日本浜名大桥）和264m（德国Neckar高架桥）。虽然80年代预应力混凝土梁桥的跨径没有进一步增长，但90年代又一次迎来跨径的飞跃，三次改写跨径纪录，达到270m（中国虎门大桥辅航道桥）、298m（挪威Raftsundet桥）和301m（挪威Stolma桥），并将301m的跨度纪录一直保持到2020年。表6列出了混凝土梁桥发展史上曾经创造过跨度世界纪录的13座桥梁。

表6 曾创造世界纪录的跨径混凝土梁桥

建成时间（年）	桥名	跨径（m）	材料	结构	国家
1904	Ourthe河桥	55	钢筋混凝土箱梁	固端梁	比利时
1931	Rio do Peixe桥	68	钢筋混凝土箱梁	连续梁	巴西
1937	Aue火车站桥	69	预应力混凝土箱梁	连续梁	德国
1948	Mairne桥	74	预应力混凝土箱梁	固端梁	法国
1949	Neckar运河桥	96	预应力混凝土箱梁	连续梁	德国
1959	Mangfall桥	106	预应力混凝土桁架	连续梁	德国
1963	Medway桥	152	预应力混凝土箱梁	连续梁	英国
1965	Bendorf桥	208	预应力混凝土箱梁	连续刚构	德国
1976	浜名大桥	240	预应力混凝土箱梁	连续刚构	日本
1978	Neckar高架桥	264	预应力混凝土箱梁	连续刚构	德国
1997	虎门大桥辅航道桥	270	预应力混凝土箱梁	连续刚构	中国
1998	Raftsundet桥	298	预应力混凝土箱梁	连续刚构	挪威
1998	Stolma桥	301	预应力混凝土箱梁	连续刚构	挪威

我国于1988年建成了第一座大跨径预应力混凝土连续刚构桥——广东洛溪大桥，主跨180m，以此作为起点，在此后的30多年时间，建成了近400座预应力混凝土连续刚构桥，不但跨径创造过世界纪录，而且大跨径桥梁的数量众多。据不完全统计，在全世界已经建成的24座跨径超过250m的预应力混凝土连续刚构桥中，有13座在中国，占总数的54%。表7中列出了全世界已经建成的24座跨径超过250m的预应力混凝土连续梁桥，图11~图14是全世界已经建成的4座跨径最大的预应力混凝土连续梁桥。

表 7　全世界主跨超过 250m 的预应力混凝土连续梁桥

序号	桥名	跨径布置（m）	国家	建成时间（年）
1	Stolma 桥	83+301+83	挪威	1998
2	Raftsundet 桥	86+202+298+125	挪威	1998
3	Sundøy 桥	120+298+120	挪威	2003
4	贵州都兴高速北盘江大桥	82+220+290+220+82	中国	2012
5	虎门大桥辅航道桥	150+270+150	中国	1997
6	苏通大桥辅航道桥	139+268+139	中国	2008
7	云南红河大桥	58+182+265+194+70	中国	2003
8	Gateway 桥	130+260+130	澳大利亚	1986
9	New Varodd 桥	260	巴拉圭	1993
10	Gateway 复线桥	130+260+130	澳大利亚	2009
11	宁德下白石大桥	145+3×260+145	中国	2003
12	重庆鱼洞长江大桥	145+2×260+145	中国	2006
13	四川汉源大渡河大桥	133+255+133	中国	2009
14	泸州长江二桥	145+252+55	中国	2000
15	重庆嘉陵江嘉华大桥	138+252+138	中国	2007
16	江安长江大桥	144+252+144	中国	2007
17	St John 桥	125+250+125	葡萄牙	1991
18	Schottwein 桥	78+163+250+142	奥地利	1991
19	Skye 桥	125+250+125	英国	1995
20	Confederation 桥	43×250	加拿大	1997
21	重庆黄花园大桥	137+250+250+250+137	中国	1999
22	马鞍石嘉陵江大桥	146+3×250+146	中国	2001
23	广州海心沙珠江大桥	138+250+138	中国	2004
24	Eshima 桥	55+150+250+150+55	日本	2005

图 11　挪威 Stolma 桥　　　　图 12　挪威 Raftsundet 桥

| 图 13 挪威 Sundøy 桥 | 图 14 贵州都兴高速北盘江大桥 |

2. 钢结构梁桥

钢是一种铁碳合金材料，是由天然铁矿石冶炼而成。当含碳量较高（一般认为大于2%）时，这种合金称为铸铁；当含碳量较低（一般认为小于0.08%）时，这种合金称为锻铁；钢是含碳量在0.02%~2%的合金。人类应用铸铁的历史可以追溯到公元前1800年的小亚细亚人，中国铸铁冶炼和使用始于公元前5世纪的春秋战国时代。铸铁在桥梁上最早是用作铁链承重，公元前206年，陕西留坝县马道镇建成了樊河铁索桥。铸铁用作其他桥梁构件最早出现在1779年，英国Coalbrookdale地区建成了30m跨度的铸铁拱桥。

钢的冶炼实际上从公元前1800年的小亚细亚人和公元前500年的中国人就已经开始，只不过当时采用的是锻炉炼钢法，这种方法要消耗大量炉火和劳动力。炼钢成本降低和产量提高得益于1856年诞生的Bessemer方法和1864年出现的Siemens-Martin方法。全世界第一座钢梁桥是以Steel Bridge命名的连续钢桁架梁桥，最大跨度64m，位于美国俄勒冈州波特兰市。钢材从19世纪末用于桥梁建设以来，结构形式主要有钢桁架连续梁、钢桁架悬臂梁和钢箱梁连续梁，其跨度越来越大。表8列出了钢桁架结构连续梁桥、钢桁架结构悬臂梁桥和钢箱梁结构连续梁桥发展史上曾创造过跨度世界纪录的19座钢结构梁桥。

表 8 曾创造世界纪录的跨径钢结构梁桥

桥梁结构形式	建成时间（年）	桥名	跨径（m）	国家
钢桁架结构连续梁桥	1888	Steel 桥	64	美国
	1889	Hawkesbury 桥	127	澳大利亚
	1911	Sewickley 桥	230	美国
	1916	Sciotoville 桥	236	美国
	1945	Duisburg-Rheinhausen 桥	254.5	德国
	1966	Astoria-Megler 桥	376	美国
	1991	Ikitsuki 桥	400	日本

续表

桥梁结构形式	建成时间（年）	桥名	跨径（m）	国家
钢桁架结构悬臂梁桥	1867	Hassfurt 桥（铸铁）	37.9	德国
	1877	High 桥（铸铁）	84	美国
	1883	Niagara 桥	151	美国
	1889	Poughkeepsie 桥	167	美国
	1890	Forth 桥	521	英国
	1929	Quebec 桥	549	加拿大
钢箱梁结构连续梁桥	1840	Britannia 桥（锻铁）	146	英国
	1948	Deutzer 桥	184	德国
	1952	Duesseldorf-Neuss 桥	206	德国
	1957	Sava I 桥	261	南斯拉夫
	1974	Rio-Niteroi 桥	300	巴西
	1974	Sfalassa 高架桥	376	意大利

3. 钢混组合梁桥

钢和混凝土作为现代两种最主要的结构材料，不仅可以单独使用建造混凝土梁桥和钢结构梁桥，还可以结合使用建造钢混组合梁桥，并且可以更好地发挥钢材重量轻、强度高以及混凝土价格低和抗压稳定性好的优点。

钢混组合梁桥最早是以钢梁受拉和混凝土板受压的方式出现的，主要有两种形式：工字钢梁加混凝土桥面板结合梁和槽型钢梁加混凝土桥面板结合梁。1914年瑞士建成的Acheregg桥是工字梁加混凝土桥面板最早梁桥之一，但是，这种钢混组合梁桥的经济跨度一般只有50m左右，极限跨度100m。

为了探索更大跨度的钢混组合梁桥，也为了减轻预应力混凝土箱梁腹板的重量，20世纪80年代诞生了两种新的钢混组合梁桥，一种是用波形钢腹板代替混凝土腹板的波形钢腹板预应力组合箱梁桥，另一种是用钢桁架代替混凝土腹板的钢桁架腹杆预应力组合箱梁桥。20世纪80年代，法国工程师率先开展波形钢腹板预应力组合箱梁桥技术研究和工程实践，1986年建成了全世界第一座波形钢腹板预应力组合连续箱梁桥Cognac桥，跨径布置为（31+43+31）m；2005年，中国建成了第一座波形钢腹板预应力组合箱梁桥，随后又进行了技术研发和工程推广。截至2021年6月，中国已经建成了300多座，许多梁桥跨度超过了100m，最大跨度达到了190m。钢桁架腹杆预应力组合梁桥几乎与波形钢腹板预应力组合梁桥是同时出现的，最早也是由法国工程师倡导技术研发和工程实践，虽然法国此类梁桥并不多，但是最大跨度达到了280m（图15）；中国自21世纪初开始建造钢桁架腹杆预应力组合梁桥以来，已经建成这种梁桥100多座，最大跨度也到达了 210m。

  跨越能力最大的钢混组合梁桥是中跨 1/3 左右的梁段采用钢结构减轻重量，其余部分采用预应力混凝土结构的钢与混凝土混合连续刚构桥，这种桥型是在 20 世纪 80 年代出现的。法国、德国和日本先后开展钢结构与混凝土结构的连接技术研究，并在钢与混凝土混合主梁的斜拉桥中最先得到应用和推广，有效解决了斜拉桥中跨大、边跨小的重量不平衡的问题，但是，在连续梁桥和连续刚构桥中应用的跨度都不大，例如，日本新川桥的最大跨度只有 118m。我国钢与混凝土混合连续刚构桥的建设始于 21 世纪初，虽然起步较晚，但是跨度突破很快，2006 年建成了跨度 330m 的重庆石板坡长江大桥复线桥（图 16）、2019 年建成了跨度 300m 的晋江安海湾特大桥（图 17），再加上新近建成的重庆嘉华轨道专用桥（252m，图 18）、福州马尾大桥（240m）和温州瓯越大桥（200m）等，我国一跃成为大跨度钢与混凝土混合梁桥建设的大国。表 9 列出了前 5 座全世界最大跨度的波形钢腹板预应力组合梁桥、钢桁架腹杆预应力组合梁桥和钢与混凝土混合连续刚构桥，其中，钢与混凝土混合连续刚构桥跨越能力最大，且 5 座全世界最大跨度的桥梁都在中国。

表 9 全世界前 5 座最大跨径的钢混组合梁桥

桥梁结构形式	建成时间（年）	桥名	跨径（m）	国家
波形钢腹板预应力组合梁桥	2020	南充李渡嘉陵江大桥	190	中国
	2016	安威川桥	179	日本
	2014	丰田巴川桥	164	日本
	2018	银洲湖特大桥辅航道桥	162	中国
	2014	前山河特大桥	160	中国
钢桁架腹杆预应力组合梁桥	2002	Bras de la plaine 桥	280	法国
	2014	Ulla 桥	240	西班牙
	1993	Nantenbach 桥	208	德国
钢与混凝土混合连续刚构桥	2006	重庆石板坡长江复线桥	330	中国
	2020	晋江安海湾特大桥	300	中国
	2020	重庆嘉华轨道专用桥	252	中国
	2019	福州马尾大桥	240	中国
	2015	温州瓯越大桥	200	中国

图 15　法国 Bras de la plaine 桥

图 16　重庆石板坡长江复线桥

图 17　晋江安海湾特大桥

图 18　重庆嘉华轨道专用桥

4. 索辅梁桥

梁式桥的主要受力特征是弯曲，混凝土梁桥完全由截面本身和预加力提供承载弯矩，随着跨径的增加，梁高必须同步增加，导致结构自重很大，承担活载效率很低。一般认为，100m 以下跨径首选梁式桥，而 250m 以上跨径应考虑斜拉桥。但是，在梁高很大的预应力混凝土箱梁桥到梁高纤细的斜拉桥之间应当有一个过渡，这个过渡桥型就是体外预应力索辅梁桥。

1980 年，在波兰 Ruchow 市的一座桥梁设计中，最早出现过一个方案，将预应力索变成桥面上的体外索并用一个矮塔支撑，该设计方案并未实施。同年，瑞士人 Christian Menn 率先设计并建成了 174m 跨径的 Ganter 桥（图 19），称为索板桥（cable-panel bridge），其结构外形和受力原理很像后来的 extradosed bridge。

1982—1983 年，法国人 Jacques Mathivat 在 A64 公路跨越 Arret-Darre 河的梁桥设计中专门发明了一种崭新桥型，即用桥面上矮塔支撑的倾斜角度很小的体外索代替箱梁中的体内索，因为这种体外索将桥跨结构 extrados（法语的意思是外部或桥面上）连接起来，故将这种体外索称为 extradosed 索，将梁桥称为 extradosed 桥。Extradosed bridge 很难直译成中文，如果意译的话就是索辅梁桥或矮塔斜拉桥，必须强调的是除桥塔高度明显矮于斜拉桥外，体外索是连续通过矮桥塔的，而斜拉索是锚固在桥塔之上的。

1993年，按照Mathivat设计理念的索辅梁桥率先在葡萄牙Socorrides桥中得以实现，主跨106m（图20）。1994年，日本完全按照Mathivat索辅梁桥的设计理念，建成了主跨122m的小田原港桥（图21），由此开启了全世界索辅梁桥的建设高潮，其跨径也不断增长。1998年，同时建成了跨径140m的日本Shin-Karato桥和瑞士Sunniberg桥（图22）。1999年，菲律宾建成了跨径185m的Marcelo Fernan桥。2001年，日本同时建成了跨径271.5m的Ibigawa桥和跨径275m的Kisogawa桥（图23）。

图19　瑞士Ganter桥

图20　葡萄牙Socorrides桥

图21　日本小田原港桥

图22　瑞士Sunniberg桥

2001年，我国建成了第一座索辅梁桥——漳州备战大桥，主跨132m（图24）。2003年，建成了主跨136m的小西湖黄河大桥。2004年，建成了主跨150m的太原汾河桥。2007年，分别建成了主跨160m的柳州三门江大桥和主跨230m的荷麻溪大桥。2010年，建成了250m跨径的重庆嘉悦大桥（图25），这是我国跨度最大的索辅梁桥。目前，我国已经建成了100多座索辅梁桥，几乎占全世界总量的一半。2000年建成的芜湖长江大桥的主桥为（180+312+180）m的斜拉桥（图26），主梁采用14m高的钢桁架梁，下层铁路、上层公路，公路路面以上桥塔高度33.2m，塔高与主跨之比为1:9.4，稍大于一般索辅梁

图 23　日本 Kisogawa 桥

图 24　中国漳州备战大桥

图 25　重庆嘉悦大桥

图 26　芜湖长江大桥

桥之比 1∶10，但明显小于一般斜拉桥之比 1∶5。此外，斜拉索都是在桥塔上锚固的，所以一般称为部分斜拉桥或准索辅梁桥。

表 10 中收录了全世界已经建成的 18 座跨径超过 200m 的体外预应力索辅梁桥或部分斜拉桥，其中，中国桥梁有 9 座。

表 10　全世界跨径超过 200m 的体外预应力索辅梁桥

序号	桥名	跨径布置（m）	国家	建成时间（年）
1	芜湖长江大桥	180+312+180	中国	2000
2	Kisogawa 桥	160+3×275+160	日本	2001
3	Ibigawa 桥	157+4×271.5+157	日本	2001
4	浙江洪溪特大桥	150+265+150	中国	2020
5	重庆嘉悦大桥	64+2×75+145+250+245	中国	2010
6	泸州茜草长江大桥	128+248+128	中国	2012
7	Palau KB 新桥	82+247+82	帕劳	2002
8	Golden Ears 桥	121+3×242+121	加拿大	2009
9	荷麻溪大桥	125+230+125	中国	2007

续表

序号	桥名	跨径布置（m）	国家	建成时间（年）
10	新井口嘉陵江铁路桥	118+228+118	中国	2011
11	惠青黄河公路大桥	133+220+133	中国	2006
12	Tokunoyamahattoku 桥	140+220+140	日本	2006
13	Puente Barra Vieja 桥	30+40+90+220+90	墨西哥	2016
14	济阳黄河公路大桥	120+190+216+190+120	中国	2008
15	舟山三礁港大桥	120+2×210+115+30	中国	2009
16	江肇西江大桥	128+3×210+128	中国	2011
17	Ostró da 桥	132.5+2×206+132.5	波兰	2017
18	Kwidzyn 桥	70+130+2×204+130+70	波兰	2013

（二）拱式桥

古代桥梁所用材料多为木、石、藤、竹乃至皮革之类的天然材料，这些材料强度低，加上当时人们掌握的力学知识不多，所以古代桥梁一般跨度很小、断面很大，外形敦实。由于木、藤、竹、革类材料易腐蚀，能够保留至今的古代桥梁多为石桥，特别是石拱桥。

根据历史记载，石拱桥诞生于古埃及文明时期和古希腊文明时期，由于石拱桥被认为不适合作为纪念性建筑，所以较少被采用、保留至今者更少，特别是古埃及几乎找不到现存的古代石拱桥。世界上现存最古老的石拱桥是古希腊 Arkadiko 桥，建于公元前 1300 年左右，是一座跨越山谷的桥梁，用未经修缮过的干砌石砌成的单孔石拱桥，桥长 22m、宽 5.6m、高 4m。现有的考古发掘资料表明，中国古代拱桥的建造要比古希腊和古罗马晚数百年。公元前 282 年，中国有了最早的关于石拱桥的文字记载。考古发现，公元前 250 年周朝末期的墓穴中已有砖拱。中国的赵州桥建于隋朝开皇十五年（594 年），完成于隋朝大业元年（605 年），是全世界具有里程碑意义的拱桥，其敞肩式或空腹式理念的提出和实践开启了拱桥减轻重量、增大跨径的探索时代，同时也诞生了全世界第一个拱桥的跨度世界纪录。

拱桥主要承受压力，随着混凝土和钢材的出现，拱桥有了更多的抗压材料选择，跨度也越来越大。因此，按照近代开始的发展历史，拱桥可以分为石拱桥、钢结构拱桥、混凝土拱桥和钢管混凝土拱桥。

1. 石拱桥

在 19 世纪钢材和混凝土诞生之前，拱桥只能采用天然的建筑材料——石材，因此，古代拱桥几乎是清一色的石拱桥或砖拱桥。当钢材和混凝土开始应用于拱桥以后，石拱桥逐渐因自重大、跨越能力有限、支架施工、人工费用等原因而较少采用。然而，石拱桥在我国现代桥梁中还是占有相当高的比例，这是由于：一方面经济条件决定了无法拿出更多的钢材用于桥梁建设，特别是20世纪70年代之前；另一方面也是中国文化对于厚重感很强的石拱桥特别青睐，而对于修建大跨度石拱桥更是情有独钟。据不完全统计，全世界跨径大于100m的石拱桥无一例外都在中国。

20世纪50年代，我国已有3座100m跨径的石拱桥，分别是大柳树桥、重庆龚滩大桥和江津桥；60年代，我国修建了111m跨径的四川富顺沱江桥和112.5m跨径的云南长虹桥；70年代，我国先后修建了7座百米级石拱桥，即100m跨径的四川游渡河大桥、广西红都大桥和龙武大桥，102m跨径的河南愚公大桥，105m跨径的河南浒湾大桥和湖北通山新桥以及116m跨径的四川九溪沟大桥；80年代，修建了105m跨径的山西丹河大桥和108m跨径的四川胜利大桥；90年代，建成了105m跨径的湖北江坪河大桥、108m跨径的山西司庄一桥和120m跨径的湖南乌巢大桥（图27）；21世纪以来，先后建成了146m跨径的山西新丹河大桥（图28）和100m跨径的山西福晋大桥。19座全世界百米级石拱桥如表11所示。

表11 全世界百米级石拱桥（跨径≥100m）

序号	桥名	跨径（m）	建成时间（年）	地点	序号	桥名	跨径（m）	建成时间（年）	地点
1	龚滩大桥	100	1954	重庆	11	通山新桥	105	1977	湖北
2	大柳树桥	100	1959	天津	12	龙武桥	100	1979	广西
3	江津桥	100	1959	重庆	13	丹河大桥	105	1983	山西
4	长虹桥	112.5	1961	云南	14	胜利大桥	108	1989	四川
5	富顺沱江桥	111	1968	四川	15	江坪河大桥	105	1990	湖北
6	愚公大桥	102	1970	河南	16	乌巢大桥	120	1991	湖南
7	浒湾大桥	105	1972	河南	17	司庄一桥	108	1996	山西
8	九溪沟大桥	116	1972	四川	18	新丹河大桥	146	2000	山西
9	游渡河大桥	100	1973	四川	19	福晋大桥	100	2003	山西
10	红都大桥	100	1977	四川					

图27 湖南乌巢大桥　　　　图28 山西新丹河大桥

2. 钢拱桥

全世界第一座铸铁拱桥是英国的 Iron 桥，它是一座由 5 片半圆形铸铁拱肋并列组成的单跨铸铁拱桥，净跨径 30.5m，1779 年建成。这座铸铁拱桥的建成标志着西方用木石建造桥梁时代的终结。随着顶吹转炉炼钢方法的出现，钢材迅速成为一种造价低、产量大的结构材料。当欧洲还在大量修建铁拱桥的时候，美国已将钢材用于拱桥的建设。全世界第一座钢拱桥是 1874 年建成的 Eads 桥，位于美国圣路易斯市，是一座跨越密西西比河的公铁两用桥梁。

钢拱桥一出现就打破了拱桥跨度的世界纪录。随着大量廉价钢材的生产，再加上 Eads 桥成功建设的影响，钢拱桥跨度开始出现飞跃。1898 年，美国在尼亚加拉瀑布上建成了 Upper Steel 钢拱桥，跨度达到了创纪录的 256m；1916 年，美国纽约建成的 Hell Gate 桥（图 29），跨径再次打破世界纪录，达到 298m；1931 年，美国将钢拱桥的跨度跨越 300m 和 400m，提高到了 500m 以上，建成了跨度 504m 的 Bayonne 桥（图 30）；1932 年，澳大利亚建成了著名的悉尼港桥（图 31），虽然该桥在跨度上比 Bayonne 桥小 1m，但它还是以优美的造型和特殊的地理位置赢得了极大赞誉，并且还是世界最长、大桥梁中桥面最宽的一座，桥宽达 49m；1977 年，美国再次打破沉寂，建成了跨径 518m 的 New River Gorge 桥（图 32）。

图 29　美国纽约 Hell Gate 桥

图 30　美国 Bayonne 桥

图 31　澳大利亚悉尼港桥

图 32　美国 New River Gorge 桥

我国的钢拱桥建设经历了 20 世纪 80 年和 90 年代的探索与实践，在进入 21 世纪后，两次打破了钢拱桥跨度的世界纪录。2003 年建成的上海卢浦大桥是一座横跨上海黄浦江的大跨径钢箱拱肋中承式拱桥（图 33），主桥全长 750m，其中中跨为 550m，两个边跨为 100m；2009 年建成的重庆朝天门长江大桥是一座跨越长江的大跨度钢桁拱肋中承式拱桥（图 34），主桥全长 932m，其中中跨为 552m，两个边跨 190m。表 12 列出了公元 7 世纪以来曾创造跨径世界纪录的 18 座拱桥。

图 33　上海卢浦大桥　　　　图 34　重庆朝天门长江大桥

表 12　曾创造世界纪录的跨径拱桥

阶段	建成时间（年）	桥名	跨径（m）	材料	孔数	国家
古代石拱桥	605	赵州桥	37.5	石材	单孔	中国
	1300	Maddalena 桥	37.8	石材	多孔	意大利
	1341	Diable 桥	45	石材	单孔	意大利
	1356	Castelvecchio 桥	49	石材	多孔	意大利
	1377	Trezzo 桥（1416 年倒塌）	72	石材	单孔	意大利
	1479	Vieille-Brioude 桥	54	石材	单孔	法国
近代铁拱桥	1779	Iron 桥	30.5	铸铁	单孔	英国
	1796	Wearmouth 桥	72	铸铁	单孔	英国
	1877	Maria 桥	160	锻铁	单孔	葡萄牙
	1884	Garabit 桥	165	锻铁	单孔	法国
	1886	Dom Luís 桥	172.5	锻铁	单孔	葡萄牙
现代钢拱桥	1874	Eads 桥	158	钢桁	多孔	美国
	1898	Upper Steel 桥	256	钢桁	单孔	美国
	1916	Hell Gate 桥	310	钢桁	单孔	美国
	1931	Bayonne 桥	504	钢桁	单孔	美国
	1977	New River Gorge 桥	518	钢桁	单孔	美国
	2003	上海卢浦大桥	550	钢箱	三孔	中国
	2009	重庆朝天门长江大桥	552	钢桁	三孔	中国

钢拱桥的主要拱肋形式有两种，即钢箱拱肋和钢桁拱肋。目前钢箱拱肋拱桥的跨度纪录和钢桁拱肋拱桥的跨度纪录都由我国保持着，分别是2003年建成的上海卢浦大桥和2009年建成的重庆朝天门长江大桥。此外，我国还有6座跨度超过400m的大跨度钢拱桥，分别是重庆菜园坝长江大桥、广州新光大桥、巫山大宁河大桥、宁波明州甬江大桥、肇庆西江铁路桥和成贵高铁鸭池铁路桥。国外400m以上跨度的钢拱桥共有3座，都是钢桁拱肋拱桥，分别是美国的Bayonne桥和New River Gorge桥以及澳大利亚的Sydney Harbor桥。目前，全世界共有400m跨径以上的大跨度钢拱桥12座，如表13所示。

表13 全世界跨径超过400m的钢拱桥

序号	桥名	跨径（m）	结构形式	矢跨比	拱肋形式	宽（m）	建成时间（年）	国家
1	重庆朝天门长江大桥	552	中承式	1：4.3	钢桁拱肋	30	2009	中国
2	上海卢浦大桥	550	中承式	1：5.5	钢箱拱肋	30	2003	中国
3	New River Gorge	518	上承式	1：5	钢桁拱肋	21.1	1977	美国
4	Bayonne	504	中承式	1：6.6	钢桁拱肋	26	1931	美国
5	Sydney Harbor	503	中承式	1：4.7	钢桁拱肋	48.8	1932	澳大利亚
6	宁波明州甬江大桥	450	中承式	1：5	钢箱拱肋	45.8	2011	中国
7	肇庆西江铁路桥	450	中承式	1：4	钢箱拱肋	20	2012	中国
8	官塘大桥	450	中承式	1：4.5	钢箱拱肋	39.5	2018	中国
9	成贵高铁鸭池铁路桥	436	中承式	1：3.8	钢桁拱肋	20	2019	中国
10	广州新光大桥	428	中承式	1：4	钢箱拱肋	37.6	2008	中国
11	菜园坝长江大桥	420	中承式	1：3.7	钢桁拱肋	30.5	2007	中国
12	巫山大宁河大桥	400	上承式	1：5	钢桁拱肋	24.5	2009	中国

3. 混凝土拱桥

1759年波特兰水泥问世后，混凝土作为一种新的建筑材料开始应用于拱桥中，但是直到1875年才建成了第一座用混凝土浇注主拱肋的拱桥。1911年，意大利建成了首座跨径超过100m的混凝土拱桥——Risorgimento桥（图35）。1930年，瑞士开创了混凝土空腹式拱桥的先河，建成了90m跨径的Salginatobel桥。

1930年，法国建成了著名的Plougastel桥，该桥为180m跨径的公铁两用混凝土箱拱桥，主梁采用上层公路和下层铁路的混凝土桁架梁，是当时最大跨径的混凝土拱桥。此后，混凝土拱桥的跨径逐步增长。1942年建成了跨径为210m的西班牙Martín Gil高架桥，该桥采用劲性骨架和节段浇注施工方法。1943年，瑞典的Sando桥将混凝土拱桥的跨径纪录一下子提高到264m，并保持跨径纪录达20年之久。1963年，葡萄牙建成了270m跨径的Arrabida桥，并打破瑞典Samdo桥的跨径纪录。1964年，澳大利亚的Gladesville桥使得混凝土拱桥的跨径突破了300m，达到305m。1980年，克罗地亚建成了KRK大桥（图36），该桥总长1430m，由跨径为416m的一号桥和244m的二号桥组成，两座桥均为钢筋混凝土拱桥，该桥不但跨径大，而且宽跨比非常小。

图35　意大利Risorgimento桥　　　　　图36　克罗地亚KRK大桥

我国大跨度混凝土拱桥建设起步较晚，直到1985年混凝土拱桥——四川涪陵乌江大桥的跨径才超越200m，比欧洲晚了40多年。但此后我国大跨度混凝土拱桥建设迅速发展，分别于1990年建成了240m跨径的四川宜宾小南门桥，1995年建成了330m跨径的贵州江界河大桥。1999年，我国建成了420m跨径的混凝土拱桥——万县长江大桥（图37），创造了混凝土拱桥跨径世界纪录。2012年，我国又建成了445m跨径的混凝土拱桥——沪昆铁路北盘江大桥，创造并保持着混凝土拱桥跨径的世界纪录。目前，全世界共有300m以上跨径的混凝土拱桥12座，如表14所示。

图37　万县长江大桥

表 14 全世界跨径超过 300m 的混凝土拱桥

序号	桥名	跨径（m）	结构形式	矢跨比	拱肋截面	宽（m）	建成时间（年）	国家
1	沪昆高铁北盘江大桥	445	上承式	1:5.0	单箱三室	20	2016	中国
2	万县长江大桥	420	上承式	1:5.0	单箱三室	24	1997	中国
3	云桂铁路南盘江大桥	416	上承式	1:5.0	单箱三室	20	2016	中国
4	KRK 大桥	390	上承式	1:6.5	单箱三室	11.4	1980	克罗地亚
5	Almonte 河铁路桥	384	上承式	1:6.0	单箱三室	20	2016	西班牙
6	渝黔铁路夜郎河特大桥	370	上承式	1:5.0	单箱三室	20	2018	中国
7	昭化嘉陵江大桥	364	上承式	1:5.0	单箱三室	24	2012	中国
8	江界河大桥	330	上承式	1:6.0	单箱三室	13.4	1995	中国
9	Tajo 铁路桥	324	上承式	1:6.0	单箱三室	18	2019	西班牙
10	M. O'Callaghan-P. Tillman 纪念桥	323	上承式	1:3.8	双箱单室	37	2010	美国
11	广西邕江大桥	312	中承式	1:6.0	双箱单室	18.9	1996	中国
12	Gladesville 桥	305	上承式	1:7.4	四箱拱肋	27	1964	澳大利亚

4. 钢管混凝土拱桥

全世界最早的钢管混凝土拱桥出现在苏联。1937 年，苏联列宁格勒用集束的小直径钢管混凝土作为拱肋，建造了横跨涅瓦河的 101m 跨径中承式钢管混凝土拱桥。1939 年，又在西伯利亚依谢季河上建造了 140m 跨径的上承式钢管混凝土铁路拱桥。此后，日本也曾修改了几座钢管混凝土拱桥，但是跨径都不大。

我国第一座钢管混凝土拱桥——四川旺苍东河桥于 1990 年建成，跨径达 115m（图 38），是我国在钢管混凝土结构理论研究与实际应用方面的一次突破。由于钢管混凝土结构在桥梁上的应用同时解决了拱桥高强度材料应用和施工两大难题，钢管混凝土拱桥在我国得到了迅速发展和推广。1995 年建成了 200m 跨径的广东南海三山西大桥，2000 年建成了 360m 跨径的广州丫髻沙大桥，2005 年建成了 460m 跨径的四川巫山长江大桥，2013 年又建成了 518m 跨径的四川合江长江一桥，2020 年年底建成了 575m 跨径的广西平南三桥，创造了拱桥跨径的世界纪录。目前，全世界共有 300m 以上跨径的钢管混凝土拱桥 17 座，均在我国，如表 15 所示。

表 15　全世界跨径超过 300m 的钢管混凝土拱桥

序号	桥名	跨径（m）	结构形式	矢跨比	拱肋截面	管径（m）	建成时间（年）	地点
1	平南三桥	575	中承式	1：4.5	四管桁式	1.32	2020	广西
2	秭归长江一桥	531	中承式	1：4.5	四管桁式	1.32	2019	湖北
3	合江长江一桥	530	中承式	1：4.5	四管桁式	1.32	2013	四川
4	巫山长江大桥	460	中承式	1：3.8	四管桁式	1.22	2005	重庆
5	大小井大桥	450	上承式	1：4.5	四管桁式	1.20	2019	贵州
6	支井河大桥	430	上承式	1：5.5	八管桁式	1.20	2008	湖北
7	莲城大桥	400	中承式	1：5.2	四管桁式	1.20	2007	湖南
8	大宁河大桥	400	中承式	1：5.2	四管桁式	1.20	2010	重庆
9	湘潭湘江四桥	400	中承式	1：5.2	六管桁式	0.85	2010	湖南
10	茅草街大桥	368	中承式	1：5.0	四管桁式	1.00	2006	湖南
11	广州丫髻沙大桥	360	中承式	1：4.5	六管桁式	0.75	2000	广东
12	杭瑞高速总溪河特大桥	360	中承式	1：5	四管桁式	1.20	2015	贵州
13	小河大桥	338	上承式	1：5	六管桁式	1.10	2008	湖北
14	黄山太平湖大桥	336	中承式	1：4.9	双管哑铃	1.28	2006	安徽
15	马滩红水河大桥	336	中承式	1：4.5	四管桁式	1.20	2018	广西
16	南宁永和大桥	335	中承式	1：4.5	双管哑铃	1.22	2004	广西
17	淳安南浦大桥	308	中承式	1：5.5	四管桁式	0.85	2003	浙江

图 38　四川旺苍东河桥

（三）斜拉桥

斜拉桥是四种桥型（梁式桥、拱式桥、斜拉桥和悬索桥）中最年轻的桥型，虽然斜拉索支撑桥梁的概念已有400多年的历史，但是，第一座现代斜拉桥的出现只有60多年。现代斜拉桥的发展得益于德国和意大利的开创、法国和日本的拓展、北美地区的推广以及中国和俄罗斯的赶超。斜拉桥借助斜拉索弹性支撑主梁，具有良好的跨越能力，在60多年的时间里，其跨度纪录被刷新了10多次，并且已经突破了千米，成为跨度仅次于悬索桥的大跨度桥型。

1. 德国和意大利的开创

现代斜拉桥主要得益于德国工程师的开创性工作，其中尤以Franz Dischinger教授的贡献为先。1938年，Dischinger教授在针对跨越汉堡易北河的桥梁设计中提出了主跨750m的斜拉和缆索协作体系方案，虽然他的方案最终没有被采纳，但无疑为后来设计纯斜拉桥奠定了基础。1956年，他设计的位于瑞典的Strömsund桥（图39）建成通车，该桥采用的是悬索桥常用的三跨体系，中跨182.6m、两个边跨各74.7m，两组斜拉索完全按照扇形体系从塔顶呈放射状布置，索塔为门式塔，两根立柱竖直布置在主梁两侧，加劲梁是两片位于索面外侧的钢板梁，方便将拉索锚具隐藏于板梁内，被公认为全世界第一座现代斜拉桥。

1957年，德国教授Fritz Leonhardt设计建成了德国第一座斜拉桥——Theodor-Heuss桥（图40），将斜拉桥的主跨和边跨分别提高到260m和108m，这座桥梁的顺利建成清晰地释放出斜拉桥巨大跨越潜力的信号，鼓舞了全世界后续几十年斜拉桥的发展。1959年，Fritz Leonhardt又在科隆设计建成了Severins桥，该桥只用一个桥塔就将非对称布置的主跨增大到302m，并首次采用横向刚度较大的A形索塔，实际上已经具备建造600m跨度的双塔斜拉桥的能力。1962年和1965年，德国又相继建成了Norderelbe桥和Leverkusen桥，虽然这两座桥的跨径不算最大，但都率先采用单索面体系，而且后者的斜拉索首次布置成竖琴式。随着电子计算机求解高次超静定问题的解决，具有明显受力优势的密索体系斜拉桥开始在德国率先出现，包括1967年建成的单索面Friedrich Ebert桥和1974年建成的双索面Köhlbrand桥。密索体系斜拉桥的出现，为此后斜拉桥跨度的迅速增长做好了充分的准备。

除德国工程师对现代斜拉桥的开创性贡献，意大利工程师Riccardo Morandi和Fabrizio

图39　瑞典Strömsund桥　　　　图40　德国Theodor-Heuss桥

de Miranda 也是现代斜拉桥的先驱，Riccardo Morandi 设计建成了第一座多跨斜拉桥——委内瑞拉 Maracaibo 桥（图 41）、意大利四跨斜拉桥——Polcevera 高架桥、当时世界最大跨度混凝土梁斜拉桥——利比亚 Wadi el Kuf 桥等；Fabrizio de Miranda 设计建成了最大跨度 280m 的阿根廷 Zárate-Brazo Largo 桥、第一座外锚式斜拉桥——意大利 Indiano 桥、西班牙 Rande 桥（图 42），并提出墨西拿海峡大桥 1300m 跨度斜拉桥设计方案。

图 41　委内瑞拉 Maracaibo 桥

图 42　西班牙 Rande 桥

2. 法国和日本的拓展

直到 20 世纪 70 年代中期，现代斜拉桥的开创性工作大都由德国工程师主导，并主要发生在德国，但在随后的时间里，现代斜拉桥的建设活动开始遍及世界各地，其中法国和日本对现代斜拉桥的拓展特别是跨度的拓展起到了积极的推动作用。

1974 年，法国建成了跨度 404m 的 Saint-Nazaire 桥（图 43），这是世界上首座跨度突破 400m 的斜拉桥，从而创造了斜拉桥跨度新的世界纪录。1977 年，法国又建成了跨度 320m 的混凝土梁斜拉桥——Brotonne 桥，这又是一个混凝土梁斜拉桥跨度的世界纪录。法国在短短 3 年的时间连续刷新了两项斜拉桥跨度的世界纪录，标志着斜拉桥跨度的增长迈开了新的步伐。1995 年，法国工程师将斜拉桥跨度的世界纪录提高到了 856m，建成了 Normandie 桥（图 44）。

图 43　法国 Saint-Nazaire 桥

图 44　法国 Normandie 桥

早在20世纪50年代后期，日本就开始建设斜拉桥，但是并无特色，直到1976年才建成了特色鲜明的斜拉桥——双层桥面主跨220m的神户六甲桥。此后，又相继建成两座主跨420m的双层桥面斜拉桥——岩黑岛桥和柜石岛桥。1989年和1992年，日本再次采用双层桥面构造，建成了主跨460m的横滨港湾桥和主跨484m的东神户桥，前者只比当时斜拉桥跨度世界纪录少5m，而后者又不如1991年建成的日本490m跨度的Iguchi桥和挪威530m跨度的Skarnsund桥。1999年，日本建成了跨世纪的世界纪录跨度斜拉桥——890m跨度的多多罗桥（图45）。

图45　日本多多罗桥

3. 北美地区的推广

斜拉桥在北美地区的推广始于20世纪60年代末，与法国和日本相似，除了斜拉桥在美国和加拿大的推广外，也取得了一些跨度上的拓展，例如，混凝土主梁斜拉桥和钢与混凝土结合梁斜拉桥都曾创造跨度世界纪录。

1969年，在加拿大蒙特利尔建成了北美洲第一座斜拉桥——Papineau桥，主跨241m，采用仅有两对的中央单索面和钢箱梁正交异性桥面。随后，在美国建成了一系列混凝土主梁斜拉桥，其中包括1978年建成的跨越哥伦比亚河的Pasco-Kennewick桥、1985年建成的独塔主跨274m的East Huntington桥（独塔斜拉桥跨度世界纪录）（图46）、1989年建成的主跨396m的Dames Point桥（混凝土斜拉桥跨度世界纪录）和1994年建成的伊利诺斯州Clark桥。

图46　美国East Huntington桥

钢与混凝土结合梁斜拉桥第一次在北美地区采用，就打破了斜拉桥跨度的世界纪录，即1986年建成的加拿大465m的Alex Fraser桥；1987年，在美国佛罗里达州建成了著名的Sunshine Skyway桥，是一座通航孔主跨366m的结合梁斜拉桥。20世纪90年代，美国艾奥瓦州和得克萨斯州相继建成了两座结合梁斜拉桥——Burlington桥和Fred Hartman桥。目前，北美地区最大跨度的斜拉桥是2012年建成的墨西哥Baluarte桥，主跨520m。

4. 中国和俄罗斯的赶超

中国和俄罗斯的斜拉桥建设起步较晚，从20世纪70年代开始，基于德国和意大利工程师的开创性贡献与法国和日本工程师的拓展性成就，开始了现代斜拉桥的建设和赶超，并且很快在建桥数量方面取得了国际领先优势,在建设技术方面赶上了国际先进水平,在桥梁跨度方面超越了多项世界纪录。

我国斜拉桥技术研发和项目建设始于20世纪70年代,从1975—1977年,先后建成了重庆云阳大桥(主跨75.8m)、上海新五桥(主跨54m)和青岛大沽河桥(主跨104m)三座试验性的桥梁。1982年建成的上海泖港大桥主跨达到200m,经过多年的技术引进、研发以及工程实践,终于在1991年由中国工程师自主建成了主跨423m的钢与混凝土结合梁斜拉桥——上海南浦大桥(图47),这一跨度位列当时世界斜拉桥跨度第三。上海南浦大桥自主建设的成功,极大地鼓舞了中国桥梁工程界的士气,并由此掀起了自主建设斜拉桥的高潮。1993年,又一座结合梁斜拉桥建成,而且创造了跨度世界纪录,这就是602m跨度的上海杨浦大桥。随后,在2001年和2005年将斜拉桥的跨度推进到628m的南京长江二桥和648m的南京长江三桥。2008年,再次创造了斜拉桥跨度的世界纪录,建成了1088m的苏通长江大桥(图48)。2009年和2010年又相继建成了1018m的香港昂船洲大桥和926m的鄂东长江大桥。2020年建成的1092m跨径的沪苏通长江公铁大桥是我国目前跨度最大的斜拉桥,而且是一座公铁两用桥梁。

图47 上海南浦大桥　　图48 苏通长江大桥

我国不仅曾经两次创造了斜拉桥跨度的世界纪录,还创造了其他几项斜拉桥跨度的世界纪录,例如,2002年建成的500m跨度的荆州长江大桥是全世界最大跨度的混凝土梁斜拉桥,2008年建成的504m跨度的武汉天兴洲长江大桥是全世界最大跨度的铁路斜拉桥,2011年建成的2×616m跨度的武汉二七长江大桥是全世界最大跨度的多塔斜拉桥,2020年建成的1092m跨度的沪苏通长江公铁大桥是全世界最大跨度的公铁两用斜拉桥。此外,从第一座400m以上跨度的斜拉桥——上海南浦大桥建成至今,我国已经建成了64座400m以上跨度的斜拉桥,占全世界123座的52%;600m以上跨度的斜拉桥26座,占全世界33座的79%;800m以上跨度的斜拉桥7座,占全世界11座的64%;1000m以上跨度的斜拉桥全世界共4座,3座在中国。因此,我国已经成为名副其实的大跨度斜拉桥建设的大国。

俄罗斯斜拉桥的建设稍晚于中国，数量上也少得多，但是，他们在独塔斜拉桥建设方面独树一帜。2000年，在西伯利亚建成了408m跨度的独塔斜拉桥——Surgut桥（图49），创造了独塔斜拉桥跨度的世界纪录；2007年，又在莫斯科建成了410m跨度的独塔斜拉桥——Zhivopisny桥，这座桥的桥塔结构很特别，是一个横向的钢桁架拱。2012年，为了在远东符拉迪沃斯托克地区举办APEC会议，修建了连接Russky岛的两座大跨度斜拉桥，即1104m跨度的Russky大桥（图50）和737m跨度的Zolotoy大桥，前者创造并保持着斜拉桥跨度的世界纪录。

5. 世界纪录跨度斜拉桥

斜拉桥跨度的世界纪录可以分成两个阶段。第一个阶段是早期斜拉桥，从1595年Fausto Veranzio提出斜拉索支撑桥梁概念开始

图49　俄罗斯Surgut桥

一直到1955年Franz Dischinger设计的第一座现代斜拉桥——Strömsund桥建成之前，早期斜拉桥的主要特征是两种缆索共同支撑桥面，且斜拉索采用普通钢材，因此跨度较小

图50　俄罗斯Russky桥

（跨径＜80m），目前有历史记载并幸存至今的两座最早的斜拉桥跨度纪录是1890年建成的30.5m跨度Barton Creek桥和1891年建成的43m跨度Bluff Dale桥，此后又有4座早期斜拉桥创造了跨度世界纪录。

第二个阶段是现代斜拉桥，其主要特征是斜拉索独立支撑桥面，且拉索采用高强度低松弛钢丝，因此跨度增长很快，从1955年建成的182m跨度Strömsund桥到2012年建成的1104m跨度Russky大桥，中间还有12座斜拉桥曾经创造了跨度的世界纪录。其中，前4座都在德国，从1957年的260m跨度到1971年的350m跨度；中间5座分别在法国、西班牙、加拿大、日本和挪威，跨度从1974年的404m到1991年的530m；后4座分别是602m的中国杨浦大桥、856m的法国诺曼底桥、890m的日本多多罗桥和1088m的中国苏通长江大桥。表16列出了19世纪以来曾创造跨度世界纪录的21座斜拉桥。

表16 曾创造世界纪录的跨径斜拉桥

阶段	建成时间（年）	桥名	跨径（m）	拉索	主梁	桥塔	国家
早期	1890	Barton Creek桥	30.5	普通钢	铁桁架	铸铁	美国
	1891	Bluff Dale桥	43	普通钢	铁桁架	铸铁	美国
	1914	Kaihihi Stream桥	52	普通钢	木梁	铸铁	新西兰
	1922	Tauranga桥	58	普通钢	木梁	木桁架	新西兰
	1926	Tempul渡槽桥	60	普通钢	混凝土	混凝土	西班牙
	1952	Donzère-Mondragon	81	普通钢	混凝土	混凝土	法国
现代	1955	Strömsund桥	182	高强钢	钢板梁	钢塔	瑞典
	1957	Theodor Heuss桥	284	高强钢	钢箱梁	钢塔	德国
	1959	Severin桥	302	高强钢	钢箱梁	钢塔	德国
	1969	Kniebrücke桥	319	高强钢	钢箱梁	钢塔	德国
	1971	Duisburg-Neuenkamp	350	高强钢	钢箱梁	钢塔	德国
	1974	Saint-Nazaire桥	404	高强钢	钢箱梁	钢混塔	法国
	1983	Barrios de Luna桥	440	高强钢	混凝土	混凝土	西班牙
	1986	Alex Fraser桥	465	高强钢	结合梁	混凝土	加拿大
	1991	Iguchi桥	490	高强钢	钢箱梁	钢塔	日本
	1991	Skarnsund桥	530	高强钢	混凝土	混凝土	挪威
	1993	杨浦大桥	602	高强钢	结合梁	混凝土	中国
	1995	诺曼底大桥	856	高强钢	混合梁	混凝土	法国
	1999	多多罗大桥	890	高强钢	钢箱梁	钢塔	日本
	2008	苏通长江大桥	1088	高强钢	钢箱梁	混凝土	中国
	2012	Russky大桥	1104	高强钢	钢箱梁	混凝土	俄罗斯

（四）悬索桥

悬索桥起源于中国，已经有2300多年的历史。最早的索桥是以竹、藤、麻等天然材料制索的，因此跨径都不是很大，一般在60m左右，随着天然材料制索水平的提高，竹藤索桥的跨度也有了进一步的增长。据记载，我国古代最大跨度的竹藤索桥是跨度达到140m的四川盐源县的打冲河桥，该桥是用竹子制索的，也称竹索桥。始建于北宋淳化元年（990年）的四川灌县（今都江堰市）的安澜桥是世界上第一座多跨（并列）索桥，安澜桥长340m，全桥共分8孔，最大孔跨径达61m。由天然材料制索过渡到铸铁材料制索并没有经历太长的时间，最早的铁索桥上的索是用铁链制成的，而链始见于青铜器，从铜链到铁链的材料过渡为铁索桥提供了形式、材料与技术上的可能性。中国最早的铁索桥是陕西省留坝县樊河桥、云南省景东县兰津桥和保山市霁虹桥。

欧洲从1595年开始提出了建造悬索桥的设想，1665年徐霞客的《铁索桥记》详细描述了建于明崇祯四年（1631年）贵州安南县的北盘江铁索桥，1667年法国传教士Kircher出版《中国奇迹览胜》，书中介绍了中国铁索桥。李约瑟博士曾经指出：这两本书直接启发了西方人建造铁索桥的尝试。18世纪中期，欧美等国开始出现用铁链制成的悬索桥，最大跨度只有几十米。英国分别在1817年和1820年建成了Dryburgh Abbey桥和联合大桥，后者跨度达到137m。法国在1821年建成了第一座铁索桥，德国和俄国也在1824年分别建成了第一座铁索桥。1826年，英国建成了最大跨度的铁索桥——177m的Menai桥。1864年，英国又建成了史上最大跨度的铁链悬索桥——Clifton桥，该桥的跨度是214m（图51）。

图51 英国Clifton桥

近代悬索桥则是以铁丝或钢丝作为主缆索。1816年，美国在费城用铁丝制成主缆索，建成了第一座近代悬索桥——Schuylkill瀑布人行桥，主跨达到124m，从而揭开了近代悬索桥发展的序幕，也为美国悬索桥发展奠定了基础。尽管欧洲在大跨径悬索桥建设方面前期有一定优势，例如瑞士1834年建成了当时最大跨径的悬索桥——237m跨径的Grand Pont桥，但是，美国在1849年、1866年和1869年三度刷新了悬索桥跨径的世界纪录，建成308m的Wheeling桥、322m的John A. Roebling桥和384m的Niagara Clifton桥。此外，1855年美国建成的Niagara瀑布桥（图52）的跨度虽然没有创造世界纪录（只有250m），但是它开创了两个先例：首座采用空中纺线法（Air Spinning）施工主缆的悬索桥和首座采用双层桥面承受铁路和公路荷载的悬索桥。1883年，在美国纽约建成了跨径486m的悬索桥Brooklyn大桥（图53），该桥具备现代悬索桥的全部优点，从而被称为第一座现代悬索桥，并由此揭开了悬索桥跨径不断增长的激烈竞争，而在这一征程中，美国独领了130多年的悬索桥跨径世界纪录的风骚。

图52 美国Niagara瀑布桥　　图53 美国Brooklyn桥

1. 世界纪录跨径悬索桥

悬索桥跨度的世界纪录可以分成三个阶段，第一个阶段是古代悬索桥发展阶段，从远古时代一直到Menai桥建成，古代悬索桥的主要特征是以铁链为主要承重构件的跨度较小（跨径＜200m）的悬索桥，目前有历史记载的100m以上的铁链悬索桥是建于1705年的中国泸定桥；第二个阶段是近代悬索桥发展阶段，从1834年建成的Grand Pont Suspendu桥到1929年建成的Ambassador桥，近代悬索桥的主要特征是以钢丝编制主缆为主要承重构件的跨度中等（200m＜跨径＜600m）的悬索桥，在近100年的近代悬索桥发展中，共诞生了9个世界纪录，平均每次增大了43m；第三个阶段是现代悬索桥发展阶段，从1931年建成的George Washington桥到1998年建成的明石海峡大桥，现代悬索桥的主要特征是多索股主缆方便施工的大跨度（1000m＜跨径＜2000m）的悬索桥，悬索桥跨径从1000m增大到接近2000m。

在悬索桥跨度世界纪录发展的第三个阶段，终于建成了人类历史上第一座跨度破千米的悬索桥——1067m 跨径的 George Washington 桥。1937 年跨径 1280m 的金门大桥横空出世，并保持悬索桥跨径世界纪录达 27 年之久。1964 年，美国建成了跨径 1298m 的 Verrazano Narrows 桥。1981 年，英国打破了美国人垄断悬索桥世界纪录 130 多年的历史，创造了新的悬索桥跨径世界纪录——1410m 跨径的 Humber 桥。1998 年，在丹麦建成了 1624m 的 Storebælt East 桥（图 54），在日本建成了 1991m 的明石海峡桥（图 55）。表 17 列出了 18 世纪以来曾创造跨径世界纪录的 19 座悬索桥。

图 54　丹麦 Storebælt East 桥　　　　图 55　日本明石海峡桥

表 17　曾创造世界纪录的跨径悬索桥

阶段	建成时间（年）	桥名	跨径（m）	主缆	主梁	索塔	国家
古代	1705	泸定桥	100	铁链	简易梁	石材	中国
	1816	Schuylkill 瀑布人行桥	124	铁丝	简易梁	石材	美国
	1820	Union 桥	137	铁链	铁板梁	石材	英国
	1826	Menai 桥	176	铁链	铁板梁	石材	英国
近代	1834	Grand Pont Suspendu 桥	237	钢丝	铁板梁	石材	瑞士
	1849	Wheeling 桥	308	钢丝	铁板梁	石材	美国
	1866	John A. Roebling 桥	322	AS 法	铁桁梁	石材	美国
	1869	Niagara Clifton 桥	384	AS 法	铁桁梁	石材	美国
	1883	Brooklyn 桥	486	AS 法	铁桁梁	石材	美国
	1903	Williamsburg 桥	488	AS 法	钢桁梁	钢材	美国
	1924	Bear Mountain 桥	497	AS 法	钢桁梁	钢材	美国
	1926	Benjamin Franklin 桥	533	AS 法	钢桁梁	钢材	美国
	1929	Ambassador 桥	564	AS 法	钢桁梁	钢材	美国

续表

阶段	建成时间（年）	桥名	跨径（m）	主缆	主梁	索塔	国家
现代	1931	George Washington 桥	1067	AS 法	钢桁梁	钢材	美国
	1937	Golden Gate 桥	1280	AS 法	钢桁梁	钢材	美国
	1964	Verrazano Narrows 桥	1298	AS 法	钢桁梁	钢材	美国
	1981	Humber 桥	1410	AS 法	钢箱梁	混凝土	英国
	1998	Storebælt East 桥	1624	AS 法	钢箱梁	混凝土	丹麦
	1998	明石海峡桥	1991	PPWS	钢桁梁	钢材	日本

2. 中国大跨径悬索桥

中国从公元前250年起就有古代悬索桥的建设记录，是悬索桥的发源地，在早期的竹藤索桥和以铁链为主索的古代铁索桥建设技术方面一直处于世界领先水平，并持续到18世纪末。从19世纪初以铁丝和钢丝为主索的近代悬索桥开始，中国的悬索桥技术开始慢慢落后于欧美等国。中华人民共和国成立后，在前40年的桥梁建设中，共建成了70多座悬索桥，但工程规模都比较小、结构形式也相对简单、跨径更是不足400m，唯一跨径超过400m的是1984年建成的西藏达孜桥，主跨500m，桥宽4m，该桥是以人行桥梁来设计的，目前允许2t以下的小型车辆通行。

20世纪90年代，在成功建设现代斜拉桥经验的鼓舞下，中国大跨度现代悬索桥建设揭开了历史性的篇章。作为中国第一座现代悬索桥——汕头海湾大桥（图56）采用混凝土加劲梁，三跨连续桥面布置为（154+452+154）m，该桥于1994年建成，成为世界最大跨径的混凝土加劲梁悬索桥。1996年建成了主跨900m的西陵长江大桥。1997年相继建成了888m的虎门珠江大桥和450m的丰都长江大桥，后者是中国第一座钢桁加劲梁悬索桥。1999年相继建成了648m的厦门海沧大桥和1385m的江阴长江公路大桥（图57），后者是中国自主建成的第一座超千米悬索桥，凝聚着几代中国桥梁人的梦想，是中国现代桥梁发展的重要里程碑。

图 56　汕头海湾大桥

图 57　江阴长江公路大桥

进入21世纪后，中国建设大跨度悬索桥的进程加快，前10年不但在数量上平均每年建成一座大跨度悬索桥，而且在桥梁跨径上实现了两次突破，即2005年建成了1490m的润扬长江大桥和2009年建成了1650m的舟山西堠门大桥（图58）；在21世纪的第二个10年，相继建成了1688m跨径的南沙大桥坭洲水道桥和1700m跨径的武汉杨泗港长江大桥。表18列出了中国已经建成的50座500m以上的最大跨径悬索桥。

图58 舟山西堠门大桥

表18 中国跨径超过500m的悬索桥

序号	建成时间（年）	桥名	跨径（m）	主缆	主梁	索塔	地点
1	1984	西藏达孜桥	500	钢丝	钢桁梁	混凝土	西藏
2	1996	西陵长江大桥	900	PPWS	钢箱梁	混凝土	湖北
3	1997	虎门珠江大桥	888	PPWS	钢箱梁	混凝土	广东
4	1997	香港青马大桥	1377	AS法	钢桁梁	混凝土	香港
5	1999	厦门海沧大桥	648	PPWS	钢箱梁	混凝土	福建
6	1999	江阴长江公路大桥	1385	PPWS	钢箱梁	混凝土	江苏
7	2000	重庆鹅公岩大桥	600	PPWS	钢箱梁	混凝土	重庆
8	2001	忠县长江大桥	560	PPWS	钢桁梁	混凝土	四川
9	2001	宜昌长江大桥	960	PPWS	钢箱梁	混凝土	湖北
10	2004	万州长江大桥	580	PPWS	钢桁梁	混凝土	四川
11	2005	润扬长江大桥	1490	PPWS	钢箱梁	混凝土	江苏
12	2007	阳逻长江大桥	1280	PPWS	钢箱梁	混凝土	湖北
13	2008	黄埔珠江大桥	1108	PPWS	钢箱梁	混凝土	广东
14	2009	湖北四渡河大桥	900	PPWS	钢桁梁	混凝土	湖北
15	2009	北盘江大桥（沪昆高速）	636	PPWS		混凝土	贵州
16	2009	贵州坝陵河大桥	1088	PPWS	钢箱梁	混凝土	贵州
17	2009	舟山西堠门大桥	1650	PPWS	钢箱梁	混凝土	浙江
18	2010	鱼嘴两江大桥	636	PPWS	钢箱梁	混凝土	重庆
19	2012	南溪长江大桥	830	PPWS	钢箱梁	混凝土	四川

续表

序号	建成时间（年）	桥名	跨径（m）	主缆	主梁	索塔	地点
20	2012	南京栖霞山长江大桥	1418	PPWS	钢箱梁	混凝土	江苏
21	2012	矮寨大桥	1176	PPWS	钢桁梁	混凝土	湖南
22	2012	泰州长江大桥	1080×2	PPWS	钢箱梁	混凝土	江苏
23	2013	澧水大桥	856	PPWS	钢桁梁	混凝土	湖南
24	2013	青草背长江大桥	788	PPWS	钢箱梁	混凝土	重庆
25	2013	刘家峡黄河大桥	536	PPWS	钢桁梁	混凝土	甘肃
26	2013	马鞍山长江公路大桥	1080×2	PPWS	钢箱梁	混凝土	安徽
27	2014	武汉鹦鹉洲长江大桥	850×2	PPWS	钢混结合	混凝土	湖北
28	2015	普立大桥	628	PPWS	钢箱梁	混凝土	云南
29	2015	官山大桥	580	PPWS	钢箱梁	混凝土	浙江
30	2015	抵母河大桥	538	PPWS	钢桁梁	混凝土	贵州
31	2015	清水河大桥（贵瓮高速）	1130	PPWS	钢桁梁	混凝土	贵州
32	2016	至喜长江大桥	838	PPWS	钢混结合	混凝土	湖北
33	2016	新葫芦口大桥	656	PPWS	钢桁梁	混凝土	云南
34	2016	几江长江大桥	600	PPWS	钢箱梁	混凝土	重庆
35	2016	龙江大桥	1196	PPWS	钢箱梁	混凝土	云南
36	2017	寸滩长江大桥	880	PPWS	钢箱梁	混凝土	重庆
37	2017	金东大桥	730	PPWS	钢桁梁	混凝土	云南
38	2017	驸马长江大桥	1050	PPWS	钢箱梁	混凝土	重庆
39	2018	笋溪河大桥	660	PPWS	钢桁梁	混凝土	重庆
40	2018	鹅公岩轨道专用长江大桥	600	PPWS	钢箱梁	混凝土	重庆
41	2018	洞庭湖大桥（杭瑞高速）	1480	PPWS	桁板结合	混凝土	湖南
42	2018	兴康大桥（雅康高速）	1100	PPWS	钢桁梁	混凝土	四川
43	2019	秀山大桥	926	PPWS	钢箱梁	混凝土	浙江
44	2019	武汉杨泗港长江大桥	1700	PPWS	钢桁梁	混凝土	湖北
45	2019	南沙大桥坭洲水道桥	1688	PPWS	钢箱梁	混凝土	广东
46	2019	南沙大桥大沙水道桥	1200	PPWS	钢箱梁	混凝土	广东
47	2019	赤水河红军大桥	1200	PPWS	钢桁梁	混凝土	贵州
48	2020	肇云大桥	738	PPWS		混凝土	广东
49	2020	涛源金沙江大桥	636	PPWS	钢箱梁	混凝土	云南
50	2020	五峰山长江大桥	1092	PPWS	钢桁梁	混凝土	江苏

3. 国内外千米级悬索桥

随着悬索桥跨度的不断增加，为了能够抵抗更大的外加荷载，结构质量逐步减小，而结构刚度也逐步减小，使得结构对风致效应更加敏感，除美国塔科玛旧桥在 1940 年发生风毁外，其他大跨度悬索桥的抗风问题依然是建设的关键问题。表 19 列出了全世界已经建成的跨径超过 1000m 的悬索桥。在 44 座已经建成的千米级悬索桥中，钢桁加劲梁占 11 座，钢箱加劲梁占 32 座。

表 19 全世界跨径超过 1000m 的悬索桥

序号	建成时间（年）	桥名	跨径（m）	主梁	索塔	国家
1	1998	明石海峡桥	1991	钢桁梁	钢结构	日本
2	2019	杨泗港长江大桥	1700	钢桁梁	混凝土	中国
3	2019	南沙大桥坭洲水道桥	1688	钢箱梁	混凝土	中国
4	2009	舟山西堠门大桥	1650	钢箱梁	混凝土	中国
5	1998	Storebælt East 桥	1624	钢箱梁	混凝土	丹麦
6	2016	Osman Gazi 桥	1550	钢箱梁	混凝土	土耳其
7	2012	李舜臣大桥	1545	钢箱梁	混凝土	韩国
8	2005	润扬长江大桥	1490	钢箱梁	混凝土	中国
9	2013	洞庭湖大桥（杭瑞高速）	1480	钢箱梁	混凝土	中国
10	2012	南京栖霞山长江大桥	1418	钢箱梁	混凝土	中国
11	1981	Humber 桥	1410	钢箱梁	混凝土	英国
12	2016	Third Bosphorus 桥	1408	钢箱梁	混凝土	土耳其
13	2020	金安金沙江大桥（丽攀高速）	1386	钢箱梁	混凝土	中国
14	1999	江阴长江公路大桥	1385	钢箱梁	混凝土	中国
15	1997	香港青马大桥	1377	钢桁梁	混凝土	中国
16	2013	Handanger 桥	1310	钢箱梁	混凝土	挪威
17	1964	Verrazano Narrows 桥	1298	钢桁梁	钢结构	美国
18	1937	Golden Gate 桥	1280	钢桁梁	钢结构	美国
19	2007	阳逻长江大桥	1280	钢箱梁	混凝土	中国
20	1997	Hoga Kusten 桥	1210	钢箱梁	混凝土	瑞典
21	2019	南沙大桥大沙水道桥	1200	钢箱梁	混凝土	中国
22	2019	赤水河红军大桥	1200	钢箱梁	混凝土	中国
23	2016	龙江大桥	1196	钢箱梁	混凝土	中国
24	2012	矮寨大桥	1176	钢箱梁	混凝土	中国

续表

序号	建成时间（年）	桥名	跨径（m）	主梁	索塔	国家
25	1957	Mackinac 桥	1158	钢桁梁	混凝土	美国
26	2015	蔚山大桥	1150	钢箱梁	混凝土	韩国
27	2018	Halogaland 桥	1145	钢箱梁	混凝土	挪威
28	2015	清水河大桥（贵瓮高速）	1130	钢箱梁	混凝土	中国
29	2008	黄埔珠江大桥	1108	钢箱梁	混凝土	中国
30	1988	南备赞桥	1110	钢桁梁	混凝土	日本
31	2018	兴康大桥（雅安高速）	1100	钢箱梁	混凝土	中国
32	2020	五峰山长江大桥	1092	钢箱梁	混凝土	中国
33	1988	Bosporus 二桥	1090	钢箱梁	混凝土	土耳其
34	2009	贵州坝陵河大桥	1088	钢桁梁	混凝土	中国
35	2012	泰州长江大桥	1080	钢箱梁	混凝土	中国
36	2013	马鞍山长江公路大桥	1080	钢箱梁	混凝土	中国
37	1973	Bosporus 一桥	1074	钢箱梁	混凝土	土耳其
38	1931	George Washington 桥	1067	钢桁梁	混凝土	美国
39	2017	驸马长江大桥	1050	钢箱梁	混凝土	中国
40	2020	棋盘洲长江大桥	1038	钢箱梁	混凝土	中国
41	1999	来岛三桥	1030	钢箱梁	混凝土	日本
42	1999	来岛二桥	1020	钢箱梁	混凝土	日本
43	1966	Tagus 桥	1013	钢桁梁	混凝土	葡萄牙
44	1964	Forth Road 桥	1006	钢桁梁	混凝土	英国

（五）大型桥梁基础

"一桥飞架南北，天堑变通途。"桥梁，作为城市乃至国家发展的大动脉，不仅联通着区域经济，更承担了文化、艺术、政治、科技、军事等交流传承的纽带作用，体现了大国担当和综合国力，有助于提升国际影响力。

基础不牢，地动山摇。桥梁基础是立桥之本，各类大桥的飞速建设离不开桥梁基础的支撑。经过百年锤炼，我国桥梁沉淀了众多跨江、跨河、跨海大桥等各种深水基础的设计和施工经验。从20世纪50年代武汉长江大桥开始，发展至今，我国桥梁深水基础技术历经三大阶段，实现了量和质的飞跃，不论在设计还是在施工、控制方面完成了从"跟跑者"到"并行者"甚至"引领者"的转变，实现了跨越式发展。

1. 管柱基础

1955年修建武汉长江大桥时，首创管柱基础和管柱钻孔施工方法，直径1.55m、施工水深39m、钻岩深度2~7m。1958年，管柱基础应用在郑州黄河大桥新桥，直径加大到3.6m。1962年建成的赣江公铁两用桥，其管柱基础直径达5.8m，是当时中国直径最大的管柱。1968年建成的南京长江大桥采用的管柱基础直径为3.6m、水下深度30~40m、穿过覆盖层约44m、锚入基岩1.55m，这是首次将钢筋混凝土管柱改为预应力钢筋混凝土大型管柱，也是当时中国最深的管柱基础。九江长江大桥于1973年动工修建，1991年建成。该水域地质情况复杂，水深流急，基础施工难度非常大，它成功地将低承台管柱基础的钢板桩围堰改成了双壁钢围堰，不仅使低承台的适应水深加深，还加快了施工速度。1995年建成的武汉长江二桥，由于基岩复杂，主塔墩也采用双壁钢围堰管柱基础，直径2.5m，最大深度达水下64m。管柱在基础中多为铅直状，但也出现过少数斜管柱基础。例如京广铁路正定滹沱河桥墩基础，由4根直径1.55m、斜度8∶1的斜管柱构成。斜管柱的施工难度大，故很少采用。

在国外，20世纪60年代中期建成的荷兰东斯海尔德桥采用直径为4.26m的预应力混凝土管柱。70年代出现了钢管桩，并且直径也在逐步增大。1976年建成的日本滨名大桥，每个主墩基础都采用49根直径1.6m的钢管桩。在冲刷深、覆盖层较薄时，往往将钢管桩下沉至岩面钻孔嵌岩，并用混凝土填实，成为管柱基础。日本的濑户内海大桥，水中四个深水墩均采用直径2m的钢管柱基础；日本大岛大桥采用直径为3.5m的钢管柱；1985年建成的日本大鸣门桥将管柱直径增加到7m，并将管柱基础的适用范围由内河深水基础发展到海洋深水基础（图59）。

图59 日本大鸣门桥管柱基础

2. 大直径钻孔灌注桩

大直径灌注桩具有承载力大、刚度大、施工快、造价省的优点。国外深水基础中的钻孔灌注桩较多采用2~4m的大直径。为了增大钻孔桩的直径，往往采用桩底扩孔的方法，扩孔后直径增加了一倍。日本横滨港湾大桥将多柱嵌岩基础扩孔至10m，是目前世界上最大直径的嵌岩灌注桩（图60）。在连续结构，尤其是连拱或连续斜拉桥设计中，刚度起关键作用，在减少下部构造的水平位移及其引起的附加内力方面，大直径灌注桩具有很明显的优势。国外大直径灌注桩应用最为著名的是俄罗斯罗斯基岛大桥。罗斯基岛大桥属于斜拉桥，该桥跨度达到了1104m的长度，一举超越了我国的苏通长江公路大桥，创世界纪录。该桥每个桥墩共布置120根直径2m的灌注桩，桩长77m（图61）。

图60 日本横滨港湾大桥　　图61 俄罗斯罗斯基岛大桥

我国大直径钻孔灌注桩应用量大面广，主要用作桥梁主塔和引桥的群桩基础，最成功的应用是我国的苏通长江公路大桥。该桥4#主墩基础共布置131根变直径钻孔灌注桩，桩径由上部2.8m缩小到下部的2.5m，桩长接近120m，是世界上最大规模的群桩基础；桩身上部近60m设置钢护筒，钢护筒壁厚2.5cm，参与桩基础受力，桩身采用C35水下混凝土，桩体以上更新统粗砾砂层作为基础持力层，施工完毕后进行桩底压浆；整个桥墩承台宽度为113.75m，呈哑铃型分布，每个塔柱下承台平面尺寸为50.55m×48.1m，承台厚度由边缘的5m变化到最厚处的13.324m。苏通大桥中首次提出了钢护筒与灌注桩所形成的组合桩概念，并建立了组合桩截面抗压、抗弯和抗剪复合刚度计算公式。同时，首次在大跨桥梁中应用后压浆技术提升桩基承载力，积累了宝贵的后压浆基桩承载力提升系数的修正经验。

我国新建成的鱼山大桥采用独特的单桩单柱支撑体系（图62），灌注桩直径达3.8~5m，桩长148m，为深水桥梁基础体系开辟了全新的设计思路。

图 62 鱼山大桥单桩单柱基础

3. 钢管桩基础

钢管桩由于制作及施工工艺简单、施工速度快、承载力高、直径大小变化灵活等优点，是海洋与深水桥梁工程应用最广泛的基础型式之一，同时也是深水栈桥、水中作业平台等临时支撑体系的首选基础。特别是组合桩应用技术的推广，在钢管桩浅层段回灌混凝土，显著提升了钢管桩抵抗风、浪、流以及船撞等水平载荷的能力。钢管桩基础在深水桥梁工程中主要应用方式是由一系列不同倾斜角度布置的钢管桩组成钢管群桩基础，例如跨径 240m 的日本滨名大桥，该桥每个主墩采用 49 根直径 1.6m 的钢管桩组成水上承台基础；我国的杭州湾大桥中引桥每个墩台下采用 9 根直径 1.5m、斜率为 6∶1～9∶1 的钢管桩组成的群斜钢管桩支撑，南引桥每个墩台下采用 10 根直径 1.6m、斜率为 16∶1～6∶1 的钢管桩组成，相应的钢管桩长度已超过 85m。我国的舟山主通道建造过程中的钢管桩基础直径为 2m，长度达到 110m，创造了我国深水钢管桩基础应用长度新纪录，由于大量采用钢管桩基础，极大缩短了施工周期；我国承建的孟加拉国帕德玛大桥的主桥墩钢管桩基础直径达 3m、长度接近 120m，是全新的钢管桩基础应用纪录。

4. 设置基础

自 1980 年以来，国外在深水及海峡地区修建的一些特大型桥梁，其深水基础在向基础结构的大型化及整体化、施工工艺的工厂预制化及现场施工机械化的方向发展，这一类型的基础称为设置基础。这种基础的优点是在施工条件恶劣的桥址处能极大减少水上施工工作量和作业时间，提高工程质量并缩短工期。为保证施工人员的安全，采用遥控专用机械进行各种作业，人员不再进入高压区作业。日本的东京湾彩虹桥、名港大桥采用了逐段下沉的气压沉箱，南备赞濑户大桥和明石海峡大桥采用了一次下沉定位的设置沉箱（图63）。

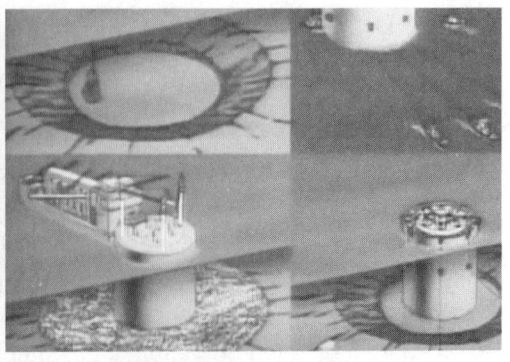

图63　日本明石海峡大桥及主塔设置沉箱基础

图64　丹麦大贝尔特东桥设置沉箱基础

丹麦大贝尔特东桥建于1991—1998年，是一座公路悬索桥，全长6790m，其中最长的跨径为1624m。该桥锚碇结构形式独特，为锚室、散索鞍以及两者间的中空结构组成的沉箱结构，平面尺寸沉箱54.5m×121.5m，锚墩直接设置在水下开挖的V形基坑填石整平的楔槽上（图64），我国2015年建成的大连星海湾跨海大桥也采用类似的锚碇基础设计。除上述所述设置基础外，国外提出并应用了一种全新的设置基础形式，即沉箱-垫层-桩复合地基深水基础，此类基础在地质条件复杂、地基土强度低、水平荷载作用较大、地震多发环境下具有明显的优越性。目前该种基础型式在全世界只有两例，即位于希腊的里翁-安蒂里翁大桥以及位于土耳其的Izmit海湾大桥（图65）。土耳其Izmit海湾大桥横跨马尔马拉海，基础处水深40m，基础下部为沉箱。沉箱下设置碎石填充的垫层作为隔震层，地基采用钢管桩加固的复合地基。此类基础的优点十分显著：垫层和桩的存在加固或替换了不良土体，能提高承载力、减小沉降；合理的垫层设计能控制地基的破坏模式；垫层同时作为隔震层，起到"延性构件"的作用。

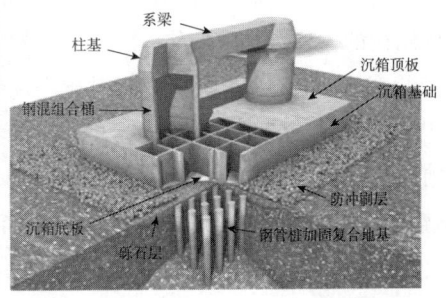

图65　土耳其Izmit海湾大桥及主塔隔震沉箱基础

5. 沉井基础

沉井基础埋深大、整体稳定性好、刚度大、抗震能力好，能承受较大的垂直荷载和水平荷载，是大型桥梁常用的锚碇基础和深水主塔基础。深水沉井基础底部一般为钢壳沉井，在船坞整体拼装好后放水起浮，利用浮吊、拖轮等将其运至墩位，通过在井壁内注水使沉井着落河床，在隔仓内取土下沉，下沉至稳定深度后灌注钢壳内的混凝土，然后按照"下沉–接高–下沉–接高"的循环工艺施工，直至设计标高，然后封底形成地下结构。20 世纪 60 年代在修建南京长江大桥过程中，施工水深达 30.5m、覆盖层最大厚度达 54.8m，由此发展了重型混凝土沉井、深水浮运钢筋混凝土沉井和钢沉井，实现了沉井在桥梁深水基础中的应用。主跨 1092m 的沪苏通长江公铁大桥，其 28 号主塔墩"水下基础"为现今世界上最大的桥梁钢沉井（图 66），其尺寸（长 × 宽 × 高）为 86.9m × 58.7m × 105m，总重量达 30 万吨，该沉井于 2014 年 6 月 22 日顺利到达水面指定位置并成功下沉；此外，武汉杨泗港长江大桥的 2 号墩钢沉井（图 67），其尺寸（长 × 宽 × 高）为 77.2m × 40m × 50m，重达 6200t，这是世界上采用气囊法下水的最大桥梁钢沉井，该沉井于 2015 年 5 月 23 日成功下沉。温州瓯江北口大桥、马鞍山大桥等也采用沉井基础。

图 66　沪苏通长江公铁大桥主塔墩钢沉井　　　图 67　武汉杨泗港长江大桥桥塔钢沉井

上述沉井主要作为斜拉桥和悬索桥的主塔基础，因此不需要承担过大的水平力。对悬索桥而言，外荷载从梁通过系杆传递到主缆，再到两端锚碇。锚碇基础需要承受主缆的巨大拉力，对其变位要求非常严格，锚碇基础在整个桥梁安全稳定中起着关键重要的作用。为保证作为锚碇基础的沉井不发生过大的变位，沉井的尺寸通常比较大，例如江阴长江公路大桥北锚碇选用了重力式锚碇配深埋沉井基础（图 68）的方案，其尺寸（长 × 宽 × 高）达 69m × 51m × 58m；而南京长江四桥北锚碇选用的沉井基础（图 69）尺寸（长 × 宽 × 高）为 65m × 57m × 55m。

图68 江阴长江公路大桥北锚碇沉井基础 　　　　图69 南京长江四桥北锚碇沉井基础

2020年12月11日，中国首座公铁两用悬索桥——五峰山长江大桥正式通车。五峰山长江大桥北锚碇采用重力式沉井基础。沉井采用矩形截面，长100.7m，为我国首个长度超过百米的沉井基础，宽72.1m、高56m，标准壁厚2.0m，内隔墙厚1.3m，平面共设置了48个（10.2m×10.9m）矩形井孔，也是世界上已建成的最大陆地沉井（图70）。

图70 五峰山长江大桥及北锚碇重力式沉井基础

6. 根式基础

针对群桩基础和大直径沉井基础的不足，一种改进型的变截面沉井基础形式——根式沉井被提出，它是在沉井井壁上预留若干排顶推孔，待沉井下沉到设计标高后通过顶推孔在土层中顶入预制的根键，在保证根键和沉井的固接后形成的一种新型基础（图71）。由于根键在顶入过程中对土体产生挤密预压作用，顶入后根键的表面增大了基础与土的接触面积，底面和侧面的土可分别对其产生端阻力和侧摩阻力，因此相比于同直径的常规沉井，根式沉井可大幅度提高水平向和竖向承载力。而对具有相同承载力的常规沉井和根式沉井而言，根式沉井直径更小，更有利于沉井的施工与下沉，并显著节约工程建造费用。对小型根式沉井，还可进一步扩展成根式沉井群作为大型桥梁的锚碇基础。

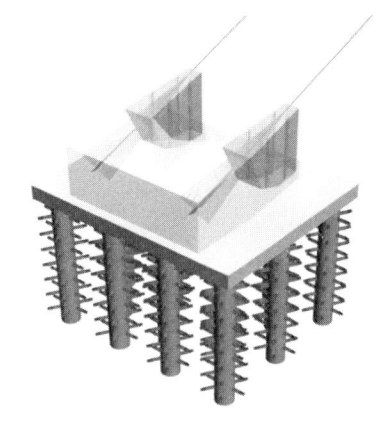

图 71　根式基础示意图

淮河特大桥 1# 桥 23# 墩左半幅采用的根式沉井是世界上首个根式基础的应用，该根式基础的直径为直径 8m，设计深度为 26m。望东长江公路大桥 21# 墩左半幅为根式沉井，该沉井的设计深度为 47m，主体采用外径为 5m 的钢筋混凝土圆环形沉井。马鞍山长江公路大桥南锚碇采用根式沉井，沉井采用空心钢筋混凝土圆管，设计埋深 39.0m，外径为 6.0 m。

7. 地下连续墙基础

20 世纪 20 年代，地下连续墙首先在德国应用。50—60 年代先后在意大利、法国、日本等国得到了迅速发展，50 年代末该技术传入我国。地下连续墙应用领域较为广泛，地下连续墙结构具有刚度大、埋深大、施工精度高、对地层适应性强等优点，在桥梁领域其主要用作锚碇基础的支护结构。对目前地下连续墙复合锚碇基础而言，地下连续墙主要作为围护结构用于基坑开挖时挡土，在计算锚碇承载能力时作为安全储备。

近年来我国对大型桥梁投入巨大，已陆续建成数百座大跨径桥梁，截至 2019 年年底，仅跨越长江的已建成或在建大桥 120 余座，其中悬索桥有 30 座，约占所有长江大桥的 25%。这 30 座悬索桥锚碇基础型式，除鹅公岩轨道交通专用桥为自锚式悬索桥外，其余均为地锚式悬索桥，应用 58 个锚碇基础。开挖重力锚由于施工便捷、风险小等特点，在悬索桥锚碇中应用最多，共有 38 个锚碇采用该形式，占 66%，可见地下连续墙锚碇基础应用是非常广泛的。润扬大桥使用矩形地下连续墙锚碇基础，该桥北锚碇基础采用矩形地下连续墙基础方案，基坑尺寸（长 × 宽 × 高）为 69m×50m×48m。采用地下连续墙围护施工，地下连续墙平均深度为 53.2m，厚度 1.2m，平均嵌岩深度约为 4m。三纵四横隔墙将箱体结构分为 20 个隔仓，分区填充混凝土、砂、水。

武汉杨泗港长江大桥、阳逻长江公路大桥、虎门大桥、南沙大桥坭洲水道桥等都采用了圆形地下连续墙锚碇基础。其中，武汉杨泗港长江大桥的汉阳侧圆形地下连续墙外径为 98m，基坑深度 36m，嵌入泥质砂岩约 6m，总深度为 59m；武昌侧圆形地下连续墙外径为98m，基坑深度39m，进入坚硬黏土层约3m，总深度为70m，是当前最大的悬索桥开挖重力式锚碇基础（图72）。

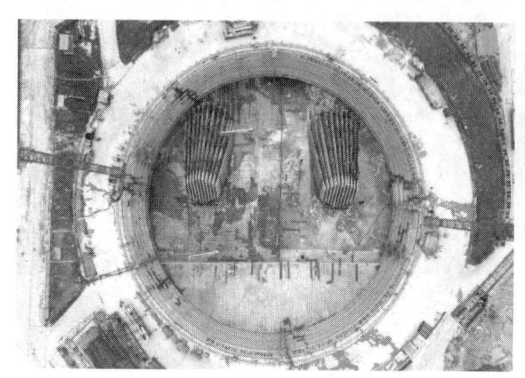

图72 武汉杨泗港长江大桥两侧锚碇地下连续墙基础

杭瑞高速洞庭湖大桥两侧锚碇基础均采用支护开挖深埋扩大基础，基坑采用地下连续墙支护结构体系，墙厚1.2m，平面布置采用与锚体相匹配的葫芦形，由两个半径不相等的圆弧组成，小圆半径28m，大圆半径32m，顺桥向全长98m，横桥向最大宽度处64m。基础中间设一道隔墙，将基础分隔为前仓、后仓，前后仓基础底部均设置有混凝土垫层和底板，前仓底板以上设置带空仓的填芯混凝土和顶板（图73）。

伊兹米特湾悬索桥南锚碇也采用类似的锚碇基础形式。南锚碇锚地址处的地质条件明显较差，浅层地面相对软弱，为提供足够的承载力及控制锚碇沉降，在锚块下部打设了桩基础（图74），为了抵抗主缆拉力，特意将两个桥墩设置在锚碇上。锚碇开挖采用地下连续墙支护，形成两个圆形相互重叠的哑铃状锚碇，锚碇总长124m，宽度58m。

目前悬索桥地下连续墙锚碇基础中的地下连续墙主要起临时支护作用，不承担任何受力。国内第一座将地下连续墙作为主要承力构件的桥梁是山西某拱桥桥台井

图73 杭瑞高速洞庭湖大桥葫芦形地下连续墙锚碇基础

图74 伊兹米特湾悬索桥南锚碇地下连续墙基础

筒式地下连续墙基础。

目前正在规划建设的世界第一跨 2300m 的张皋过江通道工程锚碇基础拟采用复合地下连续墙锚碇基础，该锚碇基础中的地下连续墙将作为承力构件承载上部散索鞍荷载，开创地下连续墙应用的世界新纪录。

8. 组合基础

组合基础是把桩、管柱与沉箱或其他围堰组合的一种深水基础。美国纽约 Williamsburg 大桥于 1903 年建成，由于桥墩处高潮位时水高达 18.3m，且河床软弱，施工时只好对河床进行开挖回填加固；由于担心沉箱无法与填层紧密接触，沉箱周围及下端打设了桩基。澳大利亚 Mount Henry 大桥采用沉箱加桩的方案，且每个沉箱下面有 16 根桩。日本的柜石岛桥是跨径 420m 的公铁两用斜拉桥，3 号墩处水深 20m，采用 46m×29m×30.5m（长×宽×高）的钢壳设置沉井与 16 根直径为 4m 的灌注桩组成复合基础（图 75）。日本的横滨港湾桥墩位处水深 12~14m，基岩面起伏倾斜较大，同一基础内相对高差达 10m，施工中采用不等长的沉井柱组合基础，以满足持力层高差大的特点。

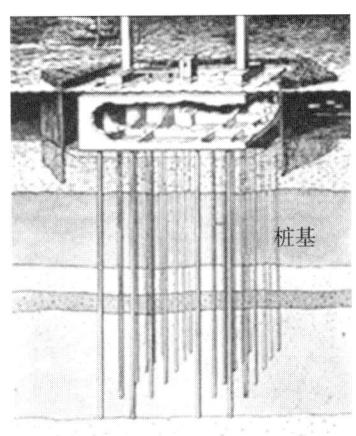

图 75　日本柜石岛桥及其复合基础

1936 年在修建钱塘江大桥时，由于水很深、覆盖层非常厚，且地质条件复杂，受施工能力的限制，无法将单一基础型式的基础下沉到预期深度，故采用气压沉箱作平底结构，其上施工桩基础，以接力的方法修筑桥梁深水基础。南京长江大桥的 2、3 号墩采用了钢沉井加管柱基础的组合方式。九江长江大桥地质非常复杂，除上面提及的在岩面较高、覆盖层不厚的墩位处采用双壁钢围堰管柱基础，还在 4 号墩处采用浮运钢沉井钻孔桩基础。20 世纪 80 年代，在修建茅岭江铁路大桥时采用了平台式套箱围堰；在修建肇庆西江大桥时除采用钻孔桩、沉井及钢管桩基础外，还采用了双承台钢管桩基础。1998 年建成的广州江村大桥南桥和北桥位于衡广线南段、广州市北郊，采用了沉井加钻孔桩组合基础，施工水深达 30m。

隆纳高速长江大桥全长1408m，主桥采用预应力混凝土连续不对称刚构梁式桥，主跨径布置为（145+252+49.5）m，由于其主跨两侧不对称长度较大，该桥在纳溪岸设有锚碇桥台以平衡其不对称力，隆昌岸主墩则采用钢沉井加桩复合基础；圆形钢沉井壁厚1.6m，外径21.0m，深度26.5m，考虑到沉井入岩施工困难，当沉井下沉至基岩面后沿沉井内径周边均匀布置10根直径2.5m嵌岩桩以代替沉井入岩，既保证了基础竖向承载力，又减小了施工难度，采用6.0m厚封底混凝土将桩基础与钢沉井连为整体，沉井井孔内采用低强度混凝土填充；由于设计时考虑沉井底面的承载作用，故该基础为沉井加桩复合基础。

9. 浮式基础

浮桥是一种古老的桥渡设施，由于浮桥以浮动基础代替固定基础，因此，在军事后勤工作中浮桥占有极其重要的地位，尤其对江面宽阔、水深的河流，浮桥是保证后方与前线物资、兵员、辎重联结的最有效手段之一。浮桥与永久桥梁相比，经济性好，工期短，不永久占用桥址场地。第二次世界大战以后，军用浮桥得到快速发展，浮桥器材不断得到更新换代，民用浮桥也得到了飞速发展。迄今为止，国际上建造最大桥长达2000m以上。在未来，随着全球经济向沿江和沿海区域发展，浮桥技术预计会有长足发展。

图76 西雅图纪念大桥

2016年建成的西雅图常青点浮桥长2350m，该浮桥设有77座固定在混凝土浮桥，湖底58个钢索锚栓，21个支持桥面板和上层建筑的浮箱，尺寸为110m×23m×8.5m，承载能力10000t，建设成本为45亿美元，它取代了1963年开放的4车道原常青点浮桥。1940年建成的西雅图纪念大桥，浮桥长2020m，是世界上第一座使用混凝土浮想建造的浮桥（图76）。1994年建成的挪威Nordhordland大桥长1264m，位于卑尔根市附近，连接着斜拉桥和大陆，水深500m。浮动部分是一个钢箱梁，位于10个混凝土浮筒顶部，每个浮桥有9个水封闭单元。

浮桥浮箱的固定主要通过锚链与海（河）床底部的锚固基础连接。早期以侧锚为主，现阶段主要采用TLP张力腿方式为主（图77），地面下的锚固基础主要有吸力筒、锚固桩等。

目前我国仅在黄河流域有浮式钢桥梁应用（图78），基本采用承压舟架设，黄河浮桥主要起渡口作用，补充过黄河的通道。我国尚未在沿海地带建设大型浮桥工程，主要是因为我国沿海大陆架属缓坡型，水深变化较平缓，浮桥建设现实意义有限。

图 77　TLP 张力腿锚固系统　　　　图 78　黄河浮式桥梁

三、国内外桥型结构与跨度发展比较分析

（一）梁式桥

梁桥按结构材料不同，分为混凝土梁桥、钢结构梁桥、钢混组合结构梁桥和钢混混合结构梁桥。最近十年，前两种梁桥基本上没有大跨度桥梁的突破，钢混组合和混合梁桥的发展却取得了长足进步。

20 世纪 80 年代，法国工程师率先开展波形钢腹板预应力组合箱梁桥技术研究和工程实践；90 年代开始，日本工程师对该种桥型进行了深入细致的技术研究，并且大量推广；2005 年，中国建成了第一座波形钢腹板预应力组合箱梁桥，随后又进行了技术研发和工程推广。截至 2021 年 6 月，中国已经建成 200 多座，许多桥梁跨度超过 100m，最大跨度达到 190m。

钢桁架腹杆预应力组合梁桥与波形钢腹板预应力组合梁桥几乎是同时出现的，最早也是由法国工程师倡导技术研发和工程实践的；20 世纪 90 年代，日本开始研发和推广钢桁架腹杆预应力组合梁桥；德国和西班牙则是将预应力混凝土箱梁的底板替换成钢桁架腹杆的下弦杆，从而变成了钢桁架与预应力桥面板的组合体系梁桥；中国自 21 世纪初开始建造钢桁架腹杆预应力组合梁桥以来，已经建成这种桥梁 100 多座，最大跨度也到达了 210m。

钢混组合结构连续梁桥是继钢结构连续梁和预应力混凝土连续梁之后发展起来的一种钢与混凝土混合的连续梁桥形式，即一部分主梁采用预应力混凝土结构，另一部分主梁采用钢结构。虽然钢混组合结构连续梁桥的最大跨度超过了预应力混凝土连续梁桥，达到 330m，但是，由于建造历史短、钢混结合构造复杂等原因，在大跨径连续梁桥中的工程实践并不是很多，至少少于预应力混凝土连续梁桥。

（二）拱式桥

国外修建了一大批拱桥，因为国外现代建桥技术较我国早很多年，所以国外在拱桥建设方面有诸多世界最早的名号。

钢管混凝土方面，世界范围内主跨超 400m 的钢管混凝土拱桥共 7 座，全部在中国（表 20）。而国外最大跨径仅为 240m。其中，2020 年 12 月 28 日，广西平南三桥建成通车，刷新了世界拱桥跨径纪录，超越朝天门长江大桥（主跨长 552m），晋升为世界第一拱。

表 20　国内跨径超过 400m 的钢管混凝土拱桥

序号	桥名	跨径（m）	型式	造价（亿元）	建成时间（年）
1	平南三桥	575	中承式	5.69	2020
2	合江长江一桥	530	中承式	2.6	2013
3	秭归长江大桥	508	飞燕式	3.1	2019
4	巫山长江大桥	460	中承式	1.33	2005
5	贵州大小井桥	450	上承式	—	2019
6	沪蓉西支井河桥	430	上承式	1.44	2008
7	雅鲁藏布江藏木桥	430	中承式	5.07	2021

劲性骨架混凝土拱桥方面，我国 2016 年建成的世界最大跨径混凝土拱桥——445m 跨径的沪昆高铁北盘江特大桥及 416m 跨径的云桂铁路南盘江特大桥，采用全跨钢管混凝土劲性骨架、斜拉扣索调载、拱圈混凝土分 5 环、环内混凝土 6 工作面同时浇注的工法，最终获得成功。其中，沪昆高铁北盘江特大桥以较小的经济代价建成了世界上最大跨度的混凝土拱桥，成为中国艰险山区高速铁路的标志性工程。中国修建钢管混凝土劲性骨架混凝土拱桥 30 多年来，跨径超过 400m 的 4 座、超过 300m 的 9 座；而国外修建劲性骨架混凝土拱桥 100 多年来，最大跨径仅达到 260m。中外施工方法的不同，是其中的主要原因。

中国在 1968 年开发了拱桥斜拉扣挂悬拼工法，1977 年开发了拱桥转体施工工法，2008 年首次进行了拱桥挂篮悬浇施工，这三种工法都能建成跨径 400m 内的混凝土拱桥，但是至今中国采用这三种工法建成的最大跨径混凝土拱桥仅 210m，跨径超过 300m 的混凝土拱桥大部分是钢管混凝土劲性骨架混凝土拱桥（表 21）。国外跨径超过 300m 的混凝土拱桥共 4 座（表 22），全部采用悬拼或悬浇施工。

表 21　国内跨径超过 300m 的钢管混凝土劲性骨架混凝土拱桥

序号	桥名	跨径（m）	劲性骨架用钢量（t）	混凝土方量（m³）	混凝土与钢重量比	建成时间（年）	造价或标价（亿元）
1	沪昆铁路北盘江大桥	445	4709	26500	14.2	2016	4.5
2	成贵铁路鸭池河大桥	436	11580	17140	—	2019	5.2
3	云桂铁路南盘江大桥	416	4011	24000	15.0	2016	4.0
4	渝黔铁路夜郎河大桥	370	5531	29370	13.2	2017	—
5	大瑞铁路澜沧江大桥	342	5520	16800	—	2021	
6	郑万铁路梅溪河大桥	320	2545	14210	13.9	2020	—
7	昭化嘉陵江大桥	350	1866	11130	14.9	2012	2.08
8	万州长江大桥	420	2091	11000	13.2	1997	1.33
9	邕宁邕江大桥	312	851	4702	13.8	1996	0.45

表 22　国外跨径超过 300m 的混凝土拱桥

序号	桥名	国家	跨径（m）	施工工艺	建成时间（年）
1	格莱兹维尔大桥	澳大利亚	305	预制悬拼	1965
2	KRK 大桥	克罗地亚	390	预制悬拼	1979
3	胡佛水坝大桥	美国	323	挂篮悬浇	2010
4	阿尔蒙特高架桥	西班牙	384	挂篮悬浇	2016

铁路拱桥方面，2016 年通车的德国（爱尔福特 – 纽伦堡）路线总里程为 107km，设计时速高达 300km/h，共有 10 座拱桥，跨径从 90m 到 270m 不等。

（三）斜拉桥

在目前已建成的全世界前 10 座最大跨度斜拉桥中，中国占 7 座，而其中的 4 座都是在"十三五"期间建成的。国外的 3 座除俄罗斯的 Russky 大桥外，另 2 座都建成于 20 世纪。

2017 年建成通车的芜湖长江公路二桥跨江主桥（图 79）长 1622m，为主跨 806m 双分肢柱式塔分离式钢箱梁全漂浮体系斜拉桥，索塔高 262m。它曾凭借同向回转鞍座和大悬臂全体外预应力节段拼装箱梁为代表的技

图 79　芜湖长江公路二桥

术，获得全球基础设施建设领域的创新大奖——"BE 创新奖"和第 35 届世界桥梁大会乔治·理查德森奖。

双主跨斜拉桥方面，2019 年建成的浩吉铁路洞庭湖大桥采用 2×406m 三塔钢箱钢桁组合梁斜拉桥，是世界上首座三塔铁路斜拉桥，采用钢箱钢桁结合主梁，并采用先架设合龙钢箱梁然后安装的施工方案，国内首次在铁路桥上采用中塔长加劲索（图 80）。正在建设的浙江舟山 - 岱山跨海大桥主航道桥为 550m 三塔斜拉桥（图 81）。2017 年建成通车的英国 Queensferry Crossing 大桥是一座双主跨斜拉桥，两个主跨为 650m，是目前全世界跨度最大的双主跨斜拉桥。2019 年建成的英国 Mersey Gateway 大桥（图 82）也是一座双主跨斜拉桥，采用混凝土主梁，两个主跨 318m，3 个桥塔的高度各不相同，中心桥塔高 80m，两边塔高分别为 110m 和 125m。因该桥从整体上解决了多跨混凝土斜拉桥如何让形式服从功能的难题而获得了 2019 年度 IABSE 杰出结构大奖。南京长江第五大桥跨江大桥主桥（图 83）采用纵向钻石形索塔中央双索面三塔组合梁斜拉桥，主跨为 2×600m，为提高三塔双主跨斜拉桥的整体结构性能，在中塔及边塔均设置两排四组竖向约束支座，双排竖向支座共同作用，以约束主梁的竖向转动位移和偏载扭转位移。

图 80 浩吉铁路洞庭湖大桥

图 81 舟山 - 岱山跨海大桥

图 82 英国 Mersey Gateway 大桥

图 83 南京长江第五大桥

铁路斜拉桥方面，2020年7月1日，跨度1092m的沪苏通长江公铁大桥主航道桥建成通车。该桥下层为4线铁路通道，上层为6车道高速公路，是沪苏通铁路的控制性工程，是世界上首座跨度超千米公铁两用斜拉桥，标志着世界公铁两用斜拉桥主跨正式迈入"千米级"时代，在我国乃至世界铁路桥梁建设史上具有重要意义。

（四）悬索桥

在目前全世界已建成的前10座最大跨度悬索桥中，中国占6座，其中排第二和第三的杨泗港长江大桥和南沙大桥坭洲水道桥都建成于"十三五"期间，南沙大桥坭洲水道桥还创造了钢箱梁悬索桥的跨径世界纪录。主跨1700m的杨泗港长江大桥将我国悬索桥的跨度推进到1700m级。

2019年建成的南沙大桥坭洲水道桥创造了整体式钢箱梁悬索桥的跨径世界纪录，研发并应用了1960MPa级高强度钢丝主缆索股技术，采用可更换多束成品索锚固系统和全面集成主动式防腐体系，研发了碟形弹簧与动力阻尼组合的新型减震抗风支座。同年建成的杨泗港长江大桥是世界跨度最大的双层悬索桥，其主桥设置双层双向12车道，是世界上通行能力最大的公路桥梁；锚碇基础采用直径98m的圆形地下连续墙结构，是世界上最大的圆形桥梁基础。同一时期，在土耳其北部伊兹米特湾，2016年建成了主跨1550m的Osman Gazi悬索桥。该桥由三跨吊连续悬索桥组成，主梁采用正交钢箱加劲梁，建成时为世界第四大悬索桥。

为了充分应用悬索桥的跨越能力，在不加大主跨跨度的前提下，采用多个主跨跨越宽阔水域，一直是设计者的梦想。美国、欧洲、日本一直在探索建设三塔悬索桥。距离智利圣地亚哥以南约1000km的查考海峡计划修建的跨海新桥，最终采用的是双跨1055m+1155m连续悬索桥方案。2020年6月，世界第四座三塔悬索桥——襄阳凤雏大桥（原名庞公大桥）建成通车（图84），主桥为三塔钢混结合梁悬索桥，长756m，主跨2×378m，主塔为钢混结合门型架结构。正在建设的温州瓯江北口大桥是世界上首座三塔四跨双层钢桁梁悬索桥，主跨布置为2×800m。

铁路悬索桥方面，2020年12月主跨1092m的公铁合建钢桁梁悬索桥五峰山长江大桥建成通车。该桥竖向与横向均为五跨连续结构，主梁采用新型钢桁加劲梁结构，上层公路8车道桥面总宽46m，下层铁路4线桥面全宽31.7m。五峰山长江大桥为世界首座高速铁路悬

图84 襄阳凤雏大桥

索桥，填补了世界高速铁路悬索桥、中国公铁两用悬索桥和中国铁路悬索桥三项空白，并在国际范围率先建立起中国高速铁路悬索桥的设计方法、计算理论和相关技术标准。五峰山长江大桥铁路悬索桥技术取得了一系列国际性突破，具有开创性意义。

斜拉悬索协作体系桥方面，2016年8月，主跨1408m的世界上第一座大跨度斜拉–悬索协作体系桥土耳其博斯普鲁斯海峡三桥建成，是目前世界上最大的公铁两用大桥，是斜拉–悬索协作体系用于大跨度桥梁的重要实践。我国在伶仃洋大桥、深中通道等大型工程中曾提出过类似方案，但都未能付诸实施。博斯普鲁斯海峡三桥的建设为现代大跨度斜拉–悬索协作体系桥梁的设计与施工提供了宝贵的工程经验。

（五）跨海桥梁

近十多年来，我国已成为跨海大桥建设的焦点，世界排名前十位的跨海大桥中，我国占7座。"十三五"期间，港珠澳大桥建成，深中通道工程开工建设。

2018年7月，我国建成迄今为止世界上总体跨度最长、钢结构桥体最长、海底隧道最长的跨海大桥——港珠澳大桥，开创了世界桥梁建设领域的多个第一。该桥总投资超过1200亿元，是一项把香港、珠海、澳门完全连接起来的宏伟工程和"超级工程"。港珠澳大桥总长55km，由6.7km的海底沉管隧道、22.9km的跨海桥梁、20万 m^2 的东、西人工岛组成，集"桥–岛–隧"一体。由于三地间的海域名为伶仃洋，因此港珠澳大桥也是"跨越伶仃洋的人造奇迹"，标志着我国从桥梁大国走向桥梁强国。

正在建设的深中通道（图85）是集超宽超长海底隧道、超大跨海桥梁、深水人工岛、水下互通"四位"一体的集群工程，规模空前，建设条件复杂，综合技术难度高，是我国继港珠澳大桥之后难度更大的又一项世界级重大跨海交通工程。国内外与深中通道类似的桥岛隧集群工程主要有丹麦至瑞典的厄勒海峡大通道、韩国釜山至巨济岛通道以及中国的港珠澳大桥。深中通道无论隧道还是桥梁，其规模和难度均大于世界同类工程，见表23。

表23　桥岛隧跨海通道工程

隧道名称	海中段总长（km）	隧道长和宽（m）	桥梁	竣工时间（年）
厄勒海峡大通道	16	长4050 宽38.8	长7.8km，主跨490m斜拉桥	2000
釜山至巨济岛通道	8.2	长3666 宽26.5	长4.5km，主跨475m斜拉桥	2010
港珠澳大桥	35.6	长6700 宽37.95	长29.2km，主跨458m斜拉桥	2018
深中通道	22.4	长6845 宽46~55.5	长16.9km，主跨1666m悬索桥	在建

图 85　深中通道效果图

（六）大型深水基础

我国已建成苏通大桥、港珠澳大桥、沪苏通铁路长江大桥等为代表的一大批结构新颖、技术复杂、设计施工难度大的特大型深水桥梁基础，实现了跨越式发展。然而，与国外同类技术相比，我国当前深水桥梁基础在设计方法与施工技术方面仍存在设计理念落后、设计方法保守等差距。

1. 桩基础

桩基础是我国桥梁工程应用最为广泛的基础型式，已创造了直径 5m、长度 148m 的最大规模钻孔灌注桩基础，以及 120m 最大打入深度钢管桩基础应用世界纪录。在施工技术取得巨大成就的同时，面临着理论方法与设计规范落后的困境。以《Eurocode7》为代表的欧洲岩土设计规范全面采用极限状态法进行桩基础竖向承载力的设计，采用 p-y 曲线法考虑桩基水平非线性变形特征。但我国依然使用延续几十年的容许应力法和线弹性 m 值法设计桩基础，极大地制约了我国桩基精细化设计应用和海外工程建设的竞争力。

2. 沉井基础

近年已成功应用我国特大型深水桥梁工程，创造了最大陆地沉井（长 100.7m × 宽 72.1m × 高 56m）和最大水上沉井（长 86.9m × 宽 58.7m × 高 105m）的世界纪录。然而，辉煌成就的背后是极高的施工风险与漫长的建造周期，其主要原因是机械化、自动化以及智能化集成度高的施工技术缺失。

3. 组合基础

组合基础是取多种传统基础的优点组合而成的新型基础。然而，在我国深水桥梁中应用却极为匮乏，仅钱塘江大桥、南京长江大桥及泸州长江二桥采用沉井 – 管柱（或桩）组合基础。国外在组合基础领域的创新与应用已遥遥领先，典型的有美国纽约 Williamsburg

大桥、澳大利亚 Mount Henry 大桥，均采用沉箱 – 钢管桩组合基础，并提出了逆作法概念与施工工艺。此外，伊兹米特海湾大桥重力式锚碇 – 桩基础、日本柜石岛桥钢沉箱 – 灌注桩基础等进一步丰富了组合基础型式。

4. 浮式基础

浮式基础是未来跨海峡通道工程的主要基础型式，国外已发展技术成熟的混凝土浮箱浮筒、吸力筒锚固系统，并成功应用于挪威 Nordhordland 大桥（水深 500m）、西雅图常青点浮桥等。我国目前在该领域的技术储备和应用均为空白。

随着"交通强国"战略、"海洋强国"战略的稳健推进，深水通道工程建设需求增长迅猛。这些新建深水桥梁通道工程将面临更宽广的水域、更复杂的地质条件、更高的通行载荷要求，深水桥梁基础的结构型式创新、理论方法创新、设计规范创新已成为当前亟待突破的瓶颈。

四、我国桥型结构与跨度发展展望与对策

（一）梁式桥结构创新

梁式桥的主要受力特征是弯曲，混凝土梁桥完全由截面本身和预加力提供承载弯矩，随着跨径的增加，梁高必须同步增加，导致结构自重很大，承担活载效率很低。一般认为，100m 以下跨径首选梁式桥，而 250m 以上跨径应考虑斜拉桥。但是，在梁高很大的预应力混凝土箱梁桥到梁高柔细的斜拉桥之间应当有一个过渡，这个过渡桥型就是体外预应力索辅梁桥。

1980 年，在波兰 Ruchow 市的一座桥梁设计中，最早出现过一个方案，将预应力索变成桥面上的体外索并用一个矮塔支撑，该设计方案并未实施。同年，瑞士人 Christian Menn 率先设计并建成了 174m 跨径的 Ganter 桥，称为索板桥（cable-panel bridge），其结构外形和受力原理很像后来的 extradosed bridge。1982—1983 年，法国人 Jacques Mathivat 在 A64 公路跨越 Arret-Darre 河的桥梁设计中发明了一种崭新桥型和设计理念，并将体外索称为 extradosed 索，将桥梁称为 extradosed 桥。1993 年，按照 Mathivat 设计理念的索辅梁桥率先在葡萄牙 Socorrides 桥中得以实现，主跨 106m。1994 年，日本完全按照 Mathivat 索辅梁桥的设计理念，建成了主跨 122m 的小田原港桥，由此开启了全世界索辅梁桥的建设高潮，其跨径也不断增长。

2001 年，我国建成了第一座索辅梁桥——漳州备战大桥，主跨 132m。2003 年，建成了主跨 136m 的小西湖黄河大桥。2004 年，建成了主跨 150m 的太原汾河桥。2007 年，分别建成了主跨 160m 的柳州三门江大桥和主跨 230m 的荷麻溪大桥。2010 年，建成了 250m 跨径的重庆嘉悦大桥，这是我国跨度最大的索辅梁桥。目前，我国已经建成了 100 多座索辅梁桥，几乎占全世界总量的一半。

（二）拱式桥跨度递增

在主跨 575m 平南三桥建成的基础上，我国正在开工建设的广西龙滩天湖特大桥（劲性骨架混凝土拱桥）跨径将达 600m，建成后会将世界拱桥跨径纪录推进到 600m 级。同时，已就 700m 级钢管混凝土拱桥方案开展了技术研究，有望将 700m 级钢管混凝土拱桥方案推广到良好地质或山岭重丘地区，为该跨径级别的桥梁修建提供更多、更好的选择。

目前，已建和在建跨径超 400m 的钢管混凝土拱桥已达 7 座，广泛应用于公路和城市桥梁中，少量应用于铁路桥梁中。跨径 430m 的钢管混凝土拱桥——中国拉（萨）林（芝）铁路藏木雅鲁藏布江特大桥已于 2018 年建成。此外，劲性骨架混凝土拱桥刚度更大、日温差不敏感、耐久性好，最适合在高铁上应用。近年来，在高铁建设中，同时建设了 5 座跨径超过 300m 的劲性骨架混凝土拱桥。同时，构件轻、施工不需大型机械的钢管混凝土拱桥和劲性骨架混凝土拱桥更适合建在山区，在替代斜拉桥和悬索桥跨越峡谷时，经济优势更为突出。

然而，目前的钢管混凝土拱桥和劲性骨架混凝土拱桥还不能完全满足"一带一路"以及中国公路、铁路建设的需要，在技术上仍需继续创新。在提高焊接节点抗疲劳性能、斜拉索调载的最优控制方法、分环和工作面的最优化设置等方面还需要深入研究，进一步降低劲性骨架重量、减少施工费用及风险、缩短工期，继续增大跨径。

（三）斜拉桥跨度增长

"十三五"期间，我国公路斜拉桥跨径的纪录仍维持在苏通大桥的 1088m（2008 年建成）。但随着沪苏通长江公铁大桥的建成，我国公铁两用斜拉桥主跨跨径达到 1092m，将中国铁路斜拉桥领入千米级时代。进入"十四五"时期，主跨 1176m 的常泰长江大桥斜拉桥（图 86）已经开工建设，主跨 1160m 的观音寺长江大桥和巢湖至马鞍山城际铁路马鞍山长江公铁大桥也在开展设计（图 87），建成后将再次刷新世界斜拉桥的跨径。

图 86　常泰长江大桥斜拉桥效果图

图87 马鞍山长江公铁大桥双主跨斜拉桥效果图

针对未来跨海工程中斜拉桥的适用性研究表明，主跨小于1300m的斜拉桥在经济性能、结构刚度、抗风性能及拉索可更换等方面较水中锚碇的悬索桥具有突出优势。另外，通过对"973"项目研究和试设计，已经证明在琼州海峡深水区建造主跨1500m级的公铁两用斜拉桥仍是合理可行的。因此可以预见，斜拉桥的跨越能力还有增大的潜力，而且可以灵活采用独塔、双塔和多塔的布置方式以跨越300m至几千米长的大江和海峡。多孔斜拉桥采用分孔通航的方式，避免了为设置陆上锚碇而被迫加大悬索桥跨度的传统做法，是更为经济合理的方案。

（四）悬索桥跨度突破

过去五年，我国成功建成了多座主跨1500m以上的超大跨度悬索桥，并将我国的悬索桥主跨推进到1700m。从设计、施工到管理养护都形成了成套的技术体系，积累了丰富的大跨度悬索桥的建设经验。随着新材料、新结构、新技术、新工艺的不断突破，我国已具备高质量建造2000m级以及更大跨度悬索桥的能力。

目前在建的深中通道伶仃洋大桥为主跨1666m悬索桥方案，颤振检验风速高达83.5m/s，也继承南沙大桥坭洲水道桥采用了类似的整体钢箱梁设计。在与南沙大桥坭洲水道桥钢箱梁外形基本一致的基础上，中央分隔带内增设上中央稳定板，考虑检修道轨道兼顾下稳定板功能。南沙大桥坭洲水道桥开启的整体钢箱梁创新设计经伶仃洋大桥的经验说明：整体钢箱梁颤振临界风速已经达到88m，这样的能力已经可以适用绝大多数大跨悬索桥。

未来五年，我国将建成多座主跨超过2000m的超大跨度悬索桥，例如主跨2300m的张靖皋长江大桥、主跨2180m的狮子洋过江通道等，将创历史地首次刷新悬索桥的世界纪录。面向超大跨悬索桥的未来工程实践，我们必须进一步总结经验、科学谋划、重点攻关超大跨度悬索桥的主要技术挑战。

在多塔悬索桥方面，针对琼州海峡西线通道重点研究了公铁合建桥梁方案，以2×

1408m三塔悬索桥对应两个单孔单向通航要求（图88），同步研究主跨1408m两塔三跨共用锚碇悬索桥。基于同样通航功能，三塔悬索桥只有2个锚碇、3个主塔，共用锚碇两塔悬索桥需要3个锚碇、4个主塔，三塔悬索桥经济性十分显著。

在斜拉－悬索协作体系方面，我国在甬舟铁路西堠门公铁两用大桥中准备实施主跨1488m的斜拉－悬索协作体系方案（图89）。其中，主梁采用分体式三箱钢箱梁断面，桥面总宽达68m，建成后将超过主跨1408m的土耳其博斯普鲁斯海峡三桥，成为世界上跨径最大的斜拉－悬索协作体系。

图88 琼州海峡跨海通道公铁两用三塔悬索桥效果图

图89 甬舟铁路西堠门公铁两用大桥效果图

（五）高铁桥中国名片

自2016年国家出台以"八纵八横"高铁网为主通道的《中长期铁路网规划》以来，我国铁路建设投资连续保持在每年8000亿元以上，"八纵八横"高铁主通道目前建成运营规模达70%。京沪、京哈、京港澳、沪昆、广昆等通道已贯通，沿海、陆桥、京昆、兰广等通道剩余区段正在加快建设。截至2020年12月底，中国高铁运营里程已经达到3.8万千米，稳居世界第一，城区人口100万以上的城市高铁覆盖率达到94.7%。其中，桥梁1.9万座，总长约1.97万千米，占线路长度的52%。全路已建和在建的桥梁中，跨度200m及以上的达110余座，超过400m的25座，超过500m的11座，超过1000m的3座。主跨1092m的沪苏通长江公铁斜拉桥和主跨1092m的连镇铁路五峰山长江大桥悬索桥陆续建成开通。主跨1176m的常泰长江大桥斜拉桥已经开工建设，川藏铁路三座千米级铁路悬索桥和500m级铁路拱桥正在设计中。此外，甬舟铁路西堠门特大桥1500m斜拉－悬索协作体系、巢湖至马鞍山铁路马鞍山2×1120m三塔公铁两用长江大桥也在开展设计，盐泰锡常宜铁路跨度1780m长江大桥正在研究。

2020年8月，《新时代交通强国铁路先行规划纲要》明确了中国铁路2035年及2050年的发展目标和主要任务。到2035年，全国铁路网运营里程达到20万千米左右，其中高铁7万千米左右。20万以上人口城市实现铁路覆盖，50万以上人口城市高铁通达。随着高铁快速延伸，高铁桥梁必将得到更好的创新发展。同时，随着我国铁路网不断向艰险山区、高原宽谷、大江、海洋等更广阔、更复杂地域延伸，渤海海峡、琼州海峡、台湾海峡等跨海工程的研究日益受到重视，要求铁路桥梁跨径越来越大（2000m级）、基础越来越深（60～100m）。

为了实现更大的跨度，铁路桥梁向轻柔化方向不断发展，对铁路桥梁设计理论、材料、施工建造设备与技术提出了更高要求，也必将促进对各种组合体系、协作体系等创新结构体系的探索，例如长寿命混凝土和高耐久性钢筋混凝土结构技术研究、强度等级600~800MPa超高强度、高耐久性钢结构技术研究、强度等级2100～2400MPa超高强度钢丝和钢绞线技术研究、海洋环境石墨烯高耐久新材料及节能环保新技术研发、斜拉－悬索协作体系新结构研究、海洋深水基础和重大装备研发等。

（六）跨海峡桥梁梦想

20世纪80年代初，交通部规划的"五纵七横"国道主干线除了沿海的同三线高速公路上几个跨海工程外，其余各线都已提前完成，对中国的经济发展发挥了重要作用。同三线上最后两个跨越渤海海峡和琼州海峡通道已做了前期工作，按计划将在2020—2030年实施。其中，琼州海峡通道考虑通航要求，主桥跨径可以控制在1300m左右。目前这一跨度以上的桥梁以悬索桥为主，锚碇一般设置在地质条件较好的岸上。但琼州海峡主航道范围是超40m的连续深水区，采用悬索桥方案必将带来深水锚碇的技术和经济问题，目前也无深水区建造悬索桥锚碇的成功先例。近年来，苏通大桥、昂船洲大桥、俄罗斯岛大桥、沪苏通公铁两用长江大桥的相继建成，表明千米级斜拉桥建造技术趋于成熟；主跨小于1300m的斜拉桥在经济性能、结构刚度、抗风性能及拉索可更换等方面较水中锚碇的悬索桥具有突出优势；通过开展特大跨桥梁全寿命灾变控制与性能设计的基础研究，已经证明在海峡深水区建造主跨1500m级的公铁两用斜拉桥仍是合理可行的。对比琼州海峡与渤海海峡的建设条件可以发现，在通航需求方面，两条海峡基本相同，渤海海峡老铁山水道也可以规划几组分孔通航航道，分孔通航跨径控制在1300m左右。不同的是，老铁山水道比琼州海峡水道水更宽、更深。所以，只要解决好80m深水基础工程的技术问题，就可以采用与琼州海峡相似的桥型和截面布置实现跨越。

（七）深水基础结构创新

"十四五"开局之年，我国一大批高技术应用、高品质建设、具有典型示范效应的跨江过海连岛工程逐步提上日程，汇聚了全世界关注的目光，特大型深水桥梁工程建设已经成为国家经济社会发展的重大战略需求。然而，建设条件越来越复杂，如台风频发、水深流急、浪大潮高、航道众多、地震频发等，深水基础不仅需要承受更大的竖向荷载，还要承受巨大的水平向荷载、倾覆弯矩以及地震荷载作用，使深水基础合理结构选型、设计理论以及施工建造均面临艰巨挑战，必须妥善解决桥梁深水基础在设计与施工上的关键问题，才能确立桥梁方案在技术和经济上的可行性。因此，有必要着手研究综合承载性能更好、施工技术可行的深水基础型式，进行前瞻性的技术储备，才有可能迎接未来诸如琼州海峡和台湾海峡之类跨海工程的技术挑战。面向未来深水、强震、软弱地层深厚等恶劣环境下的特大型桥梁工程的深水基础应用，可从隔震基础、组合基础以及吸力式沉箱基础等领域寻求突破。

垫层隔震基础关键之处在于采用刚性桩加固软弱地基解决了主塔基础的承载变形问题，并通过垫层的隔震效应消减传递至上部结构的地震作用，对于强震地区的深水桥梁建设具有重要的推广价值。针对具有深水淤泥质覆盖层的地层条件，组合基础（例如沉井 – 桩基础等）具有承载力可靠度和施工可行性上的优势。另外，逆作法施工工艺不但攻克了大型深水基础的建造难题，更因为桩土共同作用实现了高承载性能的发挥。对于超深水跨海通道工程，浮式桥梁的应用是未来主要趋势之一，相应地，吸力式沉箱基础作为浮式桥梁的锚固系统，极具应用潜力。基于现有的条件，上述深水基础已具备建造施工能力，但亟待在基础结构型式设计、理论分析以及设计方法等方向进行重点突破。

参考文献

[1] 茅以升. 中国古桥技术史［M］. 北京：北京出版社，1986.
[2] 唐寰澄. 中国科学技术史·桥梁卷［M］. 北京：科学出版社，2000.
[3] 项海帆，潘洪萱，张圣城，等. 中国桥梁史纲［M］. 上海：同济大学出版社，2009.
[4] Radic J, Kindij A, Mandic A. History of concrete application in development of concrete and hybrid arch bridges, Proceedings of Chinese-Croatian Joint Colloquium on Long Span Arch Bridges［C］. Brijuni Island, July 10–14, 2008.
[5] Pelke1 E, Kurrer, K E. On the evolution of steel-concrete construction, Proceedings of the 5th International Congress on

Construction History [C]. Chicago, USA, June 2015.
[6] 陈宝春. 钢管混凝土拱桥（第二版）[M]. 北京：人民交通出版社，2007.
[7] N J Gimsing, C T Georgakis. Cable Supported Bridges: Concept and Design, Third Edition [M]. John Wiley & Sons, Ltd, 2012.
[8] H Svensson. Cable-Stayed Bridges: 40 Years of Experience Worldwide [M]. Wilhelm Ernst & Sohn Verlag fur Architektur und Technische, 2013.
[9] 葛耀君. 大跨度悬索桥抗风 [M]. 北京：人民交通出版社，2011.
[10] 葛耀君. 大跨度拱式桥抗风 [M]. 北京：人民交通出版社，2016.
[11] 葛耀君. 大跨度斜拉桥抗风 [M]. 北京：人民交通出版社，2019.
[12] Song, S., Guo, J., Su, Q. et al., Technical challenges in the construction of bridge-tunnel sea-crossing projects in China [J]. Journal of Zhejiang University-SCIENCE A（Applied Physics & Engineering），2020, 21（7）：509-513.
[13] Qin S, Gao Z. Developments and prospects of long-span high-speed railway bridge technologies in China [M]. Engineering 3, 2017: 787-794.
[14] 肖海珠，高宗余，刘俊锋. 西堠门公铁两用大桥主桥结构设计 [J]. 桥梁建设，2020，50（S2）：1-8.

新型材料与结构发展研究

一、引言

近年来,随着我国经济的快速发展及设计水平的不断提高,桥梁工程结构朝着更大跨度方向发展,这对工程材料性能提出了新的要求,使我们不断探寻新型高性能甚至是超高性能建筑材料。桥梁工程中的新型材料主要包括高性能混凝土、自密实混凝土与纤维增强材料、高性能钢以及不同材料之间形成的组合结构。高性能混凝土是一种新型高技术混凝土,采用常规材料和工艺生产,具有混凝土结构所要求的各项力学性能,具有高耐久性、高工作性和高体积稳定性。为了解决混凝土在浇筑过程中的密实度和耐久性问题,自密实混凝土应运而生,自密实混凝土在自身重力作用下,能够流动、密实,无须附加振动即可获得良好的均质性。高性能钢则是在服役条件下具有优良使用性能的钢材,主要包括高强度高韧性结构钢(即高强钢)、高强度耐候钢、高强钢丝、高强钢配套连接材料等。为了提高材料的利用率,降低结构自重,逐步形成了同一截面或各杆件上由两种或两种以上的材料组合而成的组合结构,具体的桥梁实例有钢–混凝土组合结构桥梁、钢管混凝土桥梁、劲性骨架混凝土桥梁和钢–UPHC组合结构桥梁等。从新型材料与结构的研究和应用来看,我国整体上晚于国外,但目前整体水平却处于领先地位,主要在于我国近十年来基础建设上的投入使得实际依托工程数量剧增,同时也得益于我国建筑材料生产研发水平的提高。

二、国内外新型材料与结构发展现状

(一)高性能混凝土

1994年,Larrard与Sedran首次提出了UHPC的概念。同年,法国的Richard报道了最具代表性的 UHPC——活性粉末混凝土（Reactive Powder Concrete，RPC），宣告混凝土进入超高性能时代。UHPC 一经问世，便得到土木工程领域的广泛关注，近年来，UHPC 材料与结构相关研究发展迅速。图 90 基于文献数据库检索结果显示，国内外发表与 UHPC 相关的论文及申报的专利呈指数型增长趋势，UHPC 的研究与应用已发展成为土木工程领域的研究热点之一。在我国，工程院战略咨询中心等单位发布的《全球工程前沿报告 2018》中，UHPC 与智能水泥基复合材料位列土木、水利与建筑工程领域前沿发展第 2 位。

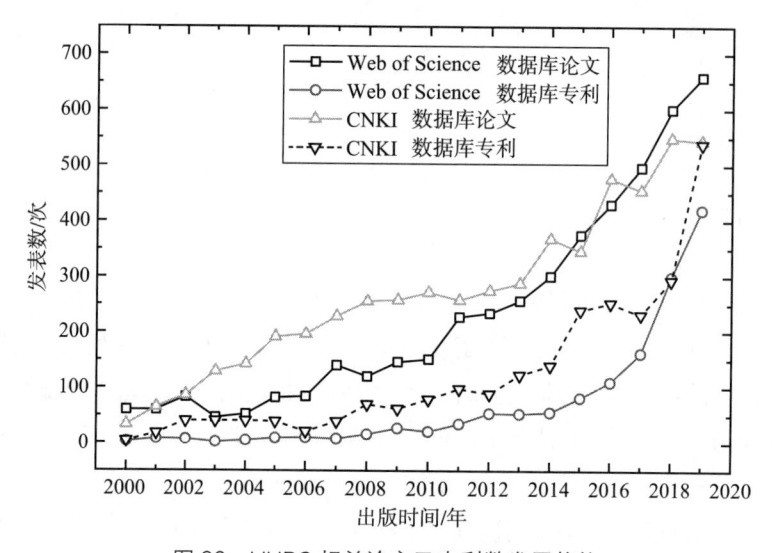

图 90 UHPC 相关论文及专利数发展趋势

尽管 UHPC 材料的研究日臻完善，但是 UHPC 应用仍然处于较为初级的阶段，在实际工程建造中离取代传统土木工程材料（如普通混凝土）仍有相当大的距离。制约其大规模化应用的关键之一是，当前 UHPC 应用中仍主要沿用传统混凝土结构形式与设计理论，难以充分利用 UHPC 性能优势获取性价比优异的高性能结构。本文将在简要介绍 UHPC 材料特点、UHPC 材料与结构研究发展进程的基础上，分析 UHPC 在桥梁工程、建筑工程、防护工程等领域的应用现状，探讨 UHPC 的创新应用与发展。

1. UHPC 材料性能特点

混凝土是一种多孔的不均匀材料，孔结构是影响其力学性能和耐久性能的关键所在。与普通混凝土和高性能混凝土相比，UHPC 以丹麦的均布超细致密体系（Densified System containing homogenously arranged ultrafine Particles，DSP）为基础，按照最大堆积密度原理配制，各组分间相互填充，水胶比低（一般为 0.16～0.2），显著降低了孔隙尺寸和孔隙率，掺入的硅灰等矿物掺合料可与氢氧化钙（CH）进行火山灰反应，形成水化硅酸钙（C–S–H），使得水泥基体与骨料间的界面过渡区（Interfacial Transition Zone，ITZ）如同水泥基体一样致密。表 24 给出了 UHPC 与常见的普通混凝土、高性能混凝土和钢纤维混凝土性能的对比。由此可知，UHPC 中的"超高"不仅仅是指超高的力学性能，而且包括超高的耐久性能。实际工程中，是否合理运用 UHPC 取决于能否充分发挥这两方面性能，并相比其他方案具有经济性优势。

表 24　UHPC 与其他水泥基材料对比

性能指标	普通混凝土	高性能混凝土	钢纤维混凝土	超高性能混凝土
抗压强度（MPa）	20～50	60～100	20～60	120～230
抗折强度（MPa）	2～5	6～10	4～12	20～60
弹性模量（GPa）	30～40	30～40	30～40	40～60
断裂能（KJ/m^2）	0.12	0.14	0.19～1.0	20～40
氯离子扩散系数（10^{-12}m^2/s）	1.1	0.6	—	0.02
冻融剥落（g/cm^2）	>1000	900	—	7
吸水特性（kg/m^3）	2.7	0.4	—	0.2
磨耗系数	4.0	2.8	2.0	1.3

除了表 29 中所列性能，UHPC 抗拉性能是当前研究与应用关注的一个重点。UHPC 的抗拉强度通常在 7～15MPa。法国 UHPC 规范根据 UHPC 裂后的受拉应力 – 变形曲线，考虑纤维取向系数 K 的折减，将其分为高应变硬化、低应变硬化和应变软化三类。UHPC 材料的抗拉本构关系究竟属于哪一类，不仅与 UHPC 材料的组成有关，还与实际应用时的浇注方法有关。受拉应变硬化常常伴随多条细微无害裂缝的开展而具有较高的能量耗散能力，可显著改善材料的裂后延性和韧性。UHPC 基体内因掺入了适量的高强钢纤维，UHPC 材料的受拉性能一般表现出应变硬化特性，与普通混凝土区别显著。现有混凝土结构设计理论中，抗力强度与变形通常因能力太低而忽略不计，但若该思路继续沿用到 UHPC 结构中，则意味着没有充分利用材料的性能，无法凸显 UHPC 材料性能优势。因此，结合 UHPC 材料特性，发展与之适应的结构与设计理论十分必要，也是 UHPC 规模化应用的重要前提与基础。

除这些基本特点外，UHPC 还具有面向性能需求的可调配性和可设计性。这一性能大大提高了 UHPC 的竞争力，也是吸引学术界和工程界广泛关注与研究的重要原因之一。面向不同性能需求，当前已发展出了高耐磨 UHPC、真空振动挤压成形 UHPC、低缩自密实性 UHPC、轻型组合桥面专用 UHPC 等多种类型。

2. UHPC 的研究与应用

（1）发展概述

图 91 给出了 UHPC 发展的主要大事年表，可以较为清晰地看出 UHPC 发展的几个不

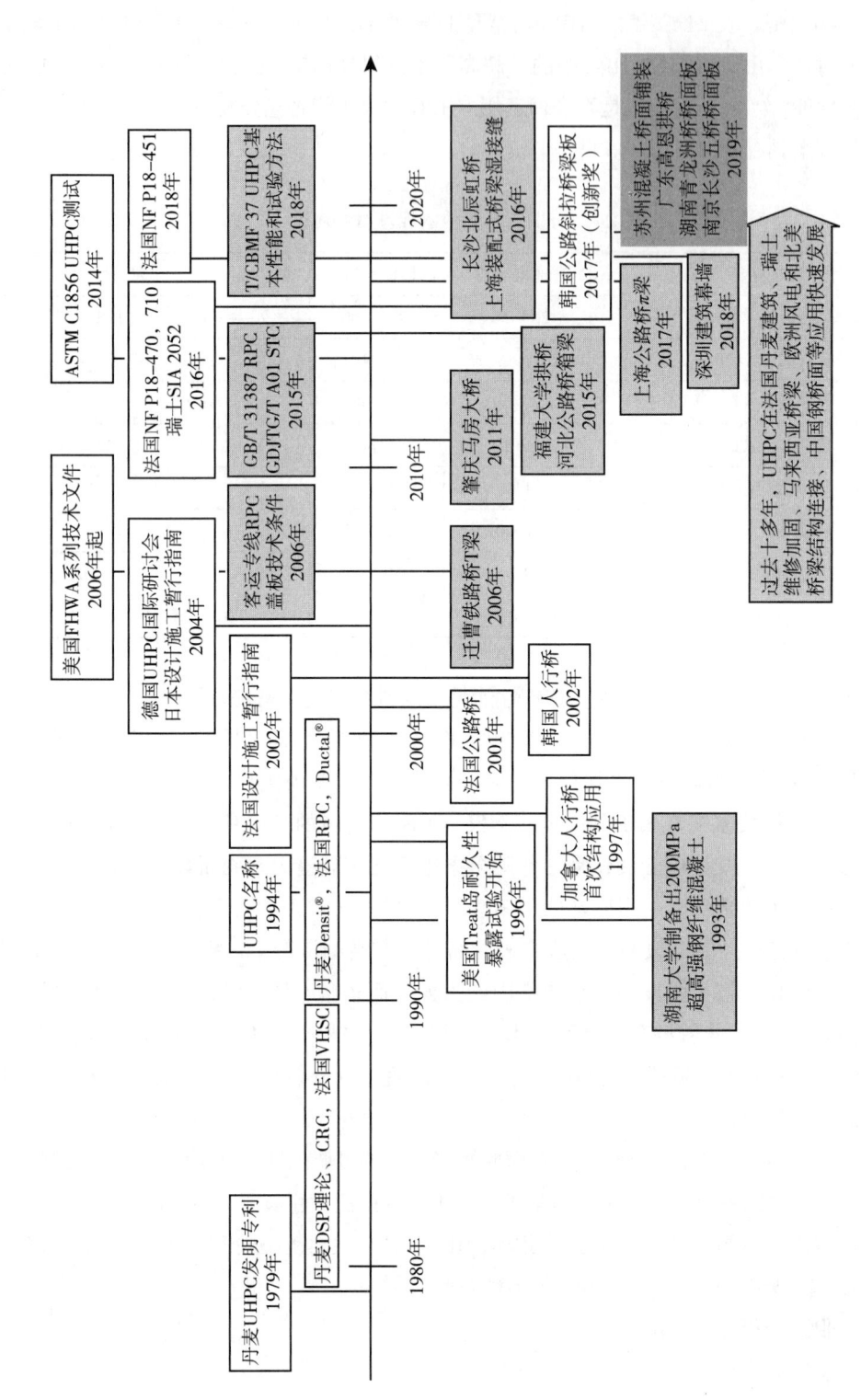

图 91 UHPC 发展的国内外大事年表

同阶段。20世纪80年代以前，受技术限制，只能通过一些特殊手段（如真空拌合和高温养护）来提高混凝土的致密性和强度。虽然这种混凝土具有高抗压强度，但韧性很差，且在制作过程中的能耗较高，难以应用于实际工程。

国外对于UHPC的研发起源于20世纪80年代，丹麦学者研发成功DSP，加入了超塑化剂和硅灰，抗压强度可以达到345MPa，由于材料很脆，通常掺入钢纤维来改善其韧性。20世纪90年代，活性粉末混凝土（RPC）被研发成功，RPC是以DSP为胶凝材料，配以较小粒径、间断级配的石英砂和钢纤维所组成，抗压强度可达200~800MPa，具有良好的施工和易性，便于实际工程应用。同时，法国Larrard等首次将基于DSP配制而成的混凝土材料统称为UHPC，此后这一概念被广泛采用。

国内对于UHPC的研发起源于20世纪90年代，黄政宇、覃维祖等分别发表了关于UHPC的论文，成为中国最早一批研究UHPC的学者。此后，湖南大学、北京交通大学、清华大学、哈尔滨工业大学、东南大学、福州大学、重庆大学、武汉理工大学等先后开展了UHPC材料性能与构件力学性能的研究，取得了一系列研究成果。

2000年以后，UHPC得到快速发展，性能不断改进，组分不断优化，价格也逐渐降低，应用日趋广泛。近十年，UHPC的研究主要集中在如何充分利用UHPC性能特点创新结构形式、制定相关的设计与施工规范，为大规模化推广与应用提供基础。

（2）UHPC材料与结构研究现状

UHPC自问世以来，便得到学术界的广泛关注。经过30年左右的发展，UHPC材料与结构研究已经深入到与之相关的方方面面。早期研究主要侧重UHPC自身材料层面，包括组成和配合比、掺入纤维性能与影响、拌合物性能、力学性能、变形性能、长期性能、养护方法等方面。近期研究中，主要侧重UHPC结构研发与应用，包括UHPC基本构件性能、组合构件与结构性能、连接构件性能、基于UHPC的既有结构加固以及基于UHPC的新结构与新体系的研发。当然，由于UHPC具有面向需求的可调配性与可设计性，面向结构性能需求设计功能化的UHPC也是近期研究的热点问题之一。就UHPC研究而言，总体上呈现出由UHPC材料研究向结构与应用研究过渡的特征。可以预见，这些研究将推动UHPC材料的大规模化应用、结构范式的变革以及高性能结构时代的到来。

（3）UHPC应用于桥梁工程的国内外现状分析

在桥梁工程中，UHPC主要应用于主梁结构、拱桥主拱、桥面结构、桥梁接缝及旧桥加固等多方面。目前，将UHPC材料作为主要或部分建筑材料的桥梁主要分布在亚洲（东亚、东南亚）、欧洲、北美洲和大洋洲，主要包括马来西亚、中国、日本、韩国、越南、缅甸、法国、德国、瑞士、荷兰、奥地利、捷克共和国、意大利、斯洛文尼亚、西班牙、加拿大、美国、澳大利亚、新西兰等国家。其中，马来西亚、美国、加拿大、中国、日本等国家应用UHPC材料的桥梁均在70座以上。

在UHPC桥梁结构的应用和推广方面，仅马来西亚就已经建成150座UHPC桥梁

（截至2019年年底），绝大多数为主梁结构采用UHPC材料。北美洲（加拿大和美国）主要将UHPC材料应用于桥梁接缝，约有350座采用UHPC材料的桥梁，其中约有25座为主体结构（主梁）采用UHPC材料，其余均为将UHPC应用于桥面板接缝等局部构造。

中国目前约有80座桥梁采用了UHPC材料，其中约有20座桥梁主体结构（主梁、拱圈等）采用UHPC材料，其余主要用于钢-UHPC轻型组合桥面结构、现浇接缝、维修加固等方面。近年来，UHPC在桥梁中的应用主要集中在亚洲，这与亚洲多国仍处于大规模基础建设时期有关，也与UHPC在这些国家具有相对较低的价格有关。

（4）UHPC相关规范与标准

随着近年来UHPC在工程中的运用，相应的技术规范或标准已逐步被制定或正在制定。表25统计了世界各国已制定或正在制定的技术规范与标准。由表25可知，大部分UHPC相关规范或标准是近几年内制定的，有相当一部分规范或标准尚处于编制中，反映出目前UHPC应用尚处于初始阶段。随着各类规范或标准的出台，将极大推动UHPC在土木工程领域中的应用。

表25 世界各国已制定或正在制定的UHPC相关技术规范与标准

国别	规范名称	时间（年）	状态
法国	超高性能纤维增强混凝土：规范、性能、生产和合格评定（NFP 18-470）	2016	正式出版
法国	超高性能纤维增强混凝土结构设计规范（NFP 18-710）	2016	正式出版（欧洲规范2的补充）
瑞士	UHPFRC：建筑材料、设计与应用（SIA 2052）	2014	正式出版
德国	德国结构混凝土委员会（DAfStB）主编的UHPFRC指南	未知	编制中
西班牙	西班牙混凝土科学-技术协会（ACHE）第一委员会编制的UHPFRC指南	2015	编制中
美国	超高性能混凝土试件的制造和试验的标准实施规程（ASTMC 1856/1856M-17）	2017	正式出版
美国	FHWA为AASHTO T1委员会起草关于使用UHPC进行桥梁结构设计的技术规范	未知	编制中
加拿大	材料和施工方法（CSA A23.1附件U）	2015	正式出版
加拿大	钢纤维混凝土桥梁的结构设计（CSAS6 A8.1附件）	2015	正式出版
澳大利亚	RPC预应力混凝土梁设计指南（新南威尔士大学）	2000	正式出版
澳大利亚	混凝土结构（DR AS 3600）	2018	正式出版
日本	超高性能纤维增强混凝土（UHPFRC）结构设计与施工指南（草案）	2004	正式出版
韩国	超高性能混凝土（K-UHPC）的设计指南	2012	正式出版

续表

国别	规范名称	时间（年）	状态
中国	客运专线活性粉末混凝土（RPC）材料人行道挡板、盖板暂行技术条件	2006	正式出版
	活性粉末混凝土（GB/T 31387-2015）	2015	正式出版
	超高性能轻型组合桥面结构技术规程（GDJTG/T A01-2015）	2015	正式出版
	活性粉末混凝土结构技术规程（DBJ43/T 325-2017）	2017	正式出版（湖南省地方标准）
	超高性能混凝土：基本性能及试验方法（中国混凝土与水泥制品协会）	2018	正式出版
	公路桥涵超高性能混凝土应用规范（公路工程行业标准）	未知	编制中
	钢－超高韧性混凝土轻型组合桥面结构设计与施工规范（公路工程行业标准）	未知	编制中
	超高性能混凝土：预制构件技术规程	未知	编制中
	超高性能混凝土：结构设计技术规程	未知	编制中
	超高性能混凝土：现场浇筑施工技术规程（中国混凝土与水泥制品协会）	未知	编制中
	超高性能混凝土电杆（T/CEC 143-2017）	2017	正式出版

技术规范与标准在工程建设中具有重要地位，尽管近年来我国在UHPC应用上有着较为明显的升温趋势，但是由于长期以来缺乏UHPC相关标准与规范，使其成为我国UHPC新结构推广与运用的主要障碍。由上表可以看出，我国已有很多UHPC相关规范正在制定中，将为我国UHPC应用提供重要的技术保障。值得注意的是，由于UHPC成为学术界和工程界的热点，多种相似的UHPC技术标准与规范正在制定中，这些标准与规范的出台带来便利的同时，也可能给工程技术人员带来困扰。因此，如何提高UHPC工程技术规范体系的先进性对UHPC应用与长期发展至关重要。

根据UHPC实践应用经验，UHPC的推广与应用根本在于：良好的性价比和优良的品质。在UHPC创新应用与发展中需要重视以下几方面：①紧密把握工程需求，以需求为目标研发产品；②构建材料、结构、施工、装备等多学科全链条化的协作团队；③整合上下游产业链，构建健康的行业及市场体系。

3. UHPC的发展趋势

工程材料的发展是工程结构创新的重要驱动力，而结构创新也是新材料能否有生命力与竞争力的关键所在。与普通混凝土相比，UHPC强度更高、更耐久；与钢结构相比，UHPC结构抗疲劳能力更强。当前UHPC材料与结构已成为热点研究方向，相关专利与论文数量呈指数型增长。同时，UHPC应用数量、范围与地区不断攀升，各类规范与标准也在不断地制定与修订之中，为UHPC结构持续发展提供了重要保障。

我国土木工程建设正处在大规模建设向建养并重转移阶段，UHPC已经在新建高性能结构和既有结构加固改造中得到应用，且呈现快速发展趋势。可以预见，随着我国UHPC相关规范、标准制定与实施，必将进一步推动UHPC在新建结构和既有结构加固中的运用与发展。同时，需要注意的是，在UHPC材料、创新性运用UHPC、先进的规范体系等方面仍然需要投入较大研发力量，推动UHPC材料与结构向高质量、规模化运用方向发展，为我国土木工程的可持续发展和交通强国建设作出重要贡献。

（二）自密实混凝土与纤维增强水泥基复合材料

1. 自密实混凝土

混凝土结构使用寿命的关键在于混凝土的耐久性，而混凝土的密实程度又直接影响混凝土的耐久性，为了解决这个难题，研究者不断研发新型混凝土材料来解决这一难题，自密实混凝土（Self-Compacting Concrete，SCC）就是其中的一种。SCC又称自流平混凝土、高流动混凝土、免振捣混凝土等，是一种浇筑时在自身重力作用下能够流动、密实，即便存在致密钢筋也能完全填充模板，同时获得良好均质性，且不需要附加振动的高性能混凝土。SCC的硬化性能与普通混凝土相似，而新拌混凝土性能则与普通混凝土相差很大。SCC的自密实性能主要包括流动性、抗离析性和填充性。SCC被称为"近几十年中混凝土建筑技术最具革命性的发展"。

SCC的主要特点有：①不需要振捣，混凝土浇筑的时间大幅度缩短，工人劳动强度大幅度降低，生产效率得以显著提高；②因为浇筑过程不需要振捣，可以浇筑形状复杂、薄壁和配筋密集的结构；③浇筑成型的混凝土表面质量好，表面不会出现气泡或蜂窝麻面；④浇筑的混凝土的品质具有良好的密实性、力学性能和耐久性等；⑤浇筑过程环境噪声低，浇筑的工作环境得以改善；⑥混凝土密实度好，既避免了振捣对模板产生的磨损，又能减少混凝土对搅拌机的磨损。

早在20世纪70年代早期，欧洲就已经开始使用轻微振动的混凝土，但是直到20世纪80年代后期，SCC才在日本发展起来。日本发展SCC的主要原因是当时日本建筑工人逐渐减少导致建筑工程质量下降，致使结构的耐久性也不断下降。为了解决这些问题，日本东京大学Okamura教授提出了"免振捣的耐久性混凝土"，并在1996年美国泰克萨斯大学讲学中称其为自密实混凝土。1989年以后，SCC从日本迅速传播到世界各地，并得到广泛应用，欧洲在20世纪90年代中期才第一次将SCC用于瑞典的交通网络民用工程上。此后，瑞士、挪威等国家也开展了SCC的研究并取得了相应成果，随后整个欧洲的SCC应用普遍增加，SCC开始得以推广使用。

我国在20世纪90年代才开始研究SCC，虽然相比于世界上其他国家而言较晚，但近几年发展迅速。随着2003年北京和天津等地举办的高性能混凝土HPC和SCC研讨会，使得这两地在SCC的应用与推广上得以进一步发展。中南大学、湖南大学和清华大学于

2005年和2009年共同组织召开了SCC国际会议，这也进一步促进了SCC在我国的推广和应用。近几年来我国SCC的发展和应用速度加快，应用领域也在进一步扩大。

SCC相比于普通的混凝土，出现的时间较晚，我国开展相关研究的时间也比较晚，所以在实际工程，特别是在桥梁工程领域的研究和应用目前来看还相对较少。四川省雅安市经石棉至泸沽高速公路的腊八斤特大桥、黑石沟特大桥为大跨连续刚构钢管混凝土组合高墩混凝土桥梁，其中，腊八斤特大桥主桥桥墩最高的墩高为182.5m，目前是中国桥梁建造史上的第一高墩，黑石沟特大桥主桥桥墩最高的墩高为157m，这两座特大桥主桥桥墩钢管混凝土中，核心混凝土均采用了C80高抛自密实微膨胀高强钢管混凝土，采用高位抛落免振捣方法进行施工。2012年投入使用的四川省宜宾南溪长江公路大桥，主梁钢混结合段因考虑到内部施工空间无法保证混凝土振捣施工，故采用了高强度大流动性的自密实混凝土填充，且仅从箱梁顶部进行混凝土流注。同样在钢混结合段采用自密实混凝土浇筑的还有宁波大榭第二大桥以及鄂东长江公路大桥。干海子特大桥高墩采用钢管混凝土格构式墩身，钢筋混凝土承台和桩基，其中，钢管混凝土结构中的核心混凝土采用了C50的自密实微膨胀混凝土作为填充材料，也有相关报道将C20的自密实混凝土用于公路桥的桥台基础中。

2. 纤维增强水泥基复合材料

由于普通混凝土存在抗拉强度低、容易开裂、延性差以及耐久性不足等问题，为了克服混凝土这些缺点给实际工程在服役过程中带来的影响，研究人员一直试图探索改变混凝土性能的办法，如在混凝土中掺入纤维材料。20世纪90年代初，美国密歇根大学Li V C教授针对实际结构性能对所需材料特性的要求，采用基于微观力学的性能驱动设计方法成功研制出了纤维增强水泥基复合材料（Engineered Cementitious Composites，ECC）。ECC是一种超高韧性新型材料，具有良好的力学性能，峰值拉应变可达到3%以上，韧性、抗震性能及耐久性能好。ECC常以水泥、矿物掺合料、石英砂等作为基体，用纤维做增强材料，在纤维体积掺量小于2%的情况下，其极限拉应变通常在3%~7%。ECC的受拉、受弯强度、延性及韧性等性能均优于普通混凝土材料。另外，ECC具有良好的裂缝控制能力，其达到拉伸极限破坏前裂缝的宽度仅为60μm左右，这一特性可以极大提高结构的安全性和耐久性。同时，ECC在制备过程中大量利用了工业废料粉煤灰，降低了水泥的用量，减少成本的同时也有利于环保。

在桥梁工程中，尽管ECC相比于普通混凝土具备更加优越的延性，但伸长率和拉伸强度等性能和钢材相比相差较多，故不适合单独使用，一般多用作结构辅助性的加固材料，也有采用正交异性钢板-ECC组合桥面结构来解决桥面铺装易损坏的难题并防止钢桥面结构发生疲劳开裂的报道。日本工程师应用钢-ECC组合材料建成了北海道江别市美原大桥，同时也对该桥开展了相关研究，研究表明，采用ECC材料使得桥面板的自重降低了40%，且ECC良好的韧性及裂缝控制能力使得适用性及耐久性得到很好的满足，同时因为 ECC 在该桥中的应用，使成本更低且将桥梁的预期寿命提高到了 100 年。美国 Li V C 教授等人应用 ECC 对美国一座公路桥的桥梁面板进行维修，修复后桥面板工作状况良好，产生的细小裂缝能很好地控制在 30μm 以内。尽管 ECC 在桥面修复或加固等方面有着不错的优势，但在桥梁工程领域的应用总体而言还是偏少。

（三）高性能钢

一般来讲，高性能钢包括高强度高韧性结构钢（简称高强钢）、高强度耐候钢、高强钢丝、高强钢配套连接材料；高性能钢材可以应用于桥梁的桥墩、桥塔、梁体、缆索、组合结构、基础工程、附属结构、预应力体系、施工装备或其中的构件等。

随着桥梁使用需求的提高和冶金与配套技术的发展，高性能钢材被不断开发出来并应用于工程。高性能钢材除具备良好的力学性能（如高强度），还应当具有良好的可焊性、优良的塑性变形能力、确保板材的厚度方向性能、稳定的抗腐蚀能力以及良好的经济指标。采用高性能钢材可以显著提升桥梁结构性能，并带来良好的经济效益。例如，采用高强度钢材，可以减小桥梁钢板的厚度及结构自重，从而获得更大的跨越能力；采用高强度缆索钢丝，可以减轻主缆自重的同时实现更大的桥梁跨越能力；专门开发的低屈强比高性能钢材则具有良好的塑性变形能力，可以有效吸收地震能量，减轻结构震害。随着我国推广钢结构应用，高性能钢必将获得更好的发展。

1. 高强钢

20 世纪 70 年代以来，韩国先后开发了抗拉强度分别为 400MPa、490MPa、520MPa 和 570MPa 的桥梁结构用钢，其中 SM490 和 SM520 型号的钢广泛应用于韩国的桥梁中。而后，韩国组织相关单位对高性能钢进行研究，研发了 HSB500、HSB600 和 HSB800 高性能钢，并在 2008 年将 HSB500 和 HSB600 纳入韩国桥梁钢设计规范，2010 年将 HSB800 纳入韩国桥梁钢设计规范。

目前，韩国开发的 HSB500 和 HSB600 高性能桥梁钢已用于钢结构桥梁，可以节省建筑成本约 10%，降低钢梁重量约 30%，节省桥梁用钢总量约 15%。此外，韩国还提出了"超大跨径桥梁"研究和开发项目（Research & Development，R&D），时间从 2008 年 2 月至 2015 年 12 月，总投资为 946 亿韩元。该项目以研究抗拉强度 800MPa 以上的高强钢和耐候钢以及 1900MPa、2100MPa、2200MPa、2400MPa 级别高强、高耐蚀钢丝、钢索及其应用技术为主，同时也结合桥梁建设对高性能钢及其应用技术进行了进一步的研究。在工程实例与应用上，韩国将 HSB600 高性能钢应用在仁川大桥和 Kyeongbu 高速铁路桥等桥梁上，HSB500 高性能钢应用在京釜高速铁路桥上。

美国是较早开始在桥梁工程中应用高强度钢的国家之一。自 20 世纪 90 年代以来，由美国钢铁学会、美国联邦公路管理署、美国海军和米塔尔美国公司联合立项研究高性能钢，先后开发了 HPS50W、HPS70W 和 HPS100W 系列钢种。应用实践表明，与传统的桥梁用钢相比，使用 HPS 系列高性能钢可以使桥梁制造成本降低约 18％、重量减轻约 28%。高性能钢的应用在美国呈现逐年增加的态势，在美国的 42 个州已有数百座桥梁采用了高性能钢。在高性能钢的工程应用上，美国比较著名的桥梁主要有两座，一座是马丁河（Martin Creek）桥，另一座是福特城（Ford City）桥。马丁河桥位于美国田纳西州，于 1998 年 2 月建成通车，为 2×71.78m 两跨连续梁桥，该桥最初的设计采用 345W 钢，后改用 HPS485W 以便进行实桥设计试验，中间支点附近的梁段采用 HPS485W，跨中梁段采用混杂设计，该桥更改设计方案后，相较于最初方案主梁用钢量减少 24.2%，费用减少 10.6%。美国福特城桥位于田纳西州，于 2000 年建成通车，为三跨连续梁桥，跨径布置为（97.5+126.8+97.5）m。该桥主梁在负弯矩采用 HPS485W，其余部位则采用 HPS345W，使得钢梁自重减轻 20%。

日本桥梁用钢主要向高性能钢方向发展，为此日本相继开发了 BHS500 及 BHS700 系列高性能桥梁用钢。日本研发人员研究了常用钢桥的最佳屈服强度，图 92 给出了屈服强度与板梁桥主梁重量之间的关系。从图中可以看出，随着钢的屈服强度的提高，其重量比下降，但是当屈服强度超过 500MPa 时，由于可变载荷产生的疲劳极限成为设计的控制因素，继续增加强度并不能得到更好的效果。对于悬索桥和斜拉桥，减少桥梁结构的自重能显著减少桥梁建设成本。实践证明，屈服强度为 700MPa 的高性能桥梁用钢对于这类桥梁的减重非常有效，但考虑到梁式桥占桥梁类型的大多数，500MPa 将成为高性能桥梁用钢最基本的强度值。

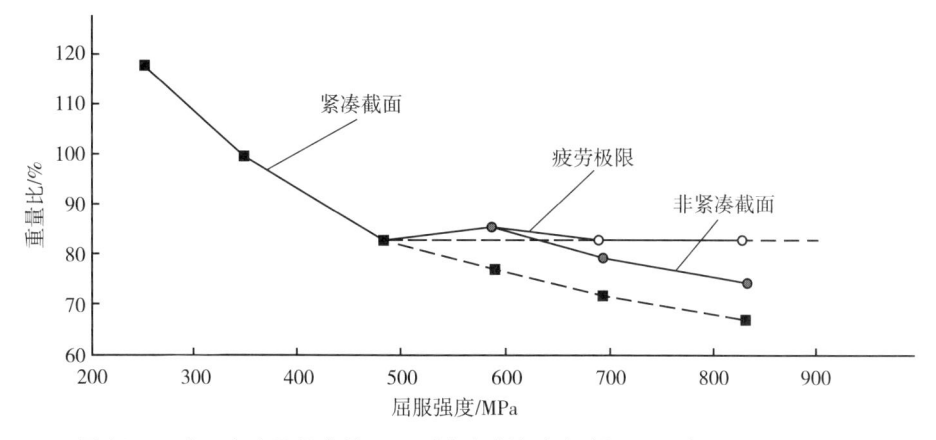

图 92 日本研究人员提出的 33m 跨径钢板梁桥钢板屈服强度和重量比的关系

又如，BHS700W 高性能钢是日本新日铁公司 1994 年为明石海峡大桥设计的钢材。BHS700W 高性能钢的 P_{CM} 值较大，并且强度较高，因此 BHS700W 高性能钢的焊接预热温度在 50℃左右，同时其焊接热输入降为 5 kJ/mm，借此来减少焊缝开裂。表 26 列出了日本不同型号高性能钢的性能指标。

表26 日本不同型号高性能钢的性能指标

类型	钢板厚度（mm）	屈服强度（MPa）	抗拉强度（MPa）	冲击功（J）	焊接裂纹敏感因子PCM（%）	预热温度（℃）	焊接输入热量（KJ/mm）
BHS500	6≤t≤100	最小500	570~720	100（-5℃垂直轧向）	0.20	无须预热	最大10
BHS500W	6≤t≤50	最小700	780~970	100（-40℃平行轧向）	0.30	50	最大5
BHS700	50<t≤100	最小700	780~970	100（-40℃平行轧向）	0.32	50	最大5

1964年，800MPa级的高强钢被应用于日本的花轮立交桥。1974年大量800MPa级高强钢被应用于水门大桥。随后，高强钢在日本被大量应用于桥梁结构，如明石海峡大桥和来岛大桥中应用了Z向性能良好的高性能钢。2006年，日本的BHS500高性能钢被首次应用于东京湾临海大桥，使得结构的自重和制作费用分别降低了3%和12%。

在欧洲，德国杜塞尔多夫的莱茵河大桥V型桥塔顶部焊接箱形连系钢梁采用S460高强钢。德国因戈尔施塔特的一座组合桥梁，其桥墩与钢梁间的半刚性连接采用了S690高强钢。法国著名的米约大桥箱形截面主梁和一些连接构件采用了80mm厚的S460高强钢，桥塔采用了最厚达120mm的S460钢板。瑞典跨度为48m的快速安装军用桥采用S460、S960和S1100高强钢。欧洲在高强钢方面没有关于桥梁用钢的专门标准，其桥梁建设所用钢材绝大部分为微合金钢，并包含于结构钢热轧产品的欧洲标准EN 10025所规定的范围之内。欧洲钢铁工业为桥梁制造业提供了不同种类的厚板材料。S235、S275及S355钢仍然是其目前桥梁建设最常用的钢种。通过使用热机械控制工艺，屈服强度为S460M的高强度钢可以用于桥梁建设。欧洲钢铁生产厂更注重应用调质工艺生产更高强度级别的钢种。通过使用调质工艺，钢的屈服强度可达到1100MPa，但这些高强度钢并不用于桥梁建设，一般桥梁建设所用的最高强度级别为S690，而且这个强度级别的钢在欧洲也只在少数桥梁中得到应用。S690钢的应用使得桥梁重量减轻，并且大多数使用是出于美学设计需要。

从我国桥梁用钢发展历程来看，国内桥梁用钢的屈服强度在不断提高，从开始的235MPa，经历了345MPa、370MPa、390MPa，再发展到420MPa、500MPa、690MPa，虽然高性能钢桥梁在我国起步较晚，但是目前应用级别最高也达到了690MPa（如武汉江汉七桥）。桥梁制造的发展过程也由铆接、栓焊逐步发展为全焊接桥梁。因此，桥梁用钢的焊接性能成为决定其是否可以得到广泛应用的重要指标。近年来，国内钢铁企业的技术装备和冶炼技术有了长足进步，钢的纯净度大大提高。桥梁用钢的生产工艺也发生了很大的变化，由原先的热轧钢、正火钢，发展为控轧钢、TMCP控轧控冷钢、TMCP+回火处理钢，对于更高强度级别的桥梁用钢，还可考虑采用调质处理钢。再加上微合金（尤其是Nb、

Ti 的使用）的强韧化作用，使得新型高强度、高韧性并具有良好焊接性能和耐候性的国产高性能桥梁钢的出现成为可能。2004 年，鞍钢研制成功新一代桥梁用钢 Q420qD，2006 年应用于重庆朝天门长江大桥；随后，武汉钢铁（集团）公司生产出了 Q420qE（WNQ570）桥梁钢，并应用在京沪高速铁路南京大胜关长江大桥的建设；2008 年，鞍钢开发出 Q500qD，2014 年用于陕西眉县干沟河、霸王河桥的建造；2015 年，鞍钢与武汉钢铁（集团）公司一起试制成功世界先进水平的 Q500qE 高性能桥梁用钢，用于世界上最大的公铁两用桥沪苏通长江公铁大桥。但是，从目前钢结构桥梁选材来看，主流仍然是 345 级别，420 级别及 500 级别仅被少量工程采用，690 级别国内只有个别工程采用。我国高性能桥梁结构钢如 420MPa、500MPa、690MPa 钢材的工程应用，一般也仅使用在大跨径桥梁的桥塔、主梁等受力较大的结构构件或关键部位中，还未在桥梁工程中大量应用。"十三五"期间，国家重点研发计划安排了高性能桥梁用钢项目，Q690 级别高性能桥梁钢已经初步研发成功，在武汉江汉七桥受力较大的杆件中获得首次试用 1500 余 t。

2. 高性能耐候钢

目前，在国际上耐候钢正逐渐被当作一种普通钢种而广泛使用。美国约 50% 的桥梁使用了耐候钢，其中有 45% 的桥梁已免涂装应用耐候钢；在日本约 20% 的桥梁使用耐候钢，其中裸露桥梁约占 70%，采用锈层稳定化处理技术的桥梁约占 20%，涂装桥梁约占 10%；近年来，日本在东北、九州及北陆新干线中约有 19 座桥梁应用了镍系高耐候钢；加拿大在新建钢桥中有 90% 使用了耐候钢；韩国目前已有 20 余座耐候钢桥。

美国早期应用最普遍的耐候钢主要为高 P、Cu 加 Cr、Ni 的 CortenA 系列和以 Cr、Mn、Cu 合金化为主的 CortenB 系列。耐候钢在桥梁上的裸露使用是从 1964 年开始。在美国，耐候钢的最大用途是制造桥梁。1977 年，美国建成了当时世界上最大跨度的上承式耐候钢拱桥——New River Gorge 大桥（图 93），用耐候钢量 1.9 万吨。其后耐候钢桥在世

图 93 美国 New River Gorge 大桥

界范围内得到快速推广，在铁路、公路桥梁建造了各种桥型的耐候钢桥，图94为美国潘尼贝克大桥（Pennybacker Bridge）。1993年美国裸露耐候钢桥梁已经达到23000座，裸露耐候钢桥梁已成为发达国家钢桥的一种发展趋势。1963年，美国推出100W钢，强度高、耐腐蚀性强，1969年列入ASTM标准，并在美国的桥梁建设中沿用至今，缺点是价格昂贵。1974年，在ASTMA709中出现了70W和100W等高强度耐候桥梁钢，但是这些钢中碳含量较高（≥0.12%），对焊接工艺要求也高。

图94 美国潘尼贝克大桥

日本于1967年开始在桥梁上使用耐候钢，并制定了《焊接结构用耐大气腐蚀热轧钢》标准JISG3114，1981年起进行耐候钢露天试验等调查与研究，于1985年制定了《无涂装耐候性桥梁设计施工要领》。

在日本，对于耐候钢的开发与研究始于从美国引进耐候钢材后的20世纪50年代末期。当时川崎制铁、富士制铁、住友金属、神户制铁所等多家大型钢铁企业积极进行了大量的实验研究。到20世纪60年代，各钢铁企业相继发布了添加合金元素的耐候钢材的防腐实验结果，并开始大量生产销售，用于桥梁最早是1963年完成的东海道新干线长良川大桥。使用耐候钢涂装油漆具有延长涂漆层寿命的效果，涂装后的耐候钢与普通钢相比，表现出极优越的耐蚀性，其能够比普通钢延长涂装寿命。这是因为在耐候钢表面施行涂装后，涂膜与基体附着力增强，在涂膜下发生局部腐蚀速度减小，使涂膜受到损伤的概率减少。另外，由于其铁锈扩展的速度比普通钢慢，因此延长了涂膜劣化的时间，从而降低了重新涂装维持费用。在1968—1974年，每年桥梁用耐候钢量为4万~6万吨。这期间，三分之一是涂漆桥梁，其余裸露使用和锈层稳定化处理使用。1998年以后，年均使用8万吨以上耐候钢建造桥梁，其中1999年使用12.3377万吨。到2016年，在桥梁建造中共计使用了 193.2044 万吨耐候钢，累计耐候钢桥 7173 座。锈层稳定化处理是为了减少锈层自然稳定化之前的腐蚀，避免裸露使用耐候钢初期的外观不良问题。日本不同的公司开发了若干种促进锈层稳定化的表面处理方法，这些方法不是为了停止腐蚀的进行，而是为了帮助锈层形成，减轻初期对周围环境的污损，包括视觉不良的问题。

在桥梁耐候钢的使用方法上，日本逐步发展到以裸露使用为主，日本的无涂装耐候钢桥最早始于 1967 年建造的爱知县知多 2 号桥。以桥梁数量作为基数，到 1992 年，裸露使用的约占 70%，锈层稳定化处理使用的约占 20%，涂漆使用的约占 10%。日本裸露使用耐候钢桥的发展趋势如图 95 所示。据统计，在日本已建成的钢桥中，耐候钢桥用钢量及占新建钢桥的比例以及日本耐候钢桥梁逐年建造数量最高的年份是 2008 年，耐候钢桥占比已达到 31.22%（图 96）。

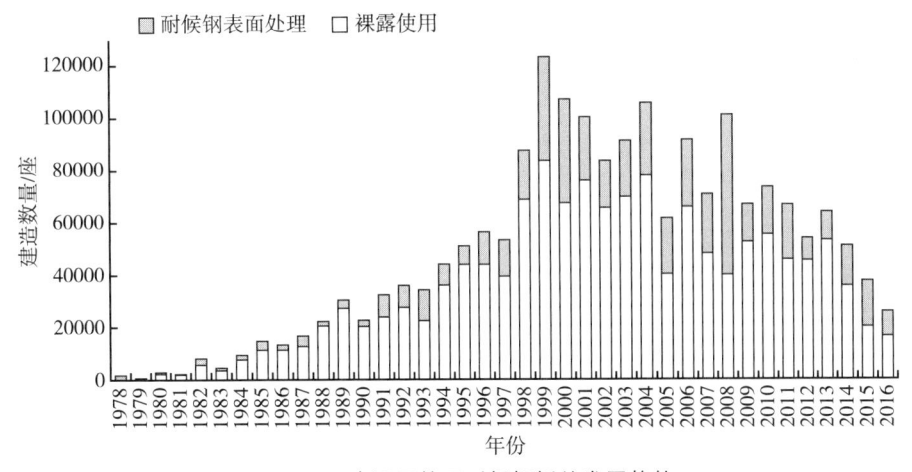

图 95 日本裸露使用耐候钢桥的发展趋势

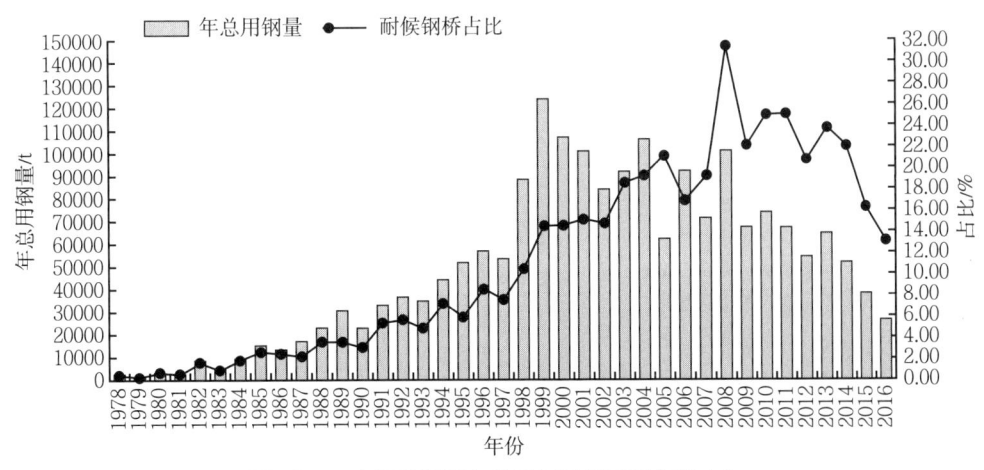

图 96 日本新建桥梁年总用钢量及耐候钢桥占比

英国第一座耐候钢桥于 1967 年建成，是约克大学的一座人行天桥，该材料在后来的 30 年左右用于英国各地的许多桥梁。英国克鲁斯集团开发了系列耐候桥梁用钢。自 2001 年以来，英国在桥梁上使用耐候钢的情况显著增加，现在，耐候钢已经成为各种桥面板的首选材料。

关于耐候钢桥梁的适宜环境，英国建议耐候钢不应用于存在高浓度腐蚀性化学品或工业烟雾（特别是 SO_2）的环境中。按照 BS EN ISO 9223 标准，污染等级高于 P3 [即 SO_2 > 200mg/($m^2 \cdot d$)] 的环境应避免使用耐候钢。在一般的海洋大气环境中，耐候钢不应用于沿海水域 2km 范围内的桥梁（除非可以确定），按照 BS EN ISO 9223 标准，空气中的氯化物含量不超过 S2 的盐度分类 [即 Cl^- < 300mg/($m^2 \cdot d$)]。加拿大在新建的桥梁中 90% 以上采用高性能耐候钢，韩国 1992 年开始应用于桥梁，目前约有 15 座。图 97 和图 98 为耐候桥梁钢在意大利斯塔拉拉托大桥和英国伦敦千禧桥的应用实例。

图 97　意大利斯塔拉拉托大桥

图 98　英国伦敦千禧桥

从 1964 年美国开始在桥梁上裸露使用耐候钢，到我国第一次尝试裸露使用耐候钢建造桥梁，跨越了近 30 年。20 世纪 90 年代初，我国某钢厂研制了 NH35q 桥梁用耐候钢，试制的钢板在桥梁工厂制作了三孔箱形梁，其中有一孔为裸露使用，于 1991 年 10 月架设在京广线武昌至余家湾之间的巡司河上。

国内钢厂已经完成适用于城乡及工业大气环境的高性能耐候桥梁用钢 Q345q（D、E）NH、Q370q（D、E）NH、Q420q（D、E）NH、Q460qENH、Q500q（D、E）NH 和 Q690qENH 工业试制及批量应用，海洋大气环境及工业大气环境应用的耐候钢也开发成功，并在国内典型大气环境如青岛、江津、海南、沈阳、北京、广州、泉州、鞍山、鲅鱼圈、二道白河等地以及泰国、马尔代夫等国外若干地点进行了挂片暴晒试验，已经获得最长九年的大气腐蚀数据，高性能耐候桥梁钢耐蚀性数据积累丰富，为高性能耐候钢在我国的桥梁推广应用提供了数据支撑。图 99 为耐候钢在辽宁省沈阳市毛家店桥的应用情况，该桥已于 2016 年通车。图 100 为耐候钢在组合梁桥中的应用。

图 99　辽宁省沈阳市毛家店耐候钢桥

图 100　耐候钢在组合梁桥中的应用

国内已完成了屈服强度235～500MPa级别耐海洋大气腐蚀桥梁钢的研制，形成了1%镍和3%镍两种类型的镍系高耐候钢，完成了工业试制生产。在马尔代夫及我国沿海地区开展了挂片暴晒试验。在中国援建马尔代夫的中马友谊大桥上推广应用了3%镍类型的镍系高耐候钢近1000t，现在已经竣工通车。此外，在我国青连铁路、福厦客运专线等地的沿海桥梁支座上也采用了耐海洋大气腐蚀桥梁钢。

近年来，国内钢铁企业对高性能耐候桥梁钢也开始予以重视，如鞍钢、武钢集团、舞阳钢铁有限公司、南京钢铁联合有限公司、首钢集团等，而且耐一般大气腐蚀的桥梁用钢也实现了工程应用。目前存在的主要问题是各生产厂家的产品在不同环境中的腐蚀数据不充分，基础研究欠缺，仅仅按照标准规定的基本成分和力学性能生产供货而已。近年来我国使用耐候钢的桥梁如表27所示。

表27 近年来我国使用耐候钢的桥梁

序号	工程名称	代表材质	建成时间（年）	备注
1	重庆朝天门长江大桥	Q420qENH	2009	涂装
2	南京大胜关长江大桥	WNQ570	2011	涂装
3	鹤大高速公路宽甸立交A匝道桥	Q370qENH	2012	涂装
4	沈阳绕城高速后丁香大桥	Q345qENH	2013	内裸外涂
5	沈阳白塔河人行桥	Q345qDNH	2014	内裸外涂
6	陕西眉县渭河2号桥	Q500qDNH	2015	免涂装
7	西藏墨脱大桥	Q345qDNH	2015	免涂装
8	京沈高速沈阳毛家店桥	Q345qENH	2016	免涂装
9	中马友谊大桥	Q345qDNHY-Ⅱ	2018	涂装
10	港珠澳大桥	Q345qDNH	2018	涂装
11	合肥市南淝河大桥	LP板（Q345qNH）	2018	免涂装
12	官厅水库大桥	Q345qDNH	2019	免涂装
13	运宝黄河桥	Q345NH	2019	免涂装
14	中俄共建黑河大桥	Q370qENH、Q420FNH	2019	内裸外涂
15	藏木雅鲁藏布江特大桥	Q370qENH、Q420qENH	2019	免涂装
16	延庆－崇礼的高速公路桥	Q345qENH	2020	免涂装
17	福州洪塘大桥引桥	Q345qDNH	2020	免涂装
18	平镇高速公路桥	Q345qDNH	2020	免涂装
19	武汉江汉七桥	Q690qENH	在建	涂装
20	大连普湾新区跨海大桥	Q345qENH,Q420qENH	在建	涂装
21	福建莆炎高速沙溪大桥	Q420qDNH,Q500qDNH	在建	免涂装

3. 高强钢丝

从国外来看，1998年建成的世界最大跨径悬索桥——日本明石海峡大桥（主跨1991m）首次采用1770MPa级直径5mm系列热镀钢丝。此后，国外建设的部分桥梁缆索采用了1860MPa以上的高强度钢丝，如已建成的韩国李舜臣大桥采用了1860MPa主缆索股钢丝，韩国蔚山大桥主缆采用1960MPa高强度钢丝。图101列出了国外悬索桥主缆钢丝强度增长情况。

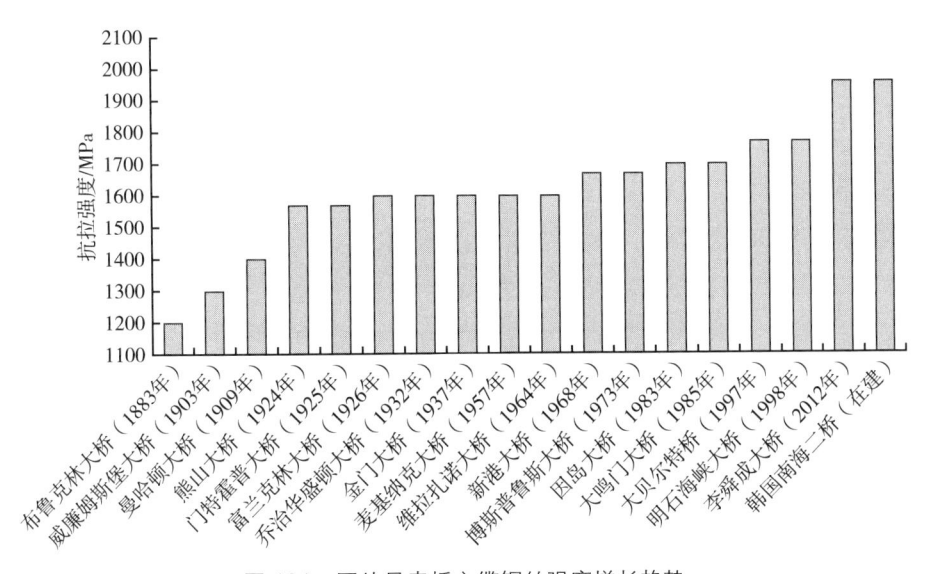

图101 国外悬索桥主缆钢丝强度增长趋势

20世纪80年代以前，国内使用的桥梁缆索用热镀钢丝强度级别主要为1570MPa。此后，随着热镀钢丝生产技术的发展，1670MPa钢丝成为桥梁缆索用热镀钢丝的主流产品，目前最新的《桥梁缆索用热镀锌钢丝》（GB/T17101-2008）中已取消1570MPa热镀钢丝。2008年建成的世界最大跨径斜拉桥——苏通大桥（主跨1088m）在国内首次实现1770MPa级直径7mm热镀钢丝国产化，表明我国在桥梁缆索用热镀钢丝研究及产业化方面已走在了世界前列。近年来，1770MPa钢丝已广泛应用在一些大型悬索桥上，如舟山西堠门大桥、南京长江四桥、马鞍山长江公路大桥、武汉鹦鹉洲大桥等。2010年，强度达到1860MPa的斜拉桥用7mm高强度钢丝的国产化，并应用于嘉绍大桥和港珠澳大桥。2016年，强度达到1960MPa的悬索桥主缆用5mm及6.2mm高强度钢丝的国产化，并成功应用于广东省虎门二桥和武汉杨泗港长江大桥。

2000年以前国内大跨度桥梁工程用缆索钢丝主要依赖进口，主要用的是新日铁的盘条；2004年宝钢开发的5mm1770MPa钢丝成功应用于舟山西堠门大桥，打破新日铁市场垄断地位；2006年苏通大桥实现全部7mm1770MPa钢丝的国产化；2019年建成通车的南沙大桥（原虎门二桥）坭洲水道桥主缆采用1960MPa镀锌钢丝；沪苏通长江公铁大桥采用了2000MPa级高强度钢丝。

另外，在建的深中通道伶仃洋大桥主缆钢丝强度设计为6mm2060MPa，已开始小批量生产。GB17101的最高强度等级为1960MPa，实际工程已应用到2060MPa，更高的2160MPa已在研制中。设计中的江苏张皋长江大桥，主缆钢丝拟采用2160MPa级别。国内悬索桥主缆钢丝强度的增长变化情况如图102所示。

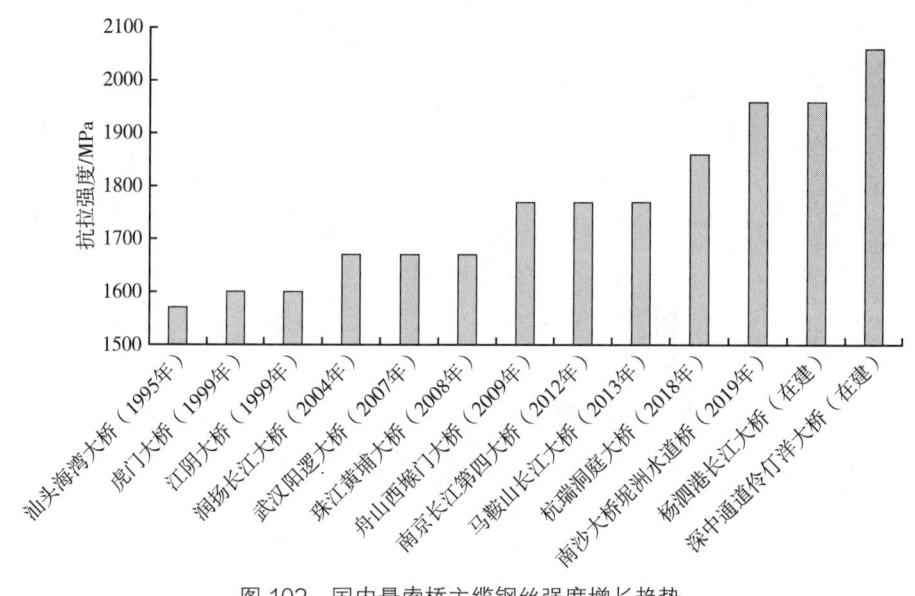

图102　国内悬索桥主缆钢丝强度增长趋势

4. 连接材料

连接材料主要分为焊接连接材料和螺栓连接材料。

焊接材料应与主体钢材相匹配。手工焊接采用的焊条符合标准为现行《非合金钢及细晶粒钢焊条》（GB/T 5117）的规定；自动焊和半自动焊采用的焊丝和焊剂符合标准为现行《气体保护电弧焊用碳钢、低合金钢焊丝》（GB/T 8110）、《非合金钢及细晶粒钢药芯焊丝》（GB/T 10045）、《埋弧焊用非合金钢及细晶粒钢实心焊丝、药芯焊丝和焊丝–焊剂组合分类要求》（GB/T 5293）的规定；焊接材料进厂时应有质量证明书，焊接材料的质量管理符合《焊接材料管理规定》（JB/T 3223）的规定。CO_2气体保护焊的气体纯度不小于99.5%。近年来，天津金桥焊材、哈尔滨焊接研究所等单位研究开发了345-690级别高性能耐候钢的配套系列焊接材料，具备批量供货能力，在国内一些耐候钢桥梁工程中已经实现应用。

螺栓连接材料主要有采用高强螺栓的摩擦型连接和普通螺栓连接。高强螺栓连接副包括一个螺栓、一个螺母、两个垫圈，采用的标准分别为《钢结构用高强度大六角头螺栓》（GB/T 1228）、《钢结构用高强度大六角螺母》（GB/T 1229）、《钢结构用高强度垫圈》（GB/

T 1230）、《钢结构用高强度大六角头螺栓、大六角螺母、垫圈技术条件》（GB/T 1231）、《钢结构用扭剪型高强度螺栓连接副》（GB/T 3632）。普通螺栓连接副包括一个螺栓、一个螺母、两个垫圈，采用的标准分别为《六角头螺栓》（GB/T 5782）、《I 型六角螺母》（GB/T 6170）、《平垫圈》（GB/T 97.1）、《紧固件机械性能 螺栓、螺柱和螺钉》（GB/T 3098.1）、《紧固件机械性能螺母 粗牙螺纹》（GB/T 3098.2）。为了配合耐候钢桥梁建设，中铁山桥、南京福贝尔紧固件有限公司等单位针对一般大气环境和海洋大气环境，研制了 10.9 级高强度耐候钢螺栓，在国内藏木雅鲁藏布江特大桥、福厦客运专线泉州湾跨海桥梁等耐候钢桥梁工程中已经开始应用。

5. 钢结构智能制造

钢结构桥梁具有制造精度要求高、制造工期短、资源使用量大、非标定制、制造工厂化等特点。针对工厂制造特点，智能制造生产线的设计实施采用先基础、再提升的思路，首先全面实现企业信息化管理，逐步突破关键单元（工序）的智能化。

钢结构桥梁智能制造生产线一般包含板材智能下料切割生产线、板单元智能组焊生产线、智能总拼生产线、智能涂装生产线以及智能制造信息化系统为核心的"四线一系统"。

（1）板材智能下料切割生产线

板材智能下料切割生产线由智能套料系统、网络数控切割设备、车间智能制造执行系统（MES）组成，通过公司内部局域网和信息管理系统，将智能切割设备、智能套料系统与 MES 服务器实时数据交互，自动生成下发 NC 程序、加工指令到切割设备，实时反馈切割过程数据到 MES 系统，实现横隔板、顶底板等板件智能提料、智能排版、智能切割和智能报工。

（2）板单元智能组焊生产线

针对钢梁板单元结构特点，构建系统化管理，优化工艺布局，改变常规的生产组织模式，开发板单元智能组焊生产线。

板单元智能生产线配置多头 U 肋自动打磨机、面板无尘多头打磨机、U 肋组装机器人、U 肋板单元组焊一体机、多电极埋弧专机、多电极气保焊专机、板单元自动机械矫正机、接板焊接机器人、板单元自动切边及划线一体机等先进的桥梁板单元制造设备。

将车间设备通过局域网与车间制造执行系统、智能制造信息系统进行数据交互，自动接收和反馈板单元制造信息，实现板单元自动化制造，促使生产效率大幅提升，产品质量稳定可靠。

（3）智能总拼生产线

在对国内外钢梁总拼技术进行调研后，在信息化建设模块（包含 PDM、ERP、MES、质量管理、数字化产线）的基础上，结合钢梁总拼特点，在钢梁总拼过程中通过二拼板单元支撑系统、轨道式焊接机器人、小型便携式自动化焊接装备、焊机群控技术、无损支撑系统、数控线形调整支撑系统、车间制造执行系统及视频监测的应用实现钢梁总拼智能化生产。

（4）智能涂装生产线

针对钢梁智能防腐涂装要求，改建现有涂装厂房，增设先进的机器人、自动化装备及协同控制集成系统，实现梁段的喷砂除锈、热喷涂及喷漆作业三道工序的智能涂装，提升钢梁涂装质量稳定性。

（5）智能制造信息化系统

开发项目制造全过程信息化管理是实现智能制造的基础。为此，建设工厂信息化管理系统，通过数据采集分析，提升项目管理的精准度和及时性，实现以产品生产过程管理为核心的信息互联、互通、集成、协同。以生产过程中的人、机、料、法、环为管理对象，实现协同生产，形成对生产过程中安全、质量、产品、人员、物资、设备、工艺技术、生产过程等各环节全周期的有效管理。

对于钢结构桥梁智能施工而言，智能施工装备主要包括三方面：一是对设备进行升级改造，实现设备自身的机电液一体化控制和自动化，重点研究集控与分布式控制系统、多点同步控制技术、可视化人机交互系统；二是对施工过程依工序展开，辅以先进传感监测技术和仪器的集成，实现施工质量在线监测，施工全过程数据的自动采集；三是对设备和施工数据进行分析，辅以质量控制与安全管理，实现设备自动预警、自主质量管控、自主或辅助决策。

（四）组合结构

组合结构指在同一截面或各杆件上，由两种或两种以上的材料组合而成的结构。组合结构在桥梁工程中的主要表现形式有钢－混凝土组合结构桥梁、钢－UPHC组合结构桥梁、钢管混凝土桥梁、劲性骨架混凝土桥梁等。相较于不按组合结构设计的纯钢桥而言，组合结构桥梁可以有效降低桥梁结构高度、提高全桥刚度、减小活载挠度。相比于混凝土桥梁而言，组合结构桥梁具有自重轻、延性好、便于工厂化制造等优势。

1. 钢－混凝土组合结构桥梁

钢－混凝土组合结构桥梁是通过在桥梁结构不同受力部位上分别合理设置钢和混凝土区段，并利用剪力连接键把这两种材料有机结合起来的一种组合结构体系。钢－混凝土组合结构桥梁由于具有组合结构自重轻、承载力高、动力性能好等特点，同时经济性优异、便于工业化施工，因此在中小跨径桥梁中属于极具竞争力的桥型。

钢－混凝土组合结构最早出现在1894年的北美，但并未考虑二者的共同受力。第二次世界大战后，欧洲采用钢－混凝土组合结构加快战后恢复重建的速度。由于良好的抗震性能，1968年大地震后，日本在高层建筑和超高层建筑中迅速发展该类组合结构。具有现代意义上的钢－混凝土组合梁出现于20世纪20年代，并于20世纪50年代用于桥梁工程。20世纪50年代以来，欧美国家和日本等发达国家已广泛地将钢－混组合结构应用于多类型的桥梁工程。

20 世纪 50 年代，我国在向苏联学习的过程中开始接触到组合结构的概念。当时修建的钢－混凝土组合式桥梁（如武汉长江大桥、衡阳湘江大桥、川黔线乌江桥及东兰红水河桥等），虽然其桥面结构已经使用组合梁的构造方式，但当时钢－混凝土之间的组合方式也仅作为强度储备考虑在设计过程中。

我国从 20 世纪 70 年代末期开始研究组合结构桥梁，近二十年来，随着我国钢铁产能的增加以及钢结构桥梁建设在技术上的突破，钢－混凝土组合结构桥梁在应用和发展上取得了较大发展。随着道路等级的不断提高和建设规模的不断扩大，钢－混凝土组合结构桥梁呈现出跨径不断增大、桥型不断丰富、结构不断轻型化的发展趋势，因此该类组合结构桥型也逐渐开始应用于大跨度桥梁、山区桥梁、高速铁路桥梁、轨道交通轨道梁等结构上。

1991 年建成通车的上海南浦大桥是国内首座钢－混凝土斜拉桥，该桥主桥采用钢梁与钢筋混凝土预制板相结合的组合结构。1993 年建成的北京国贸桥首次采用钢－混凝土叠合板组合梁，随后在长沙和深圳等地也相继建成了同类型的钢混组合式桥梁。

于 1993 年 10 月通车的上海杨浦大桥是一座跨过江的双塔双索面斜拉桥，是上海市内连接杨浦区与浦东区的过江通道，也是上海内环高架道路的一个组成部分。该桥是采用钢梁与钢筋混凝土预制板相结合的组合结构桥梁，1999 年获中国土木工程詹天佑奖、2009 年获中国建设工程鲁班奖等。杨浦大桥的建成使得中国的斜拉桥设计建造能力一举领先于国际桥梁界，奠定了中国在国际桥梁界的地位。

2006 年建成的具有"世界第一跨"之称的重庆石板坡长江大桥复线桥，其 330m 主跨中部采用了 108m 长的钢箱梁区段，该桥在桥梁纵向采用了钢－混凝土的组合，即钢－混凝土混合梁式桥。

2017 年 7 月实现主体工程全线贯通的港珠澳大桥，其浅水区非通航孔采用 6m×85m 一联的钢－混凝土组合连续梁桥，总长约 6.60km，图 103 为港珠澳大桥箱形组合梁应用示例。

在城市桥梁和公路桥梁建设中，为解决大跨度跨线桥及高架桥的施工难度并降低结构高度，我国很多省市开始采用钢－混组合结构桥梁。已建成的组合梁桥跨径一般在 30~50m，部分跨径接近或超过 100m。此外，对一些曲率半径较小的匝道桥，为避免混凝土开裂并减轻结构自重，也开始采用组合梁桥面系。

在钢－混凝土组合结构桥梁的技术研究上，我国也在不断取得突破与进步。1980 年，郑州工学院对两根采用槽钢作为抗剪连接件的钢－混组合简支梁进行了试验。1984 年，哈尔滨建筑工程学院对采用弯筋抗剪连接件的组合梁进行了试验研究和理论分析。20 世纪 80 年代后期开始，清华大学等单位开始对组合梁进行了较为广泛而系统的试验研究，研究对象包括部分抗剪连接组合梁、连续组合梁、压型钢板组合梁、预应力组合梁、混凝土翼板开洞组合梁等，涉及的内容包括承载力、刚度及裂缝等，并对部分抗剪连接组合梁的受弯承载力和刚度计算公式提出了修正建议。20 世纪 90 年代初，清华大学在大量试验

图103 箱形组合梁在港珠澳大桥的应用示例

研究的基础上,提出考虑钢梁与混凝土翼板交界面滑移效应的折减刚度法,该方法简单实用,是对组合梁设计计算方法的重要改进和发展,用折减刚度法计算组合梁的截面刚度和截面抵抗矩与国内外的试验结果吻合良好。

近几年,国内对钢-普通混凝土组合结构桥梁的技术研究归纳为钢-混凝土组合结构桥梁的整理力学行为研究、钢-混凝土组合结构桥梁中剪力连接键的研究、波形钢板-混凝土组合结构桥梁力学行为研究、组合梁的负弯矩区段性能研究、组合效应与空间受力行为研究等几个方面。在钢-混凝土桥梁的结构形式研究上,除常用的钢-混组合板梁桥和钢-混组合箱梁桥外,近年来出现了波形钢腹板预应力组合梁桥、槽型钢-混凝土组合梁桥、钢混组合桁梁桥、组合刚构桥等新的结构形式。在材料研究方面,随着新材料的出现和应用,钢-混凝土组合桥梁结构的研究也开始向新型混凝土材料(如UHPC、钢纤维混凝土等)、新型钢材料方向展开。

钢-混凝土组合结构桥梁总体力学行为的研究可以分为钢-混组合结构桥梁工程应用研究、钢-混组合结构桥梁弯曲性能研究、钢-混组合结构桥梁空间受力行为研究、钢-混组合结构桥梁动力性能研究、钢-混组合局部构造力学性能研究及其他研究。其中,弯曲性能研究和空间受力行为研究占比较大。剪力连接键的研究对象主要有栓钉剪力键、PBL剪力键、高性能混凝土剪力键、新型剪力键,对于剪力连接键的研究重点主要集中在抗剪刚度、滑移性能、承载力、疲劳性能、耐久性与退化性能等方面。

在负弯矩区段性能研究上,国内学者近年来研究了不同参数下(如剪力连接键形式、连接键分布、配筋等)组合梁的初始开裂荷载、裂缝拓展模式、负弯矩区性能优化等。此外,还开展了精细化计算模式、优化结构形式、优化计算程序等研究。

总体而言,我国早期在钢-混凝土组合结构桥梁上发展理念落后,应用数量少,标准化、工业化水平不高,与国际先进水平存在较大差距,根本原因是当时技术水平较低且标准规范体系不健全,同时限制于建造经济成本。但随着我国近几十年来经济的迅速崛起,国家也加快了相关规范和政策的制定等,使得钢-混凝土组合结构桥梁能够在我国迅速发展,由中小跨径桥梁逐步向大跨度桥梁发展与应用,且不断出现新的世界最大跨径桥梁。自2015年以来,交通运输部制定了一系列有利于推动钢-混凝土组合桥梁发展的政策与规范,如2015年11月发布了《公路钢混组合桥梁设计与施工规范》,2016年7月发布的《关于推进公路钢结构桥梁建设的指导意见》提出了到"十三五"时期末,新建大跨径、特大跨径桥梁以钢结构桥梁(包括钢箱梁、钢桁梁、钢混组合梁等)为主的目标。这些政策与规范的逐步推出也为后续钢-混凝土组合结构桥梁在我国更快更好的发展创造了有利条件，使得该类组合桥梁结构有望成为我国在世界上具有相当竞争力的桥型。

2. 钢-UHPC 组合结构桥梁

钢-UHPC 结构在桥梁工程中主要用于桥面板构造。UHPC 抗压强度在 150MPa 以上，具有韧性高、黏结性好、耐久性强以及收缩徐变小等特点。由于在钢－混凝土组合结构桥梁中普通混凝土抗拉强度低且收缩徐变明显，致使混凝土桥面板在外荷载作用下以及约束荷载下容易开裂。将普通混凝土替换为 UHPC，使这一问题得到了很好的解决。

2004 年，荷兰学者 de Jong 和 Kolstein 首次提出了 HPC 材料增强正交异性钢桥以修复疲劳开裂的钢桥面，在对疲劳性能进行研究后将其应用到 Caland 桥。2013 年，法国学者 Dieng 等提出采用 UHPC 铺装来降低正交异性钢桥疲劳应力的方案，并采用有限元仿真与疲劳试验验证了其弯曲疲劳性能，在这些研究中也均未将这种 UHPC 增强正交异性钢板的结构称为钢-UHPC 组合结构。

2010 年，基于 UHPC 优异的材料与力学性能，湖南大学邵旭东教授团队成功研发钢-UHPC 组合桥面结构，并提出利用钢-UHPC 轻型组合桥面来替代传统的正交异性桥面板及其沥青铺装体系，目前已经有效解决了钢梁的疲劳开裂和钢桥面铺装极易损坏的难题。

2011 年，马来西亚修建了第一座钢-UHPC 组合公路桥，该桥位于 Kampung Linsum 峡谷的 Sungai Linggi 河上。大桥跨径 50m，其钢主梁为 U 型梁。UHPC 桥面板宽 4m，厚 20cm，采用现浇施工，UHPC 桥面板中未配置抗剪钢筋，该桥的设计使用寿命为 120 年。

2011 年，中国肇庆马房大桥首次将 UHPC 与钢箱梁组合形成轻型组合梁。马房大桥为 14 跨单跨 64m 的简支钢箱梁，全长 919.6m，桥面宽 12.1m，桥面系采用正交异性钢面板。1984 年建成通车后该桥历经多次维修仍存在铺装层破损严重和钢结构疲劳裂纹，2011 年年底全桥进行了彻底维修，其中第 11 跨采用 50mm 厚 UHPC 层进行翻修加固，时至今日该跨未出现任何病害，运行良好。2017 年建成通车的洞庭湖二桥是世界首座应用钢-UHPC 轻型组合桥面的大跨柔性桥梁，施工中采用了水箱压重的 UHPC 分幅分块施工方案。

广东麻埔停车区跨线桥是世界首座钢板梁-UHPC 轻型组合连续梁桥，设计桥孔和跨径为 4m×25m，荷载等级为公路 I 级，桥梁宽度为 8.5m，梁高为 1m。该桥在设计时对比分析了预应力混凝土小箱梁、常规钢－混凝土组合梁和钢-UHPC 轻型组合梁方案的经济性、施工性和耐久性，并以此为基础，对钢-UHPC 轻型组合梁方案的墩顶连续方案、横断面布置方案进行优选分析。在该桥的建设中，实现了宽度整梁预制和快速架设，为装配式桥梁领域提供了一种轻质耐久的新型结构，首次提出了适用于 UHPC 桥面板的局部加高湿接缝构造方案和 T 形墩顶负弯矩区湿接缝方案，完善了全预制装配式钢-UHPC 组合梁的整体结构和连接节点的合理构型，构建了全预制钢-UHPC 轻型组合梁桥结构设计方法，形成了全预制钢-UHPC 轻型组合梁桥成套施工技术和质量控制指标。

2020 年 12 月 24 日通车的南京长江五桥，总长 4.4km，主桥长 1796m，南北主跨长

1200m，是世界上首座采用 UHPC 桥面板结构的组合梁斜拉桥，也是世界首座轻型钢混结构斜拉桥。该桥主梁采用流线型扁平整体钢箱组合梁，梁顶铺设 UHPC 桥面板，为典型的钢–UHPC 组合结构桥梁，同时该桥桥塔也采用了钢壳–混凝土组合构造，桥塔中的钢板、钢壳及各类加劲肋均采用 Q345C 钢，内部浇筑 C50 混凝土。

在技术研究上，随着研究的深入，近年来钢–UHPC 轻型组合桥面板的构造形式也从简单的板式构造逐渐变得多样化，其中 UHPC 桥面板从简单的 UHPC 矩形等厚板发展到 UHPC 带矮肋板（华夫板）形式，而下部钢梁可以搭配肋板梁、U 槽钢箱梁、板桁梁、正交异性钢板等多种钢结构形式。目前对钢–UHPC 组合结构桥梁的技术研究仍然集中在桥面板上，主要包含静力承载力研究和疲劳性能研究两个方面，且在这两方面的研究也在逐渐深入和细化。在静力承载力研究方面，因为抗裂性能是桥面板结构弯拉性能的重要指标，有研究提出了一种能够描述 UHPC 结构层实际应力分布的截面应力法，可以用于计算钢–UHPC 组合板在纯弯曲作用下的开裂荷载。还有研究表明，在正交异性钢板与 UHPC 的组合板式结构中，当 UHPC 保护层厚度较小时，提高配筋率可以大幅度有效提高结构的开裂应力。近年来也有学者开展了对钢–UHPC 组合梁的剪力滞效应及其影响因素的研究。在疲劳性能方面，目前有研究表明，在轻型钢–UHPC 组合桥面板中，当 UHPC 层厚度在一定范围内时，可以通过增加厚度的方式使桥面板的疲劳使用寿命得以延长。

3. 钢管混凝土桥梁

（1）钢管混凝土拱桥

钢管混凝土是指在钢管中填充混凝土而形成的，且钢管及其核心混凝土可以共同承受外荷载作用的结构构件。因为组合结构外部的钢管对其内部的混凝土产生了套箍作用，使得混凝土抗压强度得以显著增大，该类组合结构充分发挥了钢与混凝土两种材料的特性。在桥梁工程中，钢管混凝土结构多用于拱桥中，且该组合结构施工方便。自 20 世纪 90 年代四川旺苍东河大桥建成后，钢管混凝土拱桥近 30 年来在国内发展迅速。截至 2015 年 1 月，中国已建和在建的跨径不小于 50m 的钢管混凝土拱桥达 413 座。

1897 年，钢管混凝土结构第一次应用于英国 Severn 铁路桥的桥墩，世界上第一座钢管混凝土拱桥出现在 20 世纪 30 年代苏联列宁格勒的涅瓦河上，是一座跨径 101m 的钢管混凝土梁拱组合体系桥梁。

作为一种新出现的组合结构形式，钢管混凝土结构的工程建设与理论发展是同步进行的。国外对钢管混凝土的理论研究起步较早，1946 年，美国颁布的《房屋钢结构设计、制造和安装规范》就包含了组合梁设计部分。1979 年，美国钢结构协会颁布了《钢与混凝土组合柱设计规范》，1981 年，欧洲钢结构协会也编制了《组合结构规程及其说明》，日本建筑学会自 1958 年颁布了首部《型钢混凝土结构计算标准》之后，到 1987 年已经对这部规范修订了 3 次。目前国际上钢管混凝土结构设计规程主要有欧洲规范 EC4（1996）、德国规范 DIN18800（1997）、日本规范 AIJ（1980、1997）及美国设计规范 ACI319-89、

SSLC（1979）和 LRFD（1994）等。1963 年，北京地铁站首次采用钢管混凝土柱开启了此类构件在中国应用的序幕，而原中国科学院哈尔滨土建研究所则在中国最早展开了对钢管混凝土结构的理论研究。到 20 世纪 60 年代末期，陆续有一些科研结构及院校组织如哈尔滨建筑工程学院（今哈尔滨建筑工程大学）、中国建筑科学院等展开了对钢管混凝土构件的系统研究。进入 80 年代，随着中国将钢管混凝土结构列入国家科学发展规划，钢管混凝土结构的建设和理论研究有了进一步发展。先后有多个部门颁布发行了钢管混凝土结构相关设计和施工规范。1989 年，国家建材总局颁布了《钢管混凝土设计与施工规程（JCJ01-89）》、中国工程建设标准化协会编制了《钢管混凝土结构设计和施工规程（CECS 28：1990、2012）》、中国住房和城乡建设部发布了《钢管混凝土工程施工质量验收规范（GB 50628-2010）》、中国建筑科学研究院发行了《型钢混凝土组合结构技术规程（JGJ 138-2001）》，以及地方性行业工程建设标准如福建省住房和城乡建设厅发布的《钢管混凝土拱桥技术规程（DBJ 13-51-2003）》、重庆市交通委员会发布的《公路钢管混凝土拱桥设计规范（CAJTG/T D66-2011）》等。

自 1991 年中国建成第一座钢管混凝土拱桥——四川旺苍东河桥起，超过 327 座钢管混凝土拱桥陆续建成通车。当前，在实际工程建设中，钢管混凝土拱桥的跨径呈现出逐渐增大的趋势。我国自 2000 年以来修建的跨径在 400m 以上的钢管混凝土拱桥共计 10 座（主跨平均跨径 468m）（表 28），目前跨径最大的钢管混凝土拱桥是广西平南三桥，主跨跨径为 575m。其次为 2013 年 6 月 3 日正式投入使用的四川合江长江一桥，主跨 530m，建成时为世界上跨度最大的钢管混凝土拱桥，该桥曾获国家科技进步奖二等奖、"中国土木工程詹天佑奖"、"中国建设工程鲁班奖"等。

表 28　2000 年以来国内修建的 10 座大跨径钢管混凝土拱桥

序号	建成时间（年）	地点	桥名	跨径（m）
1	2005	重庆巫山	巫山长江大桥	460
2	2007	湖南湘潭	莲城大桥	400
3	2009	湖北巴东	支井河大桥	430
4	2009	云南蒙自	蒙新高速凉水沟大桥	430
5	2013	四川合江	合江长江一桥	530
6	2019	贵州罗甸	大小井特大桥	450
7	2020	四川合江	合江长江公路大桥	507
8	在建	西藏加查	拉林铁路藏木特大桥	430
9	在建	四川石棉	田湾大渡河大桥	466
10	2020	广西平南	平南三桥	575
平均跨径				468

在钢管混凝土拱桥的研究方面，近年来主要包括钢管混凝土主拱圈受力优化、钢管混凝土桥梁总体力学行为、钢管混凝土桁架关键节点力学行为、新型钢管混凝土结构力学性能以及 500m 以上大跨度钢管混凝土的施工技术研究。材料应用方面，总体而言，所使用的强度在不断地提高。近几年所建造的钢管混凝土拱桥大多采用 Q345 钢，且出现了高强钢材 Q370 的使用，而采用传统 Q235 钢的钢管目前不足 5%，造成该转变的原因一方面是近年来我国高强度钢材的出现，另一方面也是为了满足更大跨度拱桥建造的需要。在所采用的混凝土强度上，C50 混凝土是目前的主流方式，更高强度的混凝土（如 C55、C60）也有应用。从当前来看，我国还处于大规模交通基建时期，对钢管混凝土拱桥修建的需求还很大，有望在跨径上实现进一步的突破。随着近年来相关技术研究的深入，预计在后续的桥梁建设中，该类组合结构还将发挥积极的作用。

（2）钢管混凝土劲性骨架拱桥

劲性骨架是指在钢筋混凝土截面中加入钢管、工字钢或其他钢材，以加固构筑物来达到提高受力性能的目的，从而满足施工条件的拱肋施工方法。以钢管混凝土为劲性骨架，外挂模板分段分环浇筑外包混凝土，形成主拱结构的拱桥一般称为钢管混凝土劲性骨架拱桥，钢管混凝土劲性骨架的施工方法一般用于大跨度拱桥中。

1890 年，奥地利工程师 J. Melan 发明了用型钢做拱式骨架现浇混凝土拱圈的施工工艺，称为"米兰法"。该方法在发明之初是用于房屋楼板的施工建造，后来被应用于桥梁工程。进入 20 世纪以后，欧洲许多国家开始大量建造劲性骨架桥梁。

20 世纪 80 年代，我国开始将劲性骨架应用于混凝土拱桥的建设中，先后使用半刚性骨架、钢管 – 型钢劲性骨架、钢管混凝土劲性骨架。目前在建的天峨龙滩特大桥跨径 600m，建成后将是世界上跨径最大的上承式劲性骨架混凝土拱桥。

（3）钢管混凝土结构在梁桥中的应用

钢管混凝土结构在梁式桥中主要应用于桥墩以及组合桁梁桥中。

据文献报道，1879 年英国的赛文铁路桥桥墩是最早采用钢管混凝土结构的工程之一，较早采用钢管混凝土作为桥墩的还有英国于 1966 年建成的 Almond 立交桥。20 世纪 80 年代以来，有部分实际桥梁工程开始采用钢管混凝土结构作为桥墩，如 2000 年建成的深圳北站大桥、2003 年建成的兰州雁滩黄河大桥、2012 年建成的位于四川雅泸高速公路上的腊八斤特大桥以及黑石沟特大桥等。

钢管混凝土在桁式梁桥中的应用，一般为组合桁梁桥结构。钢管混凝土桁梁桥是一种新型组合结构桥，由钢管混凝土桁架和桥面板共同组合而成。钢管混凝土桁梁桥具有承载能力高、延性好、用钢量低等特点，容易实现工厂化和预制化，有着广泛的应用前景。1994 年建成的佛山市紫洞大桥是首次采用钢管混凝土的桁架组合桥，随后国内陆续修建了十几座钢管混凝土桁梁桥，其中比较有代表性的有 2000 年竣工的湖北向家坝大桥、2012 年通车的干海子特大桥（世界上最长的钢管桁架梁公路桥）等。2018 年 11 月 3 日合

龙的汶川克枯大桥是全国首座预应力钢管混凝土桁梁桥，全桥施工不需要模板，利用钢结构兼作模板，直接浇筑混凝土，该桥在桥梁界为创新之举。

4. UHPC-RC 组合结构桥梁

UHPC-RC 组合结构，即 UHPC 和普通混凝土的组合结构。在中小跨径桥梁中，尽管全 UHPC 桥梁性能优异，但造价相对较高，同时在制作上 UHPC 工艺复杂且需要高温蒸汽养护，不利于 UHPC 的推广。另外，全 UHPC 梁在受拉区 UHPC 开裂时，受压区的 UHPC 无法充分利用其抗压性能，因此 UHPC-RC 组合结构桥梁应运而生。

2004 年，澳大利亚建造的 Shepherds Gully Creek 公路桥采用双 I 型的 UHPC 主梁，每两个 I 型主梁上搭设预制 2.5cm 厚 UHPC 板，再在 UHPC 板上浇筑普通钢筋混凝土桥面板。2005 年法国建造的 St Pierre la Cour 公路桥也采用这种结构形式（图 104），成为 UHPC 和 RC 材料结合使用的早期探索的结构形式。

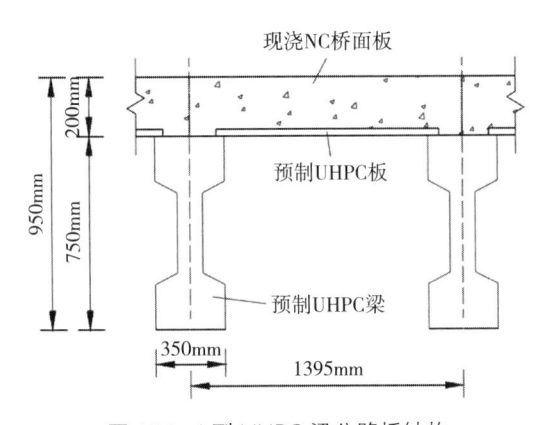

图 104　I 型 UHPC 梁公路桥结构

2010 年以来，马来西亚修建了多座跨径在 9~58m 的 UHPC-RC 组合梁桥，该类组合结构桥梁在马来西亚 UHPC 桥梁中的应用比例最高，约为 72%。

2011 年，在美国艾奥瓦州建成的 Little Cedar Creek 桥采用另外一种 UHPC-RC 组合结构形式，主梁采用 I 型普通混凝土梁，在主梁上架设 14 块预制 UHPC 华夫板，各预制华夫板间通过横向湿接缝进行连接，主梁与预制板通过纵向湿接缝和预留的剪力槽连接形成整体。

目前 UHPC-RC 组合结构在我国还处于研究初期，相关研究报道相对较少，尚无应用实例，我国学者已提出了多种 UHPC-RC 组合结构形式，也对其力学性能开展了相关的研究，主要集中在两大方面：UHPC-RC 组合结构整体受力性能研究（如剪切和弯曲等）、UHPC 与 RC 两种材料界面黏结（滑移）性能研究。另外，UHPC-RC 组合结构的整体受力与界面滑移问题，不仅在 UHPC-RC 组合梁的浇筑、架设和拼装中存在，同时也存在于利用 UHPC 对普通混凝土旧桥加固的过程中。

近年来相关研究表明，UHPC-RC 组合箱梁在静力弯曲下会经历弹性阶段、裂缝开展阶段和破坏阶段三个不同受力阶段，同时 UHPC-RC 组合箱梁在跨中截面处沿着梁体截面高度的混凝土应变基本符合平截面假定。在界面黏结与滑移研究方面，相关试验研究表明，在配置一定量的抗剪箍筋、对界面进行凿毛处理、提高 RC 强度等级的情况下，可以显著提高 UHPC-RC 组合结构界面的抗剪极限承载力，同时钢纤维的形态对承载力影响不大。

尽管目前国内对 UHPC-RC 组合结构的相关研究较少，且停留在初步探索阶段，但总的来说，在综合考虑 UHPC-RC 的经济成本和力学性能条件下，该类组合结构也具备相当的应用潜力与研究价值。

三、国内外新型材料与结构发展比较分析

（一）高性能混凝土与纤维增强材料

1. 瑞士 UHPC

在瑞士，UHPC 是指具有拉伸应变硬化特性、不可渗透的、纤维增强的水泥基复合材料。UHPC 的弹性极限应力和拉伸强度至少为 7MPa 和 9MPa，应变硬化至少为 0.002。要求的最小抗压强度为 120MPa，而大多数 UHPC 混合料的抗压强度为 150MPa。在瑞士，目前市场上可提供超过这些最低要求的四种不同的 UHPC。

由于组成水泥基的颗粒堆积密度极高，UHPC 具有极高的防水性。拉伸应变硬化是通过包含至少 3% 体积掺量的直钢纤维（通常为 13～15mm），且具有 65mm 或更大的长径比。应变硬化的 UHPC 在使用条件下保持无裂纹。因此，坚固的 UHPC 层可保护严重暴露的钢筋混凝土构件。UHPC 与钢筋和预应力钢筋结合使用，以提供必要的结构抗力。

在瑞士，UHPC 主要应用在两个方面：一是通过增加一层 UHPC 加固既有桥梁；二是新 UHPC 桥梁的建设。由于这项加固技术成本较低且施工方便，已被瑞士的业内人士很好地证明和接受。除最近在瑞士建造的三座 UHPC 人行桥外，2017 年建造的 6m 跨度的铁路桥梁是世界上第一座在主要铁路线上的 UHPC 铁路结构。

2. 韩国 UHPC

在韩国，UHPC 是一种含有离散纤维的水泥基复合材料，用于提高开裂后的延展性，其最小特征抗压和抗拉强度分别为 120MPa 和 7MPa。2002 年，韩国开始发展 UHPC。此后，成功地改善了材料的流动性、抗拉强度和收缩性能，并提高了经济效益。到 2020 年，至少有 16 座桥梁采用了 UHPC。

韩国土木工程和建筑技术研究所于 2007 年开始研究和开发，专门关注 UHPC 在斜拉桥中的应用，旨在克服 UHPC 传统成本带来的挑战。世界上第一座 UHPC 人行斜拉桥于 2009 年建成，其跨度为 18m；世界上第一座 UHPC 公路斜拉桥于 2017 年竣工，该桥总长度 970m，斜拉桥部分占 200m。

UHPC 在韩国桥梁中应用的最重要要求是经济效率和构件制造的简易性。通过降低 UHPC 的制造成本及具有经济有效截面的桥梁的优化设计，确保了经济效率。此外，桥梁构件是通过根据材料和特定项目要求量身定制的改进方法生产的 UHPC 制造的。

3. 法国 UHPC

适用于法国结构应用的 UHPC 混合料被定义为具有高于 150MPa 的抗压强度特征值，并且具有由金属纤维提供足够的后开裂能力以及弯曲下的硬化效应，因此可能不需要二次钢筋，并且耐久性比当前设计规范涵盖的最佳混凝土混合料（通常为 110MPa 混凝土）至少高一个数量级。这种组合对应于 S 型 UHPC，它构成了 NF P18-710 标准欧洲混凝土结构设计国家附加规范——UHPC 的特定规范。NF P18-470 和 NF P18-451 分别涉及结构的材料规范和施工，还包括强度较低的 UHPC（仍高于 130MPa 的抗压强度），或用于非结构用途的有机纤维 UHPC。

法国目前的 UHPC 市场主要是建筑构件，如外墙覆层元件或屋顶板。越来越多的领域关注城市家具和设备。矿物特性、耐久性、低变形性、建筑多功能性、轻质和有限的骨料消耗是主要优势，这种半结构领域向桥梁的延伸可能包括噪声或安全屏障和面板、基础的空心桩，或易于组装的轻型桥梁的预制外部构件。此类构件的可用性有助于为桥梁建设提供具有成本效益和持久性的解决方案，即使这些应用可能不如在主要桥梁构件中使用 UHPC 复杂。由于固有的承载能力，重量轻成为可能，并且降低了安装成本，对现有结构的影响有限，这是 UHPC 结构翻新解决方案的决定性优势，包括桥梁加固和加宽。典型的应用涉及道路和铁路基础设施网络的重要和敏感部分，包括 UHPC 与混凝土高架桥附加后张拉的组合和对疲劳敏感的钢桥加固。

4. 马来西亚 UHPC

在马来西亚，UHPC 由波特兰水泥基材料组成，使用颗粒堆积理论进行优化，以使其圆柱体、立方体的 28 天最小抗压强度特征值分别为 140MPa、155MPa，并具有高强度、大长径比的钢纤维，分别产生 7MPa 和 8MPa 的最小初裂和后裂抗拉强度。UHPC 具有极好的开裂后应变硬化、延展性和韧性。现浇 UHPC 通常用于预制构件之间的连接，其圆柱体、立方体的 28 天最小抗压强度特征值分别为 120MPa、135MPa。硬化 UHPC 在抗冻融性、抗吸水性、抗氯离子渗透性和耐磨性方面均非常优异。

马来西亚似乎是世界上 UHPC 桥梁上部结构完工数量最多的国家。自 2010 年以来，已经建成了 120 多座 UHPC 桥梁。马来西亚常用的 4 种 UHPC 桥梁类型为 UHPC 工字梁、工字型或 U 型的 UHPC 与普通混凝土桥面的组合结构、UHPC 箱梁、UHPC 槽形 U 型梁。

5. 美国 UHPC

在美国，UHPC 虽然没有一套既定的所需特性，但这种材料传统上被称为水泥材料，其具有颗粒成分的优化级配，水胶比小于 0.25，包括高百分比的不连续纤维增强。材料的不连续孔隙结构降低了渗透性，从而显著提高了材料的耐久性。UHPC 的预期机械性能包括大于 150MPa 的抗压强度和大于 5MPa 的持续开裂后抗拉强度。

在美国，UHPC 最主要的应用为快速桥梁施工，即用于装配式桥梁预制构件的湿接缝连接。其次，UHPC 也用来加固老化的桥梁，如采用瑞士提出的方案来加固桥面、采用 UHPC 连接板替换现有的伸缩缝、采用 UHPC 修复位于失效伸缩缝下的受损钢梁端部，并且在主要结构部件中使用 UHPC 的概念在美国越来越受欢迎。最大的障碍是 UHPC 缺乏结构设计指导。由于组成材料的成本较高，UHPC 比传统混凝土更贵。因此，若要推动 UHPC 在大量结构部件中的应用，必须提供可量化的优势，以抵消更高的初始材料成本。

6. 中国 UHPC

在中国，UHPC 是指由水泥、矿物掺合料、细集料、钢纤维和减水剂等材料加水拌和，经凝结硬化后形成的一种具有高强度、高韧性、高耐久性的水泥基复合材料。

中国目前采用 UHPC 的桥梁约有 80 座，其中约 20 座桥梁的主体结构（主梁、拱圈等）采用了 UHPC，其余主要用于钢-UHPC 轻型组合桥面结构、现浇接缝、维修加固等方面。其中，钢-UHPC 轻型组合桥面已进入规模化、可持续应用阶段，也是目前 UHPC 使用量最大的工程应用，桥面面积超过百万平方米。近几年，钢-UHPC 组合梁在中国桥梁结构创新与应用方面取得了重大进展。南京长江五桥和湖南益阳青龙洲大桥均采用了预制 UHPC 桥面板，然后与钢箱梁组成钢-UHPC 组合梁。

国内外桥梁工程在 UHPC 的研究和使用上呈现出相差不大的态势。UHPC 由国外率先提出，而且在 UHPC 上的研究早于我国，但我国在这方面的研究和使用并未落后。在使用上，国内外都主要应用在两方面；即新桥的建设和旧桥的加固。在采用 UHPC 的桥梁数量上，我国走在了世界前列，仅次于马来西亚，这得益于我国桥梁基数庞大以及近年来材料科学的进步与发展。造价方面，国外工程界把 UHPC 材料成本控制纳入设计要求之一，其产生的成本和效益也为国外业内人士所接受，但我国目前 UHPC 造价偏高，存在一定的优化空间。总体来看，尽管我国 UHPC 研究和使用晚于国外，但目前处于世界中上游水平，随着研究的深入和使用的推进，未来 UHPC 有望成为我国桥梁工程在世界上颇有竞争力的材料技术。

（二）自密实混凝土

在 SCC 的研究和应用上，日本走在了世界的前列，虽然 20 世纪 70 年代在欧洲已经初具雏形，但欧洲与我国对 SCC 的研究与应用都在 20 世纪 90 年代后。世界各地开始对 SCC 的关注主要是在 1989 年东京开展了自密实混凝土的试验以后。我国对于 SCC 的研究时间较晚，但近几年发展迅速。总体来看，国内外对 SCC 的研究和应用在时间上有早晚之差，但在研究应用的水平和规模上并没有体现出太大差异，原因如下：①从 SCC 在日本发明诞生的目的来看，SCC 作为一种"免振捣的耐久性混凝土"，为解决当时日本建筑工人减少应运而生，而这一问题并非当时其他国家建筑行业所需要面临的主要问题；②SCC

主要是为了解决混凝土密实问题，但对普通混凝土而言，解决该问题尚存他法，同时混凝土的密实度并非桥梁结构研究与发展中的关键性难题；③仅从混凝土研究上看，研究较多集中在如何提升混凝土强度上，关于密实性的研究一直存在，但不如强度受到广泛关注。

（三）高性能钢

1. 高强钢

随着桥梁设计理念的转变以及对桥梁制造周期等方面的要求日益提高，传统的结构钢板已不能完全满足桥梁设计及施工要求，开发强度、断裂韧性、焊接性、耐蚀性以及加工性能等方面均优于传统钢材的高性能桥梁用钢十分必要。在国外，高性能桥梁用钢已成为桥梁钢发展的一个新方向。国外高性能钢研发过程中有以下几个特点值得我们借鉴和关注。

1）日本高性能钢的开发非常重视基础理论研究，在基础研究上花费了大量人力物力。例如日本在研发 BHS 高性能钢之前，首先通过试验确定了桥梁用钢的最佳屈服强度，为后来确定 BHS 高性能钢的性能指标提供依据。此外，日本的桥梁钢品种从研发到应用的周期很长，桥梁钢的性能测试如耐蚀性能、疲劳性能等均在实际环境中进行，其周期可能为数年或数十年，但由于十分接近材料的服役环境，因此对其性能及寿命的估测非常准确。

2）美国高性能桥梁用钢的立项及开发是由美国政府、行业学会、海军、大学、钢铁公司以及基金会共同合作，充分利用全社会各行业的人力、物力资源，同时美国材料与试验协会将高性能桥梁用钢纳入标准，使其生产和应用更加顺畅。

3）欧洲虽然没有关于桥梁钢的专门标准，桥梁用钢大部分为微合金钢，但利用先进的轧制工艺，欧洲大力发展变截面钢板，节约了钢材及成本。

4）韩国的高性能钢研发虽然比欧美起步晚，但由于从立项起便有政府部门、研究机构、生产制造和设计施工等相关方全程参与项目，参与相关的研发、试验和标准与规范的编制等工作，因此取得了较好的效果。韩国 HSB500 及 HSB600 高性能钢从 2007 年开始实现工业供货。

我国与日本、美国、欧洲、韩国相比，高性能桥梁用钢的研发与生产在强度、性能和应用量上差距较大。我国高性能钢发展的不足主要表现在以下几个方面。

1）高性能钢范围小，超高强度钢应用很少。《低合金高强度结构钢》（GB/T 1591-2018）和《桥梁结构钢》（GB/T 714-2015）是我国桥梁主体结构用钢的两个主要规范，规范所列钢材牌号最高强度均为 690MPa。随着新材料、新技术的发展，对超高强材料的需求越来越迫切。如千米级拱桥的设计，拱肋强度要求达到 890MPa 以上，相关钢材在工程机械、水电行业早有应用，而桥梁应用的最高强度仅为 690MPa。对超高强钢在桥梁上的应用，强度、冲击韧性等参数的选取均是一片空白。

2）相关标准、体系系统性差。低合金高强度结构钢 Q355D 和桥梁结构钢 Q345qD 均可用于桥梁建造，两者在 -20℃时的低温冲击韧性一个是 34J，一个是 120J，相差很大；

而两者焊接后焊缝的低温冲击韧性均为34J,桥梁结构钢母材和焊缝的低温冲击韧性指标匹配性差。为与国际接轨,《低合金高强度结构钢》2018版将材料表示方法由下屈服极限改为上屈服极限,这样原Q345牌号的钢材就变为Q355,但其余钢材牌号未变,意味着如果现在采用Q390或Q420钢,比之前版本的钢材强度要低15~20MPa。《低合金高强度结构钢》是一个基础性材料规范,但相关的桥梁设计规范仍然采用Q345体系,材料规范和设计规范不匹配,建议桥梁设计采用GB/T 714-2015标准。

3）螺栓连接是土木工程行业经常采用的一种连接方法,但现有的高强螺栓存在脆性断裂现象。虽然比例很低,但是会成为安全隐患。

4）高性能钢的制造水平有待提高。国内由于长期存在的"低价中标"等不合理因素,导致高性能钢的制造水平差强人意。由于中标价较低,为了保证一定利润,采取的不是最优水平的制造工艺。

2. 耐候钢桥梁

虽然耐候桥梁钢在中国已经有所应用,但总体而言,耐候钢桥在中国的应用并不普遍,尚未形成相关的设计方法和设计理论,相关参数和指标尚未得到量化,目前也主要是借鉴国外的设计建造经验,整体规模化应用的进程缓慢,与发达国家相比滞后近50年。与国外相比,中国耐候钢桥存在的主要问题如下。

1）材料标准落后。耐候桥梁钢的主要材料标准为《桥梁结构钢》(GB/T 714-2015)耐候钢相关部分和《耐候结构钢》(GB/T 4171-2008)。这两个标准对于耐候钢均未根据大气环境的分类进行化学成分的适当调整,实用性不强。

2）耐候钢制造商技术储备低。耐候钢的重要指标耐候性,在采购时更多的是根据化学成分推算,而非提供多年挂片试验的结果。

3）配套材料的研发落后。耐候钢的焊材不仅要考虑强度匹配,还要考虑所采用的焊接熔敷金属应具有不低于母材的抗腐蚀性。目前,中国耐候钢焊接材料标准仅有《铁道车辆用耐大气腐蚀钢及不锈钢焊接材料》(TB/T 2374-2008)可以参考。而耐候钢螺栓还未形成成熟的工业化体系,造价昂贵。

3. 高强钢丝

目前中国高强钢丝强度已经位居世界前列,但一些基础性研究仍然偏薄弱。例如日本新日铁认为,悬索桥主缆用高强钢丝在1960MPa时已经用到极限了,强度再高应力腐蚀现象会比较严重,而我国由于建设的需要,需要更高强度级别的钢丝,像深中通道拟采用的2060MPa和更高级别的2160MPa级别的钢丝,需要进行更多的基础研究。

（四）组合结构

1. 钢-混凝土组合结构桥梁

钢-混凝土组合结构桥梁是桥梁工程中运用较广泛的一种组合结构形式,也是所有组合结构桥梁中最基础的一种。我国在 20 世纪 50 年代开始接触和研究钢 – 混凝土组合结构，晚于美国、英国、日本、苏联等国家。20 世纪 50 年代以来，欧美国家和日本等已将钢 – 混组合结构应用于桥梁工程，我国从 70 年代末期开始研究组合结构桥梁。90 年代以来，钢 – 混组合结构桥梁在我国均得到大量应用，但数量上占比仍然不超过千分之五。近三十年来，随着我国冶金工业的发展以及钢铁产能的大幅提升，我国桥梁工程中钢 – 混凝土组合结构桥梁迅速发展，在桥梁建造水平上已经走在世界前列，在建造跨度上已经领先于其他国家，并出现了世界第一、世界首创等实际工程。总体对比我国与其他国家在钢 – 混凝土组合结构桥梁上的发展，可以总结为：我国限制于新中国成立之初的生产力水平，起步较晚，但随着我国经济的发展，与国外差距逐渐缩小，并处于世界领先水平。原因可以归纳为以下几点：一是我国冶金工业与经济的发展促进了钢 – 混凝土组合结构桥梁在我国的发展与建造；二是国内外在该类组合结构桥梁上科学技术的深入研究，受力机理的逐渐明确为钢 – 混凝土组合结构桥梁奠定了理论基础；三是得益于一系列有利于推动钢 – 混凝土组合结构桥梁发展的政策与规范的制定。

2. 钢–UHPC 组合结构桥梁

钢–UHPC 组合结构桥梁由国外学者提出，主要是桥面板结构中的组合。从国内外报道来看，最早提出和使用该类组合结构至今尚未超过二十年。2004 年荷兰学者首次提出利用 HPC 材料增强正交异性钢桥，以达到修复因疲劳开裂的钢桥面的目的，该组合结构可以认为是钢–UHPC 组合结构桥梁的雏形。在该组合结构理念提出后，在 2004 年至 2010 年期间，该类组合结构在欧洲较为流行。虽然钢–UHPC 组合结构诞生于国外，但我国在该类组合结构的研究和应用推广上也毫不逊色。2010 年，湖南大学邵旭东教授团队成功研发出钢–UHPC 组合桥面结构替代传统的正交异性桥面板及其沥青铺装体系。2011 年，肇庆马房大桥首次将 UHPC 与钢箱梁组合形成轻型组合梁，该钢–UHPC 组合结构的研究应用不再局限于桥面板构造。以此为基础，湖南大学在钢–UHPC 组合结构的研究上取得了丰富的研究成果。综合对比国内外研究与应用情况，钢–UHPC 组合结构由国外提出，主要用于解决桥梁工程中桥面板开裂问题，我国在国外研究基础上进一步深入研究与使用，突破了传统用途的局限性。我国能够取得这些研究成果的原因可以归结为以下几点：一是近年来对 UHPC 这类高性能建筑材料的研究推进；二是得益于我国桥梁大国的世界地位，有着丰富的实际依托工程；三是国外对于钢–UHPC 组合结构桥梁的研究已经奠定了一定的理论基础，且该类组合结构桥梁处于研究初期。

3. 钢管混凝土桥梁

钢管混凝土结构属于钢与混凝土组合结构中较经典的一类，其巧妙利用了钢管对混凝土产生的套箍效应来提高结构中混凝土抗压强度。钢管混凝土结构的提出同样是在 19 世纪末期，与普通钢 – 混凝土组合结构的诞生时间相差无几，但在诞生初期其研究进展和推广不如普通的钢 – 混凝土组合结构。尽管钢管混凝土在国外的出现至今已经超过 120 年，对其理论研究起步也较早，但国外对于该类组合结构的运用推广研究也集中于近七八十年。我国对于钢管混凝土组合结构的研究更晚，1963年，北京地铁站首次采用钢管混凝土柱，标志着此类组合构件在我国应用的开端。我国对钢管混凝土组合结构的集中应用研究主要在20世纪80年代后，晚于国外三四十年。

尽管起步较晚，该类组合结构也并非我国所创造，但是经过数十年的发展与研究，特别是在拱桥建造上，我国已经走在世界前列。劲性骨架结构作为钢管混凝土组合结构中的另一种形式，劲性骨架法于1890年由奥地利工程师米兰发明，但利用该施工工艺建造拱桥的技术我国取得了辉煌的成就，1997年建成的万州长江大桥为当时世界上跨径和规模最大的钢筋混凝土拱桥。以钢管混凝土组合结构作为主拱圈的钢管混凝土拱桥，我国也在主跨跨径上不断保持并刷新着世界纪录，于2020年12月28日正式建成通车的广西平南三桥，主跨跨径575m，是目前世界上最大跨径拱桥。广西平南三桥的建成通车，不仅标志着在桥梁建设方面特别是在拱桥建设上，我国从桥梁大国向桥梁强国的转变，也再次彰显了我国桥梁工程在钢管混凝土桥梁的研究和应用上走在世界前列。我国在短短几十年内可以在钢管混凝土桥梁上取得如此辉煌的建桥成就，源于以下几个方面：一是我国对于拱桥的研究和建设历史悠久，拱桥建设一直走在世界前列，钢管混凝土结构有着自身独特的抗压优势，可以作为拱桥主要受力结构；二是近几十年来材料研究的进展特别是高强度钢的出现以及混凝土标号的提高；三是在大跨度拱桥的受力研究上，近几十年来取得了相当大的成就；四是对钢管混凝土桥梁本身的研究近年来也不断深化创新，如汶川克枯大桥是全国首座预应力钢管混凝土桁梁桥，它利用钢结构兼作模板，直接浇筑混凝土，为桥梁界创新之举。

4. UHPC-RC组合结构桥梁

UHPC-RC组合结构桥梁可以解决全UHPC受弯构件中受压区UHPC无法充分利用抗压性能的问题。国外对UHPC-RC组合结构桥梁的探索可以追溯到2005年的法国，当前UHPC-RC组合结构桥梁在我国的研究同样处于初期，相关研究报道相对较少，也无具体的应用实例。湖南大学邵旭东教授团队由于对UHPC结构有着深入研究，因此对UHPC-RC组合结构也开展过相应的研究。目前来看，我国在UHPC-RC组合结构桥梁研究上还不算落后，同时从我国当前在普通高标号混凝土、UHPC的研究和应用成果以及材料工艺水平来看，我国在此类组合结构桥梁上的发展与应用可以领先于国外，同时该类型组合结构桥梁的研究也具有相当的研究价值与潜力。

综合几类桥梁工程中的组合结构桥梁看，我国在研究时间上均晚于国外，但研究进展和国外相比整体上领先于国外，对某些组合结构的研究还存在后来居上的局面，出现这些差异的原因可以归纳为以下两点：第一，我国作为桥梁大国，拥有许多可以作为组合结构研究应用的实际依托工程，这一优势是世界上绝大多数国家所不具备的，这也是使我国能够在近年来缩短与国外差距的主要原因，拱桥在我国悠久的建造历史也使得钢管混凝土桥梁的研究走在世界前列。第二，组合结构桥梁中多使用钢材，但在20世纪我国钢材的产能不足，冶金工业以及材料工艺等落后于其他国家，这在很大程度上限制了当时组合结构桥梁的研究和应用，但随着近三十年冶金工业和我国经济水平的发展，使差距迅速缩小，得以很快领先其他国家。

四、我国新型材料与结构发展展望与对策

（一）高性能混凝土与纤维增强材料

由于各国国情和需求差异，UHPC应用的进展有较大差异，其中的成功应用值得我们借鉴。法国UHPC研发与应用涉及领域较多，包括多种结构形式公路桥、建筑构件和幕墙、工业建筑、维修加固、水利工程抗冲磨等，形成的UHPC产业规模最大，如今支撑UHPC产业的主要是建筑应用，包括大型建筑项目如体育场、高铁站等一些创新结构与幕墙建筑；桥梁翻新、维修加固可能会成为另一支撑性应用。韩国在桥梁和建筑方面都有一些创新性应用，正在探索标志性桥梁的解决方案；马来西亚正在研究采用UHPC建造新的中等跨径桥梁；美国将继续用于装配式桥梁预制构件的湿接缝连接，并正朝着在主要构件和加固维修方案中使用UHPC的方向发展。中国经历20年的研究应用，UHPC在钢桥面铺装、钢-UHPC组合桥梁的应用规模已经走在了世界前列；UHPC在装配式桥梁和建筑构件的结构连接应用已经开始，且桥梁结构连接在UHPC应用体量的占比较大，预期待技术体系建立完善后，会进入可持续规模化应用。我们还拥有许多UHPC技术与应用发展空间，建议重点在以下方面开展工作。

1. 高性能桥梁结构

基于UHPC的高性能桥梁结构，充分利用UHPC材料的高强度和高耐久性，可以显著减小断面尺寸，结构自重仅为普通混凝土结构的40%~60%，进而提高结构的跨越能力、改善抗震性能、减小下部结构尺寸。此外，由于自身强度较高，UHPC结构可以大大简化甚至可以完全取消普通钢筋，简化了施工工艺，降低了劳动力成本，适合装配化施工，有望解决钢桥面疲劳开裂和铺装易损、传统预应力混凝土箱梁易开裂下挠、钢-混组合梁自重大和负弯矩混凝土板易开裂、中小跨径装配式桥梁装配化率偏低等一系列现有桥梁结构的诸多技术难题，在我国桥梁工程中具有广阔的应用前景，对提升我国桥梁技术水平具有重要意义。因此，研究出更多性能更优越的桥梁结构是非常有必要的。

2. 结构维修加固

瑞士UHPC应用的主要领域为维修加固，已经成为最具市场竞争力的桥梁维修加固技术体系，其技术经济优势也在世界范围获得验证、认可和应用。世界许多国家包括中国都面临大量桥梁老化问题，需要维修加固或更换，日本如今就着力发展UHPC桥梁维修加固技术。中国已经开展了UHPC维修加固研究和应用，也有了相关地方标准（如陕西省地方

标准 SDBXM 39-2019），公路学会标准正在编制，但还集中在混凝土桥梁方面。UHPC 维修加固技术与方法具有技术和经济优势，还会在更多工程领域和更大范围获得应用，有很大市场发展空间。在该领域，未来创新发展的内容包括适应不同场合、不同结构多样化的 UHPC 成型施工方法，快速维修加固材料和施工技术等。美国正在开展针对钢桥的 UHPC 维修加固研究，取得了满意的试验研究结果。应用 UHPC 进行钢结构的维修加固和保护，也值得关注和发展相应技术。

3. 建立先进完善的技术体系

UHPC 为水泥制品及工程结构的性能改善和寿命提升、为创造开发新产品和新结构、为工程结构连接以及维修加固等提供了性能更好的材料，在更高层次上满足我们对产品、结构、工程的需求，如轻质高强、高耐久或长寿命、免维护、美观、防火、绿色低碳、低资源消耗等，对推动行业向高质量、环境生态友好方向发展，对水泥制品和工程结构升级换代具有重要意义。我们正走在 UHPC 成长的路上，把 UHPC 发展好并在合适的地方用好，需要扎扎实实建立起科学先进的 UHPC 技术体系，包括材料制备、材料性能与试验、结构设计与优化、成型施工、质量控制与验收以及标准规范体系；需要研究发展适合不同类型工程应用、施工特点和需求的 UHPC 材料；需要让建筑师、结构设计师、水泥基材料产品企业、工程业主了解 UHPC 并参与开发 UHPC 应用；需要在模型制造、现场生产浇筑装备、成型养护施工工艺等方面提升技术和技艺水平等。

（二）高性能钢

当今，桥梁跨径纪录不断被刷新，世界前 10 的各种类型桥梁序列中国桥梁的比例越来越高，很多项目都是世界第一；桥梁的质量和寿命不断提高，特大桥桥梁寿命由 100 年提高到 120 年，高性能钢、高性能耐候钢在桥梁上的使用越来越多；常规跨径桥梁钢结构应用比例不断提升；桥梁建设向工厂化、装配化、标准化、智能化、快速化方向发展；整跨工厂预制、现场吊装已经成为常态。

中国县乡级海岛约有 130 个，还有众多海峡海湾，跨海通道建设充满机遇；中国高速铁路网将连接 50 万人口级城市，高速铁路网总里程可达 7 万千米以上；中国高速公路网将连接县级城市，高速公路网总里程可达 25～30 多万千米。因此，中国桥梁建设还充满机遇。中国桥梁是中国交通建设的一张名片，中国桥梁已经到了输出技术、输出资本的时代了，不发达、欠发达、中等发达国家和地区都将是中国桥梁建设团队、全产业链服务方案的广大市场。国内国际桥梁建设与发展需要高性能钢材与结构技术，需要高水平的全技术链、全产业链服务能力。为此，我国钢结构材料与结构技术发展任务艰巨，还需要不断总结、研发、提高。

今后，常规跨径钢结构桥梁技术发展的特点是：高性能、长寿命、工厂化、标准化、模块化、装配化、无模化浇筑、非预应力、BIM 技术、非超限运输等；大跨径及超大跨

径钢结构桥梁技术发展的特点是：高性能、长寿命、工厂化、标准化、模块化、装配化、BIM 技术等。随着我国常规跨径公路钢结构桥梁及跨江、河、湖、海的大跨径钢结构桥梁的建设，桥梁钢结构需求量将呈快速发展，抓紧补充完善桥梁高性能钢、高性能耐候钢及结构技术的标准规范乃是当务之急。2010 年桥梁钢产量约为 250 万吨，未来市场的增长空间巨大，尤其对高性能桥梁钢、高性能耐候钢需求旺盛，高性能桥梁钢发展空间广阔，在这种发展态势下，由于结构受力的相似性，高性能桥梁钢在建筑结构领域也将获得广泛应用。

未来，渤海海峡跨海通道、琼州海峡跨海通道、台湾海峡跨海通道及各种超级桥梁工程的建设将是中国桥梁发展的辉煌时代，高性能钢、高性能耐候钢及结构技术必将得到大量应用，与其有关的技术与标准规范的不断研发与完善，以及 800MPa、900MPa、1000MPa 级别超级桥梁钢、2500MPa 级别高强钢丝与标准规范的研发必须提到议事日程，尽快形成我国高性能桥梁钢、高性能结构钢、高性能高强钢丝的系列技术体系，为高质量发展打下坚实的基础。

综合分析对比国内外桥梁用高性能钢的发展情况与不足，我国高性能桥梁钢及结构技术的发展应解决好以下问题。

1）改善高性能桥梁用钢的焊接性能，向大线能量方向发展，提高桥梁钢结构制造效率，尤其是 690MPa 以上级别，焊接性能有待进一步改善。

2）发展超大规格高性能热轧型钢，减少焊接工作量，改善疲劳性能，提高建桥效率。例如部分工字组合梁的工型梁可以直接采用热轧型钢，或两个 T 型钢对接而成。又如采用热轧变截面 U 肋，将原来由钢坯热轧成钢板再冷弯为 U 肋的传统工艺优化为由钢坯直接热轧成形 U 肋，不仅改善了 U 肋性能，降低了成本，还实现了 U 肋的变厚度截面，结合 U 肋内焊技术，极大提高了正交异性板的抗疲劳开裂性能。

3）采用免涂装高性能桥梁用钢建造桥梁，绿色、环保，降低桥梁全生命周期总成本。

4）推进高性能变断面钢板（LP 钢板）的生产、设计与应用，提高材料利用率，减少焊接工作量。

5）研发适用于特殊环境条件的更高强度级别的高性能桥梁钢材及配套材料，例如屈服强度 960MPa 以上的钢板、抗拉强度 2500MPa 以上的耐蚀拉索、−60℃ 以下极低温环境钢板、海洋大气环境用的高性能耐蚀钢板、配套焊材、高性能耐延迟断裂耐大气腐蚀高强度螺栓用钢等。

（三）组合结构

相比于纯钢结构和普通混凝土结构，组合结构桥梁充分发挥了混凝土和钢材各自的材料性能优势，以其整体受力的合理性、更优的经济性、更好的耐久性、便于施工等突出优点，在桥梁工程中得以广泛应用。当前我国新时期下的经济快速发展，"一带一路"倡议的稳步实施，路桥建设即将到达新的高度。随着我国的公路桥梁逐步向地形复杂的山区环境展开，同时根据国家"十四五"规划和可持续发展的战略需求，建立绿色、低碳与可持续的交通运输体系的任务日益迫切，组合结构桥梁势必会因为自身独特的优势在桥梁技术研究和实际工程中得到进一步突破和发展，具体表现在以下五个方面。

1）组合结构桥梁在跨径上进一步突破，适用范围不断增大。当前在桥梁建造水平上我国已经走在世界前列，组合结构桥梁中，钢－混凝土组合结构桥梁、钢–UHPC组合结构桥梁、钢管混凝土桥梁在建造跨度上已经领先于其他国家。随着我国高性能钢、高强混凝土等建筑材料的进一步发展，在组合结构桥梁的跨度上也势必会迎来新的突破，中等跨度组合结构桥梁的形式和跨径会得到进一步拓展，UHPC组合梁斜拉桥跨径有望突破千米。

2）组合结构桥梁的应用领域将拓宽。随着我国跨海工程和山区公路等大规模建设的逐步推进，采用高性能、更耐久的结构形式势在必行。组合结构桥梁自身优势能够很好地满足这些要求，通过不同材料之间的组合可以使材料高效利用，同时UHPC等材料可以很好地满足结构对耐久性的需求。

3）组合结构桥梁的使用寿命更长，经济性能进一步提升。随着组合结构桥梁在构造上的不断完善和创新，对组合结构桥梁受力等研究上的进一步深化，装配式施工质量的不断提高，以及UHPC等高性能材料的应用，将促进其寿命的延长和经济性能的进一步提升。

4）组合结构桥梁的形式日益丰富，向装配化、绿色化及智能化的建设转型升级。装配化施工是组合结构桥梁的自身优势，可以使施工过程得以高效率、高精度和高质量，符合当下及今后对施工的要求。在组合方式上，也将出现截面组合形式的多样化以及组合材料多样化等趋势。

5）组合结构桥梁的建造技术更加成熟和规范化。在组合结构桥梁的建造水平上，我国已经走在世界前列，随着桥梁跨度的进一步突破以及技术研究的进一步深入，组合结构桥梁的数量占比将逐渐增多，建造技术也会更加成熟，相应的技术规范势必更加完善，使组合结构桥梁在设计与施工中能够有充足的技术依据。

立足我国组合结构桥梁的发展现状，为了更好地适应上述发展趋势，保持世界先进的桥梁建造水平，彻底实现从桥梁大国向桥梁强国的转变，必须从实际需求出发，结合当前的不足之处，同时着眼于可以进一步发展的空间来完善自身水平，进一步开展组合结构桥梁的科学技术和工程技术研究。在科学技术研究方面，提出以下对策与建议。

1）静力方面展开深层次受力机理研究。组合结构桥梁多体现在主梁上的组合。当实际工程中主梁截面形式为箱梁时，横截面上的受力便会变得复杂，加上同一截面为两种或两种以上的材料组合而成，力学性能存在差异，同时还需要考虑不同材料之间的连接问题，因此静力方面的深层次受力机理研究可以作为今后的一个研究方向。

2）组合结构桥梁的动力性能研究。与纯混凝土结构或圬工结构相比，组合结构桥梁在抗震上更有优势，相比于钢桥而言，组合结构桥梁在抗风上更有优势。充分了解和利用组合结构桥梁在服役过程中的动力性能来实现抗风和抗震性能精准优化，也可以作为今后技术研究的一个方向。

3）组合结构桥梁疲劳与耐久性能的研究。钢材是组合结构桥梁中常用的材料之一，钢材的疲劳问题是桥梁结构服役过程中需要重点关注的。另外，桥面板及其铺装层疲劳破坏也是桥梁服役过程中时常需要面临和考虑的一个问题，一直以来也是桥梁工程中的研究热点。

4）材料之间的匹配性研究。组合结构桥梁自身的优势之一便是对材料的高效利用。在传统的钢－混凝土组合结构桥梁上进一步优化，提出了钢-UHPC组合结构桥梁，实现了材料匹配的转变。为了使全UHPC截面梁中的UHPC得以充分利用，UHPC-RC应运而生。建议今后的研究可以更深入和细致地将不同强度UHPC、不同强度RC通过同种材料自身之间的组合来满足不同跨径和不同承载能力需求的组合结构桥梁。

5）高性能的构造和结构形式研究等。通过研究在不同外部约束和内部连接时组合结构桥梁的高性能构造和结构形式，实现在构造上的高效。

在实际工程方面，提出以下对策与建议：

1）组合结构桥梁的可施工性和经济性能研究。实际工程中，建议展开在组合结构桥梁跨度进一步增加、截面尺寸进一步增大、施工条件受限等情况下的可施工性研究。在充分利用材料性能和尽可能提高承载能力情况下，使实际建造成本更低，也是组合结构桥梁值得考虑的问题。

2）在山区桥梁及跨海工程中推广应用。近年来，我国公路桥梁逐步向地形复杂的山区环境展开，山区桥梁因为受到地形限制，应尽可能采用轻型、易施工的桥梁结构形式，组合结构桥梁能够很好地满足这一要求，同时降低造价。跨海工程中，桥梁服役条件恶劣，需要确保结构耐久性，同时还要考虑桥梁结构的风致振动、海上作业困难及施工难度大等问题，组合结构桥梁自重轻、抗风性能好、易施工等特点可以使这些问题得到较好的解决。

3）推动组合结构桥梁在"一带一路"倡议工程中的应用。在我国"一带一路"倡议的交通政策下，路桥建设是"一带一路"倡议实施过程中必要的基础条件和重要保障，对加强各地政治意识、树立大局意识和责任意识具有重要影响。我国是世界桥梁大国，对拱桥的研究和建设历史悠久，建造技术成熟，钢管混凝土拱桥屡次刷新并保持世界纪录，在世界桥梁建设领域占据着领先地位。另外，通过"一带一路"路桥建设中的依托工程，也可以进一步推动我国组合结构桥梁的发展。

4）提升规范和标准水平。要使组合结构桥梁得以更好地发展，能够在应用和推广上进一步突破，可以通过逐步规范、完善和提高规范和标准，使设计、制造和施工可以做到更标准化、精细化和规模化。

参考文献

［1］ 滕锦光. 新材料组合结构［J］. 土木工程学报，2018，51（12）：1-11.

［2］ DE LARRARD F, SEDRAN T. Optimization of ultra-high-performance concrete by the use of a packing model［J］. Cement and Concrete Research, 1994, 24（6）: 997-1009.

［3］ RICHARD P, CHEYREZY M H. Reactive Powder Concretes With High Ductility and 200-800 Mpa Compressive Strength［J］. ACI Special Publication, 1994, 144（24）: 507-518.

［4］ RICHARD P, CHEYREZY M. Composition of reactive powder concretes［J］. Cement and concrete research, 1995, 25（7）: 1501-1511.

［5］ 中国工程院战略咨询中心，高等教育出版社，科睿唯安. 全球工程前沿 2018［R］. 北京：中国工程院战略咨询中心，2018.

［6］ BACHE H H. Densified cement/ultra-fine particle-based materials［M］. Aalborg Portland Aalborg, Denmark, 1981.

［7］ 阎培渝. 超高性能混凝土（UHPC）的发展与现状［J］. 混凝土世界，2010（9）：36-41.

［8］ AFNOR. French standard NF P 18-470: Concrete—Ultra-high performance fibre-reinforced concrete—Specifications, performance, production and conformity［M］. France: Association Française de Normalisation, 2016.

［9］ AFNOR. French standard NF P 18-710: National addition to Eurocode 2—Design of concrete structures: specific rules for ultra-high performance fibre-reinforced concrete（UHPFRC）［M］. France: Association Française de Normalisation, 2016.

［10］ 中国混凝土与水泥制品协会 UHPC 分会，1674-7011［R］. 混凝土世界，2020.

［11］ GU C, YE G, SUN W. Ultrahigh performance concrete-properties, applications and perspectives［J］. Science China Technological Sciences, 2015, 58（4）: 587-599.

［12］ WANG D, SHI C, WU Z, et al. A review on ultra high performance concrete: Part II. Hydration, microstructure and properties［J］. Construction and Building Materials, 2015, 96: 368-377.

［13］ 陈宝春，季韬，黄卿维，等. 超高性能混凝土研究综述［J］. 建筑科学与工程学报，2014（3）：1-24.

［14］ RUSSELL H G, GRAYBEAL B A. Ultra-High Performance Concrete: A State-Of-The-Art Report for The Bridge Community［R］. Federal Highway Administration Research and Technology, 2013.

［15］ Feng N Q, Yang W. Research and application of micro-bead ultra-high performance concrete［J］. IOP Conference Series Materials Science and Engineering, 2019, 629: 012019.

［16］ LIANG X, WU C, YANG Y, et al. Experimental study on ultra-high performance concrete with high fire resistance under simultaneous effect of elevated temperature and impact loading［J］. Cement and Concrete Composites, 2019, 98: 29-38.

［17］ WANG C, YANG C, LIU F, et al. Preparation of Ultra-High Performance Concrete with common technology and materials［J］. Cement and Concrete Composites, 2012, 34（4）: 538-544.

［18］ 黄政宇，沈蒲生，蔡松柏. 200MPa 超高强钢纤维混凝土试验研究［J］. 混凝土，1993（3）：3-7.

［19］ BARNETT S, LATASTE J F, PARRY T, et al. Assessment of fibre orientation in ultra high performance fibre reinforced concrete and its effect on flexural strength［J］. Mater Struct, 2010, 43（7）: 1009-1023.

[20] KANG S T, LEE Y, PARK Y D, et al. Tensile fracture properties of an Ultra High Performance Fiber Reinforced Concrete(UHPFRC) with steel fiber[J]. Composite Structures, 2010, 92(1): 61-71.

[21] YOO D Y, LEE J H, YOON Y S. Effect of fiber content on mechanical and fracture properties of ultra high performance fiber reinforced cementitious composites[J]. Composite Structures, 2013, 106: 742-753.

[22] 阎培渝. 超高性能混凝土(UHPC)的发展与现状[J]. 混凝土世界, 2010(9): 36-41.

[23] LAI J, SUN W. Dynamic behaviour and visco-elastic damage model of ultra-high performance cementitious composite[J]. Cement and Concrete Research, 2009, 39(11): 1044-1051.

[24] HU A, LIANG X, YU J, et al. Tensile characteristics of ultra-high-performance concrete[J]. Magazine of Concrete Research, 2018, 70(6): 314-324.

[25] BIAN C, WANG J Y. Mechanical and damage mechanisms of reinforced ultra high performance concrete under tensile loading[J]. Construction and Building Materials, 2019, 226: 259-279.

[26] GU C, YE G, SUN W. Ultrahigh performance concrete-properties, applications and perspectives[J]. Science China Technological Sciences, 2015, 58(4): 587-599.

[27] 刘建忠, 韩方玉, 周华新, 等. 超高性能混凝土拉伸力学行为的研究进展[J]. 材料导报, 2017, 31(23): 24-32.

[28] BINDIGANAVILE V, BANTHIA N, AARUP B. Impact response of ultra-high-strength fiber-reinforced cement composite[J]. ACI Materials Journal, 2002, 99(6): 543-548.

[29] NGO T, MENDIS P, KRAUTHAMMER T. Behavior of ultrahigh-strength prestressed concrete panels subjected to blast loading[J]. J Struct Eng-ASCE, 2007, 133(11): 1582-1590.

[30] KANG S H, HONG S G, MOON J. Shrinkage characteristics of heat-treated ultra-high performance concrete and its mitigation using superabsorbent polymer based internal curing method[J]. Cement and Concrete Composites, 2018, 89: 130-138.

[31] XU Y, LIU J, LIU J, et al. Creep at early ages of ultrahigh-strength concrete: experiment and modelling[J]. Magazine of Concrete Research, 2019, 71(16): 847-859.

[32] CHEN Y, YU R, WANG X, et al. Evaluation and optimization of Ultra-High Performance Concrete(UHPC) subjected to harsh ocean environment: Towards an application of Layered Double Hydroxides(LDHs)[J]. Construction and Building Materials, 2018, 177: 51-62.

[33] MATTE V, MORANVILLE M. Durability of reactive powder composites: influence of silica fume on the leaching properties of very low water/binder pastes[J]. Cement and Concrete Composites, 1999, 21(1): 1-9.

[34] KODUR V K R, BHATT P P, SOROUSHIAN P, et al. Temperature and stress development in ultra-high performance concrete during curing[J]. Construction and Building Materials, 2016, 122: 63-71.

[35] YANG S L, MILLARD S G, SOUTSOS M N, et al. Influence of aggregate and curing regime on the mechanical properties of ultra-high performance fibre reinforced concrete(UHPFRC)[J]. Construction and Building Materials, 2009, 23(6): 2291-2298.

[36] 郭万里. 早强型超高性能混凝土制备方法研究[D]. 长沙: 湖南大学, 2019.

[37] SOLIMAN A M, NEHDI M L. Effect of Natural Wollastonite Microfibers on Early-Age Behavior of UHPC[J]. Journal of Materials in Civil Engineering, 2012, 24(7): 816-824.

[38] LAI J, SUN W. Dynamic behaviour and visco-elastic damage model of ultra-high performance cementitious composite[J]. Cement and Concrete Research, 2009, 39(11): 1044-1051.

[39] 朋改非, 牛旭婧, 成铠. 超高性能混凝土的火灾高温性能研究综述[J]. 材料导报, 2018, 31(23): 17-23.

[40] 丁庆军, 耿雪飞, 彭程康琅, 等. 纤维对抗冲磨超高性能混凝土性能的影响[J]. 硅酸盐通报, 2020: 1-6.

［41］ KRäMER C, SCHAUERTE M, MüLLER T, et al. Application of reinforced three-phase-foams in UHPC foam concrete［J］. Construction and Building Materials, 2017, 131: 746-757.

［42］ 刘建忠, 韩方玉, 周华新, 等. 超高性能混凝土拉伸力学行为的研究进展［J］. 材料导报, 2017, 31（23）: 24-32.

［43］ ZHANG X, ZHAO S, LIU Z, et al. Utilization of steel slag in ultra-high performance concrete with enhanced eco-friendliness［J］. Construction and Building Materials, 2019, 214: 28-36.

［44］ 王晶, 王祖琦, 倪博文, 等. 未淡化海砂超高性能混凝土的性能研究［J］. 混凝土与水泥制品, 2020（4）: 19-23.

［45］ CHEN L, GRAYBEAL B. Modeling Structural Performance of Ultrahigh Performance Concrete I-Girders［J］. Journal of Bridge Engineering, 2012, 17（5）: 754-764.

［46］ CHEN L, GRAYBEAL B. Modeling Structural Performance of Second-Generation Ultrahigh-Performance Concrete Pi-Girders［J］. Journal of Bridge Engineering, 2012, 17（4）: 634-643.

［47］ BABY F, MARCHAND P, ATRACH M, et al. Analysis of flexure-shear behavior of UHPFRC beams based on stress field approach［J］. Engineering Structures, 2013, 56（0）: 194-206.

［48］ YANG I H, JOH C, LEE J W, et al. Torsional behavior of ultra-high performance concrete squared beams［J］. Engineering Structures, 2013, 56: 372-383.

［49］ KODUR V K R, BHATT P P, SOROUSHIAN P, et al. Temperature and stress development in ultra-high performance concrete during curing［J］. Construction and Building Materials, 2016, 122: 63-71.

［50］ FAN W, SHEN D, YANG T, et al. Experimental and numerical study on low-velocity lateral impact behaviors of RC, UHPFRC and UHPFRC-strengthened columns［J］. Engineering Structures, 2019, 191: 509-525.

［51］ HOSINIEH M M, AOUDE H, COOK W D, et al. Behavior of ultra-high performance fiber reinforced concrete columns under pure axial loading［J］. Engineering Structures, 2015, 99: 388-401.

［52］ CLASSEN M, GALLWOSZUS J, STARK A. Anchorage of composite dowels in UHPC under fatigue loading［J］. Structural Concrete, 2016, 17（2）: 183-193.

［53］ CHEN S, ZHANG R, JIA L-J, et al. Structural behavior of UHPC filled steel tube columns under axial loading［J］. Thin-Walled Structures, 2018, 130: 550-563.

［54］ LIN Y, YAN J, CAO Z, et al. Ultimate strength behaviour of S-UHPC-S and SCS sandwich beams under shear loads［J］. Journal of Constructional Steel Research, 2018, 149: 195-206.

［55］ XU L, LU Q, CHI Y, et al. Axial compressive performance of UHPC filled steel tube stub columns containing steel-polypropylene hybrid fiber［J］. Construction and Building Materials, 2019, 204: 754-767.

［56］ 张清华, 张鹏, 刘益铭, 等. 新型大纵肋正交异性组合桥面板力学性能研究［J］. 桥梁建设, 2017, 47（3）: 30-35.

［57］ YANG R, YU R, SHUI Z, et al. Low carbon design of an Ultra-High Performance Concrete (UHPC) incorporating phosphorous slag［J］. Journal of Cleaner Production, 2019, 240: 118157.

［58］ AZIZINAMINI A, REHMAT S, SADEGHNEJAD A. Enhancing Resiliency and Delivery of Bridge Elements using Ultra-High Performance Concrete as Formwork［J］. Transportation Research Record, 2019, 2673（5）: 443-453.

［59］ CHEN D, EL-HACHA R. Behaviour of hybrid FRP-UHPC beams in flexure under fatigue loading［J］. Composite Structures, 2011, 94（1）: 253-266.

［60］ STARK A, CLASSEN M, KNORREK C, et al. Sandwich panels with folded plate and doubly curved UHPFRC facings［J］. Structural Concrete, 2018, 19（6）: 1851-1861.

［61］ CHEN L, GRAYBEAL B. Modeling Structural Performance of Second-Generation Ultrahigh-Performance Concrete Pi-Girders［J］. Journal of Bridge Engineering, 2012, 17（4）: 634-643.

［62］ BABY F, MARCHAND P, ATRACH M, et al. Analysis of flexure-shear behavior of UHPFRC beams based on stress field approach［J］. Engineering Structures, 2013（56）：194-206.

［63］ SHAFIEIFAR M, FARZAD M, AZIZINAMINI A. New Connection Detail to Connect Precast Column to Cap Beam using Ultra-High-Performance Concrete in Accelerated Bridge Construction Applications［J］. Transportation Research Record, 2018, 2672（41）：207-220.

［64］ WANG Z, WANG J, TANG Y, et al. Lateral Behavior of Precast Segmental UHPC Bridge Columns Based on the Equivalent Plastic-Hinge Model［J］. Journal of Bridge Engineering, 2019, 24（3）：04018124.

［65］ PAN W H, FAN J S, NIE J G, et al. Experimental Study on Tensile Behavior of Wet Joints in a Prefabricated Composite Deck System Composed of Orthotropic Steel Deck and Ultrathin Reactive-Powder Concrete Layer［J］. Journal of Bridge Engineering, 2016, 21（10）：13.

［66］ SRITHARAN S, DOIRON G, BIERWAGEN D, et al. First Application of UHPC Bridge Deck Overlay in North America［J］. Transportation Research Record：Journal of the Transportation Research Board, 2018, 2672（26）：40-47.

［67］ TANARSLAN H M. Flexural strengthening of RC beams with prefabricated ultra high performance fibre reinforced concrete laminates［J］. Engineering Structures, 2017, 151：337-348.

［68］ CHEN S, ZHANG R, JIA L, et al. Structural behavior of UHPC filled steel tube columns under axial loading［J］. Thin-Walled Structures, 2018（130）：550-563.

［69］ 孙航行, 周建庭, 徐安祺, 等. UHPC加固技术在桥梁工程中的研究进展［J］. 混凝土, 2020（1）：136-143.

［70］ 张清华, 张鹏, 刘益铭, 等. 新型大纵肋正交异性组合桥面板力学性能研究［J］. 桥梁建设, 2017, 47（3）：30-35.

［71］ AALETI S, SRITHARAN S. Quantifying Bonding Characteristics between UHPC and Normal-Strength Concrete for Bridge Deck Application［J］. Journal of Bridge Engineering, 2019, 24（6）：04019041.

［72］ FARZAD M, SHAFIEIFAR M, AZIZINAMINI A. Experimental and numerical study on an innovative sandwich system utilizing UPFRC in bridge applications［J］. Engineering Structures, 2019, 180：349-356.

［73］ SHAO X, YI D, HUANG Z, et al. Basic Performance of the Composite Deck System Composed of Orthotropic Steel Deck and Ultrathin RPC Layer［J］. Journal of Bridge Engineering, 2013, 18（5）：417-428.

［74］ STARK A, CLASSEN M, KNORREK C, et al. Sandwich panels with folded plate and doubly curved UHPFRC facings［J］. Structural Concrete, 2018, 19（6）：1851-1861.

［75］ 邵旭东, 邱明红, 晏班夫, 等. 超高性能混凝土在国内外桥梁工程中的研究与应用进展［J］. 材料导报, 2017, 31（23）：33-43.

［76］ 徐海宾, 邓宗才. 超高性能混凝土在桥梁工程中的应用［J］. 世界桥梁, 2012, 40（3）：63-67.

［77］ 邱月. C50桥用自密实混凝土制备研究［D］. 秦皇岛：燕山大学, 2014.

［78］ 李亚青. 浅析自密实混凝土施工［J］. 河北煤炭, 2011（2）：80-81.

［79］ 赵筠. 自密实混凝土的研究和应用［J］. 混凝土, 2003（6）：9-17.

［80］ 王国清, 程利平. 自密实混凝土的发展历史和研究现状［J］. 中国水运, 2011, 11（1）：240-243.

［81］ 冯乃谦. 流态混凝土［M］. 北京：中国铁道出版社, 1998.

［82］ 田义. C80自密实混凝土配制及性能研究［D］. 重庆：重庆大学, 2016.

［83］ 赵立. 自密实混凝土施工技术的经济评价体系研究［J］. 混凝土, 2014（5）：141-147.

［84］ 姜可, 沈卢明. 混合梁斜拉桥钢—混结合段施工与质量控制［J］. 山西建筑, 2018, 44（31）：152-153.

［85］ 李治强. 钢管格构墩高抛自密实混凝土技术研究［J］. 桥梁, 2010（9）：62-67.

［86］ 江斗. C20自密实混凝土在公路桥台基础中的应用［J］. 桥梁, 2011（5）：74-84.

［87］ Li V C. From micromechanics to structural engineering-The design of cementitious composites for civil engineering applications [J]. JSCE Journal of Structural Mechanics and Earthquake Engineering, 1993, 10（2）: 37-48.

[88] Marshall D B. Cox B N. A J-integral method for calculating steady-state matrix cracking stresses in composites [J]. Mechanics of Materials, 1988（7）: 127-133.

[89] Li V C, Leung C K Y. Theory of steady state and multiple cracking of random discontinuous fiber reinforced brittle matrix composites [J]. ASCE Journal of Engineering Mechanics, 1992 118（11）: 2246-2264.

[90] 寇佳亮, 邓明科, 梁兴文. 延性纤维增强混凝土单轴拉伸性能试验研究 [J]. 建筑结构, 2013（1）59-64.

[91] Li V C, Mishra D K, Naaman A E, Wight J K, La Fave J M, Wu H C, Inada Y. On the shear behavior of engineered cementitious composites [J]. Journal of Advanced Cement Based Materials, 1994, 1（3）: 142-149.

[92] Li V C, Wu H C, Chan Y W, Effect of plasma treatment of polyethylene fibers on interface and cementitious composite properties [J]. Journal of the American Ceramic Society, 1996, 79（3）: 700-704.

[93] Li V C, Wu C. Tensile strain-hardening behavior of PVA-ECC [J]. ACI Materials Journal, 2001, 98（6）: 483-492.

[94] Victor C. Li. On engineered cementitious composites（ECC）-A review of the material and its applications [J]. Journal of Advanced Concrete Technology, 2003, 1（3）: 215-230.

[95] 丁贝. 基于栓钉连接的ECC钢桥面铺装结构界面特性分析 [D]. 南京: 东南大学, 2015.

[96] 冯乃谦. 流态混凝土 [M]. 北京: 中国铁道出版社, 1998.

[97] Li V C, Fischer G, Lepech M. Crack Resistant Concrete Material for Transportation Construction [C] // Cd of Trb Meeting. 2004.

[98] 聂建国. 钢-混凝土组合结构桥梁 [M]. 北京: 人民交通出版社, 2011.

[99] 刘永健, 刘江. 钢-混凝土组合梁桥温度作用与效应综述 [J]. 交通运输工程学报, 2020, 20（1）: 42-59.

[100] 赵军黎, 刘晓娣. 钢-混组合结构在桥梁中的应用综述 [J]. 特种结构, 2017, 34（2）: 99-116.

[101] 肖林, 卫星, 温宗意, 等. 钢-混组合结构桥梁2019年度研究进展 [J]. 土木与环境工程学报, 2020, 42（5）: 168-182.

[102] 聂建国, 陶慕轩, 吴丽丽, 等. 钢-混凝土组合结构桥梁研究新进展 [J]. 土木工程学报, 2012, 45（6）: 110-122.

[103] 贺立新, 宋雷. 钢桥、钢—混结合梁桥的发展及其应用实例 [J]. 西南公路, 2014, 1: 2-14.

[104] 刘永健, 高诣民, 周绪红, 等. 中小跨径钢—混凝土组合梁桥技术经济性分析 [J]. 中国公路学报, 2017, 30（3）: 1-13.

[105] 文强. 高速铁路无砟轨道大跨组合结构桥梁应用研究 [J]. 铁道工程学报, 2019, 36（2）: 54-59.

[106] 李辉. 钢—混凝土组合梁斜拉桥病害及其影响分析 [D]. 哈尔滨: 哈尔滨工业大学, 2008.

[107] 单宏伟. 结合梁斜拉桥桥面板抗裂对策研究 [D]. 上海: 同济大学, 2007..

[108] Li V C, Wu C. Tensile strain-hardening behavior of PVA-ECC [J]. ACI Materials Journal, 2001, 98（6）: 483-492.

[109] Cao J H, Shao X D, Zhang Z, et al. Retrofit of an orthotropic steel deck with compact reinforced reactive powder concrete [J]. Structure and Infrastructure Engineering, 2015: 1-19.

[110] Dieng L, Marchand P, Gomes F, et al. Use of UHPFRC overlay to reduce stresses in orthotropic steel decks [J]. Journal of Constructional Steel Research, 2013, 89: 30-41.

[111] Cao J H, Shao X D, Zhang Z, et al. Retrofit of an orthotropic steel deck with compact reinforced reactive powder concrete [J]. Structure and Infrastructure Engineering, 2015: 1-19.

[112] 詹健. 大跨径柔性桥梁钢-UHPC轻型组合桥面受力性能研究 [D]. 长沙: 湖南大学, 2019.

[113] 卜一之,刘欣益,张清华. 基于截面应力法的钢-UHPC 组合板初裂荷载计算方法研究[J]. 工程力学, 2020, 37(10): 209-217.

[114] 赵军黎,刘晓娣. 钢-混组合结构在桥梁中的应用综述[J]. 特种结构, 2017, 34(2): 99-116.

[115] 杜铁. 钢-UHPC 组合梁剪力滞效应研究[D]. 长沙: 湖南大学, 2019.

[116] 邵旭东,吴佳佳,刘榕,等. 钢-UHPC 轻型组合桥梁结构华夫桥面板的基本性能[J]. 中国公路学报, 2017, 30(3): 218-245.

[117] 陈宝春,韦建刚,周俊,等. 我国钢管混凝土拱桥应用现状与展望[J]. 土木工程学报, 2017, 50(6): 50-61.

[118] 王莲香. 钢管混凝土拱桥吊杆受力行为与更换技术研究[D]. 重庆: 重庆交通学院, 2005.

[119] 韩林海. 钢管混凝土结构[M]. 北京: 科学出版社, 2000.

[120] 陈宝春,韦建刚,周俊,等. 我国钢管混凝土拱桥应用现状与展望[J]. 土木工程学报, 2017, 50(6): 50-61.

[121] Troyano L F. Procedures for the construction of large concrete arches[J]. Arch Bridge IV Proceedings-Advances in Assessment, Structural Design and Construction, 2004: 55-66.

[122] Nishikawa K, Yamamoto S, Natori, T, et al. An experimental study on improvement of seismic performance of existing steel bridge piers[J]. Journal of Structural Engineering A. 1996, 42(3): 975-986.

[123] 韩林海. 钢管混凝土结构[M]. 北京: 科学出版社, 2007.

[124] 牟廷敏,范碧琨,赵艺程,等. 钢管混凝土桥梁在中国的应用与发展[J]. 公路, 2017, 62(12): 161-165.

[125] 李畅,牟廷敏,范碧琨,等. 基于实桥试验的钢管混凝土桁梁桥力学性能研究[J]. 西南公路, 2018(3): 104-109.

[126] 詹健. 大跨径柔性桥梁钢-UHPC 轻型组合桥面受力性能研究[D]. 长沙: 湖南大学, 2019.

[127] 卜一之,刘欣益,张清华. 基于截面应力法的钢-UHPC 组合板初裂荷载计算方法研究[J]. 工程力学, 2020, 37(10): 209-217.

[128] 王莲香. 钢管混凝土拱桥吊杆受力行为与更换技术研究[D]. 重庆: 重庆交通学院, 2005.

[129] 韩林海. 钢管混凝土结构[M]. 北京: 科学出版社, 2000.

[130] Luo J, Shao X, Fan W, et al. Flexural cracking behavior and crack width predictions of composite (steel+UHPC) lightweight deck system[J]. Engineering Structures, 2019, 194: 120-137.

[131] 马远荣. 活性粉末混凝土(RPC)预应力叠合梁试验研究[D]. 长沙: 湖南大学, 2002, 9-28.

[132] 周建庭,周璐,杨俊,等. UHPC 与普通混凝土界面黏结性能研究综述[J]. 江苏大学学报(自然科学版), 2020, 41(4): 373-381.

[133] 陈昭晖,郭芳枝,苏家战,等. 节段拼装预应力 UHPC-RC 组合箱梁受弯性能试验[J]. 福州大学学报(自然科学版), 2020, 48(6): 754-761.

[134] 谢增奎,赵华,朱平,等. 超高性能混凝土-普通混凝土组合梁桥界面抗滑移试验与分析研究[J]. 公路工程, 2019, 44(3): 199-205.

荷载作用与效应发展研究

一、引言

桥梁结构需在设计使用年限内，安全承受人为活动和自然环境所造成的影响。本专题报告所涉及的荷载作用与效应包括车辆荷载、冲击荷载、环境作用和极端荷载四个方面。

桥梁车辆荷载是桥梁承受的基本可变荷载之一，在桥梁设计、评估等各种荷载组合中占有重要地位。在桥梁设计之初对实际交通荷载的准确把握可以充分评估桥梁的运营荷载，并以此来考量桥梁结构的安全可靠性。全面审视中国公铁桥梁和城市道路桥梁车辆荷载现状，探索更符合中国桥梁实际交通现状的车辆荷载模型，对桥梁设计、维修加固决策等均具有十分重要的现实意义。

桥梁结构的疲劳在很大程度上取决于经常作用于桥面板的各种实际车辆荷载。因此，实际车辆荷载谱的研究和确定是开展桥梁结构（尤其是正交异性钢桥面板）抗疲劳设计和疲劳问题研究的基础。风致振动和地震等所导致的往复荷载作用也可能导致构件和桥梁结构的疲劳问题，相关研究正逐步受到重视。

桥梁工程的服役环境和条件决定其在服役过程中可能受到船撞、车撞、流冰、落石和泥石流等冲击荷载作用，对各类典型冲击荷载的作用、效应与防护技术开展研究，形成相应的标准和规范体系，是确保桥梁服役安全的重要基础。

桥梁结构暴露在自然环境中不可避免会受到外界环境的影响，从而引起结构材料性能的劣化，降低结构的安全性或适用性，影响结构的耐久性。环境影响对桥梁结构而言是不可忽视的，工程结构设计时应考虑结构上可能出现的各种作用和环境影响。不同环境作用引起的结构或构件的作用效应也不同，应根据环境的作用机理对结构进行防护。

随着大跨深水桥梁、跨海桥梁和城市高架桥的发展，桥梁面临极端荷载（强风、火灾、爆炸、风暴潮、巨浪、急流等）的风险日益增多。

桥梁风荷载包含静风荷载和动力荷载，容易引起桥梁的静风失稳、颤振、涡激振动、抖振等，这些风致振动的特征与桥位所处的风环境有关。近年来，关于桥梁风荷载的研究主要集中在桥位风特性、非线性颤振、抖振计算理论和涡激振动计算理论和分析方法上。

全世界的地震主要发生在大陆和岛屿的边缘上，那里是组成地壳的许多单独的板块交界区，由于板块缓慢地运动，使相互间挤压产生地应力。当地壳中心应变能积累到一定程度后，就会在比较薄弱的地方发生断裂、错动或滑移。此时，应变能转化为波动能，以地震波的形式向地表传播，引起地面的强烈振动，这就是地震。

交通类火灾会严重威胁桥梁的安全性能和耐久性能，造成人员伤亡、交通中断、货物滞留，影响社会稳定。桥梁一旦遭遇严重火灾，就会出现大面积的混凝土剥落、钢绞线外漏、钢板屈曲、桁杆失稳或整体垮塌。火灾作为重要风险之一，是桥梁结构在施工及运营中面临的巨大挑战。桥梁抗火是桥梁防灾减灾的重要研究方向之一。

寒潮和热带气旋（台风、飓风）等常造成风暴潮、巨浪和急流作用，严重威胁近海桥梁的安全。风暴潮增水产生的浮力、波流作用力以及基础冲刷等是桥梁破坏的主要原因。此外，地震或海底火山爆发引发的海啸也是一种具有强大破坏力、灾害性的波浪、波流作用。海啸在外海时由于水深，波高较小，传播速度较快，不易引起注意，但抵近海岸时由于海水变浅、地势增高，会导致海啸波波速降低、波高陡至数米甚至数十米。因此，在波浪和水流作用下，桥梁结构将承受较强水平冲击力及倾覆弯矩的作用，是近海及跨海桥梁基础结构设计的关键荷载之一。

二、国内外桥梁荷载作用与效应发展现状

（一）车辆荷载作用与效应

1. 公路桥梁车辆荷载

（1）现行桥梁规范中的车辆荷载取值

我国现行公路桥梁设计中的车辆荷载为2015年发布的《公路桥涵设计通用规范》（JTG D60-2015）中的标准车辆荷载，分为公路 – Ⅰ级和公路 – Ⅱ级两种类型。与国外标准相似，采用了国外普遍采用的车道荷载和车辆荷载模式，其中车道荷载由均布荷载和集中荷载组成，车辆荷载采用550kN的五轴标准车。桥梁结构整体计算采用车道荷载，桥梁局部加载等计算采用车辆荷载，车道与车辆荷载的作用不叠加。

我国城市桥梁设计中的车辆荷载为2019年发布的《城市桥梁设计规范》（JTG D60-2019）中的标准汽车荷载，与公路桥梁设计中的汽车荷载形式一致，均采用车道荷载和车辆荷载模式。其中，车道荷载由均布荷载和集中荷载组成，车辆荷载采用700kN的五轴标准车。桥梁结构整体计算采用车道荷载，桥梁局部加载等计算采用车辆荷载。车道与车辆

荷载的作用不叠加。

公路桥梁结构设计所采用的车辆荷载是对实际车辆荷载的简化。作为汽车荷载效应设计值的一个组成部分，冲击系数的取值在一定程度上影响着汽车荷载效应的取值，并且冲击系数可以反映不同恒载活载比例桥梁之间的差异。桥梁结构的总竖向汽车荷载效应等于竖向汽车荷载静力效应与其动力效应之和。在国内外各种桥梁设计规范中，大多采用把汽车荷载竖向静力效应乘以一个增大系数作为计入汽车荷载竖向动力效应的总竖向荷载效应。冲击系数就是为了考虑移动的汽车荷载对桥梁结构产生竖向动力效应的增大系数。车辆与桥梁相互作用受到诸多因素的影响，这些因素可以分为两大类：桥梁参数和车辆参数。前者包括桥梁的自振频率、跨径布置、结构阻尼、桥梁类型、桥面不平整度、桥头沉陷及伸缩装置状况等；后者包括车速、车重、悬挂系统、车辆数目等。这些因素都由冲击系数综合考虑。

我国 1985 年及其以前的规范主要参照国外规范，将冲击系数作为跨径的函数，2004年至今的规范则将冲击系数定义为桥梁基频的函数，具体规定为：

当 $f < 1.5 \text{Hz}$，　　　　　$\mu = 0.05$

当 $1.5 \text{Hz} \leq f \leq 14 \text{Hz}$，　　$\mu = 0.1767 \ln f - 0.0157$　　　　　　（1）

当 $f < 14 \text{Hz}$，　　　　　$\mu = 0.45$

式中，f 为桥梁的基频。

当横桥向设置多车道汽车荷载时，应考虑汽车荷载的折减；当桥梁计算跨径大于 150m 或为多跨连续结构时，桥梁上的汽车荷载应考虑纵向折减。

城市桥梁设计中的车道横向分布系数、多车道的横向折减系数、大跨桥梁的纵向折减系数、汽车荷载的冲击力等均按照线性《公路桥涵设计通用规范》（JTG D60-2015）中的标准执行。

（2）车辆荷载模型的发展

现有公路桥梁规范中用于桥梁结构设计、承载力安全评估等静力车辆荷载模型是基于车辆荷载数据统计分析构造的静态模型，一般针对影响车辆荷载模型的典型或少量参数进行，如车重、车间距等，多采用统计理论建立车辆荷载静态模型。

我国众多学者对车辆荷载模型进行了相关研究，这些文献主要在实测交通荷载等数据基础上，针对车辆总重、轴重、车速、车间距等关键参数进行了统计分析和理论研究，获得了相关车辆荷载的分布函数，并在车辆荷载数据分析及模型的建立方面做了大量工作，建立的车辆荷载模型也大多针对典型路段或地区，例如为满足南京长江三桥的技术状态评估和预测需求，林诗枫、黄侨、任远等基于此桥收费站 7 年的城中数据库，根据不同的轴组类型对日常车辆进行车型划分，建立车辆质量、轴距、车型、周中等车辆荷载模型中的相关参数的舒徐模型，并对车辆模型中的车速、车辆到达时刻等时变参数进行随机模拟。

车重和轴重是车辆荷载模型中的重要参数，我国在这方面的研究一般通过实测统计数据建立相应类型的车辆荷载模型，采用正态分布函数等加权和拟合得到车辆荷载分布密度函数，再利用 Poisson 过程或 Weibull 过程等表示不同运行状态下的车辆荷载过程，并据此外推预测长期荷载效应的最大值或进行桥梁结构可靠度的评估。张弛、高震等为了调查地震多发区公路桥梁的车辆荷载运行特征，通过动态称重系统记录的车辆荷载数据得到设计基准期内车辆荷载的极值模型。基于四川笮箕湾大桥交通监测系统，统计了 2017 年 1—4 月的车辆荷载数据，得到了 1 天、1 周和 1 个月典型车辆荷载分布规律。结果表明，一般运行状态下，车辆荷载到达时间模型不拒绝 Gamma 分布；密集运行状态下，车载到达时间不拒绝 Possion 模型，利用广义极值分布模型进行车辆荷载极值分布的求解，最终得到密集运行状态下笮箕湾大桥百年一遇的车辆荷载极值。

除研究车重、轴重等关键参数外，相关研究也对车辆间距、车速、车辆横向分布等典型参数开展，例如上海市政工程研究所、东南大学等曾对交通量的横向分布状况进行了研究，提出了车辆横向分布系数值。殷志详等根据近几年主要干道的车辆荷载实测数据和不同测点车辆总重的统计分析，建立不同测点的车辆荷载总体概率模型以及截尾概率模型，采用概率方法对车辆荷载服从非正态分布的多车道横向折减系数进行了计算分析，给出不同分布计算算法下的多车道横向折减系数建议值，建议值均不小于现行规范规定的数值。

由于车辆荷载参数具有较强的随机性，在对这些参数进行研究时都基于一定的条件假设或简化，例如通过假定用随机匀速运动的集中力来模拟交通流中的车辆，且由于影响车辆荷载模型的参数较多（如车道之间的相互影响、不同时间段交通流量等均不同），加上车辆荷载模型的研究也大多基于个别地区或短期的交通荷载调查，选取的地区代表性和数据的全面性欠缺，故建立的车辆荷载模型总体来说适用性和通用性不高，准确度也受到了一定的限制。

（3）冲击系数的发展

冲击系数是表征车辆荷载对桥梁的冲击效应的重要指标，也是一个受多重因素综合影响的参数。传统研究是通过实桥试验采集桥梁响应数据来计算动力冲击系数，并通过对采集的样本进行回归分析获得动力冲击系数的经验计算公式。美国、加拿大、瑞士等多个国家开展了大量桥梁现场试验，积累了关于动力冲击系数的大量原始实验数据，为各国规范中的动力冲击系数的制定提供了依据。在我国，吉林省交通科学研究所从 7 座跨径不同、结构各异的桥梁上收集了 6600 多个具有代表性的动力冲击系数的样本，通过拟合得到了动力冲击系数与桥梁基频的关系式，这一关系式后来经修正被我国《公路桥涵设计规范》（JTG D60-2004）采用，我国现行的《公路桥涵设计规范》（JTG D60-2015）中的动力冲击系数的取值沿用了 2004 版规范中的相应规定。

车辆振动实质上是一种强迫振动现象，通过将动力冲击系数定义为桥梁基频的函数进行计算的方法被写入多个国家的桥梁规范中。我国车辆荷载产生的动力冲击系数定义为：

$$IM = \frac{R_{dmax}}{R_{jsts}} \qquad (2)$$

R_{dmax}、R_{jsts} 分别表示桥梁相应时程曲线上的最大动、静响应。

通过试验收集数据拟合冲击系数的函数这一方法成本较高，不宜实施。此外，不同桥梁的受力状态不同，数量有限的桥梁实测结果可能不具有广泛的代表性。然而，我国今年公路交通发展迅速，桥梁基础设施大量建设，目前交通荷载组成特性及桥梁的类型和规模已经发生变化，国内外众多学者在车桥耦合振动分析中发现桥面不平整度、桥梁结构类型、车辆行驶速度、轴重、轴距车辆悬挂参数会对动力冲击系数产生影响。尽管如前所述，早期的研究认为动力冲击系数与桥梁结构跨径和结构频率的相关性较为显著，因此多国的桥梁设计规范将动力冲击系数定义为桥梁跨径或者基频的函数，而最新研究表明，基频或者跨径相同但截面类型不同的桥梁动力冲击系数可能相差30%以上，并且动力冲击系数与桥梁上部结构的支承方式也有关系，如连续桥梁与简支梁桥的动力冲击系数规律不尽相同，也有学者指出基于不同类型桥梁响应计算的冲击系数有明显差异，如基于挠度计算的动力冲击系数一般大于基于应变计算的动力冲击系数，由桥梁整体响应计算和由局部响应计算的动力冲击系数也有不同的特点。因而，对不同桥梁响应（桥梁整体响应、局部板件响应）和结构类型（混凝土桥梁、钢结构桥梁、钢混组合桥梁）使用相同的动力冲击数值是不合理的。此外，多位学者发现，相对于桥梁基频本身，车辆–桥梁频率之间的相近程度可能对动力冲击系数的影响更大，即车辆荷载频率越接近桥梁基频，桥梁的动力响应越激烈。激振频率不仅由车辆基频决定，还受桥面不平整度、车速、桥梁跨度等因素共同影响，其中桥面不平整度是车桥耦合振动的主要激励源，在桥面等级较差的情况下，实际的动力冲击系数可能远超其设计值。因此，维护桥面平整对降低车辆的动力荷载响应具有重要意义。

根据以上现有研究，桥梁基频、桥面不平整度、车速、车重等因素对冲击系数影响显著，因而我国现行的桥梁规范仅将动力冲击系数设定为桥梁基频的函数可能过于保守，邓露等针对我国实际公路桥梁和车辆荷载情况，综合考虑各因素影响来进行车桥耦合振动分析，提出适用于我国实际公路不同桥梁类型的动力冲击系数建议值为：

$$P^{(-1)}(0.95) = 0.20 \qquad (3)$$

式中，$P(0.95)$ 表示保证率为 0.95，参数统计均值为 0.054，标准差为 0.049 的极值 I 型概率密度函数。该建议值已经综合考虑了桥梁基频、桥面不平整度及车速等重要因素的影响。

冲击系数本质上受多重因素同时影响，车辆和桥梁振动的强耦合特性使这个问题本身更具复杂性。因此，在未来研究中可考虑进一步改进车桥耦合振动模型，进而进行更广泛地多参数敏感性研究。另外，近年来一些新的建筑材料（如 FRP、HPC 材料）应用于桥梁建设，含有新材料的桥梁的动力性能的研究也亟须开展，尤其应在既有桥梁的动力冲击系数评估中充分考虑桥面平整度退化的影响。此外，还可在桥梁耦合仿真的基础上引入概率方法、区间估计方法及神经网络等新型算法来提高动力冲击系数估计的准确度。

2. 铁路桥梁车辆荷载

（1）铁路列车荷载图式研究进展

列车荷载是铁路机车、车辆等移动装备对线路的作用，与铁路移动装备技术发展紧密相关，是各类铁路工程结构设计的重要依据。铁路列车荷载图式是铁路列车对线路基础设施静态作用的概化表达形式，也是铁路桥涵结构设计的核心参数。

2000 年以来，根据客货共线铁路和货运铁路的发展，列车牵引类型完成了由蒸汽机车至内燃和电力机车的过渡，客货共线铁路客车提速、货车载重升级，货运铁路开行了万吨级及以上的重载组合列车。根据铁路运输特征和发展需求，中国铁道科学研究院开展了大量关于列车荷载图式的研究工作，从列车荷载图式和安全储备系数的角度，对重载专用铁路与一般线路的差别进行探讨分析，提出 40t 轴重重载专用铁路列车荷载图式的型式以及合理安全储备系数；针对客货共线、货运铁路列车荷载图式的研究，提出了适用于我国客货共线（ZKH）和货运专线（ZH）铁路设计的中 – 活载（2005）图式，用以替换既有的中 – 活载图式，ZKH 荷载图式和 ZH 荷载图式中的普通荷载是在国际铁路联盟 UIC 荷载的基础上，根据我国重载车辆特点进行局部调整后提出的，并根据典型四轴货车等制定了特种荷载。随着铁路重载货运发展定位确定及对重载货物列车作用机理认知的提高，对原 ZH 荷载图式提出了修订方案，最终形成中 – 活载（2010）图式。客货共线和货运铁路列车荷载图式的制定总结了我国铁路 60 余年的运营实践经验，在确定移动装备发展定位的基础上，预留合理的发展储备系数，新的荷载图式更符合现代铁路运输特征。货运铁路列车荷载图式在支撑我国新建重载铁路设计的同时，也可为后续利用客货共线铁路发展重载运输提供借鉴。

针对高速铁路客运专线，我国采用的是 ZK 荷载图式。近年来，针对仅考虑动车组开行要求的低速度等级客运专线铁路，研究提出了 0.6UIC 作为普通荷载配套相应特种荷载作为城际铁路列车荷载图式，即 ZC 荷载图式。高速铁路和城际铁路列车荷载图式的制定综合考虑我国客运铁路运营特点，提出了与高速铁路、城际铁路荷载图式相配套的频率等动力性能指标，提高车桥共振速度范围，合理控制设计速度范围内运营动力系数，满足设计列车效应大于运营列车效应的原则。

2016 年，我国铁路颁布了 TB/T 3466-2016《铁路列车荷载图式》，如表 29 所示，其除直接用于线路基础设施结构强度设计外，对桥梁结构刚度、频率等都有直接或间接影响。

表29 铁路列车荷载图式

线路类型	图式名称	荷载图式（普通荷载）	荷载图式（特种荷载）
高速铁路	ZK	64（kN/m）｜200 200 200 200（kN）｜64（kN/m） 任意长度 0.8m 1.6m 1.6m 1.6m 0.8m 任意长度	250 250 250 250（kN） 1.6m 1.6m 1.6m
城际铁路	ZC	48（kN/m）｜150 150 150 150（kN）｜48（kN/m） 任意长度 0.8m 1.6m 1.6m 1.6m 0.8m 任意长度	190 190 190 190（kN） 1.6m 1.6m 1.6m
客货共线铁路	ZKH	85（kN/m）｜250 250 250 250（kN）｜85（kN/m） 任意长度 0.8m 1.6m 1.6m 1.6m 0.8m 任意长度	250 250 250 250（kN） 1.4m 1.4m 1.4m
重载铁路	ZH	85z（kN/m）｜250z 250z 250z 250z（kN）｜85z（kN/m） 任意长度 0.8m 1.6m 1.6m 1.6m 0.8m 任意长度 （荷载系数z≥1.0）	250z 280z 280z 280z（kN） 1.4m 1.4m 1.4m （荷载系数z≥1.0）

（2）铁路桥梁冲击系数

当列车以一定速度通过桥梁时，桥梁产生振动，使桥梁结构的动挠度、动应力比相同静荷载作用时的相应值增大，这种由于桥梁振动引起的挠度和应力增大的影响，通常以冲击系数或动力系数来衡量。动力系数是结构或构件最大的动力响应与最大静力响应之比，影响动力系数的因素主要包括桥梁结构的形式及其跨长、机车车辆的类型和桥上线路的设备状态，其数值大小是列车－轨道－桥梁三者的动力特性和动力相互作用状态的综合反映。我国动力系数用$1+\mu$表示，定义为$1+\mu = Y_d/Y_s$。其中，Y_d为结构动效应；Y_s为结构静效应。计算时在静效应的基础上直接乘以$1+\mu$即可得到动效应，有些国家则给出μ的计算公式。

我国客货共线铁路桥梁设计动力系数的制定是根据长期以来积累的动载试验数据经过分类拟合得到的。由于我国铁路运输的发展和变化，客货共线铁路列车荷载图式大致经历了三个阶段：第一阶段为1949—1975年，采用中－Z荷载；第二阶段为1976—2016年，采用中－活载；第三阶段为2017年至今，采用ZKH荷载。前两个阶段动力系数在图式调整时进行了调整。对于与ZKH荷载配套的动力系数，其既有计算公式是根据蒸汽机车制定的，一般认为蒸汽机车的动力系数要大于内燃和电力机车。因此，2017年颁布实施的TB 10002—2017《铁路桥涵设计规范》中，客货共线铁路动力系数仍沿用中－活载的动力系数，仅对钢筋混凝土桥梁动力系数计算公式的参数进行了适当调整，具体来说，钢筋混凝土、素混凝土、石砌的桥跨结构及涵洞、刚架桥顶上填土厚度小于3m时均应考虑列车竖向动力作用，新公式对于大跨度梁的动力系数值基本未变，而小跨度有所降低。重载铁路采用 ZH 荷载图式，根据不同的轴重等级可采用相应的荷载系数。由于重载铁路货车与客货共线铁路货车动力特征相差不大，因此，重载铁路采用的动力系数与客货共线铁路相同。

与我国客货共线铁路和重载铁路采用实测拟合的动力系数不同，高速铁路和城际铁路的动力系数主要参考 UIC 规范制定。该研究在分析国外研究成果的基础上，通过建立车－桥竖向相互作用的动力学模型，编制模拟计算程序，计算各种高速列车（动力分散式及动力集中式）作用下的桥梁的动力系数，分析影响的主要因素和变化规律，并对计算成果进行统计分析，给出了我国高速列车活载动力系数的建议值。动力系数的计算方法大致经历了三个阶段：第一阶段为 1996—2008 年，按剪力和弯矩分别给出动力系数；第二阶段为 2009—2013 年，不区分剪力和弯矩动力系数，采用统一的计算公式，与 UIC 最新规定中仔细养护线路的计算公式相同；第三阶段为 2014 年至今，根据实测数据对涵洞及结构顶面有填充结构的动力系数折减系数进行了调整。通过采用车－桥耦合振动方法研究表明，虽然列车最高速度为 300km/h，但桥梁动力系数公式对 400km/h 高速铁路桥梁进行动力检算仍旧适用。

我国高速铁路列车荷载研究和应用已历经 20 余年，在高速铁路建设、联调调试和运营方面也积累了丰富的实践经验和大量的客观数据，应对不同类型线路的竖向动力作用予以深入研究，制定合理的动力系数，使我国的桥梁设计更为科学合理。

（3）铁路桥梁车－线－桥耦合振动

车－线－桥耦合振动涉及车辆动力学、轨道动力学、结构动力学、轮轨接触力学以及数值分析等多个研究方向，属于多学科交叉的研究问题，其目的是为准确预测在实际复杂运营条件下车－桥耦合系统的动力响应，进而对列车运营、结构养护及维修提供技术指导。近年来，车－线－桥耦合振动研究主要集中在精细化模型建立、简化解析模型及高效算法研究、车－线－桥系统随机振动、多动力作用下车－线－桥耦合振动以及新型轨道交通车－桥耦合振动等方面的研究。

车－线－桥耦合振动精细化分析模型的建立是反映复杂外界环境激励下列车及桥梁结构响应的重要前提和基础。随着众多研究工作的开展，车辆模型、轨道模型、桥梁模型、轮轨接触关系等各部分的建模方法与理论逐渐向精细化和可视化等方面拓展及深入。对车辆模型而言，当前研究已经基于多刚体动力学建立了可以考虑复杂轮对运动的 35 个自由度的列车模型；对于轨道及桥梁模型，为更精准且直观地反映列车运行过程中各子构件的局部动力行为或机理，结合三维有限元建模的方式建立了轮轨接触模型，模拟滚动轮轨接触在期望速度下动力行为；轮轨接触主要以轮轨密贴刚性接触理论和 Hertz 弹性接触理论及 Kalker 蠕滑理论作为代表，相继发展了可以实时反馈轮轨动力相互作用的轮轨非赫兹接触算法 MKP 法。

车－线－桥耦合振动模型具有时间、空间双重非线性等特征，在其追求高仿真的前提下必然会导致分析效率的降低，为便于实际工程应用，简化解析模型及高效算法等研究工作一直得到众多科研工作者的青睐。模型的简化及算法的提高主要体现在如何处理最为耗时的轮轨接触关系上，相继发展了诸如采用统计线性化方法、拉氏乘子法、虚拟激励法及能量变分法处理轮轨关系。同时，基于车－线－桥耦合振动理论，采用商用软件进行联合仿真也是提高仿真效率和分析能力的重要发展趋势。

车－线－桥系统本身表现出明显的随机性特征。基于随机振动理论，研究车－线－桥系统振动响应的统计特性，进而评价系统动力可靠度。确立精确且适用的随机数学方法是分析车桥随机问题的关键，这其中包括近年来相继提出的新点估计法、人工神经网络模型的代理建模方法及子集分裂模拟方法。同时，为量化车－线－桥耦合动力响应的不确定性，也相继发展了诸如采用概率密度演化法分析多种随机激励下系统响应的研究，以能够对车－桥耦合系统进行可靠度评估。

随着桥梁工程向更大跨度发展，极端环境下车－线－桥耦合系统的振动研究成为保障大跨桥梁的行车安全性和平稳性的重要研究内容。风荷载作为车桥系统的主要外界激励，其研究热点主要集中在车－桥系统气动参数测试及脉动风场的模拟；防风措施及其防风性能的研究也是保障极端风环境下列车安全行驶的重要保障。同时，由于我国地处环太平洋地震带和亚欧地震带之间，地震断裂带数量多且地震频发等特点，使得地震作用下桥上高速列车行车安全研究成为当前的研究热点，系统激励源的准确模拟及建立考虑结构非线性的地震－车－桥系统精细化模型是当前的主要研究内容。

随着新型轨道交通的大力发展，开展磁浮车辆－轨道梁耦合振动研究也成为当前的研究热点。基于耦合系统分析车桥共振现象及确立桥梁竖向刚度取值问题是确保磁浮列车平稳运行的重要前提。同时，针对云轨、智轨、空铁等新型轨道交通制式，开展相应车－桥耦合振动研究具有同样重要的理论意义和工程价值。

（4）铁路桥梁梁轨相互作用

无缝线路因其平顺性高、钢轨损耗率低和较高的经济性等优点，在我国高速铁路中被广泛采用。在桥上铺设无缝线路，可以有效地提高线路平顺性，减小对桥梁的冲击，从而延长桥梁的使用寿命。与一般路基上铺设无缝线路有所不同，桥上铺设无缝线路会使钢轨除受到温度力外的梁轨相互作用。梁轨相互作用在钢轨中产生的纵向附加应力主要包括伸缩力、制动力、挠曲力和断轨力，这些附加应力同时又会通过道床等传递给桥梁上部结构和墩台基础，形成梁轨间的相互作用机理。

梁轨相互作用精细化模型的建立是准确分析轨道纵向变形行为的前提和基础，而对道床及支撑结构的物理模型建立又是重中之重。国内相继建立了诸如非线性杆单元及考虑纵向位移阻力系数双弹簧模型的梁轨精细化模型，分别针对道床、轨枕等结构参数进行梁轨相互作用影响分析，为优化模型参数奠定了基础。同时，桥梁周围结构物，如桥梁两端路基及墩台的准确建模同样对准确分析梁轨相互作用起到了重要作用。

温度力是梁轨相互作用的最初诱因，探明温度荷载作用下桥梁和轨道结构伸缩行为是进行桥上铺设轨道结构选型的基础。国内针对主梁收缩与徐变和桥墩梯度温度荷载模式对梁轨相互作用的影响开展了相关研究。

列车在桥上制动或启动会产生的制动力是影响梁轨相互作用的另一大诱因。《铁路无缝线路设计规范》中采用静力方法对桥上无缝线路进行制动附加力检算的做法并没有反映列车在制动过程中的动力作用特性，模拟梁轨相对位移及钢轨制动附加力的动力放大效应也是作为准确反映梁轨相互作用的重要内容。

轨道结构选型是影响梁轨相互作用的重要因素，同时梁轨相互作用也会对轨道结构的行为发展产生影响。针对有砟轨道、CRTS Ⅰ型无砟轨道及CRTS Ⅱ型板式无砟轨道的研究，为桥梁轨道结构选型提供了研究基础和技术指导。

桥梁结构类型的不同，会在不同的荷载激励下产生不同程度的变形，其对应的梁轨相互作用也将呈现差异性。当前研究主要涵盖从结构形式最为简单的连续跨简支梁到具有复杂结构形式的连续梁桥、梁拱组合桥梁、钢桁拱桥梁，从中小跨度桥梁到大跨度斜拉桥及悬索桥等铁路桥梁上的梁轨相互作用机理和对列车的走行影响分析。同时，聚焦于桥梁结构本身参数的变化对梁轨相互作用影响的研究也得到了发展。

在理论分析方面，由于梁轨之间存在明显的非线性作用，当梁轨相对位移超过弹性临界点时，线路纵向阻力将进入塑性阶段，使得传统规范中采用的叠加原理，即近似地将钢轨和墩台所受到的纵向挠曲力、伸缩力和制动/牵引力进行简单的数值相加不再适用，该传统处理方式更是难以求解考虑加载历史的梁轨相互作用问题。为此，线路纵向阻力迭代计算方法的提出使得在轨相互作用研究中考虑加载历史成为现实。

3. 疲劳荷载

荷载谱是指设计基准期内桥梁结构所经历的各种运营荷载及其作用次数。荷载谱的制定原则上应将设计基准期内通过桥梁的每一类车型按不同形状的影响线计算其相应的应力历程，然后将所有的应力历程予以累计，从而获得所需要的荷载谱。然而，将设计基准期内作用于桥梁的每一车辆都按不同形状的影响线计算出相应的应力历程很难实现，也不具可操作性。对处于特定区域的桥梁结构而言，通行车辆荷载具有一定的统计规律，可根据损伤等效的原则将运营荷载用一种或几种典型车辆（标准疲劳车）来代表，通过计算典型车辆的内力历程并乘以其出现的累计次数，得到对应的荷载谱。

车惠民等在调查研究的基础上，将我国铁路运营机车和车辆分别模拟成4种理论机车模型和7种理论车辆模型，将我国铁路运营列车归纳成4大类（混合货运列车、运煤列车、液罐列车和旅客列车）和4个编组级别（轻载、中载、重载、重载组合）共15种典型列车，并借助Monte Carlo随机模拟方法建立了这15种典型列车的理论模型，阐明了以典型列车建立铁路列车荷载谱和桥梁结构效应谱的具体方法。童乐为等以上海市内环线中山路3号桥地面道路桥梁为研究对象，以1994年和1995年两次交通调查数据为基础，得到18

类日常典型运营车辆组成的荷载谱，并依据等效疲劳损伤原理，得到由6类模型车辆组成的简化荷载谱。周泳涛等在前人钢桥疲劳研究的基础上，基于全国范围内实地调查高速公路上正在运营的各种车辆荷载现状，根据实测、统计和分析结果，从疲劳致伤理论的角度，采用数理统计和可靠度理论的分析方法，通过建立典型公路钢桥车辆荷载谱和连接构件应力谱模型，建立公路钢桥疲劳设计标准车辆荷载模型，在制定符合不同区域交通特点的车辆荷载模型、车辆轴重、轴距统计归纳方法，公路钢桥疲劳车辆荷载谱及应力谱研究纵向多车效应影响，横向多车道系数的研究，采用多个公路钢桥实测应力数据验证标准疲劳车及公路钢桥疲劳荷载模式等方面取得重点突破。在国内首次全面、系统、完整地研究我国公路钢桥结构疲劳车辆荷载谱及应力谱，并提出了可供设计采用的标准疲劳车辆荷载模型，填补了我国公路钢桥疲劳设计中的空白。宗周红等基于动态称重（WIM）系统的监测数据，统计分析了大于55t重车的车重、车间距、轴重及车头时间间隔等特征参数的概率分布，推导出京沪高速（沂淮段）重车疲劳荷载谱和标准疲劳车模型。此外，建立了分车道和不分车道的疲劳荷载谱和标准疲劳车模型，且标准疲劳车总重远大于规范值。

（二）冲击荷载作用与效应

1. 桥梁船撞荷载

（1）国内外桥梁船撞规范与标准现况

桥梁撞击问题是国内外既有和在建桥梁工程长期面临的问题。我国第一部专门的船撞设计指南是《重庆市三峡库区跨江桥梁船撞设计指南》，该设计指南的主要思路是引用风险分析方法。中国公路学会2018年发布了《公路桥梁防船撞装置技术指南》，以此来规范公路桥梁防船撞装置的技术要求，提升桥梁防船撞产品的质量水平。我国公路和铁路桥梁相关规范中按重要性分为A、B、C三类的前提下，根据船撞重现期来分级设定桥梁船撞设防标准，有详细的船撞力计算公式，但其计算模型采用静力方法，不能考虑撞击的动力效应。美国道路工程师协会（AASHTO）于1991年编写的《公路桥梁船撞设计指南》（该指南于2009年进行了修订）专门针对美国内河桥梁提出了基于风险的船撞设计技术标准和设计方法。1996年，美国铁路工程协会（AREMA）出版了《防撞保护系统设计规范》。欧洲用于指导桥梁船撞设计的规范是1997年出版的欧洲统一规范中的《Eurocode1.2.7》分册。

"基于性能"的设计方法近年来在土木工程领域得到了广泛研究和应用，其最早体现在结构抗震设计方面。《重庆市三峡库区跨江桥梁船撞设计指南（DBJ/T50-106-2010）》也尝试去实现"基于性能"的设计思想，尽管某些方面还有待完善，但给三峡库区新桥建设和旧桥防撞加固设计、施工提供了依据。2020年，中华人民共和国交通运输部发布了《公路桥梁抗撞设计规范》（JTG/T 3360-02-2020），明确提出公路桥梁主体结构宜采用基于性能的抗撞设计方法，并给出两个作用水准。

（2）概率模型研究及船撞力确定

近些年国内外专家学者对船撞桥梁发生的概率做了大量的统计研究工作，并形成了相关的概率计算模型和方法。典型的桥梁船撞概率模型包括 AASHTO 规范模型、Larsen 模型（也称 IABSE 模型）、欧洲规范模型、KUNZI 模型、三参数路径积分模型等。

船舶撞击桥梁后，其严重程度与船撞力的大小密不可分。目前，国际上提出了多种船舶撞击力的简化估算公式，如 AASHTO 规范公式、欧洲规范公式、中国规范公式等，其实质均为等效静力分析方法。

我国铁路桥涵设计规范是基于船舶动能与变形势能的关系建立的撞击力公式，并进一步考虑了碰撞能量损失、碰撞角度等因素，还将变形刚度细化为船舶刚度和桥墩刚度两部分。我国公路桥梁通用规范根据动量定理建立了平均力设计公式，并认为最大撞击力是平均撞击力的两倍。由于现有规范中力学计算模型均采用静力方法，不能考虑撞击的动力效应。Song 等通过简化桥梁冲击荷载时程分析模型，以预测桥梁在船舶撞击下的动态响应，该模型的有效性在桥梁模型案例分析中得到了验证。

（3）桥梁防船撞设施

按船撞桥的部位不同，桥梁防船撞的任务大体可以分为防御船撞通航孔主墩、防御船撞非通航孔的桥墩和防御船撞桥梁的下弦三大类。

对于通航桥梁来说，"一跨过江，主槽无墩"是解决船撞桥梁最彻底的方法，但大多数桥梁需设置不同类型的防护结构。这些桥梁防船撞设施一般分为主动防撞设施和被动防撞设施。非通航孔桥梁通常采用拦阻索系统阻止船舶靠近，以避免发生碰撞，现已应用拦阻索系统的有杭州湾跨海大桥、日本本州四国连络桥等。在桥梁下弦防撞方面，川槎大桥通航孔的钢桁架结构防撞限高架属于国内首例水上钢结构限高防撞工程。

另外，柔性防船撞装置是新一代的防船撞设施，其核心组件是内、外钢围和防撞圈。以防撞圈为主要元件的柔性防撞装置能减低船撞力，延长撞击历时，化集中力为分布荷载，使船头尽早转向，带走比较多的动能，从而达到该装置的最高效果——"三不坏"，即"船不坏、桥不坏、装置不坏（简单维修后继续使用）"。柔性防船撞装置现已应用在湛江海湾大桥、象山港跨海大桥、三门湾大桥等。新材料应用研究中，纤维增强聚合物（FRP）蒙皮泡沫填充格构复合材料防撞体系（FLCBS）能有效减小冲击力并延长冲击过程。钢-泡沫铝填充材料的防撞钢套箱装置安装于斜拉桥桥塔下部的措施也可保障桥梁使用的安全，而通过 UHPC 墩柱的落锤冲击试验分析受压墩柱的冲击响应和破坏形态，为 UHPC 材料应用于桥墩防撞设计提供了参考。

2. 桥梁车撞荷载

（1）国内外桥梁车撞荷载的发展及现行规定

国内外现行规范主要采用等效静力设计法确定车辆撞击力的等效静力代表值，从而用于桥梁抗撞性能的分析计算。

在目前所采用的等效静力设计方法中，撞击力的确定是设计者需要考虑的关键问题，也是当前研究中最受关注的问题。王慧等通过钢筋混凝土梁的落锤撞击试验发现，缓冲装置使受弯和受剪作用梁的撞击峰值力、撞击点背面纵筋峰值应变等均有明显改善，并依据动量定理和能量守恒等建立了撞击力简化公式。

由于车辆撞击试验成本高、周期长、难度大，数值模拟已成为研究撞击力的重要方法。Chen 等基于数值模拟结果，忽略上部结构、轴压力和地基土的影响，建立了三自由度撞击力计算模型。该模型可考虑桥墩形状、截面尺寸和车辆撞击速度的影响，得到了简化的车辆撞击力时程曲线，但是未考虑轴力的影响，且撞击力时程曲线的形状与试验结果有较大差别。

现有研究主要关注撞击力的静力代表值及与现行规范值的比较，以用于等效静力设计法，未考虑撞击力随时间的变化特性，无法用于桥墩防撞的动力设计。

在国内外现行设计规范中，桥梁防撞设计均以预防整体倒塌为设计目标，尚未考虑桥梁在不同损伤程度下的性能水平。Sharma 等提出了基于性能的 RC 桥墩防车辆撞击设计框架，根据被撞桥墩的损伤程度和承载能力将桥墩的性能水平划分为 3 个等级，并分析了不同性能水平下桥墩的动剪力效应和抵抗能力。Lin 等也基于该思想提出了概率撞击模型，并发现车辆质量（或速度）与破坏概率之间存在很强的非线性关系。

（2）桥梁防车撞装置

桥梁的防撞设计主要包括两类，一类是在设计的过程中考虑不同等级的防撞要求，确保桥墩具有一定的抵抗车辆碰撞的撞击力；另一类是根据防撞要求设计不同的辅助防车撞结构，如在桥墩周围设置防撞墩和防撞护栏等结构。

目前，我国在桥梁防车撞方面倾向于采取设置桥墩护栏的防撞方法。2018 年，我国交通部发布《JTG D81-2017 公路交通安全设施设计规范》及《JTG/T D81-2017 公路交通安全设施设计细则》，其中针对各种型式护栏的防撞等级、碰撞荷载、受力分布、计算方法、构造要求等作出详细描述，作为公路工程行业推荐性标准。其中规定高速公路及一级公路路侧安全净区内设有上跨桥梁墩台时应设置路侧护栏。不过，尚未给出安全净区宽度的具体设计值。

3. 流冰对桥梁的撞击作用

在高纬度地区，河流与海洋结冰不仅会阻塞航道，影响水路交通运输，还可能造成跨水桥梁和水工结构物的破坏。流冰冲击桥梁墩台并对桥梁结构产生激励作用，严重时可能引起工程事故、造成经济损失与人员伤亡。

苏联、加拿大、美国等国家较早在规范中给出了河流流冰压力的计算方法，并不断予以补充完善。苏联于 1959 年颁布了内河河流建筑的标准，在 1962 年颁布的《公路、铁路和城市道路桥涵设计规范》（CH200-62）中给出了冰荷载的计算公式。1978 年，加拿大颁布了《公路桥梁设计标准》（CAN3-S6-M78），给出了桥梁设计冰荷载方面的条款。2012

年，美国 AASHTO 颁布的《LRFD bridge design specifications》中，给出了冰排对桥墩纵向和横向作用力的计算公式，还提供了因水位变动、冰黏附桥墩引起竖向力的计算方法，对冰坝、冰塞和上部结构的冰雪堆积等问题也进行了说明。英国、德国、日本、瑞典、芬兰等国为了应对冰问题，也都有适用于本国冰荷载计算的规定。

我国的桥梁规范中也给出了有关冰压力的规定。《公路桥涵设计通用规范》（JTG D60-2004）中补充了冰压力的计算方法和计算公式，2015 年规范（JTG D60-2015）继承了该部分内容。而现行的《铁路桥涵设计规范》（TB 10002-2017）仅对桥涵设计中所考虑的冰荷载作用类型进行总结，未给出明确的计算公式。

4. 落石冲击作用

滑坡、崩塌、泥石流是主要的三种山区地质灾害，占我国每年发生地质灾害总数的 97% 以上，而仅崩塌就占 20%。危岩落石是崩塌的一种，当个别岩石在自重或其他外力作用下，从山坡突然下坠，对坡下的公路、铁路造成交通阻碍，时有车毁人亡，对人们的生命财产造成巨大威胁。落石研究关键在于确定冲击力，其冲击力对路基、隧道、桥梁都能适用，研究的学者也比较多。危岩落石的冲击力研究主要有两种方式：试验和数值模拟。

早在 1996 年，杨其新通过室内试验研究了不同厚度的填土层对棚洞的冲击力影响规律，归纳出计算落石冲击力的经验公式。王林峰基于正交试验分析了落石重量、落石高度以及棚洞顶板倾角的影响程度，回归了棚洞落石冲击力公式。许泽鹏在室外对视落锤试验研究了落石重量、速度和缓冲层厚度对冲击力的影响，并拟合了计算公式，与其他学者的研究成果相比，该公式与实测值符合更好。近 10 年来，余志祥、赵世春课题组在落石柔性防护方面做了很多有意义的工作，建成国内唯一一个在运营的专业落石冲击试验平台，开展了一系列足尺冲击试验，并于 2019 年在重庆市涪陵区开展的高位落石冲击防护的原位试验，也是世界上首次同类型原位足尺试验。

在数值模拟方面，主要采用 LS-DYNA、ABAQUS 以及离散元方法（DEM）。曾靖采用 LS-DYNA 建立了预应力简支 T 梁的空间模型，探讨了落石撞击梁体位置、速度、重量、角度和撞击面积等多种因素的影响。肖励之采用 LS-DYNA 模拟了滚石对桥墩的不同冲击作用下的动力响应，并分析比较了多种桥墩防护的效果。康俊涛等研究分析了钢混组梁桥在落石冲击下的动力响应。陈科宇采用 RockFall、LS-DYNA 软件分析了落石冲击对车桥的影响。顾乡采用 Rockfall 软件分析了落石在边坡上的运动参数，在此基础上建立了 LS-DYNA 模型，分析了落石冲击桥墩所产生的损伤，评估了其剩余承载力，并且足尺和缩尺试验与数值模拟吻合较好。张迅研究了落石碰撞高铁桥梁墩台，导致轨道结构变形，从而影响列车运行安全。

研究落石冲击，其目的在于对危险地段进行有效防护，因此更多的学者重点关注落石的防护结构设计及分析上。落石防护主要设置在洞口上部边坡防护，或陡坡下桥梁上部防护。边坡防护一般采用柔性防护网，桥梁上部防护结构主要有钢混凝土棚洞、钢筋混凝土明洞和新型柔性钢结构棚洞。欧阳朝军等采用ABAQUS软件分析了滚石冲击能量、土层覆盖层厚度和缓冲层厚度对钢棚洞受力影响。余志祥、杨畅等使用数值模拟方法研究了混凝土保护层厚度和外套钢板筒厚度对桥墩抵抗滚石冲击的耐撞性的影响。刘雷分析了翼缘板纵梁式矩框架型和拱墙型棚洞防落石冲击方面的性能。张晓强采用ABAQUA分析了复合缓冲层在棚洞中的应用。杜攀分析了落石冲击在柔性钢护棚上不同位置处的动力响应，并提出了优化设计措施。

目前，国内还没有对落石冲击桥梁的设计进行规定。2020年，杨少军等从落石运动规律、桥梁棚洞结构形式、落石冲击力计算方法以及缓冲层耗能性能四个方面探讨了桥梁工程防治落石的设计标准。《公路路基设计规范》（JTJ 013-1995）中有关于落石冲击力的计算公式，《公路路基设计规范》（JTG D30-2004）和（JTG D30-2015）明确提到需要考虑落石冲击的影响，但没有具体的计算方法。《铁路工程设计技术手册　隧道》提出了一种基于冲量定理的近似冲击力的计算方法，最大冲击力为

$$F = \frac{QV}{gt} \quad (4)$$

式中，Q代表石块重力（kN）；V代表落石冲击速度（m/s）；g代表重力加速度（m/s²）；t代表落石在缓冲层中冲击持续的时间（s），与缓冲层的厚度和压缩波在缓冲层中的往复速度c相关，可由下式计算

$$t = \frac{2h}{c} \quad (5)$$

$$c = \sqrt{\frac{1-v}{(1+v)(1-2v)}\frac{E}{\rho}} \quad (6)$$

式中，v、E、h分别为缓冲层的泊松比、弹性模量和厚度。

该计算方法将落石速度损失的时间设定为压缩波反射回来的时间，忽略了缓冲层的变化，计算出的作用时间大于实际接触时间，当落石冲击速度越大，公式产生的误差也越大。无论是路基设计规范的公式，还是隧道手册的计算公式，其计算的冲击力近似一种平均冲击力，因此文献依据冲量定理推导了平均冲击力的公式，并且按实测数据拟合的日本落石冲击力计算公式为基础，拟合放大系数。

5. 泥石流冲击作用

泥石流对桥梁的冲击荷载实际也是作用在桥梁上的作用，但是由于冲击过程比较复杂，其作用大小很难准确计算，对这方面的研究也比较少。泥石流对桥墩的冲击力研究主要有试验和数值模拟两种方法。

从20世纪60年代开始，中国科学院、水利部成都山地灾害与环境研究所的章书成、田权、胡凯衡等依托蒋家沟泥石流野外观测站，收集了大量的泥石流冲击力数据，但是野

外实测受自然条件、测量手段所限，无法按照一定的规律来设置相关参数，因此很难准确反映泥石流的冲击力。

相比于野外现场实测数据，室内泥石流冲击试验在泥石流配比组合以及条件控制方面更容易实现。近年来，国内许多学者对泥石流的冲击力进行了较系统的试验研究，如曾超、陈洪凯、韦方强等人的主要研究对象是泥石流本身特性或拦挡结构，但是泥石流冲击桥墩有绕流作用，因此其相互耦合作用关系也有所不同。从2019年开始，学者们才开始关注泥石流冲击桥墩的试验研究。2019年，王东坡等把将桥墩模型置于泥石流试验水槽的出口外，在桥墩模型上布置了9个压强传感器，该试验料斗最大容积为4.71m³，测得了泥石流冲击压强在墩身上的分布。为了能够准确地测试迎流面上的压力分布，刘道川等在实验中采用SPI TACTILUS内置式压力分布测量传感器测量坝体的冲击压力，冲击压力传感器为32×32，电阻式组织物传感器单元阵列，每个传感器测量面积为（1.5×1.5）cm²，实现了对整个冲击面上冲击压力的测量，得到了冲击压力的时空分布特性。这种分布式传感器测试平面模型效果较好，但测量圆柱式或矩形结构的冲击力可能很难收到好的效果。2019年，王友彪等将不同形状的桥墩模型安置在距离泥石流水槽出口约50cm处，在桥墩模型上安装了压强感器，并在墩底和墩顶安装了合力传感器，同时测得了冲击压强的分布和冲击合力。一般泥石流冲击压强试验都是通过压力传感器测得冲击压力，然后除以传感器的面积得到，因此测得的压强实际上是一定平面范围的平均值，而桥墩是圆柱面并非一个平面，由于绕流作用，泥石流冲击桥墩的压强在圆柱面上的分布本身就是不均匀的，而且是沿径向的，因此仅根据所测得的局部压强分布并不能直接计算得到泥石流冲击的合力，王友彪的试验方案所得到的冲击合力更准确，同时根据墩顶和墩底力的大小也可以计算出冲击合力的作用点。

采用数值模拟泥石流的冲击作用，可以更系统地研究其冲击特性。从物质组成和运动的角度，根据不同的假定，泥石流动力学模型可分为连续介质模型、离散介质模型和混合介质模型。专门研究泥石流冲击桥梁结构的冲击作用还比较少。2013年，江杨等采用FLAC3D建立考虑桩土耦合作用的模型，按规范计算泥石流浆体和块石冲击力并施加在该模型上，分析了简支梁桥桥墩在泥石流浆液和石块联合冲击作用下的受力状态以及桥墩的水平位移波动规律，并提出了相应的预防措施。2014年，覃月璋采用CFX分析了简支梁桥墩的动力响应。2017年，勾婷颖基于CFX对比分析了单向流固耦合和双向流固耦合作用下连续刚桥的响应。王友彪采用开源软件OpenFOAM较系统地研究了黏性和稀性泥石流冲击不同截面桥墩的流动特征、冲击压强分布和冲击合力，提出了泥石流冲击力三层（剪切层、栓塞层、爬高层）模型，基于量纲分析和数值模拟结果拟合得到了作用在圆形桥墩上的泥石流冲击合力系数表达式。

可能由于泥石流冲击桥梁结构属于小概率小事件。在《铁路桥涵设计规范》（TB 10002-2017）中仅在桥涵孔径和桥涵构造章节中提到了需要考虑桥下泥石流的影响，并没有对泥石流冲击桥墩的作用形式和大小作出具体规定。在《公路桥涵设计通用规范》(JTG D60–2015)中没有考虑泥石流的影响。目前，泥石流冲击桥墩主要参照《泥石流灾害防治工程勘察规范（试行）》(T/CAGHP 006-2018)和《泥石流防治工程设计规范（试行）》(T/ CAGHP 021-2018)，规定泥石流对墩台的冲击力由流体冲击力和大块石冲击力组成。

规范中明确规定，泥石流冲击力包括流体压力和巨石冲击力两种，流体的冲击力可采用中铁二院工程集团有限责任公司（简称铁二院）（成昆、东川两线）公式：

$$F = \lambda \frac{\gamma_c}{g} V_c^2 \sin^2\alpha H_c BF \tag{7}$$

式中：F 为泥石流流体整体冲击力，kN；g 为重力加速度，m/s²；α 为桥墩受力面与泥石流冲击力方向的夹角，(°)；λ 为建筑物的形状系数，圆形 $\lambda=1.0$，矩形 $\lambda=1.33$，方形 $\lambda=1.47$，对拦砂坝 $\lambda=1.47$；γ_c 为泥石流重度，kN/m³；V_c 为泥石流断面平均流度，m/s；H_c 为泥石流泥深，m；B 为墩台宽度，m。

姚昌荣采用CFX模拟了泥石流冲击铁路重力式桥墩的动力响应，模拟的冲击力峰值约为该规范值的60%。王友彪基于泥石流冲击桥墩的水槽结果分析，发现黏性泥石流的冲击力与规范值接近，但稀性泥石流的冲击力小于0.5倍。总体来看规范值略大，对设计是偏保守的，也是合理的。

规范规定大块石对墩台的冲击力计算可采用铁二院陈光曦的公式：

$$F = \gamma V_c \sin\alpha \sqrt{\frac{W}{C_1+C_2}} \tag{8}$$

式中：γ 为动能折减系数，对圆形端（正面撞击）$\gamma=0.3$，斜面撞击 $\gamma=0.2$，拦砂坝 $\gamma=0.3$；V_c 为泥石流断面平均流度，m/s；α 为泥石流冲击角度，(°)；W 为石块重量，kN，按最大石块计；C_1、C_2 分别为块石和桥墩的弹性变形系数，$C_1+C_2=0.0005$m/kN。

该公式实际上是直接采用船撞桥墩的计算公式，详见《铁路桥涵设计规范》(TB 10002-2017)。按公式（2）计算的大块石的冲击力与采用LS-DYNA的模拟分析结果基本相当。

另外规定，黏性泥石流冲击力采用水、石合算时，可按公式（1）计算，并根据流体裹挟石块的最大粒径 D 对系数 λ 进行修正：

$D \leq 0.5$m，$\lambda=1.47$；

$D=1.5$m，$\lambda=2.7$；

$D=3.0$m，$\lambda=4.0$；

$D > 3.0$m，$\lambda=8.0$。

当 D 为其他值时，可内插取值。

总体而言，在没有更详细的分析之前，直接采用《泥石流防治工程设计规范（试行）》T/ CAGHP 021-2018基本上能够合理地估算泥石流对桥墩的冲击作用。

(三)环境作用与效应

本节主要从桥梁结构的温度效应、混凝土桥的收缩徐变和桥梁的耐久性三方面讨论相关规定及最新研究进展。

自2015年以来,桥梁设计和施工规范相继更新。《公路桥涵设计通用规范》(JTG D60-2015)完善了温度作用计算规定。《公路钢管混凝土拱桥设计规范》(JTG/T D65-06-2015)中给出了计算单管主拱截面和哑铃型或桁式主拱上、下主管的温差效应时可采用的温度梯度曲线,取值考虑了钢管表面涂层颜色的影响。《公路钢筋混凝土及预应力混凝土桥涵设计规范》(JTG 3362-2018)强化了混凝土桥的耐久性设计要求,对温度作用方面没有修改。《铁路桥涵设计规范》(TB 10002-2017)和《铁路桥涵混凝土结构设计规范》(TB 10092-2017)对温度作用的介绍与公路桥涵规范比较详细。规范中主要考虑均匀温度作用和温度梯度作用两方面对桥梁结构的影响,各国规范确定均匀温度荷载的方式基本一致,即由区域气候决定;而温度梯度荷载的规定差异较大,在是否考虑地域影响、沥青铺装和混凝土板厚以及负温度梯度荷载的取值方法等方面有所差异。各国规范都没有对结构系统升温和降温的绝对度数做具体的规定,采用数值模拟不同结构系统在整体升温和降温对桥梁结构的内力和挠度影响成为研究热点。混凝土结构耐久性设计标准(GB/T 50476-2019)增加了不同环境下结构耐久性构造与防裂要求,提高了钢筋和混凝土的最低强度等级,补充了新材料的耐久性要求,更新了混凝土耐久性参数与指标的测试标准方法。《公路工程混凝土结构耐久性设计规范》(JTG/T 3310-2019)对公路工程混凝土结构设计使用年限参照《公路工程技术标准》(JTG B01-2014)的规定进行了更新,根据作用环境、结构类型、各构件位置的不同要求的混凝土等级不同,其更加细化、明确,可操作性更强;对混凝土抗氯离子渗透性能、游离氯离子含量做了具体规定;增加了使用年限30年要求,并与50年同等对待,一定程度上提高了混凝土的抗冻性。结合桥梁环境特点来看,多位学者认为我国桥梁设计规范存在不足,并提出了具体改进建议。

1. 桥梁结构的温度效应

环境温度通过热传递方式改变桥梁结构温度,存在多余约束的构件产生温度应力,显著影响大跨度桥梁的受力状态及变形,在桥梁工程不同阶段均应考虑温度作用对结构的影响。桥梁结构温度效应方面的研究日益深入,国内外进行了大量理论和试验研究工作,主要集中在温度场影响因素分析、基于桥梁健康监测数据的温度分布模式及温度效应研究、不同桥梁结构的温度效应分析等方面。

(1)近五年桥梁结构温度场及温度分布研究现状

近年来,结合桥梁健康监测数据的温度场和温度效应研究较为活跃。桥梁温度场的研究方法主要有试验研究、数值模拟和可靠度分析三种,试验研究主要是实桥测量和模型试验。随着数值模拟技术的发展和计算机运算能力的提高,越来越多的研究人员倾向于采用数值模拟手段解决桥梁的温度场和温度应力问题。

在温度场试验方面，桥梁实测的环境温度与桥梁内部温度相比存在滞后现象。薛俊青等实地采集福建省8座城市的太阳辐射数据，分别计算福建省各座城市的日太阳总辐射、逐时太阳总辐射和逐时太阳直接辐射。周记国等证实采用热成像仪对混凝土箱梁桥的日照温度场进行观测是可行的。Liu等人进行了长期的野外试验，评估了4个不同取向和倾向性的CFST构件的可靠性，建立了极端环境条件下100年回返期内最不利的横向和垂直温度梯度模式。Lei等利用一年的五跨连续PC箱梁桥连续监测数据，研究了太阳辐射引起的温度分布。刘诚对一组钢–混凝土组合梁试件进行了室内烤灯辐射试验和室外日照试验，对试件在升温和降温过程中的温度、应变的分布和变化规律进行了分析；将组合桥日照温度场简化为一维瞬态热传导问题，建立了组合桥梁温度场模拟的高效数值模型，绘制了我国组合桥温度荷载代表值的分布图。丁笑笑通过实测混凝土箱梁1∶10的实体模型，采用灯光模拟太阳辐射，得到实体模型在横截面上温度分布及温度应力的变化情况。Zhou等和Zhao等研制了CRTS–II型板式无砟轨道结构32m标准预制简支箱梁桥的1/4标度试件模拟高速铁路桥冬季快速极端高温试验和夏季常规高温试验，研究了高速铁路桥轨道温度分布规律，提出了轨道的纵向和横向温度分布趋势。Shi等对西藏某试验拱桥进行长期连续现场温度测试，确定了该温度条件下桥梁温度荷载和热效应的计算参数。美国学者Lawson等基于内华达州最近气象数据的热分析重新审视桥梁温度分布，预计太阳辐射高和日温差大会造成比规范中建议的温差更大的热梯度。越南结构工程师Ryan等介绍了在自然环境条件下确定混凝土桥梁温度梯度的试验研究工作。

在温度场试验的温度基础数据的处理方面，Sheng等基于射线追踪算法，提出了一种计算桥梁实时太阳位置和日照阴影面积的方法。李凤武针对环境风在桥梁结构表面附件的局部特性及其对桥梁温度的影响展开研究，提出了两种考虑桥梁表面风局部特性的桥梁温度场分析方法。梁春芳提出和实现桥梁温度效应的全气候分析方法，对主缆的时变温度场进行分析。

基于桥梁健康检测系统采集的桥梁现场实测数据，可以方便快捷地收集大量的桥梁温度数据，但桥梁自振频率受温度影响显著，温度对桥梁模态频率的影响常常会掩盖桥梁损伤的存在，基于动力指标的桥梁健康监测必须对由温度变化导致的结构模态参数变化予以修正。郑剑飞研究了温度效应影响桥梁模态频率分析，发现温度变化改变混凝土的弹性模量是造成桥梁模态频率改变的主要原因。Zheng等采用基于概率的机器学习方法来减轻温度变化对桥梁动力模态特性的影响，并验证了所提出方法的适用性。朱家军研究了基于温度影响下桥梁的模态频率和BP神经网络模型相结合，提出了适用于混凝土板的可剔除温度效应影响的损伤识别方法。Wang等提出了一种环境温度变化下桥梁损伤检测的混合方法，基于主成分分析的桥梁损伤检测方法是桥梁在不同环境温度下损伤检测的常用方法。周浩等基于桥梁结构1年的温度监测数据，分析桥梁日照温度场分布规律。Niu等基于桥梁健康监测，分析了混凝土桁架组合拱桥的温度分布及其对变形的影响，建立了三维立体有限元模型，分析了在不同温度场下温度引起的整个桥梁变形的机理。Rolands 等连续监测两年以上的钢箱梁桥，观测到的温度分布与设计规范（BS EN1991-5：2003）中建议的分布有很大不同。波兰学者 Hildebrand 和 Nowak 用热视觉方法来评估桥梁结构构件的温度分布，结果表明主梁温度分布的结果与 Eurocode 的模型没有矛盾。

通过数值模拟分析可以建立桥梁温度场和温度荷载之间的联系，但还需要进行可靠度分析。Teng 等结合相关分析、数值模拟及神经网络技术，探讨温度对结构频率的影响机制。Li 等基于热传导瞬态温度场理论，建立了跨海斜拉桥塔架太阳温度场计算模型，计算了太阳仰角、方位角、辐射吸收系数和悬挑长度等主要参数。刘江等提出了一种基于钢管混凝土桥梁结构效应的温度分布分解方法。Zhou 等研究了温度诱导悬索桥跨中挠度和塔顶水平位移的机理，给出了地锚式悬索桥热响应的一般解析解。Zhou 等利用数值模拟和实地测量的方法，探讨大跨度悬索桥在实际使用环境条件下的温度诱导静态响应，建立了箱梁、主缆、吊架、塔柱、横梁典型截面的二维有限元模型。Wang 等采用改进的贝叶斯动态线性模型对大跨度桥梁的温度应变进行预测。Zhu 等利用从 108m 长的钢桁架桥收集的两年现场监测数据来研究温度对应变响应，使用相关分析和数值模拟研究了温度引起的应力与标准温度作用之间的关系，提供了简单的通用公式来捕获温度分布和温度引起的应变之间的关系。Xia 等基于太阳辐射模型的数值模拟，开发一个考虑实时天气变化的太阳辐射模型，研究了典型截面的竖向和横向温度梯度以及塔体的温度分布。Zhou 等给出了分别量化位移对索、梁、塔温度变化敏感性的一般公式，并通过 15 座桥梁的数值模型验证了所提公式的适用性。Strauss 等研究了考虑温度效应的铁路桥梁相互作用研究的非线性分析。Tomko 和 Demjan 研究了非线性温度效应对混凝土桥梁的变形和应力分析。菲律宾学者 Concepcion 等提出了应用混合主成分分析和元启发式遗传算法确定桥梁和环境温度的最佳值的适用性，得到了最优适应图。加拿大学者 Algohi 等长期研究温度对梁桥板中组合作用及中性轴变化的影响，研究表明，梁桥板的中性轴位置随时间变化是由于环境温度变化而引起。Bertagnoli 等假定组合梁桥面板收缩沿截面均匀分布，水化热温度分布为钢－混均匀温差，基于 Newmark 的组合梁滑移理论提出了考虑水化热温度、收缩和徐变的早龄期混凝土桥面板应力简化计算方法，证实了考虑早龄期组合梁界面剪力钉刚度增长对组合梁水化热温度效应计算的重要性。波兰学者 Kurylowicz 提出了一种实用计算方法的概念，用以模拟外拱桥面内的温度分布，提出了一种现浇混凝土桥面温度场数值模型参数和边界条件（传热系数）的新方法，可应用于混凝土结构健康监测系统。Sallal 采用热有限元法研究了预制混凝土梁桥梁在太阳辐射和空气温度日变化和季节变化环境作用下的温度梯度，为土耳其构建一个简单的、类似的太阳辐射图，用于分段桥的设计。美国学者 Razmi 和 McCabe 对某桥梁上部结构和下部结构进行了循环热力载荷作用下的三维、非线性、弹塑性有限元模拟，分析有限元模拟的结果并与 AASHTO 的预测结果进行了比较。英国学者Jesu等同时考虑温度和交通对桥梁位移和固有频率响应的驱动激励作用，提出了一个概率结构识别的有限元模型。爱尔兰学者OBrien等提出桥梁结构健康监测系统的温度补偿效应损伤指标。瑞士联邦理工学院Bartłomiej&Eugen使用应变计和热电偶对瑞士Chillon高架桥的平板部分进行28个月的监测，讨论了交通和热作用下的响应，热作用引起的应力变化也可以与交通作用引起的响应一样大。印度学者Verma&Mishra研究根据环境温度变化和非线性土壤特性的影响，对一座五跨全整体钢筋混凝土桥进行了疲劳寿命评估，估算了日温变化对基座墙和桩基的影响。韩国学者Lee等考虑通过温度–行为分析评估结构变化的可行性，研究了塔架倾斜角与温度的关系。瑞典学者Gottsater和Ivanov针对门式刚架桥梁中温度差异的荷载情况，对结果温度随时间的变化进行统计分析，提出了特征值和准永久值在设计中的使用建议。美国Li等建立了一个三维有限元模型来模拟一个新开发外部加热的水循环桥面板加热试验，首次尝试开发一种用于外部加热的水循环桥面板设计分析的数值工具。瑞士学者Bayane等提出一种利用监测数据识别钢筋混凝土桥面疲劳损伤与疲劳相关作用函数的综合方法。Yarnold&Moon开发和评估了一种新的三维数值和图形温度驱动基线的大跨度桥梁SHM系统。德国学者Wedel和Marx通过机器学习模型模拟了空气温度与建筑物温度之间的非线性瞬时关系，可用于与空气温度和结构温度之间的关系方面的各种问题。波兰学者Kurylowicz等介绍了利用现场温度测量估算混凝土早期抗压强度的改进实验和数值方法，提出了增强成熟度法的算法，该算法能够预测混凝土抗压强度的分布。

在多因素耦合作用下的温度场分布规律方面，诸洪和姚燕雅利用有限元软件对沥青混凝土摊铺形成的温度场进行分析，表明沥青高温摊铺对箱梁温度场的影响是局部的。王志伟等提出了一种基于copula技术利用长期的气象数据来评估大跨度桥梁上的风和温度作用的耦合值，建议用其耦合值替换风和温度作用的单变量特性值更切合实际。Zhang等提出了一种确定大跨度桥梁风速、风向和气温作用的联合分布的方法，得出特定风向下风速和气温的条件联合分布，与设计规范中指定的极端风和温度作用的简单叠加相比，风和温度在桥梁上的共同作用大大降低。Guo和Lu研究了恶劣天气环境下温度对钢管混凝土拱桥肋的影响，通过热力耦合有限元分析，确定了带环向间隙的钢管混凝土拱桥肋的温度场、应力和应变。阳霞对安徽省太平湖大桥主梁分别在车辆荷载、温度作用以及二者共同作用下的应力极值估计。刘扬等分析温度对钢箱焊缝疲劳可靠性的影响，并建立一个包括交通荷载和温度荷载影响的疲劳可靠性极限方程，温度不仅自身能够对结构产生较大的效应，还能与车辆荷载耦合，放大结构的效应值。Xu和Yan分析温度对裂纹产生的影响，考虑水化反应、相对湿度差、收缩徐变、阳光热差效应、温度突变、车辆荷载等因素的共同作用，箱梁内部与外部的温差是后期裂缝发展的主要原因。温度对桥梁结构动力特性的影响有时是非常显著的，常常会掩盖损伤所致的动力特性的改变，李玉忠开展了温度对混凝土材料及结构动力性能影响的研究。

（2）近五年不同桥梁结构温度效应研究现状

1）混凝土箱梁温度效应研究现状。张武研究了混凝土箱梁桥温度场的分布，归纳了影响温度场的因素，包括位置、环境、材料、截面尺寸四个方面，分析了其影响规律。Kim等利用数值方法研究出钢箱梁温度分布，并预测出钢箱梁顶底板峰值温度。刘广龙等研究西北极寒地区混凝土箱梁温度场分布特点及其温度效应，建议根据桥位处气象数据对温度效应进行分析。刘海弯以大跨径连续刚构桥50年为重现期，运用极值理论，得到了基于概率统计的沿箱梁高度方向和沿腹板宽度方向的最不利正温度梯度以及沿箱梁顶板、腹板和底板厚度方向的最不利负温度梯度，并拟合了三者之间的关系式。武庆祥认为在现行规范中规定的竖向梯度温度下温度应力较大，设计偏于保守；横向梯度温度会在不同程度上减小混凝土温度应力。赵品和叶见曙两人对某波形钢腹板连续箱梁桥进行了为期一年的温度效应观测，温度效应产生的横向应力值与车辆荷载结果相当，对于波形钢腹板箱梁桥面板的横向内力计算应同时考虑恒载、活载和温度效应。曾庆响通过数值试验分析均匀温度和梯度温度变化对不同跨径和跨数的预应力混凝土箱梁桥内力及挠度影响的变化规律，对比分析不同梯度温度模型对桥梁温度效应的影响程度。许多学者发现研究了温度作用对高墩大跨连续刚构桥合龙期间影响较大，整体温度对桥梁的挠度和应力影响比较小，可以忽略不计，温度梯度对桥梁的影响比较大，且梯度升温比梯度降温影响程度要大。Hossain对路易斯安那州约翰·詹姆斯·奥杜邦桥项目中的预应力混凝土箱梁桥的特定部分的温度分布进行了量化，仅温度梯度影响不会产生超过桥梁的梁截面开裂极限的应力。但是，由于温度梯度和其他长期影响而产生的主要热应力和附加的正约束力矩的累积作用可能会远远超过混凝土的抗拉强度，并引起开裂。

2）钢-混凝土组合梁温度效应研究现状。组合桥梁的温度分布和单一材料桥梁的温度分布有较大差异，对组合桥梁的温度效应研究较多。刘真对比了中外规范钢-混凝土组合梁桥设计方法。赵闪研究发现，温度荷载对连续钢桁架拱桥成桥运行状态下进行结构静力影响不大。聂鹏潇通过对钢管混凝土拱桥运营阶段的静力计算分析，得出温度梯度相对其他可变荷载来说对结构影响较大，而人群荷载、整体温度等对结构影响较小。王耀旭对钢-混凝土组合桥在温度场单独作用下同时考虑滑移效应分别分析了全桥模型在线弹性本构和塑性损伤本构模型、竖向梯度温度和空间温度场作用下全桥各个部位的受力、变形特点。王永宝提出了将非线性温度梯度转化与便于ANSYS梁单元温度效应分析的温度梯度方法，基于二维平面、三维梁单元和三维实体单元有限元数值模拟和试验方法探讨了日照作用下劲性骨架混凝土拱桥的温度场及温度效应。闫泽宇考虑温度应力的钢拱结构抗震性能，发现均匀温度作用对结构整体的抗震性能影响非常显著。韩倩对钢-混凝土组合梁桥的实际温度场进行全年观测，得到实桥的温度场分布函数，并在此基础上建立有限元模型，通过加载实际温度场得到相应的桥梁结构温度作用效应。张高扬对劲性骨架钢管混凝土拱桥拱圈的温度场和温度效应进行分析，建立了二维平面应变有限元模型和三维全桥有限元模型。姚晨分析波形钢腹板 PC 组合箱梁桥的温度场理论，采用数理统计方法推算极端气温条件下的大气昼夜温差代表值，进而通过数值模拟得到波形钢腹板的设计温度梯度分布规律，拟合出适用于宁夏地区的波形钢腹板箱梁沿梁高方向的温度梯度。蔡明昊基于兰州地区一个典型的波形钢腹板 – 钢底板 – 混凝土顶板组合桥梁进行了温度场现场实测，拟合了混凝土桥面板横向和竖向温度梯度函数钢底板横向温度梯度函数和波形钢腹板竖向温度梯度函数。刘永健等在任意温度分布作用下推导了钢 – 混凝土组合梁界面剪力、相对滑移和温度应力理论计算公式，采用有限元模拟对考虑界面滑移的公式进行了验证。Wang 和 Ding 研究了温度梯度对钢桁架桥梁端水平旋转角度的影响，估算温度梯度影响下大跨度连续桁架桥梁梁端水平转动可靠度。

3）悬索桥温度效应研究现状。Zhou 等基于一天温度变化的影响，研究大跨度钢箱梁悬索桥温度引起的结构静响应，而温度效应在更大时间尺度上的影响会更为严重。张伟针对大跨度悬索桥主缆在复杂环境下的温度响应及其对结构本身造成的效应进行了系统研究，得到了一套主缆在复杂环境下温度场计算的普适方法，研制了一套一线总线式温度自动同步采集系统，可精确指导依托工程的主缆施工架设。

4）斜拉桥温度效应研究现状。施文彬等分析了钢桁梁斜拉桥的构件索、梁、塔的温差变化规律。邓舒文等发现对于钢桁梁斜拉桥，当温度变化引起的频率变化至 4% 时，结构刚度响应将变化为 8%。代传广等提出了混凝土主梁温度膨胀系数主动修正的方法。程旭东等分析寒潮来临时外界气温变化，得到在骤然降温条件下钢混桥塔整体与局部的温度场分布和温度效应。崔展铭对钢箱梁斜拉桥日照温度场进行了研究，得到日温度场预测模型，并探讨了不同季节桥梁日照温度场变化规律。焦晖探究了 BP 神经网络在预应力混凝土斜拉桥施工控制中的应用方法，建立了以 BP 神经网络为基础的斜拉桥施工控制参数识别模型，采用 Matlab 编制参数识别程序。连海坤等人利用广州一座 PC 斜拉桥的实测数据，拟合出斜拉桥各构件的最不利温度梯度荷载。汪峰等利用数值仿真模型，研究分析了斜拉桥塔 – 索 – 主梁耦合振动模型。潘文礼等通过钢箱梁整体以及局部建模，分析了钢箱梁竖向和横向温差的影响。廖方秋研究了斜拉桥中单片钢箱梁的温度效应。梁显对钢拱塔斜拉桥在温度作用下的温度场和温度效应研究，分析了结构在体系温差、索、塔与主梁间的温差以及混凝土主梁在拟合温差梯度模式，钢拱塔在拟合温度梯度作用下的作用效应。刁飞等针对处于有剧烈温差变化的某城际铁路矮塔斜拉桥，运用 python 进行编程模拟该桥梁的日照温度场初始边界条件，对模型进行热分析，得到箱梁温度场随时间和空间发生变化规律。王志祥结合我国青海地区一座跨径 560m 的钢 – 混凝土组合梁斜拉桥进行了施工阶段的温度场以及温度效应研究，太阳辐射的地域差异致中国西北高海拔、强辐射地区的组合梁桥的温度效应被严重低估。

5）曲线梁桥温度效应研究现状。刘乾研究发现，温度作用是引起曲线梁体偏移的主要原因。杨力研究发现，日照作用下的曲线桥产生的温度应力远大于年温度变化，最大温度

应力均位于次边支座上的梁段，其在日照升降温的影响下产生的横纵向位移远小于年温度变化产生的位移，但是由于其变化速度非常快，曲率半径对箱梁桥的温度效应有着显著的影响。李林等建立了曲线桥爬移长期监测系统，获得曲线箱梁桥温度作用下的长期变形特征。

许多学者还研究了高速铁路无砟轨道结构的温度效应和桥梁薄壁高墩的温度分布与温度效应。我国学者针对不同桥梁结构的温度效应开展了研究，均表示温度对桥梁结构的影响不可忽视。

2. 混凝土桥的收缩徐变

收缩是指混凝土硬化过程中在不受任何外力作用的情况下，体积随着时间的延长而逐渐缩小的现象。徐变是指在持续荷载作用下，混凝土及其结构的变形随时间不断增加的现象。众所周知，混凝土收缩徐变有着复杂的机理、众多的影响因素、复杂的变化规律和明显的时变性。通过敏感性分析发现，混凝土收缩徐变对不同结构桥梁的应力和变形影响极为显著，是目前大跨度混凝土桥梁的核心技术难点之一，自 20 世纪 30 年代被认识到混凝土收缩徐变现象至今一直是国内外学者的研究热点。通过梳理 2015—2020 年研究桥梁收缩徐变研究文献，对近五年来国内外桥梁的收缩徐变试验研究、预测方法、收缩徐变效应三方面的研究进展介绍。

（1）收缩徐变试验研究

Yang 等对 12 根钢管混凝土柱和 3 根素混凝土柱进行了 1710 天的 3 个水平轴压试验，根据实验数据得到了拟合的徐变模型。王永宝进行了自然环境下的钢管混凝土受压构件的收缩徐变试验研究；探讨了考虑紧箍力作用和不考虑紧箍力作用的钢管混凝土受压构件的长期变形计算公式，将温度影响下的混凝土收缩徐变预测模型用于钢管混凝土结构的长期变形计算；提出了可考虑变化温度和相对湿度作用下的混凝土收缩、徐变模型，该模型可以考虑温度、相对湿度、降雨等多种复杂条件的影响，具有较高准确性。张正阳进行了北盘江大桥自然环境条件下收缩徐变试验，通过收缩徐变试验修正了 ACI 模型，建立了北盘江大桥收缩徐变模型。陆飞通过依据实桥混凝土材料进行混凝土试块徐变试验，可得到实测的徐变发展规律；通过在不同温湿度环境中进行混凝土梁的徐变试验，得到混凝土受环境温湿度影响的变形修正方法。Chen 等对 13 个试件的徐变性能的试验结果编制了一个实验数据库评估四种常用的徐变模型，用于预测钢管混凝土拱桥构件中混凝土填充物的短期徐变应变。Wang 等对 17 根密度为 1800kg/m³ 的轻质骨料大型钢筋混凝土梁的长期受弯试验，对长达 30 年负荷的挠度、应变和裂缝数据分析表明轻骨料钢筋混凝土梁的长期性能与普通重量混凝土的长期性能没有差异。Huang 等设计了 2 根后浇节点简支 t 型钢－混凝土组合梁，并对其进行了试验，以评估预制板和后浇节点混凝土龄期差对其长期性能的影响；分别在均布荷载和轴向荷载作用下对两组组合梁进行了 223 天的长期性能试验，对同批制作的预制板混凝土棱柱和试验梁后浇节点进行了收缩徐变试验；采用年龄调整有效模量法建立了考虑预制板与后浇节点混凝土龄期差异的徐变与收缩增量微分模型，提出了基于变形协调条件的装配式组合梁长期性能模型。加拿大学者 Pourbeik 等对水灰比为 1.00、0.50 和 0.40、水化 45 年的水泥石压实试件进行了微压痕徐变和动态力学热分析测试，绘制了所有系统的徐变模量 – 质量损失曲线用于强调所有浆料体系之间的显著差异，"老"水泥浆体（w/c = 0.40）的徐变要大于"年轻"水泥浆体的徐变。越南学者 Huynh 等用一种密实配合比设计计算法，设计桥梁用绿色混凝土的长期徐变和收缩特性，发现火山灰材料的掺入对混凝土的徐变应变和收缩的扩展有积极影响，采用这种方法设计的混凝土的长期性能优于 ACI 混凝土。赖秀英进行了专门的钢管混凝土构件收缩试验，钢管混凝土的收缩变形随粉煤灰掺量的增加、含钢率的增大而减小，随混凝土强度等级的提高而增大，而钢管直径对其影响较小；提出了收缩、徐变应力度的概念，应用极限平衡理论推导出钢管混凝土轴压短柱的收缩、徐变影响系数。曾思毅提出数字摄像测量技术在典型的大跨度预应力混凝土梁桥上的应用，并对比分析了其在主梁挠度变形测量精度上的可行性与实用性。朵君泰开展了钢管混凝土构件脱黏徐变试验，对 ABAQUS 进行二次开发，分析脱黏对钢管混凝土构件徐变的影响规律。陈松林开展了 24 个钢管混凝土短柱的收缩徐变试验研究，分别建立了以普通混凝土为基础的新钢管混凝土收缩计算模型和徐变系数计算模型。

（2）收缩徐变预测方法研究

Huang 等为提高箱梁桥长期行为数值模拟的准确性，根据从服役桥梁获得的数据，对收缩徐变预测模型中的参数进行修改，可显著提高预测精度。杨青山提出 MC90 模型计算类似工程施工阶段收缩徐变较为合理，并根据该模型进行收缩当量温差计算与徐变折减分析，将收缩当量温差用于框架桥收缩徐变应力计算。Tong 等为研究后接预应力钢 – 混凝土组合梁负拱区域的短期和长期性能，建立了考虑混凝土徐变、收缩和开裂的三维黏弹塑性损伤本构模型，提出控制混凝土非弹性应变的有效方法是延长混凝土板的养护时间（建议养护 180 天再施加预应力），以减小收缩的影响。Zhu 等对 UHPC 梁徐变收缩效应进行实验与数值研究；基于数值积分法，利用相邻应力增量的递推算法，开发了 ABAQUS 用户子程序，用于模拟普通混凝土和 UHPC 的徐变和收缩，提出了基于所研制的 UHPC 材料的预测徐变和收缩的简化设计公式。捷克学者 V. Křístek 和 L. Kadlec 研究了徐变引起的截面翘曲效应和翘曲引起的长期预应力损失，并进行了确定性和随机性分析。He 等研究了钢管柱泵送大体积自密实混凝土核心大体积混凝土的早期膨胀收缩性能在给出了钢管直径、发展时间、温度、浇筑压力、膨胀应力等因素对核心混凝土纵横胀缩应变的早期变化规律，提出了其早期变形应变的计算模型。Wendner 等利用实验室和几十年的桥梁数据库对 B4 模型几十年混凝土徐变的统计论证和校正，并进行优化方法、形式选择和不确定性量化。Hedegaard 等提出一种提取后张混凝土箱梁桥的结构监测数据的时间行为的方法，使用了 arrhenius 调整时间公式，将在不同温度下的测量变形归一化到恒定参考温度下的预期变形。法国 Malbois 等研究了混凝土在不同湿度下的混凝土结构 DEF 膨胀模型。智利 Dellepiani 等基于多尺度策略的混凝土结构徐变响应数值研究，提出了一种多尺度模拟策略来研究钢筋混凝土结构的徐变特性。徐刚年针对腹板斜向开裂桥梁的长期变形具有时变性和不确定性问题，提出一种考虑腹板斜向开裂的 PC 连续箱梁桥时效变形不确定分析模型，在揭示大跨径 PC 连续箱梁桥长期形变规律，并分析长期变形时应考虑徐变系数的随机性影响。宋闯为了研究收缩徐变作用对大跨连续刚构桥运营期时变效应的影响，基于三种不同收缩徐变模型研究了其挠度与截面应力的时变效应，研究表明，大跨连续刚构桥运营过程中的挠度与截面应力之间联系紧密，且主梁顶板、腹板中部附近及部分底板截面应力持续递减，提出了一种可综合考虑自然环境变化多因素（温度、湿度和配筋率等）、递减应力和徐变恢复的混凝土徐变效应计算方法，还提出了自然条件下结构总应变（包含收缩、徐变、弹性和温度应变）的计算方法。黄国栋模拟钢管核心混凝土密封环境，研究不同掺量膨胀剂、SAP、硅灰对钢管核心混凝土性能影响，并研究其长期荷载作用下的徐变规律。王彬利用 ANSYS 提供的用户可编程序特性以及参数化设计语言，将混凝土徐变的指数函数模型和在变应力作用下徐变方程的隐式解法进行了二次开发，实现了支座升降法建造双面组合连续箱梁桥的徐变效应分析；通过 Midas 中的梁单元分别建立了考虑混凝土徐变和不考虑混凝土徐变的两种钢－混凝土双面组合连续梁的有限元模型，对比分析徐变的影响。何超超用龄期调整有效弹性模量法考虑混凝土徐变，推导了考虑长期滑移效应的体外预应力组合梁长期滑移和长期挠度计算公式。江鹏开展混凝土早龄期徐变的研究，应用黏弹塑性理论建立了适用于早龄期混凝土加载特点的非线性徐变模型；开展早龄期混凝土徐变试验，获得了徐变的黏塑性变形和滞后弹性变形，应用声发射技术获得了混凝土早龄期徐变过程中不同加载级别下声发射信号的变化规律，并建立了声发射撞击数与徐变非线性增量的关系；根据试验数据，回归了模型参数。常皓程研究用三维实体单元和杆单元组合的精细有限元计算模型分析预应力混凝土桥梁结构的收缩徐变效应，并通过逐步递推法累加方法计算预应力混凝土桥梁精细有限元模型的收缩徐变及施工过程体系转换问题。查文洋考虑影响混凝土收缩徐变效应主要因素的随机性，讨论了结构收缩徐变效应（应力、位移）的随机分析方法，即基于响应面的蒙特卡罗方法，分析发现环境相对湿度的随机性对混凝土收缩徐变效应（应力、位移）变异性的影响程度最为强烈。冯洋基于实际桥梁墩柱混凝土结构实测收缩徐变效应，采用精确性与可靠性分析方法对已选定的预测模式计算值与实测进行误差分析，得到选定预测模式的参数精度排名；考虑收缩效应和温度效应的耦合，依托实测应力数据，研究温度、收缩徐变随时间的变化，得出实用收缩徐变与温度耦合预测模式，结合实用时变效应预测模式，依托原位桥梁长期试验数据，综合验证曲线混凝土矮塔斜拉桥的实用收缩徐变效应、温度效应预测模式的准确性与可靠性。Pan 等提出了一种三水平（材料水平、构件水平和结构水平）的高强高性能混凝土的徐变和收缩试验方法。

（3）收缩徐变效应研究

岳晓静探讨了变温条件下徐变对钢管拱连续梁组合体系的静、动力性能的影响，在结构的徐变分析时考虑实际温度的影响不可忽略。姚亚东等基于甬江特大铁路斜拉桥工程，运用 Fortran 语言对 Ansys 有限元软件进行二次开发，数值模拟出核心混凝土的收缩徐变作用，深入研究收缩徐变对钢混结合段应力分布规律和传力机制的影响。Zhang 等提出了一种新型的普通混凝土与部分 UHPC 组合结构，以降低连续箱梁桥的长期徐变变形。Song 等计算了多跨连续刚构桥有多个合龙段的顶升力，计算中考虑了顶推力的徐变效应，采用迭代法求得桥墩的最小拉应力，结果表明顶升力引起的徐变对桥墩应力有显著影响。Okumus 等为了研究预应力混凝土桥梁锚固区张拉后裂缝扩展的来源，研究了固化温度、徐变和收缩，以确定它们对拉张后裂纹扩展的贡献。Wang 和 Fu 研究了节段混凝土徐变和收缩的时变效应，引入徐变/收缩数学模型形成刚度矩阵，基于徐变发展在时域是非线性的，且与荷载呈线性关系的事实，介绍了一种新的时间增量的徐变和收缩分析方法。Chen 和 Ma 提出了一种基于三维等参单元、桁架单元和非厚度黏结单元的空间嵌入滑移模型，基于弹性平衡方程和徐变分析的理论增量公式，推导了徐变与预应力时相耦合效应分析的平衡方程，并编制了有限元程序。澳大利亚的 Bradford 和 Pi 研究了几何非线性对连续中心集中荷载作用下圆钢管混凝土拱顶杆拱长期面内性能的影响，导出了其非线性响应和屈曲荷载的解析解，几何非线性和混凝土核心的收缩徐变可能会降低钢管混凝土拱顶长期稳定极限状态的储备。Tong 等研究了预应力混凝土桥梁在混凝土损伤、静力徐变和交通诱导的循环徐变相互作用下的长期性能。姚亚东基于"朱氏徐变预测模型"和弹性徐变理论，运用 Fortran 语言对 ANSYS 进行了二次开发，计算了钢混结合段的收缩、徐变效应，分析了收缩、徐变对钢混结合段受力状况和传力机理的影响，发现混凝土徐变比收缩对钢混结合段的受力模式更不利。周广盼考虑宽箱梁剪力滞效应的混凝土收缩徐变效应确定性分析。石晓宇研究桥墩不均匀沉降与梁体徐变上拱组合效应对高速铁路行车安全的影响规律，在桥墩不均匀沉降与梁体徐变上拱组合效应下，车辆竖向加速度及轮重减载率动力响应较桥墩不均匀沉降与梁体徐变上拱各自单独作用时更大，表明组合效应会加剧列车过桥时的振动。何启龙分析了收缩徐变在不同拼装方式下引起的预制梁上拱问题，分析了在不同预制梁存梁期及运营时间下由收缩徐变引起的主桥线形变化，提出最佳存梁期可取 6 个月，且不能少于 3 个月；分析了新旧梁不同横隔板刚度类型对拼宽桥主梁的弯矩变化影响，建议根据实桥荷载试验判断其横向连接刚度类型，并用于结构技术状况分析。崔慧梅分析混凝土徐变对满堂支架施工法、简支变连续施工法和悬臂浇筑法建造的连续梁桥恒载内力的长期影响。许慧对合理成桥状态索力以及无应力长度的求解计算过程进行了说明，分为考虑和不考虑收缩徐变效应验证迭代分析闭合，考虑收缩徐变效应时混凝土的收缩徐变效应只是影响桥梁最终成桥状态以及目标索力求解计算收敛的快慢，而对各施工状态下的索力值并不会产生影响，对最终结构所指定拉索目标索力的确定并不会产生任何影响。许梁研究了发现环境平均相对湿度 RH 对大跨度连续刚构桥的长期挠度影响很大，可用 RH 来模拟结构收缩徐变的情况。范振华选取考虑车桥耦合效应时主梁的爬移状态，对主梁在残余位移状态下考虑混凝土的收缩徐变效应时主梁的恢复力进行了计算分析，获取了主梁关键截面处恢复力的变化值，并对计算结果进行比较分析，总结了混凝土收缩徐变对主梁恢复力的影响情况。陈安亮研究发现预应力连续梁桥沿梁高方向发生的收缩徐变总量相对较小，梁体不同部位采用 C80、C100 高性能混凝土相比于 C50 普通混凝土梁 10 年收缩徐变量分别减小 10%~20%、20%~30%。罗学睿对钢管混凝土系杆拱桥分别在钢管（普通）混凝土收缩徐变单独作用和钢管（普通）混凝土收缩徐变共同作用下进行收缩徐变效应分析，认为"共同作用"时系杆竖向变形是"单独作用"的叠加。

3. 桥梁的耐久性

桥梁的耐久性能是桥梁结构在正常使用和维护条件下，随着时间变化满足其既定功能的能力。桥梁在使用过程中其材料的耐久性逐渐降低，从而导致结构可靠性以及整桥使用寿命在产生不同程度的衰变。据调查，我国的高速公路桥梁在五年的运营期内，钢筋混凝土结构或部件出现了大量病害，耐久性问题在桥梁设计、建造以及维护过程中变得日益突出。

（1）桥梁耐久性设计

桥梁结构的耐久性能是桥梁寿命周期设计的一个重要组成部分。桥梁设计过程中对耐久性能的考虑使传统的桥梁使用性和安全性具有时变特性。现阶段的一些桥梁设计过程对于耐久性的设计没有足够的重视，并且耐久性的设计方法也有待进一步提高。李万德指出在桥梁耐久性提升方面应从规范、管养、材料三方面改进的角度出发。阚磊等开展了跨海大桥混凝土结构耐久性设计分析，指出跨海大桥耐久性应从桥梁结构的设计年限、构造物设计要求、材料要求和其他保护性的耐久性设计措施等角度展开，其中氯离子渗透是影响混凝土耐久性的关键因素，应严格控制。桥梁使用过中，桥梁的不同部位及构件由于局部环境和使用荷载等因素的差异会产生耐久性不均衡的现象。针对这个现象，陈琳等在混凝土等截面耐久性设计方法的基础上提出了混凝土结构等耐久性设计方法，将结构分层模块化划分并分别进行等同的耐久寿命设计，从而优化桥梁结构的耐久性设计。P.Edler 等提出了基于考虑多态不确定结构参数（包括随机参数和区间参数）的钢筋混凝土桥梁构件设计的优化方法，并利用非线性有限元模型将此方法应用于钢筋混凝土构件开裂行为的优化，从而从设计层面优化混凝土构件的耐久性能。游良刚以一座全长为 320m 的混凝土连续刚构为例，从横向预应力筋张拉调整、桥墩、桥台及承台的细部设计出发，讨论了耐久性提升的新设计方法。Osmolska 等基于挪威公共道路管理局桥梁管理系统的研究结果和对 227 座沿海气候桥梁中挪威标准工字梁（NIB）先张拉梁腐蚀损伤的现场调查，总结了近 80 年来的主要耐久性设计参数，他们发现当覆盖层厚度采用最低标准时，其损坏比例最高，覆盖层厚度低于要求时会造成 74% 的腐蚀损害，而桥梁中氯化物腐蚀的严重破坏主要发生在钢筋混凝土内梁，特别是高应力区内。

（2）桥梁耐久性理论研究

在钢筋混凝土结构中，混凝土对钢筋除起到物理保护作用外，通常情况下能够通过营造碱性环境给钢筋提供高度的抗锈蚀保护作用。在桥梁使用过程中由于水泥保护层的开裂、污染以及剥落所导致的钢筋的锈蚀是钢筋混凝土结构耐久性衰退的主要原因。

在大气环境中混凝土的碳化被认为是影响混凝土耐久性的主要原因。混凝土碳化引起混凝土孔隙溶液的酸化从而导致钢筋混凝土中钢筋的锈蚀。结构中钢筋锈蚀的发展与锈蚀产物的积累导致混凝土保护层的开裂，进一步导致混凝土结构耐久性的衰退。Stephen O. Ekolu 相对全面地分析了不同因素（包括相对湿度、CO_2 浓度、温度、降雨、混凝土质量、水泥型号、裂缝和表面处理、特殊集料及养护方式）对混凝土碳化的影响，并且通过运用数学定律以及经验测量数据建立了新的水泥混凝土结构的碳化预测模型。Bo Sun 针对混凝土碳化、钢筋锈蚀产生以及积累到保护层表面开裂的劣化过程中使用环境、材料以及结构特性存在的不确定性提出了一个综合的概率分析法。该方法能够分析锈蚀引起的钢筋混凝土开裂问题，并且优化了混凝土碳化和钢筋锈蚀模型，在已有的模型基础上增加了矫正和误差项，并且基于长期现场数据通过贝叶斯理论优化和校准未知模型参数，从而建立更准确的模型以满足结构耐久性的设计要求。Hui Gu 等基于贝叶斯更新理论提出了利用实测数据更新碳化引起的钢筋混凝土结构锈蚀与开裂模型的方法，为校准现有的水泥混凝土碳化引起的衰退模型提供了强有力的工具，使现有的预测模型能够更准确地评估钢筋混凝土构件在真实使用环境中产生劣化程度以及结构的耐久性，并且预测模型对混凝土构件剩余使用寿命预测的准确度能够随着实测结构数据的增加而提高。贺玲玲通过有限元软件 ANSYS，分别建立二维（2D）和三维（3D）的钢筋混凝土桥梁退化模型，验证在空气、土壤、地下水等环境条件作用下的钢筋混凝土桥梁耐久性退化过程。在极端或特殊环境下，环境中具有侵蚀性的离子（如氯离子、硫酸根离子）会对混凝土保护层进行破坏并加速结构中钢筋的锈蚀速率。Zhang 等对水泥混凝土由于物理性硫酸盐侵蚀和化学性的硫酸盐侵蚀的性能衰退进行了研究，通过非破坏性测试方法从细观尺度上分析了硫酸盐侵蚀对水泥混凝土产生破坏的机理。

（3）特殊环境下桥梁耐久性

桥梁在极端或特殊环境下，环境中的侵蚀性离子（如氯离子、硫酸根离子等）以及持续变化的外部条件（如冻融循环等）会加速桥梁混凝土保护层的破坏，导致钢筋混凝土桥梁构件实际使用寿命的折减。目前，随着经济的不断发展，跨海大桥的不断增多，海洋环境下桥梁结构的耐久性也受到重视，其中氯离子侵蚀导致的钢筋锈蚀被认为是海洋环境下钢筋混凝土构件的主要耐久性问题。Jun Liu 等以 30 年钢筋混凝土桥梁构件为样本，研究了构件中氯化物含量、混凝土的微观结构、孔径分布以及钢筋的锈蚀物项，发现了氯化物的侵入深度在已开裂混凝土中明显大于未开裂混凝土，并且由于海水的冲刷和钙的浸出，面对上游的混凝土桥墩孔隙率会相应增大。Rob E. Melchers 和 Igor A. Chaves 通过分析海洋环境下桥梁实测数据和混凝土长期性能测试实验发现，氯化物仅间接引发了钢筋锈蚀，而混凝土中碱性环境的丧失是影响结构中钢筋锈蚀以及混凝土结构长期耐久性的关键因素。Gu 等通过对在役钢筋混凝土 T 型梁的数据分析以及数值模拟的方法对氯离子侵蚀引起的裂缝形式进行了研究，发现了裂缝宽度对 T 型梁承载能力的影响远远大于裂缝深度的影响。

对于混凝土桥梁在极端环境下的耐久性研究，李彦军开展了盐碱 – 冻融环境下桥梁用混凝土耐久性分析研究，分析了腐蚀溶液、腐蚀溶液浓度、冻融循环次数等因素对粉煤灰混凝土质量损失率和动弹性模量变化率的影响规律。张王乐元等开展了寒区桥梁混凝土抗冻耐久性的试验，探索了在不同水胶比、含气量、外加剂掺量、抗冻龄期、浆骨比等多种因素下寒区桥梁混凝土抗冻性能的影响规律。随后，该研究团队又通过冻融循环试验研究了硅烷浸渍涂层的厚度对耐久性的影响。

在桥梁耐久性能的提高方面，冯凯以某铁路工程一座特大桥为例，总结海洋环境下桥梁耐久性设计要点，探讨了提高钢筋混凝土结构耐久性的具体措施。张庆来围绕钢结构防腐工作展开研究，对渗透性、碳化性能等指标展开综合性对比研究，为钢结构桥耐久性设计施工提供了参考。

在特殊环境下桥梁耐久性能的数值模拟方面，3D 化学 – 湿 – 热 – 力（3D CHTM）耦合模型是最全面模拟模型之一。Marija Kuster Maric 等利用 3D CHTM 模型模拟了海洋环境下桥梁构件中的氯离子迁移以及锈蚀过程，并分析了在役桥梁（Krk 大桥）的实测数据发现风向、风速等微气候参数和裂缝对混凝土中氯化物的含量有很大的影响。E.Sola 等用 3D CHTM 耦合的钢筋混凝土锈蚀模型中考虑了锈蚀产物在混凝土裂缝中的迁移对锈蚀引起的混凝土结构破坏的影响并用实验进行了验证，他们发现预测的钢筋锈蚀速率很大程度上被混凝土中水分的迁移、试件几何形状以及锈蚀产物的迁移所影响。

（4）桥梁耐久性的评估与寿命预测

桥梁耐久性的评估与桥梁寿命的预测对桥梁的设计建造、后期养护以及维修加固有重要意义。近年来，国内外学者对桥梁耐久性的评价体系以及桥梁寿命预测模型从不同方面进行了优化。李福海等结合层次分析法、熵权理论、组合权重理论和模糊综合评估的方法构建了三层次三环节的桥梁耐久性评估模型，用于确定桥梁耐久性状态等级，该模型计算简单并减少了耐久性评估中的主观性，为桥梁的维修加固、养护提供决策依据。邬晓光等针对目前混凝土梁式桥耐久性预测方法只考虑单一因素影响的局限性，选取了氯离子含量、混凝土碳化、保护层厚度、裂缝、钢筋锈蚀和混凝土强度等指标，整合后引入时变条件，选取耐久性指标时变预测模型，利用可拓理论和层次分析法建立了具有预测功能的桥梁耐久性评价模型。黄海新等将微分等价递归算法嵌入贝叶斯理论框架，提出了具有时变特征的混凝土桥梁体系耐久性可靠度的动态评估方法。构建的混凝土碳化贝叶斯动态线性模型能够自动修正实桥的检测信息，并反馈实际桥梁结构特征的客观模型，而且更新后的模型预测对先验模型的依赖度随着实测数据的增加而降低。

桥梁的使用环境以及其他外界因素对桥梁结构耐久性的评估与寿命预测有很大的影响，为了提高预测模型的准确性，不同的环境因素影响以及对应的评价指标被提出从而优化预测模型。Darli Rodrigues Vieira 等通过考虑主要参数以及太阳辐射对氯化物在钢筋混凝土中扩散的影响构建了预测模型，对钢筋混凝土结构在海洋环境中的使用寿命进行预测。检测数据可用于校准桥梁构件的寿命预测模型。在混凝土桥梁结构耐久性评价中，应注意保护层厚度和氯离子浓度。Cai 根据氯离子侵蚀机制对混凝土结构和钢腐蚀的机理建立了混凝土桥梁耐久性的评价指标体系和模糊综合评价因子，以及混凝土桥梁结构在氯离子侵蚀环境中的耐久性评价模型。考虑到寿命评估模型中主要参数的不确定性，基于蒙特卡罗原理，对混凝土构件进行随机模拟。结果表明，保护层厚度和氯离子浓度是影响氯离子侵蚀下混凝土结构耐久性的重要参数。Stefan Efimov 在预测模型中考虑气候参数、结构缺陷来确定桥梁上层结构的衰退以及破坏状态，从而更好地预测桥梁结构的剩余使用寿命。V. Baroghel-Bouny 对环境条件以及配合比设计对实验室及现场条件下混凝土的孔隙结构和水分含量的影响进行了研究，研究分析结果量化了结构内部和表面区之间的湿度梯度，对混凝土耐久性能的模拟提供了重要信息，并对优化混凝土结构的养护条件以及增加结构耐久性有重要的指导作用。连新奇开展了面向结构部位（含灌注桩、墩身等强腐蚀部位）的铁路混凝土结构耐久性研究，提出了特殊工况下的混凝土耐久性评价指标体系及高温高湿强腐蚀海洋环境混凝土结构防腐蚀强化措施。Mehdi Khanzadeh Moradllo 等提出了混凝土临界饱和度到达时间预测模型，用于评估桥混凝土的冻融循环耐久性，优化混凝土构件在冻融环境下耐久性能的预测。

（5）钢桥的温度效应

钢桥及钢-混组合桥梁在自然环境中其表面和内部温度会随季节变化、日照、风速等环境因素而变化。温度变化主要包括两种周期性变化：一是以年为周期的结构内部平均温度的缓慢变化，即年温变化；二是每天太阳辐射及气温波动等气象条件变化所引起的非线性温度变化。因温度变化而在桥梁结构上产生的温度作用，一般包括日照温度作用、骤然降温作用和年温变化作用三种类型。其中，日照温度作用的主要影响因素为太阳辐射，作用时间短而急变，主要使梁顶面快速升温，造成温度竖向不均匀分布，作用特点具有明显的局部性。骤然降温作用主要由寒潮（强冷空气）引起，寒潮造成桥梁构件外部逐渐降温，由于导热滞后性内部温度变化则相对缓慢，使得温度在桥梁构件上不均匀分布。年温变化作用引起桥梁结构温度变化是长期的缓慢作用，主要影响桥梁结构的整体均匀温度，因此较日照温度作用和骤然降温作用更简单。

钢桥及钢-混组合桥梁结构除承受静、动力荷载外，还时刻受到自然环境中周期性太阳辐射和气温变化的作用。桥梁温度作用有三个特点：温度作用产生的应力不再符合简单的虎克定律关系；温度沿桥梁构件的分布具有典型的非线性特征；桥梁结构的温度分布及产生的温度应力瞬时变化具有明显的时间性。这三个特点使温度效应的计算较其他荷载形式更为复杂。温度效应会受到时间、地形、气候、环境及结构构造等诸多因素影响，国内外钢结构桥梁设计规范中为简化设计针对钢桥和钢－混组合结构桥梁提出了竖向及横向温度场分布特征曲线。近年来，对于桥梁温度作用研究，整体思路是通过实测和数值模拟分析对温度场进行研究，丰富温度场影响因素，探究温度场分布规律，以期建立更合理的温度加载模式或对现有规范形式进行有益补充或修正。

对于钢桥结构桥梁，由于钢材的导热性能好，对温度变化比较敏感，温度变化将更加显著。由于钢桥结构尺寸、桥位走向和太阳辐射角度等因素造成钢桥梁段各表面吸收的太阳辐射不同，例如面板直接吸收太阳辐射，温度变化幅度大；而底板主要依靠太阳散热辐射、结构内部热传导以及热流交换等进行传热，温度变化幅度小，导致钢桥截面在竖向形成较大的温差。钢桥设计计算时，选取合理的温度梯度模式，是获得正确的温度应力的前提。自20世纪50年代开始，国内外学者对钢桥结构温度场分布及温度效应开展了一系列研究，研究成果纳入各国钢桥设计规范。目前，钢桥温度作用效应研究主要集中在三个方面：

1）基于桥址特殊环境特点，针对钢桥个体研究温度场分布特征及温度响应。一方面基于热传导瞬态温度场理论，考虑太阳仰角、方位角、辐射吸收系数等环境因素，建立钢桥日照温度场计算模型，进行了瞬态传热分析计算；另一方面利用桥梁长期健康监测的温度场数据，对钢桥构件间的温差进行了分析，明确桥梁实际温度场分布，进而进行温度应力分析。

2）针对特殊施工阶段（如钢桥桥面铺装）研究特殊温度场分布及温度效应。目前，浇注式沥青混凝土在大跨径钢桥铺装中得到广泛应用，其摊铺温度达到220～260℃，高温必然会在钢箱梁内部引起温差分布。钢桥桥面铺装过程中，大温差的两种或多种材料接触时温度场演化规律对桥梁的合理施工和正常使用非常重要。不少学者对钢桥铺装阶段瞬时高温对桥梁温度效应开展研究，总结钢桥面铺装层在铺设过程中的温度变化规律。

3）考虑温度效应与其他荷载的耦合作用，研究钢桥结构响应。当温度作用与其他作用依存存在时，多种作用将引发结构或构件荷载效应。进行分析时，包括温度作用与其他作用综合分析和解耦分析。综合分析中，通过改变温度作用中的温度参数，获取温度在荷载效应中的作用。解耦分析中，单独分析不同温度变化引起的结构响应，再与其他荷载作用的结构响应进行叠加。

（6）钢－混组合桥梁的温度效应

钢－混组合结构桥梁包含钢和混凝土两种材料，因两种材料的线膨胀系数相差不大，在静定结构中，年温变化引起的温度应力可以忽略不计，但对于超静定结构，在多余约束的作用下，年温变化会引起结构内力。在日照作用下，结构表面温度迅速升高，并逐渐由表面向内部传递热量，但由于混凝土的导热系数相对较小，内部的温度变化出现明显滞后，这就使得整个混凝土结构形成从表面到内部的温度梯度；反之，夜间热量由混凝土内部向外传递，形成内高外低的负温差。钢材的热传导系数约为混凝土的 50 倍，钢梁在昼夜温度剧变的情况下很快达到环境温度，因而除混凝土内部本身的温差，钢和混凝土之间也存在很大的温差。钢和混凝土之间的这种温差，在钢和混凝土形成组合结构之后，其中任何一种材料的温度变形都会受到另一种材料的束缚，引起截面应力的重分布，并且产生附加变形。

提出适用的温度作用模式是准确评估桥梁温度效应的前提，但关于钢－混组合梁温度作用模式的研究远滞后于钢结构桥梁，现有规范体系关于组合梁桥温度作用的规定大都承接于对混凝土箱梁桥的研究，而组合梁由钢和混凝土两种导热性能相差 50 倍左右的材料组成，使得日照作用下组合梁桥温度分布的非线性程度较混凝土桥梁更强，这种对混凝土箱梁温度作用模式的简单借鉴难以满足组合梁温度效应准确计算的需求。由于桥梁结构温度场呈现出强烈的非线性特征，采用实际的温度场进行设计与计算十分不便，需要提出相应的温度作用模式以简化桥梁温度效应的计算。在现行的国内外规范体系中，对简单梁式桥温度作用的规定大多基于上述的分类，其中，日照温度作用对应于竖向正温度梯度，骤然降温作用对应于竖向负温度梯度，而年温变化一般对应于桥梁的运营环境下组合梁桥主要考虑均匀温度、正温度梯度、负温度梯度三种温度作用模式。由于界面剪力连接件的存在，组合梁温度效应的计算方法与混凝土梁亦有根本不同。国内外学者针对钢－混组合桥梁温度场与温度效应问题开展了调查研究、实桥测量、数值分析等多种形式的研究，围绕桥梁设计与施工控制，对温度梯度分布、日照辐射影响等问题进行了详细分析。目前钢－混组合桥温度作用效应研究主要集中在三个方面：

1）考虑地域特征的钢－混组合桥温度分布模式研究。由于不同国家气候环境的差异及研究历程的不同，各国规范关于钢－混组合梁桥温度作用模式和取值的规定尚不统一，温度梯度作用的取值并非基于统计分析方法得到，在取值时亦未充分利用已有历史气象数据资源。基于钢－混组合梁桥长期温度实测数据，利用统计分析确定钢－混组合梁温度作用代表值，同时充分利用中国各地区气象部门历史气象数据，开展钢－混组合梁温度作用地域差异性取值研究。

2）考虑钢－混界面滑移的组合梁桥温度效应精细化分析。钢－混组合桥温度效应的计算多基于有限元数值模拟展开，求解组合梁温度效应的解析计算方法也逐渐准确化，钢－混界面关系已从不考虑界面滑移发展到考虑界面滑移，温度分布模式从简单的钢－混均匀温差发展到钢与混凝土任意温度分布，通过解析和数值方法建立任意边界组合梁温度效应求解的理论模型。

3）施工水化热下组合桥温度场及温度效应。现有规范关于组合梁水化热阶段的温度场和温度应力计算并未给出具体的规定。钢－混组合桥现浇桥面板水化热作用下的温度应力及桥面板的早期裂缝是施工阶段需要特别关注的组合梁温度效应问题。组合梁在混凝土水化热作用下的温度场计算往往采用有限元数值模拟方法，与一般混凝土结构并无太大的区别，但需要考虑钢梁对桥面板温度场的影响，一般认为钢和混凝土紧密接触，界面温度和热流量连续，满足第4类热传导边界条件的假定。既有研究中关注了钢－混组合梁在水化热作用下易发生早期开裂的机理，从桥面板养护、浇筑顺序及材料等方面研究了组合梁桥面板的防早裂技术。

（7）钢结构桥梁环境腐蚀作用

钢结构桥梁服役期内，由于所处环境复杂、荷载作用不确定、服役时间长，使材料不断劣化，局部损伤演化造成结构劣化。桥梁所处地理位置千变万化、气候条件复杂，很多桥梁架设在海洋、工业腐蚀、酸雨等环境中，承受载荷并受到 SO_2、雨水、盐雾等多种因素的影响，在计入结构缺陷和腐蚀损伤带来的影响后，结构的抗断能力会大幅度降低。

钢桥的腐蚀是指钢材与环境介质之间发生化学或电化学作用从而引起钢材材质变化甚至破坏的过程。钢桥腐蚀按所处的环境可分为大气腐蚀和海水腐蚀。大气腐蚀主要是受大气中的水分、氧气和腐蚀介质（包括杂质、尘埃、表面沉积物等）的作用而引起的破坏。海水腐蚀主要是由于海水中的溶解氧、氯离子和海洋环境生物的作用而导致的破坏。钢桥中的腐蚀类型可以分为均匀腐蚀和局部腐蚀。局部腐蚀又包括点蚀、缝隙腐蚀、应力腐蚀和腐蚀疲劳。局部腐蚀破坏集中在局部位置，从而引起应力集中，使钢结构更容易产生脆性断裂破坏。

应力腐蚀和腐蚀疲劳是腐蚀环境和荷载联合作用下两类常见的钢结构桥梁开裂失效的现象。

20世纪50年代，高强度管线钢的应力腐蚀行为导致开裂事故。应力腐蚀开裂现象被发现后，人们对金属材料在各种环境下的应力腐蚀行为进行了大量的研究。目前存在十多种不同的应力腐蚀机理来解释金属材料的应力腐蚀开裂现象，但没有一种机理得到所有人的认可。其中比较流行的三种观点是：阳极溶解（AD）、氢致开裂（HE）以及两种机理的混合机制。近年来，不少学者针对钢结构桥梁缆索系统高强钢丝的应力腐蚀问题，利用更换的旧索钢丝和盐雾（水）加速腐蚀或电化学加速腐蚀的钢丝进行了全面和深入的研究，包括腐蚀对钢丝形貌和断口发展的影响、腐蚀后钢丝的力学性能以及钢丝腐蚀失效过程等。

自1917年首次提出腐蚀疲劳现象以来，国内外学者在腐蚀损伤机理、局部腐蚀规律以及腐蚀疲劳损伤等方面做了许多研究工作，取得了有价值的研究成果，但主要集中在材料、机械及航空等领域，研究重点是材料本身的腐蚀和疲劳。钢桥焊接节点的腐蚀疲劳行为与腐蚀特征、焊接残余应力、复杂应力场及构造本身引起的应力集中程度等有关，钢桥焊接节点腐蚀疲劳损伤机理的影响因素更复杂。钢桥腐蚀疲劳研究早期主要集中在无防锈涂层保护的耐候钢桥梁上。20世纪90年代，国内外学者对焊接细节腐蚀条件下疲劳性能开展了一些研究。国内外学者对腐蚀疲劳现象进行了大量的研究和探索，提出了两种主要的腐蚀疲劳寿命预测方法。一种基于 S-N 曲线和 Miner 线性累积损伤理论；另一种是基于裂纹扩展速率公式（da/dN）-ΔK 曲线的断裂力学理论。焊接节点腐蚀疲劳本质是电化学过程和力学过程的相互作用，这种相互作用远远超过循环应力和腐蚀介质单独作用的数学叠加，是一种非常严重的破坏形式。与应力腐蚀类似，腐蚀疲劳的机理也是多种多样，没有适用于所有情况的统一理论，同样对于一个腐蚀疲劳体系，也存在多种损伤机理共存的情况。目前国内外学者重点围绕钢桥腐蚀疲劳损伤驱动机理、腐蚀疲劳寿命评估方法、腐蚀疲劳试验技术及适用的疲劳性能强化技术开展相关研究。

（四）极端荷载作用与效应

1. 桥梁风荷载

（1）桥位风特性研究

风特性是桥梁抗风设计的基础资料，对桥梁设计方案的成立及造价，对桥梁抗风安全性、行车安全性和舒适性等影响巨大。迄今抗风设计中有关风特性的"成熟知识"，多是依据良态气候的季风实测得来的。对于控制沿海桥梁及海洋桥梁抗风设计的台风，由于很难开展实测，迄今对其特性的掌握远未充分。山区桥位的风特性受复杂多变的气象、地理因素影响，远比平原风特性复杂，迄今对其认识也很有限，这给山区桥梁抗风设计造成了很大困扰。龙卷风、下击暴流等特异风方面比较缺乏针对桥梁设计需要的风特性研究。

风特性研究的首要手段是现场实测，其次是风洞试验物理模拟和 CFD（computational fluid dynamics）数值模拟。2019 年以来，国内外学者在上述三方面取得了可喜成果。在实测方面，针对山区大跨桥梁桥位风场特性，李永乐等、张志田等、郭增伟等、廖海黎等利用风速雷达、三维风速仪等获取了山区桥位风速时程序列，分析了风向、湍流强度、风谱、竖向相关性、非平稳特性等风速特性，指出峡谷风向受峡谷走向的影响显著，平均风速与湍流强度存在反比例关系，且与沿海地区自然风相比，山区风速的非平稳特性更为突出。赵林等基于西堠门大桥健康监测系统获得的四次台风记录数据，对台风外围风场动风场特性进行了分析，研究发现台风外围风场的偏度可忽略不计，非高斯特性也不显著，即与良态气候强风类似，符合高斯分布，且三个方向上脉动风速功率谱与 Von Kármán 谱较吻合。Kim Ji-Myong 等、王浩等也通过现场实测研究了台风的风谱特性。

在物理与数值模拟方面，马存明等通过地形模型风洞试验，研究了某山区河谷水位升高前后的桥位风场特性变化规律。沈炼等、周强等分别针对数值计算域选取、山区边界过渡形式等数值模拟中的关键参数开展了研究。针对实际山区风场，学者们还采用数值模拟方法研究了山区特定物理参数的影响，姜平等研究了温度对山区风场的影响，张明金等分析了山体遮挡效应对桥位风场特性的影响。

此外，国内外学者对特异风风场特性及其作用的关注也越来越多。操金鑫等利用龙卷风模拟器，研究了龙卷风下大跨桥梁的风致响应。曹曙阳等采用大涡方法实现了对龙卷风的数值模拟。刘志文等开发了一套在大气边界层风洞中模拟下击暴流水平风速的试验装置，并研究了下击暴流水平风速作用下连续刚构桥的风致响应。汪之松等研究了坡地地形、简易山体对下击暴流风场的影响。李正良等研究了雷暴移动速度对下击暴流的影响。

（2）桥梁非线性自激力和颤振研究

1940年，美国塔可马大桥因颤振导致风毁，开启了桥梁风工程学科。颤振作为大跨度缆索承重桥梁抗风设计的首要因素，一直是桥梁风工程研究的热点。

由于超大跨度桥梁具有突出的结构非线性和气动力非线性，陈政清院士指出，基于线性颤振理论的抗风设计方法已难以满足工程需求。近年来，桥梁非线性颤振研究成为热点。2019年以来关于非线性颤振的主要研究工作如下。

高广中等对 Π 型梁的颤振后特性开展了风洞试验研究；伍波和周锐等报道了扁平箱梁断面的颤振后特性风洞试验，并基于不同的分析方法对其机理进行了解释；伍波等对分体式箱梁的颤振后特性开展了研究；许福友等则对双层桁架梁的软颤振特性开展了风洞试验研究并初步解释了发生机理；高广中等和伍波等以非线性自激力高次谐波分量为气动力建模的依据，并采用非线性的数值计算方法对大振幅条件下桥梁的二维非线性扭转颤振或非线性耦合颤振的极限环进行了求解；张新军等首次提出了能够有效计算桥梁三维耦合软颤振的方法并通过风洞试验进行了验证。

关于各类桥梁的颤振特性研究、桥梁颤振计算方法的改进、桥梁颤振控制等方面的研究，自2019年以来又有新进展。廖海黎等提出了计入来流风速空间不均匀性和附加攻角效应的大跨度桥梁三维颤振计算方法；Zhu L 等提出了一种较准确的流线型箱梁颤振临界风速快速计算方法；Guo J 等、赵林等、朱青等报道了提升大跨度桥梁的颤振稳定性的中央稳定板措施及作用机理；Tang H 等、王云飞等、刘志文等报道了大攻角下（台风或山区风）大跨度桥梁的颤振特性和发生机理；李明等采用风洞试验和 CFD 数值模拟相结合的方法研究了影响大跨度悬索桥颤振稳定性的主要因素；李珂等利用节段模型风洞试验研究了非对称 Π 型梁和流线型箱梁在不同来流风向下的颤振特性；卓凌骏等报道了基于外置偏心主动翼板的颤振主动控制方法；赵林等报道了基于风嘴主动翼板的桥梁颤振主动控制方法。

此外，我国学者撰写的三篇综述性论文较系统地梳理了近年国内外桥梁颤振研究的进展。葛耀君等综述了常用的提升颤振性能的被动控制措施；廖海黎等率先将结构强健性的理念引入桥梁抗风设计与颤振评价中；李明水等重点对大跨度桥梁非线性颤振研究进展进行了综述。

（3）桥梁抖振荷载和计算方法

由于脉动风作用引起的抖振是构成桥梁结构动力风荷载和随机响应的主要因素，是抗风设计中进行结构安全性和行车舒适性评价的重要依据。为了改善抖振计算精度，国内外学者一直倾力于构建更为合理的抖振力模型。2019年，大跨度桥梁抖振计算理论研究方面的主要进展集中在三个方面：一是针对抖振力关键气动参数——桥梁断面气动导纳和抖振力的空间相关性，二是大跨桥梁抖振响应分析方法，三是关于非平稳风作用下的桥梁抖振响应。

在抖振气动力方面，李明水等基于三维抖振理论，探明了控制紊流三维效应强弱的两个关键参数，即紊流积分尺度与结构宽度之比、结构展长与宽度之比，并通过理论推导出抖振力展向相干函数的一般形式，将紊流三维效应与钝体气动导纳进行了分离，解决了在风洞模拟的紊流场中难以识别钝体断面二维气动导纳函数的问题。马存明根据风洞测压试验结果，建立了流线型箱梁的三维气动导纳经验模型，该模型充分考虑了湍流的三维效应，并与现场实测的气动导纳进行了对比分析。严磊和朱乐东提出了一种将气动力分离为自激力和抖振力，然后根据提取的抖振力来计算气动导纳的方法。在数值方法上，Kavrakov提出了一种基于二维涡粒子法的计算流体力学（CFD）方法，用于模拟六分量复气动导纳。张志田比较了不同气动导纳函数对抖振响应影响的区别。

在抖振计算方法方面，徐幼麟指出抖振应力分析是评估强风区大跨度索承桥梁局部破坏和疲劳损伤的重要手段，并建立了一种基于风致振动压力正交分解和基于子结构的有限元模型的大跨度双箱梁桥抖振应力分析新框架。李明水基于所提出的广义三维二波数抖振力谱模型，建立了考虑紊流三维效应的大跨度桥梁抖振分析方法，该方法能够更准确地反映紊流积分尺度对桥梁抖振响应的影响。董锐和葛耀君提出了大跨度桥梁多目标等效静力风荷载基向量法，该方法获得的多目标等效静力风荷载在抖振响应计算精度和荷载分布的合理性方面均表现良好。

近年来，非平稳风作用下桥梁的抖振响应问题受到研究者的重视。陶天友和王浩以苏通大桥为工程背景，针对台风非平稳性显著的特征，开展了大跨度桥梁非平稳抖振时域模拟与分析；苏延文和黄国庆针对山区桥梁，考察了强弱非平稳风速对大跨桥梁抖振响应的影响。

（4）桥梁涡激振动和振动机理研究

桥梁结构及构件的涡激振动，由于会在较低的常遇风速下频繁发生，从而危害桥梁的耐久性和行车舒适性，在抗风设计中备受重视。从2019年发表的国内外文献来看，研究内容主要集中在涡激振动理论模型、桥梁主梁及构件的涡振性能及致振机理、涡激振动控制三个方面。

在涡振分析理论研究方面，Zhou针对双箱梁悬索桥，提出了用于分析涡振等风致振动问题的非线性模型。Helgedagsrud探讨了任意拉格朗日－欧拉变分多尺度方程（ALE-VMS）的适用性，并将其应用于大跨度桥梁的涡振、抖振和颤振分析中。Zhang提出了一种基于描述函数的桥梁断面涡激振动的模型。Song基于扩展卡尔曼滤波器（EKF-UI），提出了一种识别单自由度振动非线性气动力的方法，并将其应用到涡振分析。Hua 提出了基于范·德波尔振子的理论模型，用以评估斜拉索的风雨激振。周旭辉等基于改进尾流振子模型，提出了拉索涡激振动预报模型。

在主梁及构件的涡振性能及影响因素研究方面，胡传新等分别利用大、小尺度主梁节段模型试验，研究了流线闭口箱梁涡激气动力的雷诺数效应。Sun 研究了矩形、梯形和流线型箱梁断面的涡激力特性及其跨向相关性，并指出不同断面形状的涡振致振机理不同，跨向相关性也不同。李春光研究了栏杆基石对闭口箱梁桥梁涡振性能的影响机理。杨群研究了并列双钝体带挑臂钢箱梁的间距对主梁涡振性能的影响。孙延国研究了非对称人行道对Π型梁和流线型箱梁涡激振动性能的影响。Li 通过现场实测发现实际桥梁的涡激振动具有时变特性，并提出了一种识别时变气动力的算法，用以从实测数据中捕捉涡振现象。Xu 基于现场实测大数据分析，提出了大跨度桥梁涡激振动识别方法，建立了涡激振动预测模型。Ma 在方形断面桥塔气弹模型试验中发现不同模态之间涡振与驰振的耦合振动现象，且该种振动形式与二维范畴内的耦合振动有明显区别。赵燕等利用大涡模拟法研究了悬索桥双吊索的尾流涡激振动问题。祝志文基于现场实测，研究了斜拉索涡激振动的时频域特性。

在涡振控制方面，赵林结合主梁的气动外形分类，对各类抑振措施进行了梳理和归纳。Hu 结合数值模拟和测压试验研究了箱梁断面的致振机理以及扰流板、导流板等措施的抑振原理。张天翼等研究了双箱叠合梁的涡振性能及其抑振措施。华旭刚指出大跨度悬索桥存在多阶模态涡激振动问题，提出可采用电涡流阻尼器对漂浮体系悬索桥进行半主动控制。Chen 提出可利用自发喷流装置抑制主梁的涡激振动，并通过 PIV 试验进行了抑振机理分析。Xu 从理论上提出了利用调质阻尼器结合惯容器（TMDI）来抑制主梁涡振的方法。Zhang 基于数值模拟提出利用被动式漩涡发生装置来抑制涡振。Liu 通过风洞试验研究了黏弹性阻尼器对斜拉索涡激振动的抑振效果。陈文礼提出利用可被动自吸吹气流的控制套环装置来抑制斜拉索的涡激振动。Chang 通过试验系统研究了经不同表面处理斜拉索的风雨激振特性及抑振机理。

葛耀君等系统地梳理了近年来国内外桥梁主梁涡振研究的进展，指出在流体 – 结构耦合特性模拟、三维全桥涡振性能预测、实桥涡振控制等方面仍存在诸多技术难题，未来的涡振研究在围绕新型观测设备和试验技术、高精度气动力降阶模拟和人工智能手段、主动气动控制措施和新型被动机械控制措施等方面有研究空间。

2. 桥梁火灾荷载

（1）材料高温特性

混凝土、普通钢筋、预应力钢束和结构钢等主要组成材料的高温特性是研究火灾作用下桥梁力学行为的关键。一些学者在大量火灾试验的基础上，得到了材料的导热系数、比热容和容重等热工参数，以及强度、弹性模量、本构关系、热膨胀系数、钢材的高温蠕变模型等力学参数，提出了计算公式。但由于试验条件不确定性，研究结果存在较大差异。材料在高温下的热力学参数对火灾下桥梁的力学行为分析缺一不可，导热系数直接影响其热传导速度，比热容和容重、含水量影响温度分布梯度的宽度和分布形态，强度决定不同温度状态的应力分布极限，刚度影响不同温度下的结构变形，本构关系影响桥梁的挠度随延火时间的变化轨迹，热膨胀系数是结构热力耦合效应发生的力学本质。

此外，一些学者基于试验结果探索了高温后混凝土、普通钢筋、预应力钢束和结构钢的强度、弹性模量、断后伸长率等的变化规律，给出了高温后各材料的应力 – 应变曲线方程，研究了混凝土强度、骨料类型以及冷却方式等因素对材料高温后力学性能的影响。

升温迅速的油罐车火灾极易导致混凝土发生爆裂，爆裂不但导致受力钢筋暴露于烈火之中，而且使构件受力截面减小，结构耐火性能急剧降低。混凝土高温爆裂机理仍有争议，蒸汽压力理论认为高温下混凝土内部水蒸气难以逃逸，混凝土孔隙内部产生蒸汽压力，当蒸汽压力超过混凝土的抗拉强度时发生爆裂。热应力理论认为，高温下混凝土变形受到约束而产生热应力，热应力超过混凝土抗拉强度时发生爆裂。一些学者建议掺 PP 纤维以避免混凝土高温爆裂，PP 纤维在温度为 160~170℃时熔化，在混凝土内形成水蒸气逃逸的孔道，可减缓混凝土爆裂。不少学者也提出在混凝土内合理掺加钢纤维，钢纤维具有较大的热传导性，随机分散在混凝土中的钢纤维有利于内部各处温度的传递，可以减少应力造成的内部损伤，由此减缓混凝土爆裂风险。

（2）火灾下截面温度场

确定火灾下结构构件内部的升温过程是进行结构抗火分析和设计的一个重要环节，目前基于热传导理论对火灾下构件的升温过程采用解析法和数值方法进行了分析研究。实际工程中极少有构件升温可用解析法求解，在已知材料热学参数的基础上，数值方法理论上可以计算任意火灾下构件的升温过程，但是桥梁中的构件如箱梁、拉索等所具有的复杂截面，不仅存在连续介质内的热传导，还有内部空腔传热，使得截面升温计算较为复杂。此外，桥梁火灾多为局部火灾，局部火灾下构件周边的温度沿轴向和截面方向都是不均匀的，且火焰辐射的距离和角度均不相同，使得构件升温的计算较为复杂。一些学者考虑拉索索体固体接触间隙和圆体间空腔辐射传热对拉索截面升温的影响，比较了拉索索体截面和纯圆钢截面升温历程的不同。

（3）火灾下结构响应

混凝土桥梁有效预应力在桥梁工程领域是一个非常复杂的问题，火灾下混凝土桥梁有效预应力的研究需要知晓的信息量更大，其难度非等同视之。有效预应力是影响预应力混凝土桥梁的耐火性能的关键因素之一，火灾下混凝土桥梁的预应力损失可立即导致结构刚度和抗力的骤然下降，而预应力钢束性能对高温异常敏感，高温可导致钢束在高强应力作用下的松弛，有效预应力大幅衰减。另外，预应力钢束相对普通钢筋在高温状态延性较差，发生脆断的概率较大，可导致预应力混凝土桥梁的意外垮塌。

钢索和索支撑结构的性能在很大程度上取决于锚固系统的性能，在遭遇火灾时变得更加严重。目前对火灾下的锚具的瞬态温度分布做了一定研究，为预测高温下锚杆和钢索的力学行为提供了参考。对锌铜合金热铸锚和环氧铁砂冷铸锚进行了试验测试和数值模拟，研究了其填充部分和外壁的温度场分布特点。继而，通过试验研究了热铸锚、冷铸锚和 Wirelock 锚三类锚固系统的滑移阶段：无滑移阶段、滑移稳定增长阶段和破坏阶段。此外，为研究拉索的高温性能，一些学者对其进行了火灾燃烧模拟试验，测量了温度分布和火焰高度等重要参数，分析了钢索火灾燃烧模式和蔓延行为，提出了拉索体系防火保护指导原则。

此外，一些学者完成了高温下混凝土中钢筋拔出试验，得到了不同温度下光圆钢筋、带肋钢筋的黏结强度退化规律，建立了考虑火灾下钢筋－混凝土黏结滑移影响的有限元模型，分析了火灾下钢筋混凝土梁截面应力、跨中变形。而在预应力钢绞线与混凝土的高温下黏结性能方面国内研究较少。

在钢－混凝土组合梁中，梁的变形都会导致钢梁和混凝土板之间发生相对切向位移（滑移）。虽然滑移通常很小，但对梁的整体延性有很大影响，这一点在分析火灾等极端条件下组合梁的性能时更为关键。目前栓钉剪力键和开孔钢板剪力键在钢－混组合结构桥梁中应用较多，研究手段多以推出试验和有限元数值仿真为主，研究重点集中在其抗剪刚度、滑移性能、承载力、疲劳性能等方面，而对高温下黏结性能少有研究。

（4）抗火性能试验测试与仿真

一些学者对火灾下桥梁结构进行了试验与分析，得到了桥梁结构的抗火性能。当前大量的桥梁结构抗火性能试验仍采用室内大比例缩尺模型火灾试验，受室内火灾试验环境的限制，桥梁结构的尺寸会缩小很多，体系会得到过多的简化，结构配置也会精简不少，部分有关真实桥梁结构的数据无法获取。

然而，由于试验条件的控制程度直接影响数据的可用性，例如测试人员认知差异、加载设备的恒定性、混凝土的养护龄期、模型梁的制作偏差、加载设备与模型梁之间的接触性、测试设备对温度的敏感性，这些因素均会导致数据产生较大的离散性，并影响对规律的判断。而且桥梁抗火试验的费用昂贵，基于试验验证的桥梁结构火灾行为预测仿真技术成为桥梁抗火研究的主要方法。很大一部分研究基于数值仿真对遭遇不同火灾场景下桥梁的力学机理进行了研究，分析了火灾下桥梁结构的挠度变化、耐火极限和破坏模式。

3. 波浪流

近五年来，各国研究人员对桥梁波浪和水流荷载开展了大量研究，不少国家的设计规范也都进行了明确说明和规定，下面将对现有的波流计算方法进行简要综述。

（1）波流要素

确定波流要素是开展波流荷载计算的前提。水文观测是以往获取波、流要素的主要途径。面对海洋环境中复杂的风场、波浪场、水流场之间的多场耦合作用，实现桥址多点、同步和连续观测及整体空间数值模拟对了解多场耦合作用规律和开展桥梁设计至关重要。刘高等提出了基于嵌套参数化台风场模型、SWAN 波浪场模型、风暴潮数学模型的中尺度风 – 浪 – 流耦合场数值模拟方法，利用三维嵌套的 Copula 函数建立了风速、波高、流速的三维复合极值联合概率模型，用于指导桥梁设计。魏凯等利用参数风场模型驱动 SWAN+ADCIRC 波流耦合模型实现了平潭桥址海域的风、浪、风暴潮后报。Wei 等基于 Pair-Copula 理论建立了平潭桥址台风下风速、波高和时滞的三维联合概率模型，并利用逆一阶可靠度方法（IFORM）计算了环境等值面模型。由于数值模拟成本低、适用范围广，基于数值模拟手段模拟跨海桥梁桥址海域极端环境，确定特大型桥梁风 – 浪 – 流耦合场设计要素，是未来特大型桥梁设计中必备的技能。

（2）波浪荷载

目前，波浪荷载计算主要根据结构尺度不同分为两大类进行计算。对 D/L 或 b/L ≤ 0.2（L 为波长）的小尺度桩（柱）受到的波浪荷载一般用半经验半理论的 Morison 方程进行计算。Morison 方程假定波浪传播过程中的速度场和加速度场不因结构物的存在而发生扰动。结构上的波浪作用力由流体质点速度产生的拖曳力和流体质点加速度产生的惯性力两部分组成，单位长度上的波浪力如式（9）。

$$F = = \frac{1}{2}\rho_w C_D D u^2 + \rho_w C_M A \dot{u} \tag{9}$$

式中，拖曳力系数 C_D 和惯性力系数 C_M 是求解小尺度波浪力的关键。在稳定流中，试验证明 C_D 和 C_M 为雷诺数 Re 的函数，而在波浪运动中雷诺数是周期性变化的。美国的 Keulegan 及 Carpenter 发现系数 C_D 和 C_M 与 KC（$u_m T/D$）数也有关。Sarpakaya 和 Chakrabari 通过大量试验表明，光滑柱体的 C_D 和 C_M 是雷诺数 Re 和 KC（$u_m T/D$）数的函数。根据我国《港口与航道水文规范》（JTS145–2015），结构为圆形断面时，C_D 为 1.2，C_M 为 2.0；结构为方形或 a/b ≤ 1.5 的矩形断面时，C_D 为 2.0，C_M 为 2.2。u，$\dot{u}$ 为水质点的速度和加速度；ρ_w 为水的密度；A 为结构的横断面面积。美国的 *Recommended Practice for Planning, Designing and Constructing Fixed Offshore Platforms–Working Stress Design*（2010）、*AASHTO LRFD BRIDGE Specifications*、*Coastal Engineering Manual 2002*，英国的 *Maritime Structures BS63492000*（2000）、API 规范，挪威的 DNV 规范和中国的《港口与航道水文规范》（2015）均采用此方法，各国规范计算结果的变化规律基本一致，波浪计算理论、惯性力系数 C_M 的取值、海洋生物影响及群桩效应考虑与否，是导致计算结果存在差异的主要原因。工程经验表明，Morison 方程能够给出一个较准确的小尺度结构波浪力计算结果，且方程形式简单、应用方便，至今仍是工程应用中小尺度结构波浪力计算的主要方法。然而，现有设计规范只给出了圆形、方形或 a/b ≤ 1.5 的矩形断面的拖曳力系数和惯性力系数。复杂断面结构的 C_D 和 C_M 系数仍是目前工程和学术中较关注的问题。

对 D/L > 0.2 的大尺度墩（柱），Morison 方程不再适用。波浪场中的结构会对原始波浪场产生不可忽略的影响，波浪作用下桩柱本身引起的绕射效应显著而不可忽略，这时波浪惯性力与绕射力成为主要分量，而黏滞效应相对较小，可以忽略不计。合理分析波浪与大尺度结构之间的相互作用对大型近海工程结构的波浪力计算至关重要。对于大尺寸的圆柱体，可以采用线性绕射理论进行计算。绕射问题是指波浪向前传播遇到相对静止的结构物后，在结构表面产生一个向外散射的波，入射波与散射波叠加达到稳定时将形成一个新的波动场，这样的波动场对结构的荷载问题称为绕射问题。MacCamy-Fucs将波浪场的速度势分为入射势和绕射势，求出了大尺寸圆柱体线性波浪作用的解析解计算公式，如式（10）到式（12）。该解析方法至今仍被广泛应用并被引入我国《港口与航道水文规范》。

$$F = \frac{2\gamma H}{k} \frac{\cosh(kz)}{\cosh(kd)} A(ka) \sin(\omega t - \alpha) \tag{10}$$

$$A(ka) = \frac{1}{\sqrt{[J_1'(ka)]^2 + [Y_1'(ka)]^2}} \tag{11}$$

$$\tan \alpha = \frac{J_1'(ka)}{Y_1'(ka)} \tag{12}$$

式中，H 为波高，m；k 为波数；z 为局部冲刷线到计算点的高度，m；d 为水深，m；ω 为线性圆频率，rad/s；t 为时间，t；γ 为水的重度；a 为圆柱半径，m；J_1'、Y_1' 为 1 阶第 1 类和第 2 类贝塞尔函数的导数；$A(ka)$ 为振幅；α 为相位角。Chakarabarti 和 Tam 试验证明了该方法在 $2A/d \leq 0.25$（A 为波幅，d 为水深）和 $0 \leq ka_0 \leq 3$（k 为波数，a_0 为柱体截面半径）情况下可以很好地计算作用于柱体结构上的波浪力。然而，当波浪的非线性不能忽略时，基于线性理论所得的计算结果与实际波浪力之间存在较大的差异。目前，美国规范、英国规范没有给出大尺度的计算方法，但相关手册里有针对圆形墩柱的绕射理论的一次近似解析解。

经典的绕射理论解析公式只能求解比较规则物体的波浪力。吴加云等基于绕射理论估算了八边形钢围堰的波浪力。张胡等以线性波浪绕射理论和边界元方法研究了大尺度矩形围堰的波浪力。但实际工程中，结构的形状一般是非常复杂的。对于任意形状的大型海洋结构物，得到解析解的难度较大，一般都利用数值方法来进行求解。目前普遍采用的数值方法有有限基本解方法、有限元法、边界元法和计算流体动力学（CFD）方法。同时，对于浮式结构，还应考虑结构运动产生的辐射势影响。具体细节本书不再进行详细描述，可参考《海洋工程波浪力学》。

（3）水流荷载

目前国内桥梁工程的水流力计算普遍采用《铁路桥涵设计规范》《港口工程荷载规范》中的方法，即：

$$F = C \frac{\gamma V^2}{2g} A \tag{13}$$

式中，C 为水流阻力系数；V 为水流设计流速，m/s；g 为重力加速度，m/s^2；A 为计算构件在与流向垂直平面上的投影面积，m^2。水流阻力系数 C 与计算构件的断面形状、水深、粗糙度等因素有关，具体系数可参考相关规范。其他国家规范基本类似，仅在系数 C 的选取上略有差异。

（4）波流荷载

Sarpkaya 和 Storm 通过试验发现，纯波结果和纯流结果并不适用于波流共存的情况。流的存在会改变波浪本身的运动特性，进而影响作用于结构上的波浪力。《港口与航道水文规范》针对桩柱波流共同作用下的波流力计算，同样依据结构特征直径与波长的比值，分为小尺度情况和大尺度情况。对于小尺度桩柱上的波浪力计算，在前面已经提到，是以 Morison 公式的应用为基础，同时考虑水流的加入而带来的影响。按照 Morison 方程，单位长度上的波流力为：

$$f = f_D + f_I = \frac{1}{2}\rho_w C_D D |u_{wc}| u_{wc} + \rho_w C_M A \dot{u} \tag{14}$$

式中，u_{wc} 为波浪与流联合作用下的综合水平流速；$\dot{u}$ 为波浪受流影响后的波浪水平加速度；与纯波下小尺度波浪力计算一致，求解波流联合作用下的波流荷载的关键是波流共同作用下的水动力系数 C_D 和 C_M 的选取。李玉成等指出了适用于纯波、纯流及波流在规则波与不规则波下归一化的 C_D、C_M 和 KC 数。王涛基于物理机理分析，通过对纯波时的水动力系数和纯流的水动力系数加权平均，得出了波流共存时的水动力系数。刘贵杰等综述了 2020 年前海洋小尺度桩柱的水动力系数研究与进展，指出目前小尺度桩柱的水动力系数研究已经从简单、光滑、直立桩柱结构逐渐发展为复杂桩柱结构水动力系数的研究，构建的模型也越来越接近真实情况。

对于大尺度桩柱上的波流力计算，其波流力的求解要考虑结构本身引起的绕射效应。在有流速的同时考虑浪–流耦合效应与绕射效应的情况下进行波流力的理论求解，是较为复杂和困难的。当海流较弱的情况下，可采用弱流假定，忽略浪–流的耦合作用，单独对纯波下的波浪力和纯流下的水流力进行计算，然后进行组合。在工程应用中的一种简便、近似的处理方法，是将波浪荷载与水流荷载分开处理，波浪力采用以绕射理论为基础的求解方法进行计算，但其波浪参数采用水流影响下的波浪参数，水流力则按绕流阻力的方法计算，两者之和作为波流共同作用下的波流力。

波–流耦合场中作用在沉井、沉箱等大尺度结构上的浪–流耦合作用荷载，由假定结构固定不动时受到的浪–流耦合激振荷载和结构运动引起的静水恢复力、浪–流耦合辐射荷载构成。结构运动会使结构的湿表面上的吃水深度发生改变，其受到的静水压力也随之改变，从而引起结构物受到的浮力会发生变化。这种由位置改变引起的浮力称为静水恢复力。在波浪和水流的作用下，处于系泊状态的大型深水基础会做刚体强迫振荡，结构振荡运动会产生辐射波，辐射波对结构的作用称为浪–流耦合辐射荷载。此外，当结构比较柔时，结构弹性变形也会产生辐射波，结构与流场之间存在水弹性相互作用，但大尺度结构物一般刚度都很大，因此，大尺度结构的水弹性问题探究较少。

（5）跨海桥梁基础结构波流力

群桩、高桩承台、沉井和沉箱基础是桥梁基础通常采用的结构形式。在波流的作用下，结构承受较强水平冲击力及倾覆弯矩的作用，波流力是桥梁基础结构设计的关键荷载。对于海洋桥梁常见的群桩，群桩上的波流力可以在单桩波流力的基础上进行计算。群桩主要存在各桩波流力峰值存在相位差，以及各桩之间的相互影响造成的群桩效应等问题。有试验研究表明，受群桩效应影响，群桩中单个桩柱最大波浪力约为其单桩情况下所受波浪力的85%，同时群桩效应与群桩的排列方式、排列间距等有关，群桩所受的波浪力可将作用于单桩上的波浪力乘以群桩系数 K 得到，《港口与航道水文规范》推荐了群桩系数 K 的取值。对于波流情况下的群桩系数 K 的研究较少，规范内也未有说明。

实际海洋桥梁基础多为组合结构，如承台和群桩的组合，在波浪作用或波流作用下的波流力的计算较复杂。目前在计算承台桩基式结构上波浪荷载时，通常将承台和桩基波浪力分别进行计算。承台部分可采用绕射理论求解波浪力，而桩基部分目前广泛采用半经验半理论的 Morison 公式计算。当承台的存在对桩基周围的波动场产生严重扰动时，此时运用 Morison 公式计算桩基波浪力时，应考虑桩基周围被扰动后的波浪场。有研究者专门对承台的扰动影响开展了研究，并采用承台效应系数（有承台和无承台情况下桩基和桥墩所受波浪力的比值）来定量研究承台的扰动影响，通过工程实践和理论分析初步认为，在桩基和桥墩波浪力计算时，应考虑承台扰动的影响，承台效应系数一般可取 1.2~1.3。Xu 等基于物理水槽试验研究了群桩对承台的影响，群桩的存在也会增大承台的竖向波浪力。针对波浪和水流共同作用于高桩承台的研究较少。2005年，兰雅梅等对波流共同作用斜群桩及桩基承台进行了初步探讨。Liu 等通过水槽试验，对上部承台结构对下部桩基波流力的影响特性进行了系统的研究。胡勇等分析总结了跨海桥梁基础波流力的现有成果，分析了目前波流力研究现状、存在的问题及研究空白。田恒葵通过海浪和海流的耦合作用，对不同工程的承台－群桩缩尺模型进行物理试验，对其受力特性进行了详细研究。

当承台净空较大时，波浪对承台的作用表现为冲击作用。由于波浪对承台的冲击过程涉及波浪的瞬时效应、空气掺混、湍流、强非线性等复杂因素，因此，目前对波浪的冲击问题是海洋工程研究的重要课题之一。王永学和任冰针对不同承台结构的冲击问题进行了系统研究，发现即使在规则波作用下，冲击压力仍具有明显的随机性。国内外学者都对波浪冲击中存在的随机性开展了研究，并基于数理统计的方法给出了一些考虑了随机性的波浪冲击力的计算方法。Cuomo 等通过研究波浪冲击沉箱防波堤指出了冲击力峰值满足广义极值分布（GEV），冲击上升时间符合广义帕累托（GP）分布，并运用 Copula 理论建立了冲击力峰值与冲击上升时间的联合概率模型。Serinaldi 等通过研究波浪冲击沿海桥梁桥面板，也同样运用 Copula 理论联系了冲击力峰值与上升时间的关系。魏凯等研究表明，当承台净空在一定范围时，波浪冲击荷载具有随机性，并基于试验提出波浪冲击承台荷载的概率模型。

（6）跨海桥梁上部桥面结构波流力

美国飓风 Ivan（2004）、Katrina（2005）、Ike（2008）形成的极端风暴潮和波流力先后造成美国多座跨海桥梁被毁，如图 105 所示。根据灾后调查发现：由于风暴潮和波流的共同作用，使波浪冲击到中小跨径桥梁的上部桥面，造成了梁体移位、梁体脱落和梁体断裂。随后，众多研究者开始关注跨海桥梁上部桥面结构的波流力。目前，我国修建的港珠澳大桥、深中通道存在桥隧结合段，桥梁净空较小，面临着极端波流作用上部桥面结构的风险。

图 105　飓风 Katrina 导致美国 90 号高速公路上桥梁损坏图

现阶段，包含桥梁上部桥面结构波流力计算方法的规范较少，主要有美国的 *Guide Specifications for Bridges Vulnerable to Coastal Storms*、*American Association of State Highway and Transportation Officials*（AASHTO）。近年来，国内外针对跨海桥梁上部结构波流力开展了大量研究。Douglass 等针对美国 90 号高速公路上被飓风引起的风暴潮和波流所破坏的 T 梁开展了试验研究，给出了 T 梁在波浪作用下的水平力和竖向力的计算方法。Seiffert 等和 Hayatdavoodi 等采用孤立波开展试验和数值研究，分别分析了平板和 T 梁的水平力和竖向力随水深、波高、梁高及淹没深度的变化规律。郭安薪等开展波浪冲击 T 梁的物理模型试验，并将试验得到的水平和竖向波浪荷载与 Douglass 等和 AASHTO 规范的计算结果进行对比后发现：当桥梁上部结构处于淹没状态时，Douglass 等和 AASHTO 规范的计算方法能较好地估算水平和竖向波浪荷载。徐国际等基于数值模拟手段，研究了 T 梁波浪荷载随梁体淹没深度的变化，并在既有研究的基础上给出了波浪力的计算公式。上述研究大部分针对国外较常见的 T 型桥梁截面形式。因此，黄博等开展了波浪作用箱型上部结构的物理模型试验和数值模拟，研究发现：箱型截面与 T 型截面在几何上的差异会导致波浪力存在显著区别，以往 T 型截面波浪力的计算方法无法准确计算箱型截面上的波浪力，因此，基于前人研究、结合回归方法，给出了箱梁波流力的计算公式。

然而，我国桥梁规范、《海港水文规范》、《港口荷载规范》等相关规范未给出桥梁上部结构波流荷载的计算方法。因此，继续深入开展常见桥梁上部结构截面形式的波流作用物理、数值水槽试验，给出相应设计方法将是未来研究的重点。

4. 地震作用与效应

（1）地震作用

目前场地地震作用主要是采用加速度反应谱和加速度时程来代表，并且要求加速度时程所生成的谱要与规范给出的反应谱相匹配。美国、中国和欧洲给出的地震作用水平采用超越概率或重现期来描述，重现期与超越概率的关系为：

$$T_\tau = 1/(1-(1-p)^{1/t_d}) \tag{15}$$

式中，T_τ 为地震作用重现期；p 地震作用为超越概率；t_d 为预期结构寿命，比如 50 年。

我国 2015 年新颁布了《中国地震动参数区划图》（GB 18306-2015），定义基本地震动相应于 50 年超越 10% 的地震动；多遇地震动相应于 50 年超越 63% 的地震动；罕遇地震动相应于 50 年超越 2% 的地震动。《中国地震动参数区划图》分别给出了 II 类场地条件下地震动峰值加速度分区值和基本地震动加速度反应谱特征周期分区值。与 2001 版《中国地震区划图》相比较，2015 版《中国地震动参数区划图》增加了"全国城镇 II 类场地基本地震动加速度反应谱特征周期"和场地地震动峰值加速度调整系数。2015 版《中国地震动参数区划图》对桥梁抗震地震作用取值具有非常大的影响。2020 年颁布的《公路桥梁抗震设计规范》（JTG/T 2231-01—2020）在基本地震动参数取值方面采用了《中国地震动参数区划图》（GB 18306-2015）的相关规定。《公路桥梁抗震规范》给出的 5% 阻尼比设计加速度反应谱如图 106 所示，计算方法如公式（16）。

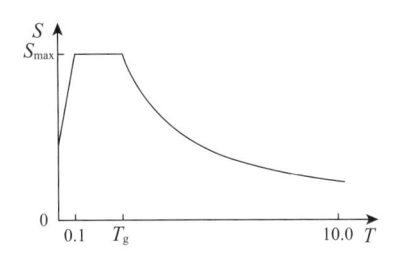

图 106 《公路桥梁抗震规范》反应谱曲线

$$S = \begin{cases} S_{max}(5.5T+0.45) & T<0.1s \\ S_{max} & 0.1s \leq T \leq T_g \\ S_{max}(T_g/T) & T>T_g \end{cases} \tag{16}$$

式中，T_g 为反应谱的特征周期，根据场地类别选取。

E1（相当于多遇地震）和 E2 地震的设计加速度反应谱最大值 S_{max} 可由式（17）计算：

$$S_{max} = 2.25 C_i C_s C_d A \qquad (17)$$

其中 C_i、C_s、C_d、A 分别代表结构重要性系数、桥址场地系数、结构阻尼调整系数和由设计烈度确定的相应地震加速度峰值。《公路桥梁抗震规范》采用 E1（相当于多遇地震）和 E2 地震（相当于罕遇地震）两级设防，其中 E1 和 E2 结构重要性系数按表 30 选用。

表 30　各类桥梁的抗震重要性系数（C_i）

桥梁分类	E1 地震作用	E2 地震作用
A 类	1.0	1.7
B 类	0.43（0.5）	1.3（1.7）
C 类	0.34	1.0
D 类	0.23	—

注：高速公路和一级公路上的大桥、特大桥，其抗震重要性系数取 B 类括号内的值。

（2）地震作用下性能要求

《公路桥梁抗震设计规范》根据路线等级及桥梁的重要性和修复（抢修）的难易程度，将公路桥梁分为 A、B、C、D 四个类别，其具体定义为：

A 类：主跨径超过 150m 的特大桥（不含引桥）。

B 类：高速公路和一级公路上除 A 类以外的桥梁及二级公路上的大桥、特大桥等。

C 类：属 A、B、D 类以外的公路桥梁。

D 类：位于三、四级公路上的中桥、小桥。

《公路桥梁抗震设计规范》采用 2 级抗震设防，即 E1 和 E2 地震两级水平进行抗震设防和段设计，公路桥梁对抗震性能的要求如表 31 所示。

表 31　E1 和 E2 地震作用下各类桥梁对抗震性能的要求

桥梁抗震设防类别	设防水平	
	E1 地震作用	E2 地震作用
A 类	一般不受损坏或不需修复可继续使用	可发生局部轻微损伤，不需修复或经简单修复可继续使用
B 类	一般不受损坏或不需修复可继续使用	应保证不致倒塌或产生严重结构损伤，经临时加固后可供维持应急交通使用
C 类	一般不受损坏或不需修复可继续使用	应保证不致倒塌或产生严重结构损伤，经临时加固后可供维持应急交通使用
D 类	一般不受损坏或不需修复可继续使用	

（3）抗震设计方法

早期结构抗震计算采用的是静力理论，即忽略了地面运动特性与结构的动力特性因素，简单地把结构在地震时的动力反应视作静力作用于结构物上进行抗震计算，但静力法不能考虑惯性力的反应。随后对地震作用提出了反应谱理论，并被各国的抗震规范所应用。反应谱法还是采用"地震荷载"的概念，但可以同时考虑地面运动和结构的动力特性，比静力法有很大的进步。结构在强震作用下，通常都要进入弹塑性范围，产生较大的塑性变形。为了考虑这一因素，反应谱理论计算地震力时采用一个强度折减系数 R 对弹性地震力进行折减。

随着对震害现象认识的不断加深和计算手段的发展，非线性分析的重要性逐渐显现。目前常用的非线性分析方法有非线性静力分析法（Pushover Analysis）和非线性动力时程分析法。

1971 年美国圣弗尔南多地震后，各国都认识到结构的延性能力对结构抗震性能的重要意义。Park 等提出了结构抗震设计理论中的一个重要原则——能力设计原理（Philosophy of Capacity Design），经过能力设计和延性设计的桥梁可以保证预期要发挥延性作用的构件能够充分发挥其延性能力，而脆性构件和不希望发生非弹性变形的构件则得到保护。之后这个原则先后被美国、欧洲等国的桥梁抗震规范所采用。

20 世纪末，美国学者提出了基于性能的抗震设计思想。中国《城市桥梁抗震设计规范》（CJJ 166—2011）、《公路桥梁抗震设计规范》（JTG/T B02-01—2008）也引进了基于性能的抗震设计思想。基于性能的抗震设计理论针对不同的结构特点和性能要求，综合考虑和应用设计参数、结构体系、构造措施和减震装置来保障桥梁结构在各级地震水平作用下的抗震性能。

为提高震后桥梁结构的使用功能，快速恢复交通，进入 21 世纪以来，美国、日本等国越来越注重桥梁震后使用功能的要求，日本桥梁抗震规范首先引入对桥梁震后墩顶残余位移的要求。

三、国内外桥梁荷载作用与效应发展比较分析

（一）车辆荷载作用与效应

1. 国外车辆荷载规范与标准

（1）公路车辆荷载

桥梁承担的交通荷载是由多个交通实体（汽车、行人等）组成的交通实体队列所产生的荷载，若以实际汽车荷载进行加载，对设计人员来说是一项极为烦琐的工作。

英国 BS5400 中将标准的公路荷载分为 HA 和 HB 两个级别。HA 荷载是由均布荷载和一个集中荷载（或是一个单轴荷载）组成。HB 荷载有四个车轴，每单位轴重为 10kN，前

两轴和后两轴轴距为 1.8m，中间两轴的轴距可选 6m、11m、16m、21m、26m 其中之一，在设计中取使目标处于最不利状态的轴距。英国规范中对多车道加载规定了三种加载方式。

美国 AASHTO 规范汽车活载加载时采用设计车道荷载、设计车辆荷载两种方式，将设计车辆荷载更进一步分为卡车荷载和双轴荷载两种形式。AASHTO 规范要求根据情况对设计车辆荷载和设计车道荷载进行叠加，以得到最大的荷载效应。车道荷载为均布荷载，标准值为 9.3N/mm，横向均匀分布在 3m 宽的范围内。车道荷载不考虑冲击系数，设计卡车荷载有 3 个轴，前轴轴重 35000N，后两个轴重均为 145000N。轴距为 4.3m 和 4.3～9m，后两轴轴距应该根据计算情况取最不利的轴距。双轴荷载则由两个集中荷载组成。在设计时，应该取均布荷载 + 卡车荷载，以及均布荷载 + 双轴荷载这两种组合形式中的最大值作为设计活载。

Eurocode 规范中规定标准荷载包括双轴车辆荷载和均布车道荷载。标准荷载根据不同车道采用不同的值，其中均布荷载单位采用 kN/m^2，双轴车辆的加载位置为车辆中心线与车道中心线重合，而均布荷载则是全车道满布加载。

我国《公路桥涵设计通用规范》(JTG D60-2015) 将汽车荷载分为公路 -Ⅰ 级和公路 -Ⅱ 级两个等级，由车道荷载和车辆荷载组成，车道荷载由均布荷载和集中荷载组成，桥梁结构的整体计算采用车道荷载，桥梁结构的局部加载、涵洞、桥台和挡土墙土压力等的计算采用车辆荷载；车道荷载与车辆荷载的作用不得叠加。公路 -Ⅰ 级车道荷载的均布荷载标准值为 10.5kN/m，集中荷载按计算跨径选取。车辆荷载采用一种单车，总重为 550kN，车长为 15.0m，车宽为 2.5m，纵向间距为 3m+1.4m+7m+1.4m，横向轮距为 1.8m。

为了考虑多个加载车道同时处于最不利荷载状况下的可能性，中国规范和美国规范通过多车道横向折减系数予以考虑，而英国规范和欧洲规范对于横向多车道折减问题采用给定布载方式的形式。

车辆以一定速度通过桥梁结构时，由于多种因素的影响，会对桥梁结构产生冲击作用，通常引入冲击系数来考虑其影响。研究表明，影响车辆动力效应的因素包括桥面的粗糙度、车辆的动力特性、桥梁的动力特性、车辆运行速度和车辆数量等。由于影响动力效应因素的测定和分析模型的不确定性，各国规范在对冲击系数的考虑中差异较大。中国规范通过桥梁结构基频确定冲击系数，AASHTO 规范通过桥梁结果所处极限状态确定冲击系数，而欧洲规范、英国规范中未规定冲击系数。

（2）铁路车辆荷载

国际铁路联盟在 1974 年首次制定 UIC 列车荷载图式标准后，分别在 1977 年、1979 年、1994 年和 2006 年进行了多次修订，其中，2006 年根据欧盟 EN 1991-2—2003 *Actions on Structures-Traffic Loads on Bridges* 等研究成果进行了较大范围的修订，包括根据线路养护的质量选择设计动力系数，仔细养护线路为 $\Phi 2$，标准养护线路为 $\Phi 3$。国际铁路联盟研究制定的 UIC 荷载图式为概化图式，涵盖了集中牵引的旅客列车和重载货车、高速动车组等 6 种运营列车。由于车型、运营速度等差异，不同列车引起的桥梁的动力系数具有较大差异，很难用统一的公式予以描述。国际铁路联盟提出了列车荷载图式与"设计动力系数"、运营列车与"运营动力系数"配套使用的理念，即桥梁设计时应满足列车荷载图式效应大于运营列车效应，即"铁路荷载图式静效应 × 设计动力系数"＞"运营车辆静效应 × 运营动力系数"。国际铁路联盟制定的"设计动力系数"是概化的公式，考虑不同等级线路养修，为跨度或加载长度的函数，并无实际意义；而实际"运营动力系数"主要考虑移动荷载效应和轨道、车轮不平顺影响两部分。对于高速动车组，会出现"设计动力系数"小于"运营动力系数"的情况；由于高速动车组车体自重较轻，仍能保证设计列车荷载效应大于运营列车效应。德国、法国、英国、西班牙和韩国在高速铁路建设时均采用 UIC 荷载图式；意大利采用了 1.1 UIC 荷载图式；中国台湾地区高速铁路采用修正后的 UIC 标准，相当于 0.9UIC 荷载图式。国际铁路联盟铁路荷载标准适应联盟内国家之间的互联互通，兼容性强，同时对于较重或较轻线路，为各种不同标准体系提供了开放式的选择。

日本采用接近于实际运营列车的 N、P 和 H 等标准荷载图式进行桥梁的设计，对于运营不同车辆的线路，分别通过不同的动力系数予以考虑，而不区分"设计动力系数"和"运营动力系数"的概念。与国际铁路联盟一样，动力系数也主要考虑移动荷载效应和轨道、车轮不平顺影响两部分。采用与实际列车荷载的设计荷载和动力系数，动力系数根据工程具体情况按桥梁实际竖向基频确定相应的设计动力系数。其总体荷载设计效应与实际运营效应比较接近，余量较小。按日本规范采用中国梁体基频限值计算桥梁动力系数，其设计动力系数高于中国高速铁路列车设计荷载动力系数。日本规范对梁体竖向基频未做硬性规定，根据实桥情况在满足强度要求的前提下梁体可具有较低的刚度。但随着列车运行速度的提高，设计中超出 H4 标准的速度参量 α 上限的情况也逐渐增加，当梁体基频限值较小时，其动力系数将放大 1 ~ 4 倍。日本铁路荷载标准制定的方法较贴近工程实际，但兼容性较差，由于受既有基础条件制约，目前在既有铁路或新干线上进一步提速改造发展的空间有限。

中国铁路桥梁荷载图式制定经历了一定的发展，自 20 世纪 90 年代以来，根据不同类型客货线路运输特征，较系统地开展了列车荷载图式的研究工作，为适应不同类型铁路运输特征，我国在 UIC 荷载的基础上研究制定了适用于高速铁路（ZK）、城际铁路（ZC）、客货共线铁路（ZKH）、重载铁路（ZH）的列车荷载图式，并于 2016 年颁布了 TB/T3466-2016《铁路列车荷载图式》。中国高速铁路列车荷载标准制定时在考虑运营列车的情况下，同时兼顾跨线车的通行，我国 ZK 荷载图式和 ZC 荷载图式中的普通荷载分别为 0.8UIC 和 0.6UIC，动力系数也采用概化的动力系数。与国际铁路联盟标准一致，动力系数较小，有时要小于实际运营车动力系数，但总体上满足设计荷载效应＞实际运营车荷载效应。而 ZKH 荷载图式和 ZH 荷载图式中的普通荷载是根据我国重载车辆特点进行局部调整后提出的，并根据典型四轴货车等制定了特种荷载，现阶段动力系数采用既有中 - 活载图式配套动力系数，该动力系数是对大量实测数据进行拟合，并按照一定的保证率取其包络值制定的，具有实际意义。作为桥梁的设计动力系数，计算时并不区分桥上活载类型，不考虑梁体基频特征，只与跨度或加载长度有关。活载储备主要通过设计活载图式与运营车辆的静态效应比予以解决，适应了中国前一时期的国情、路情特点，即桥梁多采用通用标准图的方式，且桥上运营车辆种类少、速度相对低。中国荷载标准优点是兼容性好，能满足互联互通，在考虑经济性的同时为铁路进一步发展留有余地。

总体来说，国际上对铁路桥梁设计荷载图式研究分为两类：一类是采用概化的包络图式（如国际铁路联盟、欧洲各国、中国和美国等），另一类采用与实际运营车相接近的图式（如日本）。两种图式分别配套相应的动力系数，并各有其适用条件，由于中国幅员辽阔、路网发达，在制定时考虑互联互通和战备需求以及以后提速发展的需要，采用概化包络的图式制定铁路荷载标准是适宜的。

2. 疲劳荷载规范与标准

（1）英国 BS5400 规范

英国 BS5400 规范认为总重量低于 30kN 的汽车不会引起桥梁的疲劳损伤。对于公路桥，BS5400 根据干线实际运营车辆情况规定了包括 25 种标准运营车在内的英国公路桥标准荷载谱。在此基础上以对公路桥损伤最严重的一种运营车为基础确定了标准疲劳车，如图 107 所示。

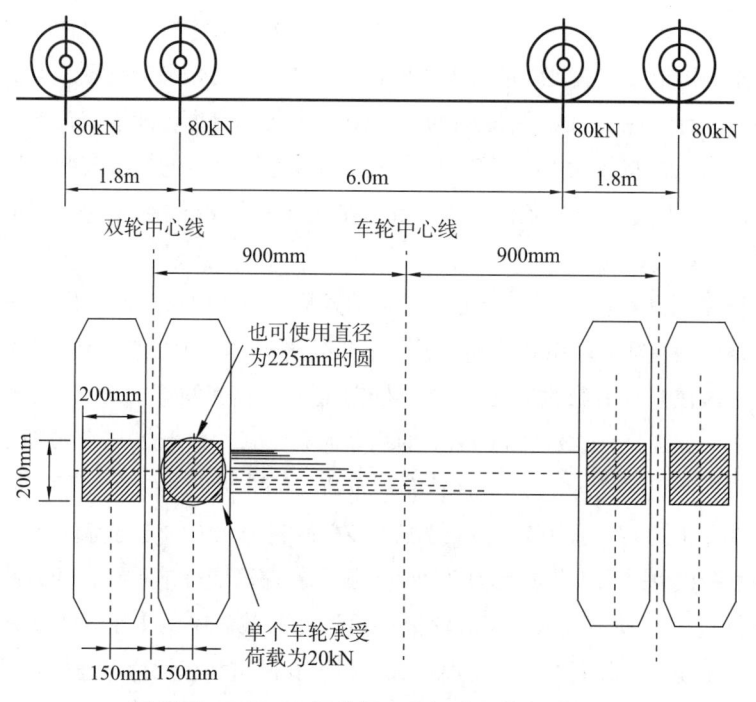

图 107 BS5400 规范规定的标准疲劳车示意图

（2）美国 AASHTO 规范

美国 AASHTO 规范规定的疲劳荷载是一辆三轴货车，如图 108 所示，冲击系数取 15%。与英国 BS5400 规范给出的通用荷载频值谱不同，AASHTO 规范规定疲劳荷载的频率应取单车道日平均货车交通量 $ADTT_{st}$。

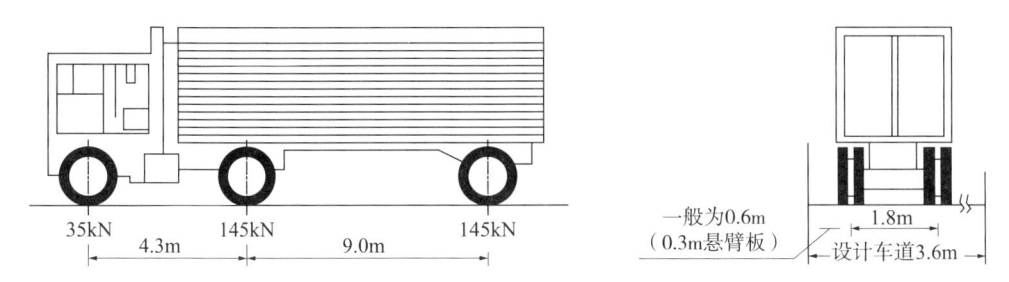

图 108　AASHTO 规范规定的标准疲劳车示意图

（3）欧洲 Eurocode1 规范

欧洲 Eurocode1 规范认为桥梁疲劳是由交通荷载对应的应力幅值谱引起的，其疲劳应力幅值谱由以下因素决定：车辆的形状、轴重、车辆间距、交通组成和汽车动力影响。针对不同的等效处理方法，Eurocode1 规范中给出了五种疲劳荷载模型。

欧洲 Eurocode1 规范还规定对于交通荷载模型三、四、五，当荷载横向位置对于待研究的效应非常重要时，必须考虑交通车辆荷载中心线的横向分布概率（图 109）。

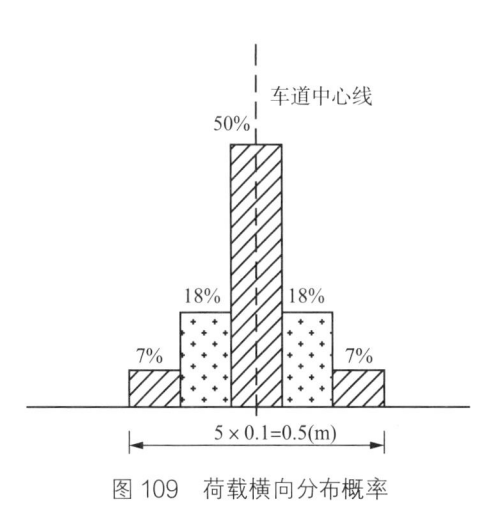

图 109　荷载横向分布概率

（4）公路钢结构桥梁设计规范

对于大多数公路桥梁结构，交通荷载是导致疲劳破坏的主要因素。凡承受汽车荷载的结构构件与连接，均应按其对应的疲劳细节类别进行疲劳极限状态验算。欧洲 Eurocode1 规范送审稿将疲劳荷载模型分成如下三类。

1）疲劳荷载模型 I 采用等效的车道荷载，集中荷载为 $0.7P_k$，均布荷载为 $0.3q_k$。P_k 和 q_k 按现行《公路桥涵设计通用规范》JTGD60-2004 的相关规定取值。

2）疲劳荷载模型 II 采用双车模型，两辆模型车轴距与轴重相同，其单车的轴重与轴距布置如图 110 所示。计算加载时，两模型车的中心距离不得小于 40m。

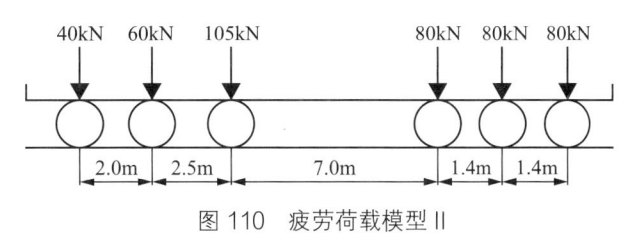

图 110　疲劳荷载模型 II

211

3）疲劳荷载模型Ⅲ采用单车模型，模型车轴载及分布规定如图111所示。

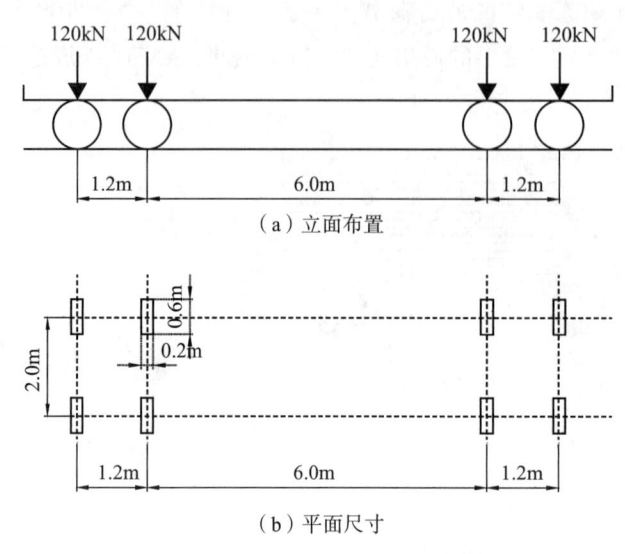

（a）立面布置

（b）平面尺寸

图111　疲劳荷载模型Ⅲ

疲劳荷载模型Ⅰ对应于无限寿命设计方法，这种方法考虑的是构件永不出现疲劳破坏的情况，与其他疲劳荷载模型相比，该模型较为保守。对于桥长超过110m的桥梁来说，为节约材料，可采用疲劳荷载模型Ⅱ进行验算。

疲劳荷载模型Ⅱ为双车模型，该模型车是根据《公路桥梁疲劳设计荷载标准研究》给出。

疲劳荷载模型Ⅲ车重最重，轮数较少，适用于局部受力构件（包括正交异性钢桥面板、横隔板/梁、纵梁等）的疲劳验算。考虑到这些构件对车轮位置更加敏感，规范给出了这种疲劳车的横向轮距以及轮胎接地面积。

疲劳荷载模型Ⅲ不考虑和其他车辆同时出现的情况。采用疲劳荷载模型Ⅲ计算正交异性钢桥面板疲劳应力时，应按图112考虑车轮在车道上的横向位置概率。

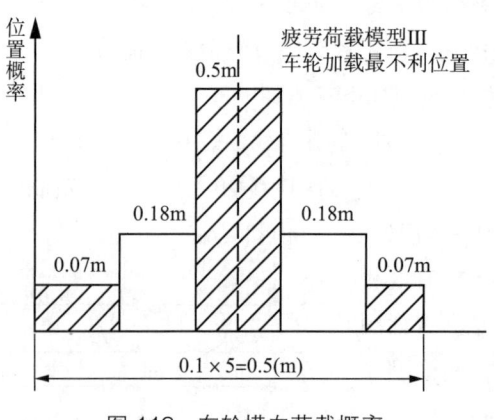

图112　车轮横向荷载概率

（二）冲击荷载作用与效应

1. 桥梁船撞作用

2020年，中华人民共和国交通运输部发布了《公路桥梁抗撞设计规范》(JTG/T 3360-02-2020)，明确提出公路桥梁主体结构宜采用基于性能的抗撞设计方法，并给出两个作用水准。这两个水准的失效概率主要参考了美国《公路桥梁船撞设计指南》。其中桥梁的船撞重要性等级、桥梁的抗船撞设防目标、桥梁结构的抗船撞性能等级和桥梁构件的抗船撞性能等级这四个表格构成了基于性能抗撞设计的目标体系，也就是设计要达到的目标和对设计结果进行评价的标准。其中，抗船撞性能验算的条款给出了偶然组合需要考虑的作用类型，明确了温度作用等不参与撞击组合，是对现行《公路桥涵设计通用规范》(JTG D60)的补充。汽车荷载参与船撞组合时取其准永久值。而美国《公路桥梁设计规范》中船撞组合考虑了0.55倍的汽车荷载，与本条规定类似。同样，出于简化工程设计的目的，该规范考虑轮船撞击桥梁的动态过程时，以我国8艘代表性轮船（3000~50000DWT）的船撞动态时间过程为依据，用一个等效静力来近似代替。它还将设防代表船型简要划分为轮船和驳船，给出了轮船撞击力设计值、甲板室撞击力设计值、桅杆撞击力设计值和驳船撞击力设计值的计算公式，同时推荐采用概率–风险分析方法确定设防船撞力。

邓超通过对比常用船桥撞击力经典理论公式与ANSYS仿真分析计算结果，发现我国公路桥规计算的撞击力值与数值模拟得出的撞击力值最接近。Zhang等人在AASHTO提出的基于概率的船桥碰撞风险评估框架的基础上，提出了一种结合涉水概率和改进的偏航船舶碰撞模型来评估船舶与岸边桥梁碰撞风险的新方法，并应用于重庆沙滨路岸边桥的船舶碰撞风险评估中。汪银根以中开虎跳门西江特大桥为背景，对比了中国、美国、欧洲等规范主墩横桥向船舶撞击力和几种常见防撞设施的优劣，推荐采用船舶撞击力标准值的计算依据美国AASHTO公式及防撞设施采用橡胶护舷。Pedersen等介绍了一套桥墩和桥塔抗撞设计方法，并使其符合一定的风险验收标准。文中提出了一个碰撞概率模型，用于计算船舶在大桥附近遇到紧急情况的概率，以及由人为错误和技术错误引起的船舶碰撞事故的概率。在综合数值计算的基础上，建立了一个简单的经验表达式以快速预测最大船舶冲击力随船舶撞击速度、船舶载荷和船舶尺寸的变化。

2. 桥梁车撞作用

我国公路桥涵和铁路桥涵相应设计规范规定，桥梁在必要时应考虑车辆的撞击作用，车辆撞击力采用等效静力设计值，即沿行车方向为1000kN，垂直于行车方向为500kN，撞击力作用位置距离地面1.2m。但是，规范中未对桥墩防车辆撞击设计的具体条件作出明确规定，设计人员须自行判断是否需要考虑车辆撞击作用；对车辆与桥墩撞击的作用范围也未提及。桥梁车撞问题以确定性指定事件分析居多，鲜有研究将重点放在桥墩车辆撞后的可靠度和工作性能上。樊伟等在钢筋混凝土柱式桥墩车撞问题研究中建立了一套车撞桥墩响应面——蒙特卡洛抽样可靠度分析方法，采用建立的响应面作为车撞桥墩的替代模型可以提高精度和计算效率，为大样本概率性分析提供了可能；采用规范JTG3362-2018中公式所得失效概率计算值偏于不安全。

欧洲统一规范对桥梁遭受车辆撞击的设计荷载进行了明确规定：一是车辆撞击力采用等效静力设计值，该设计值考虑了撞击角度、车辆速度、车辆质量等因素的随机分布，并按照道路等级和车辆类型进行分类；二是规定了撞击力作用位置，按载重汽车和小型汽车分别给出了具体数值。在确定撞击力量值和作用位置时，欧洲统一规范引入了风险分析方法，但未考虑材料非线性和动态效应。

美国AASHTO规范中有关车辆撞击桥梁问题的条款已修订过数次，在撞击力设计值、撞击角度、撞击高度等方面进行了调整。2012版规范指出，对于距离道路边界9.144m（30ft）以内或距离铁路中心线15.24m（50ft）以内的桥墩应进行防车辆撞击设计，撞击力采用2669kN（600kip）的等效静力设计值，作用方向与道路方向的夹角为0°~15°，作用位置距离地面1.524m（5ft）。美国AASHTO规范所采用的等效静力设计值来源于刚性柱的全尺寸实车撞击试验，撞击车辆为全重约36t（80kip）的牵引挂车，撞击速度约80km/h（50mile/h）。但该等效静力设计值并不是实际的测量数据，而是对实测撞击力数据进行滤波和平均化处理的结果，且未考虑桥墩特性和轴力的影响。

3. 流冰对桥梁的撞击作用

近年来，在流冰与桥梁墩台、桩基的作用方面，我国科研单位与院校的学者围绕冰的力学性能、冰荷载的计算、冰对桥梁结构的作用力等问题，在寒冷地区开展过一些研究。1988—1995年，中国地震局工程力学研究所曾在松花江上进行了一系列冰荷载实验，实测了层冰动力特性、层冰与桥梁间相互作用、流冰撞击力等内容。2012年，北京交通大学的雷俊卿、夏超逸等建立了撞击荷载作用下车桥耦合系统的动力分析模型，并编制了相关的计算程序，进行流冰撞击力作用下车桥耦合振动分析。目前，我国关于流冰的研究较少、研究范围窄、研究还不够系统。近五年，牛津、李忠龙等人对高寒地区江河流冰与桥墩相互作用进行了研究，数值模拟冰对桥墩的冲击和挤压作用，结果表明，冲击作用下冰排的最大撞击力与冰排抗压强度和冰排厚度成正比，采用破冰棱体和倾斜迎冰面结构能有效降低冰力；在特定条件、特定冰速范围内，动冰力可能引起"负阻尼"效应，导致"频率锁定"现象。季东航等进行有限元分析，对冰排添加失效准则实现了冰排的破碎效果，结果表明，桥墩不同高度位置处各点的最大拉应力、最大压应力数据在未达到材料拉压强度时有可能发生疲劳破坏；碰撞力最大值与冰厚度和冰排抗压强度并非呈线性增加；抗冰锥体角度较小时冰排对桥墩产生碰撞力会比较小，且桥墩产生的位移数值也相对较小。另外，牛津等采用ANSYS/LS-DYNA模拟了冰对桥墩的冲击和挤压作用，研究多种条件下冰排撞击桥墩过程中的破坏形式，提取能量变化、相互作用力、桥墩结构响应等数据，分

析冰的力学性质和结构物条件对流冰与桥墩动力相互作用的影响。

4. 落石冲击作用

国外边坡防落石技术最早可以追溯到 1830 年，欧洲开始大量修建铁路时期，由于受崩塌落石的灾害，各国开始关注落石防护技术。

Labiouse 基于落石冲击试验，建立了半经验半理论的计算公式。N.Kiski 等人开展了倒 L 型简支混凝土结构棚洞及全刚性混凝土棚洞受落石冲击的对比试验，得出了全刚性结构混凝土棚洞最大承载力是倒 L 型的 1.7 倍的结论。Pichler 等通过落石冲击砂垫层的室外试验，根据落石的几何尺寸、落石高度和冲击坑的深度来计算冲击力和冲击时间，并提出了半经验公式。Calvetti 等通过实验和数值模拟研究了覆盖层倾角及相对密度对落石冲击力的影响。Tran 等采用 LS-DYNA 建立了立柱、钢丝绳、钢丝网以及吸能器的新型防护系统，数值模拟结果与试验数据符合性良好，并据此进行参数化设计和研究。Mentani 等使用壳单元建立等效模型模拟落石冲击钢丝网的动力响应，从而避免了链节的模拟，该方法计算成本大大降低。LoïcDugelas 等采用离散元（DEM）方法分析柔性防护网的冲击响应。

国外对落石冲击的计算主要是日本。日本道路协会（Japan Road Association）基于落石冲击力试验数据和 Hertz 弹性碰撞理论，最大冲击力按以下公式计算。

$$F_{max} = 2.108 \lambda^{2/5} Q^{2/3} H^{3/5} \tag{18}$$

式中，Q 为落石重量，kN；H 为落石高度，m；λ 为拉梅常数，一般取 $1000kN/m^2$。该公式最大的问题是 λ，可根据防护结构上不同的垫层材料在 $1000kN/m^2 \sim 10000 kN/m^2$ 之间取值，这个变化幅度很大，很难准确计算。工程设计时，为了安全起见，拉梅常数 λ 一般取偏大值。图 113 对比了国内外几种落石冲击力计算公式的计算结果。从图中可以看出，各种计算公式的结果差异很大，其中日本公式的计算结果最大，且与瑞士公式比较接

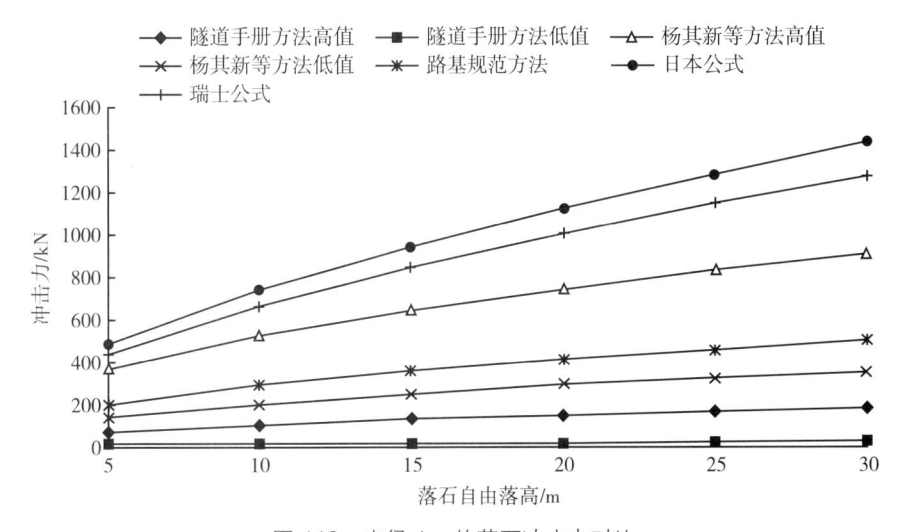

图 113 直径 1m 的落石冲击力对比

近；隧道手册的计算结果最小。隧道手册的计算公式实际是考虑冲击力的平均值，因此计算结果偏小，从而也会导致设计时考虑不周，给桥梁结构安全带来隐患。

5. 泥石流冲击作用

国外学者研究泥石流的冲击作用主要集中在防护结构方面，直接研究泥石流冲击桥墩作用的相关文献几乎没有。通过这些研究，提出了一些与《泥石流防治工程设计规范（试行）》T/ CAGHP 021-2018 相类似的泥石流冲击力的计算公式，仅系数 λ 有些差别，另外也考虑一个额外的安全系数（Factors of Safety）。例如，加拿大（VanDine，D.F. 1996）、日本（NILIM，2007）计算作用于结构上的冲击压强为

$$p = \lambda \frac{Yc}{g} V_c^2 \quad (19)$$

而奥地利（ASI，2008，2011）则考虑了泥石流的弗劳德数（$Fr = v / (gh)^{0.5}$），采用经验公式

$$p = 4.5 V_c^{0.8} (gh)^{0.6} \quad (20)$$

计算结果的等效系数在 0.5～2.2。ASI（2011）中前面的系数取为 5.0。

对泥石流中的大块石建议采用赫兹碰撞公式（Hertz Equation）计算。

$$F = K_c 4000 V^{1.2} R^2 \quad (21)$$

式中，F 为单个块石的冲击力，kN；K_c 为荷载折减系数；V 为块石冲击速度，m/s；R 为块石半径，m。该公式忽略了碰撞过程中的能量损失（如塑性变形），高估了块石的冲击力。因此将其荷载折减系数取 0.1～0.5。

（三）环境作用与效应

1. 桥梁温度效应

桥梁规范中关于温度作用的规定，主要考虑均匀温度作用和温度梯度作用两方面对桥梁结构的影响，各国规范确定均匀温度荷载的方式基本一致，即由区域气候决定；而温度梯度荷载的规定差异较大，在是否考虑地域影响、沥青铺装和混凝土板厚以及负温度梯度荷载的取值方法等方面有所差异。各国规范都没有对结构系统升温和降温的绝对度数做具体的规定，采用数值模拟不同结构系统在整体升温和降温对桥梁结构的内力和挠度影响成为研究热点。

在桥梁温度场及温度分布研究方面，研究人员通过收集气象数据、桥梁健康监测系统的温度数据或采用高精度温度计、热成像仪等实测桥梁现场的温度分布情况，通过室内辐射试验模拟太阳辐射对桥梁试件的温度分布。我国学者研究桥梁温度场及温度分布时还考虑了桥梁实时太阳位置和日照阴影、环境风、桥梁监测数据修正对温度场及温度分布的影响，主要用于计算具体桥梁在设计或施工时需要考虑的温度效应；国外学者对温度场及温度分布的研究用于对设计规范给出的温度分布模型对比。

在桥梁温度效应研究方面，我国学者针对不同桥梁结构的温度效应开展了研究，表示温度对桥梁结构的影响不可忽视，主要采用一维或二维模型进行预测，国外学者的研究主要是针对非线性温度分布和三维模型进行预测。

2. 混凝土桥梁的收缩徐变

在桥梁的收缩徐变试验研究方面，由于桥梁整体结构的收缩徐变试验的实现难度极大，多是采用混凝土构件进行收缩徐变试验。在桥梁的收缩徐变预测方法研究方面，为提高箱梁桥长期行为数值模拟的准确性，由于各预测模型均为半理论半经验模型，随机因素众多，变异系数也较大，与试验结果吻合程度差强人意。实际工程在选用收缩徐变的预测模型时应充分考虑各模型的适用性，必要时需通过现场试验确定。我国学者对收缩徐变预测模型中的参数进行修正，修正参数主要采用实验室收缩徐变试验结果或根据已服役桥梁健康监测获得的数据，研制了预测徐变和收缩的简化设计公式和软件程序。国内外学者对不同温度和不同湿度下混凝土结构的变形模型和预期变形进行研究。Wendner等利用实验室和几十年的桥梁数据库对B4模型几十年混凝土徐变的统计进行论证和校正，并进行优化方法、形式选择和不确定性量化。在收缩徐变效应研究方面，国内研究针对每座桥梁在设计和施工时混凝土收缩徐变效应的影响因素进行敏感性分析，计算每座桥梁的收缩徐变对桥梁内力、变形的影响及变化规律，这部分国外研究较少。

3. 桥梁结构耐久性

在桥梁耐久性设计方面，桥梁设计过程中对耐久性能的考虑使传统的桥梁使用性和安全性具有了时变特性。目前，桥梁的设计中对耐久性方面的设计逐渐引起重视。在对耐久性设计方法优化上国内外学者有不同的偏重方面。我国学者提出的耐久性设计优化方法主要是从桥梁整体设计出发，从不同设计角度以及尺度方面细化耐久性设计，从而优化桥梁整体耐久性设计方法。而国外在耐久性设计方面的提升主要集中在设计层面对结构模型进行优化，从而优化对混凝土构件的设计。桥梁耐久性评估与寿命预测方面，我国学者多用不同理论方法，如层次分析法、熵权理论、可拓理论、贝叶斯理论等对预测模型进行进一步提升，增加预测数据可靠性以及预测精确度。在国外方面，研究人员在桥梁寿命预测方面的研究主要偏重于增加对外界因素的考虑，如太阳辐射因素、气候因素、温度变化等方面优化桥梁的耐久性预测模型。

（四）极端荷载作用与效应

1. 桥梁抗火技术发展研究

国内外在材料高温特性、混凝土的高温爆裂、截面升温理论、预应力钢索抗火技术方面所做工作基本一致。在高温下界面黏结性能退化机理方面，国外有学者建立了模型来预测预应力混凝土构件中钢绞线与混凝土之间的黏结应力 – 滑移关系，模型考虑了混凝土性能、钢绞线几何形状和钢绞线表面类型；也有学者采用基于应变的梁单元分析讨论了火灾下界面黏结滑移对钢 – 混凝土组合梁性能的影响。

在抗火性能研究方面，国外一些学者在室外进行桥梁抗火性能试验，桥梁处于开放空间，火灾受风速等环境因素的影响很大，在室外进行桥梁抗火性能试验可真实反映实际火灾场景下真实结构的响应程度，并基于计算流体力学（CFD）考虑了火灾位置、桥梁结构（垂直净空、跨度数）和风速对桥梁火灾温度场和力学响应的影响。

目前，我国在混凝土高温爆裂机理、带空腔等复杂截面升温理论、高温下钢索有效预应力衰变、缆索支撑桥梁索结构防火、高温下界面黏结性能退化机理、桥梁抗火性能分析与研究方面还存在较多不足，且尚未涉足大跨径桥梁抗火性能研究。

2. 极端波流荷载研究进展

台风（飓风）引发的波流、风暴潮等是我国桥梁工程面临的主要极端波流荷载类型。2004 年的 Ivan 飓风、2005 年的 Katrina 飓风、2008 年的 Ike 飓风引起的巨浪、急流、风暴潮先后造成了美国沿岸多座海洋桥梁的损毁。因此，海洋极端波流荷载以及极端波流作用下的桥梁结构响应是近年来的热点研究问题。

为明确海洋极端波流荷载作用，如何充分考虑台风随机性，科学评估台风引发的波、流、风暴潮等极端水动力作用是我国大型跨海桥梁发展中需要解决的重要课题。我国多数海域缺乏台风下极端海况长期实测数据。近年来，以第三代海浪模式和水动力模式为代表的波流耦合数值模型已经成为开展桥址区波流灾害模拟研究的主要工具。鉴于台风下不同环境参数（风速、波高、流速、潮位等）之间存在复杂相关性，明确台风下的极端波流特性以及不同波、流荷载的组合方法对保障跨海桥梁安全具有重要意义。另外，桥梁与传统海洋工程的下部结构截面存在显著差异，以我国《港口与航道水文规范》为例，规范仅给出了圆形、方形墩柱的波流荷载计算方法，极端波流荷载下复杂截面墩柱的波流荷载计算方法亟待完善。

在桥梁结构动力响应方面，考虑风、浪、流单一作用和耦合作用下的桥梁及车 – 桥耦合动力响应分析近年来成为研究热点。极端环境下，桥梁受到的波 – 流荷载急剧增大。大型跨海通道桥梁空间跨度大，极端环境下不同基础处的波、流荷载参数存在明显非一致性。但因为缺少精细化动力响应计算理论和分析方法，已有研究多采用随机假设或线性内插简化处理非一致性，考虑波、流非一致作用的桥梁响应研究开展较少，相关试验和数值分析技术亟待完善。

四、我国桥梁荷载作用与效应发展趋势与对策

（一）车辆荷载作用与效应

1. 车辆荷载

（1）公路桥梁荷载

车辆荷载是公路桥梁设计与评估过程中的关键问题之一，现有规范的车辆荷载一般适

用于新桥设计，对于精度要求较高的既有桥梁承载力评估和疲劳损伤评估，应结合实际运行车辆的统计分析，建立相应的实际运行车辆荷载模型。

随着中国公路车流量和车载重量的持续增长，超载已成为导致桥梁垮塌的主要原因之一，桥梁的实际车流荷载或已超出设计值。因此，在中国公路货运量长期保持增长的趋势下，研究交通量持续增长下桥梁车载效应极值概率是准确评定既有桥梁运营安全的一个重要内容。

对实际随机车流作用下的桥梁车辆荷载效应而言。一方面，受到多种因素的影响，往往呈现多峰分布特点，样本之间不一定满足同分布假定；另一方面，为了获取最不利荷载效应，往往采样间隔较短，使得样本之间具有时间依存关系，不满足独立性假定，故尚需基于现有的极值预测理论模型，解决受多事件混合影响的桥梁车辆荷载效应不满足独立和同分布假定，导致预测极值不准确的问题。

（2）铁路桥梁荷载

近年来，铁路运输总体呈现"客运高速、货运重载"的发展趋势。随着我国高速铁路网的逐渐建成，既有客货共线铁路将主要承担货物运输的任务，能源供求较大的区域还需新建大轴重等级的重载铁路。单一的列车荷载图式很难反映新形势下的铁路运输状态，根据客货共线铁路货运现状和发展趋势，影响列车荷载图式的因素很多，除与机车车辆参数、运输模式、速度指标和不同结构体系加载方式等有关，尚需考虑桥涵结构设计基准期内机车车辆装备技术的进步和发展。

国内现行规范规定荷载图式加载长度根据加载需要确定，不限制加载长度，主要考虑既有客货共线铁路桥梁跨度一般在200m以下，而运营列车的长度超过桥跨结构。但是目前铁路桥梁跨度已达到千米级，因此，一般情况下，荷载图式加载长度按检算项目的最不利工况进行加载；对于高速铁路和城际铁路大跨度桥梁结构，当桥梁跨度或加载长度超过运营列车的最大编组长度时，宜采用可能开行的最大列车编组长度。

桥上高速列车运营的安全性和舒适性与桥梁频率、刚度等动力学指标相关，在相同速度条件下桥梁的动力学设计指标与荷载图式的选取并无直接关系。由于高速列车对桥梁动力性能要求高，不应简单地按高速列车静效应与荷载图式静效应进行对比。对于仅考虑运行动车组的线路，降低设计荷载图式是进一步研究的方向，但应同时研究制定完善的配套参数体系。

中国高速铁路动车组如车长、轴重等已基本定型，可预见的周期内动车组基本指标应不会有大的变化，故建议根据运营的高速动车组和3.8万多千米高铁铁路建设情况，进一步深化开展理论研究和实车试验，不断优化或细化轨道、路基、桥梁等结构的各项刚度指标。

由于各国运输模式不同，采用的荷载图式和配套的动力系数均有所差别。随着我国铁路运输形势的发展，须对既有动力系数的适应性展开研究，并进一步完善设计动力系数体系。

2. 疲劳荷载发展趋势与对策

（1）构造细节的发展

正交异性钢桥面板发展面临的主要矛盾在于：①良好的受力性能与高疲劳病害风险之间的矛盾；②具有竞争力的建设期经济性和欠佳的全寿命周期性能及成本之间的矛盾。上述主要矛盾的根源在于结构体系自身欠佳的疲劳性能。国内外学者为提高正交异性钢桥面板的疲劳性能进行了大量研究，当前常用的闭口肋纵肋形式和主要板件的设计参数以及典型的构造细节均是长期探索的结果。顶板与纵肋连接构造及横隔板与纵肋连接构造作为正交异性钢桥面板的疲劳病害最为突出的部位，国内外学者对其优化设计进行了大量研究。

（2）新型正交异性钢桥面板结构

发展新型正交异性钢桥面板结构体系，是提升正交异性钢桥面板疲劳性能的主要途径。其主要思路有三：①发展组合桥面板结构。在正交异性钢桥面板上引入高性能水泥基结构层，通过剪力键将结构层与正交异性钢桥面板形成组合桥面板协同受力，显著增大桥面板的局部刚度，大幅度降低各疲劳易损部位的应力幅，改善桥面铺装的受力状况，从而为正交异性钢桥面板疲劳开裂和桥面铺装易损提供综合解决方案。②通过正交异性钢桥面板优化设计减少焊缝数量，降低初始缺陷出现的概率。例如采用大尺寸纵肋增大纵肋、横隔板和横隔板间距，大量减少焊缝数量，从而显著降低正交异性钢桥面板的疲劳开裂风险。③通过同时引入多个高疲劳抗力的新型构造细节，发展新型高性能正交异性钢桥面板结构体系，实现正交异性钢桥面板结构体系主导疲劳失效模式迁移，从而大幅提高结构体系疲劳抗力。

（3）钢桥面板疲劳裂纹维修和加固技术

既有正交异性钢桥面板的疲劳开裂案例在世界各国大量涌现，全部更换桥面板是不现实的。因此，正交异性钢桥面板的疲劳裂纹维修和加固是正交异性钢桥面板疲劳问题的重要研究方向之一。疲劳裂纹维修加固与结构的抗疲劳设计是同一问题在既有结构和新建结构中的不同表现形式，疲劳裂纹维修加固的相关研究促进了对于正交异性钢桥面板疲劳机理的认识，推动了其抗疲劳设计的进一步发展。受限于结构服役环境条件和施工空间等客观因素，对既有正交异性钢桥面板疲劳开裂进行维修加固，比新建桥梁的设计和施工更具挑战性。目前，国内外疲劳裂纹维修加固的思路和方法可分为以下三种：①改变裂纹尖端应力场强分布；②增加结构的整体刚度，降低疲劳易损细节的应力幅；③通过裂纹所在位置的局部构造补强，抑制疲劳裂纹扩展。

（二）冲击荷载作用与效应

（1）船、车、流冰的撞击作用

通过对桥梁遭受船舶、车辆和流冰撞击等方面的近期研究成果进行分析，认为在以下几方面的研究是在未来工作中需要进一步考虑的：

1）汽车、船舶碰撞桥梁事故的统计数据库和不同类型车辆、船舶参数数据库的建立。PEER对地震记录的统计整理极大地方便了抗震科研人员对地震记录的选用。而在桥梁防撞方面尚缺少类似共享数据库，目前也缺少有影响的机构组织来承担桥梁撞击的基础统计工作。前事不忘后事之师，必须重视这方面的事故统计分析和不同类型车辆、船舶相关参数的收集整理。

另外，考虑到中国车型的独特性和目前较为精细的车辆模型大多为依据国外车型建立的现状，建立精细的中国典型车辆数据库显得十分必要，同时对典型船舶也需做类似工作。

2）目前桥梁抗撞击与防护的基础性试验数据较缺乏，相关大型试验方法与数据稀少。例如真实足尺的大型桥梁车撞、船撞和流冰冲击试验相对匮乏，尤其是在中国几乎鲜有开展，或尚未公开。2011年，Buth等人进行了车辆碰撞试验，在此试验结果基础上，2012年，AASHTO即将等效静设计力从1800kN提高到2670kN。可见，进行实验研究并得到可靠的实验数据，对修订规范、指导设计十分必要。

3）桥梁撞击合理数值分析模型的建立。基于材料性能试验、部分实验数据或者现场事故图片进行建模，在已验证后的数值模型上再开展参数影响数值研究的方式值得借鉴。真实的大型足尺撞击试验成本昂贵，数值分析技术仍然是现在的主要分析手段。但桥梁撞击分析需要接近真相的数值模拟，数值模型的参数选取要结合实际情况、有所依据；对于结果的分析也不能满足于试验和仿真结果一致，或附和试验数据而令数值仿真沦为"数字游戏"。对于结果不一致的情况更要分析其根本原因，才能在桥梁撞击仿真技术和试验方面均有所提高。

4）基于性能的设计方法研究应在桥梁撞击领域继续深入、细化开展。一些研究人员试图为桥梁撞击问题建立一种基于性能的设计方法。基于性能的抗撞设计思想在我国2020年发布的《公路桥梁抗撞设计规范》中也已经有明确体现，并给出了两个作用水准。基于性能的桥梁抗撞设计思想应进一步推广和完善。

5）多灾害耦合作用在现行的桥梁设计规范中，通常采用单一危害来进行设计和安全评价。然而，多种灾害同时发生或链式效应，如流冰和船舶共同撞击、地震落石协同致灾、撞击伴随火灾发生等，会对桥梁系统造成更严重的破坏，其致灾机理和安全评估也更为复杂。国内外在这方面的研究工作正在启动，还需深入。

6）桥梁撞击发生后，缺少快速有效评估结构安全性和剩余承载力的方法。另外，神经网络、深度学习目标检测等人工智能技术运用于撞击力预测和风险评估，以实现智能感知和判断，将为进一步的分析和决策提供技术支持，也是营造数字交通环境的一条途径。

7）桥梁主动防船撞目前还没有统一标准，各类桥梁主动预警和干预的手段单一。利用AIS、VHF、VITS等多项技术构建基于多源信息融合的碰撞风险预警模块，并加强航行管理，采取主动防撞与被动防撞综合手段有望取得较好效果。

（2）落石冲击作用

近年来，国内外学者对落石的冲击作用进行了广泛研究，主要集中在数值模拟和防护结构设计方面。由于落石自失稳后，以滚动、碰撞、弹跳及空中飞行等方式在边坡上的运动，最终与桥梁结构物相撞击，其运动轨迹复杂。后续的研究可考虑以下几个方面：

1）目前大多数学者采用 RockFall 软件模拟落石的运动轨迹和规律，但是由于边坡和落石的特性复杂多变，导致各项参数很难准确取值，可考虑对特定边坡落石进行大量的数据模拟，从概率分布方面去分析其运动规律，另外还需要结合现场试验进行修正。

2）目前的研究多是基于单个落石的冲击作用，还可以研究多个落石随机冲击桥梁结构的响应。

3）研究不同缓冲填料、减振措施、防护材料等的防护效果及其模拟方法。

（3）泥石流冲击作用

近年来对泥石流冲击桥梁的研究不断深入，取得了丰硕成果。研究方法方面，室内模型试验及野外试验相结合，新型传感器和各种数值模拟方法为未来研究提供了更好的手段。泥石流冲击方面，提出了新的荷载模型可供结构分析使用，桥梁结构的响应分析全面展开。结构防灾方面，易损性研究从历史经验判断进入到数值模拟，新的防护措施不断涌现。通过对这些成果的总结，今后可以从以下几个方面展开研究：

1）展开广泛的跨学科合作，土木学科应与地球学科加强联系，从野外调查、泥石流物理模型、桥梁结构分析等方面展开交流。

2）通过一系列泥石流冲击桥墩的试验，采集足够多的冲击力数据，分析不同特性泥石流冲击桥墩的力的特性，在此基础上制定适合桥梁结构的泥石流荷载标准，为泥石流区的桥梁结构设计计算提供依据。

3）已有研究表明，泥石流中大块石的冲击可能是导致桥梁结构损坏的主要因素，因此有必要研究泥石流中大块石的运动规律及其与桥梁结构的耦合作用。

4）调查分析泥石流区桥梁冲毁事故，结合数值模拟探究泥石流冲击作用下桥梁结构的破坏机理，做到结构分析结果与野外调查事故案例一一对应。

5）在泥石流灾害作用下桥梁结构的易损性方面继续深入研究。

（三）环境作用与效应

桥梁的温度场和温度效应已进行了较为全面的分析工作，但仍存在相应的不足有待进一步研究，温度场热边界参数可能与桥梁表面处理措施、环境风速等因素有关，不同的组合桥梁的热边界参数有差异，需要进一步扩大温度场试验范围。目前，桥梁温度场规律的探究以二维数值模型为主，有必要采用更加精细的三维模型进一步深入探究，未来将对温度场考虑时变的四维分布进行定量分析。由于缺乏不同桥梁长期温度测量数据，在建立组合桥设计温度荷载时，将气候历史数据作为输入，通过数值仿真得到桥数值模型的温度场，这种方法虽然简便高效，但是得到的温度数据的准确性有待进一步采用桥梁实测温度数据进行验证。由于我国长期记录太阳辐射的气象站的数量并不太多，把单个城市气象站得到温度荷载作为整个省（自治区、直辖市）的温度荷载值，这种做法对于面积较大的省（自治区、直辖市）可能造成较大的绘图误差，后续有必要增加地理位置点，提高组合桥温度荷载地理分区图的空间精度。环境温度分布与桥梁结构受力建立联系的计算模型尚未统一，温度分布对不同桥梁的温度效应研究尚处于初步阶段。试验研究偏少，目前研究多针对某一桥或几座桥的环境监测温度进行数值模拟桥梁结构受力和变形，没有形成系统化研究，应建立不同区域长期监测大数据平台，为今后桥梁设计、施工和维护提供可靠数据。目前针对温度荷载的可靠度研究较少，应建立温度荷载的可靠度评价体系。考虑多因素耦合作用下的温度场分布规律需要进一步完善。

为了研究桥梁收缩徐变的长期变形行为，混凝土桥梁收缩徐变与环境（温度场、湿度场）耦合作用日益成为研究热点。自然环境条件下的收缩徐变预测模型仍需大量试验验证；收缩徐变的不确定性是混凝土结构长期变形表现出较强离散性的主要原因，增加试验研究以提高有限元模拟的正确性。很多研究没有考虑对新旧混凝土交界面处可能产生的收缩应力，目前考虑的都是恒载作用下所产生的徐变效应。活载对于长期徐变效应的影响需要进一步研究探索。徐变对混凝土及核心混凝土微观孔隙结构研究鲜有文献报道，但其对从微观角度揭示混凝土材料的宏观现象及徐变机理有重要的指导意义，需进一步系统研究。

随着基础设施建设的数量和规模日益扩大，桥梁的耐久性能受到越来越多的重视。根据目前现有的文献发现，对桥梁耐久性的研究在不同层面上都趋于精细化，未来可以从以下几个方面开展桥梁耐久性的研究：①混凝土耐久性设计的优化，如材料、结构一体化设计、考虑多因素耦合情况下的耐久性设计；②高性能及高耐久性材料的研发，如混凝土的改性、抗侵蚀的表面涂层、UHPC、FRP材料等在桥梁构件中的应用以及混凝土高效有机添加剂；③钢筋抗腐蚀技术的研究，如钢筋阻锈剂、自迁移钢筋阻锈技术等；④混凝土桥梁耐久性相关的理论基础的研究，如桥梁的钢筋混凝土结构在多因素情况下的破坏损伤机理；⑤桥梁寿命预测模型的进一步提升，如根据桥梁实测数据进一步考虑桥梁寿命预测中不同因素的影响。

（四）极端荷载作用与效应

1. 桥梁风工程研究新热点、发展趋势与展望

（1）研究新热点

近年来，基于数据驱动思路的桥梁风工程与人工智能的交叉研究成为本领域的新热点。近年的主要工作集中在以下几方面：①利用人工智能开发大跨度桥梁大风预警系统，以保障强风作用下的车辆行车安全；②针对桥梁断面设计初期气动性能难以评估的问题，提出基于机器学习的气动参数识别、断面性能优化和颤振临界风速预测的代理模型；③基于现场实测数据，对大跨度桥梁涡激共振事件进行分类和时域建模；④利用深度学习技术，深度挖掘桥梁断面在紊流风条件下的非线性气动力演化模式。

（2）发展趋势与展望

桥梁风工程对台风、山区风和特异风等风特性的认识还远未成熟，需要风工程研究者通过长期、大量的现场实测，在掌握第一手资料的基础上获得对风特性的深入认识，为桥梁抗风设计理论提供更可靠的依据。

超大跨度桥梁和海洋桥梁的发展，要求抗风设计理论不断创新，非线性和紊流对桥梁风致响应的影响不能忽视，传统的偏于保守的某些设计准则也需要改进；还需要发展更经济有效的风致振动控制技术、开发更优良的桥梁气动外形及结构形式，以适应超大跨度桥梁的发展。

2. 桥梁抗火技术发展趋势与展望

（1）火灾全过程桥梁垮塌机理

现有试验测试及仿真技术对研究桥梁在火灾下全过程的抗火性能存在较大局限性，还需进一步提升测试手段和水平，完善桥梁模型抗火性能试验与测试方法，并精细化火灾下桥梁的数值仿真过程，完善超高度的非线性迭代方法，进一步开发新型复合热力耦合单元。

此外，桥梁火灾由于受所处环境影响较大，因此研究完全开放空间（桥面火灾情况）和非完全开放空间（桥面下火灾情况）的火灾温度场模型，研究桥下不同净空、不同车辆、不同风速对桥梁火灾温度场和火灾持续时间的影响，建立适合中国交通现状的桥梁火灾温度场模型对桥梁抗火技术的发展至关重要。

近些年来，纤维增强混凝土、工程用水泥基复合材料（ECC）、自密实混凝土（SCC）等高性能混凝土、纤维增强复合材料（GFRP、CFRP、AFRP、BFRP）、Q690等高强钢、免涂装耐候钢（Q345qENH、Q420qENH）以及1960 MPa、2000 MPa级镀锌高强钢丝束等高性能材料获得广泛应用，这些高性能材料的高温特性是桥梁抗火技术发展的一大研究方向。

（2）抗火设计

结构抗火设计经历了3个阶段，即基于试验的传统方法、基于计算的现代方法、基于性能目标的性能化方法。基于性能化的设计方法是桥梁抗火技术的必然发展方向，该方法首先需要对桥梁根据其重要性、火灾的危险性、交通需求、预期损失和经济后果综合考虑，确定桥梁耐火极限；其次通过分析计算，以桥梁在真实火灾场景下满足设定的耐火极限为桥梁抗火安全设计依据。此外，现行规范中未涉及桥梁抗火设计的要求，主要原因在于桥梁结构种类多、火灾环境复杂、各种桥梁结构遭遇不同火灾时的性能衰变机理还未能全面揭示，因此有待进一步建立桥梁结构抗火设计标准、规程和规范。

（3）火灾下桥梁结构智防护及灾后安全评价

火灾下桥梁结构智防护从主动防火和被动耐火两方面着手。主动防火指智能预警和及时灭火，基于火灾下构件升温的测量、构件挠度的检测以及构件承载能力的判断，建立结构火灾下破坏预警系统，预测火灾中结构的破坏时间和监测结构的安全状况。被动耐火主要是提高结构的耐火能力，延长耐火时间，通过研究结构的内部参数及外部火源位置，给出不同状况下的桥梁耐火极限。

目前采用的多种评估方法可近似获取火灾后桥梁的工作状态。然而，如何使遭遇不同火灾后的桥梁安全评估更精确并量化，使评估过程快速精准、经济合理，避免因盲目或过度的评判，导致后续的修复及加固行为升级，交通长时间封闭和大量的经济浪费，就需要建立完整、科学的火灾后桥梁结构安全评价体系。现有加固规范中修复方法并不是针对火灾后受损的桥梁结构，需进一步提出保证修复方法经济性及修复后结构安全性的维修加固策略，对火损桥梁修复后需要满足的条件提出规定。

3. 极端波流荷载作用下桥梁面临的挑战与技术发展趋势

随着国家"一带一路"倡议和海洋强国战略的提出，我国近年来修建了一大批海洋桥梁，如杭州湾跨海大桥、港珠澳大桥、平潭海峡公铁大桥等。同时，我国海岸线绵长，拥有建设海洋桥梁的广阔舞台。但随着桥梁从内陆走向海洋，自然面临着陆地桥梁无法预见的挑战，其中就包括极端波流荷载的作用。目前，跨海桥梁在极端波流荷载作用下面临的挑战及技术发展趋势有：

1）采用现场实测获取的浪－流数据总是有限的，从少数几个测站获取的观测数据仍无法全面反映桥位海域的波浪、流场特性，同时在极端环境下，浪－流测站时常遭到破坏，导致一些关键数据缺失。因此，基于气候数值后报或预报的手段进行海洋桥梁环境参数分析是目前研究的热点及未来海洋桥梁发展的重要方向。

2）海洋桥梁工程作用及其组合理论是工程设计的基础，是贯彻"安全、耐久、适用、经济和美观"设计原则的重要前提。相较于传统桥梁，海洋桥梁所处的环境十分复杂和恶劣，承受多种随时间和空间变化的随机荷载，例如飓风、波浪、海流的作用，这些荷载往往对结构设计起到控制作用，给海洋桥梁的设计带来极大挑战。因此，对极端浪－流作用的组合效应考虑是海洋桥梁设计过程中不可回避的关键性问题。同时，基于概率模型外推极端浪－流作用的组合受数据量的限制，使得推求较长重现期的极端浪－流作用的组合不可信，基于人工随机模拟极端事件（台风）的极端浪－流作用概率组合是弥补传统概率模型外推的重要手段，然而对该方面的研究目前几乎未见报道。

3）海洋桥梁工程下部结构波－流荷载是工程设计和桥梁动力响应分析的关键。目前规范对小尺度桩柱采用 Morison 方程计算，大尺度结构采用线性绕射理论考虑。它们都只能考虑较规则的波浪和结构形状，真实的海洋环境和海洋桥梁下部结构比理论计算的简化模型更复杂，强非线性波 - 流、任意形状的下部结构的波 - 流荷载都是未来海洋桥梁工程下部结构波 - 流荷载研究的重点。

4）随着跨海桥梁跨径增大，桥梁结构自身刚度变小，阻尼降低，浪 - 流等水动力灾害耦合作用下的桥梁振动问题更加突出，这也成为海洋环境桥梁设计的关键问题。基于大型水池和风洞联合试验室的风、浪、流、桥流固耦合的物理试验与数值模拟研究是未来海洋桥梁设计的重要依据和关键技术。

（五）我国桥梁抗震设计发展

最近十余年，地球上发生的多次地震对桥梁抗震设计理论产生了巨大影响。历次大地震的震害教训使得各国政府越来越重视桥梁抗震问题，最近几年来，通过对桥梁震害的认识，国外桥梁抗震设计规范和设计方法在不断改进，多级抗震设防、能力设计原则已被许多国家的桥梁抗震设计规范所采用。

在桥梁结构的寿命期内，破坏性地震一般不会经常发生。在技术上要把桥梁结构设计成能抵御这种极端的地震，使之不发生破坏是可以实现的，但这样做极不经济而且不必要。因此，抗震设计的思想经多年的演变逐步形成一种共识，经抗震设计的绝大多数桥梁结构在遇到破坏性地震时，允许其出现一定的破坏，但震后可修复。多年来的震害经验也表明，对大多数经过抗震设计的桥梁结构，其震害可以控制在一定范围内，并且能有效地减少生命和经济损失。

近些年来，现代化大城市地震震害的最显著特点是地震灾害经济损失异常之大。例如1989年美国加州的Loma Prieta地震、1994年美国加州的Northridge地震、1995年日本兵库县南部地震、1999年的土耳其地震和中国台湾集集地震。由于桥梁工程遭受严重破坏，切断了震区交通生命线，造成救灾工作的巨大困难，是造成惨重经济损失的主要原因之一。各国学者对过去长期视为正确的抗震设计思想进行反思，认识到过去的抗震设计只以生命安全和防止结构破坏为目标是远远不够的。基于对上述问题的深刻反思，美国学者于20世纪90年代初提出了基于性能的抗震设计思想（Performance-based Seismic Design），并在政府的资助下启动了许多相关研究项目，随后受到各国学者的广泛关注。目前，美国、日本、新西兰等国家都把基于性能的抗震设计理论作为改进抗震设计方法、完善抗震设计规范的重要研究课题。我国于2004年颁布了《建筑工程抗震性态设计通则（试用）》（CECS 160：2004），这是一本自愿采用的试用标准，主要适用于工业与民用建筑和部分构筑物基于性能的抗震设计。我国《城市桥梁抗震设计规范》和《公路桥抗震设计规范》也引进了基于性能的抗震设计思想。基于性能的抗震设计理论针对不同的结构特点和性能要求，综合考虑和应用设计参数、结构体系、构造措施和减震装置来保障桥梁结构在各级地震水平作用下的抗震性能。

近年来，随着我国城镇化进程的不断发展，具有高人口、建筑和财富密度的现代城市群不断涌现。与此同时，高度集约的各类要素资源和经济社会活动的现代城市对地震等强灾害作用的脆弱性也在不断展现，所导致的经济损失呈几何级增长。为此，一些学者前瞻性地提出了可恢复性城市的概念，以提高现代城市应对极端灾害事件的能力，并在最短的时间内恢复城市的正常功能。2013年，在瑞士达沃斯召开了可恢复性城市国际大会，重点研讨城市关键基础设施的可恢复设计；2016年，在美国太平洋地震工程研究中心（PEER）的年会上，基础设施的震后功能可恢复为大会研讨的主题，并被认为是下一代基于性能的地震工程的核心；2017年，在智利圣地亚哥召开的第16届世界地震工程大会的主题为"可恢复功能——土木工程的新挑战"。当前城市抗震防灾的基本理念和需要已发生深刻变革，各类城市基础设施结构的抗震理念正由抗震减震向震后功能可恢复转变。

震后功能可恢复桥梁是指地震后不需修复或在部分使用状态下稍许修复即可恢复其使用功能的桥梁结构。实现桥梁结构的可恢复性设计必须首先解决两个关键性问题：一是建立具有震后功能可恢复性的新型结构抗震体；二是建立面向可恢复性的设计理论体系。为提高震后桥梁结构的使用功能，快速恢复交通，开展震后可恢复性桥梁结构新体系与设计理论研究，不仅有助于引领国际桥梁结构抗震的新发展，占领理论和技术的高地，同时也符合我国当前和未来发展的实际需要。

参考文献

[1] 夏坚，宗周红，杨泽刚，等. 基于GPS的大跨斜拉桥车辆荷载模型[J]. 中国公路学报，2016，29（1）：44-52.
[2] 林诗枫，黄侨，任远，等. 基于南京长江三桥的车辆荷载模型[J]. 东南大学学报（自然科学版），2016，46（2）：365-370.
[3] 张弛，高震，薛丽. 公路桥梁车辆荷载极值模型研究[J]. 武汉理工大学学报，2018，40（4）：31-36.
[4] 殷志祥，高哲，冯瑶. 车辆荷载下多车道横向折减系数的计算和分析[J]. 公路交通科技，2017，34（6）：99-105.
[5] 邓露，何维，王芳. 不同截面类型简支梁桥动力冲击系数研究[J]. 振动与冲击，2015，34（14）：70-75.
[6] 冀伟，邓露，何维. 波形钢腹板PC箱梁桥的车桥耦合振动分析及动力冲击系数计算[J]. 振动工程学报，2016，29（6）：1041-1047.
[7] Deng L, Yan W, Zhu Q. Vehicle Impact on the Deck Slab of Concrete Box-Girder Bridges due to Damaged Expansion Joints[J]. Journal of Bridge Engineering, 2016, 21（2）：06015006.
[8] 邓露，陈雅仙，韩万水，等. 中小跨径公路混凝土简支梁桥冲击系数研究及建议取值[J]. 中国公路学报，2020，33（1）：69-78.
[9] 胡所亭，魏峰，王丽，等. 《铁路列车荷载图式》制定研究[J]. 中国铁路，2017（4）：1-7.

[10] 国家铁路局. 铁路列车荷载图式：TB 3466—2016［S］. 北京：中国铁道出版社，2016.

[11] 胡所亭，王丽，蔡超勋. 铁路桥梁设计动力系数研究进展［J］. 铁道建筑，2019，59（12）：1-5.

[12] 国家铁路局. 铁路桥涵设计规范：TB 10002.1—2017［S］. 北京：中国铁道出版社，2017.

[13] 国家铁路局. 高速铁路设计规范：TB 10621—2014［S］. 北京：中国铁道出版社，2015.

[14] 翟婉明，夏禾. 列车－轨道－桥梁动力相互作用理论与工程应用［M］. 北京：科学出版社，2011.

[15] XUE F C. Investigation of rolling wheel-rail contact using an elaborate numerical simulation［J］. Proceedings of the Institution of Mechanical Engineers, Part F: Journal of Rail and Rapid Transit, 2020, 234（10）: 1198-1209.

[16] 李小珍，辛莉峰，肖林，等. 考虑轨道不平顺全概率分布的车桥随机分析方法［J］. 土木工程学报，2019，52（11）：71-78.

[17] 廖海黎，李明水，周强. 海洋桥梁工程抗风安全的难题及其对策思考［J］. 中国工程科学，2019，21（3）：12-17.

[18] 吴定俊，石龙，李奇. 梁轨纵向位移阻力系数双弹簧模型研究［J］. 工程力学，2015，32（10）：75-81.

[19] 张迅，苏斌，李小珍，等. 高墩大跨简支梁桥的特殊梁轨纵向力及其影响［J］. 西南交通大学学报，2016，51（1）：57-64.

[20] 颜轶航，吴定俊，李奇. 列车制动下铁路斜拉桥梁轨动力相互作用研究［J］. 中国铁道科学，2019，40（1）：31-38.

[21] 陈嵘，邢俊，谢铠泽，等. 温度荷载下纵连式无砟轨道梁轨耦合作用规律［J］. 铁道工程学报，2017，34（3）：15-21.

[22] 戴公连，刘瑶，刘文硕. 大跨度连续梁桥与梁拱组合桥梁轨相互作用比较［J］. 中南大学学报（自然科学版），2017，48（1）：233-238.

[23] 闫斌，戴公连. 考虑加载历史的高速铁路梁轨相互作用分析［J］. 铁道学报，2014，36（6）：75-80.

[24] 车惠民，何广汉，杨德滋，等. 我国铁路列车荷载谱和桥梁结构效应谱的研究［J］. 西南交通大学学报，1990（2）：1-9.

[25] 童乐为，沈祖炎，陈忠延. 城市道路桥梁的疲劳荷载谱［J］. 土木工程学报，1997（5）：20-27.

[26] 周泳涛，鲍卫刚，翟辉，等. 公路钢桥疲劳设计荷载标准研究［J］. 土木工程学报，2010，43（11）：79-85.

[27] 宗周红，陆飞龙，薛程，等. 基于WIM系统的京沪高速公路重车疲劳荷载模型［J］. 东南大学学报（自然科学版），2018，48（5）：878-884.

[28] 刘占辉，呼瑞杰，姚昌荣，等. 桥梁撞击问题2019年度研究进展［J］. 土木与环境工程学报（中英文），2020，42（5）：235-246.

[29] 耿波，王福敏，汪宏. 三峡库区桥梁船撞技术与工程实践［M］. 北京：人民交通出版社，2016.

[30] SONG Y, WANG J. Development of the impact force time-history for determining the responses of bridges subjected to ship collisions［J］. Ocean Engineering, 2019, 187: 106182.

[31] 陈国虞，王礼立，杨黎明，等. 防御船舶撞击桥梁的柔性防撞装置论文集［M］. 上海：上海科学技术文献出版社，2015.

[32] 孙旋，饶西平. 北江航道白土大桥防撞设计［J］. 公路与汽运，2016（2）：168-171.

[33] 陈涛. 江海长桥非通航孔桥梁防船撞新型拦阻技术研究［D］. 浙江：宁波大学，2018.

[34] 徐光中. 川楂大桥通航孔水上防撞限高架设计研究［J］. 珠江水运，2019（2）：93-97.

[35] ZHU L, LIU W, FANG H. Design and simulation of innovative foam-filled Lattice Composite Bumper System for bridge protection in ship collisions［J］. Composites Part B: Engineering, 2019, 157: 24-35.

[36] 左杨，肖祥，何雄君. 船撞荷载作用下大跨度斜拉桥梁轨相互作用规律研究［J］. 武汉理工大学学报（交通科学与工程版），2019，43（6）：1109-1112，1119.

[37] 樊伟，杨涛，申东杰，等. 受压UHPC圆形墩柱抗冲击试验及简化分析方法［J］. 中国公路学报，2019，32（11）：165-175.

[38] 韩艳，王龙龙，刘志浩. 桥墩受车辆撞击研究综述［J］. 城市道桥与防洪，2020，253（5）：31，271-275.

[39] JTG D60-2015公路桥涵设计通用规范［S］. 北京：人民交通出版社，2015.

[40] BS EN1991-1-7: 2006 Eurocode1-Actions on Structures, Part 1-7: General Actions-Accidental Actions［S］. London: British Standards Institution, 2006: 1-32.

[41] AASHTO LRFD Bridge Design Specifications, 3rd ed［S］. Washington D.C.: American Association of State Highway and Transportation Officials, 2017.

[42] 王慧，张南，陈旭，等. 钢筋混凝土梁撞击缓冲效应试验研究［J］. 振动与冲击，2017，36（13）：178-183.

[43] CHEN L, EL-TAWIL S, XIAO Y. Reduced Models for Simulating Collisions between Trucks and Bridge Piers［J］. Journal of Bridge Engineering, 2016, 21（6）: 04016020.

[44] SHARMA H, HURLEBAUS S, GARDONI P. Performance-based response evaluation of reinforced concrete columns subject to vehicle impact［J］. International Journal of Impact Engineering, 2012, 43: 52-62.

[45] CHEN L, QIAN J, TU B. Performance-based risk assessment of reinforced concrete bridge piers subjected to vehicle collision［J］. Engineering Structures, 2021, 229: 111640.

[46] JTG D81-2017公路交通安全设施设计规范［S］. 北京：中国铁道出版社，2017.

[47] 牛津. 高寒地区江河流冰与桥墩相互作用的研究［D］. 哈尔滨：哈尔滨工业大学，2018.

[48] 杨其新，关宝树. 落石冲击力计算方法的试验研究［J］. 铁道学报，1996，18（1）：101-106.

[49] 王林峰，唐红梅，唐芬，等. 基于正交设计的不同垫层落石冲击力试验研究［J］. 中国铁道科学，2017，38（5）：16-21.

[50] 许泽鹏，胡卸文，贺书恒，等. 基于落石冲击试验的落石冲击力研究［J］. 地质灾害与环境保护，2020，31（2）：87-92.

[51] 赵雅娜，余志祥，赵世春. 柔性防护系统环形拦截网分区等代模型［J］. 西南交通大学学报，2019，54（4）：808-815.

[52] 赵雅娜，余志祥，赵世春. 多跨布置式环网柔性被动网结构数值计算方法［J］. 振动与冲击，2019，38（17）：211-219.

[53] 曾靖. 预应力混凝土简支T梁桥的落石撞击破坏分析［D］. 四川：西南交通大学，2014.

[54] 肖励之. 山区滚石对桥墩的冲击及其防护加固研究［D］. 四川：西南交通大学，2017.

[55] 康俊涛，章豪. 落石撞击下钢混组合梁桥上部结构动力响应分析［J］. 中山大学学报（自然科学版），2021，60（6）：36-42.

[56] 陈科宇. 落石冲击及对车桥的影响研究［D］. 四川：西南交通大学，2017.

[57] 顾乡. 落石冲击作用下桥梁墩柱损伤和防护研究［D］. 四川：西南交通大学，2017.

[58] Zhang X, Wang X, Chen W, et al. Numerical study of rockfall impact on bridge piers and its effect on the safe operation of high-speed trains［J］. Structure and Infrastructure Engineering, 2021, 17（1）: 1-19.

[59] 欧阳朝军，何思明，刘泉，等. 新型钢结构棚洞滚石冲击动力学计算研究［J］. 四川大学学报，2011.43（S2）：105-110.

[60] 余志祥，杨畅，罗焱. 山区桥梁墩柱抗落石冲击防护措施的耐撞性［J］. 四川建筑科学研究，2013，39（5）：11-15.

[61] 刘雷. 桥隧相连落石防护新型结构设计技术研究［D］. 北京：北京交通大学，2017.

[62] 张晓强. 桥隧相连落石防护新型结构动力响应分析［D］. 北京：北京交通大学，2018.

[63] 杜攀. 落石冲击下山区桥梁柔性钢护棚的力学行为研究［D］. 四川：西南交通大学，2016.

[64] 杨少军, 刘琛, 高明昌. 桥梁防治危岩落石的设计标准探讨[J]. 铁道标准设计, 2020, 64（增刊）: 74-78.

[65] 叶四桥, 陈洪凯, 唐红梅. 落石冲击力计算方法[J]. 中国铁道科学, 2010, 31（6）: 56-62.

[66] 徐胜. 落石冲击力计算方法研究[D]. 重庆: 重庆交通大学, 2016.

[67] 章书成, 袁建模. 泥石流冲击力及其测试[A]. 中国科学院兰州冰川冻土研究所集刊第4号（中国泥石流研究专辑）[C]. 北京: 科学出版社, 1985, 269-274.

[68] 吴积善, 康志成, 田连权, 等. 云南蒋家沟泥石流观测研究[M]. 北京: 科学出版社, 1990.

[69] 胡凯衡, 韦方强, 洪勇, 等. 泥石流冲击力的野外测量[J]. 岩石力学与工程学报, 2006, 25（增1）: 2813-2819.

[70] 曾超, 苏志满, 雷雨, 等. 泥石流浆体与大颗粒冲击力特征的试验研究[J]. 岩土力学. 2015（7）: 1923-1930.

[71] 何晓英, 唐红梅, 陈洪凯. 浆体黏度和级配颗粒组合条件下泥石流冲击特性模型试验[J]. 岩土工程学报. 2014（5）: 977-982.

[72] 张宇, 韦方强, 贾松伟, 等. 砖砌体建筑在泥石流冲击力作用下动态响应实验[J]. 山地学报. 2006（3）: 340-345.

[73] 王东坡, 陈政, 何思明, 等. 泥石流冲击桥墩动力相互作用物理模型试验[J]. 岩土力学, 2019, 40（9）: 3363-3372.

[74] 刘道川, 游勇, 杜杰, 等. 泥石流冲击力的时空分布特征[J]. 工程科学与技术, 2019（3）: 17-25.

[75] 王友彪, 姚昌荣, 刘赛智, 等. 泥石流对桥墩冲击力的试验研究[J]. 岩土力学, 2019, 40（2）: 616-623.

[76] ANG Y B, LIU X F, YAO C R, et al. Debris-flow impact on piers with different cross-sectional shapes[J]. Journal of Hydraulic Engineering, 2020, 146（1）: 04019045.

[77] 王友彪. 泥石流对桥墩冲击力研究[D]. 成都: 西南交通大学, 2019.

[78] 江杨, 刘思聪. 雅康路五里沟右线大桥抗泥石流冲击性能研究[J]. 国防交通工程与技术, 2013, 5: 11-15.

[79] 覃月璋. 泥石流对桥墩的冲击作用研究[D]. 成都: 西南交通大学, 2014.

[80] 勾婷颖. 泥石流冲击连续刚构桥的动力响应分析[D]. 成都: 西南交通大学, 2017.

[81] 姚昌荣, 王友彪, 刘赛智. 重力式桥墩在泥石流冲击作用下的响应分析[J]. 桥梁建设, 2017, 47（4）: 18-23.

[82] 公路钢管混凝土拱桥设计规范: JTG/T D65-06-2015[S]. 2015.

[83] 公路钢筋混凝土及预应力混凝土桥涵设计规范: JTG3362-2018[S]. 2018.

[84] 铁路桥涵混凝土结构设计规范: TB10092-2017[S]. 2017.

[85] 混凝土结构耐久性设计标准: GB/T 50476-2019[S]. 2019.

[86] 公路工程混凝土结构耐久性设计规范: JTG/T3310-2019[S]. 2019.

[87] 朱禹. 温度梯度引起的桥梁翘曲对无砟轨道的几何形位影响研究[D]. 成都: 西南交通大学, 2018.

[88] 刘诚. 钢-混凝土组合桥梁的温度场和温度效应研究[D]. 北京: 清华大学, 2018.

[89] 周记国, 钟新谷, 王桂花, 等. 日照作用下混凝土箱梁竖向温度梯度场研究[J]. 合肥工业大学学报（自然科学版）, 2016, 39（2）: 223-227, 243.

[90] 樊健生, 刘诚, 刘宇飞. 钢-混凝土组合梁桥温度场与温度效应研究综述[J]. 中国公路学报, 2020, 33（200）: 1-13.

[91] 薛俊青, 林健辉, Briseghella Bruno, 等. 适用于桥梁截面温度场计算的太阳辐射模型研究综述[J]. 福州大学学报（自然科学版）, 2018, 46（4）: 526-533.

[92] Liu J, Liu Y, Zhang C, et al. Temperature action and effect of concrete-filled steel tubular bridges: a review[J].

Journal of Traffic and Transportation Engineering(English Edition), 2020, 7(2): 174-191.

[93] Lei X, Fan X, Jiang H, et al. Temperature Field Boundary Conditions and Lateral Temperature Gradient Effect on a PC Box-Girder Bridge Based on Real-Time Solar Radiation and Spatial Temperature Monitoring[J]. Sensors, 2020, 20(18): 5261.

[94] 丁笑笑. 混凝土箱梁桥梁截面温度应力场分析研究[D]. 苏州: 苏州科技学院, 2015.

[95] Zhou L, Yuan Y, Zhao L, et al. Laboratory Investigation of the Temperature-Dependent Mechanical Properties of a CRTS-Ⅱ Ballastless Track-Bridge Structural System in Summer[J]. Applied Sciences, 2020, 10(16): 5504.

[96] Zhao L, Zhou L Y, Zhang G C, et al. Experimental study of the temperature distribution in CRTS-Ⅱ ballastless tracks on a high-speed railway bridge[J]. Applied Sciences, 2020, 10(6): 1980.

[97] Shi T, Zheng JL, Deng NC, et al. Temperature Load Parameters and Thermal Effects of a Long-Span Concrete-Filled Steel Tube Arch Bridge in Tibet[J]. Advances in Materials Science and Engineering, 2020, 2020: 9710613.

[98] Lawson L, Ryan K L, Buckle I G. Bridge temperature profiles revisited: thermal analyses based on recent meteorological data from Nevada[J]. Journal of Bridge Engineering, 2020, 25(1): 04019124.

[99] Sheng X, Yang Y, Zheng W, et al. Study on the time-varying temperature field of small radius curved concrete box girder bridges[J]. AIP Advances, 2020, 10(10): 105013.

[100] 李凤武. 基于结构表面局部风速的箱型桥梁温度场分析方法[D]. 广州: 华南理工大学, 2017.

[101] 梁春芳. 箱型桥梁温度场的全气候分析方法[D]. 广州: 华南理工大学, 2018.

[102] 孙利民, 周毅, 谢大圻. 环境因素对斜拉桥模态频率影响的周期特性[J]. 同济大学学报(自然科学版), 2015, 43(10): 1454-1462.

[103] 郑剑飞. 温度对桥梁模态频率识别的影响研究[D]. 长春: 吉林大学, 2015.

[104] Zheng W, Qian F, Shen J, et al. Mitigating Effects of Temperature Variations Through Probabilistic-based Machine Learning for Vibration-based Bridge Scour Detection[J]. Journal of Civil Structural Health Monitoring, 2020, 10(5): 957-972.

[105] 朱家军. 温度效应作用下基于神经网络的简支梁桥损伤识别方法研究[D]. 长春: 吉林大学, 2015.

[106] Wang X, Gao QF, Liu Y. Damage Detection of Bridges under Environmental Temperature Changes Using a Hybrid Method[J]. Sensors, 2020(14): 3999.

[107] 周浩, 易岳林, 叶仲韬, 等. 大跨度结合梁斜拉桥温度场及温度效应分析[J]. 桥梁建设, 2020, 50(266): 50-55.

[108] Niu Y W, Wang Y E, Tang Y Y. Analysis of temperature-induced deformation and stress distribution of long-span concrete truss combination arch bridge based on bridge health monitoring data and finite element simulation[J]. International Journal of Distributed Sensor Networks, 2020, 16(10): 1550147720945205.

[109] Kromanis R, Kripakaran P, Harvey B. Long-term structural health monitoring of the Cleddau bridge: evaluation of quasi-static temperature effects on bearing movements[J]. Structure and Infrastructure Engineering, 2016, 12(10): 1342-1355.

[110] Hildebrand M, Nowak Ł. Measurement of Temperature Distribution Within Steel Box Girder of Vistula River Bridge in Central Europe[J]. Baltic Journal of Road and Bridge Engineering, 2020, 15(4): 71-95.

[111] Teng J, Tang D H, Hu W H, et al. Mechanism of the effect of temperature on frequency based on long-term monitoring of an arch bridge[J]. Structural Health Monitoring, 2020, 20(4): 147592172093137.

[112] Li Y, He SH, Liu P. Effect of solar temperature field on a sea-crossing cable-stayed bridge tower[J]. Advances in Structural Engineering, 2019, 22(8): 1867-1877.

[113] Zhou Y, Xia Y, Chen B, et al. Analytical solution to temperature-induced deformation of suspension bridges[J].

Mechanical systems and signal processing, 2020, 139 (May): 106568.

［114］Wang Hao, Zhang Yiming, Mao Jianxiao, et al. Modeling and forecasting of temperature-induced strain of a long-span bridge using an improved Bayesian dynamic linear model [J]. Engineering Structures, 2019, 192: 220-232.

［115］Zhu Q X, Wang H, Mao J X, et al. Investigation of Temperature Effects on Steel-Truss Bridge Based on Long-Term Monitoring Data: Case Study [J]. Journal of Bridge Engineering, 2020, 25 (9): 05020007.

［116］Xia Q, Liu S, Zhang J. Temperature Analysis of a Long-span Suspension Bridge Based on a Time-varying Solar Radiation Model [J]. Smart Structures and Systems, 2020, 25: 23-35.

［117］Zhou Y, Sun L M, Fu Z H, et al. General formulas for estimating temperature-induced mid-span vertical displacement of cable-stayed bridges [J]. Engineering Structures, 2020, 221 (June): 111012.

［118］Strauss A, Somodikova M, Lehky D, et al. Nonlinear analysis for the investigation of rail-bridge interaction considering temperature effects [C] //Maintenance, Monitoring, Safety, Risk and Resilience of Bridges and Bridge Networks: 8th International Conference on Bridge Maintenance, Safety and Management, 26-30 Jun, 2016, Foz do Iguacu, Brazil. CRC Press, 2016.

［119］Tomko M, Demjan I. Deformation and stress analysis of a concrete bridge due to nonlinear temperature effects [C] // Advances and Trends in Engineering Sciences and Technologies: Proceedings of the International Conference on Engineering Sciences and Technologies, 27-29 May 2015, Tatranské Matliare, High Tatras Mountains-Slovak Republic. CRC Press, 2015: 219.

［120］Concepcion R S, Ilagan L C, Valenzuela I C. Optimization of Nonlinear Temperature Gradient on Eigenfrequency Using Genetic Algorithm for Reinforced Concrete Bridge Structural Health [C] //World Congress on Engineering and Technology; Innovation and its Sustainability. Springer, Cham, 2018: 141-151.

［121］Abid S R, Cacciola P. Three-dimensional finite element temperature gradient analysis in concrete bridge girders subjected to environmental thermal loads [J]. Cogent Engineering, 2018, 5 (1): 1447223.

［122］Bertagnoli G, Gino D, Martinelli E. A simplified method for predicting early-age stresses in slabs of steel-concrete composite beams in partial interaction [J]. Engineering Structures, 2017, 140: 286-297.

［123］Yang K, Ding Y, Sun P, et al. Modeling of temperature time-lag effect for concrete box-girder bridges [J]. Applied Sciences, 2019, 9 (16): 3255.

［124］Razmi J, McCabe M. Analytical and Computational Modeling of Integral Abutment Bridges Foundation Movement due to Seasonal Temperature Variations [J]. International Journal of Geomechanics, 2020, 20 (3): 04019189.

［125］Jesus A, Brommer P, Westgate R, et al. Bayesian structural identification of a long suspension bridge considering temperature and traffic load effects [J]. Structural Health Monitoring, 2019, 18 (4): 1310-1323.

［126］OBrien E J, Heitner B, Žnidarič A, et al. Validation of bridge health monitoring system using temperature as a proxy for damage [J]. Structural Control and Health Monitoring, 2020, 27 (9): e2588.

［127］Sawicki B, Brühwiler E. Long-term strain measurements of traffic and temperature effects on an RC bridge deck slab strengthened with an R-UHPFRC layer [J]. Journal of Civil Structural Health Monitoring, 2020, 10 (2): 333-344.

［128］Verma M, Mishra S S. Temperature - driven fatigue life of reinforced concrete integral bridge pile considering nonlinear soil-structure interaction [J]. Structural Concrete, 2020, 5 (1): 2565-2583.

［129］Lee J, Loh K J, Choi H S, et al. Effect of structural change on temperature behavior of a long-span suspension bridge pylon [J]. International Journal of Steel Structures, 2019, 19 (6): 2073-2089.

［130］Gottsäter E, Larsson Ivanov O. Spatial temperature differences in portal frame bridges [J]. Structural

Engineering International, 2020, 30 (2): 254-261.

[131] Bayane I, Mankar A, Brühwiler E, et al. Quantification of traffic and temperature effects on the fatigue safety of a reinforced-concrete bridge deck based on monitoring data [J]. Engineering Structures, 2019, 196: 109357.

[132] Yarnold M T, Moon F L. Temperature-based structural health monitoring baseline for long-span bridges [J]. Engineering Structures, 2015, 86: 157-167.

[133] Wedel F, Marx S. Prediction of the bridge temperature using monitoring data and machine learning [J]. BAUTECHNIK, 2020, 97 (12): 836-845.

[134] Kuryłowicz-Cudowska A. Determination of thermophysical parameters involved in the numerical model to predict the temperature field of cast-in-place concrete bridge deck [J]. Materials, 2019, 12 (19): 3089.

[135] 诸洪. 沥青摊铺高温作用下混凝土箱梁桥温度场及其效应研究 [D]. 长沙：湖南大学，2016.

[136] 姚燕雅. 浇注式沥青混凝土桥面摊铺对箱型钢桥梁温度场的影响研究 [J]. 水利与建筑工程学报，2018, 16 (3): 42-47.

[137] Wang Z, Zhang W, Tian G, et al. Joint values determination of wind and temperature actions on long-span bridges: Copula-based analysis using long-term meteorological data [J]. Engineering Structures, 2020, 219: 110866.

[138] Zhang W, Wang Z, Liu Z. Joint Distribution of Wind Speed, Wind Direction, and Air Temperature Actions on Long-Span Bridges Derived via Trivariate Metaelliptical and Plackett Copulas [J]. Journal of Bridge Engineering, 2020, 25 (9): 04020069.

[139] Guo C, Lu Z. Effect of temperature on CFST arch bridge ribs in harsh weather environments [J]. Mechanics of Advanced Materials and Structures, 2020: 1-16.

[140] 阳霞. 基于应变极值估计的桥梁车辆荷载与温度效应分析 [D]. 合肥：合肥工业大学，2017.

[141] Liu Y, Zhang H, Liu Y, et al. Fatigue reliability assessment for orthotropic steel deck details under traffic flow and temperature loading [J]. Engineering failure analysis, 2017, 71: 179-194.

[142] Xu H, Yan X. Numerical Analysis of Temperature Influence on Transverse Cracks in Concrete Box-girder Bridges [J]. Mathematical Problems in Engineering, 2020, 2020: 1-11.

[143] 李玉忠. 温度对混凝土梁式桥动力特性演化规律的影响 [D]. 北京：北京交通大学，2016.

[144] 张武. 混凝土箱梁桥温度效应研究 [D]. 南京：东南大学，2016.

[145] Kim S H, Park S J, Wu J, et al. Temperature variation in steel box girders of cable-stayed bridges during construction [J]. Journal of Constructional Steel Research, 2015, 112: 80-92.

[146] 刘广龙，刘江，刘永健，等. 西北极寒地区混凝土箱梁温度场实测与仿真分析 [J]. 公路交通科技，2018, 35 (3): 64-71.

[147] 刘海弯. 基于概率统计的大跨径连续刚构桥梁温度梯度及温度效应研究 [D]. 西安：长安大学，2016.

[148] 武庆祥. 北京市箱型梁日照温度场及影响研究 [D]. 北京：北京建筑大学，2016.

[149] 赵品，叶见曙. 波形钢腹板箱梁桥面板横向温度效应分析 [J]. 哈尔滨工程大学学报，2019, 40 (5): 974-978.

[150] 曾庆响. 大跨度预应力混凝土箱梁桥收缩徐变及温度效应的数值试验研究 [D]. 广州：华南理工大学，2015.

[151] 张长洋. 高墩大跨连续刚构桥挠度与应力主动控制研究 [D]. 济南：山东大学，2015.

[152] 严升威. 预应力混凝土连续梁桥合龙方案研究 [D]. 长沙：长沙理工大学，2015.

[153] 杨虎城. 预应力混凝土连续刚构桥裂缝分析及加固研究 [D]. 西安：长安大学，2015.

[154] Hossain T, Segura S, Okeil A M. Structural effects of temperature gradient on a continuous prestressed concrete girder bridge: analysis and field measurements [J]. Structure and Infrastructure Engineering, 2020, 16 (11): 1539-1550.

[155] 刘真. 钢-混凝土组合梁桥设计方法在中外规范下的对比分析[D]. 兰州：兰州交通大学, 2015.

[156] 赵闪. 高新四路伊河大桥结构特性分析与施工控制[D]. 阜新：辽宁工程技术大学, 2015.

[157] 聂鹏潇. 钢管混凝土拱-连续梁组合桥静力计算研究[D]. 成都：西南交通大学, 2015.

[158] 王耀旭. 钢-混凝土组合梁桥在日照温度场空间效应下的结构行为研究[D]. 成都：西南交通大学, 2017.

[159] 王永宝. 自然环境条件下大跨度劲性骨架混凝土拱桥长期变形行为研究[D]. 成都：西南交通大学, 2017.

[160] 闫泽宇. 考虑温度应力的钢拱结构抗震性能分析[D]. 西安：西安建筑科技大学, 2015.

[161] 韩倩. 钢-混凝土组合梁桥的温度效应分析[D]. 北京：北京建筑大学, 2015.

[162] 张高扬. 劲性骨架钢管混凝土拱桥温度作用效应研究[D]. 成都：西南交通大学, 2016.

[163] 姚晨. 极端气温下波形钢腹板PC组合箱梁温度效应研究[D]. 济南：山东大学, 2017.

[164] 蔡明昊. 波形钢腹板钢-混组合梁温度场及温度效应研究[D]. 兰州：兰州交通大学, 2020.

[165] 刘永健, 刘江, 张宁, 等. 钢-混凝土组合梁温度效应的解析解[J]. 交通运输工程学报, 2017, 17（4）：9-19.

[166] Wang G, Ding Y. Reliability estimation of horizontal rotation at beam end of long-span continuous truss bridge affected by temperature gradients [J]. Journal of Performance of Constructed Facilities, 2019, 33（6）：04019061.

[167] Zhou L, Chen L, Xia Y, et al. Temperature-induced structural static responses of a long-span steel box girder suspension bridge [J]. Journal of Zhejiang University-Science A, 2020, 21（7）：580-592.

[168] 张伟. 基于日照辐射的悬索桥主缆热应力理论及结构温度效应研究[D]. 重庆：重庆大学, 2015.

[169] 施文彬, 颜东煌, 许红胜, 等. 大跨度板桁结合斜拉桥施工阶段温差效应研究[J]. 交通科学与工程, 2017, 33（2）：37-42.

[170] 王建伟, 梁亦通, 王晟, 等. 大跨度钢桁梁斜拉桥主桁架动力效应分析[J]. 中外公路, 2018, 38（1）：103-107.

[171] 代传广, 李惠成, 时亮, 等. 中央索面斜拉桥主梁施工过程温度影响研究[J]. 公路, 2017, 62（6）：142-145.

[172] 程旭东. 大跨度斜拉桥钢混桥塔温度场及温度效应研究[D]. 武汉：武汉理工大学, 2017.

[173] 崔展铭. 基于长期监测的钢箱梁斜拉桥温度荷载分析[D]. 大连：大连海事大学, 2016.

[174] 焦晖. 预应力混凝土斜拉桥施工控制影响因素敏感性分析[D]. 西安：长安大学, 2017.

[175] 连海坤. PC斜拉桥各构件施工过程及成桥状态温度场影响研究[D]. 西安：长安大学, 2016.

[176] 汪峰, 彭章, 李浩然, 等. 考虑温度效应的斜拉桥塔-索-主梁耦合振动模型及影响分析[J]. 公路交通科技, 2018, 35（11）：51-60.

[177] 梁显. 钢拱塔斜拉桥的温度场和温度效应研究[D]. 石家庄：石家庄铁道大学, 2016.

[178] 刁飞, 唐自航, 黄彪. 部分斜拉桥温度场和温度效应分析[J]. 四川建筑, 2018, 38（2）：184-187.

[179] 王志祥. 高寒地区钢-混凝土组合梁斜拉桥施工阶段温度效应分析[D]. 西安：长安大学, 2017.

[180] 刘乾. 支承布置对混凝土曲线箱梁桥温度效应影响分析[D]. 郑州：郑州大学, 2017.

[181] 杨力. 公路曲线桥梁在温度作用下的变形分析及应对措施[D]. 南昌：华东交通大学, 2016.

[182] 庞振宇. 城市预应力混凝土曲线梁桥温度场及温度效应研究[D]. 南京：南京工业大学, 2015.

[183] 李林, 唐国斌, 程坤, 等. 基于长期监测数据的曲线箱梁桥位移研究[J]. 公路工程, 2019, 44（6）：147-150, 250.

[184] 齐少轩. CRTS I型双块式无砟轨道高温稳定性模型试验设计研究[D]. 成都：西南交通大学, 2015.

[185] 赵磊. 高速铁路CRTS II型板式无砟轨道结构失效分析与伤损试验研究[D]. 南京：东南大学, 2017.

[186] 梁淑娟. 长大桥上CRTS II型板式无砟轨道断板影响与可靠性研究[D]. 北京：北京交通大学, 2017.

[187] 朱禹，李成辉. 梁体温差对桥上无砟轨道横向稳定性影响研究[J]. 铁道标准设计，2017，61（12）：46-50.

[188] 刘克旭. 复杂温度下桥上无缝线路与CRTS Ⅰ型板式无砟轨道作用关系研究[D]. 北京：北京交通大学，2016.

[189] 杨静静. CRTS Ⅱ型轨道板温度变形及其对车—线—桥系统动力响应的影响[D]. 北京：北京交通大学，2017.

[190] 刘亚男. 复杂温度下Ⅱ型板式无砟轨道宽窄接缝病害影响及维修措施[D]. 北京：北京交通大学，2016.

[191] 颜东煌，宋志仕，涂光亚，等. 混凝土厚壁箱形截面日照温度场有限元分析[J]. 中外公路，2015，35（6）：80-85.

[192] 刘昌运. 大跨径连续刚构桥的温度效应分析[D]. 广州：华南理工大学，2015.

[193] 吕寻博. 山区桥梁空心薄壁高墩日照温度场及温度效应研究[D]. 长沙：长沙理工大学，2015.

[194] 韩功学. 超高墩大跨连续刚构桥的受力特性与施工控制研究[J]. 公路交通科技（应用技术版），2019，15（2）：157-159.

[195] 戴公连，唐宇，刘勇，等. 高铁圆端形空心高墩日照温度场数值分析[J]. 桥梁建设，2016，46（6）：67-72.

[196] 戴公连，唐宇，梁金宝. 高速铁路高墩极值温度变形研究[J]. 铁道学报，2018，40（7）：109-114.

[197] 姜洪伟. 波形钢腹板部分斜拉桥静力与参数敏感性分析[D]. 哈尔滨：东北林业大学，2016.

[198] Yang M G, Cai C S, Chen Y. Creep performance of concrete-filled steel tubular (CFST) columns and applications to a CFST arch bridge[J]. Steel and Composite Structures, 2015, 19（1）：111-129.

[199] 王永宝. 自然环境条件下大跨度劲性骨架混凝土拱桥长期变形行为研究[D]. 成都：西南交通大学，2017.

[200] 张正阳. 基于贝叶斯理论的钢管混凝土劲性骨架拱桥长期变形预测[D]. 成都：西南交通大学，2019.

[201] 陆飞. 考虑温湿度效应的斜拉桥混凝土徐变试验与变形模拟[D]. 重庆：重庆交通大学，2019.

[202] Chen Baochun, Lai Zhichao, Lai Xiuying, et al. Creep-Prediction Models for Concrete-Filled Steel Tube Arch Bridges[J]. Journal of Bridge Engineering, 2017, 22（7）：4017027.

[203] Wang Zhuolin, Li Xiangmin, Jiang Lixue, et al. Long-term performance of lightweight aggregate reinforced concrete beams[J]. Construction and Building Materials, 2020, 264：120231.

[204] Huang Dunwen, Wei Jun, Liu Xiaochun, et al. Experimental study on influence of post-pouring joint on long-term performance of steel-concrete composite beam[J]. Engineering Structures, 2019, 186：121-130.

[205] P. pourbeik J.-J.-Beaudoin-R.-Alizadeh-L.-Raki. Creep of 45 year old cement paste: the role of structural water[J]. Materials and Structures, 2016（49）：739-750.

[206] Huynh Trong-Phuoc, Hwang Chao-Lung, Limongan Andrian-H.. The long-term creep and shrinkage behaviors of green concrete designed for bridge girder using a densified mixture design algorithm[J]. Cement and Concrete Composites, 2018, 87：79-88.

[207] 赖秀英. 钢管混凝土拱桥收缩、徐变效应研究[D]. 福州：福州大学，2016.

[208] 曾思毅. 基于预应力混凝土桥梁挠度测量的损伤因素分离方法研究[D]. 广州：广州大学，2016.

[209] 朵君泰. 脱粘对钢管混凝土构件抗弯刚度的试验研究[D]. 北京：北京交通大学，2018.

[210] 陈松林. 钢管混凝土收缩徐变试验研究[D]. 广州：广州大学，2018.

[211] Huang H, Huang S S, Pilakoutas K. Modeling for assessment of long-term behavior of prestressed concrete box-girder bridges[J]. Journal of Bridge Engineering, 2018, 23（3）：04018002.

[212] 杨青山. 混凝土收缩徐变对框架桥施工裂缝产生的机理研究[D]. 兰州：兰州交通大学，2020.

[213] Tong T, Yu Q, Su Q. Coupled effects of concrete shrinkage, creep, and cracking on the performance of

postconnected prestressed steel-concrete composite girders [J]. Journal of Bridge Engineering, 2018, 23 (3): 04017145.

[214] Zhu L, Wang J J, Li X, et al. Experimental and numerical study on creep and shrinkage effects of ultra high-performance concrete beam [J]. Composites Part B: Engineering, 2020, 184: 107713.

[215] Křístek V, Kadlec L. Probabilistic Analysis of Prestress Loss due to Creep in Concrete Box Girders [J]. Journal of Bridge Engineering, 2017, 22 (12): 04017103.

[216] He Z, Ding M, Wang Z, et al. The Study on Early-Age Expansion and Shrinkage Model of Massive Self-Compacting Concrete Pumped in Steel Tube Column [J]. Advances in Civil Engineering, 2020, 2020: 5242406.

[217] Wendner R, Hubler M H, Bažant Z P. Statistical justification of model B4 for multi-decade concrete creep using laboratory and bridge databases and comparisons to other models [J]. Materials and Structures, 2015, 48 (4): 815-833.

[218] Wendner R, Hubler M H, Bažant Z P. Optimization method, choice of form and uncertainty quantification of model B4 using laboratory and multi-decade bridge databases [J]. Materials and Structures, 2015, 48 (4): 771-796.

[219] Hedegaard B D, French C E W, Shield C K. Time-dependent monitoring and modeling of I-35W St. Anthony Falls Bridge. I: Analysis of monitoring data [J]. Journal of Bridge Engineering, 2017, 22 (7): 04017025.

[220] Malbois M, Nedjar B, Lavaud S, et al. On DEF expansion modelling in concrete structures under variable hydric conditions [J]. Construction and Building Materials, 2019, 207: 396-402.

[221] Dellepiani M G, Vega C R, Pina J C, et al. Numerical investigation on the creep response of concrete structures by means of a multi-scale strategy [J]. Construction and Building Materials, 2020, 263: 119867.

[222] 徐刚年. 斜拉体系加固变截面连续梁桥力学性能研究 [D]. 济南：山东大学, 2019.

[223] 宋闯. 大跨连续刚构桥收缩徐变效应与计算方法研究 [D]. 西安：长安大学, 2018.

[224] 黄国栋. 钢管混凝土配合比优化设计及大温差作用下徐变性能研究 [D]. 兰州：兰州交通大学, 2020.

[225] 王彬. 用支座升降法建造双面组合连续箱梁桥的徐变效应分析 [D]. 石家庄：石家庄铁道大学, 2017.

[226] 何超超. 预应力钢—混组合梁桥的长期行为分析及修复加固研究 [D]. 杭州：浙江大学, 2016.

[227] 江鹏. 早龄期混凝土受压徐变的非线性模型 [D]. 北京：北京交通大学, 2016.

[228] 常皓程. 预应力混凝土桥梁实体单元与杆单元组合模型收缩徐变效应分析研究 [D]. 北京：交通运输部公路科学研究院, 2016.

[229] 查文洋. 预应力混凝土连续梁桥收缩徐变效应随机分析 [D]. 广州：华南理工大学, 2015.

[230] 冯洋. 曲线混凝土矮塔斜拉桥时变效应研究 [D]. 西安：长安大学, 2017.

[231] Pan Z, Meng S. Three-level experimental approach for creep and shrinkage of high-strength high-performance concrete [J]. Engineering Structures, 2016, 120: 23-36.

[232] 岳晓静. 徐变对高速铁路钢管拱—连续梁组合桥梁的影响分析 [D]. 北京：北京交通大学, 2015.

[233] 姚亚东, 么超逸, 杨永清. 铁路斜拉桥钢混结合段的收缩徐变行为分析 [J]. 铁道学报, 2020, 42 (7): 148-154.

[234] Zhang Y, Zhu P, Zhu Y, et al. NC-UHPC Composite Structure for Long-Term Creep-Induced Deflection Control in Continuous Box-Girder Bridges [J]. Journal of Bridge Engineering, 2018, 23 (6): 04018034.

[235] Song X M, Melhem H, Cheng L J, et al. Optimization of Closure Jacking Forces in Multispan Concrete Rigid-Frame Bridges [J]. Journal of Bridge Engineering, 2017, 22 (3): 04016122.

[236] Okumus P, Kristam R P, Diaz Arancibia M. Sources of crack growth in pretensioned concrete-bridge girder anchorage zones after detensioning [J]. Journal of Bridge Engineering, 2016, 21 (10): 04016072.

[237] Wang S, Fu C C. Simplification of creep and shrinkage analysis of segmental bridges [J]. Journal of Bridge

Engineering, 2015, 20(8): B6014001.

[238] Chen W, Ma C. Spatial Embedded Slip Model for Analyzing Time-Relative Coupling Effects of Creep and Prestress on PC Bridges [J]. Journal of Bridge Engineering, 2015, 20(8): B4014002.

[239] Bradford M A, Pi Y L. Geometric nonlinearity and long-term behavior of crown-pinned CFST arches [J]. Journal of Structural Engineering, 2015, 141(8): 04014190.

[240] Tong T, Liu Z, Zhang J, et al. Long-term performance of prestressed concrete bridges under the intertwined effects of concrete damage, static creep and traffic-induced cyclic creep [J]. Engineering Structures, 2016, 127: 510-524.

[241] 姚亚东. 有格室前后承压板式钢混结合段静力行为研究 [D]. 成都: 西南交通大学, 2016.

[242] 周广盼. 超宽混凝土自锚式悬索桥成桥状态控制与空间力学行为研究 [D]. 南京: 东南大学, 2018.

[243] 石晓宇. 桥墩不均匀沉降与梁体徐变上拱对高速铁路行车安全的影响研究 [D]. 成都: 西南交通大学, 2018.

[244] 何启龙. 基于支持向量机法的拼宽T梁桥可靠度研究 [D]. 西安: 长安大学, 2018.

[245] 崔慧梅. 徐变对不同施工方法建造连续梁桥内力演变的影响分析 [D]. 北京: 北京交通大学, 2017.

[246] 许慧. 无应力状态法在斜拉桥施工控制中的运用 [D]. 广州: 华南理工大学, 2016.

[247] 许梁. 大跨度预应力混凝土连续刚构桥的长期挠度分析 [D]. 广州: 华南理工大学, 2016.

[248] 范振华. 径向力作用下弯梁桥横向爬移数值模拟分析 [D]. 西安: 长安大学, 2016.

[249] 陈安亮. 高性能混凝土连续梁桥力学性能研究 [D]. 北京: 北京交通大学, 2016.

[250] 罗学睿. 钢管混凝土系杆拱桥收缩徐变效应研究 [D]. 西安: 长安大学, 2015.

[251] 陈艾荣, 潘子超, 马如进, 等. 基于细观尺度的桥梁混凝土结构耐久性研究新进展 [J]. 中国公路学报, 2016, 29(11): 42-48.

[252] 罗倩. 公路桥梁混凝土结构耐久性研究现状 [J]. 公路交通科技(应用技术版), 2019, 15(8): 139-142.

[253] 李万德. 探究桥梁设计中的安全性和耐久性 [J]. 科学技术创新, 2019(34): 137-138.

[254] 阚磊, 李健. 跨海大桥混凝土结构耐久性设计措施分析 [J]. 建材发展导向, 2019, 17(24): 68-70.

[255] 陈琳, 屈文俊, 朱鹏, 等. 混凝土结构等耐久性设计方法 [J]. 建筑科学与工程学报, 2020, 37(2): 81-90.

[256] Edler P, Freitag S, Kremer K, et al. Optimization of durability performance of reinforced concrete structures under consideration of polymorphic uncertain data [C]//Joint ICVRAM ISUMA UNCERTAINTIES Conference, Florianopolis, Brazil, Apr. 2018: 8-11.

[257] 游良刚. 桥梁细部设计标准对结构耐久性的作用探讨 [J]. 建材与装饰, 2019, 596(35): 263-264.

[258] Osmolska M J, Kanstad T, Hendriks M A N, et al. Durability of pretensioned concrete girders in coastal climate bridges: Basis for better maintenance and future design [J]. Structural Concrete, 2019, 20(6): 2256-2271.

[259] Alexander M, Beushausen H. Durability, service life prediction, and modelling for reinforced concrete structures-review and critique [J]. Cement and Concrete Research, 2019, 122: 17-29.

[260] Ekolu S O. Model for practical prediction of natural carbonation in reinforced concrete: Part 1-formulation [J]. Cement and Concrete Composites, 2018, 86: 40-56.

[261] Sun B, Xiao R, Ruan W, et al. Corrosion-induced cracking fragility of RC bridge with improved concrete carbonation and steel reinforcement corrosion models [J]. Engineering Structures, 2020, 208: 110313.

[262] Gu H, Li Q. Updating deterioration models of reinforced concrete structures in carbonation environment using in-situ inspection data [J]. Structure and Infrastructure Engineering, 2020: 1-12.

[263] 贺玲玲. 钢筋混凝土桥梁耐久性退化数值模拟方法研究 [J]. 建筑技术开发, 2020, 47(17): 94-96.

[264] Zhang Z, Zhou J, Yang J, et al. Understanding of the Deterioration Characteristic of Concrete Exposed to External Sulfate Attack: Insight Into Mesoscopic Pore Structures [J]. Construction and Building Materials, 2020, 260: 119932.

[265] Kwon S, Na U. Prediction of Durability for Rc Columns with Crack and Joint Under Carbonation Based on Probabilistic Approach [J]. International Journal of Concrete Structures and Materials, 2011, 5 (1): 11-18.

[266] Liu J, Jiang Z, Zhao Y, et al. Chloride Distribution and Steel Corrosion in a Concrete Bridge After Long-term Exposure to Natural Marine Environment [J]. Materials, 2020, 13 (17): 3900.

[267] Melchers RE, Chaves IA. Durability of Reinforced Concrete Bridges in Marine Environments [J]. Structure and Infrastructure Engineering, 2020, 16 (1): 169-180.

[268] Gu L, Yao G, Yu X, et al. Study on the Durability of the T-beam Based on Chloride Ion Erosion [J]. Materials, 2020, 13 (7): 1504.

[269] 李彦军. 盐碱-冻融环境下桥梁用混凝土耐久性分析 [J]. 混凝土与水泥制品, 2019, 277 (5): 22-25.

[270] 张王乐元, 张荞丰, 陶洁璇, 等. 硅烷涂层提高寒区桥梁混凝土抗冻耐久性应用研究 [J]. 黑龙江工程学院学报, 2019, 33 (4): 1-3.

[271] 冯凯. 海洋环境铁路桥梁混凝土结构耐久性设计 [J]. 珠江水运, 2019, 479 (7): 19-20.

[272] 张庆来. 桥梁钢结构混凝土防腐蚀涂层耐久性技术 [J]. 交通世界, 2019, 506 (20): 102-103, 106.

[273] Marić MK, Ožbolt J, Balabanić G. Reinforced Concrete Bridge Exposed to Extreme Maritime Environmental Conditions and Mechanical Damage: Measurements and Numerical Simulation [J]. Engineering Structures, 2020, 205: 110078.

[274] Sola E, Ožbolt J, Balabanić G, et al. Experimental and Numerical Study of Accelerated Corrosion of Steel Reinforcement in Concrete: Transport of Corrosion Products [J]. Cement and Concrete Research, 2019, 120: 119-131.

[275] 李福海, 靳贺松, 胡丁涵, 等. 钢筋混凝土桥梁的耐久性评估 [J]. 安全与环境学报, 2018, 18 (5): 1653-1662.

[276] 邬晓光, 郑鹏, 黄成. 基于可拓理论的混凝土梁式桥耐久性预测 [J]. 河南城建学院学报, 2019, 28 (2): 7-15.

[277] 黄海新, 孙文豪, 李环宇, 等. 基于微分等价递归算法的桥梁体系耐久性可靠度动态评估 [J]. 土木与环境工程学报（中英文）, 2019, 41 (6): 80-88.

[278] Vieira DR, Moreira ALR, Calmon JL, et al. Service Life Modeling of a Bridge in a Tropical Marine Environment for Durable Design [J]. Construction and Building Materials, 2018, 163: 315-325.

[279] Cai J, Dong F, Luo Z. Durability of Concrete Bridge Structure Under Marine Environment [J]. Journal of Coastal Research, 2018 (83): 429-435.

[280] Efimov S, Bokarev S, Pribytkov S. Durability of Operated Reinforced Concrete Superstructures of Railroad Bridges [C] //Matec Web of Conferences: Edp Sciences, 2018: 1005.

[281] Baroghel-bouny V, Thiery M, Dierkens M, et al. Aging and Durability of Concrete in Lab and in Field Conditions-pore Structure and Moisture Content Gradients Between Inner and Surface Zones in Rc Structural Elements [J]. Journal of Sustainable Cement-based Materials, 2017, 6 (3): 149-194.

[282] 连新奇. 面向结构部位的铁路混凝土结构耐久性研究 [J]. 铁道科学与工程学报, 2019, 16 (6): 1454-1458.

[283] Moradllo MK, Qiao C, Ghantous RM, et al. Quantifying the Freeze-thaw Performance of Air-entrained Concrete Using the Time to Reach Critical Saturation Modelling Approach [J]. Cement and Concrete Composites, 2020, 106: 103479.

[284] Yu C, Li Y, Zhang M, et al. Wind characteristics along a bridge catwalk in a deep-cutting gorge from field measurements [J]. J. Wind Eng. Ind. Aerodyn., 2019, 186: 94-104.

[285] 张志田, 谭卜豪, 陈添乐. 丘陵地区深切峡谷风特性现场实测研究 [J]. 湖南大学学报（自然科学版）, 2019（7）: 13.

[286] 郭增伟, 袁航, 王小松. 三峡库区青草背长江大桥桥位风速非平稳特性研究 [J]. 建筑结构学报, 2019, 40（11）: 11-18.

[287] Liao H, Jing H, Ma C, et al. Field measurement study on turbulence field by wind tower and Windcube Lidar in mountain valley [J]. J. Wind Eng. Ind. Aerodyn., 2020, 197: 104090.

[288] Jing H, Liao H, Ma C, et al. Field measurement study of wind characteristics at different measuring positions in a mountainous valley [J]. Experimental Thermal and Fluid Science, 2020, 112: 109991.

[289] Zhao L, Cui W, Ge Y. Measurement, modeling and simulation of wind turbulence in typhoon outer region [J] Journal of Wind Engineering and Industrial Aerodynamics, 2019, 195: 104021.

[290] Kim J M, Kim T, Son K, et al. Measuring vulnerability of typhoon in residential facilities: focusing on typhoon Maemi in South Korea [J] Sustainability, 2019, 11（10）: 2768.

[291] Tao T, Wang H. Modelling of longitudinal evolutionary power spectral density of typhoon winds considering high-frequency subrange [J] Journal of Wind Engineering and Industrial Aerodynamics, 2019, 193: 103957.

[292] Jing H, Liao H, Ma C, et al. Influence of elevated water levels on wind field characteristics at a bridge site [J]. Advances in Structural Engineering, 2019, 22（7）: 1783-1795.

[293] Shen L, Wei C, Cai C, et al. Influence of calculation domain size on numerical simulation results for complex terrain wind fields [J]. Journal of Engineering Science and Technology Review, 2019, 12（2）.

[294] 靖洪淼, 廖海黎, 周强, 等. 一种山区峡谷桥址区风场特性数值模拟方法 [J]. 振动与冲击, 2019, 38（16）: 200-207.

[295] 姜平, 刘晓冉, 朱浩楠, 等. 复杂地形下局地山谷风环流的理想数值模拟 [J]. 高原气象, 2019, 38（6）: 1272-1282.

[296] Zhang Mingjin, Yu Jisheng, Zhang Jingyu, et al. Study on the wind-field characteristics over a bridge site due to the shielding effects of mountains in a deep gorge via numerical simulation [J]. Advances in Structural Engineering, 2019, 22（14）: 3055-3065.

[297] Cao J, Ren S, Cao S, et al. Physical simulations on wind loading characteristics of streamlined bridge decks under tornado-like vortices [J]. J. Wind Eng. Ind. Aerodyn., 2019: 56-70.

[298] 王蒙恩, 曹曙阳, 操金鑫. 龙卷风风场的数值模拟研究 [J]. 同济大学学报（自然科学版）, 2019, 47（11）: 1548-1556.

[299] 辛亚兵, 刘志文, 邵旭东, 等. 大跨连续刚构桥下击暴流作用效应试验研究 [J]. 中国公路学报, 2019, 32（10）: 279-290.

[300] 汪之松, 唐阳红, 方智远, 等. 山脉地形下击暴流风场数值模拟 [J]. 湖南大学学报（自然科学版）, 2019, 46（3）: 95-103.

[301] 方智远, 李正良, 汪之松. 风暴移动对下击暴流风场特性的影响研究 [J]. 建筑结构学报, 2019, 40（6）: 166-174.

[302] 陈政清. 桥梁颤振研究的发展与挑战 [J]. 桥梁, 2019, 90（4）: 1.

[303] Tang Y, Hua X, Chen Z, Zhou Y. Experimental investigation of flutter characteristics of shallow section at post-critical regime [J]. Journal of Fluids and Structures, 2019, 88: 275-291.

[304] 高广中, 朱乐东, 吴昊, 等. 扁平箱梁断面弯扭耦合软颤振非线性特性研究 [J]. 中国公路学报, 2019, 32（10）: 125-134.

[305] 伍波, 王骑, 廖海黎. 扁平箱梁颤振后状态的振幅依存性研究 [J]. 中国公路学报, 2019, 32（10）:

96-106.

[306] Rui Zhou, Yaojun Ge, Yongxin Yang, et al. Nonlinear behaviors of the flutter occurrences for a twin-box girder bridge with passive countermeasures s[J]. Journal of Sound and Vibration, 2019, 447: 221-235.

[307] 伍波, 王骑, 廖海黎. 双层桥面桁架梁软颤振特性风洞试验研究[J]. 振动与冲击, 2020, 39（1）: 191-198.

[308] Zhang M, Xu F, Zhang Z, et al. Energy budget analysis and engineering modeling of post-flutter limit cycle oscillation of a bridge deck[J]. J. Wind Eng. Ind. Aerodyn., 2019, 188: 410-420.

[309] Gao G, Zhu L, Li J, et al. Modelling nonlinear aerodynamic damping during transverse aerodynamic instabilities for slender rectangular prisms with typical side ratios[J]. J. Wind Eng. Ind. Aerodyn., 2020, 197: 104064.

[310] Wu B, Chen X, Wang Q, Liao H, Dong J. Characterization of vibration amplitude of nonlinear bridge flutter from section model test to full bridge estimation[J]. J. Wind Eng. Ind. Aerodyn., 2020, 197: 104048.

[311] 张新军, 赵晨阳. 大跨度悬索桥颤振的三维精细化分析[J]. 振动与冲击, 2019, 38（14）: 246-253.

[312] 廖海黎, 闫雨轩, 王骑, 等. 扁平箱梁颤振计算公式中联合折减系数的量化研究[J]. 中国公路学报, 2019, 32（1）: 67-86.

[313] Zhu L, Tan X, Guo Z, et al. Effects of central stabilizing barriers on flutter performances of a suspension bridge with a truss-stiffened deck under skew winds[J]. Advances in structural engineering, 2019, 22（1）: 17-29.

[314] Guo J, Tang H, Li Y, et al. Optimization for vertical stabilizers on flutter stability of streamlined box girders with mountainous environment[J]. Advances in Structural Engineering, 2020, 23（2）: 205-218.

[315] 赵林, 王骑, 宋神友, 等. 深中通道伶仃洋大桥（主跨1666m）抗风性能研究[J]. 中国公路学报, 2019, 32（10）: 57-66.

[316] 朱青, 陈文天, 朱乐东, 等. 大攻角下超大跨度斜拉桥颤振性能节段模型风洞试验[J]. 中国公路学报, 2019, 32（10）: 67-74.

[317] Tang H, Shum K M, Li Y. Investigation of flutter performance of a twin-box bridge girder at large angles of attack[J]. J. Wind Eng. Ind. Aerodyn., 2019, 186: 192-203.

[318] 王云飞, 汪斌, 李永乐, 等. 大风攻角下钢桁梁悬索桥颤振性能研究[J]. 应用基础与工程科学学报, 2019, 27（2）: 384-390.

[319] 刘志文, 谢普仁, 陈政清, 等. 大跨度流线型箱梁悬索桥颤振稳定性气动优化[J]. 湖南大学学报（自然科学版）, 2019, 46（3）: 1-9.

[320] 李明, 孙延国, 李明水, 等. 非对称Π型梁和流线型箱梁气动性能风洞试验研究[J]. 振动与冲击, 2019, 38（8）: 54-59.

[321] 李珂, 葛耀君, 赵林. 基于可调姿态气动翼板的大跨度悬索桥颤振主动抑振方法[J]. 土木工程学报, 2019, 52（12）: 93-103.

[322] 卓凌骏, 廖海黎. 基于主动翼板的桥梁颤振次最优控制[J]. 中国公路学报, 2019, 32（10）: 75-83.

[323] 赵林, 李珂, 王昌将, 等. 大跨桥梁主梁风致稳定性被动气动控制措施综述[J]. 中国公路学报, 2019, 32（10）: 34-48.

[324] 葛耀君, 夏青, 赵林. 大跨度桥梁的抗风强健性及颤振评价[J]. 土木工程学报, 2019, 52（11）: 66-70.

[325] 廖海黎, 王骑, 李明水. 大跨度桥梁颤振分析理论研究进展[J]. 中国公路学报, 2019, 32（10）: 19-33.

[326] Yang Y, Li M, Su Y, et al. Aerodynamic admittance of a 5:1 rectangular cylinder in turbulent flow[J]. Journal of Wind Engineering and Industrial Aerodynamics, 2019, 189: 125-134.

[327] Yang Y, Li M, Liao H. Three-dimensional effects on the transfer function of a rectangular-section body in

turbulent flow [J]. Journal of Fluid Mechanics, 2019, 872: 348-366.

[328] Li M, Li M, Su Y. Experimental determination of the two-dimensional aerodynamic admittance of typical bridge decks [J]. Journal of Wind Engineering and Industrial Aerodynamics, 2019, 193: 103975.

[329] Ma C, Wang J, Li Q S, et al. 3D aerodynamic admittances of streamlined box bridge decks [J]. Engineering Structures, 2019, 179: 321-331.

[330] Ma C, Duan Q, Li Q, et al. Aerodynamic characteristics of a long-span cable-stayed bridge under construction [J]. Engineering Structures, 2019, 184: 232-246.

[331] Yan L, He X H, Flay R G J. Experimental determination of aerodynamic admittance functions of a bridge deck considering oscillation effect [J]. Journal of Wind Engineering and Industrial Aerodynamics, 2019, 190: 83-97.

[332] Kavrakov I, Argentini T, Omarini S, et al. Determination of complex aerodynamic admittance of bridge decks under deterministic gusts using the Vortex Particle Method [J]. Journal of Wind Engineering and Industrial Aerodynamics, 2019, 193: 103971.

[333] 张志田, 陈添乐, 吴长青. 基于 Küssner 函数的不同气动导纳模型对大跨桥梁抖振响应的影响 [J]. 振动与冲击, 2019, 38 (20): 131-139, 163.

[334] Xu Y L, Tan Z X, Zhu L D, et al. Buffeting-induced stress analysis of long-span twin-box-beck bridges based on POD pressure modes [J]. Journal of Wind Engineering and Industrial Aerodynamics, 2019, 188: 397-409.

[335] 苏益, 李明水. 大跨度桥梁抖振响应的直接估算方法 [J]. 中国公路学报, 2019, 32 (10): 84-95.

[336] 董锐, 葛耀君, 杨詠昕, 等. 大跨度桥梁多目标等效静力风荷载基向量法 [J]. 土木工程学报, 2019, 52 (7): 110-117.

[337] 陶天友, 王浩. 大跨度桥梁主梁节段模型非平稳抖振时域模拟与分析 [J]. 振动工程学报, 2019, 32 (5): 830-836.

[338] 苏延文, 黄国庆, 曾永平. 强弱非平稳风速对大跨桥梁抖振响应影响研究 [J]. 铁道工程学报, 2019, 36 (12): 41-47.

[339] Rui Zhou, Yaojun Ge, Yongxin Yang et al. A nonlinear numerical scheme to simulate multiple wind effects on twin-box girder suspension bridges [J]. Engineering Structures, 2019, 183: 1072-1090.

[340] Helgedagsrud T A, Bazilevs Y, Mathisen K M, et al. ALE-VMS methods for wind-resistant design of long-span bridges [J]. Journal of Wind Engineering and Industrial Aerodynamics, 2019, 191: 143-153.

[341] Zhang M, Wu T, Xu F. Vortex-induced vibration of bridge decks: Describing function-based model [J]. Journal of Wind Engineering and Industrial Aerodynamics, 2019, 195: 104016.

[342] Hui Y, Law S S, Chen Z Q, et al. Non-linear aerodynamic load and parameters estimation for a SDOF wind-structure coupling system in wind tunnel test [J]. Engineering Structures, 2019, 197: 109385.

[343] Hua J, Zuo D. Evaluation of aerodynamic damping in full-scale rain-wind-induced stay cable vibration [J]. Journal of Wind Engineering and Industrial Aerodynamics, 2019, 191: 215-226.

[344] 周旭辉, 韩艳, 王磊. 基于改进尾流振子模型的超长拉索涡激振动特性数值研究 [J]. 中国公路学报, 2019, 32 (10): 257-265.

[345] 胡传新, 赵林, 陈海兴, 等. 流线闭口箱梁涡振气动力的雷诺数效应研究 [J]. 振动与冲击, 2019, 38 (12): 118-125.

[346] Sun Y, Li M, Li M, et al. Spanwise correlation of vortex-induced forces on typical bluff bodies [J]. Journal of Wind Engineering and Industrial Aerodynamics, 2019, 189: 186-197.

[347] 李春光, 张佳, 韩艳, 等. 栏杆基石对闭口箱梁桥梁涡振性能影响的机理 [J]. 中国公路学报, 2019, 32 (10): 150-157.

[348] 杨群, 张胜斌, 刘小兵, 等. 并列双钝体箱梁间距对涡激共振特性的影响 [J]. 工程力学, 2019, 36 (增

刊）：255-260.

［349］李明，孙延国，李明水，等. 非对称 Π 型梁和流线型箱梁气动性能风洞试验研究［J］. 振动与冲击，2019, 38（8）：54-59.

［350］Li S, Kaiser E, Laima S, et al. Discovering time-varying aerodynamics of a prototype bridge by sparse identification of nonlinear dynamical systems［J］. Physical Review E，2019, 100（2）：022220.

［351］Xu S, Ma R, Wang D, et al. Prediction analysis of vortex-induced vibration of long-span suspension bridge based on monitoring data［J］. Journal of Wind Engineering and Industrial Aerodynamics，2019, 191：312-324.

［352］Ma C, Liu Y, Yeung N, et al. Experimental study of across-wind aerodynamic behavior of a bridge tower［J］. Journal of Bridge Engineering，2019, 24（2）：04018116.

［353］赵燕，林伟群，杜晓庆，等. 悬索桥双吊索尾流致涡激振动的大涡模拟［J］. 振动与冲击, 2019, 38（16）：129-136.

［354］祝志文，陈魏，李健朋，等. 多塔斜拉桥加劲索涡激振动实测与时域解析模态分解［J］. 2019, 32（10）：247-256.

［355］赵林，李珂，王昌将，等. 大跨桥梁主梁风致稳定性被动气动控制措施综述［J］. 中国公路学报，2019, 32（10）：34-48.

［356］Hu C, Zhao L, Ge Y. Mechanism of suppression of vortex-induced vibrations of a streamlined closed-box girder using additional small-scale components［J］. Journal of Wind Engineering and Industrial Aerodynamics，2019, 189：314-331.

［357］张天翼，孙延国，李明水，等. 宽幅双箱叠合梁涡振性能及抑振措施试验研究［J］. 中国公路学报，2019, 32（10）：107-114.

［358］华旭刚，黄智文，陈政清. 大跨度悬索桥的多阶模态竖向涡振与控制［J］. 中国公路学报, 2019, 32（10）：115-124.

［359］Wenli Chen, Wenhan Yang, Hui Li. Self-issuing jets for suppression of vortex-induced vibration of a single box girder［J］. Journal of Fluids and Structures, 86（2019）：213-235.

［360］Kun Xu, Kaiming Bi, Qiang Han, et al. Using tuned mass damper inerter to mitigate vortex-induced vibration of long-span bridges: Analytical study［J］. Engineering Structures, 182（2019）101-111.

［361］Zhang H, Xin D, Ou J. Wake control using spanwise-varying vortex generators on bridge decks: A computational study［J］. Journal of Wind Engineering and Industrial Aerodynamics，2019, 184：185-197.

［362］Liu M, Yang W, Chen W, et al. Experimental investigation on vortex-induced vibration mitigation of stay cables in long-span bridges equipped with damped crossties［J］. Journal of Aerospace Engineering，2019, 32（5）：04019072.

［363］陈文礼，陈冠斌，黄业伟，等. 斜拉索涡激振动的被动自吸吹气流动控制［J］. 中国公路学报，2019, 32（10）：222-229.

［364］Ying Chang, Lin Zhao, Yaojun Ge. Experimental investigation on mechanism and mitigation of rain-wind-induced vibration of stay cables［J］. Journal of Fluids and Structures, 88（2019）：257-274.

［365］葛耀君，赵林，许坤. 大跨桥梁主梁涡激振动研究进展与思考［J］. 中国公路学报, 2019, 32（10）：1-18.

［366］Ma Q, Guo R, Zhao Z, et al. Mechanical properties of concrete at high temperature-A review［J］. Construction & Building Materials，2015, 93：371-383.

［367］张岗，贺拴海，侯炜，等. 预应力混凝土桥梁抗火研究综述［J］. 长安大学学报：自然科学版，2018, 38（6）：1-10.

［368］张岗，贺拴海，宋超杰，等. 钢结构桥梁抗火研究综述［J］. 中国公路学报，2021, 34（1）：1-11.

［369］张岗，贺拴海. 桥梁结构火灾理论与计算方法［M］. 北京：人民交通出版社股份有限公司，2020.

[370] Chang YF, Chen YH, Sheu MS, et al. Residual stress–strain relationship for concrete after exposure to high temperatures [J]. Cement & Concrete Research, 2006, 36（10）: 1999–2005.

[371] Zhong T, Wang XQ, Brian Uy. Stress–strain curves of structural and reinforcing steels after exposure to elevated temperatures [J]. Journal of Materials in Civil Engineering, 2013, 25（9）: 1306–1316.

[372] 郑文忠, 侯晓萌, 王英. 混凝土及预应力混凝土结构抗火研究现状与展望 [J]. 哈尔滨工业大学学报, 2016, 48（12）: 1–18.

[373] 陈明阳, 侯晓萌, 郑文忠, 等. 混凝土高温爆裂临界温度和防爆裂纤维掺量研究综述与分析 [J]. 建筑结构学报, 2017, 38（1）: 161–170.

[374] Du Y, Sun Yk, Jiang J, et al. Effect of cavity radiation on transient temperature distribution in steel cables under ISO834 fire [J]. Fire Safety Journal, 2019, 104: 79–89.

[375] 王培军, 夏金环, 郑玉超. 防火板保护钢柱四面受火时截面温度计算方法 [J]. 建筑钢结构进展, 2015, 17（2）: 44–51.

[376] 朱美春, 孟凡钦, 张海良, 等. 预应力拉索锚头抗火性能试验 [J]. 中国公路学报, 2020, 33（1）: 111–119.

[377] Chen C, Jie C, Zhao X, et al. Experimental investigation on combustion characteristics of steel cable for cable-stayed bridge [J]. Journal of Thermal Analysis & Calorimetry, 2018, 134: 2317–2327.

[378] 周子健, 霍静思, 李智. 高温下钢筋与混凝土粘结性能试验与分析 [J]. 建筑结构, 2018, 49（10）: 76–80.

[379] Khalaf J, Huang Z. Analysis of the bond behaviour between prestressed strands and concrete in fire [J]. Construction and Building Materials, 2016, 128: 12–23.

[380] Hozjan T, Saje M, Srpi S, et al. Fire analysis of steel-concrete composite beam with interlayer slip [J]. Computers & Structures, 2011, 89: 189–200.

[381] 许肇峰, 陈映贞, 饶瑞. 火灾下混凝土空心板温度场及损伤规律研究 [J]. 中国公路学报, 2019, 32（1）: 87–98.

[382] WU X Q, HUANG T, AU F T K, et al. Posttensioned Concrete Bridge Beams Exposed to Hydrocarbon Fire [J]. Journal of Structural Engineering, 2020, 146（10）: 04020210.

[383] 周焕廷, 聂河斌, 张健, 等. 预应力简支钢梁高温性能试验研究 [J]. 中国公路学报, 2016, 29（8）: 59–66.

[384] 张岗, 朱美春, 贺拴海, 等. 火灾下预应力混凝土T形截面梁破坏模式研究 [J]. 中国公路学报, 2017, 30（2）: 77–85.

[385] LI XY, ZHANG G, KODUR VK, et al. designing method for fire safety of steel box bridge girders [J]. Steel and Composite Structures, 2021, 38（6）: 657–670.

[386] SONG CJ, ZHANG G, HOU W, et al. Fire Response of Horizontally Curved Continuous Composite Bridge Girders [J]. Journal of Constructional Steel Research, 2021, 182: 106671.

[387] 刘高, 张喜刚, 刘天成, 等. 特大型桥梁风-浪-流耦合作用 [M]. 北京: 人民交通出版社, 2018.

[388] 魏凯, 沈忠辉, 吴联活, 等. 强台风作用下近岸海域波浪-风暴潮耦合数值模拟 [J]. 工程力学, 2019, 36（11）: 139–146.

[389] Wei K, Shen Z, Ti Z, Qin S. Trivariate joint probability model of typhoon-induced wind, wave and their time lag based on the numerical simulation of historical typhoons [J]. Stochastic Environmental Research and Risk Assessment, 2021, 35（2）: 325–344.

[390] Morison JR. The force exerted by surface waves in piles [J]. Petrolem Transaction AIME, 1950, 189: 149–157.

[391] Keulegan GH, Carpenter LH. Forces on cylinders and plates in an oscillating fluid [J]. J Res Natl Bur Stand,

1958, 60（5）: 423-440.

［392］Sawicki A, Staroszczyk R. Wave Induced Stresses and Pore Pressures near a Mudline［J］. Oceanologia, 2008, 50（4）: 539-555.

［393］赵多苍. 圆形管桩上波流力不同计算方法对比研究［J］. 铁道建筑技术, 2019, No.316（9）: 68-71, 80.

［394］刘嘉斌. 基于势流理论的大型桥墩结构波浪作用研究［D］. 哈尔滨: 哈尔滨工业大学, 2019.

［395］MacCamy RC, Fuchs RA. Wave forces on piles: A diffraction theory［J］. Beach Erosion Board Technical Memo, 1954, no.69.

［396］Chakarabarti SK, Tam A. Interaction of waves with large vertical cylinder［J］. Journal of Ship Research, 1975, 19（1）: 23-33.

［397］胡勇, 雷丽萍, 杨进先. 跨海桥梁基础波浪（流）力计算问题探讨［J］. 水道港口, 2012, 33（2）: 101-105.

［398］吴加云, 徐伟, 邹建文. 特大型钢吊箱在波浪荷载作用下动力响应研究［J］. 岩土工程学报, 2008, 30（S1）: 234-237.

［399］张胡, 刘清君, 王登婷. 大尺度结构波浪力计算研究［J］. 水道港口, 2018, 39（2）: 151-156, 187.

［400］Sarpkaya T, Storm M. In-line force on a cylinder translating in oscillatory flow［J］. Applied Ocean Research, 1985, 7（4）: 188-196.

［401］李玉成. Morison方程水动力系数归一化的探讨［J］. 水动力学研究与进展, 1998, 13（3）: 329-337.

［402］王涛, 李家春, 呼和敖德, 等. 波流相互作用对水动力系数的影响［J］. 水动力学研究与进展（A辑）, 1995, 10（5）: 551-554.

［403］刘贵杰, 王清扬, 田晓洁, 等. 海洋结构物小尺度桩柱的水动力系数研究与进展［J］. 中国海洋大学学报（自然科学版）, 2020, 50（1）: 136-144.

［404］韦承勋. 大型跨海斜拉桥风、浪、流联合作用及动力响应分析［D］. 大连: 大连理工大学, 2018.

［405］皇甫熹, 刘红燕, 颜爱华. 东海大桥70m跨低墩基础波浪力研究［J］. 世界桥梁, 2004（S1）: 13-16.

［406］Xu B, Wei K, Qin S, et al. Experimental study of wave loads on elevated pile cap of pile group foundation for sea-crossing bridges［J］. Ocean Engineering, 2020, 197: 106896.

［407］兰雅梅, 刘桦, 皇甫熹, 等. 东海大桥桥梁桩柱承台水动力模型试验研究——第二部分: 作用于群桩及承台上的波流力［J］. 水动力学研究与进展（A辑）, 2005, 20（3）: 332-339.

［408］Liu S, Li Y, Li G. Wave current forces on the pile group of base foundation for the east sea bridge, China［J］. Journal of Hydrodynamics, Ser. B, 2007, 19（6）: 661-670.

［409］田恒葵. 典型承台-群桩结构波流联合作用力特性研究［D］. 成都: 西南交通大学, 2019.

［410］任冰, 李雪临, 王永学. 波浪冲击过程流场变化特性实验研究［J］. 海洋工程, 2006, 24（4）: 68-74.

［411］刘明, 任冰, 王国玉, 等. 规则波对弹性支承水平板冲击压力的概率分析［J］. 水道港口, 2013, 34（6）: 493-500.

［412］Cuomo G, Piscopia R, Allsop W. Evaluation of wave impact loads on caisson breakwaters based on joint probability of impact maxima and rise times［J］. Coastal Engineering, 2011, 58（1）: 9-27.

［413］Serinaldi F, Cuomo G. Characterizing impulsive wave-in-deck loads on coastal bridges by probabilistic models of impact maxima and rise times［J］. Coastal Engineering, 2011, 58（9）: 908-926.

［414］魏凯, 周聪, 徐博. 跨海桥梁高桩承台波浪冲击荷载概率模型［J］. 工程力学, 2020, 37（6）: 216-224.

［415］Shen Z, Wei K, Deng P, et al. Probabilistic modeling of horizontal wave-in-deck loads on a square concrete deck［J］. Journal of Offshore Mechanics and Arctic Engineering, 2020, 142（5）: 051702.

［416］Fang Q H, Hong R C, Guo A X, et al. Experimental Investigation of Wave Forces on Coastal Bridge Decks

[417] Seiffert B, Hayatdavoodi M, Ertekin R C. Experiments and computations of solitary-wave forces on a coastal-bridge deck. Part I: Flat plate [J]. Coastal Engineering, 2014, 88: 194–209.

[418] Hayatdavoodi M, Seiffert B, Ertekin R C. Experiments and computations of solitary-wave forces on a coastal-bridge deck. Part II: Deck with girders [J]. Coastal Engineering, 2014, 88: 210–228.

[419] Xu G, Cai C, Deng L. Numerical prediction of solitary wave forces on a typical coastal bridge deck with girders [J]. Structure and Infrastructure Engineering, 2017, 13 (2): 254–272.

[420] Xu G, Chen Q, Chen J. Prediction of Solitary Wave Forces on Coastal Bridge Decks Using Artificial Neural Networks [J]. Journal of Bridge Engineering, 2018, 23 (5): 04018023.

[421] Huang B, Zhu B, Cui S, et al. Experimental and numerical modelling of wave forces on coastal bridge superstructures with box girders, Part I: Regular waves [J]. Ocean Engineering, 2018, 149: 53–77.

[422] British Standard Institution. BS5400 Part10: code of practice for fatigue [S]. London: British Standard Institution, 1980.

[423] American Association of State Highway and Transportation Officials (AASHTO). AASHTO LRFD bridge design specifications [S]. 9th ed. Washington, DC: AASHTO, 2020.

[424] European Committee for Standardization (CEN). Eurocode 3: design of steel structures — part1-9: fatigue (EN 1993-1-9) [S]. Bruxelles: CEN, 2005.

[425] 中华人民共和国行业标准：公路钢结构桥梁设计规范 JTG D64-2015 [S]. 2015.

[426] JTG/T 3360-02-2020, 公路桥梁抗撞设计规范 [S]. 中华人民共和国交通运输部, 2020.

[427] 邓超, 温永华, 吴琼. 船桥撞击力理论公式与数值模拟对比研究 [J]. 福建交通科技, 2020 (3): 104-108.

[428] ZHANG W, LIU S, LUO W, et al. A new approach for probabilistic risk assessment of ship collision with riverside bridges [J]. Advances in Civil Engineering, 2020: 8357494.

[429] 汪银根. 通航桥梁抗撞能力评估及防撞设施方案选择 [J]. 福建建材, 2020 (11): 65-67.

[430] PEDERSEN P T, CHEN J, ZHU L. Design of bridges against ship collisions [J]. Marine Structures, 2020, 74: 102810.

[431] 樊伟, 毛薇, 庞于涛, 等. 钢筋混凝土柱式桥墩抗车撞可靠度分析研究 [J]. 中国公路学报, 2021, 34 (2): 162-176.

[432] 夏超逸, 雷俊卿, 张楠. 流冰撞击力作用下列车-简支梁桥耦合振动分析 [J]. 振动与冲击, 2012, 31 (13): 154-158.

[433] 夏超逸, 雷俊卿, 张楠, 等. 撞击荷载作用下高速铁路桥梁的动力响应及列车运行安全分析 [J]. 工程力学, 2012, 29 (12): 101-107, 120.

[434] 牛津. 高寒地区江河流冰与桥墩相互作用的研究 [D]. 哈尔滨：哈尔滨工业大学, 2018.

[435] 季东航. 寒冷地区冰荷载对桥墩的碰撞研究 [D]. 吉林：吉林建筑大学, 2019.

[436] Labiouse V. Experimental study of rock sheds impacted by rock blocks [J]. Stuctureal Engineering International Journal, 1996, 3 (1): 171-175.

[437] N.Kishi, H.Konno.K.Ikeda, K.QMatsuoka. Prototype impact tests on ultimate impact resistance of PC rock-sheds [J]. International Journal of Impact Engineering, 2002, 27: 969-985.

[438] B Pichler, Ch Hellmich, H A Mang. Impact of rocks onto gravel design and evaluation of experiments [J]. Intternational Journal of Impact Engineering, 2005, 31 (5): 559-578.

[439] Calvetti F, Prisco C D, Vechhiotti M. Experimental and numerical study of rockfall impacts on granular soils [J]. Rivista Italiana Di Geotecnica, 2005, 4 (4): 95-109.

[440] Tran P V, Maegawa K, Fukada S. Experiments and dynamic finite element analysis of a wire-rope rockfall

protective fence [J]. Rock mechanics and rock engineering, 2013, 46（5）: 1183-1198.

［441］ Mentani A, Govoni L, Giacomini A, et al. An equivalent continuum approach to efficiently model the response of steel wire meshes to rockfall impacts [J]. Rock Mechanics and Rock Engineering, 2018, 51（9）: 2825-2838.

［442］ LoïcDugelas Jibril, B.Coulibaly FranckBourrier, StéphaneLambert, Marie-AurélieChanut. Assessment of predictive capablities of discrete element models for flexible rockfall barriers [J]. International Journal of Impact Engineering, 2019, 133: URL https://doi.org/10.1016/j.ijimpeng.2019.103365

［443］ 叶四桥, 陈洪凯, 唐红梅. 落石计算方法的比较研究[J]. 水文地质工程地质, 2010, 37（2）: 59-64.

［444］ Wendner R, Hubler M H, Bažant Z P. Statistical justification of model B4 for multi-decade concrete creep using laboratory and bridge databases and comparisons to other models [J]. Materials and Structures, 2015, 48（4）: 815-833.

［445］ Wendner R, Hubler M H, Bažant Z P. Optimization method, choice of form and uncertainty quantification of model B4 using laboratory and multi-decade bridge databases [J]. Materials and Structures, 2015, 48（4）: 771-796.

设计方法与标准发展研究

一、引言

近年来，国内桥梁工程飞速发展，2020年国内一大批有代表性的世界级桥梁建成通车或开始设计，2020年7月1日，主跨1092m的沪苏通公铁大桥正式通车，成为世界首座跨径超过千米的公铁两用斜拉桥；同时主跨2300m的双塔悬索桥张皋过江通道开始设计，建成后将成为世界上最大跨度的桥梁。本专题将从标准体系、设计方法、桥梁风险评估、全寿命设计等方面介绍国内外的发展历程和异同之处，最后对桥梁设计发展趋势进行展望。

二、国内外桥梁设计方法与标准发展现状

（一）结构设计方法

结构设计理论（Structural design）是处理结构的安全性、适用性、耐久性与经济性的理论及方法。主要解决结构产生的各种作用效应与结构材料抗力之间的关系，涉及有关结构上的作用、结构抗力、结构可靠度和结构设计方法及优化设计等方面的问题。

人类为谋生存，自穴居筑巢以致筑路架桥等营造活动以来，凭借直接的实践经验，利用各种天然材料构筑了无数工程结构物。通过千百年的工程实践，积累经验，编成工作口诀与成规，在工匠和行会中流传沿用，经过漫长的重复实践历程，才逐步认识和总结出一些结构建造的规律，并编写了同技术条例的一些成文和著作。中国宋朝的《营造法式》就是一部很宝贵的从经验中总结出来的古代木结构规范，具有一定的设计理论萌芽，其部分内容沿用至今。

人们公认现代结构设计理论的奠基人是意大利学者伽利略，他的《两门新科学的谈

话》一书被公认为是材料力学的开端。从此,结构设计开始由定性的描述转移到定量的分析,理论分析与实验研究也开始被自觉地应用到结构设计中。

结构设计理论的发展经历了种种演变。最早直接通过试验确定结构承载能力进行了结构设计,19世纪以后,由于较理想的弹性材料的广泛应用和弹性力学方法的发展,提出了容许应力设计法,这种方法需要结构在各种作用下产生的应力不超过结构的许用应力。到20世纪30年代,人们注意到结构的破坏不仅与结构材料的破坏强度有关,还与结构的塑形能力有关,从而提出了结构极限状态的设计思想,即要求结构在各种作用下的效应不超过结构极限承载力。为保证结构设计安全,无论是容许设计法还是极限状态设计法,都引入了安全系数,可视作将结构所受的作用或作用系数放大。然而这样处理,人们并不能确知结构设计的实际可靠度。

20世纪70年代以来,国际上以概率论和数理统计为基础的结构可靠度理论在土木工程领域逐步进入实用阶段。例如,加拿大分别于1975年和1979年率先颁发了基于可靠度的房屋建筑和公路桥梁结构设计规范;1977年,联邦德国编制了《确定建筑物安全度的基础》作为编制其他规范的基本依据;1978年,北欧五国的建筑委员会提出了《结构荷载与安全度设计规程》;美国国家标准局于1980年提出了《基于概率的荷载准则》;英国于1982年在桥梁设计规范中引入了结构可靠度理论的内容。这充分表明土木工程结构的设计理论和设计方法进入了一个新的阶段。

我国虽然直到20世纪70年代中期才开始在建筑结构领域开展结构可靠度理论和应用研究工作,但在工程结构可靠性研究的发展过程中开展了大量的理论研究、资料收集和数据实测工作,总结了我国工程实践经验,并借鉴了国际标准《结构可靠性总原则》(ISO2394),在征求了全国有关单位意见的基础上,经过各方多年协同努力,适于全国并更具综合性的《工程结构可靠度设计统一标准》(GB 5053-92)于1992年正式发布。在编制全国统一标准的同时,又先后编制了《公路工程结构可靠度设计统一标准》(GB/T 50283-1999)、《铁路工程结构可靠度设计统一标准》(GB 50216-94)等6本统一标准。主要采用以随机可靠性理论为基础,以分项系数表达的概率极限状态设计方法作为我国土木、建筑、水利等专业结构设计规范改革、修订的准则,全国土木、建筑、水利各专业直接为工程技术人员使用的结构设计规范在"统一标准"的统一指导下,进行了大规模的修订或编制,从原规范的以经验为主的安全系数法转为以概率分析为基础的极限状态设计方法。这项工作的规模和深度已超过了世界上一些先进国家,大大提高了我国结构设计规范的科学水平,使我国工程结构设计规范跻身于世界先进行列。

其中,《公路工程结构可靠度设计统一标准》(GB/T 50283-1999)全面引入了结构可靠性理论,把影响结构可靠性的各种因素均视为随机变量,以大量现场实测资料和试验数据为基础,运用统计数学的方法,寻求各随机性变量的统计规律,确定结构的失效概率(或可靠度)来度量结构的可靠性。这种方法国际上通常称为"可靠度设计法",而将其应用于结构的极限状态设计称为"概率极限状态设计法"。该标准明确提出以结构可靠性理论为基础的概率极限状态设计法作为结构设计的总原则,这无疑是设计思想和设计理论的一大进步,将使公路工程结构设计进一步科学化、合理化、标准化。2020年8月1日起,新版《公路工程结构可靠性设计统一标准》(JTG 2120-2020)开始施行。

(二)国内外标准体系

1. 中国

1981年,中华人民共和国国家标准《标准化工作导则》(GB 1.1-1981)首次发布,开始建立了以国家标准为引领的四级标准大体系,即国家标准、行业标准、地方标准和企业标准,这是符合当时计划经济时代国情需要、特色鲜明的中国标准大体系,其中前三个定位为政府标准。此后,中国的标准体系建设工作稳步开展,发布标准数量数万个,基本满足了国家治理和社会各层级需要的方方面面。

进入21世纪后,国际上工程结构可靠性设计理论趋于成熟,基于可靠性的概率极限状态设计方法已成为工程结构设计的主流方法,欧盟EUROCODE规范、美国AASHTO规范等相继发布了结构可靠性设计规范。在国内,国家标准《工程结构可靠性设计统一标准》(GB 50153-2008)在设计理念、概念体系、设计方法等方面做了较大改进,之后国内建筑、铁路、港口工程的可靠性设计标准相继发布;在公路工程使用的公路桥隧和路面设计规范新一轮修订中,基本采用了以可靠性理论为基础的概率极限状态设计方法。为了进一步统一公路工程结构可靠性设计的原则、方法和要求,交通运输部组织完成了《公路工程结构可靠度设计统一标准》(JTG 2120-2020)的制订工作。

2020年10月1日,中华人民共和国国家标准《标准化工作导则》(GB/T 1.1-2020)发布实施,增加了对团体标准的规定,以更好地符合国家治理和管理改革的实际、更好地适应市场经济发展的需要。自此,新的标准体系为五级体系,包括国家标准、行业标准、地方标准、团体标准和企业标准,前三者仍是政府标准,后两个定位为市场标准。

桥梁建设需要的标准种类和数量众多,涉及材料、产品、成品类标准,规划、勘察、设计、施工、监理、验收、养护管理、试验检验、检测监测、加固拆除及概预算等全寿命周期的技术和工作类标准。按照行业领域,又可分为基础通用类、工民建建筑工程类、交通运输类(含铁路、公路、市政、农村路等)、水运工程类、民航工程类、水利水电类、冶金建材、石化橡胶类等,并形成了以国标为基础、以行业标准为主体、地方标准为补充的政府标准体系,也建立了更多的企业标准,基本满足了桥梁工程的需要。

据不完全统计,截至2020年,涉及桥梁工程的政府标准主要有:列入国标的材料和试验类标准,如钢材、混凝土、橡胶和高分子高性能材料类标准数十项;铁路行标(含中铁企标)近100项;公路标准近300项;市政和轨道交通桥梁标准数十项、各地方标准数十项。涉及桥梁工程的团体标准主要有中国工程建设标准化协会标准近100项,中国公路学会团体标准近100项，其他社团组织的桥梁类标准数十项，各企业自己的标准难计其数。

2. 日本

日本具有多地震、多海啸、多台风、城市人口密度大、旧城区木结构房屋密度大的特点。长期以来，日本的建筑技术法规一直致力于提高建筑的防灾性能（尤其是抗震和防火）。如今，日本将多年积累的经验和研究成果纳入建筑法规的发展，以应对灾难、全球气候变暖、人口老龄化等挑战。

汲取灾害教训，及时制修订建筑技术法规，是日本建筑技术法规发展的特色。日本在1923年关东大地震的次年就及时修订了法律实施条例，引入抗震设计和结构分析方法，是世界上第一个要求结构计算需考虑地震力的国家。第二次世界大战后，大面积基础设施的重建促使日本在其后几年先后颁布了建筑业法、建筑基准法和建筑师法，有效规范了建设人员的行为和建设业务的开展。1995年阪神地震后，首次提出要优化建筑法规体系，并逐步引入性能化法规。21世纪初，建筑师伪造建筑物抗震强度数据丑闻的曝光，促使其建立建设许可审批阶段的建筑结构计算审查制度，并加强建筑从业人员审计惩罚制度。2011年，日本沿海特大地震及海啸促使其更加细化建筑技术法规中建筑结构安全和建筑疏散系统要求。

日本建筑技术标准本身是非法律效力文件，自愿采用，但它是建筑法律法规引用的重点对象。标准及其条款被法律法规引用后即具有与技术法规相同的法律地位，强制执行。

被日本法律法规引用的建筑技术标准主要有日本工业标准化委员会（JISC）组织、日本标准协会（JSA）具体起草的日本工业标准（JIS），日本建筑学会（AIJ）技术委员会编制的标准、指南等，以及日本混凝土学会（JCI）编写的与混凝土相关的指南、手册等。桥梁设计方面有《道桥示方书》（2017年11月版），包含共同篇、钢桥篇、混凝土桥篇、下部构造篇、耐震设计篇5部分。

3. 美国

美国的结构设计规范体系由IBC、UBC系列国家规范和其下的ASCE 7荷载规范、ACI系列混凝土结构设计规范和AISC系列钢结构设计规范组成。针对桥梁结构有AASHTO LRFD规范。

美国从1921年开始编写公路桥梁设计规范，美国州公路交通与运输协会于1931年发表了《公路桥梁标准规范》（*Standard Specifications for Highway Bridges*），以下简称标准规范，容许应力法被运用到这个规范中。20世纪70年代，荷载系数设计方法被加入这个规范中，该规范出版以来共有17个版本，一直到2002年停止更新。20世纪80年代，荷载和抗力系数设计方法被越来越多的国家采用，美国标准规范已经落后于时代要求。1990年，第一版《AASHTO荷载和抗力系数桥梁设计规范》发表（AASHTO LRFD Bridge

Design Specification），以下简称 LRFD 规范，该规范以可靠度理论为指导，融入了最新的理论研究和工程实践成果，反映了美国目前桥梁工程科技水平和工程界的需要规范开发目标。

AASHTO 在开发新设计规范之初，确定需要实现以下几个目标：①开发一套反映当前美国最新科技水平，在国际桥梁设计界接近或者达到领先地位的规范；②规范尽可能具有广泛性，应包括新的结构形式、分析方法和承载力模型；③考虑到使用规范的人员和组织的广泛性，规范要求可读和易用；④要使用规范语言而不是使用教科书式语言编写规范；⑤鼓励在桥梁设计中使用多学科方法，特别是在水力学和冲刷、基础设计和桥址的选择等方面；⑥对结构冗余度和延展性的重要性要有足够的重视。

为了实现以上目标，新的公路桥梁设计规范与旧规范将有极大的不同，在内容和形式上的改变主要有以下几个方面：①运用新的更加安全的设计安全理念：荷载和抗力系数法（LRFD）；②确定四种极限状态，即服务极限状态、强度极限状态、疲劳和脆性极限状态和极端事件极限状态；③开发新的荷载系数；④开发新的抗力系数；⑤通过校准，确定可靠度级别，荷载和抗力系数和荷载模型之间的相互关系；⑥开发新的荷载模型；⑦修正荷载分布的分析和计算方法；⑧统一三种混凝土结构，即素混凝土、钢筋混凝土和预应力混凝土结构设计的表达；⑨使用极限状态法设计基础和土力学；⑩扩充有关水力学和冲刷条款；⑪取消抗震性能分类概念，采用桥梁重要性作为评价指标的方法；⑫开发混凝土桥梁节段施工有关指导条款；⑬采用 FHWA 规范中有关船只碰撞的大部分条款；⑭根据冲击试验，扩充桥梁栏杆设计规范，包括为设计冲击试验提供分析方法；⑮引进正交异性板设计步骤；⑯开发一套与规范相对应的规范评论。

4. 欧洲

第二次世界大战后，欧洲桥梁设计规范经历了三次迭代。第一代规范以应力折减法和允许应力法为基础；第二代规范以极限状态法为基础，例如英国 20 世纪 80 年代颁布的 BS5400 规范、德国的 DIN 规范等；第三代规范在极限状态法的基础上引入可靠度理论，具有代表性的是 EUROCODE 系列规范。

1975 年，欧洲各国家之间为了消除技术交流障碍，促进各地区的共同发展，欧洲共同体建立了统一适用于土木工程设计的标准体系——欧洲规范（Eurocode，简称 EC），该规范不仅适用欧洲国家，一些亚非国家的部分工程项目也指定采用欧洲规范设计。

1990 年，欧洲标准技术委员会正式接受欧洲规范的编制工作，经过不断的努力，在 2003—2009 年先后颁布了欧洲规范，编号为 EN1990~EN1999。每个编号对应着不同方向的设计规范。欧洲规范（Eurocode 0~9）涵盖了混凝土结构（EC2）、钢结构（EC3）、钢-混凝土组合结构（EC4）、木结构（EC5）、砌体结构（EC6）和铝结构（EC9）六大结构体系，且遵照统一的结构设计原理（EC0）、结构上的作用（EC1）、岩土工程技术（EC7）和结构抗震规范（EC8）。欧洲规范的编排体系合理紧凑，全面完善，基本涵盖了建筑与土木工程的所有材料、荷载和结构体系，还包含了结构防火设计。以上相应结构设计规范中不仅包含了普通的房屋建筑和桥梁，还在部分规范中涉及塔、烟囱、管道、仓储等特殊结构。

欧洲规范的一个重要特点就是采用统一体系，避免了重复定义和内容冗余，即所有的基本设计参数和原则均在 EC0 中给出，所有的结构作用均在 EC1 中给出，其余参数和定义在其余各部规范中补充。例如，设计钢 – 混凝土组合结构时，由 EC0 确定设计使用年限、分项系数法等；由 EC1 确定结构作用，包括结构自重、雪荷载、风荷载、温度荷载、结构防火等；由 EC2 确定混凝土的相关参数；由 EC3 确定钢材和连接件的相关参数；由 EC4 确定具体的设计信息；由 EC7 确定相关的地质勘查信息；由 EC8 确定具体的抗震设计信息。这样就形成了一套完善的结构设计体系。

欧洲规范的内容包括基本原则和应用准则。基本原则包括"必须遵从的一般声明和准则"和"除有特殊声明外必须遵从的要求和分析模型"；在欧洲规范中用字母"P"在相关条文前标识，相当于我国国家标准中的"强制性条文"。应用准则是满足基本原则规定的并被普遍认同的规则。应用准则在保证不低于欧洲规范中所达到的安全性、适用性和耐久性的前提下可以被替换，但若采用了替换后的应用准则，则相应的设计方案不能称其符合欧洲规范。

欧洲规范附录有两类：标准附录和参考附录。标准附录是规范的必要部分，参考附录可根据各国基本情况决定采用与否。其中，国标附录是一种特殊的参考附录，也是欧洲规范中的一个重要特色。由于欧洲规范是适用于所有 CEN 成员国的技术规范，很难使众多国家在技术领域的意见上达成一致。因此，欧洲规范加入了"国标附录"，较好地解决了这一矛盾。各成员国可根据自身实际对规范的相关内容进行补充，并将其附在国家附录中连同欧洲规范统一颁发。例如现行的英国国家标准"BSEN1990"采用了"EN1990+A1"的形式，主体部分采用欧洲规范 EN1990：2002，国标附录中采用 A1：2005；其中 A1：2005 是由英国标准化协会（BSI）组织制定的适用于英国桥梁结构设计基本原则的国家附录。

（三）公路桥梁

中国公路桥梁类标准从 1950 年以后开始建立，1981 年颁布了第一个标准体系，涵盖了桥梁勘察、设计、施工、监理、验收、检测、养护、改扩建以及概预算、桥梁专用产品和试验检验规程等实际工作需要的方方面面，虽经几次体系修编，但体系格局保持了相对一致，到 2017 年，经由交通运输部公路局和科技司发布的相关桥梁标准 200 多项。2017 年新一版《公路工程标准体系》颁布，调整了体系框架，分为总体、通用、公路建设、公路管理、公路养护和公路运营 6 个板块，公路桥梁的标准体系亦遵循此体系框架。此外，公路桥梁产品类标准也纳入全国交通工程设施（公路）标准体系。

公路桥梁工程标准体系的核心之一是桥梁结构设计方法，在中华人民共和国行业标准《公路工程结构可靠性设计统一标准（JTG2120—2020）》中，明确规定了公路桥梁结构设计应采用的方法以概率理论为基础、以分项系数表达的极限状态设计方法；不具备条件时，可根据可靠的工程经验或必要的试验研究进行，也可采用容许应力法或安全系数法；要求各类公路工程结构设计规范应遵守其基本准则、制定相应的具体规定。交通行业公路桥梁标准体系中确定的各类规范、规程、细则、指南和技术条件、产品等标准数量超过300项，目前有效实施的200多项，最具代表性的标准包括《公路桥梁设计通用规范》《各类桥梁抗风设计规范》《公路桥梁抗震设计细则》《公路桥梁抗撞设计规范》《公路钢筋混凝土及预应力混凝土桥涵设计规范》《公路钢结构桥梁设计规范》《公路钢混组合桥梁设计与施工规范》《公路桥涵地基与基础设计规范》等。

（四）铁路桥梁

中华人民共和国成立以后，铁道部着手铁路桥涵设计规范的制定，1950年6月1日，铁道部颁布了《铁路桥涵设计规程》初稿。1951年12月17日，铁道部公布了《铁路桥涵设计规程》，同时，1950年的初稿版本作废。

1958年，铁道部以铁基总技武（58）字第402号令公布了《铁路桥涵设计规范》，铁设桥（51）字第117号令公布的《铁路桥涵设计规程》和铁办设（57）字第260号令公布的《铁路桥涵设计规范》第三章钢铁结构作废。

中华人民共和国成立前，我国没有生产过铁路预应力混凝土梁，1950年、1951年及1958年版的规范都没有预应力混凝土结构设计部分。1956年开始试制12m后张法预应力混凝土梁，1958年设计"大138"图时，依据的是苏联的标准图及有关书籍，并着手编制相应规范。1961年10月20日，铁道部公布了《预应力钢筋混凝土铁路桥梁结构设计暂行规范》。该设计规范系参考国内外预应力钢筋混凝土结构设计规范及技术资料，并根据几年来国内对预应力钢筋混凝土桥梁结构研究及制造经验而编制的。

1974年，铁道部公布的《铁路工程技术规范》第二篇《桥涵》（简称"75《桥规》"），共12章、27个附录（属桥梁的有23个附录）。1985年8月27日，铁道部发布了《铁路桥涵设计规范》（简称"85《桥规》"）。

1997年，铁道部要求在原《铁路桥涵设计规范》（TBJ—85，含1996年局部修订）的基础上，将该规范分编成5本规范，即《铁路桥涵设计基本规范》《铁路桥梁钢结构设计规范》《铁路桥涵钢筋混凝土和预应力混凝土结构设计规范》《铁路桥涵混凝土和砌体结构设计规范》《铁路桥涵地基和基础设计规范》。1999年10月25日，铁道部批准发布了该5本规范（简称"99《桥规》"）。

由于"99《桥规》"不能适应我国铁路跨越式发展的需要，根据铁道部建设管理司2003年8月的要求进行复审修编。经过两年多的修改及审查，2005年6月14日，铁道部批准了2005版的《铁路桥涵钢筋混凝土和预应力混凝土结构设计规范》（TB 1000213—2005）。

经过近20年的发展，特别是高速铁路引跑世界，2014年国家铁路局颁布《高速铁路设计规范》（TB 10621-2014），2017年国家铁路局颁布《铁路桥涵设计规范》（TB 10002-2017）、《铁路桥涵混凝土结构设计规范》（TB 10092-2017）、《铁路桥涵地基和基础设计规范》（TB 10093-2017）等，除上述规范外，2020年颁布了《铁路斜拉桥设计规范》《铁路桥梁钢管混凝土结构设计规范》等。

（五）市政桥梁

目前针对市政桥梁的设计规范有《城市桥梁设计规范》（CJJ 11-2019）、《城市桥梁抗震设计规范》（CJJ 166-2011）、《城市桥梁工程施工与质量验收规范》（CJJ 2-2008）、《城市桥梁桥面防水工程技术规程》（CJJ 139-2010）、《城市桥梁缆索用钢丝》（CJ/T 495-2016）、《城市桥梁养护技术标准》（CJJ 99-2017）。对于抗风、钢筋混凝土及预应力混凝土桥梁设计、钢结构和组合结构桥梁设计、地基与基础等方面的内容，市政桥梁一般直接引用公路桥梁的相关规定。

（六）城市轻轨桥梁

交通运输部发布的《2015年交通运输行业发展统计公报》显示，截至2015年年底，全国有25个城市开通了轨道交通，拥有轨道交通车站2092个；运营车辆19941辆、48165标台，其中，地铁车辆18098辆，轻轨车辆1434辆。轨道交通运营线路105条，运营线路总长度3195.4km，其中，地铁85条，运行线路总长度2722.7km；轻轨线路10条，运行线路总长度341.2km。随着地铁的建设发展，作为城市轨道交通的另一个重要组成部分，轻轨的建设也逐步提速。据不完全统计，目前我国已有十几座城市正在建设或已开通轻轨线路，截至2020年，全国建成的轻轨总里程达2000km。

轻轨是我国近几年才开始兴建的，从2013年8月沈阳轻轨的开通，到南京河西、苏州、青岛城阳、江苏淮安、广州珠海等地轻轨的建设或投运，国内多条轻轨线路在设计施工、车辆选型、供电制式、运营指标等方面多种多样，各地不一，所造成的工程造价及维护费用也相差巨大。因此，随着国内轻轨的迅猛发展，对建设标准与技术指标进行规范化、系统化管理已成为轻轨发展急需解决的重要问题。

《轻轨交通设计标准》是2008年在住房和城乡建设部立项的关于轻轨建设的国家标准，也是"十一五"国家科技支撑计划"新型城市轨道交通技术"项目中子课题"轻轨设计技术规定研究"的成果提升。2015年1月底形成了《轻轨交通设计标准》送审稿初稿。此后，又经过近一年半的补充和完善，2016年5月17日，在住房和城乡建设部城市轨道交通标准化技术委员会主持召开的"国家标准《轻轨交通设计标准》送审稿审查会"上，

《轻轨交通设计标准》通过审查。2017年,《轻轨交通设计标准》(GBT 51263-2017)经住房和城乡建设部批准出版发行。

(七)桥梁风险评估

国内工程界对风险评估的关注始于海洋与船舶工程领域,自2001年马耳他国际研讨会后,我国桥梁工程界在风险评估领域开始了正式而系统的研究。2003年,同济大学范立础院士主持中国工程院咨询项目《大型建筑工程风险评价与保险研究》,该项目主要关注大型工程项目的风险评价方法及其保险策略。2011年,交通运输部颁布《公路桥梁和隧道工程施工安全风险评估指南》,要求对结构施工安全风险进行事先评估,提出了公路桥梁隧道施工安全评估方法和程序等。目前按照评估对象的不同可以分为:①施工风险评估,主要针对结构施工风险、施工进度风险、施工管理风险等;②投资风险评估,主要针对建设项目投资失控、投资风险因素等问题;③多事态风险评估,主要针对结构可能面临的地震、抗风、船撞、超载、耐久性和恐怖袭击等风险。目前桥梁风险评估主要采用的方法有预期风险等级分析法、敏感性分析法、风险树分析法、层次分析法、蒙特卡洛法、定级法等,其中层次分析法是比较常用的方法。国内已有较多桥梁风险评估的案例,2002年,同济大学联合中交第四航务工程勘察设计院有限公司等单位受上海市政工程局的委托,对上海崇明岛的跨江通道工程进行了风险评估;2004年,同济大学对南宁大桥施工期和运营期风险进行评估;2004年,同济大学对苏通大桥索塔施工期风险进行评估,并提出相应的风险应对措施;2007年,同济大学对常州高架桥项目进行施工建设期的风险评估,并编制了风险管理手册;2014年,方燎原等人对港珠澳大桥深水区桥梁施工期的技术性与非技术性风险进行了风险源识别研究。

(八)全寿命性能设计

传统的桥梁设计程序主要关注结构在施工阶段和成桥短期内的性能表现,对成桥后由于耐久性问题造成的性能劣化以及管养、拆除等问题关注较少。基于全寿命的桥梁设计可定义为从桥梁结构规划、设计、建设、运营、管理和养护以及拆除的各个环节来寻求恰当方法和措施来满足桥梁结构生命周期的总体性能(包括使用性能、经济性能、人文、生态等)最优的设计理念和方法。基于全寿命的桥梁设计主要包括桥梁使用寿命规划设计、桥梁性能设计、监测、养护和维修设计、美学与生态环境设计以及全寿命周期成本控制几个方面。使用寿命规划设计即设计人员依据业主、社会和使用者的需求及有关法规标准,合理确定拟建桥梁的设计使用寿命,并在设计中采取相应措施满足耐久性要求。桥梁性能设计主要包括使用性能设计、安全性能设计和耐久性设计。主要分析框架为基于碳化腐蚀模型、氯离子侵蚀模型等,计算出结构钢筋腐蚀起始时间的概率分布、钢筋直径和屈服应力随时间的变化情况以及混凝土保护层开裂情况,进而能够分别在各个寿命阶段内建立钢筋混凝土桥梁结构的有限元分析模型，得到其时变承载能力、可靠度、抗灾（如地震）性能、性能劣化等参数，判断结构是否满足性能要求，进而调整设计方案。监测、养护和维修设计方面，彭建新推导了不同维护策略下桥梁结构的可靠度指标与状态指标计算公式，并基于粒子群算法设定多目标函数，优化了服役期内维护策略。美学与生态环境设计方面，马军海提出了基于全寿命的桥梁美学设计评价准测和指标，并建立了相应的设计流程。全寿命周期成本主要由管理单位成本、用户成本和社会成本组成，目前国内学者已建立了多种全寿命周期成本模型，高玲玲在国外研究的基础上，通过对国内桥梁典型桥梁的调查，基于我国现阶段的国情，提出一种桥梁全寿命周期成本构成、分析理论和方法。马军海建立了一个基于全寿命的桥梁设计总体框架，提出了三种层次的桥梁生命周期成本分析模型。王君杰等提出了按桥梁船撞性能等级进行船撞损失计算的思想，初步给出了船撞灾害作用下桥梁结构全寿命周期内各项成本的分析模型和计算方法。

三、国内外桥梁设计方法与标准发展比较分析

（一）道路交通桥梁

1. 中欧道路交通桥梁设计方法比较

混凝土结构设计方面，从材料特性、极限状态的定义、作用效应以及可靠度指标等方面对中国桥梁设计规范与欧洲规范进行了对比。主要结论如下：

材料特性方面，中欧规范对混凝土、钢筋和钢板强度设计值和标准值的规定略有差异。相同等级的混凝土，按照中欧响应规范计算得到的标准值相差在10%以内，欧洲规范普遍大于中国规范。二者计算得到的设计值差距相对较小，在7%以内，且相对大小并无确定的关系。欧洲规范中规定的混凝土弹性模量普遍大于中国规范，差值在1.4%~7.1%。二者给出的应力-应变关系曲线相同，中国规范规定的极限应变略小。中欧规范普通钢筋标号有所不同，但二者设计值均采用强度标准值除以分项系数得到，中国规范的材料分项系数为1.2，欧洲规范则根据不同的极限状态取不同的值，正常使用极限状态与偶然状况取1.0，承载能力极限状态取1.15。

中欧规范中均规定了正常使用极限状态、承载能力极限状态、偶然状况等极限状态，极限状态表达式均为效应≤抗力的形式，但中国规范中定义了结构重要性系数 γ_0，而欧洲规范中为分项安全系数 γ_{f3}。

中欧规范中作用效应分为永久作用、可变作用和偶然作用，欧洲规范将地震作用单独列为一类，而中国规范将地震作用归为偶然作用。中国规范中的作用组合有基本组合、偶然组合、频遇组合和准永久组合，欧洲规范中除上述组合外，还有单独的地震组合和用于正常使用极限状态验算的标准组合。作用组合时两种规范均针对效应对结构是否有利给出

了不同的组合系数。相同的组合中组合系数值也有差异，主要体现为结构可靠度指标的差异。对于桥梁结构主要可变作用之一的汽车荷载，中国规范规定了车辆荷载和车道荷载，分别用于整体与局部验算。欧洲规范规定了四种交通荷载模式，第一种为均布荷载和集中荷载的组合，用于整体验算；第二种为单轴荷载，用于局部验算；第三种为一系列轴载集合，用于整体或局部验算；第四种为人群荷载。欧洲规范的多车道折减系数相比中国规范更小。

国内桥梁设计规范中规定的设计基准期内结构可靠度指标普遍高于欧洲规范，例如对于安全等级为一级、设计使用年限100年的结构（欧洲规范对应等级为RC3），如发生延性破坏，中国规范给出的可靠度指标 β 值为4.7，而欧洲规范为4.3，对应的结构失效概率均在1e-6量级。

钢结构桥梁设计方面，从结构设计原则、材料、结构计算分析方法和连接件等方面对中欧钢结构桥梁设计规范进行了对比，主要结论如下：

中欧钢结构桥梁设计规范中规定的钢材均以钢材屈服强度作为钢材标号，再根据冲击韧性的不同分为若干等级。中国规范在屈服强度的基础上除以材料抗力分项系数 γR 并取5的整倍数得到（γR=1.25），而欧洲规范规定在一般情况下材料分项系数取为1.0，即以材料屈服强度作为设计值，同时对厚板进行适当折减。我国钢结构规范建议的钢材本构关系为理想弹塑性模型，欧洲规范给出了四种钢材本构关系曲线。中欧规范中对钢材容重、弹性模量、剪切模量、泊松比等材料常数的规定相差不大，两种规范都对钢材厚度方向特异性差异和断裂韧性等性能指标作出相应要求。

此外，中欧钢结构桥梁规范中结构强度的计算理论基本相同。欧洲规范依据结构断面发生屈服和屈曲的先后顺序将断面分为四类：一类，可以产生塑性铰，并具有充分的变形能力；二类，可以产生塑性铰，但由于局部稳定的影响具有有限的变形能力；三类，受压翼缘应力达到屈服应力的同时产生局部屈曲；四类，局部屈曲先于屈服发生。整体稳定方面，两种规范均给出了稳定系数－长细比曲线，以及轴心受压、压弯、受弯等状态的整体稳定验算公式。欧洲规范针对不同类型的截面给出了不同的计算公式，例如在进行轴心受压整体稳定验算时对于一到三类截面采用全截面验算，第四类截面采用有效截面验算；进行弯曲稳定验算时，一、二类截面采用截面塑性模量，三、四类截面采用截面弹性模量。

局部稳定计算方式方面，中国规范给出了各种类型加劲肋的宽厚比限值，对于受压加劲板建议采用刚性加劲肋，并给出刚性加劲肋需要满足的相对刚度、截面面积等条件。刚性加劲板与柔性加劲板通过不同的折减方式考虑局部稳定的影响。

2. 中日道路交通桥梁设计方法比较

2017年，日本更新了《道路桥示方书》，从2012版规范的容许应力法改为采用极限状态设计法，在机能性和安全性两个方面对桥梁结构提出要求，对耐久性和可维护性的要求更加明确和具体。

新版日本桥梁设计规范在三个方面对桥梁性能提出要求：耐荷性、耐久性和其他性能。其中，耐荷性对应中国规范的承载能力极限状态设计。针对结构的机能性与安全性分别对应两种设计状态：限界状态 1 和限界状态 3（限界状态 2 用于罕遇地震活撞击等偶然状态）。限界状态 1 下要求结构无损且具有可逆性，限界状态 3 是指结构在保证安全的情况下承载能力的极限状态。

在作用效应组合时，日本规范没有中国规范的结构重要性系数，结构重力等永久作用的分项系数为 1.05，汽车荷载、风荷载等可变作用的分项系数为 1.25。对于我国规范安全等级为一级的结构，计算得到的效应设计值比日本规范大 20% 左右。

钢材强度设计值方面，不同于中国规范以钢材屈服强度作为钢材标号，在日本 2017 版《道路桥示方书》以前以材料抗拉强度作为钢材标号，分为 SM400、SM490、SM520、SM570 等，对应的屈服强度分别为 235MPa、315MPa、355MPa 和 450MPa，2017 版新规引入了 SBHS400 级和 SBHS500 级高屈强比钢材，屈服强度分别为 400MPa 和 500MPa，抗拉强度分别为 490MPa 和 570MPa。日本规范中对材料强度设计值的规定对限界状态 1 和限界状态 3 有所不同，如表 32 所示。对于常规钢材，按照两国规范计算得到的结构抗力相差不大。

表 32　中日规范钢材抗拉强度设计值比较

状态	钢材种类	日本《道路桥示方书》（2017 年）	中国《公路钢结构桥梁设计规范》（JTG D64–2015）（MPa）
限界状态 1（机能性）	各种屈强比钢材	0.9 × 0.85 × 强度特征值	Q235 钢：180
限界状态 3（安全性）	普通屈强比钢材	0.90 × 1.00 × 0.85 × 强度特征值	Q345 钢：270 Q390 钢：295
	高屈强比钢材	0.90 × 0.95 × 0.85 × 强度特征值	Q420 钢：320 （板厚 16 ~ 40mm）

受压钢板局部稳定计算部分，二者都给出刚性加劲肋的判别条件以及受压加劲板考虑局部稳定的有效宽度计算公式，如表 33 所示。可以看出，中国规范在进行承载能力验算时加劲肋相对刚度计算公式与局部稳定折减条件与日本《道路桥示方书》抗震篇相同。而道桥示方书钢桥篇与抗震篇对加劲肋局部稳定要求不同的原因是二者的性能要求目标不同。

钢梁腹板主要承受剪应力和弯曲正应力，在受压区易发生局部屈曲。当在受压区设置一道纵向加劲时，中日规范对横向加劲间距的规定如表 34 所示。我国规范对腹板稳定的要求显著高于日本规范。值得注意的是，中国规范中计算公式的各项系数与 2012 版及以前日本规范采用容许应力设计方法时的系数相同。

表 33 加劲肋相对刚度以及局部稳定折减判别条件

规范		纵向加劲肋的相对刚度及局部稳定折减系数
日本《道路桥示方书》（2017 年）	钢桥篇	$\gamma_{l\cdot req} = 4\alpha^2 n \left(\dfrac{t_0}{t}\right)^2 (1+n\delta_l) - \dfrac{(\alpha^2+1)^2}{n}$ $(t \geq t_0)$ $= 4\alpha^2 n (1+n\delta_l) - \dfrac{(\alpha^2+1)^2}{n}$ $(t < t_0)$ $(\alpha \leq \sqrt[4]{1+n\gamma_l})$ $\gamma_{l\cdot req} = \dfrac{1}{n}\left\{\left[2n^2\left(\dfrac{t_0}{t}\right)^2(1+n\delta_l)-1\right]^2-1\right\}$ $(t \geq t_0)$ $= \dfrac{1}{n}\{[2n^2(1+n\delta_l)-1]^2-1\}$ $(t < t_0)$ $(\alpha > \sqrt[4]{1+n\gamma_l})$ 受压板段或板元的相对宽厚比大于 0.5 以后，开始考虑局部稳定折减系数
	抗震篇	$\gamma_l^* = 4\alpha^2 n (1+\delta_l) - \dfrac{(1+\alpha^2)^2}{n}$ $(\alpha \leq \sqrt[4]{1+n\gamma_l})$ $\gamma_l^* = \dfrac{1}{n}\{[2n^2(1+n\delta_l)-1]^2-1\}$ $(\alpha > \sqrt[4]{1+n\gamma_l})$ 要求受压板段或板元的相对宽厚比小于等于 0.4
中国《公路钢结构桥梁设计规范》（JTG D64—2015）		1. 相对刚度要求同日本抗震篇，$t > t_0$ 时无折减，即母材较厚时加劲肋刚比不降低。 2. 受压板段或板元的相对宽厚比大于 0.4 以后，开始考虑局部稳定折减系数。

表 34 中日规范对横向加劲间距的比较

规范	设置一道纵向加劲肋时横向加劲肋的间距应满足的要求
日本《道路桥示方书》（2017 年）	$\left(\dfrac{b}{100t}\right)^4\left[\left(\dfrac{\sigma}{1121}\right)^2+\left\{\dfrac{\tau}{151+72(b/a)^2}\right\}^2\right] \leq 1 : \left(\dfrac{a}{b}>0.80\right)$ $\left(\dfrac{b}{100t}\right)^4\left[\left(\dfrac{\sigma}{1121}\right)^2+\left\{\dfrac{\tau}{113+97(b/a)^2}\right\}^2\right] \leq 1 : \left(\dfrac{a}{b}\leq 0.80\right)$
中国《公路钢结构桥梁设计规范》（JTG D64—2015）	$\left(\dfrac{h_w}{100t_w}\right)^4\left[\left(\dfrac{\sigma}{900}\right)^2+\left\{\dfrac{\tau}{120+58(h_w/a)^2}\right\}^2\right] \leq 1$ $\left(\dfrac{a}{h_w}>0.80\right)$ $\left(\dfrac{h_w}{100t_w}\right)^4\left[\left(\dfrac{\sigma}{900}\right)^2+\left\{\dfrac{\tau}{90+77(h_w/a)^2}\right\}^2\right] \leq 1$ $\left(\dfrac{a}{h_w}\leq 0.80\right)$

日本规范将抗疲劳设计归在耐久性设计范畴中，疲劳验算中采用的疲劳车为单轴重 200kN 的 F 荷重，与国内三种疲劳计算模型均不相同。同时，为提高结构疲劳性能，日本规范对结构的细部构造作出了一些规定，例如：纵肋（U 肋、板肋或球扁钢）与横肋、顶板相交的位置不设过焊孔；纵肋对接采用摩擦型高强螺栓，若必须采用焊接连接时，采用带有垫板的全熔透对接焊等。

日本规范中其他性能指不属于耐荷性与耐久性方面的性能，但关系到桥梁的可用性、舒适性以及极端情况下的可靠性。汽车荷载下结构竖向挠度的限值见表 35，日本规范对于挠度的限值比我国规范略严。

表35 中日规范竖向挠度限值比较

规范	梁桥	斜拉桥	悬索桥	桁架桥等
日本《道路桥示方书》（2017年）	$l/2000$（$l \leq 10$） $l/500$（$l > 40$） 中间范围插值	$l/400$	$l/350$	$l/600$
中国《公路钢结构桥梁设计规范》（JTG D64-2015）	$l/500$	$l/400$	$l/250$	$l/500$

注：l为计算跨径。

此外，日本规范在其他性能中还对超设计作用的防范性能作出要求，例如在发生超过E2地震的超设计地震时，如果支座发生破坏，对于主要桥梁要求能够快速进行支座更换作业等。

3. 中美道路交通桥梁设计方法比较

《AASHTO LRFD Bridge Design Specifications》（8th edition，简称AASHTO规范）是美国基于可靠度理论，采用荷载和抗力系数法与极限状态设计法的桥梁设计规范，在此将从设计准则、极限状态、材料特性、荷载组合、构件计算方法、各极限状态验算之间的差异等方面对比中美设计规范之间的差异。

美国AASHTO规范提出的桥梁设计准则为：桥梁设计应满足结构的可施工性、安全性和使用性能，同时兼顾可检修性、经济性与美观性等方面。中国《公路桥涵通用规范》给出的公路桥梁设计基本准则为：公路桥涵的设计应符合技术先进、安全可靠、适用耐久、经济合理的要求。

AASHTO规范将设计极限状态划分为四种：使用极限状态、疲劳和断裂极限状态、强度极限状态和极端事件极限状态。其中，使用极限状态与中国规范正常使用极限状态持久状况对应，强度极限状态对应中国规范承载能力极限状态短暂状况与持久状况验算，极端事件极限状态对应中国规范承载能力极限状态偶然状况验算。美国公路桥梁的设计使用寿命为75年，并未按照结构类别作出区分。中国《公路工程技术标准》（JTG B01-2014）按照公路等级、桥梁规模、构件类别等分别规定了结构使用年限，对于特大桥设计使用年限均为100年，对于一级公路的中桥设计使用寿命亦为100年，其余等级规模的桥梁的设计使用寿命相对缩短，对于可更换部件如斜拉索、吊索等设计使用寿命为20年。这方面中国规范作出了更加详尽的规定。美国规范给出了荷载系数η_i的概念，此系数综合考虑了结构延性、超静定性以及结构重要性，中国规范则规定了三个安全等级，对应的结构重要性系数由高到低分别为1.1、1.0、0.9。

可靠度指标方面，中国《公路工程可靠度设计统一标准》（JTG 2120-2020）中针对不同结构的安全等级和破坏类型给出了不同的目标可靠度指标,如发生延性破坏、安全等级为 1 级时,可靠度指标为 4.7;安全等级为 2 级时,可靠度指标为 4.2 等。美国规范中桥梁的设计使用寿命为 75 年且与 η_i 有关,若按照欧洲规范公式换算为 100 年,且 η_i 中只考虑结构重要性的影响,对于重要性依次为高、中、低的结构,对应的可靠度指标为 3.73、3.42、2.91。可见中国规范规定结构可靠度指标更高。

中国桥梁设计规范中材料采用强度设计值,即用材料强度标准值除以相应的材料分项系数;美国桥梁设计规范直接采用材料强度标准值进行计算,并在得到的抗力基础上乘以综合的抗力折减系数 ψ。

中国桥梁设计规范中的车道荷载由均布荷载和集中荷载组成;美国桥梁设计规范中采用的汽车荷载包括设计货车、设计双轴和车道荷载,并取用设计货车 + 车道荷载与设计双轴 + 车道荷载两者的较大值控制设计。中国桥梁设计规范中的均布荷载和集中荷载均需考虑冲击系数,而美国桥梁设计规范中的车道荷载无须考虑冲击系数的影响。

梁程亮对比了不同跨径和宽度简支 T 梁和简支空心板梁,在汽车荷载作用下依据美国桥梁设计规范计算得到的跨中弯矩效应要小于中国桥梁设计规范所得数值。对支点剪力而言,依据简支 T 梁桥计算结果有中国桥梁设计规范＞美国桥梁设计规范;依据简支空心板梁桥计算结果有美国桥梁设计规范＞中国桥梁设计规范。进行荷载组合后对于简支 T 梁桥,跨中弯矩和支点剪力的组合效应均有美国桥梁设计规范＞中国桥梁设计规范。对于简支空心板梁桥,跨中弯矩有中国桥梁设计规范＞美国桥梁设计规范;支点剪力有美国桥梁设计规范＞中国桥梁设计规范。总体而言,中国桥梁设计规范和美国桥梁设计规范中的汽车荷载效应并无确定的大小关系,而与所选的结构形式相关。

承载能力极限状态验算方面,对受弯构件、受压构件和局部承压构件对比了中美两国桥梁设计规范计算得到的承载能力设计值,结果表明,对于受弯构件正截面承载能力,美国桥梁设计规范计算得到的承载能力是中国桥梁设计规范的 1.4～1.45 倍,斜截面抗剪承载能力是中国桥梁设计规范的 1.4～2.0 倍;轴压和偏压构件的计算结构亦大于中国桥梁设计规范,但局部承压计算结果小于中国桥梁设计规范。

正常使用极限状态验算方面,中国桥梁设计规范和美国桥梁设计规范考虑的预应力损失类型基本相同,但预应力钢筋松弛、混凝土收缩和徐变引起的预应力损失计算方法有很大的差异。依据美国桥梁设计规范计算得到的总的预应力损失值大于中国桥梁设计规范,但中国桥梁设计规范和美国桥梁设计规范在预应力损失和相应的张拉控制应力的比值基本相等。两国桥梁设计规范在预应力混凝土结构分类上存在差别。中国桥梁设计规范对于全预应力构件和 A 类构件不允许出现裂缝,需要通过应力验算正截面和斜截面抗裂性,对于 B 类构件需要验算斜截面抗裂性;针对 B 类构件和普通钢筋混凝土构件,需要将裂缝宽度限制在一定的范围内;美国桥梁设计规范对于全预应力混凝土构件,通过限制截面的拉应力化及中性轴处的主拉应力来控制开裂;对于部分预应力混凝土构件,主要通过普通钢筋间距来控制裂缝宽度。挠度计算方法中，中国桥梁设计规范限制的是消除结构自重后由活载频遇值产生的长期挠度，而美国桥梁设计规范限制的是主梁在汽车荷载作用下的瞬时挠度。中国和美国采用的荷载形式及组合形式均有所不同，计算长期挠度时，两国规范中均采用放大系数法。预拱度设置方法存在明显不同，中国桥梁设计规范对于钢筋混凝土结构和预应力混凝土结构采用不同的方式，其中均考虑汽车荷载的作用；美国桥梁设计规范中不考虑汽车荷载的作用，而是采用预应力、恒载作用下的长期挠度。

（二）铁路桥梁

早在20世纪80年代，就有铁道工程和桥梁工程专家讨论了铁路列车标准活载的修订。钱冬生教授在研究美国、苏联、联邦德国和英国铁路列车活载修订的先进经验后，主张参考国际铁路联盟（UIC）活载对中国列车活载进行修订。李亚东教授也主张采用轴重250kN的UIC活载作为中国铁路桥梁标准活载。关于国内外铁路桥梁列车标准活载已有较多研究。

中国《铁路桥涵设计基本规范》（TB10002.1—2005）（以下简称"2005桥规"）规定使用中－活载作为铁路桥梁标准活载。中国铁路桥梁设计正在由容许应力法向极限状态法转变，《预应力钢筋混凝土铁路桥梁结构设计暂行规范》沿用上述中－活载，并按照分项系数法给定列车活载和其他荷载的组合。

欧洲规范在参考国际铁路联盟规范的基础上，给出了三种列车活载模型，分别为普通列车活载LM71、普通货车活载SW/0和重载货车活载SW/2。欧洲规范在给定这些标准活载的同时，允许相关国家根据其实际情况，在国家附录中对上述列车活载取不同的修正系数α，且α只能在0.75~1.46范围内取可选数值。例如法国国家附录规定，除过法国国境的货运线路取$\alpha=1.33$外，其余线路均取$\alpha=1$。

其他研究表明，中－活载作用效应约为1倍LM71活载，但前者略小。需要注意的是，大部分采用欧洲规范的国家均取大于1的列车活载修正系数。因此，中国普通铁路列车活载效应实际上比欧洲大部分国家要小，说明中国现行铁路桥梁活载的发展储备较低，为机车车辆轴重发展的预留量相对较小。

若铁路桥梁运行的线路大于等于两条，列车活载在这些线路上的分布组合值得考虑。在中国"2005桥规"中，两线铁路活载取0.9倍折减，三线及以上取0.8倍折减；《预应力钢筋混凝土铁路桥梁结构设计暂行规范》在此基础上将四线及上降低至0.75倍。欧洲规范双线铁路不折减，三线及以上取0.75倍折减；桥上运行线路数大于1时，只在一条线路施加SW/2活载，其余线路施加LM71或SW/0活载。

作用于铁路桥梁上的可变荷载除基本可变作用（主要为列车活载）外，还有其他可变作用，如温度作用、风荷载等；列车活载在与这些荷载进行组合时，应考虑其在不同工况时的分项系数。基于可靠度理论的《预应力钢筋混凝土铁路桥梁结构设计暂行规范》和欧洲规范，都给出了在承载能力和正常使用极限状态下的不同荷载组合中列车活载的分项系数。承载能力极限状态组合时,《预应力钢筋混凝土铁路桥梁结构设计暂行规范》根据组合可变作用不同,恒载分项系数取 1.1、1.2、1.4,而欧洲规范统一取 1.35,在只组合基本可变作用时,活载分项系数《预应力钢筋混凝土铁路桥梁结构设计暂行规范》取 1.4 或 1.5,欧洲规范取 1.45,在组合基本可变作用和其他可变作用时,活载分项系数《预应力钢筋混凝土铁路桥梁结构设计暂行规范》取 1.2,欧洲规范取 1.45×0.8。

(三)桥梁风险评估

桥梁工程领域的风险评估,始于 20 世纪 80 年代国外对船桥碰撞问题的风险评估。1983 年 6 月,在丹麦哥本哈根召开了由国际桥梁和结构工程协会(International Association of Bridge and structure Engineering)主办,以大海带跨海工程为背景,主题为"船只与桥梁和离岸结构的撞击"的学术会议;2001 年,国际建筑研究与文献委员会(International Council for research and innovation in building and construction,CIB)中 WG32 小组,发布了题为 Risk Assessment and Risk Communication in Civil Engineering(CIB,2001)的研究报告,对结构工程风险评估方法进行了比较系统的总结和归纳,并且强调在工程风险进行风险交流和综合多方面意见确定结构风险接受准则的重要性;2001 年 3 月,IABSE、CBI、ECCS、JCSS、ESRA、CERRA 等多个国际性学术协会在马耳他举办大型结构风险学术研讨会,编辑了由 190 篇论文组成的论文集,有力地推动了风险评估在工程领域中的应用。2005 年在葡萄牙里斯本召开的 IABSE 年会中,再次将风险评估作为大会的专题。

总体来看,在几次重大国际会议和重大工程的推动下,结构工程风险评估日益得到重视,并蓬勃发展,但专注于桥梁方面的系统成果仍不多见。国内桥梁风险评估方面的研究自 2002 年迅速起步,得到多个纵向课题资助,建立完整的研究体系框架,并努力形成系统的研究成果和可操作性强的评估体系将是今后一段时间的主攻方向。

风险评估的方法伴随着风险评估的发展而逐步完善,Pontis 桥梁管理系统主要针对公路交通网络中中小桥梁的管理与维护,目前已广泛应用于美国各州的公路桥梁管理工作。J. de Brito 等于 1994 年针对混凝土桥开发了桥梁管理专家系统,系统功能分为两大模块:①检测模块,进行桥梁现场信息定期采集,基于知识的交互式系统作为补充;②桥梁管理策略优化模块,包括检测策略、养护和维修三个子模块。系统中采用了 FORM(first-order reliability methods)方法进行可靠性评估。H. G. Melhem 和 Senaka Aturaliya 采用专家系统工具 CLIPS(C Language Integrated Production System)建立了桥梁总体评估程序,提出了采用模糊加权向量方法,基于由重要性两两比较矩阵得到的权重,采用弱分割和模糊加法得到相应各评估子集的模糊加权向量,提高了对最终评价结果的稳定性,支持检测者评价结果的分散性,克服了对部分监测者可能不精确检测结果的敏感性。Ichizou Mikami 等于 1994 年建立了修复钢桥裂缝的专家系统,该系统中包括对新知识的描述和新推理机制。知识库建立在钢桥中存在的 90 种类型裂缝产生关系的基础上,所有关系都假定有一特定因子。推理机通过修正特定因子实现基于知识的网络模型的成长和优化，因而具有学习功能。系统在三座钢桥上的实际应用结果表明，可以针对钢桥裂缝的不同类型推理出适当的维修方法。Hitoshi Furuta 等于 1996 年采用遗传算法（Genetic Algorithms，GA）与神经网络（Neural Networks，NN）相结合的方法开发了桥梁损伤模糊评估专家系统。在野外桥梁现场获取专家知识有困难的情况下，采用 GA-NN 相结合方法，有可能获得新的知识和判断准则。

风险分析软件方面，英国、美国、荷兰等工业发达的国家从 20 世纪 70 年代就开始了研究。比较著名的软件如 @Risk、Crystalball、IRMSS、Reno 等。此外，还有印度开发的有毒化学物质泄漏风险分析系统 HAZDIG、英国煤气公司开发的城市煤气管道风险分析软件 TRANSPIPE，这些由科研机构及企业所开发的风险分析系统多集中在信息安全、化工、金融、石油、工业系统设计等领域。这些软件工具的功能集中在数据仿真分析方面，面向指定的项目。由于风险分析系统的专业性比较强，所进行风险分析的目标均是针对该领域里可能出现的事故，所以这些软件不具有通用性。

关于国外桥梁界桥梁风险评价的最新发展，美国林同炎国际公司董事长兼技术总监邓文中认为：在桥梁设计过程中，工程师必须考虑如何确保桥梁在其设计寿命中的健康；桥梁工程师的责任就是以最大的成本效率来建造这个时间长度内保持安全的桥梁；桥梁工程师们不断受到设计出更耐久性的桥梁的挑战；一个成功的设计必须要预计在桥梁服务寿命期内将来可能会发生的情况。规范的超载系数绝不可能达到足以防备设计可能的大错误，但是许许多多的中小错误都可以用规范的超载系数来防备；规范是分析、设计和偏于安全的思路的结合。近年面临的情况是：桥梁结构安全问题虽已受到重视，但各种事故却时有发生；耐久性常被忽略，潜伏着不安全的隐患，影响着桥梁结构的使用寿命和年限。

（四）全寿命性能设计

美国是最早提出"全寿命"理念的国家，也是最早在公路交通领域运用全寿命周期成本分析的国家。提到全寿命，就不得不提寿命周期成本分析，寿命周期成本分析（Life Cycle Cost Analysis，LCCA）及全寿命经济观点的提出已经有 100 多年历史，最早应用于军事采办领域，20 世纪 80 年代在航空、航天、车辆及小型机械领域逐渐得到应用并推广至交通领域，人们逐渐开始研究项目成本的优化问题。由于混凝土耐久性问题日益突出，为了将有限的资金高效利用到基础设施的维护，以美国为首的一些发达国家率先在道路交通领域提出"寿命周期成本分析"的概念，也称"全寿命经济分析"（Total Life Cycle Cost Analyze）。从这一时期开始，LCCA 方法逐渐应用到道路交通行业，在 20 世纪 90 年代产生了一些阶段性成果，比较有代表的是美国 1993 年颁布的全国公路协作计划第 438 号报告《桥梁寿命成本分析》和配套软件光盘（CRP-CD-26）。1998 年，FHWA 颁布了《道路设计中的全寿命成本分析》(*Life-Cycle Cost Analysis in Pavement Design*)，关于全寿命的设计理论和原理也写入了美国有关规范和设计手册。

20世纪90年代开始，桥梁全寿命的理念在世界范围内得到了推广，但目前仍然处于起步阶段。日本进行了钢桥的全寿命成本分析以及环境负担影响分析研究，并针对钢桥进行了成本分析研究及防腐设计的相关研究。芬兰学者及其研究机构提出了"结构全寿命周期综合设计"的理念，2001年发表了《结构全寿命周期综合设计》一书，提出了走可持续发展的建筑设计道路，较全面地阐述了全寿命设计的理念及应用方法，但其主要针对的是建筑物。其他发达国家，如瑞士、法国等都进行了有关全寿命的研究，并逐步进入各个国家的桥梁设计规范中。

近30年，基于寿命周期成本的公路桥梁设计和分析取得了明显的进步。Frangopol将初始成本分为预防性维护成本、检测成本、维修成本与失效成本，采用基于事件树的方法对检测后的维修事件进行概率分析，对退化结构以最小期望寿命总成本为最小优化目标进行维护优化设计。Liu Min和Frangopol指出现有桥梁管理系统工具的维护决策仅以寿命周期成本为目标的单一优化方法的不足，维护策略还应该考虑桥梁寿命期状况、安全性能要求，提出了以多目标遗传算法进行计算的多目标优化维护方法。Petcherdchoo考虑基于时间维护和基于性能维护两种维护方法，考虑了维护时间间隔、结构可靠度以及维护成本，对科罗拉多州的劣化桥梁进行维护优化。Taehoon Hong在以往学者对纤维改性聚合材料（FRP）寿命周期成本分析的基础上，建立了优化的成本分析模型，用于评价新型材料与传统材料的优越性，考虑了折现率与通货膨胀率对成本分析的影响，采用蒙特卡洛模拟的方法对以上两种不确定参数进行分析并提出了一种预测桥面板使用寿命的方法。Meiarashi对一座悬索桥采用不同材料进行设计，将成本分为初始成本和未来成本，对两种不同材料设计的桥梁进行寿命周期总成本比较，并分析敏感参数，得出新型材料优于传统材料的边界条件。Li提出了用于公路工程全寿命周期效益成本分析的不确定分析方法，考虑了分析中的确定性、风险以及不确定性，并且建立了用于桥梁与路面的寿命周期成本分析模型。Mehrabi采用全寿命周期成本分析的方法对一座斜拉桥的拉索进行维护方案选择，并进行了拉索更换设计，考虑的成本包括初始成本、检测相关的成本以及易损性成本。Cho提出了用于钢桥优化设计的更为实用的寿命成本分析方法，其成本描述为初始成本、期望维修成本、期望更换成本、损失成本、用户成本以及间接社会经济损失，并给出了相关成本的计算公式，对全寿命周期成本分析方法的实际操作具有一定指导意义。De Larderel评述了全寿命理念及全寿命相关方法对建设工程环境保护的重要性，并提出了全寿命理论未来研究方向。Hammervold对挪威的三座已建桥梁进行详细的环境成本与影响分析，分析的环境成本主要包括污染成本以及桥梁整个寿命期内资源和能源消耗。Anderson对用于环境影响的寿命周期分析方法（LCA）进行综述，并采用LCA方法对一座单跨的桥梁进行完整的环境影响分析。

四、我国桥梁设计方法与标准发展展望与对策

（一）标准体系发展

2017年我国颁布了新版《中华人民共和国标准化法》，将原国家标准、行业标准、地方标准、企业标准的标准规范体系拓展为国家标准、行业标准、地方标准、团体标准、企业标准五类。目前国内已经形成了从综合规范（JTG A）到基础规范（JTG B）再到勘测（JTG C）、设计（JTG D）、检测（JTG E）、施工（JTG F）、质检（JTG G）、管养（JTG H）、加固（JTG J）等具体门类的三级规范体系。

2021年国务院印发了《国家标准化发展纲要》（以下简称《纲要》），强调标准是经济活动和社会发展的技术支撑，是国家基础性制度的重要方面。标准化在推进国家治理体系和治理能力现代化中发挥着基础性、引领性作用。新时代推动高质量发展、全面建设社会主义现代化国家，迫切需要进一步加强标准化工作。《纲要》提出，到2025年，实现标准供给由政府主导向政府与市场并重转变，标准运用由产业与贸易为主向经济社会全域转变，标准化工作由国内驱动向国内国际相互促进转变，标准化发展由数量规模型向质量效益型转变。

1）以科技创新提升标准水平，建立重大科技项目与标准化工作联动机制，将标准作为科技计划的重要产出，强化标准核心技术指标研究，重点支持基础通用、产业共性、新兴产业和融合技术等领域标准研制。

2）提升产业标准化水平，强调加大基础通用标准研制应用力度。围绕传统基建领域智慧化转型升级需求，加快完善相关标准。

3）完善绿色发展标准化保障。建立健全碳达峰、碳中和标准，筑牢绿色生产标准基础。

4）提升标准化对外开放水平，深化标准化交流合作，推动国内国际标准化协同发展。

5）推动标准化改革创新，优化标准供给结构。充分释放市场主体标准化活力，优化政府颁布标准与市场自主制定标准二元结构，大幅提升市场自主制定标准的比重。大力发展团体标准，实施团体标准培优计划，推进团体标准应用示范，充分发挥技术优势企业作用，引导社会团体制定原创性、高质量标准。加快建设协调统一的强制性国家标准，筑牢保障人身健康和生命财产安全、生态环境安全的底线。同步推进推荐性国家标准、行业标准和地方标准改革，强化推荐性标准的协调配套，防止地方保护和行业垄断。建立健全政府颁布标准采信市场自主制定标准的机制，深化标准化运行机制创新。建立标准创新型企业制度和标准融资增信制度，鼓励企业构建技术、专利、标准联动创新体系，支持领军企业联合科研机构、中小企业等建立标准合作机制，实施企业标准领跑者制度。促进标准与国家质量基础设施融合发展，强化标准实施应用。建立法规引用标准制度、政

策实施配套标准制度，在法规和政策文件制定时积极应用标准。加强标准制定和实施的监督。

6）夯实标准化发展基础。提升标准化技术支撑水平。加强标准化理论和应用研究，构建以国家级综合标准化研究机构为龙头，行业、区域和地方标准化研究机构为骨干的标准化科技体系。大力发展标准化服务业，加强标准化人才队伍建设，营造标准化良好社会环境。

（二）设计标准创新

改革开放后，中国桥梁行业经历了快速发展，从桥梁大国逐渐向桥梁强国迈进。近年来，桥梁安全、耐久问题日益成为全球关注的焦点，这不仅是发展中国家面临的技术问题，也是发达国家所亟须解决的问题。因此，对桥梁行业的发展提出了新的要求，确立了共享、创新、绿色、协调、开放五大发展理念。这就要求提升设计理念，将全寿命理念落到实处；重视基础研究，提升设计理论与方法的科学性；加强桥梁结构方案比选工作；做好桥梁结构选型工作（合理的选型对更好适应桥梁结构所处自然环境、提高结构的安全耐久性、降低全寿命周期成本影响重大。应选择最适合的桥梁结构，充分发挥结构特性，扬长避短，取得最佳效果）；及时解决关键短板（如结构抗倾覆措施；加强桥梁保护系统设计；加强桥面铺装设计、伸缩装置连接设计；加强连接构造设计；加强设计精细化）。扎实有序推进公路桥梁建设、提升桥梁品质已成为行业共识。推进公路钢结构桥梁建设是落实绿色发展理念，实行现代工程管理人本化、专业化、标准化、信息化、精细化的重要抓手。提升公路桥梁的建设品质，提高结构安全耐久性，降低全寿命周期成本，促进公路建设的转型升级、提质增效。

为进一步提升我国公路工程混凝土结构的耐久性，强化工程全寿命周期设计理念，交通运输部正式发布公路工程行业标准《公路工程混凝土结构耐久性设计规范》（JTG/T 3310—2019，以下简称《规范》）。该《规范》由苏交科集团股份有限公司主编，东南大学、中交公路规划设计院有限公司、交通运输部公路科学研究院参编，于2019年9月1日起施行。

有别于传统面向荷载作用的结构设计规范，该《规范》面向环境作用。《规范》认真总结了我国大量现有规范和工程实践经验，吸取了成熟新技术和应用成果，同时借鉴了发达国家相关经验，体现了耐久性设计的最新理念和发展趋势。《规范》首先根据公路工程结构物整体、可更换构件与不可更换构件的种类划分，给出了桥涵和隧道及其构件的设计使用年限。针对我国公路工程环境特点，划分了7个环境类别以及每类环境的6种作用等级。根据结构物所处环境类别和作用等级，提出了混凝土原材料、混凝土和水泥灌浆材料的耐久性要求和控制指标；同时也从结构构造方面提出了混凝土保护层、裂缝宽度、构造等相关控制措施要求。该《规范》还支持节段预制拼装、体内体外混合配束、预应力体系多重防护、整体式无缝桥梁等有利于提高耐久性的新技术应用。

当前，交通运输部正在深入开展"品质工程"建设，提出了"以工程质量安全耐久为核心，强化工程全寿命周期设计，明确耐久性指标控制要求"。在公路工程基础设施建设中，混凝土结构始终占据最大份额。与国际同类标准相比，《规范》不仅紧密结合交通行业环境特点、细化了耐久性设计步骤，还提出了材料与结构构造并举的设计要求，并引入了寿命预测模型等行业最新研究成果，更具适用性、可操作性和适当引领性。《规范》施行后，将进一步提升我国公路工程混凝土结构的耐久性，全面提升工程质量。

（三）设计理论与方法突破

工程结构设计的核心问题是解决结构外部作用与内部抗力的矛盾。内部抗力由力学分析确定，结构分析的手段经历了从最初的几何学法到容许应力法到破损阶段法再到极限状态法的发展历程。工程结构具有高度不确定性，需要概率的思想进行设计。这种不确定性包括模糊性、知识的不完善性和随机性。其中，前两者的相关研究尚不完善，目前主要通过经验来考虑。随机性包括物理不确定性、统计不确定性、模型不确定性，可以通过概率统计理论和随机过程理论对结构进行可靠性分析，即基于可靠度理论的结构设计方法。基于可靠度理论的极限状态设计法是目前主流的设计方法。可靠度设计理论依据设计思想中概率理论的应用程度可分为半概率（水准Ⅰ）、近似概率（水准Ⅱ）、全概率（水准Ⅲ）、风险设计（水准Ⅳ），目前主流的设计规范均采用基于可靠度理论的极限状态设计方法，尚未达到水准Ⅳ。

1. 近年结构设计理念发展趋势

（1）绿色环保低碳设计（结合气候峰会中国的减排声明）

习近平主席在2021年"领导人气候峰会"上的讲话指出："人类进入工业文明时代以来，在创造巨大物质财富的同时，也加速了对自然资源的攫取，打破了地球生态系统平衡，人与自然深层次矛盾日益显现。近年来，气候变化、生物多样性丧失、荒漠化加剧、极端气候事件频发，给人类生存和发展带来严峻挑战。新冠肺炎疫情持续蔓延，使各国经济社会发展雪上加霜。面对全球环境治理前所未有的困难，国际社会要以前所未有的雄心和行动，勇于担当，勠力同心，共同构建人与自然生命共同体。"提出了"坚持人与自然和谐共生、坚持绿色发展、坚持系统治理、坚持以人为本、坚持多边主义、坚持共同但有区别的责任原则"的六大发展原则。

2020年，中国宣布将力争2030年前实现碳达峰、2060年前实现碳中和。这是中国基于推动构建人类命运共同体的责任担当和实现可持续发展的内在要求作出的重大战略决策。中国承诺实现从碳达峰到碳中和的时间，远远短于发达国家所用时间，需要中方付出艰苦努力。

中国近年来在基础设施建设领域有着巨大的发展，这提高了就业、增加了民众收入、为经济快速发展打下基础，充分发挥了其乘数效应。在基础设施快速发展的同时，为了在结构的勘察、设计、施工、运营等各个环节都做到低能耗、低污染、低排放，绿色低碳的设计理念需要大力推广。

（2）智能设计

桥梁设计工作烦琐，需要搜集各种相关的资料与信息，桥梁设计工程师要准确分析计算桥梁结构不同工况下的受力、描绘桥梁的结构形状、确定桥梁详细尺寸等，这些工作对桥梁设计工程师而言，不管是身体上还是精神上都存在着相当大的考验。基于建筑信息模型（BIM）桥梁智能设计系统，在很大程度上可以减缓桥梁设计工程师的工作压力。该系统是为帮助桥梁工程设计师复杂和沉重的工作量而研发的，可以按照工作要求和规则进行智能化的方案设计，此方案的规划与精确度均能满足工程需要。同时，该系统还可以在计算机数字化的基础上构建所需的信息模型，不需要人工操作便可以自己独立完成桥梁的方案设计图、施工设计图等过程，它的便利性将桥梁设计工程师从劳累的工作流程中解放了出来。

此外，该系统可以实现多人共同协作，进而大幅度提升了桥梁方案的进度和精确度。它在勘察路线、水文、地貌等情况时，可以将这些数据资料与所设计的图形方案进行交叉编辑；也能与相关的道路设计软件进行有效的链接，还能帮助桥梁设计工程师高效率、高质量地完成工作。在桥梁方案设计最初规划时，该系统可以协助工程人员智能化地选择桥梁建设位置，通过分析数据可以自动设计桥梁的结构造型、曲率半径以及桥梁的尺寸。本系统还能开发出强大的自动化绘图功能，使桥梁在具体实施的操作阶段可以有效地与钢筋钢束设计完美地融合在一起，进而在计算机精确的计算下推算出钢束的配置数据，绘制出满足工程需求的设计图纸。

2. 桥梁智能设计系统具体的应用场景

（1）自动化绘图设计与资料整理

桥梁设计初期，需要搜集大量的数据资料进行参考整理，桥梁工程设计人员参照这些获得的信息开始工作，进行选址、设计路线、勘探水质等。最后需要将桥梁的设计样稿用图纸描绘出来，进而把采集的数据与桥梁图形有效地进行相互编辑。运用 BIM 桥梁智能设计系统，可以借助它的自动化绘图设计有效、准确地将桥梁设计工程人员对桥梁的构想一键勾勒出来，该系统的实际运用极大便利了整个桥梁在前期的工作进度。与此同时，在对桥梁设计进行大量数据分析时，工程人员的工作能力相对有限，基于此系统强大的计算分析能力，可以协助工程人员更精准地计算数据，进而有效率地对桥梁设计的资料进行很好的整理，避免了数据资料的重复和错误。

（2）智能化结构数据配置

桥梁各部分的结构设计都要经过精准的数据配置，才能在具体的实施过程中不会出现偏差。因此，在设计桥梁的具体细节构造中，不仅要对桥梁的中心位置进行观察，还要对桥梁所跨的道路、桥下是否有障碍物进行排查，确保桥梁工程的顺利建造和安全运营，保证桥梁的使用年限。BIM 桥梁智能设计系统可以参照标准的构件库、设计原则库进行智能化的数据配置以及确定各部分的构件尺寸。构件装置通过计算机可以建立起桥梁信息模型，自动化统计关键的结构数据。此外，该系统还能在具体的桥梁建设阶段，智能化地对建造材料进行详细的数据配置，进而提高施工的工作效率，减少了具体操作中可能会遇到的困难。

（3）精准的桥梁设计指标测量

BIM 桥梁智能设计系统应用在桥梁设计中，能对桥梁工程的质量进行有效的把关，它可以对桥梁每平方米所需要用到的材料量、桥梁建造的厚度以及桥梁的承重力进行复查，测量各方面指标是否符合桥梁设计的数据范围。该系统对桥梁建造提供检测数据的功能可以极大地提高工程人员工作的合理性、安全性及经济性。

（4）高校团队协同工作

桥梁设计工作需要一个非常强大的设计团队进行有效的合作才能顺利进行。通常设计团队的成员主要包括总工程师、负责人、工程师以及管理员等多个角色，每一个职位都承担着自己对设计工作的相应责任。BIM 桥梁智能设计系统可以将这些工作人员进行有效的整合，统一到这个工作平台上高效率地进行合作。详细的分工流程明确了每个设计人员的任务，熟练而简单，分工又综合，大幅度提升了桥梁建造的整个项目质量和进度。

（四）国产设计软件的发展

中国桥梁已经成为一张亮丽的"国家名片"，我国桥梁总量已超过百万座，且不断突破世界"建桥禁区"，而软件是信息技术之魂、网络安全之盾、经济转型之擎、数字社会之基。桥梁专家郑皆连院士在一次采访中表述，"中国是桥梁大国却非桥梁强国，输在了软件上""为什么我们还没有成为强国呢，一个计算软件不是我们的，我们现在用的软件都是国外的""在软件上我们还要努力，搞一些比较好的软件出来。"因此，打造民族自主品牌的桥梁"中国芯"——国产桥梁结构分析软件，是我国从桥梁大国迈向桥梁强国的重要一环。

桥梁结构分析软件是以桥梁工程、结构力学、有限元分析等多个学科为理论基础的仿真 CAE 软件。20 世纪 60 年代以前，桥梁结构分析以依靠手工运算的解析法为主。对于复杂的桥梁设计，需要消耗大量的时间，且存在较高的误差。随后，算盘、计算尺、手摇计算器和初期的电子计算器等工具的运用，一定程度上帮助工程师提高了效率，但对桥梁工程师而言，结构分析业务的解放还要从计算机推广开始说起。

20 世纪 70 年代末期，由交通部组织行业专家联合开发的"公路桥梁综合程序 GQZJ"投入使用，实现了预应力混凝土连续梁的计算。但限于当时的硬件条件，源程序并不能长期寄存在计算机内。程序导入和数据读取均需要通过人工制作和读取穿孔纸带来完成，根据计算结果手工绘制结构内力草图，并加以分析。

80年代后期，许多设计院将GQZJ移植到不同类型的计算机上运行并加以改进，例如交通运输部公路规划设计院、北京市政院和上海市政院等。其中，覆盖率最高的GQZJ程序是由交通部公路科学研究所研发的，它是根据有限条和样条有限条法解决了弯箱梁桥内力分析的难题，在当时国际学术领域是一个巨大的突破。尽管各单位使用的GQZJ程序版本存在一定程度的差异，但其为我国预应力混凝土连续梁桥和斜拉桥的发展作出了重要贡献。

90年代，PC计算机迅猛发展，伴随硬件水平和操作系统的快速进步，计算机开始全面普及。我国桥梁设计单位以此为土壤，孕育了许多优秀的桥梁软件。例如广东省公路勘察规划设计院开发的"3D-BSAA"、孙广华博士开发的"曲线梁桥CAD"以及北京市政院研发的"ASBEST"等，这些软件为曲线或异形梁桥设计作出了巨大贡献。同时，国内高校也投入软件研发工作中，例如同济大学研发的"桥梁博士"、西南交通大学研发的"桥梁结构分析系统BSAS"。"桥梁博士"以其可视化性、兼容性和通用性等优点在行业内得到了广泛应用；"BSAS"以服务铁路桥梁为主，为当时铁路桥梁的建设提供了有力的技术支撑。在此后20年里，伴随勘察设计行业的高速发展，尽管国内桥梁结构分析软件也进行着不同程度的更新，但总体上由于产品多为内部使用，投入经费较少，导致更新较慢，难以满足复杂桥梁计算需求。另外，国外软件开始进军国内市场，韩国的"MIDAS/Civil"和奥地利的"TDV"以其丰富的单元类型、非线性和动力力学分析等优势逐渐在国内复杂桥梁的总体计算中占据主导地位，而桥梁局部复杂节点的分析则基本采用美国的SAP2000、Ansys、Adina和法国Abaqus等软件。

进入到21世纪，在项海帆、郑皆连等老一辈桥梁专家"建设桥梁强国，国产软件决不能拱手让人""国产桥梁软件急待自主品牌""国产软件当自强"的爱国情怀感召下，中国桥梁人继往开来，揭开了国产桥梁结构分析软件升级优化与创新研发的新篇章。

交通运输部公路科学研究院开发的新版GQJS软件，继承了桥梁综合程序GQZJ的核心计算理念，并紧跟规范的发展陆续完善了混凝土收缩徐变计算、组合截面和新设计荷载等桥梁专业计算功能。该软件交互界面友好，具有施工监控、结果分析、计算书自动生成以及偏载系数计算等扩展应用模块。近几年，团队致力于开发基于参数化建模的精细化有限元模型解决方案，以期使用实体单元模拟混凝土、使用非线性杆单元模拟钢筋和拉索以及使用板壳单元模拟钢结构的精细化有限元模型解决方案。此外，改进后的GQJS更加适合斜拉桥与钢混组合结构桥梁的设计及施工监控计算，可满足桥梁加固设计计算需要。

西南交通大学编制的"桥梁结构空间非线性分析系统BNLAS"采用非线性有限元理论，以改进的增量迭代法为非线性迭代格式，以不平衡力和相对位移误差的无限范数作为迭代收敛检查准则，可考虑空间单元的大位移、大转动影响，并采用高精度的方法计算单元的内力及变形。软件按施工步骤自动形成各阶段的计算图示，适用于任何桥梁结构的计算，尤其在缆索承重桥梁——悬索桥、斜拉桥、悬吊斜拉混合协作体系的计算中具有明显的优势。

上海慧加软件有限公司研发的"慧加结构分析与设计软件 WISEPLUS"采用了先进的桥梁分析理论，其特色包括七自由度梁单元分析、折面梁格分析、空间网格分析、索力优化与调整、体外预应力分析、活载影响面动态规划加载法、空间配筋等。全面解决了异型桥梁（宽桥、弯桥、斜桥、变宽桥、分叉桥和组合梁桥等）的空间问题（剪力滞效应、薄壁效应与各腹板的受力分配）。

中交公路规划设计院有限公司自主研发的"桥梁三维非线性分析软件 OSIS"适用于梁桥、斜拉桥和悬索桥等多种桥型，能够精确进行特大跨度斜拉桥及其他各类桥型的成桥分析及施工全过程分析。其强大的几何非线性功能实现了施工全过程非线性分析。

上海同豪土木工程咨询有限公司开发的"桥梁博士 V4"软件创新使用"构件建模法"，实现了桥梁结构建模与有限元模型的自动生成，更贴近工程实践；实现了桥梁计算模型的参数化表达；实现了桥梁构造、钢筋、钢束的 3D 可视化，桥梁建造过程的 3D 模拟，以及上下部结构联合计算。该软件是国内第一款真正的基于 BIM 思想的桥梁空间结构分析软件。

面向未来，民族自主品牌的桥梁结构分析核心引擎的持续创新及广泛应用是桥梁强国建设进程中关键核心技术的重点之一。随着计算机技术的不断发展，国产桥梁结构分析软件正逐渐突破计算速度和计算规模的限制，在计算精度上朝更精确的板壳理论应用方向发展，在工程实践应用上朝系统性的结构性能分析方向发展，在结构风险控制上朝破坏分析方向发展。桥梁强国建设进程中会遇到种种困难，但我们坚信在不久的将来，国产桥梁结构分析软件会为我国迈向桥梁强国提供强力支撑、贡献巨大力量。

（五）桥梁景观设计的发展

桥梁景观设计是桥梁美学设计的一项重要内容，是建筑环境设计在桥梁建筑上的具体应用。过去的一年，桥梁景观设计全面开展，出现了一批优美的、与环境和谐相融的桥梁作品。同时，对既有桥梁进行景观改造，节约成本，提升景观价值，也成就了多座桥梁景观价值的回归。

随着经济的发展和城市生活品质的提高，人们对审美的要求也越来越高。以往主要承担车行或人行交通功能的桥梁，如今越来越重视造型的美观和环境的协调。余恩跃对城市建设中的桥梁景观设计进行了分析，认为桥梁领域的设计工作是建筑行业中的重要组成元素，并且具有极强的专业性和综合性，其工作的内容涉及范围极为广泛。现阶段，此项工作的进行不仅要方便百姓的日常出行，还需要具有一定的美学价值和科学合理性。该领域的工作人员需要及时进行工作方式的革新，将宝贵的工作经验和崭新的工作技术进行有机融合，切实促进桥梁设计工作具有更大的突破和创新。朱丽丽等通过工程实例，运用城市桥梁形象设计识别系统（CI）进行环形天桥设计，包括桥梁线型、色彩及灯光设计，为环形天桥景观设计提供参考。戴建国等基于融合的城市景观桥梁设计，以贵阳市区的三座景观桥梁为例，阐释了桥梁设计的融合理念——桥梁造型与功能、环境的融合，以及古典与现代的融合。

曹兴等针对近年来旧桥改造设计中忽视桥梁景观设计，造成旧桥改造与城市发展规划不一致的问题，提出使用景观改造来改善旧桥空间形态，并对旧桥景观设计步骤及改造方法进行研究。通过分析、立意构思及构思成图三个步骤对旧桥改造进行总体设计，结合工程实例对旧桥景观空间形态保护、旧桥景观空间形态重塑及旧桥夜光环境改造三种改造方法进行介绍。工程实践证明，旧桥景观改造极大提升了桥位周边的城市价值，优化了桥位周边的景观环境，使旧桥成为独特的城市名片与历史标志。

荷兰的大多数桥梁建于20世纪60年代和70年代，由于技术或功能原因，多座桥梁不得不更换。Reitsema、Albert等指出，随着交通强度的提高和机动性的重要性，新桥的设计和建造策略必须与过去有所不同。新方法需要确保因建筑工程和未来维护活动引起的交通障碍减至最小。在代尔夫特工业大学，正在开发一种SMART桥概念，以实现快速、无障碍的基础设施置换。通过利用经过验证的创新技术，并将其付诸实践，可以实现最佳优势。文中结合了最新的建筑技术创新，例如先进的水泥材料（ACM）、结构健康监测（SHM）技术、先进的设计方法（ADM）和加速桥梁建设（ABC），这些创新代表着向下一代基础设施迈出的一步，其中快速施工、智能桥梁设计、可持续性、零能耗、无/低维护和美观是关键特征，也是旧桥加固改造的发展方向。

（六）新材料、新结构

1. 新材料

高性能混凝土以其独特的高工作性能，势必成为未来混凝土桥技术短板上的支撑。因此很有必要就目前数量繁多、功能性强的高性能混凝土如何用于混凝土桥领域进行探讨和研究。

结合以往研究及上述研究不难发现，目前高性能混凝土的种类众多，但实际运用较少，其在桥梁工程中的运用主要以UHPC为主，其他大部分材料仍停留在实验室阶段及局部小体量运用方面。因此，将高性能混凝土应用于桥梁工程的探索与研究仍须继续努力。

（1）绿色高性能混凝土

目前对绿色混凝土还没有一个确切的定义。一般认为，相对于传统的混凝土生产制备过程中所释放的碳排放量，绿色混凝土的碳排放量有显著的降低。降低混凝土行业所产生的二氧化碳排放量可以通过以下几个途径达到：①提高混凝土的性能以增加其使用寿命，降低维修和重建的需求，从宏观上减少混凝土的使用量；②使用大掺量的矿物掺和料部分替代水泥或采用碱激发的地聚物混凝土完全替代水泥，以减少水泥工业的碳排放；③使用再生混凝土微细粉以及再生骨料等材料，以减少对不可再生天然骨料的开采和使用。我国对再生骨料的研究取得了一定的成效，例如，在制备技术、配比设计以及性能影响方面都有所突破，再生骨料相关标准和技术规章等也被纳入制定当中，这在一定意义上促进了绿色混凝土的研发与应用。

（2）纤维增强混凝土

发展纤维混凝土是提高高性能混凝土质量的重要途径。混凝土是当今用量最大的建筑材料，但混凝土仍存在突出的缺陷，在混凝土中加入纤维以改善其脆性大、抗拉强度低等缺点的纤维增强混凝土也在不断发展中。它是以水泥净浆、砂浆或混凝土作为基材，以适量的非连续的短纤维或连续的长纤维作为增强材料，均匀地掺和在混凝土中，从而形成一种新型增强建筑材料。纤维的种类比较丰富，力学性能差异较大。按弹性模量又可分为高弹性模量纤维（如钢纤维、玻璃纤维、碳纤维、玄武岩纤维）和低弹性模量纤维（如有机纤维）。高弹性模量纤维的刚度大于混凝土，基体产生微裂缝后，纤维开始受力，分担混凝土所受应力，提高材料强度。纤维刚度越大，强度提高越明显。低弹性模量纤维的刚度小于混凝土，受力一般在混凝土开裂之后，主要用于提高材料延性。

（3）自密实混凝土

自密实混凝土是一种高流动性且具有适当黏度的混凝土，它不离析，能够填满模板内的任何空隙，在重力作用下自行密实，为施工操作带来极大方便，被称为"最近几十年中混凝土技术最具革命性的发展"。随着多功能高效的外加剂、大掺量矿物掺合料、原材料的严格控制以及合理的配合比，在一定程度上已经解决了自密实混凝土设计及试验配比的问题。在实际生产使用过程中暴露出来的相关问题，还需要相关工程研究及技术人员的共同努力。

（4）高性能筋材

纤维增强复合材料（Fiber Reinforced Polymer/Plastic，FRP）筋是以连续纤维为增强体，聚合物树脂为基体，经过浸润、固化等工序制备而成的新型复合材料。近年来，FRP以其高强、轻质、耐腐蚀等特性而在工程中得到应用。FRP筋中纤维体积含量可达到60%，重量约为普通钢筋的1/5，强度为普通钢筋的6倍。相比于普通钢筋，FRP筋轻质高强，但是其力学性能为线弹性，没有屈服平台，极限延伸率较低。此外，多数FRP筋的弹性模量低于普通钢筋。在桥梁工程中，FRP索还可用作悬索桥的吊索及斜拉桥的斜拉索，以及预应力混凝土桥中的预应力筋。

2. 新结构

近年来，为了解决现有结构中的不足，出现了较多具有创新性的结构形式，例如为了解决正交异性钢桥面疲劳开裂而提出的组合桥面结构在越来越多的实际工程中得到应用。这里对混合桥面结构和在港珠澳大桥中应用的变直径钢管复合桩进行简要的介绍。

大跨径斜拉桥结构通常对自重较为敏感，多采用强度高自重轻的钢材作为加劲梁的主要材料。正交异性钢桥面板以其明确的受力方式、较高的承载能力和较轻的自重在大跨度钢结构桥梁中大规模应用，但其疲劳和铺装问题一直是桥梁运营过程中难以避免的顽疾。其中重载交通是造成上述问题的一个主要原因。通过对大跨度桥梁交通流的分析发现，重载车辆主要行驶在外侧慢车道。因此提出将斜拉桥流线型扁平钢箱梁桥面结构最外侧慢车道及以外的部分更换为疲劳性能相对更优的 UHPC 华夫板或组合桥面板，中间车道和快车道仍采用正交异性钢桥面（OSD），组成混合桥面体系。其横向连接位置可设置纵隔板或 T 型加劲肋，已有工程实例表明纵隔板位置设置在两车道交界位置，并非车辆轮载高频作用位置，疲劳开裂风险较低。在已经观测到的钢桥面疲劳开裂位置中，位于纵隔板的裂缝占比很低。因此，这种结构并未引入新的疲劳细节，通过合理的设计可保证其疲劳性能，同时通过对高性能材料的合理分配，可以减轻结构自重的同时降低造价，一举两得。

港珠澳大桥的阻水率需控制在 10% 以内，因此，基础需埋置在海床以下。由于全线地质条件复杂，大部分区域覆盖层厚，预制沉箱或沉井方案对不同地质的适应性差，而且下沉较深、规模大、造价高，因此桥梁工程基础采用桩基础方案。在广泛吸收国内外跨海桥梁基础建设的有益经验基础上，通过对打入桩、钻孔灌注桩和钢管复合桩综合比选，最终确定采用钢管复合桩，钢管与钢筋混凝土共同组成桩结构主体。通航孔桥基础采用变直径钢管复合桩。桩身由两部分组成：有钢管段和无钢管段。有钢管段的长度根据地质条件、结构受力、沉桩能力、施工期承载等综合确定。复合桩钢管内径 2450mm，钢管壁厚分两种：下部约 2m 范围壁厚 36mm，其余壁厚 25mm。钢管对接时内壁对齐，采用全熔透对接焊。在顶部一定区段钢管内壁设置 10 道剪力环。复合桩混凝土强度等级采用水下 C35，桩身根据受力配置钢筋。非通航孔桥复合桩钢管内径 2150mm（高墩区）/1950mm（低墩区），桩身根据受力配置钢筋。其余与通航孔桥相同。

变直径钢管复合桩具有承载力高、延性好、可靠性好、便于施工、风险可控、费用相对经济等优点，特别是在承受荷载时钢管核心混凝土桩以复合体形式表现出良好的共同工作性能，使其在深海桩基工程中具有极大的发展前景。

3. 设计理论的完善与重构

新材料（UHPC、ECC、FRP 等）的力学性能与传统材料有显著差异，基于普通混凝土的传统结构设计理论不再适用于新材料桥梁工程结构，基于新材料的桥梁工程结构设计理论的完善与重构迫在眉睫。近些年，各国学者提出了可充分考虑新材料力学性能特征的结构设计新理论，实现了材料高性能和结构高性能的合理匹配，为新材料在桥梁工程中的应用提供了依据。

参考文献

[1] 陈亮. 结构可靠度理论在公路桥梁设计中的若干应用研究［D］. 合肥：合肥工业大学，2006.
[2] 林康. 2017 版日本公路钢桥设计规范与我国规范的比较［J］. 特种结构，2019，36；（2）：119–124.

[3] 刘健. 美国 AASHTO LRFD 公路桥梁设计规范历史和现状 [J]. 公路交通科技（应用技术版），2010，6（11）：406-410.

[4] 申剑铭，王俊平，李孟雄. 欧洲规范结构设计原则简介 [J]. 工业建筑，2011，41（2）：102-107.

[5] 张圣坤. 船舶与海洋工程风险评估 [M]. 北京：国防工业出版社，2003.

[6] 吴振营. 桥梁结构体系运营期风险评估方法研究 [D]. 湖南：中南大学硕士学位论文，2008.

[7] 中华人民共和国交通运输部. 公路桥梁和隧道工程施工安全风险评估制度及指南解析 [M]. 人民交通出版社，2011.

[8] 朱瑶宏. 杭州湾跨海大桥项目施工期风险分析 [D]. 成都：西南交通大学硕士学位论文. 2002.

[9] 张柳煌. 桥梁施工风险管理方法研究 [D]. 西安：长安大学硕士学位论文. 2005.

[10] 李叔韬，程进. 模糊层次分析方法在大跨度桥梁施工期风险评估中的应用 [J]. 结构工程师，2011，27（5）：159-162.

[11] 丁峰，赵健. 风险分析在特大型桥梁工程上的应用 [J]. 桥梁建设，2005，3：73-76.

[12] Mark G. S. Reliability-based assessment of ageing bridges using risk ranking and life cycle cost decision analysis [J]. Reliability Engineering and System Safety.2001，74：263-273.

[13] 董．施工阶段投资风险分析及投资控制研究 [D]. 成都：西南交通大学，2004.

[14] 沈德才. 润扬大桥建设资金的风险管理 [J]. 交通财会，2005，6：8-14.

[15] 陶履彬，张奎鸿. 长江越江工程桥隧方案比选风险评估 [J]. 上海公路，2004，1：43-56.

[16] 陶履彬，李永盛，冯紫良. 工程风险分析理论与实践 - 上海崇明越江通道工程风险分析 [M]. 上海：同济大学出版社，2006.

[17] 巩春领. 大跨度斜拉桥施工风险分析与对策研究 [D]. 上海：同济大学，2006.

[18] 张柳煜. 桥梁施工风险管理方法研究 [D]. 西安：长安大学，2005.

[19] 阮欣. 桥梁工程风险评估体系及关键问题研究 [D]. 上海：同济大学，2006.

[20] 郭东尘. 钢 - 混结合连续梁桥施工阶段风险评估研究 [D]. 北京：北京交通大学，2012.

[21] 陶履彬. 上海市崇明越江通道工程风险分析研究 [A] // 中国公路学会. 第二届全国公路科技创新高层论坛论文集（上卷）[C]. 中国公路学会，2004：6.

[22] 阮欣. 大型桥梁的风险评估方法及其应用 [A] // 中国土木工程学会桥梁及结构工程分会、重庆市建设委员会、重庆市交通委员会. 第十七届全国桥梁学术会议论文集（下册）[C]. 中国土木工程学会桥梁及结构工程分会、重庆市建设委员会、重庆市交通委员会，2006：9.

[23] 阮欣，陈艾荣，欧阳效勇，等. 超大跨径斜拉桥索塔施工期间风险评估与风险管理 [J]. 桥梁建设，2008（2）：74-77.

[24] 曹华. 常州高架道路工程施工风险评估与风险管理研究 [J]. 中国新技术新产品，2012（13）：69-70.

[25] 方燎原，杨斌财，刘军军. 港珠澳大桥深水区桥梁建设期风险分析 [J]. 中国港湾建设，2014（6）：73-76.

[26] 马军海. 基于全寿命的桥梁设计过程及其在混凝土连续梁桥中的应用 [D]. 上海：同济大学，2008.

[27] 陈艾荣，马军海. 桥梁全寿命设计方法及关键科学问题 [A] //2005 年全国公路科技青年论坛论文集 [C]. 北京：人民交通出版社，2005.

[28] Edvardsen C K. Design for durability in Denmark [C] //Proceedings of 1st International Workshop on Service Life Design for Underground Structures，2006.

[29] 张喜刚，田雨，陈艾荣. 多灾害作用下桥梁设计方法研究综述 [J]. 中国公路学报，2018，31（9）：7-19.

[30] 彭建新. 基于寿命周期成本的桥梁全寿命设计方法研究 [D]. 长沙：湖南大学，2009.

[31] 谷音，黄威，卓卫东. 基于全寿命周期成本分析的桥梁设计研究综述 [J]. 公路交通科技，2011，28（6）：67-74，96.

[32] 高玲玲. 桥梁全寿命周期成本分析 [D]. 北京：北京工业大学，2008.

[33] 王君杰，耿波. 桥梁船撞概率风险评估及措施 [M]. 北京：人民交通出版社，2010.

［34］ 罗曼妮. 中欧公路桥梁设计规范对比研究［D］. 西安：长安大学，2019.

［35］ 李洋. 中欧钢结构设计规范对比研究［D］. 武汉：武汉工程大学，2016.

［36］ 王晓春. 中美欧混凝土桥梁设计规范对比与评价体系研究［D］. 南京：东南大学，2016.

［37］ 张园园. 国内外铁路工程结构设计方法比较分析［D］. 大连：大连理工大学，2011.

［38］ 谢功元. 山区桥梁建设期多因素风险评估方法研究［D］. 西安：长安大学，2013.

［39］ 蔚志鹏. 基于全寿命思想的桥梁设计方法研究［D］. 大连：大连理工大学，2012.

［40］ Liu M, Frangopol D M. Multiobjective Maintenance Planning Optimization for Deteriorating Bridges Considering Condition, Safety, and Life-Cycle Cost［J］. Journal of Structural Engineering, 2005, 131（5）：833-842.

［41］ Petcherdchoo A. Neves LAC. Frangopol D M. Optimizing Lifetime Condition and Reliability of Deteriorating Structures with Emphasis on Bridges［J］. Journal of Structural Engineering, 2008. 134（4）：544-552.

［42］ Hong T, Han S, Lee S. Simulation-based determination of optimal life-cycle cost for FRP bridge deck panels［J］. Automation in Construction, 2007（16）：140-152.

［43］ Meiarashi S, Nishizaki, Kishima T. Life-Cycle Cost of All-Composite Suspension Bridget［J］. Journal of Composites for Construction, 2002, 6（4）：206-214.

［44］ Li Z, Madanu S. Highway Project Level Life-Cycle Benefit/Cost Analysis under Certainty, Risk, and Uncertainty: Methodology with Case Study［J］. Journal of Transportation Engineering, 2009, 135（8）：516-526.

［45］ Mehrabi A B, Ligozio C A, Ciolko A T. Evaluation, Rehabilitation Planning, and Stay-Cable Replacement Design for the Hale Boggs Bridge in Luling, Louisiana［J］. Journal of Bridge Engineering, 2010, 15（4）：364-372.

［46］ Cho H. Lee K. Life Cycle Cost Effective Optimum Design of Steel Bridges Considering Environmental Stressors［J］. Engineering Structures, 2006.28（9）：1252-1265.

［47］ de Larderel J A. Life Cycle Thinking: An Approach to Bridge Environment and Development［J］. Special Issue to Helias A. Udo de Haes, 2006（Special Issue 1）：17-18.

［48］ Hammervold J, Reenaas M, Brattebø H. Environmental life cycle assessment of bridges［J］. Journal of Bridge Engineering, 2013, 18（2）：153-161.

［49］ Anderson J L. Infrastructure Sustainability: Streamlining Life Cycle Assessment for Practicing Bridge Engineers［C］//Structures Congress 2011. 2011：507-514.

［50］ 任育林，胡哲卿. 基于BIM技术的桥梁智能设计系统的研究与实践［J］. 智能建筑与智慧城市，2017，247（6）：54-55.

［51］ 余恩跃. 城市建设中的桥梁景观设计分析［J］. 智城建设，2020，6（16）：2.

［52］ 朱丽丽，钟恒. 基于城市桥梁CI设计的环形天桥景观设计［J］. 北方交通，2020（6）：3.

［53］ 戴建国，王永军，王春盛，等. 基于融合的城市景观桥梁设计——以贵阳市区的三座景观桥梁为例［J］. 城市建筑，2020，17（16）：5.

［54］ 曹兴，付洪柳. 城市旧桥景观改造方法研究［J］. 世界桥梁，2020，48（4）：5.

［55］ Reitsema A D, Luković M, Grünewald S, et al. Future infrastructural replacement through the smart bridge concept［J］. Materials, 2020, 13（2）：405.

［56］ 赵人达. 2019年度进展1：混凝土桥及新材料［EB/OL］.［2020-03-19］. https://mp.weixin.qq.com/s/hExstGbDT8C2LYPb2ymSTw.

［57］ 任育林，胡哲卿. 基于BIM技术的桥梁智能设计系统的研究与实践［J］. 智能建筑与智慧城市，2017，247（6）：54-55.

［58］ 唐涛. 基于中欧规范的铁路长联连续刚构桥静动力对比分析和抗震研究［D］. 成都：西南交通大学，2016.

施工技术与装备发展研究

一、引言

桥梁施工是运用施工技术和装备,通过施工管理,按照设计内容建造桥梁的过程。桥梁施工技术是建造桥梁的工艺和方法,不同的桥梁结构在不同的地形地貌、水文地质、气象气候等环境条件下需采用不同的施工技术。桥梁施工装备是建造桥梁的工具,包括制造设备、钻孔设备、打桩设备、运输设备、起重设备、工程船舶等,施工装备是施工技术实施的重要保证,先进的施工技术往往伴随着先进的施工装备。施工管理是施工技术实施的重要手段,是实现工程安全质量、工期、效益等目标的重要保证。

新的桥梁结构、新的环境条件和新的施工装备的出现成就了施工技术的发展。21世纪以来,我国桥梁建设事业蓬勃发展,施工技术得到进一步提升,在复杂海况的海域、交通繁忙的城市、深谷峻岭的山区成功建成了一批世界级桥梁。随着我国工业制造水平的提高,桥梁施工大型装备的生产得以实现。随着成孔装备能力的提升,桥梁钻孔桩孔径已突破4.5m,孔深已突破140m。随着起重装备能力的提升,桥梁大节段、整孔吊装得以实现,装备化施工技术得到发展。

随着社会和技术的发展,传统的粗放型施工管理和工程建造模式难以适应工程建设的需求,施工管理已演变为项目全方位、全要素、全过程、全寿命周期管控。现代桥梁施工管理深入贯彻"以人为本"和打造"精品工程"的理念,以生产工厂化、标准化管理模式,运用信息和BIM技术,实现项目智慧化管理。

二、国内外桥梁施工技术与装备发展现状

(一)国内桥梁施工技术与装备发展现状

近年来,随着我国城市建设、国家公路、铁路网规划建设的不断发展,以及国家"海

洋强国"和"交通强国"战略、"一带一路"倡议等一系列重大战略决策的持续推进，一大批世界级的各类型桥梁相继建成和自主研发的新型施工装备投入使用，标志着我国桥梁施工技术和装备制造已经步入世界先进行列。

1. 长大跨海桥梁施工技术

从20世纪80年代修建厦门大桥开始，我国先后修建了50余座跨海大桥，长度超10km的达10座以上，其中以杭州湾跨海大桥、港珠澳大桥和平潭海峡公铁大桥最具代表性。

2018年建成通车的港珠澳大桥全长55km，是世界最长和规模最大的跨海集群工程。为满足低阻水率、水陆空立体交通线互不干扰、环境保护以及行车安全等苛刻要求，优选桥、岛、隧三位一体的建筑形式。其中，非通航孔桥基础采用变直径钢管复合桩+埋置式承台结构型式，利用整体导向架插打钢管桩，研发可拆装整体式移动水上作业平台进行桩基施工。下部结构墩身、墩帽均采用工厂化预制和大型浮吊吊装，研发了新型装配式钢套箱围堰、移动式围堰+胶囊止水、钢圆筒围堰（图114）和外海桥梁墩柱预制安装等干法施工新工艺。上部结构分别采用85m钢–混凝土组合梁和110m钢箱梁，工厂化制造和大型浮吊整孔全幅架设（图115），其板单元实现了机械化和自动化生产技术；总拼通过研发的群控焊接数据管理系统，实现了自动化焊接控制和无损匹配制造。九洲航道桥和江海航道桥钢主塔分别采用一台大型浮吊和两台浮吊抬吊整体吊装技术。大桥建设克服了外海复杂的气候水文条件，形成了具有自主知识产权的《海上装配化桥梁建设成套技术》，对我国外海大桥的建设具有重要指导意义。

图114 钢圆筒围堰止水、承台墩身一体吊装　　图115 110m钢箱梁整孔全幅架设

2020年建成的平潭海峡公铁大桥全长16.34km，是世界最长跨海峡公铁两用大桥。大桥桥址处自然条件十分恶劣，风大浪高、水深流急、潮位变化大，海况十分复杂，同时还有硬岩、斜岩面、多孤石等复杂地质条件，给施工带来前所未有的挑战。在其三座斜拉桥

中，元洪航道桥和大小练水道桥主墩基础为4.0m大直径钻孔桩，鼓屿门水道桥主墩基础为4.5m大直径钻孔桩，均采用"栈桥+施工平台+全液压动力头旋转钻机气举反循环"的工艺进行桩基施工，其中裸岩地区采用"导管架法"辅助建立施工平台，导管架平台采用"工厂化、模块化、标准化"的作业方式，能直接在恶劣海况下快速实现自稳；承台采用钢围堰止水干法施工。桥塔均为H形钢筋混凝土桥塔，采用全封闭液压爬模施工，设计爬模满足7级风爬升、8级风以下正常施工和抵御14级台风等工作性能（图116）。非通航孔80m和88m简支钢桁梁采用全焊结构，利用大型浮吊进行整孔架设（图117）；40m和50m预应力混凝土梁采用移动模架法施工。

图116　液压爬模

图117　全焊钢桁梁整孔架设

2021年年底建成通车的宁波舟山港主通道工程跨海桥梁长16.734km，是沪舟甬跨海大通道的重要组成部分，也是目前世界上最长的连岛高速公路和最大的跨海桥梁群。非通航孔桥基础根据水深不同，分别设计为钻孔灌注桩和打入钢管桩，对应采用"栈桥+水上搭设作业平台+钢围堰"和大型打桩船一次性插打到位的施工工艺（图118）。下部结构墩身采用现浇墩身和大节段预制拼装空心墩，空心墩在厂内进行墩身分节预制、分节吊装，节段通过预应力钢绞线干连接。上部结构采用62.5m跨径的节段预制拼装箱梁和70m跨径预应力混凝土箱梁，箱梁分别在厂内进行节段匹配和整梁预制，架桥机节段悬拼和运架一体船整孔架设（图119）。北通航孔桥采用125m+260m+125m的混合梁连续刚构，预

图118　打桩船插打钢管桩

图119　70m梁整孔架设

应力混凝土梁采用节段预制悬拼,中跨钢箱梁整孔吊装。

2. 大跨度跨江、跨河桥梁施工技术

最近几年,我国在长江上先后建成了沪苏通长江公铁大桥、武汉杨泗港长江大桥、连镇铁路五峰山长江大桥、芜湖长江三桥、武汉鹦鹉洲长江大桥等一批具有世界影响力的大跨度桥梁。特别是以沪苏通长江公铁大桥为代表的千米级公铁两用斜拉桥、以五峰山长江大桥为代表的千米级公铁两用悬索桥的建成,刷新了世界大跨度桥梁的建造纪录,代表了我国当今大跨度桥梁建造水平。

2019年建成通车的武汉杨泗港长江大桥全长约4.1km,主桥为单跨1700m加劲钢桁梁地锚式悬索桥,是世界上工程规模最大的双层悬索桥,其跨度在国内同类桥梁中排名第一、世界排名第二。桥塔墩采用沉井基础,平面尺寸均为77.2m×40.0m,基底持力层为硬塑黏土层,采用不排水吸泥法下沉,局部区域(刃脚下盲区硬塑黏土)辅助水下爆破和潜水挖泥机取土,沉井外侧设空气幕助沉。锚碇采用重力式锚碇,基础采用外径98m,壁厚1.5m的圆形地下连续墙加环形钢筋混凝土内衬支护结构,地下连续墙铣槽机成槽,逆作法施工内衬。加劲梁为华伦式钢桁梁,全焊结构,结合现场施工环境条件和吊索布置,岸滩区域梁段采取荡移法,利用缆载吊机将梁提前荡移存放至墩旁支架和滑移栈桥上指定垂直起吊位置,其余节段由两台9000kN缆载吊机垂直起吊架设(图120),标准吊装段长度36m,最大吊重约10100kN。

图120 杨泗港长江大桥梁段架设

2020年建成通车的沪苏通长江公铁大桥全长11.072km,主航道桥主桥采用(140+462+1092+462+140)m钢桁梁斜拉桥结构,是世界上首座超过千米跨度的公铁两用桥梁,主塔高330m,采用C60混凝土。主航道桥基础为钢沉井基础,平面尺寸为86.9m×58.7m,最大水深30m,入土深度超过70m,沉井厂内整体制造、出坞浮运(图121),定位分别采用了"大直径钢管桩+混凝土重力锚"锚碇系统及液压连续千斤顶多向快速定位技术施工(桥塔墩)和内部大直径钢管桩定位技术施工(边墩、辅助墩),下沉就位采用不排水吸泥技术。主塔采用液压爬模施工,标准节段长6m,混凝土浇注大功率输送泵一泵到顶。主梁为钢桁梁结构,按"1+3"分段匹配制造后总拼成整节段,船运到位双悬臂对称架设,墩顶节段采用18000kN浮吊架设,其余标准节段由18000kN固定吊架式架梁吊机架设(图122)。天港航道桥上部结构采用刚性梁柔性拱结构,跨径布置为140m+336m+140m,主梁为带竖杆的华伦式桁架,拱肋为箱型截面钢结构,采用"先梁后

拱，主梁杆件扣索塔架双悬臂对称拼装，拱肋竖向转体"的方案施工。

图121 钢沉井浮运

图122 标准节段架设

2020年建成通车的芜湖长江三桥，主桥为（98+238+588+224+84）m双塔双索面高低塔钢箱钢桁组合梁斜拉桥，是一座集客运专线、市域轨道交通、城市主干道路于一体的公铁合建桥梁，也是迄今世界上最大跨度的公铁两用组合式斜拉桥。在倾斜裸岩上进行平面尺寸为65m×35m的圆端形设置式沉井基础施工是本工程的难点（图123），沉井下沉采用"钻爆法水下爆破整型+抓斗挖泥船水下清渣+船载多波束和侧扫声呐法水下精度控制"的技术进行基础施工，浮运就位，通过重型锚碇系统及沉井竖向调平系统进行沉井精确定位调平，分两次灌注沉井水下封底混凝土（第一次全断面封底，第二次采用逐个井孔、逐舱）。主梁厂内制造、运抵现场，利用8000kN变幅式扒杆吊机悬臂架设，分层吊装，先吊装下层铁路桥面节段（含腹杆），后吊装上层公路桥面段。

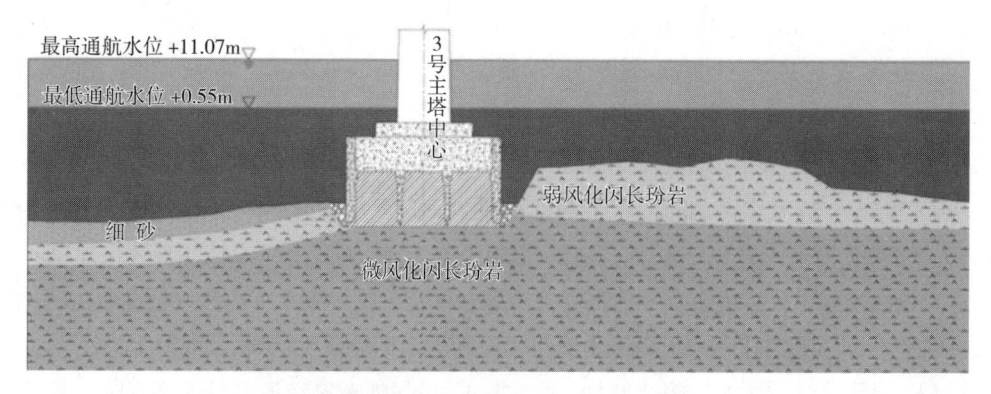

图123 3号主墩设置式沉井基础

2020年建成通车的五峰山长江大桥，主桥为（84+84+1092+84+84）m公铁两用钢桁梁悬索桥，其中跨钢梁为全焊接钢桁梁结构，是我国首座公铁两用悬索桥。梁段在工厂分节段匹配制造，总拼后运至现场，边跨梁段采用滑移拖拉法架设，中跨梁段由跨中向两侧对称吊装，最后在两侧合龙，除跨中间3个单节段钢梁采用单台缆载起重机作业外，其余梁段利用两台9000kN缆载吊机（图124），最大吊装重量14300kN，为目前国内最大吊装总量。引桥为30m、50m预应力混凝土箱梁，采用预制节段拼装法施工，最大节段吊重1500kN。

图124 五峰山长江大桥梁段架设

3. 陆地与城市桥梁施工技术

近年来，我国陆地与城市桥梁预制装备化施工技术得到了快速发展，上海嘉闵高架路是国内首个大规模推行及运用预制装配化技术的高架道路工程，其在减少交通管制、方便出行以及节能环保等方面的优势得到诸多城市认可并得到推广。同时，公路与铁路桥梁墩台预制装备化施工技术也开始了研究与应用。

（1）公路桥梁预制装配化施工技术

具有代表性的桥梁分别为珠江口的南沙大桥坭洲水道桥和长江口的宁波舟山港主通道陆域桥梁，其中南沙大桥坭洲水道桥引桥箱梁采用"短线匹配法"工艺（图125），将世界级工程搬上流水线，实现全桥节段箱梁的装配化预制拼装施工，墩顶节段梁包含横隔梁采用"空心式墩顶块"方案，在工厂完成墩顶节段梁外壳预制，吊装至墩顶后再浇筑外壳填充部分的混凝土。宁波舟山港主通道陆域桥梁下部墩柱、盖梁和上部结构30m/28m标准跨T梁均采用工厂法集中预制，预制率达92.75%，采用双工作面架桥机进行墩柱、盖梁和T梁无便道一体化安装架设（图126）。

图125 南沙大桥坭洲水道桥引桥箱梁短线匹配法架设　　图126 主通道一体化架设墩柱、盖梁、T梁

（2）城市桥梁预制装配化施工技术

湖南长沙湘府路快改工程主线全长4.98km，全桥下部结构墩身、盖梁和上部结构工字形钢－混组合梁全部集中在厂内预制。墩柱钢筋骨架在胎架上加工成形后整体吊装入模，利用翻身架将钢筋笼、模板整体翻转直立转运至浇筑台座进行墩柱立式浇筑，现场履带吊机吊装；盖梁按最大吊装重量不超过1200kN的要求，整段或分两段吊装，节段间现浇混凝土湿接头连接（图127）。墩柱和盖梁安装时均设置定位支架。工字形钢－混组合梁基本跨径30m，最大吊重小于300kN，采用两台1300kN车吊机进行抬吊安装（图128）。

图127　盖梁安装　　　　　　　　　图128　钢－混组合梁抬吊架设

（3）铁路桥梁预制装备化施工技术

郑（州）济（南）高速铁路上部结构为40m预应力混凝土简支箱梁，梁重9250kN，突破32m标准跨度，是国内首次使用。箱梁在预制梁场集中预制，通过自主研发的5000kN级梁场提梁机、10000kN级低位槽型过隧运梁车和五支腿过隧架桥机架设（图129）。京雄城际铁路固霸特大桥全长13.65km，其中32个（1km里程）桥墩及桩基础采用预制装配化施工，桩基采用外径1.0m、内径0.74m预应力C80混凝土管桩，柴油锤或液压锤进行沉桩，墩身和墩帽在梁场集中预制，履带机起吊安装，最大构件吊装重量1500kN（图130）。

图129　40m预应力梁运架技术　　　　　图130　混凝土管桩施工

（4）跨线桥梁施工技术

保定乐凯大街南延工程跨越京广铁路大动脉的21条铁路线，采用145m+240m+110m子母塔单索面斜拉桥，水平转体法施工（图131）。母塔采用两侧不等长转体，转体重量4.6×10^5kN，转体长度135m+128.6m，转动球铰平面直径为6.48m；子塔采用对称转体，转体重量3.5×10^5kN，转体长度204m、转动球铰平面直径为5.88m。郑州市农业路快速通道工程郑北大桥跨越郑州北站编组站铁路31股道，采用跨度221m+221m的H型独塔双索面钢－混凝土结合梁斜拉桥，桥面宽43.0m，采用步履式顶推法施工，"吊索塔架＋导梁"辅助，最大顶推跨度92m（图132）。

图131 子母塔单索面斜拉桥水平转体　　图132 钢混组合梁顶推

4. 山区桥梁施工技术

随着我国交通网络的不断拓展，山区桥梁建设得到快速发展。在建和已建成的千米级悬索桥仅贵州地区就有5座，跨度大于500m的斜拉桥有6座。随着铁路在山区的建设，已建成跨度大于400m的各类型铁路拱桥超过10座，铁路悬索桥也进行了首次采用。

（1）山区悬索桥施工技术

贵州六盘水大河特大桥于2019年建成通车，主桥为双塔三跨连续钢桁梁悬索桥，也是世界最长的跨居住区三跨连续钢桁梁悬索桥，跨径布置为450m+1250m+350m，其主梁采用钢桁架和正交异性钢桥面板结构。钢桁架桁高7.5m，标准节段长15.2m，重约2300kN，全桥共128个节段吊装单元。主梁采用四塔五跨缆索吊机系统进行吊装，其跨径组合为（76+360+1250+310+25）m，最大额定吊重3000kN。缆索吊机中跨缆塔利用悬索桥两岸主塔，索鞍布置在主塔顶横梁上；边跨则布置两个钢管立柱塔架，分别立于与主塔相邻的两个桥墩上；主索两端锚固在悬索桥锚碇的散索鞍支墩上，缆索吊机地锚利用主缆地锚，采用预埋件锚固主缆锚碇尾部。缆索吊机中跨和边跨左右幅分别布置一组承重索和一套起重系统，悬索桥加劲梁从两岸主塔下方起吊平台垂直及水平运输将待安装构件运输到安装处进行就位，先安装跨中3节段，然后中跨由跨中向两岸对称安装，同时边跨由边至塔进行对称安装。

2020年主跨合龙的丽香铁路金沙江特大桥主桥为三跨连续单跨悬吊上承式钢桁梁铁路悬索桥，是世界上首座开工建设的大跨度铁路悬索桥。主缆跨度布置为132m+660m+132m，钢梁跨度布置为110m+660m+98m。主梁采用带竖杆的平行华伦式桁架，节间长分为12.2m、12.8m和12m三种，桁高12m，桁宽22m。边跨钢梁采用顶推法施工，杆件厂内加工后，陆运桥位拼装支架现场组拼，利用两岸桥台及主塔之间设置的滑移支架及主塔滑道，从锚碇往主塔方向进行分段顶推就位。中跨钢梁采用缆索吊机按两节段整体吊装的方案施工：在香格里拉岸桥位中心线下方设置钢桁梁存放、拼装场，杆件在工厂加工后，陆运至拼装场内存放和组拼成吊装节段，再通过缆索吊机起吊安装。缆索吊机采用缆塔铰接于主塔塔顶的结构体系，主跨660m，两侧边跨均为123.6m，吊机主索分两组布置，上下游各一组，设8台1000kN天车，额定总吊重6400kN（图133）。

图133　钢梁最后节段吊装

（2）山区斜拉桥施工技术

2016年完工的杭瑞高速公路毕都北盘江大桥主桥采用主跨720m的双塔七跨连续钢桁梁斜拉桥，是目前世界上最大跨径钢桁梁斜拉桥，也是世界上最高的跨江大桥。跨布置为（80+2×88+720+2×88+80）m。桥位地势陡峻，桥面至水面距离565m。钢主梁采用先边跨、后主跨的架设方案。边跨钢梁采用顶推法施工：在两岸的过渡墩（或桥台）与1号辅助墩之间搭设施工平台，采用龙门吊机拼装导梁和钢梁节段，梁体由岸边向桥塔方向顶推。主跨钢梁采用纵移悬拼的方案架设（图134）：梁段在塔底组拼，垂直起吊至梁底，并吊挂在梁底纵向轨道上向前运输，到位后由桥面吊机起吊安装。

图 134　梁段梁底纵移

2016年建成通车的贵黔高速鸭池河特大桥为双塔七跨连续钢桁－混凝土混合梁斜拉桥，跨径布置为（72+72+76+800+76+72+72）m，在世界同类桥型排名首位。边跨采用等截面预应力混凝土箱梁结构，中跨钢桁梁采用N形桁架结构。桥塔为H形，贵阳和黔西岸塔高分别为243.2m、258.2m。主塔施工节段钢筋骨架采用整体安装。边跨预应力混凝土梁采用挂篮悬臂浇筑施工，待边跨合龙后，进行中跨钢桁梁施工，主跨钢桁梁采用缆索吊机整节段悬臂拼装，缆索吊机鞍座设置在塔柱外侧中横梁位置，额定起重量2500kN。

（3）山区拱桥施工技术

2016年主拱圈合龙的大瑞铁路澜沧江特大桥，主跨为跨径342m上承式劲性骨架钢筋混凝土拱桥，桥面距水面270多米，大理岸桥台位于澜沧江左岸博南山坡，坡角约60°左右，保山岸桥台位于澜沧江右岸罗岷山陡崖之上，坡角约80°左右。两条拱肋劲性骨架均为4管式桁架，采用二次竖向转体的方法施工（图135），也是世界上首次采用"二次竖转"施工的大桥和竖转下放重量最大的桥梁（25000kN），两次竖转角度之和达130°。顺着两岸山体安装施工支架，利用800kN缆索吊机分别在支架上拼装拱肋，拼装完成后再安装竖转设备，设置竖转牵引索。第一次竖转是先将上部分拱肋扳起，完成半跨拱肋连接，然后再向下竖转，进行拱肋劲性骨架安装施工，完成第二次竖转。大桥钢管拱竖转受两岸山体地形限制，存在先后顺序，须先转大理岸钢管拱，完成拉索体系转换、拆除等工序后，再用同样的施工工序进行保山岸钢管拱竖转，拱肋在跨中合龙，完成劲性骨架安装。

2019年建成通车的成贵铁路鸭池河特大桥主桥为（1×436）m中承式钢－混凝土结合拱桥。拱肋纵向分成2×29个节段（拱肋钢结构中心线对称布置：1个拱脚起始段+13个节段+1个合龙段）安装，采用缆索吊机起吊，斜拉扣挂法悬臂拼装（图136）。缆索吊机采用横移式，缆塔扣塔合一，支撑在拱座上，跨径为459.502m，额定最大起重量2×2000kN。拱肋杆件在工厂加工后运至现场组拼。拼装场设置于成都岸拱脚一侧。根据连接方式，结合现场缆索吊机吊重参数，每个节段杆件组拼成不同的吊装单元进行安装。

图135 澜沧江拱肋二次竖转　　图136 鸭池河特大桥拱肋斜拉扣挂法拼装

贵州省思南至剑河高速公路木蓬特大桥跨径布置为（2×30+165+4×30）m，主桥跨度165m。单幅桥主拱圈为单箱双室箱形截面，拱箱宽7.5m、高2.8m，采用斜拉扣挂篮悬臂浇筑法施工。拱圈沿纵向共分为27个节段，悬浇段长度4.73~7.14m，最大重量1480kN。

5. 施工装备

随着诸多大跨度桥梁、跨海桥梁和山区桥梁的建设，对桥梁施工装备提出了更高的要求，因此也促进了我国施工装备的发展。我国的桥梁基础施工装备、高墩高塔施工装备均已进入世界领先行列。

（1）基础施工装备

1）回旋钻机与旋挖钻机。目前国内水上、大直径、深孔、硬岩钻孔桩仍以回旋钻机施工方法占主导地位，最具代表性的设备有：ZJD4000/350反循环凿岩钻机，钻孔最大直径4m、钻孔深度150m；ZJD3500全液压钻机，钻孔最大直径4m、钻孔深度150m；KTY5000动力头钻机，钻孔最大直径5m、最大钻孔深度180m，是目前国内钻孔直径最大、钻孔深度最深、扭矩最大的钻孔施工设备，这些设备均采用气举反循环排渣。在海洋风电工程项目中应用的QYZJ8000/110型钻机，是我国自主研制生产的旋转钻机，最大扭矩可达1100 kN·m，最大钻孔直径可达8m，但数量较少。XR800E最大输出扭矩达到793kN·m，最大钻孔孔径4.6m、孔深150m，是我国自主研发的最大旋挖钻机。目前逐步推广的全套管回旋钻机是一种新设备和新工法，DTR3205H全套管回转钻机是目前性能最好的设备。

2）打桩设备。①柴油锤与液压锤：最大的柴油锤，如D800-22筒式柴油锤，上活塞质量800kN，每次打击能量2665~1726 kN·m，打击次数36~45次/min，作用于桩上的最大爆炸力19500kN；最大的液压（冲击）锤，如TC-50，最大冲击能量750 kN·m；最大液压（震动）锤，如YZ300，偏心力矩1300N·m，最大转速1600r/min，额定激振力3000KN，最大激振力3700KN，最大拔桩力2000KN。②打桩船：多功能打桩船（全回转打桩+起重），国内最有代表性的是"海力801号"，其打桩船桩架高度95m，吊桩能力1000kN，沉桩桩长80m+水深，可打桩直径2.5m，起重能力6000kN，GPS定位系统；其他最先进的专用打桩船有"长达海基号""三航桩20号""大桥海威951"等，其中"长达海基号"打桩船桩架高100m，最大可打桩直径3.2m，GPS定位；"三航桩20号"是目前世界上最大的打桩船，桩架高133m，最大可打桩直径5m；"大桥海威951"为箱形非自航打桩专用工程船，适用于沿海海域水工建设工程的打桩作业，也可兼作起重船使用，可适应最大桩直径2.5m，桩架可三次倒架，倒架后通行高度25.4m，可进入长江中下游作业。

（2）高墩高塔施工装备

1）塔式起重机。目前国内起重能力最大的塔式起重机为D5200-240型水平臂上回转自升塔式起重机，该起重机最大起重力矩5.316×10^4kN·m，最大起重量2400kN，起升高度208.1m，最早用于马鞍山长江公路大桥钢塔安装。

2）混凝土输送泵。目前国内生产的高压泵混凝土输送压力最高可达50Mpa，例如HBT9050CH-5M，混凝土最大输送压力（低压/高压）24/50Mpa。

（3）架桥机

1）整孔预制梁运架成套装备。整孔预制混凝土梁运架成套装备包括搬运机、提梁机、运梁车和架桥机等。我国高速铁路32m预应力混凝土简支箱梁大规模采用9000kN级运架成套装备（图137）。目前，随着40m箱梁的试制成功，又研制了10000kN级运架成套装备。三门湾跨海大桥研制并采用了13000kN运架成套装备（图138）。

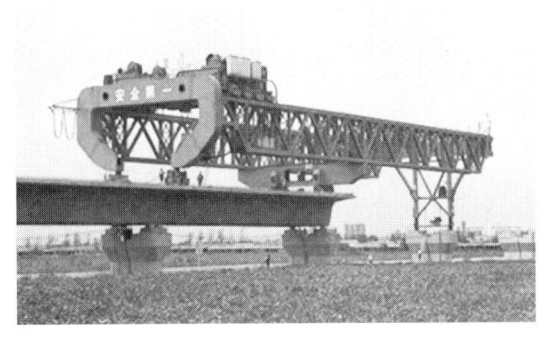

图137　9000kN级架梁机　　　图138　13000kN级架梁机

2）节段梁拼装架桥机。节段梁拼装包括胶拼和湿接缝拼接，目前架桥机型号较多，功能较强的有TP75、JP1500两种型号，其中TP75节段梁拼装架桥机适应桥跨50~75m，最大节段起重量1800kN，最大悬挂总重量11100kN，最早用于苏通大桥工程施工；JP1500节段梁拼装架桥机适应桥跨70m，最大节段起重量2000kN，最大悬挂总重量15000kN，

喂梁方式有桥面和桥下两种方式。

3）架梁吊机。铜陵长江公铁大桥为满足桁片（最大 3600kN）架设需要，研制了 4000kN 桅杆式起重机。最大起重力矩 1.2×10^4 kN·m，最大起重量 4000kN，起升高度 90m，变幅幅度 15~34m，回转角度 ±90°。芜湖长江三桥为满足梁段（最大 7780kN）架设需要，研制了 8000kN 变幅式架梁吊机。最大起重力矩 8×10^4 kN·m，最大起重量 8000kN，起升高度 85m，变幅幅度 5~22m。沪苏通长江公铁大桥为满足梁段（最大 1.7×10^4 kN）架设需要，研制了 1.8×10^4 kN 固定吊架式架梁吊机。武汉杨泗港长江大桥为了满足梁段（最大 1.01×10^4 kN）架设需要，研制了 9000kN 缆载吊机，该吊机后来又用于五峰山长江公铁大桥梁段（最大 1.43×10^4 kN）吊装。

4）门式起重机。港珠澳大桥钢结构加工厂下河码头研究并采用了 2×10^4 kN 轮轨式门式起重机，用于钢构件装船。

5）浮式起重机。①臂架变幅式起重船：国内 1×10^4 kN~4×10^4 kN 臂架变幅式起重船共有 12 艘。其中，"大桥海鸥号" 3.6×10^4 kN 双臂架变幅式起重船主钩起升高度最高 110m（水面以上）、副钩起升高度最高 130m（水面以上）；"一航津泰号" 4×10^4 kN 固定臂架起重船主钩起升高度最高 110m（甲板以上），副钩起升高度最高 150m（甲板以上）；最大的单臂起重船为"振华 30 号"，该船具备自航能力，带 DP2 动力定位功能，其以单臂架起吊 1.2×10^5 kN 和 360° 全回转起吊 7×10^4 kN 的吊重能力位居世界第一。②全回转式起重船：国内 1×10^4 kN~4×10^4 kN 全回转起重船共有 7 艘。其中，"华天龙号" 4×10^4 kN 全回转起重船主钩固定吊重 4×10^4 kN×40m，回转吊重 2×10^4 kN×45m、吊高 95m（水面以上）；最大的全回转式起重船为"蓝鲸号" 7.5×10^4 kN 起重船，其主钩固定吊重 7.5×10^4 kN×45m，回转吊重 4×10^4 kN×40m，起升高度 110m（水面以上）。③中心定点起吊起重船：我国目前中心定点起吊起重船共有两艘。"小天鹅号"为双体船型结构，自航船，集运、架梁功能于一体，固定起重桁架中心起吊，额定起重量 2.5×10^4 kN；"天一号"为单体自航船，固定吊架中心起吊，集运、架梁功能于一体，全电力推进，额定起重量 3×10^4 kN。

6）其他施工设备。海上自升式施工平台："长旭号"可在海上快速形成起吊、打桩和钻孔施工能力，工作最大风力 15m/s，波高 2m，打桩台架作业范围 25m，起重能力 1800kN。

6. 施工管理

从 20 世纪 90 年代开始至今，我国桥梁工程项目的施工管理一直以项目经理负责制模式为主。施工单位对承接的工程成立项目经理部，聘用项目经理，成立工程技术部、安全质量环保部、物资机械部、计划财务部、试验室等部室，对项目的技术、安全质量、计划资金等进行管理。施工单位本部负责对项目部工作的检查与监督。对于大型工程项目，项目经理部通常下设工区和作业班组进行分层管理。施工管理中贯彻"以人为本""精品工程"的安全质量管理理念和"精细化管理"的成本管理理念。目前，信息化技术和 BIM 技术在桥梁施工管理中得到越来越广泛的应用。

(二)国外桥梁施工技术与装备发展现状

1. 长大跨海桥梁施工技术

2015年建成的西班牙加迪斯港桥(Cadiz Harbor Crossing)(图139)全长3km,由4个部分组成,即加迪斯侧引桥、开启跨、斜拉桥主桥和波多利尔侧引桥,桥面宽31~34m。其中,加迪斯侧的高架引桥长570m,跨径布置为7×75m+45m,主梁为钢混结合梁,梁高3m,采用顶推法施工。开启跨为跨径150m的简支钢箱梁,钢梁重40000kN,钢箱梁制造完成并精确称重(连续累加称重法)后,通过自行式模块化运输车运输至码头,转运到长100m、宽33m、高7.6m的浮筒上,3艘拖轮浮运至吊装现场,利用在两侧桥墩各设置2个吊点和每个吊点安装2个钢绞线千斤顶进行提升就位,其中一侧桥墩顶每个吊点处安装2台起重能力8500kN的HLS 8500钢绞线千斤顶,每台千斤顶有54根直径18mm的钢绞线;另一侧桥墩顶每个吊点处安装有2台起重能力5000kN的钢绞线千斤顶,每台千斤顶上有48根直径15.7mm的钢绞线,钢绞线均锚固于安装在桥墩承台上的锚具内。主桥斜拉桥全长1180m,由5跨结合梁组成,跨径布置为(120+200+540+200+120)m,采用平衡悬臂拼装法施工,斜拉桥桥塔侧安放2个起重能力5000kN的塔吊,用于钢主梁节段的悬臂拼装,标准节段长20m、重405kN。波多利尔侧的高架引桥长1182m,跨径32~75m,主梁采用钢筋混凝土箱,采用支架法施工。

2016年6月底建成通车的伊兹米特海湾大桥主桥为(566+1550+566)m的3跨连续悬索桥,加劲梁全长2682m(图140)。两个主塔墩水深40m,基础采用设置沉箱基础,其尺寸为67m×54m,高15m,内部分成54个隔舱。沉箱顶墩柱为薄壁圆环形的钢壳混凝土结构,立柱外径14m、壁厚1.5m、高26.5m。海床表层的软弱土层利用50000kN级驳船甲板上设置2500kN履带吊机,配大型抓斗来挖除,并采用多波束测深系统检查基底的挖掘精度。然后利用吊机吊起水下液压打桩锤将195根直径2m、长34.25m钢管桩插打到位。海床铺设的砾石是用抓斗或者挖掘机铲料到料斗,再输送到下料管进行铺设。刮平管

图139 西班牙加迪斯港桥

与下料管下端相连，采用边铺放材料边刮平的方法。主跨钢梁采用缆载吊机由中跨向边跨安装，最大吊装节段580kN。

图140 伊兹米特海湾大桥主跨钢梁架设

2018年建成通车的科威特贾比尔·艾哈迈德·萨巴赫首长跨海大通道（Sheikh Jaber Al-Ahmad Al Sabah Causeway）全长约48.5km，由长36.14km的主线和12.43km的多哈联络线组成。其中贾比尔跨海桥梁长26.2km，跨越主航道的桥梁采用斜拉桥（图141）。跨海桥梁采用并列箱梁桥，上、下行线单副桥面宽17m。主桥桥长340m，跨径布置为（60+177+40+63）m，桥塔为钢和混凝土组合的桁架构造，采用帆造型，塔高约151m。

图141 科威特贾比尔跨海大桥

跨海桥梁引桥采用全预制结构，深水区的桥跨预制梁用22000kN浮吊架设；浅水区的桥跨预制梁用架桥机逐孔架设，梁段先使用浮吊将预制梁吊放在已施工完成的梁上运输装置上，运至架桥机可吊装的位置，再使用架桥机架设到最终位置；主桥由跨径40m的8跨连续梁和跨径60m的6跨连续梁构成，采用先简支后连续的施工工艺，即先施工单跨，再在架设后的梁间浇筑湿接头混凝土，最后张拉预应力筋。

2. 大跨度跨江、跨河桥梁施工技术

2018年建成的韩国露梁大桥（Nor yang Bridge）是一座采用斜塔和空间布置主缆的悬索桥（图142），桥长990m，主跨890 m。桥塔顺桥向倾斜8.0°，塔高148.6m。塔柱采用自动爬模系统施工，浇筑节段高4m，共37节。横梁与桥塔异步施工，以减少工期。塔柱间安装临时横撑，维持施工期间的稳定性，降低作用在桥塔上的应力。主缆钢丝直径5.3mm，抗拉强度为1960 MPa，采用空中送丝法施工。主跨加劲梁采用扁平流线型钢箱梁，箱梁分为45个节段在工厂预制，预制节重1940kN～4300kN，标准节段长15m。箱梁预制节段用平板驳船运到现场，从桥塔向跨中施工。驳船无法到达区域加劲梁采用荡移法施工，左右侧各5个节段。驳船可到达，浮吊限制区域加劲梁使用起重装置从驳船上直接吊装，左右侧各14个节段。跨中使用浮吊吊装的大节段长45m，共7个节段。

图142 韩国露梁大桥

西班牙奥里奥大桥（Orio Bridge）（图143）桥长310m，为斜拉－悬吊组合结构，跨径布置为（65+180+65）m。该桥先悬臂施工斜拉索支承的钢梁，再安装主缆并连接到桥台上，安装吊索后架设主跨跨中钢梁。主跨跨中钢梁架设过程中，桥台支承主缆传递的水平荷载，由于主缆只支承悬吊部分的主梁重量，这部分的水平荷载很小，主跨跨中钢梁架设完成后，主缆上的水平力作用到主梁上。最后浇筑混凝土桥面，完成桥体施工。

图143 西班牙奥里奥大桥

丹麦新斯托桥（New Storstrom Bridge）是一座预应力混凝土桥，全长约3.84km，主桥为独塔斜拉桥，长320m，跨径布置为160m+160m，桥塔高100m。引桥标准跨长80m，主桥与引桥主梁均采用单箱单室梯形截面箱梁（图144）。该桥桥面以上塔柱部分和引桥的端跨采用现浇法施工，其他均采用预制节段拼装法施工，全桥共48个长73m的预制主梁节段。主梁节段利用安装在墩顶的塔吊和4个移动臂安装（图145），主桥主梁节段架设时，需在跨中增设临时墩，主桥主梁架设好之后，安装和张拉斜拉索，然后拆除临时墩。桥墩均为独柱墩，全桥共有46个桥墩。基础为沉井基础。沉井节段预制好之后，利用驳船运输到桥址处，然后采用浮吊将预制节段从驳船上吊起，通过液压对位装置精确定位，利用钢绞线千斤顶下放到位。桥墩预制节段的安装采用了创新的施工工艺，在桥墩预制节段上安装特制的钢支架，可以将预制节段调整到正确的位置，桥墩预制节段采用起重能力6000kN的浮吊进行安装，桥墩所有预制节段安装完成之后，再按顺序浇筑湿接缝。

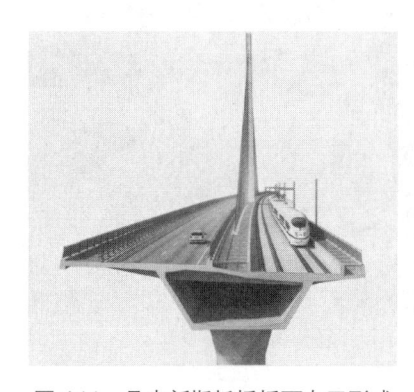

图144 丹麦新斯托桥桥面布置形式 　　图145 丹麦新斯托桥主梁架设施工

日本东京临港道路南北线跨东西水路的桥梁桥长249.5m，桥面宽34.3m，钢结构重约62300kN，在架设场所附近的场地上组排拱肋和加劲梁形成整体结构后，使用多轴平板车移至平底船上，再运至架设场所，进行整体架设，落梁作业。拱重量与安装设施重量共计约70000kN，采用水上运输、整体架设（图146）。其运梁平底船由2支承梁的大型平底船（145000kN、180000kN）和2艘保持大船距离的小型平船（30000kN）拼成整体；船面布

置多轴平板车有两组，一组为 132 轴（承载能力 58800kN），另一组为 102 轴（承载能力 612000kN），承载组拼的拱桥上部结构；船体移动和定位通过停靠设施和平底船上卷扬机，进行船体横移和转体后，使钢结构与桥梁的轴线保持一致。落梁就位时，通过高潮位将梁转移到落梁临时 4 个支点上，同时对平底船注水使其下沉约 1.4m 左右，将平底船移位脱离梁体；最后通过临时 4 个支点和采用 3 台千斤顶，在夜间气温稳定的时间段进行落梁就位。

图 146　日本东京临港道路南北线跨东西水路桥梁整体架设

2014 年 10 月建成通车的俄罗斯巴戈林斯基大桥，跨越鄂毕河，为主跨 380m、目前世界上最大的网式斜吊杆拱桥。桥面宽 36.9m，上部结构施工采用先梁后拱的方法，安装完边部钢箱梁后，在临时墩上拼装拱肋，然后顶推桥面两侧的钢箱边梁，拱肋安装从钢箱边梁的两端开始向跨中顶推拱肋。拱肋顶推在一个半径 290m 的竖曲线上进行，采用竖向和径向的顶推方法，导梁长 36m，最大悬臂段长 76m（图 147）。

图 147　俄罗斯巴戈林斯基大桥主拱顶推施工

3. 陆地与城市桥梁施工技术

（1）公路桥梁预制装配化施工技术

日本首都圈中央联络高速公路桶川第二高架桥全长约 3.2km，上部结构为多跨连续蝶形腹板箱梁桥，标准跨径 45.0m，最大跨径 53.0m（图 148），考虑现场作业效率及周边环境，采用节段预制拼装法施工。为便于公路运输预制节段，单元节段最大重量为 300kN，采用挂车运输。在工厂制作有蝶形腹板、加劲肋的 U 形节段单元（图 149）。运至现场使用架桥机逐跨拼装，U 形节段单元采用短线密接法制作。单元节段重量轻，便于运输、安装，可缩短工期。

图 148　日本桶川第二高架桥

图 149　日本桶川第二高架桥制作 U 形节段单元

武库川大桥（Mu kogawa Bridge）位于日本兵库县神户市新名神高速公路的高柜 JCT 至神户 JCT 间，是一座 5 跨连续 PC 蝶形腹板部分斜拉桥，也是世界上首座该类型桥梁，桥长 442m，跨径布置为 71.8m+（3×100）m+67.8m。全桥箱梁等高，梁高 4.0m，采用悬臂法施工，节段长 6.0m。蝶形腹板厚 150mm，为预制构件。桥墩为直径 5.0m 或直径 5.5m 圆形空心截面，采用 SPER 工法快速施工。SPER 工法为日本三井住友公司开发的预制构件构筑抗震桥墩快速施工法，目的是减少现场的钢筋绑扎作业时间，将箱筋事先布设在预制构件中，预制构件在现场拼装成一个全截面节段，使用 2000kN 塔式吊机架设，起吊节段最大重量为 240kN（包括起吊装置），再在已架设到位的预制构件内填充混凝土形成整体结构。预制构件如图 150 所示，施工步骤如图 151 所示。

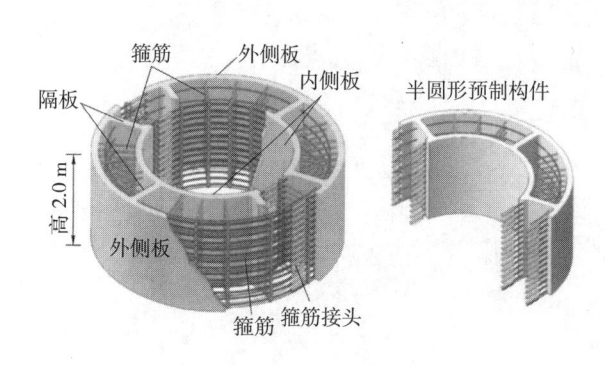

图 150　日本武库川大桥预制构件

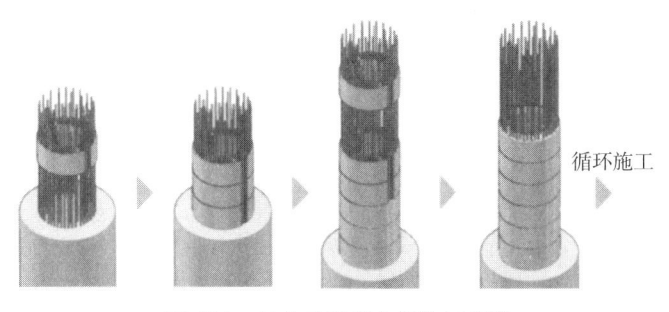

图 151　日本武库川大桥施工步骤

（2）城市桥梁预制装配化施工技术

美国华盛顿州研究开发了桥梁快速施工方法（Accelerated Bridge Construction，ABC）。上部结构采用预制预应力混凝土梁，最大跨度已超过61m。下部为排架墩体系（图152），包括现浇混凝土基础、预制混凝土墩柱、第一阶段的预制混凝土盖梁和第二阶段现浇盖梁。该桥的主要技术特点是：预制混凝土墩柱与基础采用承插式连接（图153）；预制混凝土墩柱采用节段装配，节段间通过灌浆套筒连接；预制混凝土盖梁由两个横向节段组成，再由现场现浇混凝土连成整体；上部结构为预制混凝土梁，在桥墩的位置采用湿接缝连接。墩柱、盖梁节段混凝土梁均在工厂制造，运至现场安装。

图 152　预制混凝土排架墩桥梁体系 　　　　图 153　墩柱底节段插入基础

日本基础施工开发了装配式钢筋混凝土（PPRC）井筒施工方法。PPRC井筒施工方法是通过黏结剂和施加预应力将采用密接法制作的预制井筒节段连接起来，井筒内部使用锤式抓斗进行挖掘，再依靠地锚的反力压入下沉井筒，在井筒侧壁的管道内插入异型粗钢筋和高强度钢筋，采用超延迟型无收缩砂浆灌浆固定，PPRC井筒施工方法示意如图154所示。

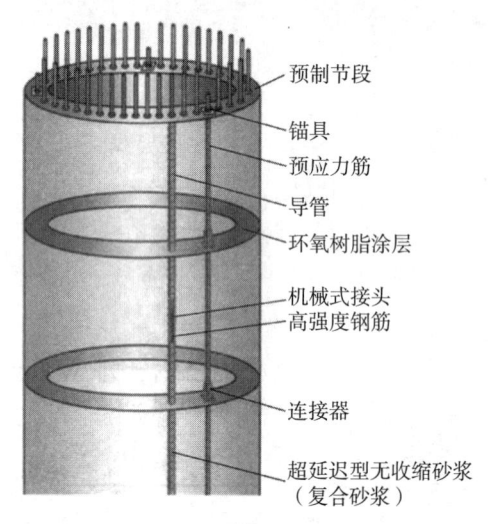

图 154 PPRC井筒施工方法示意

法国即将建成的留尼汪新沿海高架桥全长12.5km，其中5.4km跨海高架桥，是目前法国最长的高架桥。跨海高架桥为7联预应力混凝土连续梁，每联7跨，主跨为120m。每联设置48个桥墩和2个桥台，采用直径20~23m预制混凝土重力式基础。上部结构和下部结构全部采用预制拼装。墩身分为两个部分，下半截采用高10m、2.4m厚、底盘直径20~23m的预制混凝土重力基础，以及10.8m高的上节墩。基础重量在37000~46600kN，上节墩不超过20000kN，采用最大能力48000kN八支腿自升式驳船起吊安装。上部预应力混凝土梁采用分节预制拼装施工方案；墩顶节段重25000kN，由自升式驳船起吊安装，其余节段采用架桥机悬臂拼装。

（3）铁路桥梁预制装备化施工技术

日本富山市的稻荷千岁高架桥（Inarchitose Viaduet）是一座全长约1280m的铁路高架桥，靠近富山车站的一段高架桥位于JR北陆主线和富山地方饮路线间，施工空间狭小，不能使用大型吊机，主梁重量必须轻，以便于使用小型吊机施工，因此上部结构采用先张法U形梁（图155）。U形主梁事先在工厂预制，单片重量340kN。使用2台650kN吊机安装。桥面板混凝土浇筑时，U形主梁间设置厚80mm的PC板，U形主梁上面设置波形钢板作为永久埋入式模板，可使桥面板施工更合理。

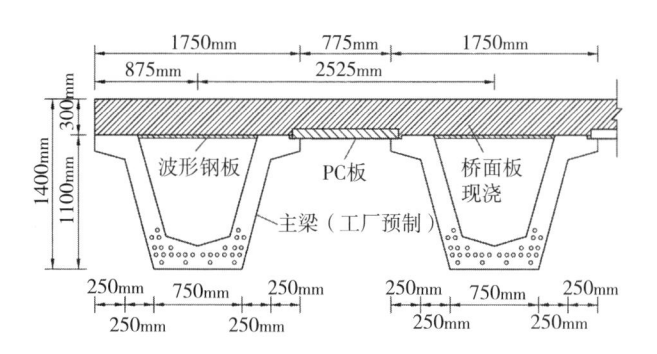

图 155　先张法 U 形梁截面示意

（4）跨线桥梁施工技术

圣拉扎尔大桥（图 156）靠近法国巴黎蓬卡迪火车站，跨越 20 条铁路线。主梁采用边主梁结构，两道主纵梁之间采用 I 形横梁连成格构体系，横梁安装间距为 3m。主梁采用顶推法施工。采用 12mm 厚钢板 +12cm 厚现浇混凝土板的组合桥面板。主梁顶推到位后，施工桥面板，钢板作为模板使用，省去了浇筑混凝土用模板，浇筑混凝土不会影响桥下铁路线的运营。

图 156　法国圣拉扎尔大桥

2016 年完成的白砂川桥（图 157）位于日本群马县吾妻郡长野原町，横跨白砂川、国道、町道以及 JR 吾妻线，为长 210.75m 的 2 跨连续 PC 低塔斜拉桥，跨径布置为 109.0m+98.75m。桥塔为双柱式，斜拉索为扇形双索面布置，共设有 14 对斜拉索，主梁采用可加宽的大型挂篮悬臂施工，桥塔两侧悬臂节段分别为 16 个和 21 个。为非对称结构，该桥采用对称悬臂筑施工，多出来的节段采用临时支架施工。

图 157　日本白砂川桥

4. 山区桥梁施工技术

（1）山区悬索桥施工技术

意大利斯塔达诺桥（图 158）为一座主梁纤细的悬索桥，全长 295m，主跨 139m。南北走向，北侧的引桥分 4 跨布置，南侧仅设 1 个较短的背跨。南桥塔为矩形截面钢筋混凝土结构的独柱塔，设置在桥台后方，以适应主梁最后一个曲线段的延展；北桥塔为双立柱式钢筋混凝土结构桥塔。主梁为鱼骨梁，最中间为钢加劲箱梁，两侧悬挑 I 形横梁，钢主梁与钢筋混凝土桥面板结合，形成组合梁，使构件具有较高的弯曲刚度，斯塔达诺桥主梁如图 159 所示。主缆采用封闭式钢绞线索，在塔端为固定端，另一端采用地锚锚固。吊索竖直布置，梁端采用铰接，以方便施工。钢筋混凝土基础和桥塔施工完成后，利用一台小型起重机架设主缆，吊索也利用这台起重机架设。大部分构件采用预制构件，施工过程中 90% 的构件在桥址附近的陆地上拼装。钢主梁分节段预制。全桥主梁在 10 个工作日内架设完成，主梁节段之间采用焊接连接。构件拼装完成之后，浇注混凝土桥面板。

图 158　施工中的斯塔达诺桥　　　　图 159　斯塔达诺桥主梁

2015年投入使用的日本箱根西麓三岛大吊桥（又称三岛空中走廊，图160）是一座主跨400m的无加劲梁人行悬索桥。桥面距谷底高度约70m。该桥2根主缆由小直径螺旋钢丝绳组成。桥体两侧各设置4根抗风索，主缆锚碇为RC结构的重力式锚碇，抗风索采用地锚。桥塔高44m，为倒Y形结构，采用外直径1422.4mm的圆形钢管曲线加工而成；分为11个节段在工厂预制，运到现场组拼后再焊接连接。桥塔底部设置活动枢轴支座。该桥桥体采用跨缆吊机从桥塔向跨中施工。该桥的重点是桥梁抗风设计，在现场进行风测量结合架桥位置周边地形，采用气流流动数值分析求得风况特性，设定设计基本风速，进行风洞试验研究抗风稳定性措施。

图160 日本箱根西麓三岛大吊桥

（2）山区斜拉桥施工技术

2015年完工的印度巴索赫利大桥位于查谟-克什米尔邦边界，是一座3跨对称斜拉桥，主跨长350m，采用钢边主梁结构；两侧的边跨各长121m，采用混凝土边主梁结构，斜拉索双索面布置。由于两岸岩石陡峭，河水水位变化大，不能采用浮吊直接在河面上起吊主跨主梁节段，因此，边跨采用支架法现浇的方法施工，主跨采用平衡悬臂拼装法施工。

波兰维斯瓦河新桥（图161）全长480m，是热舒夫市北环线的一部分，也是喀尔巴阡山地区跨径最大的斜拉桥。钢筋混凝土桥塔是该桥最突出的部分。桥塔为A形塔，高约108.5m，塔柱为等截面矩形空心柱，截面尺寸为5.75m×4.75m，塔壁厚0.8~1.3m，横梁设置在桥塔70m高度处，采用矩形截面。桥塔采用爬模施工，划分为26个施工阶段，前14个施工阶段为浇筑塔柱，中间3个施工阶段浇筑桥塔横梁，最后9个施工阶段为施工斜拉索的锚固区域。为了保证工作人员的安全，该桥塔柱施工设置4个高度不同的施工平台，施工平台之间有竖向通道。爬模施工中使用了2套ATR-B自动爬升支架，支架上有机械和液压设备，可以控制模板的

图161 波兰维斯瓦河新桥

升降，不需要使用起重机。外模板重约30t，采用4个ATR托架支承，托架上的模板行走回退底座使模板可以前后移动800mm。内模板重约4t，采用4个ATR托架支承。通过采用该模板系统，每个浇筑阶段的时间从7天减少到3天。模板系统可在极端天气条件下施工。该桥塔柱施工时，桥址风速达80km/h。

（3）山区拱桥施工技术

2016年通车的德国新拉恩河谷高架桥桥长450m，分7跨布置，跨长为45~90m。桥面距谷底最低点62m，未在拉恩河中修建桥墩。上部结构为预应力混凝土双室箱梁，桥墩为纤细的钢筋混凝土圆柱形桥墩。桥墩的最大直径为2.8m，最高的桥墩高57m，上部结构采用平衡悬臂浇筑法施工，施工过程中增设了辅助墩。桥墩施工中采用了Xclimb 60自动爬升模板系统。该系统为液压爬升系统，可以随时锚固在桥墩上，即使风速达到72km/h，爬模仍然能够施工。

2017年完工的塔米纳峡谷桥位于瑞士圣加伦地区，是塔米纳峡谷两岸的法弗斯村与瓦伦斯村路网的一个控制性工程，该桥为一座非对称混凝土拱桥，全长417m，主跨长265m。拱肋采用悬臂浇筑法施工。拱肋分为55个混凝土现浇节段，从两侧的桥台处开始浇筑（图162），法弗斯侧悬浇32个节段，瓦伦斯侧悬浇23个节段，前几个节段设计为箱形截面，每侧的最后10~12个节段采用大体积混凝土节段。该桥采用31对扣索辅助施工，扣索锚固在峡谷两岸的扣塔上，扣塔高约100m。

图162 瑞士塔米纳峡谷桥拱肋施工实景

2018年建成的利贺水库庄川大桥位于日本富山县南砺市利贺村，为上承式拱桥。该桥桥长368m，拱跨径为190m，拱矢高43m。拱肋采用管桁结构，由2根上弦杆和1根下弦杆组成三角形桁架，主桁架高 5m。上、下弦杆采用直径 1m 的钢管，2 根上弦杆间距 6m。3 根主弦杆间通过管状的斜杆和横撑连接。拱构件运至现场的施工平台上进行组装，使用缆索吊机从左右两岸向中间进行拱肋架设。将杆件组装+斜拉扣挂悬臂施工，最后架设合龙段（拱顶节段），先安装合龙段的下弦杆，再安装上弦杆，如图 163 所示。

图 163 日本庄川大桥拱肋合龙

5.施工装备

（1）基础施工装备

1）旋挖钻机。国外先进的旋挖钻机以德国 BAUER（宝峨）为代表，BG72 多功能型旋挖钻机动力头最大扭矩 721kN·m，最大钻孔直径 4.6m，最大钻孔深度 126m。

2）打桩设备。常见的有以下几种。

德国 MENCK-1900 型液压打桩锤：适应最大桩径 5.2m，最大锤击能量 1900kJ，最大能量锤击次数 30 次/min，总长度（含套筒）19.015m，工作时总重量 2754kN。

德国 MENCK MHU2400S 型液压打桩锤：适应最大桩径 7m，最大锤击能量 2400kJ，最大能量锤击次数 24 次/min，总长度（含套筒）21.36m，工作时总重量 3500kN。

IHC-s800 型液压打桩锤（荷兰 IHC 公司）：适应最大桩径 3.5m，最大锤击能量 800kJ，最大能量时锤击次数 38 次/min，总长度（含套筒）18.4m，工作时总重量 1600kN。

荷兰 IHC S-3000 型液压打桩锤：适应最大桩径 7m，最大锤击能量 3000kJ，最大能量时锤击次数 29 次/min，总长度（含套筒）25.2m，工作时总重量 7250kN。

（2）高塔施工装备

1）塔式起重机。丹麦 Kroll K-10000 塔式起重机：最大起重力矩 100000kN·m，最大起重量 2400kN，最大吊幅 85m，最大起升高度 86m。

2）混凝土输送泵。德国施维英（Schwing）公司是混凝土泵送设备技术开发鼻祖，其最新混凝土输送泵 SP950 系列产品最大输送压力（低压/高压）为 15.6/24.3MPa。

（3）桥梁构件运架装备

1）整孔预制梁运架成套装备。由意大利 DEAL 公司设计，陕西建筑机械公司制造的 LGB1600 架桥机，额定起重量 7500kN+7500kN，曾用于杭州湾跨海大桥引桥简支预应力混凝土箱梁架设。意大利尼古拉（NICOLA）公司研制的YJ550型运架一体式架桥机是一种具有吊梁、运梁、架梁的多功能的铁路混凝土箱型梁架桥机，额定起重量5500kN。

2）节段梁拼装架桥机。印度Mumbai Trans Harbour Link Project项目18000kN/60m架桥机：整跨拼装，最大跨度60m，最大吊重1500kN，最大挂重18000kN。

3）架梁吊机。英国多门朗公司为文莱淡布隆大桥研制了2台8700kN架梁吊机。挪威NRS公司研制了2×5000kN架梁吊机，用于温州瓯江特大桥施工，采用钢绞线千斤顶提升系统。

4）门式起重机。多门朗公司研制了MYQ5000液压门式起重机，额定起重量50000kN，曾用于中国石油天然气集团有限公司5000t石化容器安装。

5）浮式起重机。厄勒海峡大桥由荷兰于1990年制造，双船尺寸为65m×94m，用于大带西桥的梁体架设，1995年改造后用于厄勒海峡大桥的引桥装配化施工。船舶主尺寸102.75m×89.5m×6m，额定起重量87000kN，起升高度76m。

6）其他施工设备。法国留尼汪新沿海高架桥项目研制了最大能力48000kN的八支腿自升式安装船，用于该项目预制重力式基础和墩身节段的安装。

6. 施工管理

大多数国外工程公司都是采用以项目管理为核心的矩阵型的项目管理机制。实行项目经理负责制，即以永久的专业机构设置为依托，按项目设立临时的、综合严密的项目管理组织具体组织、实施项目建设。项目经理部的规模一般根据企业的组织体系和管理水平以及项目的性质和规模来确定。大型的工程公司不仅有良好的项目管理体制和机制，还有先进的项目管理技术和手段作支撑。在典型的项目管理组织机构中，所采用的技术和手段包括以下几方面：①项目管理手册（Project Manual）；②项目管理程序文件（Project Procedure）；③工程规定（Guideline/Specification）；④项目管理数据库；⑤先进的计算机系统和网络体系；⑥集成化的项目管理软件。日本工程项目管理模式以精细、安全、品质为指导思想，主要包括安全管理、5S管理、施工图管理、可视化管理、计划管理、统筹管理等几个方面，这些管理方法为施工进度、质量以及实现安全文明施工管理提供了保障。

三、国内外桥梁施工技术与装备发展比较分析

（一）施工技术

1. 基础施工

我国跨海大桥建设主旋律依旧秉承"四化"理念，依托装备制造，不断提升建桥技术。基础设计根据不同桥位建设条件和环保要求，主流结构仍以打入钢管桩、变截面钢管复合桩、大直径钻孔灌注桩以及沉箱或沉井等为主，个别桥梁采用设置基础、复合基础和根式基础等创新型结构。港珠澳大桥深水区非通航孔桥承台及墩身采用全预制装配化施

工，承台与桩基础均采用埋床法技术，为我国在外海条件下首次采用。平潭海峡公铁大桥4.5m大直径钻孔桩施工技术的成功实施刷新了国内桥梁钻孔桩最大直径的记录，开创了我国复杂海洋环境下大直径钻孔桩施工的先河，是我国桥梁钻孔桩发展的重大突破。沪苏通长江公铁大桥桥塔墩沉井基础平面尺寸达5000m^2，沉井高度110.5m，采用整体制造、助浮浮运技术，开发了千吨级的"大直径钢管桩+混凝土重力锚"锚碇系统及液压连续千斤顶多向快速定位技术，研究了沉井百米水深下的基底检测技术以及沉井基底承载力检测技术，促进了沉井基础的技术发展。武汉杨泗港长江大桥开发了沉井基础在硬塑黏土层下沉新工艺，拓展了沉井基础适应条件。芜湖长江三桥设置沉井基础的实施为我国钻爆法水下爆破、深水清渣及基坑检测积累了经验，推动了沉井基础在大跨径桥梁中的运用。宁波舟山港主通道工程打入钢管桩桩基直径2.0m，最大长度达108m。京雄城际铁路固霸特大桥桩基础采用外径1.0m预应力C80混凝土管桩，使我国预制打入桩施工技术迈上新台阶。以上种种标志着我国桥梁在传统的钻孔桩基础、打入桩基础、沉井基础等施工技术已超国外，处于世界先进行列，但设置基础、复合基础（如沉箱+管桩）在我国桥梁基础中应用很少，与国外存在一定差距，目前土耳其伊兹米特海湾大桥、丹麦大贝尔特桥、日本濑户大桥等均采用了复合地基（沉箱+钢管桩基础），但基础深水均未超过50m。承台结构施工国内外基本采用筑岛和钢围堰结构施工。

2. 高塔施工

国内外混凝土桥塔通常采用爬模法施工。沪苏通长江公铁大桥主塔高达330m，采用液压爬模施工，标准节段长6m；塔座采用整体浇筑一次成型；横梁与下塔柱采用落地式钢管支架同步施工；中塔柱采用4层对撑结构辅助塔柱施工；中、上塔柱交汇段采用牛腿支架法施工；上塔柱钢锚梁采用27000kN·m塔吊整体吊装。塔柱混凝土浇筑，配制时添加黏度改性剂降黏，提高混凝土的可泵性，使混凝土一次顺利泵送至塔顶；添加抗裂剂提高混凝土的抗裂能力，减少混凝土开裂风险。平潭海峡公铁大桥主塔施工液压爬模设计满足7级风爬升、8级风以下正常施工和抵御14级台风等工作性能，处于世界先进水平。港珠澳大桥江海直达船航道桥主塔含吊具总质量约31000kN，高达105m，采用海上浮吊抬吊转体就位安装，国内外尚属首例。深中通道伶仃洋大桥东索塔塔高270m，是国内首次采用"一体化智能筑塔机+钢筋部品整体吊装"施工工艺，以"空中移动工厂"为理念，研制集混凝土自动布料与振捣、智能养护、自动爬升及实时监控等多功能为一体的智能筑塔机，制定了超高混凝土桥塔工业化建造成套解决方案，有效提升工程品质，实现了"自动化减人、机械化换人"的目标。超高桥塔精密定位采用全站仪天顶测距法与测距三角高程差分法相结合的方法进行桥塔高程控制，以及天顶投点法与塔顶控制点加密法相结合的方法进行塔柱平面控制，来控制桥塔线形，很好地解决测量精度控制的难题。近几年，国外大跨径桥梁施工项目极少，高塔施工技术提升不明显，已经在高塔分节段浇筑和整体吊装施工技术上落后我国，我国在该领域已处于国际领先水平。

3. 上部结构施工

近年来，随着港珠澳大桥、平潭海峡公铁大桥等跨海大桥梁的顺利建成通车，我国海上桥梁预制装配化施工水平持续提升，虽然最大吊装重量仍未超过大贝尔特桥预制单元60000kN 和厄勒海峡大桥每一跨梁的总重 50000kN，但总体施工水平已迈入世界先进水平行列。我国海上桥梁主桥多以斜拉桥为主，而国外多以悬索桥为主，因此国外海上悬索桥施工经验比我国丰富。

截至2021 年，世界上已建成的大跨度悬索桥前10 座中有 6 座在中国，而已建成的大跨度斜拉桥前10 座中有 7 座在中国。沪苏通长江公铁大桥、武汉杨泗港长江大桥、连镇铁路五峰山长江大桥等桥梁的建成标志着我国大跨度悬索桥和斜拉桥施工技术处于世界领先水平。

中等跨度桥梁施工中采用的预制拼装法、顶推施工法、转体施工法、移动模架法和悬臂浇筑法在我国均有较成熟的经验：移动模架法施工最大跨度达 62.5m，郑州黄河公铁大桥顶推施工最大跨度达 168m，保定乐凯大街南延工程跨越京广铁路大动脉 5 万吨级转体施工均处于世界领先水平。

最近几年，随着我国对预制装配化施工产业化政策的支持，桥梁预制装配化施工在市政、公路和铁路方面得到较大发展，但主要集中在墩身、盖梁和上部结构，基础预制装配化率不高、施工技术还不成熟，与美国、日本等国家施工水平存在一定差距。

受限于山区特殊的施工环境条件，我国山区桥梁构件的吊装仍以缆索吊机为主，但缆索吊机无论是跨度、吊重，还是结构形式，都有了很大发展；贵州六盘水大河特大桥3000kN 三跨吊重的四塔五跨缆索吊机是目前国内外跨数最多、跨度和吊重量最大的多跨缆索吊机，瑞香铁路金沙江特大桥总吊重 8000kN 缆索吊是目前世界上吊重量最大的缆索吊；实现了由过去小构件散拼安装到现在大构件整体安装的转变，大幅提高了山区桥梁的施工功效。除常规的顶推、转体、桥面或桥下运梁等施工方法，近年还开创了二次竖转、梁底运梁等新工法。此外，国外也有诸多技术值得我们借鉴，比如阿联酋阿布扎比谢赫·扎耶德桥的提升技术和俄罗斯巴戈林斯基大桥的顶推施工技术。

（二）施工装备

1. 基础施工装备

随着国内"八横八纵"等大规模基础设施建设的开展，依托国内旺盛的市场需求，国内桥梁基础施工装备取得了重大进步，如 ZJD6000 型液压动力头钻机在200MPa 强岩下最大钻孔直径可达 6m、动力头最大扭矩达 550kN·m、最大钻孔深度达 180m，三一重工 SR630RC8 旋挖钻机扭矩已达 1100kNm、最大钻孔直径 4.5m，性能已经接近及达到了国外先进水平，但其可靠性还待进一步提升，液压零部件需进一步提升国产化水平。国内外大型液压打桩锤几乎完全由外国公司垄断，其打击能量已经达到3000kJ，其性能、可靠性远超国产液压打桩锤。不过近年来，在国内海洋风电市场的刺激下，国产液压打桩锤也取得了一定的进步，如中国机械设备工程股份有限公司液压打桩锤最大锤击能量可达2500kJ，适应最大桩径可达5.7m，已经缩小了国产液压打桩锤与国外同类型产品的性能差距，但性能及可靠性需待验证。

国产"雄程1号"打桩船作为"一带一路"倡议中首批出海的高端海洋装备，其性能已经达到世界领先水平，在克罗地亚佩列沙茨跨海大桥已经投入使用，在中克两国总理的见证下，已将长达130.6m、重2558kN的钢桩成功打入海床，完全满足了桥梁设计要求。

2. 超高桥塔施工装备

近年来，世界上大跨度桥梁、超高型桥塔主要集中在国内，刺激了国内超高塔施工装备的大力发展，如国产三一超高压混凝土泵车泵送压力已达50MPa，泵送高度已达600m，大型塔吊起重力矩达52000kN·m，最大起重量达2400kN，起升高度达200m，性能已经达到世界先进水平，但其可靠性还有待进一步提升，关键零部件需进一步提升国产化水平。

3. 桥梁构件运架装备

随着国内高铁、跨海大桥等重大工程的建设，国内桥梁构件运架设备取得了重大进步，已经基本取代外国产品。整孔架桥机架设跨度已达60m，起吊重量已达1700kN。另外，实现了10000kN/40m整孔箱梁运架一体化，节段预制架设设备也取得了进步，架设跨度达96m，满跨重量达20000kN，而且正在推进墩梁全预制架设的一体化节拼架桥机。

科威特多哈海湾大桥的17000kN/60m巨型预制箱梁由我国自主研发的四套17000kN/60m运梁车及架桥机运输及架设，已经圆满完成了架设任务，说明我国桥梁运价设备已经达到国际领先水平。

沪通18000kN固定式架梁吊机与五峰山9000kN缆载吊机圆满完成了钢梁大节段的架设，说明我国大节段钢梁架设设备已经达到国际先进水平，其性能远超国外同类产品。

大桥海鸥号36000kN起重船、天一号36000kN运架一体船已经投入施工，并在孟加拉国帕德玛大桥中圆满完成了吊装施工任务，说明我国海上起重船设计制造能力已经达到世界先进水平。虽然与厄勒海峡大桥svanen87000kN双体起重船性能还有一定的差距，但已经属于领先技术水平，此类超大型装备由于造价昂贵，需依托项目需求研制。

桥梁构件运架设备下一步需加强通用化方面的研究，能够适应不同的桥梁施工，在不同的桥梁施工时，尽量减小改造工作量，提高设备利用率，创造更好的经济效应。

（三）施工管理

目前我国桥梁施工管理中贯彻"以人为本"的安全管理理念和"精细化管理"的成本管理理念，与国外先进的管理理念是一致的。在我国提倡"精品工程"，而国外更多的是尊重合同。另外，由于我国仍然采用的是施工总承包招标，而国外通常采用的是施工设计总承包招标模式，因此国内施工企业在管理模式和方法上与国外企业存在一定差异。国外一流承包商会充分重视设计工作对项目成本、施工方案、施工工期等方面的影响，往往会引入国际知名的设计公司，采用先进的设计理念及国际规范，综合考虑项目的主体设计及实现设计所需的重要临时工程及重点装备，以此来实现项目的成本经济、施工便捷等目标。优秀的国际承包商在执行大型项目时，往往会动员全球范围内优质资源为其服务，如咨询公司、设备制造商、材料供应商等。单看优质资源的成本可能略高，但在项目实施过程中，凭借着他们一流的服务及丰富的国际化经验，能够确保项目的顺利推动及经济性。国际工程中，业主及咨询往往对 QA/QC 及 HSE 要求严格。为此，国际承包商往往配备强大的 QA/QC 及 HSE 专业管理团队，并在项目组织架构图中将其置于仅次于项目经理的管理层级而高于现场作业管理层，确保在项目实施过程中 QA/QC 及 HSE 对现场发出的指令得到切实贯彻执行，对现场作业起到强力、有效的监管。

随着信息技术的进步，BIM 技术在国内施工领域不断拓展和深化，虽然起步晚于欧美、日本等国外建筑企业，但是近年来随着大型项目的投资方对 BIM 技术的认知度的不断提升，个别业主将此写入招标文件或作为技术标的重要亮点，使其在项目全寿命周期中得到使用，发展较迅猛。

四、我国桥梁施工技术与装备发展趋势与对策

（一）桥梁基础施工与装备

我国桥梁基础发展大致可划分为三个阶段：

第一阶段是 19 世纪末至中华人民共和国成立，桥梁基础多采用打入桩基础、沉箱、沉井和复合基础，且多由外国人投资修建，甚至材料和设备均由国外进口。

第二阶段为中华人民共和国成立至 20 世纪末，基本以沉井、管柱、桩基础为主，以锁口钢管桩基础、地下连续墙基础等特殊基础和复合基础为辅。

第三个阶段为 20 世纪末到现在，主要以大直径钻孔灌注桩和钢管复合桩基础为主，辅以少量的沉井基础、灌注桩基础 + 大型钢 – 混凝土组合沉井基础、大型圆形地下连续墙围护结构锚碇基础以及"oo"字形地下连续墙基础等新型基础形式。

如今，随着国家整体科技和工业水平的提高，基础施工将向整体化、预制化、机械化和智能化方向发展，港珠澳大桥大规模采用复合钢管桩 + 埋置式承台的基础型式，预制安装装配化施工技术，将对后续外海桥梁基础快速施工提供宝贵经验。超大直径分级钻孔技术（直径 6～10m）将促进大直径空心桩、大型管柱、小型沉井以及复合基础的发展，甬舟铁路西堠门大桥将研究采用 6.3m 桩径的钻孔桩，研发桩径 7.0m 左右的配套成孔设备。沉井基础除在结构型式上有所突破外，将继续向着预制化、整体浮运技术深化，远程控制

水下挖掘设备以及智能监控系统将助推沉井基础的发展，正在建设的常泰长江大桥主塔沉井施工研制了全自动高压射喷破土设备和定点取土机械臂、履带式水下智能取土机器人、龙门式绞吸机器人等现代化取土设备，高效快捷地解决了沉井端部盲区土体和局部盲点取土难的难题；通过安装压力传感器、沉井姿态监测和声呐成像设备等，研发了"全过程监测及预警平台"和沉井下沉"智能感知系统"，实现了全过程智能监控、智能分析、直观展示、辅助决策和分级预警等功能。水下岩石整平、水下成槽、水下地基加固、大吨位深水动态锚泊定位、水下插打钢管桩、超大直径钢筒振动下沉、负压下沉等技术的发展将为大型管柱基础（或小型沉井基础）、负压筒形基础、设置基础和复合基础提供坚实的技术支持。此外，借鉴和改良现有的盾构技术、地下连续墙成槽技术、主动破岩下沉插打钢板桩技术等也有助于基础施工技术的进步。

目前我国深水桥梁基础，钻孔灌注桩桩长逼近140m左右（宁波北环铁路甬江特大桥达到138m）、直径达到4.5m（平潭海峡公铁大桥），变直径钢管复合桩桩长达到148m（鱼山大桥），沉井基础埋深已突破55m（五峰山长江大桥北锚碇56m），钢管桩整体插打深度接近90m（杭州湾跨海大桥达89m）等，基本满足现工程需求，但是随着向更深、地质情况更加复杂的海域推进，开发大型深水基础施工技术显得尤为迫切，包括长大直径钻孔桩基础（斜桩基础）、钢管复合桩基础、沉井基础、设置基础及其他特殊新型复合基础，如"沉井+桩基""地下连续墙+桩基""负压筒形基础+钢管桩"等新型结构形式，为我国后续琼州湾海峡、渤海湾海峡等大型通道的建设提供技术支撑，同时研发更大的钻机、更大的打桩设备、水下施工智能监控和智能作业设备，真正实现"少人或无人"的工业化、智能化、现代化的施工水平。

（二）桥梁高塔施工与装备

随着桥梁建设向江海、高山和深谷的挺进，斜拉桥、悬索桥的跨度越来越大，塔柱高度也越来越高。沪苏通长江公铁大桥主塔采用C60钢筋混凝土结构，高达330m；2019年开工，正在建设的江苏常泰长江大桥斜拉桥主塔中、下塔柱为C60钢筋混凝土结构，上塔柱采用钢－混凝土组合结构，塔高340m；2020年开工建设的新建巢湖至马鞍山城际铁路马鞍山公铁两用长江大桥斜拉桥中塔柱采用常泰长江大桥主塔类似结构，塔高达345m。2014年建成的武汉鹦鹉洲长江大桥三塔四跨悬索桥中塔下塔柱采用钢筋混凝土框架，中、上塔柱采用钢塔柱，塔高152m。

目前钢筋混凝土高塔普遍采用爬模法施工。自从液压爬模在我国桥梁塔柱施工中应用以来，混凝土每次浇筑节段高度从最初3m、4.5m，发展到目前普遍采用6m分节。为了进一步减少塔柱浇筑节段划分数量，节约塔柱施工工期，许多施工单位正在研究每次浇筑节段高度增大至9m（因为我国钢筋长度模数为6m、9m和12m）；当浇筑节段高度增加后，有三个关键问题必须进一步研究解决：第一是爬模结构自身的安全稳定性，第二是9m高度钢筋安装效率如何提高，第三是混凝土如何振捣确保混凝土施工质量。近年来，液压爬模施工智能化水平得到了快速发展。湖北宜昌伍家岗长江大桥主塔施工中研制了"造塔机"，与传统液压爬模分块爬升不同，"造塔机"具有一键启动、同步顶升、自动调平、实时监控等特点。深圳至中山跨江通道主桥桥塔钢筋采用部品化生产，实现了钢筋整体吊装；研发了"一体化智能筑塔机"，不仅具有一键启动、同步顶升、自动调平、实时监控等功能，还具有混凝土布料、振捣、带模蒸气养护等功能。

钢塔通常采用塔吊分段或分段分块吊装，或采用大型浮吊进行整体安装工艺，塔吊吊装能力决定了节段分块，浮吊吊装能力取决于施工水域水深和构件总重量及起吊高度。港珠澳大桥九州桥和江海桥采用整体吊装施工，其中，江海桥106m异形塔最大吊重达25000kN；武汉鹦鹉洲长江大桥钢塔柱采用D5200塔吊分段吊装，塔吊最大起重力矩为52000kN·m，最大吊重为2400kN，最大起升高度为200m；常泰长江大桥和马鞍山公铁两用长江大桥主塔上塔柱钢壳均采用塔吊分段分块吊装，为此正在研制150000kN·m塔吊，最大起重量超过6000kN。对于钢塔施工，塔吊和浮吊是关键设备，其性能的好坏和起吊能力的大小直接影响施工效率和塔柱施工工期，因此需要加强对安全性能好、吊装能力大、提升速度快的塔吊的研制，这是关键。目前国内已具备起吊能力为120000kN的"振华30号"很长一段时间可以满足施工要求。

海洋及山区桥梁高塔施工面临大风气候的影响，严重制约施工进度。平潭海峡大桥采用全封闭液压爬模施工，设计爬模满足7级风爬升、8级风以下正常施工和抵御14级台风等工作性。有必要对塔吊等其他配套设备做进一步研究，提高其抗风性能，修改我国安全规范中对5级以上大风不能进行高空作业的规定。

（三）桥梁上部结构施工与装备

随着钢箱梁、钢桁梁、钢－混凝土组合梁等结构形式不断创新并得到推广应用，我国钢桥制造和架设技术得到快速发展。从钢梁单杆件制造架设发展到武汉天兴洲大桥单节整体制造架设和合福铁路铜陵长江大桥双节间全焊桁片式制造与架设，目前沪苏通长江公铁大桥、五峰山长江大桥采用双节间整体制造与架设，武汉杨泗港长江大桥采用四节间整体制造与架设。桥面吊机起重能力从武汉天兴洲大桥7000kN发展到沪苏通长江公铁大桥18000kN，同时吊机的自重也同步增加，如何通过采用新材料、优化吊机结构等措施减少吊机自重需进一步深入研究。缆载吊机起吊能力提高到了9000kN，但直到目前为止，缆载吊机一直采用定点起吊，未能实现带载走行，缆载吊机带载走行诸多关键技术有待进一步研究解决。平潭海峡大桥采用了整孔全焊钢梁制造与架设技术，最大吊装重量达34300kN，利用36000kN吊船安装。港珠澳大桥上部结构分别采用85m钢－混凝土组合梁和110m钢箱梁，工厂化制造和大型浮吊整孔全幅架设。未来琼州海峡、渤海海峡大桥等更大深水的跨海大桥需要更大的单跨跨越能力，桥梁结构及施工技术与装备都需要深入研究。未来如何提高外海桥梁恶劣海况环境条件下施工效率也需要进一步研究。

自从上海嘉闵高架路大规模推行及运用预制装配化技术以来，在深圳、广州、长沙等诸多城市得到推广。在国家政策的鼓励下，公路、铁路桥梁建设也积极响应，为我国桥梁建造工业化、产业化起到了促进作用。总体上，我国桥梁上部结构预制装配化技术研究比较充分，无论是预制节段悬臂拼装、整孔拼装还是整体预制整孔架设技术均已成熟。嘉绍大桥预制节段架桥机拼装跨度70m，最大节段起重量2000kN，最大悬挂总重量达15000kN；架桥机整孔架设公路梁跨度达50m，最大重量$1.5×10^4$kN；架桥机整孔架设铁路梁跨度40m，最大重量达10000kN，但下部结构，特别是基础施工装配化率还有很大差距，其结构形式、施工技术和装备均有待进一步深入研究。

步履式连续顶推施工技术在杭州九堡大桥首次实施以来，得到快速发展，在钢箱梁顶推施工中应用越来越广泛，顶推装备实现了操控智能化，但该技术应用于钢桁梁顶推施工较少，有待研究解决钢桁梁顶推过程中仅节点承受竖向力这一技术难题。

随着国家陆地交通网络的不断发展，道路立体交叉越来越多，因此跨线桥梁也越来越多。为了确保施工过程中既有线的运营安全和尽量减少施工对既有线运营的影响，转体法施工技术在跨线桥梁施工中的应用也越来越广泛，转体法施工的桥梁包括连续梁、T构、拱桥及斜拉桥等众多桥型，转体重量达5万吨级。未来转体施工重量将会越来越大，需要研究新的转动铰结构方便安装、降低成本，采用新材料降低转动摩阻力，还需要进一步提高平衡系统的保险性，简化平衡结构并增强平衡系统的保险能力，降低施工的成本和难度。

山区桥梁由于受特殊环保的影响，长期以来采用小吨位、散拼安装为主。随着山区大跨度桥梁的增多和我国制造水平、现场组拼技术的提高，大节段安装技术得到较快发展，提高了施工效率，节约了工期。为适应山区桥梁大节段安装，大型缆索吊机、多跨缆索吊机因应而生，缆索吊机操控已由过去人工指挥、分散操作，变成了可视化、集中控制。随着缆索吊机规模越来越大，缆索吊机所用主索、牵引索和起重索等钢索也越粗、数量也越多，给缆索吊机安装与拆除带来极大困难。因此，采用更高强度或轻质材料、优化缆索吊机结构是下一步的努力方向。

（四）施工管理

自20世纪80年代初我国工程施工管理实行项目经理负责制以来，经历了由粗放式管理到精细化管理的转变，由以经济为主要考核指标的单一考核到以安全质量、环保、工期、经济等为考核指标的综合考核转变的过程。随着桥梁产业化、工业化、智能化生产的发展，迫切需要利用信息化手段提高管理水平。施工企业需要进一步完善管理体系和考核体系，通过应用可视化装备和BIM技术进行项目智慧化管理。

五、结语

在国家战略层面的深入推进下，我国桥梁建设取得了举世瞩目的成就。施工技术与装备取得巨大进步，具体体现在：

1）桥梁基础施工与装备方面，研发了大直径钻孔桩、大直径钢管桩、大直径预应力高强度混凝土管桩、钢管复合桩、大型沉井基础、设置沉井基础、超深地下连续墙基础等施工技术。自主研发了大型钻机、大型打桩船、液压打桩锤、水下智能吸泥机、双轮铣槽机等重要施工装备。打桩船能力已超过国外水平。

2）桥梁高墩施工及装备方面，研发了高强度混凝土塔、钢塔、钢-混凝土组合塔等施工技术。自主研发了智能化爬模、D5200塔吊等装备。

3）桥梁上部结构施工及装备方面，研发了钢梁数字化智能制造生产线、预应力混凝土箱梁整孔预制架设技术、节段预制拼装技术、海上运梁与架设技术、拱肋二次竖转技术、拱肋挂篮法施工技术、钢梁梁底纵移架设技术、钢梁整体和大节段吊装技术以及与缆载吊机、缆索吊机、桥面吊机、转体法、顶推法相结合的架设和施工技术。研制了大型起重机、门式起重机、架桥机、桥面吊机、缆载吊机和缆索吊机、步履式顶推千斤顶等关键装备。转体施工技术、顶推施工技术、缆载吊机和缆索吊机的起重能力均处于国际领先水平。

4）桥梁装配化施工方面，桥梁构件工业化、智能化生产技术快速发展，装配化施工技术在不断提高。预制桩基整体打桩、承台和墩身预制拼装、钢塔节段整体吊装均已实现。对于主梁，所有作业均采用了大规模分节段或整孔预制与安装架设技术。

同时，需要看到我国施工技术和装备存在的差距与不足，进一步加强并做好以下几方面工作：

1）加大深水基础施工技术的研究和特种装备制造的研发。深水基础施工是跨海大桥必须解决的难题，当今世界上桥梁施工水深最深已超过100m，我国在这方面与世界领先技术水平差距较大。渤海海峡最大水深约60m，琼州海峡最大水深达160m，只有解决了深水基础施工技术难题，并研发出与之相配套的施工设备，才能解决渤海海峡和琼州海峡大桥建设难题；攻克缆载吊机带载走行的技术难题，研发特种装备，为我国在深谷、高山区域受地形限制的桥梁建设提供更加可靠的保障。

2）深入提炼桥梁下部结构预制装配化建造技术研究。杭州湾跨海大桥、港珠澳大桥等外海桥梁工程施工中均采用了构件预制，节段或整体吊装的装配化建造技术大大提高了生产效率高，减少海上施工风险，使施工安全和实体质量更加可控。但我国桥梁预制装配化率与世界先进国家存在一定差距。在我国，桥梁上部结构的预制安装技术现阶段已发展比较成熟，但桥梁（特别是陆地桥梁）下部结构预制装配化率一直不高，因此突破桥梁下部结构预制装配化建造技术是提高桥梁预制装配化率的一道难题。

3）突破施工装备核心部件国产化研发技术瓶颈。我国虽然在打桩船、液压打桩锤、大直径钻机等大型装备方面均已实现了自主研发，但大部分施工装备的效率、功力、可靠性、故障率等与国外先进国家的机械装备还有一定差距，部分机械装备存在寿命期较短、需频繁修理和更换易损配件等问题，一些控制系统、液压系统、行走系统等关键核心部件须依赖进口，只有突破技术瓶颈，实现真正意义上的国产化，才能跨入真正意义上的建桥强国。

4）深化设计与施工技术的结合。目前我国一直采用的是施工总承包模式，造成设计与施工始终联系不密切，甚至设计脱离实际施工水平。国外通常采用的是施工设计总承包模式，因此国外施工企业会充分重视设计工作对项目成本、施工方案、施工工期等方面的影响。我国已建成试通车的港珠澳大桥在建设初期提出了"设计施工联动，施工驱动设计"的项目管理理念，在重大项目或无可借鉴的特重大建设项目中具有深远的指导意义，为我国开展首创性建设项目提供了新的思路。

5）提升施工技术智能化水平和应用推广。我国桥梁施工智能化管理处于起步阶段，智能化作业水平以及基于BIM、物联网、云计算等新一代信息技术与先进的工程建造技术相融合等新型技术亟须提升，未来桥梁建造智能发展管理平台还不够完善，缺乏统一性，因此需要加大软件开发力度。同时，在施工过程中，如何应用好智能系统，各项目要求不统一，很多项目使用流于形式化，需建立统一标准和要求，并提出明确要求和在招标过程中设置专项研究资金，使智能建造真正服务于大桥建设，川藏铁路按照习近平总书记"科学规划、技术支撑、保护生态、安全可靠"和"高起点高标准高质量"建设的要求，提出了无人或少人的智能化建造技术，也必将对我国桥梁建设项目产生深远影响。

6）完善各类技术标准及施工规范的系统管理。目前各类行业标准、地方标准以及专业规范，各大型桥梁工程所处的专项规范层出不穷、种类繁多，在实际施工过程中，经常碰到规范规定不一致，需要研究讨论，急需清理，归类完善，给各类规范进行定位、融合。

参考文献

［1］ 高宗余，阮怀圣，秦顺全，等. 我国海洋桥梁工程技术发展现状、挑战及对策研究［J］. 中国工程科学，2019，21（3）：1-4.

［2］ 张瑞霞. 海洋桥梁工程施工技术及装备发展研究［J］. 中国工程科学，2019，21（3）：5-11.

［3］ Yaojun Ge, Yong Yuan. State-of-the-Art Technology in the Construction of Sea-Crossing Fixed Links with a Bridge, Island, and Tunnel Combination［J］. Engineering, 2019，（5）：15-21.

［4］ 冯正霖，周海涛，朱永灵，等. 港珠澳大桥跨海集群工程建设关键技术与创新成果书系［M］. 北京：人民

交通出版社股份有限公司 2018.

［5］王东辉. 平潭海峡公铁大桥航道桥基础设计与施工创新技术［J］. 铁道标准设计，2017，61（9）：68-75.

［6］王东辉，韩冰. 平潭海峡公铁大桥通航孔桥桥塔施工关键技术［J］. 桥梁建设，2019，49（3）：1-5.

［7］沈大才，马晓东. 平潭海峡公铁大桥钢梁架设关键技术［J］. 桥梁建设，2018，48（4）：6-11.

［8］李磊，王昌将，陈向阳. 宁波舟山港主通道标准化设计与技术创新［M］. // 中国公路学会. 全国第二届品质工程论坛暨惠清高速公路绿色科技示范工程现场观摩会论文集（续）. 2019：108-116.

［9］李军堂. 沪苏通长江公铁大桥主航道桥沉井施工关键技术［J］. 桥梁建设，2015，45（6）：12-17.

［10］李军堂. 沪苏通长江公铁大桥主航道桥桥塔施工关键技术［J］. 桥梁建设，2019，49（6）：1-6.

［11］李军堂. 沪苏通长江公铁大桥主航道桥钢桁梁整体制造架设技术［J］. 桥梁建设，2020，50（5）：10-15.

［12］游斌，黄灿，项梁. 沪苏通长江公铁大桥专用航道桥上部结构架设关键技术［J］. 公路工程，2019，44（6）：28-32.

［13］李兴华，潘东发. 武汉杨泗港长江大桥主桥施工关键技术［J］. 桥梁建设，2020，50（4）：9-16.

［14］韩胜利. 武汉杨泗港长江大桥超大型锚碇施工关键技术［J］. 世界桥梁，2020，48（4）：30-34.

［15］赵小静，于祥君. 五峰山长江大桥加劲梁架设技术［J］. 桥梁建设，2020，50（2）：1-6.

［16］徐瑞丰，韩大章，单宏伟. 宽幅预制节段梁在五峰山长江大桥中的应用［J］. 上海公路，2020，（1）：54-56.

［17］刘爱林. 芜湖长江公铁大桥设置式沉井基础施工关键技术［J］. 桥梁建设，2017，47（6）：7-11.

［18］周外男，王令侠. 芜湖长江公铁大桥主桥钢梁架设方案［J］. 桥梁建设，2018，48（1）：1-6.

［19］陈海涛，邓运清，石鲁宁. 郑济高铁 40m 整孔预制简支箱梁应用研究［J］. 铁道标准设计，2020，64（S1）：1-6.

［20］刘波，彭运动，侯满. 贵州都格北盘江大桥主桥设计及关键技术［J］. 桥梁建设，2018，48（6）：81-86.

［21］于祥敏，陈德伟，白植舟，等. 贵黔高速鸭池河特大桥钢桁梁施工关键技术［J］. 桥梁建设，2017，47（4）：107-112.

［22］朱永灵、苏权科. 港珠澳大桥主体工程建设理论与创新实践［J］. 桥梁，2016（3）：42-45.

［23］张妮编译. 西班牙加迪斯港桥［J］. 世界桥梁，2015，43（6）：93-94.

［24］周翰斌. 土耳其伊兹米特海湾大桥设计施工关键技术［J］. 中外公路，2019，39（6）：107-110.

［25］刘海燕编译. 科威特贾比尔跨海大桥［J］. 世界桥梁，2021，49（1）：115-116.

［26］李相宪. 韩国露梁大桥［R］. 武汉：中国中铁股份有限公司，2019.

［27］刘海燕编译. 西班牙斜拉 – 悬吊组合桥——奥里奥大桥［J］. 世界桥梁，2015，43（3）：94.

［28］张妮编译. 丹麦新斯托桥［J］. 世界桥梁，2019，47（4）：91.

［29］刘海燕编译. 日本东京临港道路南北线跨东西水路桥整体架设［J］. 世界桥梁，2019，47（4）：92.

［30］刘海燕编译. 日本桶川第二高架桥——蝶形腹板箱梁桥［J］. 世界桥梁，2015，43（4）：93.

［31］刘海燕编译. 日本新名神高速公路武库川大桥［J］. 世界桥梁，2015，43（6）：95-96.

［32］夏樟华，邵淑营，葛继平编译. 美国华盛顿州桥梁快速施工技术研究与实践［J］. 世界桥梁，2017，45（6）：1-6.

［33］刘海燕编译. 日本九年桥人行桥下部结构施工［J］. 世界桥梁，2017，45（1）：93-94.

［34］刘海燕编译. 日木富山市的稻荷千岁高架桥——先张法简支梁U形铁路桥［J］. 世界桥梁，2015，43（3）：92.

［35］张妮编译. 圣拉扎尔大桥［J］. 世界桥梁，2019，47（6）：95.

［36］刘海燕编译. 日本白砂川桥——横跨JR吾妻线的低塔斜拉桥［J］. 世界桥梁，2017，45（1）：93.

［37］张妮编译. 意大利斯塔达诺桥［J］. 世界桥梁，2018，46（2）：96.

［38］刘海燕编译. 日本箱根西麓三岛大吊桥［J］. 世界桥梁，2016，44（6）：91.

[39] 张妮编译. 印度巴索赫利大桥[J]. 世界桥梁, 2015, 43（2）: 91.
[40] 张妮编译. 波兰维斯瓦河新桥[J]. 世界桥梁, 2016, 44（3）: 93-94.
[41] 刘海燕编译. 瑞士塔米纳峡谷桥[J]. 世界桥梁, 2015, 43（4）: 93-94.
[42] 刘海燕编译. 利贺水库庄川大桥跨径190m拱肋合龙[J]. 世界桥梁, 2017, 45（3）: 89-90.
[43] 张妮编译. 德国新拉恩河谷高架桥[J]. 世界桥梁, 2017, 45（5）: 92.
[44] 李军堂, 秦顺全, 张瑞霞. 桥梁深水基础的发展和展望[J]. 桥梁建设, 2020, 50（3）: 17-24.
[45] 张良杰. 我国爬模技术发展历程与技术进步[J]. 施工技术, 2014, 43（23）: 1-3.
[46] 蒋本俊. 国内现代桥梁高塔施工液压爬模系统应用现状及研究[J]. 施工技术, 2015, 44（14）: 66-70.
[47] 毛伟琦, 胡雄伟. 中国大跨度桥梁最新进展与展望[J]. 桥梁建设, 2020, 50（1）: 13-19.
[48] 陈良江, 周勇政. 我国高速铁路桥梁技术的发展与实践[J]. 高速铁路技术, 2020, 11（2）: 27-32.
[49] 黄会强, 车平, 裴雪峰, 等. 我国桥梁钢结构焊接技术发展现状及展望[J]. 焊接技术, 2019, 48（增刊2）: 27-32.
[50] 杨文武, 蔡俊镱, 柳欣荣, 等. 预制装配化桥梁技术发展及应用[J]. 广东公路交通, 2019, 45（5）: 67-73.

桥梁结构试验、检测与监测技术发展研究

一、引言

（一）桥梁结构试验

桥梁结构试验是对于给定结构系统（系统特性可以是已知的也可以是未知的），在已知输入（荷载和其他作用形式）的作用下，用测试的手段获得给定结构系统的输出或响应。测得输出后一方面可以直接将测试值与分析值进行比较，以检验分析方法的合理性、正确性；另一方面在系统特性未知的情况下，还可以根据系统的输入和输出反求系统的特性，以判断系统的实际特性是否符合设计要求。

桥梁结构试验按照试验目的可分为科学研究性试验和生产性试验。其中，科学研究性试验的意义包含以下几方面：①验证新结构分析理论、设计计算方法；②为发展新的结构形式、新的建筑工艺开创道路积累经验；③为制定新的设计规范提供依据等。生产性试验往往用于对新建桥梁或者既有桥梁进行鉴定。桥梁结构试验按照试验对象可分为原型试验（针对实际结构或构件）和模型试验，按照测试内容可分为静力试验和动力试验。

桥梁结构试验技术贯穿桥梁研究领域的各个方面，特别是在计算机模拟技术还不普及的时代，几乎所有的桥梁设计规范都是以试验研究结果为基础。即使是现在，对一些复杂的实际工程问题，试验研究依旧举足轻重。从结构构件试验到整体试验，从静力试验、拟静力试验、拟动力试验再到振动台试验，从应变片传感器到光纤光栅传感器，从有损检测到无损检测，试验测试技术随着土木学科的需求以及各学科的发展而不断迭代更新。近年来，随着3D打印技术、数字图像处理技术、近景摄影测量技术、人工智能技术、物联网技术、大数据技术等方面的快速发展，桥梁试验技术也开辟出了新的发展途径。桥

梁试验测试技术的发展正趋向于大型化、精细化、智能化、全面化、复杂化、集成化和多样化。

（二）桥梁结构检测

桥梁结构是一种长期暴露于自然环境中的人工构筑物，随着时间的推移，由于自然环境腐蚀、材料自身退化、初始施工缺陷、服役期间超载等因素，桥梁结构会出现不同程度的损伤和病害。因此，桥梁结构检测即通过有效的检测手段，以掌握桥梁损伤程度和特征，最终为结构安全性评价提供依据。

桥梁结构检测是一个涉及多学科理论、方法、技术相互结合的桥梁工程学科交叉研究领域，近年来，其研究方法和实际应用得到了长足发展。目前，桥梁结构检测的主要内容包括外观损伤、内部缺陷、力学性能及几何参数检测等。其中，外观损伤仍以人工目测为主，工作强度大、效率低，需要借助检测支架或检测车等设备接近结构表面，对检测人员的专业知识和经验要求较高，在未来大规模桥梁群检测中难以推广。近年来，非接触式检测方法得到较大发展，在结构表观和内部缺陷检测应用方面研究较多，但是技术可靠性仍有待进一步提高。同时，基于不同理论和方法，多种检测手段得以提出并有力推动了桥梁结构检测技术的发展，这其中包括图像识别法、超声法、电磁波法、射线法、磁通量法等。

（三）桥梁结构监测

随着社会经济的不断发展，现代社会对交通的依赖程度不断加大，特别是处于交通工程中的桥梁，地位尤其突出。不论是处于施工中的桥梁还是运营使用当中的桥梁，其安全性和其他技术指标直接关系到国家和人民群众的生命财产安全，所以需要建立一套行之有效的、具有相当科技含量的贯穿桥梁施工阶段、运营管理阶段的监测和控制方法和手段。桥梁结构监测包括桥梁结构施工期监测和控制及结构运营期的健康监测。

桥梁施工控制技术，就是把现代控制理论应用在桥梁施工工程中，确保施工过程中桥梁结构的内力、变形一直处于允许的安全范围内，确保最终的实际桥梁变形和内力符合设计理想的变形控制、应力控制、稳定控制的综合体现。

桥梁结构健康监测是通过对桥梁结构状态的监控与评估，为桥梁在特殊气候交通条件下或桥梁运营状况严重异常时触发预警信号，为桥梁维护、维修与管理决策提供依据和指导。监测系统对以下几方面进行监控：桥梁结构在正常环境与交通条件下运营的物理与力学状态；桥梁重要非结构构件（如支座）和附属设施（如振动控制元件）的工作状态；结构构件耐久性；桥梁所处环境条件等。

二、国内桥梁结构试验、检测与监测技术发展现状

（一）试验技术与设备

1. 动静载实验

随着国内外交通事业的发展，线路对跨越江河湖海、山川沟壑的需求不断增加，为适应复杂多变的地理环境，各种形式的大跨桥梁应运而生。随着桥梁设计中新材料、新工艺的不断引入，结构关键部位的受力特性及耐久性能值得关注。桥梁结构的静载和动载试验技术主要应用于结构模型试验，模型试验与原桥试验相比，具有参数易控制、环境条件限制少、经济性好、针对性强、数据准确等优点，对桥梁工程的发展有着不可替代的作用。

（1）相关规范的编写和发布

交通运输部于2022年发布了《公路桥梁结构监测技术规范》（以下简称《监测技术规范》）（JT/T 1037-2022），该规范规定了公路桥梁结构监测技术的总则、基本规定、监测内容、监测测点布设、监测方法、监测系统、数据管理、监测应用的要求，其适用于公路桥梁结构监测的系统设计、实施、验收、运营维护、数据管理和监测应用，也为公路桥梁之外的桥梁提供了参考。此前，交通运输部于2015年发布了《公路桥梁荷载试验规程》（以下简称《规程》）（JTG/T J21-01-2015），通过广泛调研，编写组归纳总结了公路桥梁荷载试验方面成熟的经验，以与现行公路工程技术标准规范相协调为原则，针对公路桥梁荷载试验工作中存在的问题和需求，对《规程》进行了编制。其中，2015版《规程》对静、动力参数测试及测试要求进行了规定，同时，针对桥梁静载、动载试验，分别对试验工况及测试截面、测试内容、试验荷载、测点布置、试验过程控制及记录、试验数据分析进行了规定。铁道部于2004年发布了《铁路桥梁检定规范》，对铁路桥梁运营性能检验进行了规定，要求铁路桥梁通过荷载试验，以了解结构荷载作用下的实际工作状态，借以综合判断结构的承载能力和制定安全运用条件。

（2）桥梁主要结构的静载试验

主梁作为直接承受活载的构件，起着活载传递的作用。为最大限度还原主梁结构的真实受力状态，许多试验采取了对主梁全截面缩尺或截取局部截面进行模型试验的方式。主梁的结构静载试验主要围绕以下几方面展开：①探索新结构、新材料性能；②验证复杂结构受力；③研究损伤结构修复后的行为；④受力理论研究。

（3）索梁（塔、拱、锚）及预应力锚固区静载试验

索梁（塔、拱、锚）及预应力锚固区等锚固结构是传力的关键结构之一，通常具有应力分布集中、结构构造复杂等特点，其力学性能将直接影响桥梁的安全性与耐久性。索梁（塔、拱、锚）及预应力锚固区静载试验的结构静载试验主要围绕以下几方面展开：①斜拉桥索梁锚固区的研究；②斜拉索的锚固区段；③斜拉桥索塔锚固区；④悬索桥缆索锚固

系统的研究；⑤吊杆锚固区的研究。

（4）桥塔静力试验

一般来说，桥塔结构按材料可分为钢筋混凝土桥塔、钢桥塔、钢－混凝土混合桥塔和钢管混凝土桥塔等。近年来，钢－混凝土组合桥塔因施工方便、力学性能好等优点在桥梁结构中得到广泛应用。国内外学者在研究此类结构的传力机理时，都采用了静力模型试验。

在组合桥塔的研究方面，开展了南京长江五桥钢壳混凝土桥塔足尺模型工艺试验，主要工序包括钢壳吊装定位、钢筋现场连接、钢壳节段间环缝焊接和混凝土浇筑，模拟并测试施工过程中混凝土的工作性能及温度、应变变化规律，试验段足尺模型构造。

（5）支座静力试验

桥梁支座是连接桥梁上部结构和下部结构的重要结构部件，将桥梁上部结构承受的荷载和变形（位移和转角）可靠地传递给桥梁下部结构，是桥梁的重要传力装置。有学者对大吨位复杂钢结构球型铰支座进行足尺原型试验，并根据试验及有限元模拟结果提出了在轴压荷载下的支座转动刚度模型。

摩擦摆支座（FPS）是近年来逐渐应用于桥梁建设中的新型减隔震支座，具有很强的自复位能力及较好的隔震和消能能力。有学者对FPS进行了双向加载拟静力试验研究，得到了FPS的荷载－位移滞回曲线与摩擦耗能情况，试验采用作动器双向加载。

（6）桥梁钢构件和混凝土构件的疲劳试验

钢结构桥面系构件由于直接承受车轮荷载的作用，且受服役环境、材料劣化、构造细节等影响，桥面系结构常常出现铺装破坏、板件开裂等影响行车舒适性和安全性的情况。随着交通量的不断增长，对在役和新建桥梁桥面系结构的疲劳力学性能提出了更高的要求。国内有学者通过疲劳试验手段对桥面系结构的疲劳力学行为和疲劳开裂机理等开展了许多有价值的研究。在长期反复疲劳荷载作用下，混凝土结构桥梁同样会产生开裂破坏，即疲劳破坏。

（7）桥梁整体结构和局部结构的抗震模型试验

振动台试验作为目前抗震研究中应用最广泛的试验方法之一，相比拟静力试验和拟动力试验，振动台模拟能比较真实地再现实际结构在地震下的响应全过程。因此，众多学者从桥梁结构、模型施工方法和地震激励模式等角度出发进行了大量振动台试验研究。

2. 风洞实验

（1）相关规范的修编和发布

交通运输部于2018年发布了《公路桥梁抗风设计规范》（JTG/T 3360-01-2018），该规范系统总结了2004版实施以来我国公路桥梁建设的经验，在充分吸收近年来我国桥梁抗风研究和抗风设计成果的基础上，有针对性地开展了专项支撑科研项目，参考借鉴了欧洲规范、英国BS5400规范、美国公路桥梁设计规范、日本和丹麦的规范或指南及其相关研究成果和工程实践经验。其中，2018版修订的主要内容包括：增加了基本要求、风致行车安全、虚拟风洞试验、桥址风观测等相关规定等。目前，对于公铁两用桥梁和铁路桥梁尚未发布专门的抗风设计规范或指南，其结构抗风设计可参考既有《公路桥梁抗风设计规范》。

（2）大型跨海通道的桥梁工程抗风性能试验研究

深中通道伶仃洋大桥（主跨1666m）位于典型的强台风气候区，2019年同济大学土木工程防灾国家重点实验室和西南交通大学风洞试验室联合开展了该桥从初步设计阶段到施工图设计阶段的抗风性能研究，包含初步设计阶段采用节段模型风洞试验实施的多方案结构比选和施工图设计阶段通过全桥气弹模型和节段模型风洞试验优化主梁气动措施两方面内容。

同济大学和西南交通大学先后针对港珠澳大桥抗风设计面临的关键技术问题，对3座通航孔桥和深水区非通航孔桥开展过常规节段模型、大比例尺节段模型、全桥气动弹性模型等风洞试验。

（3）超大跨度缆索承重体系桥梁的抗风性能试验研究

2019年，西南交通大学风洞试验室完成了土耳其1915恰纳卡莱大桥（主跨2023m，世界在建最大跨度悬索桥，COWI设计）风洞试验研究。同年，该团队完成了常泰长江大桥（主跨1176m，世界最大跨度公铁两用斜拉桥，中铁大桥勘测设计院集团有限公司设计）（图164）、南京仙新路过江通道长江大桥（主跨1760m悬索桥，中铁大桥勘测设计院集团有限公司设计）等多项超大跨径桥梁抗风试验研究任务。同时，该团队还开展了甬舟铁路西堠门公铁两用大桥（主跨1488m，世界最大跨度悬索斜拉协作体系桥，中铁大桥勘测设计院集团有限公司设计）、广州莲花山大桥（主跨2100m公路悬索桥，中交公路规划设计院有限公司设计）等设计方案的抗风试验研究。

图164　常泰长江大桥全桥气弹模型

（4）极端风灾模拟试验

近年来，我国的强台风、强雷暴、龙卷风等强对流极端天气呈现活跃的态势，江苏、辽宁等地先后发生 EF4 级严重龙卷风灾害。这些极端天气不仅风速强，还在时间上具有很强的突变性、空间上呈现很强的切变特性，这种与大气边界层强风不同的强时空切变性使得桥梁等重要基础设施在极端风灾作用下的致灾特点尚不明确。同济大学土木工程防灾国家重点实验室率先在国内建成龙卷风气流模拟器，用于开展龙卷风的风场结构及其结构风效应的探索性研究，相关研究模拟设备如图 165 所示。在极端风灾对大跨度桥梁的作用效应方面，该实验室利用龙卷风模拟器率先模拟了龙卷风对大跨度桥梁风荷载的作用，发现了大跨度桥梁断面在龙卷风气流作用下的风荷载时空分布特征，揭示了龙卷风涡流比、涡核中心位置等参数对风荷载的影响规律。

（a）整体外观图 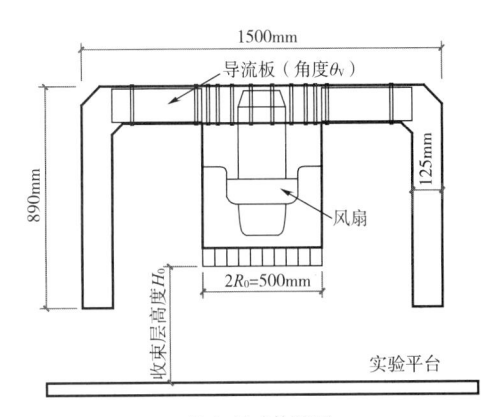　　（b）尺寸构造图

图 165　龙卷风模拟器

3. 桥梁原位试验

随着各种数字化、自动化、智能化现代设备和仪器的快速发展，新型测试技术不断涌现，对桥梁原位试验测试工作（包括受力状态、微小变形、钢及混凝土材料细微开裂破损等方面的探测和获取）的效率和质量有明显提升作用。

（1）应力应变试验

光纤法由于其优秀的经济性，被广泛用于结构应变监测。有学者通过分布式和离散光纤传感器系统测量结构受力过程中的应变变化过程，与传统应变片相比，大幅度提高了测量精度。又有学者将光纤光栅传感器内置于碳纤维复材板（CFRP），成功监测了后张预应力 CFRP 板加固施工阶段的实时应力状态。

（2）几何位移

几何位移往往是试验中的常用物理量，位移计、激光扫描技术以及光纤法均被广泛应用于位移测试。有学者运用地面激光扫描技术对铝合金桥梁模型进行变形监测，分析了其力学性能。此外，雷达技术也可以用于变形、位移测试，有学者将雷达技术引入桥梁振动变形测量与模态分析中，实现了对桥梁动静载试验时的连续变形监测与模态分析。

（二）检测技术与设备

1. 无损检测技术

（1）外观检测

常规检测中，一般是借助检测支架、专用检测车等辅助设备，配合小型裂缝测宽仪、钢尺和相机等工具，通过贴近结构表面，人工观测、记录裂缝分布和特征。在焊缝检测方面，目前主要的方法有超声法、热成像法和射线法。图像识别技术由于其远距离、非接触的检测方式和精度高、速度快的优点，逐渐应用到结构外观检测领域，成为桥梁外观检测的发展方向。

（2）内部缺陷检测

对于混凝土或预应力管道内部，由于易形成空洞、夹层、蜂窝等质量缺陷，常用的无损检测方法有超声法、冲击回波法、雷达法、计算机透析成像（声波CT）技术等。普通钢筋锈蚀的无损检测方法有物理方法和电化学方法两类。物理方法是通过测定钢筋锈蚀引起的物理特性变化来反映钢筋的锈蚀状况，主要有电阻棒法、射线法、声发射法、红外热线法等。

（3）力学及几何特性检测

混凝土强度是结构的一项重要力学参数，对保证桥梁结构承载力和运营安全性具有重要影响，也是评价桥梁施工质量的关键指标。混凝土强度检测方法主要有回弹法、超声－回弹综合法。活载变形的检测一般应用于荷载试验中，它是评价桥梁刚度状况的重要参数。测试方法包括接触式挠度计、激光挠度仪、光电挠度仪、基于图像识别的挠度测试系统等。

（4）水下检测

桥梁水下检测方法有水下摄影法、水下探摸法、水下机器人法、磁膜探伤法、水下检测成像技术、水下声成像系统、微光成像技术、水下激光成像技术等。这些方法的适用范围各不相同，水下探摸法适应性较大，潜水员最大下潜深度约60m，足够检测绝大部分的水下桩基；缺点是不能直观地获取病害信息，受潜水员的个人职业素质影响较大，且前期准备工作较多，持续探摸时间短。磁膜探伤法适宜与水下探摸法结合使用，优点是能定量地检测病害，缺点是磁粉保持原状的时间较短，每次测量后需浮出水面进行裂缝宽度测量，且需要潜水员水下作业。

苏交科集团股份有限公司针对桥梁结构损伤检测，分别研发了基于水下光成像和声呐成像的水下结构物损伤检测设备、基于微波雷达的非接触式设备及具有"一专多能"的分布式光纤传感器等智能化检测设备提出了一套可适用于在役桥梁桩基的综合检测方法。

（5）耐久性检测

混凝土桥梁的耐久性检测主要包括宏观检测、细观检测及微观检测。其中，细观检测指的是利用各种高倍数的显微镜来对混凝土局部区域进行观察，或者通过测量一些物理及化学参数来表征混凝土的细观结构。微观检测对试验方法及设备的要求更高，常用的有以下两类：①电子显微镜检测，即利用电子显微镜分析混凝土微观结构，比较常见的有利用电镜扫描来分析混凝土当前水化物形貌；② X 射线结构分析检测方法，用于定量的分析。混凝土碳化深度检测基本采用试剂法进行肉眼观察并测量。测量仪器有碳化深度测定仪等。

（6）隐蔽性结构检测

桥梁隐蔽性结构包括基础、主体结构各部位钢筋、桥梁等结构物预应力筋、预留孔道等部位。主体结构的钢筋、预应力筋的检测与结构内部缺陷检测的方法基本一致，钢束有效张力通常采用雷达法、冲击回波法、超声法对此进行检测。预应力钢束锈蚀检测的主要方法有漏磁法和超声法，同时辅以声发射、雷达、X 射线、脉冲涡流、磁致伸缩等方法。桥梁基础的检测方法如超声波检测法、探地雷达法等。

（7）金属裂纹探测

红外线、金属磁记忆技术、声发射、涡流法常被应用于金属裂纹探测，有学者提出了采用主动式红外热成像技术对桥梁钢结构涂装进行检测的方法，有效进行钢结构涂装质量的表征，并准确判断出涂装试板是否有缺陷及缺陷的形式位置。又有学者在正交异性钢桥面板疲劳试验中综合采用了声发射传感器、智能锆钛酸铅压电漆传感以及应变片进行了粘贴钢板冷加固前后的疲劳裂纹监测。

（8）材料破坏检测

有学者提出了基于金属磁记忆技术的镀锌钢绞线拉索腐蚀检测新技术，并成功解决常规技术难以检测镀锌钢绞线拉索内部腐蚀的问题。

2. 智能检测技术

（1）基于人工智能技术的结构表观病害识别

基于机器视觉的检测方法是目前最受人们关注的桥梁检测法，它基于机器视觉理论，目的是让计算机代替人工，对桥梁进行远距离、高精度、低成本的自动检测。通过桥梁表观图像，可以通过机器视觉技术识别结构的裂缝、锈蚀等病害，实现结构的智能检测。

在桥梁表观图像采集过程中，特别是在条件相对恶劣的野外，由于光线、车辆、气流以及地面振动等影响，使图像在成像过程中受到较多噪声的干扰，从而降低了图像的质量，加大了病害识别的难度，因此，需要削弱甚至消除这些干扰，对图像进行预处理，以降低噪声、改善图像质量，尽可能真实明显地保留病害信息，为计算机自动分析目标奠定基础。病害识别一般包括图像预处理、病害提取和病害定量化。

在病害提取上，混凝土裂缝自动识别方法目前研究与应用最成熟，主要有阈值分割法、边缘检测法、基于区域生长的种子游走算法、基于频域的裂缝识别方法以及基于神经网络的裂缝识别方法等。

（2）基于人工智能技术的结构位移测量

随着电子和计算机技术的快速发展，基于光学设备的非接触式传感器为结构位移测量提供了行之有效的更优选择。对于计算机视觉位移测量方法的研究集中于以下几方面：单目视觉位移测量、双目立体视觉结构位移测量、实时位移测量与后期处理、位移测量图像处理算法优化、外界环境引起的摄像机振动导致位移测量误差研究。其中，保证位移测量的高精度是计算机视觉测量系统的核心，也是目前计算机视觉位移测量研究的热点。计算机视觉测量系统是结构位移测量非常有前途的工具，在现场应用的潜力也已在许多研究中得到验证，但仍有一些方面尚未成熟，如测量精度等。

（3）大数据分析

现有桥梁检测系统积累的大量实际工程检测数据每座桥都会产生大量的维修与养护数据，这些数据不仅包括文本、图片、数字及视频，还包括桥梁的类型、受力情况、跨度、支座类型以及挠度等多维数据。利用大数据技术可以充分挖掘检测数据中的桥梁信息，为桥梁的养护和维修提供支撑。

关联分析查找存在于项目集合或对象集合之间的频繁模式、关联、相关性或因果结构，是一种简单、实用的分析技术，旨在发现存在于大量数据集中的关联性或相关性，用于描述一个事物中某些属性同时出现的规律和模式。例如以检测系统中的检测数据为数据样本进行大数据分析，并把分析结果应用于桥梁智能检测终端的部件排序和部件的病害类型排序。分析各病害类型占比，病害类型与成桥年限之间的关系等内容，为后期的养护、维修和加固的工程量提供参考依据。

管养决策优化技术以大数据分析的结论为依据，考虑总维修成本、桥梁结构性能等因素，可以作出最优的养护维修方案。例如，以指定路网的最优养护维修方案计算作为典型的应用场景，考虑总维修成本、桥梁结构性能和路网安全状态等多目标函数，采用遗传算法进行机器寻优，生成特定约束条件下的帕累托解，改进现有的被动管养策略并指导实践工作。

（4）智能检测系统

桥梁在设计、运营、维护管养阶段都需要面临大量的数据管理和分析工作。在检测过程中会产生大量的检测数据，这些数据包括文字、图片、数字等多种格式。基于大数据技术、BIM技术，将结构全寿命周期与桥梁检测信息管理与评估集成在智能检测系统中，为桥梁的全生命周期提供了高效的管理解决方案。在国内，多家设计院和检测公司独立或联合开发了桥梁检测软件，通过移动终端（手机、平板）将采集数据上传到服务器，可直接下载检测报告，这一方式提高了检测效率，规范了检测过程，使检测结果更及时。

3. 检测仪器设备

（1）常用设备

目前，桥梁结构检测仪器设备的发展比较成熟，针对不同的桥梁结构检测内容，可以选择相应的检测仪器设备。桥梁荷载试验参数主要包括应变（应力）、变位（挠度等）、裂缝、倾角、索（杆）力、振动（振幅、频率等）、强度等，这些参数对评价桥梁的使用情况等有着重要作用。应变和变位测试是静力荷载试验的主要测试内容，常用的应变测试技术有机械位移计法、应变电阻法、振弦频率法、光纤光栅应变测试方法。其中，以应变电阻法应用较多，具体应用时因电阻片粘贴技术会影响测试结果，因而更多采用工具式应变计。振弦式和光纤光栅式应变计的抗干扰性强，适用于中长期观测，但需配合专用的采集仪使用。变位检测主要是检测竖向（挠度）和水平变位，可采用的检测设备主要有机械百分表和千分表、拉丝位移计、机电百分表、光电式桥梁挠度检测仪、精密光学水准仪和电子水准仪、全站仪、卫星定位系统等。其中，基于不同采集方式的百分表、位移计需要在试验现场搭设支架作基准，适用于净空较低的小型桥梁，精度为 0.002~0.01mm，量程一般能达 50mm。而光电桥梁挠度仪、精密水准仪、全站仪、卫星定位系统、雷达等属于非接触式，适用于位移较大的大型结构变位及线型测量，可满足大跨度桥梁形变测量需要，精度为 0.01~0.5mm，卫星的测量精度较低，量程均不受限。倾角测试仪主要有水准式倾角仪、光纤光栅式倾角计、数显倾角仪或双轴倾角仪等。

（2）无人机

无人机桥梁检测作业流程主要包括面向用户的桥梁综合三维模型建立、无人机自动巡检航线设置、数据及图像采集、计算机自动化分析、数据统计管理与展示等环节。涉及倾斜摄影与 BIM 技术的结合、无人机导航及视觉定位、无人机高清摄影、计算机深度学习图像识别、数据的可视化和管理等相关技术。

倾斜摄影测量技术基于无人机平台上搭载的多角度高清相机，在此过程中同步集成定位系统获取无人机的位置信息，实现测区高精度、高分辨率影像数据采集及三维场景重建，模型比例尺与真实桥梁完全相同。无人机倾斜摄影三维实景建模精度可达厘米级，且可在后期进行单体化处理特例分析。但同时也存在模型放大后局部变形、细节上不够美观等缺点，在细节部位需要采取近处补拍修正模型。

（3）拉索检测机器人（图166）

缆索是桥梁的重要构件，将机器人技术与无损检测技术结合改进，可开发出实用缆索检测机器人技术，为桥梁缆索检测机器人的研发和应用提供指导。拉索表观检测机器人总体上分为爬升系统和视觉检测系统两部分：①拉索的自爬升机构既要使机器人适合在特定形状的缆索上登高，又必须有足够大的驱动能力，以克服爬升机构本身自重，并能承载一定负荷的检测装置。另外，对于因大桥过往车辆和河面高处大风等引起的拉索振动，以及拉索自身具有的大倾斜度和挠度，要求机器人都能正常、安全地完成现场的检测作业。②拉索的视觉检测系统用于实时拍摄拉索表面状况，通过后续图像处理来检测拉索表面的典型缺陷，如凹坑、划痕、破损、老化等。另外，视觉系统要能够与爬升系统的位置信息进行同步，记录所拍摄图像的位置信息，以便后续的数据整理。图像信息可保存于硬盘中，为各拉索建立一个表观状况档案库，并为进一步分析处理提供依据。

图 166　拉索检测机器人（象山港大桥）

（4）梁底检测机器人

梁底检测机器人搭载了超高清照相机，图像处理软件可对照片进行全自动拼接并分析裂缝、蜂窝麻面等损伤。机器人同时搭载激光测距、雷达等大量智能传感器，实现图片与桥梁坐标的自动对应，并在作业时能自动回避桥墩等障碍。

（5）水下检测机器人

随着近年来机器人技术的进步，国内外研发了几种款型的水下机器人。水下机器人利用球面波探测技术，辅助高清摄像头光学检测技术，能够快速、安全、定量地完成水下桩基的检测，非常适合跨江桥梁的水下桩基检测。

海峡一号小型水下机器人与市面上各款进口和国产的相比，有如下特点：强大的运算能力、实时高清视频传输、运动姿态实时感知。搭载 Gemini 720ik 多波束图像声呐潜入水下，对桥墩截面做不同深度的声学扫描。通过多波束成像结果，对比设计竣工图，进行矩形墩和承台的检测，确定承台下方圆柱形桩基的分布，检查桩基直径，测量圆柱形桩基是否有缩径、缺损等病害。

（三）桥梁监测与分析技术

1. 施工监控技术

随着桥梁跨度的增大，施工难度也在不断增加，对现有的桥梁施工监控技术提出了更高的要求。对于大跨度桥梁的施工控制理论与技术研究，目前通常采用结构控制分析、参数敏感分析及优化计算理论等方法。传统的一些施工控制技术及施工理念方法不断受到挑战，新的施工监控技术将成为传统监控技术的补充或者替代性方案。以下从四种主要桥型阐述新的施工监控理论和方法。

（1）梁桥方面

宋福春等人以沈阳四环快速路跨越沈西编组站立交桥工程为依托，结合桥梁结构自身和施工工艺特点，利用桥梁专业分析软件 TDV 建立有限元分析模型，并分别采用正装分析法、倒装分析法和无应力状态分析法等方法对桥梁结构进行结构控制分析，论证了结构控制方法在桥梁施工监控的可应用性，以及各自的优缺点。贺文波依托厦深联络线位于 800m 圆曲线上的 PC 连续箱梁桥，结合理论分析与数值分析方法，提出了步履式动态顶推施工控制技术，以此保证主梁的施工控制精度。

（2）拱桥方面

秦大燕等人为克服传统施工控制方法计算效率低、施工过程中的线形拼装精度和扣索力均匀性较差等问题，将影响矩阵原理和最优化计算理论引入调整线形的索力计算中，并以广西来宾马滩红水河大桥来验证计算方法的可行性。

（3）斜拉桥方面

谢明志等人针对千米级混合梁斜拉桥施工控制特点及面临的问题，基于几何控制理论，构建了双目标监控体系，并以鄂东大桥为工程背景，针对初始无应力状态量的确定、关键构件计算分析、制造浇筑及安装控制、施工期安全稳定等问题进行深入研究，得到了主梁安装控制方法。刘榕等人以温州瓯江特大桥为依托，基于结构参数敏感性分析的摄动原理，通过选择合适的摄动值计算各参数对结构力学性能的敏感系数，研究了多塔矮塔斜拉桥参数变化对结构内力、变形和自振特性的影响，为大桥的施工控制提供了理论指导。

（4）悬索桥方面

邢德华等人以松原市天河大桥为依托，基于传统的平行索面悬索桥计算理论，为空间索面悬索桥主缆线形提出新的解析算法，并编制了相应的 MATLAB 程序对大桥的设计和施工监控进行了验证。梁志磊等人通过理论推导编制了考虑索鞍切点变化的索股线形计算程序，建立了基于悬链线理论的索股跨中标高影响公式和调索公式，并以某悬索桥为工程依托，将该公式的计算结果与传统抛物线、悬链线公式的计算结果进行对比，结果表明该公式能保证更高的精度。

2. 运营期安全监测技术

（1）桥梁动态称重

利用桥梁应变监测数据，结合视频等监测手段，实现对桥上荷载的识别。有学者提出了一种基于信息融合的桥梁荷载识别方法，可以实现同时识别全桥面的横向荷载和纵向荷载，并发现不同跨径和截面类型及各种复杂工况下，利用桥梁动态称重均可获得理想的总重识别效果，而对于车辆轴重，桥梁跨境越小，识别效果越好，同时，空心板桥具有良好的识别精度，T 梁次之，小箱梁桥最差，路面平整度的劣化及输入信号噪声对桥梁动态称重系统的轴重识别效果产生不利影响。

(2）评估方法

同济大学相关学者针对区域内既有桥梁，研究了路网桥梁结构的共性与个性特点，系统提出了基于多源信息的桥梁网级评估与预测方法，通过对桥梁历史检测报告、监测评估报告、设计图纸等进行数据集成与规整，将提取的关键参数及数据集进行神经网络训练，生成一系列桥梁构件及结构层的退化模型，对路网区域范围内的桥梁群进行行为状态评估及退化趋势预测，并以石家庄市高速路网历史数据为依托，验算了方法的有效性。闫兴非等针对箱梁桥倾覆事故频发的问题，给出了一种简单可行的结构制作位移监测方案，在此基础上提出了一种由制作转角控制的桥梁抗倾覆可靠度评估方法，并进一步考虑了材料老化对支座转动性能的影响，建立了制作容许转角的时变效应数学模型，实现对桥梁可靠度的实时评估，并依托上海市同济路EN匝道桥进行了抗倾覆分析，说明了方法的有效性。

(3）裂缝监测

利用深度卷积神经网络提高裂纹识别的准确性，周建庭等提出了一种基于均匀设计的逐步回归模型和基于混沌搜索的智能优化算法相结合的结构损伤识别新方法，能较准确地识别结构的损伤位置和程度。Dan等基于2D-APES方法，实现了对结构表面裂缝的精确识别。刘浩等借助混凝土梁模型试验，研究了光频域反射计（OFDR）技术在混凝土结构开裂辨识和发展状况监测中的应用构建混凝土结构深层裂缝分布的光纤传感器监测网络模型，采用光学传感检测技术进行混凝土结构深层裂缝的数据采集，对采集的混凝土结构深层裂缝光检测数据进行融合处理，进行混凝土结构深层裂缝光纤传感数据的可视化重构，提取混凝土结构深层裂缝的特征分布信息参量，采用光纤传感检测技术，进行混凝土结构深层裂缝的信息参量估计，可以实现对混凝土结构0.002mm级别微裂纹的预警，可以定位裂缝位置，空间分辨率达到1cm，并可监测裂缝发展过程。

(4）大数据应用

以孙利民为首的同济大学相关团队总结了大数据的概念和构成要素，并综述了大数据分析方法在桥梁健康监测数据质量评价和预处理过程中的应用现状和前景，指出桥梁健康监测大数据研究应以结构状态评估为落脚点，同时数据融合对大数据方法有迫切需求，以实现桥梁健康监测数据与外观监测等多源异构数据的多层面融合，深度学习、集成学习等方法结合海量桥梁健康监测数据为桥梁的模式识别等问题提供了全新的研究角度，但是也应当认识到当前成熟的大数据处理技术应用于桥梁健康监测系统框架中尚缺乏数据使用方式的详细设计，所能够解决问题的数据量有限，还不能体现大数据处理技术的优势。以单德山为首的西南交通大学智能桥梁团队运用大数据统计分析的数学方法，对传感信号进行数据挖掘，对传感器输出信号的质量实现了精确的量化鉴别。

(5）船撞监测

以王君杰为首的同济大学相关团队针对通航桥梁船舶撞击桥梁频繁，同时传统防船撞技术面对桥区复杂条件监测效果较差的问题，提出了基于SSD的桥梁主动防撞目标检测方法，实现了通过视频传感对桥区船舶目标在不同条件下的高精度目标检测，开发了船舶目标鲁棒性跟踪算法，实现对桥区船舶在遮挡、交会等复杂航行情况下的稳定跟踪，同时利用神经网络训练预测模型，实现对船舶撞桥风险的合理评估，主动防撞系统在多座桥梁上进行应用，成功实现了对桥区船舶的全天候监测。

（6）移动监测

利用车桥耦合响应实现对桥梁基频、模态的提取，实现对桥梁状态的监测。加拿大有相关学者首次提出通过将振动传感器安装在车辆上，利用机器学习方法中的 MFCC 算法和 PCA 算法从过桥车辆的振动信号中提取与桥梁损伤相关的转换特征。同济大学相关学者为了消除车辆响应中的路面不平度效应，从理论上推导了一种将前后传感挂车的加速度以及加速度的二阶导数时延相减的方法，由此建立了描述桥梁结构上某移动点的振动响应与传感挂车的振动响应之间关系的表达式。张彬提出了移动测量车与桥面之间的接触点响应，而非传统的车体响应用于进行桥梁模态参数的识别与利用两轴测量车识别桥梁模态参数的概念，并首次求得了非对称车竖向和转动两个自由度的耦合理论解。

（7）北斗卫星定位系统

利用北斗 GNSS 进行桥梁三维变形监测的基本工作流程为：首先由北斗 GNSS 监测站与基准站接收机实时接收北斗 GNSS 定位信号，采集并存储数据；再通过无线或有线通信网络将数据发送到监控中心，布设在监控中心的高精度 GNSS 数据处理中心系统软件将对数据进行实时存储、解算和分析，实现数据综合管理；最终显示经过解算分析的各监测部位的相对位移数据。北斗桥梁监测技术的使用克服了传统监测方法的缺陷，实现了高度自动化和智能化测量，在精度、应用环境、采样速度、操作系统等方面有了巨大提升，极大提高了监测的准确性和预测评估的可靠性。

（8）新型雷达

地基合成孔径雷达、微波干涉雷达等新型雷达近年来已被广泛应用于桥梁动挠度、振动以及拉索的振动等监测领域。相较于传统的传感器监测方法，能够提高监测精度尤其是变形的监测精度，同时实现对缓慢变形及短暂快速变形的精准捕捉。邵泽龙等设计了一个用于解决大跨度悬索桥振动检测困难的监测雷达，该监测雷达应用了调频连续波技术和干涉测量技术，能够实现对桥梁复杂振动的高精度检测及振动的模态分析。王鹏等将雷达技术引入桥跨结构的振动变形测量与模态分析中，实现了对在役桥梁动静载试验时的连续变形监测与模态分析。zhang 等应用桥梁微变形监测雷达对桥梁进行远程监测，成功实现了对 1200m 跨径悬索桥的多点位移测量。张涛等开发了一套轻便型变形监测雷达，测量精度达到 0.1mm，可观测 800m 外的目标，在重量、体积、功耗等方面相较于同类产品有较大优势。

（9）无线传感器

5G 技术以及工业互联网概念的发展使得监测设备逐步向无线化方向发展。仝鑫隆对桥梁的无线、集群监测以及振动能量收集技术进行了研究，研发出无线低功耗加速度传感器、无线网关以及云平台，构成了一套物联网系统，对不同位置的桥梁进行了架构与监测，并研发了一种新型悬臂梁能量收集装置，可为传感器节点进行供电。许强在桥梁应变监测的无线传感器网络中引入了无线通信方案的评价指标，研究了无线节点的感知与通信模型与节点部署方法，通过 NS2 网络仿真在四种部署方案中得到最佳部署方案，并进行可靠性考察，最后研制了一套由无线传感器、路由器、电源模块、上位机以及云端服务器构成的桥梁应变监测系统样机，实现了结构应变的高精度无线监测。

（10）软件平台

已有桥梁健康检测系统开发过程中采用了诸如 Windows Presentation Foundation（WPF）技术、Model-View-View Model（MVVM）设计模式、Server Management Objects（SMO）技术、Code First 等现代编程技术。王长祺设计了基于 BIM 的桥梁健康监测云平台系统，采用 Java EE 开发，PC 端和移动端均选取 B/S 架构，前端页面采用 HTML5+CSS3+JavaScript 编程语言，以 WebGL 加载 BIM 模型，服务端采用 Java 语言编程，使用 MySQL 进行数据存储。毕然为广东省鸿福大桥设计功能完备的物理参数远程监测系统，以 .NET 平台为基础，以 C# 语言开发设计了多组窗体软件，并设计了较完备的数据存储子系统。

3. 施工监控与安全监测设备

近年来，随着电子信息及大数据技术的发展，更多的高科技设备运用到桥梁的施工监控与安全监测过程，如北斗高精度定位技术、光纤传感技术、物联网技术、云平台和测量机器人在桥梁施工监控和安全监测中得以应用。

（1）北斗高精度定位技术的应用

基于北斗终端的多传感器监测系统结合了北斗高精度定位技术、现代先进传感器技术、通信技术、信号处理技术以及结构分析技术，是一套能够全天候对桥梁结构安全状态进行监测的系统。韩玉、杜海龙等人利用一种基于 GNSS 的塔顶纵向位移主动控制技术，对广西平南三桥的吊装系统塔顶位移进行实时控制，通过理论分析和现场实际检测，验证了采用该方法的可行性。

（2）光纤传感技术的应用

光纤传感器因具有体积小、重量轻、抗电磁干扰等优点，在结构健康监测系统研究中得到广泛认可。李旭等人提到光纤布拉格光栅（FBG）传感器对横向和纵向应变敏感的独特特点受到了高度重视，近年来国内外越来越多的工程单位和科研人员将光纤光栅作为信号感知单元对桥梁的受力情况进行测量。何武超、李劭晖等人提出了一种基于 FBG 光纤光栅传感器和光纤数据传输技术的拉索健康监测技术，通过对都九高速鄱阳湖二桥的 B8 和 Z9 索号拉索安装光纤光栅传感器进行监测试验，验证了国产光纤传感、检测技术用于拉索健康监测是可行、有效的。

（3）物联网技术的应用

物联网（Internet of Things，IOT）通过射频识别（Radio Frequency Identification，RFID）、

红外感应器、全球定位系统、激光扫描器等信息传感设备，按约定的协议，把任何物体与互联网相连接，进行信息交换和通信，以实现对物体的智能化识别、定位、跟踪、监控和管理的一种网络。林源提出将物联网技术引入桥梁数据采集与状态监测中，设计与开发了一种基于IOT技术的桥梁远程监控系统，其采用模块化的设计对桥梁进行不间断的长期监测，协同录入系统的桥梁设计与荷载试验资料共同构成桥梁电子综合管理系统，并将所开发的系统应用到清石河特大桥监控数据的远程采集、分析。结果表明，该系统数据采集的效率高，为获取连续、准确的监控数据提供可能，对桥梁设施的安全使用提供了保障。

（4）云平台的应用

云计算是当代信息技术发展的主要趋势，互联网的计算架构也由"服务器＋客户端"向"云服务平台＋客户端"演变。吴巨峰、钟继卫等人提到目前云平台已在平潭海峡大桥施工区域监测、武汉杨泗港长江大桥沉井监测、福州金山大桥施工监控、福州琅岐匝道桥长期监测、云南大瑞铁路澜沧江特大桥施工监控等项目中得到应用。实际工程应用表明，采用监测云服务平台能够快速稳定获取监控/测现场数据，提高工作效率。

（5）测量机器人的应用

测量机器人是马达驱动、自动跟踪、高精度测距、绝对编码度盘电子经纬仪和大容量计算机技术的结合。吴杰、胡夏闽等人应用测量机器人对苏通大桥多个项目实施动态监测进行了研究，首先设计试验对测量机器人跨河测量精度进行了研究，并得出测距精度与距离的关系；再通过和GPS测量结果相比较，进一步判断测量机器人系统可以达到较高的精度；最后通过实测苏通大桥索塔周日变形、桥面主梁在风力作用下的响应、索塔轴线等对测量机器人系统用于大桥动态监测做了进一步研究。

4. 监测数据分析方法

在桥梁结构的实时监测过程中将产生大量的数据，这些数据中包含结构损伤、老化状态等有用信息，基于此类信息可进行桥梁评估、长期性能分析研究等工作。如果这些海量数据缺乏有效的处理机制，则数据不能为管理者使用，无法指导制定桥梁的养护维修决策，因此，监测数据的分析方法就显得尤为重要。实施决策、传感器信号预处理、信号数据降噪处理、模态参数识别、有限元模型修正、损伤识别、状态预测与评估等关键技术方法取得了极大的进步，模式识别技术与机器学习方法正越来越广泛地应用到桥梁健康监测的研究中。以下是近年来常用的桥梁监测数据分析方法。

（1）时程数据预处理

包括数据清洗、数据去噪与数据降维。针对数据清洗与数据降维，建立人工神经网络模型识别传感器数据中的野值、失敏、噪声等问题，并对数据进行压缩与重构成为有效率的新方法，Bao等将某斜拉桥的加速度监测数据转换为图片，随后使用附有分类层的堆叠自编码器进行监督学习，可对常见的6种加速度数据错误进行识别。针对数据去噪，信号分解重构技术近年来成为主流，并展现出良好的性能，主要包括小波变换法（WT）、经验模态分解法（EMD）及其结合方法的改进上，单德山和张二华针对恶劣测试环境下桥梁结构微弱动力测试信号易被噪声淹没、非线性非平稳检验困难的问题，将改进的经验模态分解方法与递归图理论相结合，提出一种多尺度非线性非平稳检验分析方法，分析了不同信号分量的非线性非平稳特征信息，最终证明所提方法可用于桥梁实测信号的非线性非平稳监测。严鹏在传统 EMD 小波阈值降噪算法的基础上，提出一种改进的 EMD 小波相关降噪算法，该算法综合了 EMD、小波变换和相关检测三种方法的优点，算法已被证明可应用于桥梁健康监测信号的降噪处理。

（2）模态参数识别

采用滑窗随机子空间方法对桥梁结构的非平稳信号进行识别，张量随机子空间方法实现了对大跨桥梁结构的自动化精准识别。基于稳定图的基本原理和聚类方法的真实模态智能客观筛选算法及其改进方法也实现大跨桥梁子镇特性自动识别的框架。Mao 等提出了一种大跨桥梁模态参数自动识别的方法，该研究应用主成分分析（PCA）、Kmean 均值聚类和分层聚类这几种机器学习方法来改进 Data-SSI。周筱航等为了跟踪识别多输入多输出桥梁结构的时变模态参数，又提出了一种结合滑窗技术与确定随机子空间识别的时域识别算法（SW-CD-SSI）。Liu 等提出了一种结合方法来区分和识别密集模态，该方法结合扩展解析模式分解方法（AMD）、递归希尔伯特变换和变频同步压缩小波变换三种算法。这种结合方法能够追踪环境激励下时变结构的瞬时特性，但此研究仅采用悬臂梁和缆索结构作为试验验证，尚未应用到实际大跨柔性桥梁结构中。

（3）有限元模型修正

为了提高复杂桥梁结构有限元模型修正的计算效率，越来越多的学者采用 Kriging 预估器和响应面模型等替代模型方法来逼近结构响应与修正参数之间的关系，以提升有限元模型修正的计算速率。目前，响应面法仍然是桥梁有限元模型修正中应用最为广泛的替代模型技术。Yin 等以实测模态为目标响应，提出了一种考虑不确定性的概率有限元模型修正方法，该方法同时确定隐神经元的合适数量、隐层与输出层间传递函数的具体形式，得到了一种高效的贝叶斯神经网络（BNN），用来替代计算效率低下的有限元模型。单德山等为获得桥梁结构的基准状态，考虑测试和结构参数的不确定性，将区间分析、仿射算法引入响应面有限元模型修正方法中，建立了一种新的桥梁结构有限元不确定模型修正方法，并根据斜拉桥振动台模型桥在不同工况下的测试模态参数和斜拉索索力，对其进行了有限元模型的不确定修正，实现了实测响应与有限元计算响应间误差的最小化，验证了这种不确定性有限元模型修正方法的有效性和正确性。

（4）损伤识别

现阶段，桥梁损伤识别研究主要从时域信号（加速度时程等）中提取结构特征（模态参数、模态曲率等），然后通过模式识别和机器学习方法中挖掘损伤信息，力图准确、快速地实现损伤定位和损伤程度诊断。金梦茹针对同时包含桥梁静态响应与动态响应的结构响应向量（SRV），将 PCA 降维方法与 BP 神经网络（BPNN）方法相结合，提出了关于大跨斜拉桥的损伤识别方法。杨建喜等提出了一种联合卷积与长短记忆神经网络的桥梁结构损伤识别方法，改进传统方法在时空相关特征联合提取及结构损伤识别效果等方面存在的不足。李春良等为了精确识别三跨变高度连续梁桥的损伤，根据傅里叶级数理论和数值积分法建立了变高度连续梁桥的整体刚度模型和中支座反力二次差值损伤模型，通过判定中支座反力二次差值曲线是否发生突变及其突变程度，提出了一种有效的损伤识别方法。

（5）状态预测与评估

现阶段尚未完全实现桥梁结构综合状态的快速预测与实时评估。Zhou 等提出了一种健康状态综合测量系统（HSCMS），并结合多指标相关评价方法对公路桥梁进行健康监测与状态评估。郭鑫等基于桥梁状态安全评价的随机性和模糊性，将集值统计和灰色模糊理论相结合，构建了桥梁状态评价的指标体系。黄霞提出了基于多维时序数据的 FESN 桥梁结构健康状态评估方法，基于函数的回声状态网络（Functional Echo State Network，FESN）对桥梁多维时序数据进行分析处理。Zhao 等提出了基于大数据深度学习和长短期记忆网络分类的综合状态评估方法，可实现对预应力混凝土箱梁桥的开裂预警。王高新等根据大胜关长江大桥支座的纵向动位移监测数据，利用动位移监测值的累加概率特性拟合得到广义极值分布函数，然后通过蒙特卡洛抽样模拟（MCS）得到设计使用寿命内的动位移累积行程，最后基于支座超过磨损上限的失效概率对该大跨铁路钢拱桥的支座磨损状态进行了安全状态评估。该方法不仅评估表明大胜关长江大桥所有球型钢支座尚未达到磨损上限，还预测了这些支座在整个设计使用寿命内的磨损状态。

（6）全球卫星导航定位系统桥梁健康监测分析方法

全球卫星定位系统（GNSS）是指利用有多个覆盖全球的卫星组成的卫星导航系统提供的位置、速度及时间信息，对各种目标进行定位、导航及监管。田保慧、张擎天等人以花园口黄河大桥为依托，开展了基于北斗的桥梁健康与交通量运营的项目研究，采用了基于北斗（BDS）的 GNSS 卫星定位方式来监测大桥关键部位的变形情况。

（7）Map/Reduce 模型分析方法

Map/Reduce 模型是一种用于大数据计算处理的软件模型框架，其关键技术是"Map（映射）和 Reduce（规约）"。将海量数据分割成多个独立的输入数据块给 M 台服务器进行并行处理；每台服务器通过 Map 映射函数计算处理自己那部分输入数据块，并生成计算结果；R 台服务器通过 Reduce 规约函数将所有的计算结果进行规约汇总、分析计算，得到最终的处理结果。梅文涵、杨建喜等人以云南黑冲沟特大桥缩尺模型为例，应用 Map/Reduce 计算框架实现 KNN 文本分类，将监测点的监测数据分到已有的工况中，并据此判断监测点属于何种工况，实现了桥梁监测海量数据的储存、访问、分类以及桥梁结构健康状况的判别。

（8）基于时间序列分析的桥梁应力监测分析方法

时间序列指按时间顺序排列的、随时间变化且相互关联的、等时间或空间间隔度量的数据集合，采用传感器规律采集的监测数据是较标准的时间序列，通过传感器等时间间隔采集获得桥梁结构应力监测数据。宋福春、段继鹏等人以沈阳环城高速公路某立交桥梁健康监测为例，根据现场大量的位移、应变实时监测的桥梁数据，利用 ARMA 时间序列预测模型的分析方法，建立预测函数表达式，分析结果显示，修正后的预测函数表达式给出的预测值与传感器采集的真实值比较，误差小、预测结果准确。

（9）基于聚类的桥梁监测数据分析方法

聚类分析是把大量数据点的集合根据最大化类内的相似性、最小化类间的相似性的原则进行聚类或分组，使每个类中的数据之间最大限度地相似，而不同类中的数据最大限度地不同。张立涛、张宇峰等人以南京长江第二大桥为依托工程，利用聚类分析的方法对出现特殊交通状况时的监测数据进行分析，与正常交通状况下的状态没有明显差异，得出桥梁结构处于安全状态的结论。

（10）监测数据的线性回归分析方法

回归分析是最常用的数理统计方法，在桥梁监测数据分析中也有着广泛的应用，借助回归分析不仅可以分析变量间的因果关系，还可以研究两个或多个变量之间的函数关系，通过建立函数关系，以达到根据一个或多个变量取值估计或预测另一个变量的目的。陈夏春、陈德伟等人提出建立多元线性回归模型分析恒丰北路斜拉桥应变监测的温度效应，分析结果表明，多元线性回归模型拟合效果好，各种温度作用和测点应变线性关系显著。多元线性回归模型在不需要大量样本的条件下可以达到足够的精度和稳定性，掌握温度对结构的作用规律，对测点的温度效应进行较准确地预测，具有很强的实用性。

（11）灰色关联分析法

灰色关联分析的本质就是分析数据序列之间几何曲线的相似程度，它可以在很大程度上排除人们的主观随意性，得出全面、公正、客观的结论，使系统的决策比较正确、合理和有效。张立涛利用灰色关联度分析法对江阴长江公路大桥的应变数据进行了分析，判断应变传感器的异常，取得了良好效果。孙晏一提出了基于灰色关联度分析的桥梁监测数据甄别方法。因此，把灰色关联度分析理论应用于同截面同类传感器数据的可信度评估是可行的。

（12）基于内力包络的分析法

根据我国现行《公路桥涵设计规范》（JTG D60-2015）中以塑性理论为基础的承载能力极限状态计算原则，荷载效应不利组合的设计值必须小于或等于结构抗力的设计值。根据计算原则的指导，在桥梁结构设计过程中，通常需要求出在恒载与设计荷载共同作用下各截面的最大、最小内力，与各截面抵抗内力相比较，以内力包络图与抵抗内力图的相对位置关系作为设计或验算的依据。南康采用内力包络法结合桥梁健康监测的实测数据和有限元计算结果，对某连续刚构桥的情况进行评价。

三、国内外桥梁结构试验、检测与监测技术发展比较分析

（一）国外桥梁试验技术与设备发展现状

1. 动静载实验

英国工程师早在1849年开展了桥梁在移动荷载作用下的模型试验，并得出结论：桥梁在移动荷载作用下发生振动，并产生比静力作用下更大的结构挠度和应力，特别是位于静力荷载最不利位置时可能会发生共振，导致桥梁破坏。为了了解桥梁在加固前后的动力响应特性，对加固前和加固后的桥梁进行动载试验，测试桥梁的动应力、挠度、冲击系数等动力响应特性。试验荷载以不同速度通过试验桥梁进行动应变、动位移、竖向与横向振动的测定，以了解结构的动力系数、振动特征（振幅、频率、模态振型、阻尼比）等，据以判断结构在动载作用下的工作状态。

随着国内外交通事业的发展，线路对跨越江河湖海、山川沟壑的需求不断增加，为适应复杂多变的地理环境，各种形式的大跨桥梁应运而生。随着桥梁设计中新材料、新工艺的不断引入，结构关键部位的受力特性及耐久性能值得关注。桥梁结构的静载和动载试验技术主要应用于结构模型试验，模型试验与原桥试验相比，具有参数易控制、环境条件限制少、经济性好、针对性强、数据准确等优点，对桥梁工程的发展有着不可替代的作用。在20世纪末期，国外也先后开展过桥梁结构动载和静载实验，而在21世纪初至今，其桥梁结构动载静载实验发展较迅猛，随着实验设备研发和相关研究开展，一系列新的实验技术和设备也相继得到发展。

（1）桥梁模型试验

静力模型试验是桥梁结构试验中最常见的基本试验。通过静力模型试验可以对桥梁在静载作用下的结构性能、传力机理、破坏机理及承载能力等问题进行研究。国外相关学者已经针对不同桥梁主要结构（钢-混组合结构桥梁、波纹钢腹板桥梁等）、应用超高性能材料的主要桥梁结构进行了一定规模的结构静载试验。

桥梁在实际服役过程中，常常会受到各种各样的动荷载作用，为了了解桥梁结构在动载作用下的工作性能，通过对结构施加动荷载来进行研究是非常有必要的。国外学者针对桥梁主要结构，如主梁，开展了一定比例尺的结构动载试验。为了减轻地震灾害对桥梁的破坏，桥梁抗震性能也成为桥梁设计考察的重要因素之一。为了了解桥梁在地震作用下的响应规律，学者们进行了大量的桥梁抗震试验，包括拟静力试验、拟动力试验、振动台试验。

由于桥梁会因长期反复疲劳荷载的作用而产生开裂破坏（即疲劳破坏），从而影响桥梁行车的舒适性和安全性。因此，随着交通量的不断增长，对在役和新建桥梁结构的疲劳

力学性能的要求也不断地提高。

近年来，随着桥梁受自然灾害影响报道数量的增多，人们也越来越重视由于风、波浪、潮汐和洋流等流体引起的桥梁安全性问题。由于流体与桥梁联合作用研究的复杂性，模型试验方法成为该领域研究的重要手段之一。

（2）桥梁现场试验

桥梁现场试验是了解桥梁实际工作状态的一种直接测试手段，试验的目的和内容往往是由实际的工程问题所决定的。现场试验的目的一般包括桥梁设计及施工质量检验、桥梁实际承载能力判断、桥梁设计理论验证、桥梁动力特性研究。为了验证一种新的桥梁结构损伤检测与定位方法的适用性，意大利学者在一座小跨径预应力混凝土板桥上进行了原桥试验，使用近距离无人机摄影测量方法对结构刚度变化和损伤进行了检测和定位。传统的悬索桥吊索张力通常是采用振动法进行测试的，但是由于吊索可达性差，传感器安装不便，韩国学者利用数码摄像机作为采集系统，提出了基于图像的反分析方法，即以非接触的间接方法来计算拉索张力。

目前桥梁现场试验技术的发展还呈现出明显的多学科交叉融合趋势。除在试验理论、模拟计算方面的改进外，现场试验的内容在逐步扩充增加；在检测设备的应用上，越来越多的高科技设备被用于现场试验中；伴随着机器视觉技术与智能设备的飞速发展，基于新一代智能检测设备的桥梁现场试验测试方法应用越来越广泛。

2. 风洞实验

1940年，美国塔科马海峡大桥由于风致振动而破坏的风毁事故，首次使科学家和工程师们认识到风致动力作用的巨大威力。在此之前，1879年发生了苏格兰泰桥的风毁事故已经使工程师们认识到风的静力作用。塔科马海峡大桥的风毁事故使桥梁工程领域开始考虑桥梁风致振动响应，并以此为起点，发展出桥梁结构风工程学。桥梁结构风工程研究方法可分为现场测试、风洞试验和理论计算三种。

从20世纪50年代到60年代初，欧美国家的桥梁风洞试验都是在为研究飞行器空气动力学性能而建的"航空风洞"的均匀流场中进行，而试验结果往往被发现与实地观测结果不一致，原因在于风洞中的均匀气流与实际自然风的紊流之间存在明显差别。到60年代中后期，丹麦有关学者对风洞模拟相似率问题作了重要阐述，认为必须模拟大气边界层气流的特性。由此，加拿大西安大略大学于1965年建成了世界上第一个大气边界层风洞，即具有较长试验段、能够模拟大气边界层内自然风的一些重要紊流特性的风洞。紧接着，美国科罗拉多州立大学也建造了一个大气边界层风洞，并首次用被动模拟方法对大气边界层的风特性进行了模拟，使结构抗风试验进入精细化的新阶段。在此之后，世界各地也随之陆续建成了许多不同规模的边界层风洞，从而大大促进了桥梁结构风工程的研究。

在国外早期建成的风洞中，大气边界层主要研究大气剪切流场的模拟。而在较近时期，除注意剪切流场的模拟外，已认识到流场湍流结构特性模拟的重要性，这对大跨桥梁风载和风致振动试验有十分重要的意义。

桥梁风洞的主要用途既是为大跨径桥梁的抗风设计提供参考，又是桥梁风致振动研究的主要试验工具。具体来说，桥梁风洞具有节段模型试验、拉条模型试验、全桥气动弹性模型试验和桥位风场风环境试验等用途。

桥梁结构风洞试验室的建设是开展桥梁结构风洞试验的基础。进入 21 世纪，我国部分高校和科研单位先后建成了一系列不同规格的民用风洞试验室，以开展不同条件下不同类型的桥梁风洞试验。其中，部分风洞试验室在建成之初已经达到了世界领先水平，包括同济大学建成的 TJ-1、TJ-2 和 TJ-3 风洞，西南交通大学建成的 XNJD-1、XNJD-2 和 XNJD-3 风洞，大连理工大学 DUT-1 风洞和湖南大学风洞等，相关风洞的建成促进了中国桥梁结构抗风研究的发展。

从 2019 年开始，中国开展了桥梁结构风洞试验相关标准和试验指南编制，通过《桥梁结构风洞试验标准》及《桥梁结构风洞试验指南》等的编制，可以保证我国桥梁风洞试验方法的规范性和结果的可靠性，并作为行业标准指导国内悬索桥、斜拉桥、拱式桥、梁式桥及其组合结构桥梁的风洞试验。相关指南的编制弥补了国内桥梁结构风洞试验行业标准的空白，也使中国与既有编制过相关技术标准或指南的国家达到了同步发展。

3. 桥梁原位试验技术

桥梁原位试验技术是了解桥梁实际工作状态的一种直接试验测试手段，实际工程问题直接决定试验的目的和内容。结构原位试验内容一般包括桥梁设计及施工质量检验、桥梁实际承载能力判断、桥梁设计理论验证、桥梁动力特性研究等。由于国内外在桥梁工程科研和工程应用领域发展阶段有所不同，结构原位试验内容侧重也有所不同。

（二）国外桥梁检测技术与设备发展现状

1. 无损检测技术

无损检测技术的发展为材料内部的检测提供了便利，探地雷达、虚拟传感技术、扫描电镜、超声 CT、磁检测方法等无损检测技术也逐渐被应用于桥梁结构检测当中。Ahmed 等将地质雷达传感器所收集的资料作为钢筋检测与定位系统的输入，提出了一种新型的钢筋检测和定位系统。Kullaa 等提出将贝叶斯规则应用于传感器网络，利用每个传感器的测试数据依次对网络中剩余的传感器进行估计，然后生成每个传感器的残差来进行时域损伤检测的方法。

传统的采用接触式传感器（如线性位移传感器和加速度计）来测量铁路桥梁位移，在传感器的安装和维护方面的花费较大，因此非接触式的测试采集系统得到了推崇，成为研究热点。Garg 等在无人机系统上安装激光多普勒振动计，以实现铁路桥梁的无接触横向动态位移测量。利用无人机系统收集的激光多普勒振动计数据与所有现场试验的线性位移传感器测量结果吻合得很好，是一种监测铁路桥梁位移的可行、低成本、不受约束的替代方案,并且未干扰铁路交通运行。

对于水下结构等隐蔽性结构检测,有国外研究采用三维成像机器人装置,基于声呐的扫描系统,构建一个用于解释和评估分析的三维图像,对水下的桥墩和基础进行检测。对于基础深度检测,有研究提出了一种新的传感器,用于测量基础附近的冲刷深度变化和沉积物沉积过程,监控系统包括一个带有集成电磁传感器的探头,用于检测周围桥梁基础介电常数的变化,基于土壤电磁特性检测基础深度。

近年来大数据技术发展迅猛,应用成效显著。大数据独特的思维方法为科学研究与探索提供了全新的范式。数据挖掘技术、深度学习技术、云计算技术的应用让桥梁检测变得更加高效。

对比日本、韩国和美国的桥梁检查实践和桥梁管理计划,这三个国家的一些桥梁正在迅速老化。各国的法规和检查手册规定了检查类型和时间间隔,以有效地将桥梁状况保持在理想的服务水平。通常,桥梁检查类型分为常规检查、深入检查和特殊检查。时间间隔也因运输机构或检验类型而异,从 6 个月到 5 年不等。

日本仅定义常规桥梁检查。根据《桥梁定期检查手册》(MBPI)协议(2014 年),首次检查应在向公众开放后不到两年内进行,例行检查每 5 年进行一次(MLIT,2014 年)。《MBPI 议定书》没有规定除例行桥梁检查外的任何定期检查。然而,根据变质类型、严重程度,需要进一步详细检查(MLIT,2014 年)。

在韩国,检查手册规定每 6 个月进行一次例行检查。其他检查,如深入检查、紧急检查和深入安全检查,可以独立于常规检查进行安排,尽管通常间隔较长,但可以是其他检查类型的后续检查。

在美国,有各种类型的桥梁检查,以反映检查时所需的检查强度。AASHTO 手册定义了七种类型的桥梁检查,这使得桥梁所有者或州交通部能够根据 AASHTO 和 FHWA 定义的检查频率和结构类型建立他们自己的适当检查等级(AASHTO,2013;FHWA,2004 年;FHWA,2012 年)。

2. 智能检测技术

(1) 美国智能检测技术发展

基于无人机(UAV)的桥梁检测技术因其效率低、成本高而受到桥梁所有者、研究人员和利益相关者的广泛关注。使用装有各种传感器的无人机可以有效地检查大量的桥梁。事实上,一些交通部(DOTs)(例如明尼苏达州 DOT)与研究机构合作,调查了无人机作为成本效益桥梁检查替代方案的有效性。美国分析了其交通运输部(DOTs)在南达科他州(SD)的一座木拱桥,无人机在该州的应用效果,通过对无人机拍摄的高分辨率图像和视频进行多次分析,完成了无人机桥梁检测。此外,基于像素的损伤量化方法的使用,为所观察到的损伤提供了可量化的值。将基于无人机的桥梁检查得到的目视结果与过去的检查报告进行了比较。对比结果表明,无人机具有识别损伤的能力。预计这项新兴技术将补充用常规方法进行的常规桥梁检查。

移动式检测机器人被提出作为桥梁检测的辅助工具。它们的主要优势包括能够访问桥梁中其他方面难以检查的区域，以及能够自动化收集和处理数据的过程，以提高检查的可重复性和可靠性。尽管软件算法已经成功地证明了自动缺陷检测的能力，但许多数据采集平台，如无人机和地面车辆，仍然需要操作员通过远程操作来控制机器人，而且它们没有充分解决与自动化桥梁检查数据收集相关的挑战，这对于实现检查的可重复性至关重要。在这项研究中，使用地面机器人解决了自动化桥梁目视检查数据收集的挑战，并提出了一个能够满足检查计划管理和执行要求的自治框架。主要任务是管理地面机器人的检查计划执行、机器人定位与地图绘制以及桥梁环境下的自主导航。该自动数据采集框架通过自动构建精确的桥梁点云重建在混凝土桥梁上进行了演示。自动化数据收集可以实现更系统和可重复的检查，这是一项关键的上游任务，利用桥梁寿命期间收集的检查数据在结构构件中构建劣化模型。

（2）日本智能检测技术发展

截至2020年，桥梁检查涉及目视检查，即检查人员靠近桥梁进行检查和锤击试验，通过检查锤锤击桥梁来调查异常噪声。同时，由于桥梁数量众多（如日本有73万座桥梁），而且很多桥梁都是在高架位置建造的，因此目视检查比较费力，成本也比较高。另一个问题是，由于检查员的经验、知识和能力，目视检查的质量差异很大。因此，提出了利用无人机（UAV）技术、人工智能（AI）技术和电信技术来解决或改善这些问题。

使用无人机进行桥梁检查已经在许多领域得到了实际应用，并且正在对其在桥梁检查中的实际应用进行一些研究。例如，在日本，MLIT正在利用无人机进行桥梁检查的性能评估。然而，普通无人机虽然可以拍摄图像和录制视频，但其缺点是仅用于重新放置目视检查，不能进行目视检查。

日本在2016年熊本大地震造成的各种损坏地点进行了无人机飞行，如地表断层、墓碑翻转、滑坡、倒塌的建筑物和桥梁。无人机飞行捕获了高分辨率的视频足迹和照片，并基于SfM（Structure from Motion）技术建立了三维模型，所建立的模型能形象地描述损伤情况。

使用智能手机监测桥梁构建一个低成本的桥梁健康监测系统，通过回收废旧智能手机，从桥梁的正常振动中提取振动特征。桥梁的振动波形提供了有价值的信息，可用于了解桥梁的稳定性及其在地震中的响应。所开发的系统使用边缘计算，能够执行从数据分析到将结果批量上传到服务器的每一项任务。此外，在宫城县的高松大桥上放置了智能手机（iPhone 5s）用于测量地震和交通荷载引起的桥梁振动，并评估桥梁的安全性。

图像处理和人工智能技术实现裂缝检测的自动化，使用具有完全卷积网络（FCN）的语义分割方法检测腐蚀位置，腐蚀区域的识别精度极高。腐蚀区域的评估不仅对评估损伤程度很重要，还影响到修复时所需工作量的计算，可能对减少工作量作出可考虑的贡献。

混凝土裂缝检测类似，该技术可以很容易地与无人机结合。

3. 检测仪器设备

（1）无人机

在日本，MLIT 正在利用无人机进行桥梁检查的性能评估。然而，普通无人机虽然可以拍摄图像和录制视频，但其缺点是仅用于重新放置目视检查，不能进行目视检查。因此，日本开发了一种装备有锤子的无人机来进行锤击试验，在无人机上安装了撞击机构、相机和激光测距仪，并正在实际桥梁上进行演示试验。

（2）钢桥检测机器人

机器人可以在方形或圆形钢结构的桥梁上移动。它能够携带几种类型的传感器用于导航和绘图。收集的数据存储在机载计算机中，同时发送到地面站进行及时处理。机器人还可以标记可疑位置，以便定位维修。

（3）3D 检测移动机器人

美国学者开发了一种新型地面机器人桥梁检测平台，该平台由一个坚固的移动平台组成，平台上装有一台机载计算机和多个经过校准的时间同步传感器。该平台与定制定位和绘图软件一起，可为典型混凝土桥梁的底面生成高质量的 3D 点云地图。这些地图的质量与使用地面激光扫描仪测量的地面真实情况进行了比较，显示这些地图的总体比例误差仅为 1.3%。与使用地面激光扫描仪（TLS）相比，在连续扫描桥梁的同时，可以实时生成建议系统的地图，从而显著减少检查时间。此外，这项工作提出了一个全自动点云着色和半自动缺陷定位和量化的新程序。前者允许桥的真实视觉效果图，供场外检查员远程检查。与传统检查相比，后者提高了缺陷量化的准确性，同时消除了检查和检查员之间的主观性。

（三）国外桥梁监测与分析技术发展比较

1. 施工监控技术

桥梁施工控制概念的起源要从 20 世纪 50 年代初开始，Stromsund 桥施工时，当时的施工人员对索力及标高的控制问题进行了研究。50 年代末，TheodonNess 斜拉桥的修建中设计人员第一次提出倒退分析法的应用，利用该方法对标高及索力进行计算，在美国 P-K 桥也应用了该方法。后来，在加拿大纳西斯桥的修建中同样也采用了这种控制技术。这些都属于早期的施工控制，真正意义上施工控制实施是在日本，它把系统的施工控制理论应用到桥梁建设中，预应力混凝土连续梁桥日野桥在修建时，在施工控制中建立了高程、应力等完整的观测系统，同时通过计算机计算，对监测到的参数进行处理与分析，然后反馈到控制中心对其进行结构分析，最终得到的分析结果用于现场指导施工。

在发达国家，桥梁的施工控制技术发展较早，技术研究已比较全面和深入，很多国家都已形成了完整的施工监控系统，计算机自动控制、预报分析等先进的控制手段已应用于桥梁监控中。由于桥梁施工中有各种影响因素，它们之间相互影响，复杂程度较高，同时随着社会的不断发展，要求有规模更大、更新型的桥梁来应对社会的发展，国外的桥梁施工控制技术同样也在不断进步。

如何在施工中的桥梁收集到准确的数据，并快速识别异常然后采取必要的措施来预防意外发生，加快施工速度，提高施工质量，是我们施工监控应该研究的问题。而当下，进度数据的质量在很大程度上取决于测量员的经验和测量质量，因此极易出现监控人员对桥梁建设的实际情况了解不够透彻的现象，导致分析问题出现偏差。对此，国外学者做了大量研究。美国的俄勒冈州立大学 Puri N 和 Turkan Y 开发了一种施工进度监控方法，并在俄勒冈州奥尔巴尼的 Truax Creek 大桥上验证方法的有效性。该方法使用来自三维设计模型、施工进度和激光雷达数据的信息来报告项目的进度。其理念是监控人员利用激光雷达技术实现了在规定时间内从施工现场获得详细的施工进度数据后，与 4D 设计模型（3D 设计模型＋项目进度）获得的云数据对比，判断已执行工作与计划工作的偏差，以便及时作出调整。针对长期监测一天中任何时间缓慢变化的位移，Miguel 等提出了一种新的传感方法来测量桥梁结构的位移和旋转，该方法使用了激光束、LED 灯和数字摄像机等工具。一个优势是摄像机不必保持固定或与目标共同移动，另一个优势是对照明条件要求不高，对比其他基于视频的方法，这就解决了一个重大问题。建议 LVBDT 和 LVDT 之间的差异在 ±2% 以内，这是可以接受的桥梁挠度测量。未来的工作将着眼于改进计算方法，开发集成原型，并评估振动测量的解决方案。

2. 运营期安全监测技术

国外桥梁监控检测技术发展的比较早，从美国威斯康星州提升式桥安装了世界上第一套全桥远程监控系统到现如今体系趋于成熟，侧重于新技术在工程实践中的研发，主要包括完善设计理念和提升材料性能。在理论方法和评估技术方面，基于桥梁结构状态和退化模型的长期性能预测、养护规划与决策等方面的理论与方法，桥梁的长期性能、承载性能评估及耐久性评估诊断技术已得到进一步突破。

世界桥梁系统无论是在设计理念还是在系统核心技术和材料上发展都比较成熟，因此在许多中小跨径的桥梁用上了监测系统，这些系统的特征便是轻便小巧、成本较低，例如，日本在新干线高架桥上利用环境振动和 LDV（laser Doppler vibrometer）系统进行监测。总结起来，国外桥梁健康监测系统有以下优点：

1）系统发展成熟，侧重于新型技术在重要工程中的研发。

2）大跨度桥梁的变形量测技术成熟，如高精度的 GPS 系统。

3）侧重传感器系统和数据传输系统的耐久性，尽可能与大跨桥梁大于 50 年甚至到 100 年的设计寿命相匹配。

在监测方法方面，根据监测的目的，日本将桥梁监测实施策略分为三大类：

1）自然危害和环境条件（natural hazard and environment condition），在桥梁上安装不

同类型的传感器（如通过位移传感器和加速度传感器监测地震，通过振幅传感器和风速传感器测量风等）来监测桥梁。

2）有效的库存管理（effective stock management），重点放在桥梁的使用产生的价值上，桥梁的性能评估对评估桥梁的功能、预测其退化和可能的失效模式、更新性能预测、确定未来的检查和改造计划至关重要。

3）疲劳预防（failure prevention），事先确定可能发生故障的位置和情况，局部布置传感器识别故障。

运营期安全监测技术涉及无线传感测量技术、数据采集及通信技术等，对仪器精度及稳定性有较高的要求。高精度监测设备和隐蔽工程监测设备、非接触性监测设备等在国外已得到快速发展，特别是针对中小桥的稳定监测技术与设备和针对大跨度缆索关键构件的远程监测技术与设备的研发，使得结构缺陷快速监测与诊断技术、关键监测技术和自主装备等能较好地满足桥梁运营期安全监测的需求。

以前，人们忽略桥梁长期监测的重要性，等到桥梁的某个构件出现损坏再提出合理的解决办法。显然，由于构件损坏可能是在没有任何预警的情况下发生，极易出现人民的生命安全问题，代价极大。现在，我们在运营期间常用现代化手段来科学有效地养护与管理桥梁，使桥梁的寿命尽可能延长。

近年来，合成孔径雷达干涉测量（Interferometric Synthetic Aperture Radar，InSAR）技术发展迅猛，大量的科研成果与应用实例表明，InSAR 技术已被广泛应用于滑坡、地壳位移以及地下资源开采引起的地表形变监测等领域，因此我们可以使用 InSAR 技术为桥梁的变形监测提供更全面的评估。Fabrizio D'Amico 等在运用 InSAR 对一座横跨意大利高速公路的桁架桥"A14"的桥台过渡区进行监测，证明其对于监控桥台沉降的可靠性。Saman Farhangdoust 等在对于两预制构件之间的施工缝作了详尽研究，对可能遇到的缺陷（分层、裂缝、空隙、预埋钢筋的腐蚀）进行了统计分析。在多种监测方法中选出了六种评级较高的方法：探地雷达（Ground Penetrating Radar）、脉冲响应测试（Impulse Response Testing）、冲击回波测试（Impact Echo Testing）、红外热成像测试（Infrared thermography testing）、相控阵超声波测试（Phased array ultrasonic testing）和目视检查（Visual testing）。

随着材料、传感、计算机、通信、数据分析等信息技术的发展，结构健康监测（SHM）技术应运而生，很快成为世界性的研究热点，并得到大量应用，有望成为传统管养技术的补充甚至替代性解决方案。Adam M. Scianna 等确定了一种概率结构健康监测方法，能考虑在计算期望损伤度量时的可变性检测公路桥梁的整体损伤。他们将基于振动的监测方法应用于桥梁健康监测问题中，该研究结果被应用于康涅狄格州的实际公路桥梁。Luna Ngeljarantan 等通过展示 SHM 的非接触监测技术的能力以及捕捉桥梁的动态响应来演示和验证一种基于 DIC 视觉的目标跟踪方法，这种方法有两个应用：①在振动台地震荷载下测量地震响应和识别大型全桥系统的模态参数；②确定实际人行天桥在行人简单荷载作用下的自振频率。前者应用于内华达大学雷诺分校地震工程实验室不同白噪声和地震激励下对一座双跨桥梁进行的测试，后者应用于桁架式人行桥在行人荷载作用下的实际现场监测。Amir M. Alani 等提出了一种基于地基无损检测和卫星遥感技术的桥梁结构监测"一体化"监测方法和一种将探地雷达与干涉合成孔径雷达技术相结合的多源、多尺度、多时间信息采集新技术。通过利用地面无损检测方法和卫星遥感技术收集多源、多尺度和多时相信息，可以实现更全面的结构健康监测。以英国肯特郡艾尔斯福德的一座 13 世纪的"老桥"为例，证明所提出的方法在砌体拱桥评估中的有效性。Hajializadeh 等研究将 SHM 系统与桥梁实际交通荷载的称重 – 运动（B–WIM）测量相结合，进行疲劳损伤计算。SHM 系统使用了"虚拟监测"的概念，即所有不使用传感器直接监测的桥梁部分，而使用荷载信息和校准的桥梁有限元（FE）模型"虚拟"监测。除提供桥上实际的交通负荷外，测量数据还用于校准 SHM 系统和更新桥的有限元模型。最后利用荷兰一座斜拉桥进行测试，验证了虚拟监控系统的准确性。

3. 施工监控与安全监测设备

传感器是监测结构系统发生变化的手段，也是获取结构信息的工具。它是监测与诊断系统不可缺少的组成部分，但传统的电测量方法容易受环境温度的影响，稳定性和可靠性差。因此，研究和开发先进的传感监测技术，对于提高结构和设备的安全性和可靠性、促进科技进步、提高经济效益和社会效益具有重要意义。

电磁传感器在桥梁上安装简单、成本低廉，且无须对桥梁结构进行任何改变。电磁传感器的基本原理是铁磁材料的磁弹性现象，即铁磁性材料的磁性能在应力作用和温度影响下发生变化，通过磁导率和应力之间的关系来测量施加在铁磁材料上的应力。因为电磁传感器采用一种新的低成本技术来测量铁磁材料（如钢丝、钢绞线和钢筋）的实际应力，其拥有非破坏性和非接触性，以及耐腐蚀性和长期使用性的特点，所以它被认为是一种很有前途的工具。意大利学者 Carlo Cappello 等在意大利的 Adige 大桥上证明了力 – 电压和电压 – 温度灵敏度的稳定性不受电磁传感器安装过程的影响，证明了电磁传感器的适用性，并简化了电磁传感器在现有结构上的安装过程。

在桥梁监测中还有发光传感器，Chitoshi Izumi 等在文献中提出一种基于现场可视化（on-site visualization，OSV）概念的新监测方法并成功应用于印度德里地铁二期工程大跨度悬臂桥的施工安全监测，该项目采用传感和测量结果同步输出的发光传感器，并在监控在建桥梁的异常行为和确保整个项目的安全发挥了关键作用。OSV 作为一种新的工程监控形式的核心概念是：在桥梁建设中使用的传感器有一个新功能，即能以 LED 或其他形式的发光设备的颜色作为传递测量信息的信号。例如，当监测的位移、应变、倾角等发生变化时，传感器会立即发现这个情况，并变化 LED 灯的颜色，使监测人员得到结构目前的实际信息。OSV 的监测使实时"监测和公布测量数据"成为可能。

高精度的变形监测装置必不可少，Mohammad Omidalizarandi 等介绍了一种可靠的高精度混凝土组合结构变形监测装置——地面激光扫描。它是一种可靠的高精度混凝土组合结构变形监测装置。变形监测工作涉及两个主要部分：第一部分是关于数据提取和分割，第二部分是关于表面近似。目前，变形是逐点计算的，这意味着两个表面在每个时期的差异是计算位于这两个表面上的两个点的差异得出的，这也导致变形的密集点状表示。而真实变形表面的这种计算足够精确，没有任何显著的近似误差。对于未来，目标是用一个真实连续的数学曲面来描述变形。

4. 监测数据分析方法

桥梁运营阶段的健康状况分析方法出现多样化，其中层次分析法较经典和实用，且对其底层指标进行评估时采用了灰色关联度、神经网络方法等方法。基于概率统计、矩阵论、运筹学的运算原理发展成为包括可靠度理论、层次分析法、模糊理论、神经网络、遗传算法以及专家系统等多种状态评估方法，并且在结构健康监测的系统中得到不同程度的使用。值得一提的是，虽然目前对于桥梁健康监测评估的分析方法已有不同程度的进展，并且各自在实际工程应用中有所体现，但是在某种程度上也尚有缺憾，比如对结构的损伤识别以及安全预警的具体实施与实际工程尚有一定出入与不足，形成这种形势的原因是多种多样的，但主要由于桥梁结构是一个比较复杂的受到多因素共同作用的矛盾共同体，且桥梁结构由此产生的响应无法真实地测量得到，都具有一定的偏差。

桥梁的疲劳分析较复杂，需要先进的监测分析方法来为桥梁疲劳使用提供安全依据。Mark A. Treacy 等在高架桥 Weyermannshaus 上依据长期监测所得的车辆作用效应对结构的影响，提出了桥梁结构疲劳安全性验证直接监测方法，将监测数据与结构分析结合来确定结构构件中的相关应力，从而降低移动荷载和温度荷载的不确定性。Elias Abdoli Oskoui 等人介绍了一种多跨连续桥梁损伤沿长度分布的检测方法。该方法是利用基于布里渊散射的光纤传感器监测沿桥梁长度分布的应变，通过测量卡车在桥梁多个位置上的相对理论影响线来识别超出仪器对噪声限值的损伤。该方法的建立引入了一种损伤指数，用于识别桥梁跨部的微裂纹位置。通过对一座五跨后张预应力混凝土连续箱梁桥的荷载试验，验证了该方法的有效性。通过视觉检测，进一步验证了分布式传感器系统检测到的微裂纹位置。

在国外学者中，在桥梁建设中提出了 ABC（Accelerated Bridge Construction）的概念。其通过对比桥梁设计和施工过程的影响因素，利用计算机、传感技术、分析理论的发展创新来保证桥梁的设计、建造和维护。

四、我国桥梁结构试验、检测与监测技术发展趋势与展望

（一）试验技术与设备

1. 发展趋势

进入 21 世纪以来，中国桥梁试验技术与设备得到了长足发展，特别是在近 10 年内，随着我国桥梁建设以及学科发展的高潮到来，我国大部分试验技术与设备的研发与应用

已经达到世界先进水平。通过国内外研究分析比较可知，桥梁检测技术是当前桥梁试验技术与设备研究的热点方向之一，其中主要聚焦于目前桥梁检测技术是桥梁试验技术研究的热点方向之一。其中主要集中在：①基于机器视觉的测量方法的研究；②传感器的集成开发研究；③检测技术的自动化及智能化研究；④无损检测技术的进一步开发研究；⑤基于人工智能技术、大数据技术等方面的测试数据处理方法研究。

目前桥梁结构试验技术的发展呈现出明显的多学科交叉融合趋势。除在试验理论、模拟计算方面的改进外，现场试验的内容在逐步扩充增加；在检测设备的应用上，越来越多的高科技设备被用于现场试验中；随着机器视觉技术与智能设备的飞速发展，基于新一代智能检测设备的桥梁现场试验测试方法应用越来越广泛。

由以上研究可以发现，目前桥梁模型试验技术依旧保持着不断进步的态势，总体呈现出横跨多个专业的交叉发展的趋势，主要有以下几个特点：

1）随着越来越多的工程实际问题的涌现，研究内容也越来越丰富与细致，模型试验的形式变得多种多样。

2）模型试验的体量逐渐增大，主要体现在试验参数的设计、模型尺寸的大小等方面。

3）试验测量水平逐步提高，主要体现在高精度传感设备的应用、高科技探测设备的应用、新型测试方法的应用等方面。

4）模型制造工艺进一步发展，主要体现在3D打印技术的引进、人工缺陷及损伤的制造等方面。

5）试验条件的不断提高，主要体现在试验场地的多样化、试验室设备的创新与升级、加载量级的提高、模型约束技术的创新等方面。

6）加载形式的复杂化，为了更加准确地模拟真实情况，模型试验不再仅仅针对单一的、简单的外荷载作用进行研究，越来越多的试验开始关注复杂荷载作用以及多类型荷载联合作用的研究。

7）实时模型修正技术的应用，为了进一步提升试验精度，对模型修正技术与模型试验技术进行了融合的尝试，并取得了较好效果。

2. 展望

虽然我国桥梁工程学科在试验技术与设备方面取得了很大成绩，但是面临桥梁工程多学科交叉的研究背景，相关技术领域仍应紧随多学科交叉的研究背景，发挥既有研究方法优势，结合相关领域的新技术，不断完善技术。对于桥梁试验技术未来的发展，建议在以下几方面进行拓展。

（1）数值模拟与试验研究的紧密结合

将模拟计算与试验研究相融合，不再局限于模拟计算指导试验设计的固定范式。不仅可以通过模拟计算指导试验进程，同时可以利用实测数据修正模拟计算的结果，实现两个过程的交互，从而改进传统试验思路。目前，自动化测试技术、结构参数识别技术、模型修正技术等方面的研究已经为数值模拟与试验研究融合的可行性打下了初步理论基础。未来在机器人、大数据、人工智能等新兴技术与桥梁试验技术进一步的交叉融合下，试验研究将会在自动化的操作辅助，以及智能化、智慧化的决策帮助下，实现质量与效率的大幅提升，实现"智慧试验"。

（2）试验模型精确制造和场景还原

为了进一步提高模型试验的可靠度，提高模型的精确度是很有必要的。此外，随着研究问题、构造形式的多样化，对试验模型还原度的要求也越来越高，这也对模型制造技术提出了新的要求。目前，3D打印技术已经有了运用于工程的成功案例，例如3D打印结构件模具、3D混凝土打印、3D打印景观桥等。但是，目前3D打印技术的应用还只是停留在材料单一、体量较小的阶段，而且现在3D混凝土打印技术的缺陷依旧明显（如打印材料强度、无法植入钢筋等）。因此，模型制造技术的研究对桥梁试验技术进一步的发展，以及实现"模型智造"这一目标而言是很有必要的。

（3）复杂作用和多场景试验

随着桥梁研究的深入，桥梁试验也朝着复杂化演变。现在的桥梁不但结构形式越来越丰富，而且受力形式也越来越复杂，在这样的前提下，对试验设备（如加载装置和约束装置等）的精确性、灵活性、稳定性以及对控制技术的要求也越来越高，因为在复杂条件下，较小的扰动就可能对所研究参数的试验结果造成较大的影响。此外，多荷载类型联合作用的研究也是当今研究的热门之一（如地震–波浪–桥、风–地震—桥、风–车–桥和地震–车–桥等）。随着试验需求进一步复杂化，综合型试验技术的发展也将随之提上日程。

（4）试验设备系统化和集成开发

随着各学科之间的不断交叉融合和迭代创新，将有越来越多的新理念、新技术、新设备被引入桥梁试验技术中，这将为桥梁试验技术的发展开辟众多崭新的道路。例如集成测试设备开发（如基于无人机的智能检测设备、传感器与5G网络融合等）、集成试验平台开发（如风洞+振动台+波浪水槽等）、集成控制系统开发（如BIM+数值分析软件+试验控制系统）等。

（5）全场测试理念的应用

随着机器学习、深度学习在各领域发挥出的巨大潜力，对试验数据的"质"与"量"的要求也越来越高。因此，大数据的新需求也为试验技术带来了新的挑战。全场测试是近年来试验测试领域提出的全新概念，旨在获取试验过程中更加全面的试验数据。传统试验主要根据前期计算设计，布置部分关键测点来获取试验信息（包括应变、温度和位移等指标），而全场试验不仅仅针对个别的测点进行测量。目前，众多无损检测手段（如摄影测量技术、激光测量技术、红外成像技术、雷达测量技术等）均为全场测试提供了可能。其中，基于摄影测量技术发展而来的机器视觉测量技术的研究已成为如今研究的热点之一。但是，如何提高测试精度、如何对大型结构进行全场测试、如何减少噪声干扰、如何实现更多测试功能等方面还存在很多可以深入研究的问题。

（二）检测技术与设备

1. 发展趋势

随着科学的进步，仪器与设备的发展，越来越多的技术被应用在桥梁测试中，这些新兴的技术对桥梁的测试工作（包括受力状态、微小变形、钢及混凝土材料细微开裂破损等方面的探测和获取）的效率和质量有明显的提升作用。按测试目的大致可以分为以下几类：①几何位移测量；②应力应变测量；③加速度测量；④混凝土裂缝及内部缺陷探测；⑤材料破坏探测；⑥基于大数据方法的检测手段等。

目前在桥梁检测中仍然存在着一些问题，首先是路桥检测指标没有标准化，对最终的质量检测结果造成影响，并导致桥梁质量管理部门不能很好地了解结构整体状况。在桥梁检测中，因为检测技术种类不同，所以使用的仪器设备也不同，因此设备和检测工具种类都很多。同时对桥梁的检测报告来说，报告格式不统一，检测结果缺乏统一标准，极大地影响了管理部门对桥梁的维护与管养。

在桥梁的智能检测方面，使用无人机、机器人等智能设备的过程中仍然存在两个问题：一是需要操作人员连续运行一小时或一小时以上，这意味着它无法实现工作量的减少；二是运营商的人工成本，这限制了成本的降低。为了解决这些问题，自主飞行无人机自动检测的研究正在进行中。然而，在现阶段，由于用于无人机自定位的 GNSS 信号通常无法在桥下接收到。

使用无人机和机器人的检查方法的开发和实施很重要，但是，除非它们在工作量和成本方面优于以前的方法，否则使用它们进行桥梁检测会存在一定困难。因此，在土木工程领域安装无人机和机器人，包括桥梁维修，尽可能地促进自动化是非常重要的。此外，这种自动化预计将大大减少培训和掌握技能所需的时间，使其能够在外地有效地执行。

2. 展望

桥梁检测通过结合人工智能技术、大数据技术等取得了一些进展。桥梁检测具有多学科交叉的背景，因此如何结合新技术、新设备在已有的桥梁检测方法上不断完善桥梁检测技术至关重要，对于桥梁检测技术未来的发展，建议在以下几方面进行拓展。

1）桥梁检测管理系统标准化。不仅是传统意义上的检测、监测、养护管养动作和质量评定方法的标准化，还包括为实现数据互联互通的信息标准化工作的快速推进。通过桥梁检测或建立桥梁模型所得到的大量、复杂的桥梁结构化数据和非结构化数据进行分析处理。通过一定的算法对得到的大量相关和非相关的数据进行分类和聚类，在分布式技术、云数据库技术、云计算模式的支持下对数据进行管理、分析和计算。

2）区域内桥梁的网级评估。在桥梁检测系统的基础上，考虑区域内桥梁群体的共性特征和路网相关性，开展网级层次的评估和管理是必要的。对于区域内桥梁群的多源信息，信息的存在形式和获取方式、集成规则以及数据结构等方面研究较少。现有的 BMS 仅对检测信息进行存储和管理，未实现对监测信息的良好协同。若考虑到网级评估的需要，还有较多细节需要改进。

3）结合人工智能技术、大数据技术等新技术的桥梁检测设备开发和桥梁状态检测评估技术。随着机理研究日益深入、数据积累日益增多，信息融合日益加强，大数据分析、云计算、机器学习等技术的进步，桥梁管养智能化研究将日益受到关注，结构病害的早期识别、趋势推演、检测评分自动进行、安全风险自动排序、养护资金智能优化配置、桥梁寿命预测将成为可能。

（三）桥梁监测与分析技术

1. 发展趋势

随着对桥梁施工期间、运营期间的结构要求以及长期性能要求的提高，桥梁中许多复杂、麻烦的问题就会逐渐显现出来，影响桥梁的安全使用甚至人们的生命安全，而当前的桥梁分析技术及理论虽有进步，但仍无法满足我国如此庞大数量的桥梁安全需求，桥梁监测与分析技术的研究将呈现出新的趋势，主要表现为深入化、集成化、标准化三大特征。深入化体现在关于损伤机理研究逐步从微观向宏观、从短期向长期、从特殊向普遍发展等；集成化体现在健康监测系统将传感、采集与传输设备的高度集成，BIM 平台将设计、施工、检测、监测、养护、维修的信息高度集成融合等；标准化不仅包含传统意义上的检测、监测、养护和质量评定方法的标准化，还包含数据互联互通的信息标准化。

在监测技术方面，自主创新有许多突破，例如，北斗高精度技术应用在桥梁的施工监控中，采用监测云平台快速稳定地获取监控现场数据。在传感器方面，光纤传感器现在可应用于拉索、应变、温度等方面的监测，极大地发挥了其体积小、重量轻、抗电磁干扰等优点，但仪器精度及稳定性还需提高。未来大跨度桥梁在这一方面会利用无线传感、测试技术、数据采集及通信技术等提高仪器的精度和稳定性。当然，无人机、测量机器人、云平台等也是当前的热点研究方向，在促进桥梁的安全可靠、耐久适用、美观环保的过程中，雷达、激光、图像识别、现代化数据处理等先进技术也将与桥梁的监测融合。另外，我们仍缺乏系统性的监测理论，监测系统往往是针对某个具体的桥梁进行设计，不能应用于中小型桥梁上。还需要组织团队对目前赖以进口的高精度测量设备、隐蔽工程检测设备和非接触性检测设备等进行自主研发，同时合理应用监测检测技术和设备，满足桥梁养护管理的需求。

进行桥梁健康监测是桥梁结构运营状态评估的基础，对桥梁结构的维护及安全运营起着至关重要的作用。随着信息化的普及、新设备的应用以及大数据、人工智能的引入，桥梁健康监测向数字化、智能化方向不断发展，主要表现为硬件设备改进升级、软件平台革新以及数据处理算法改进。近年来，硬件设备向高精度、高耐久以及无线化方向不断发展，在提高监测精度的同时精简系统的复杂度，有效提高了系统的可用性；面对监测的海量数据，数据清洗、数据去噪及数据补偿等数据预处理手段不断改进，结构模态参数识别精度不断提高，结构状态识别与损伤评估的新方法不断提出，极大增加了对桥梁运营状态的认知深度。随着计算机硬件的不断发展与学科间的深度融合，计算程序效率大幅提升，桥梁状态可视化程度加深。桥梁健康监测作为新兴领域，与信息科学、计算机科学等学科有深度融合空间，处于快速发展阶段。在未来，为了更细致、精确地了解桥梁结构状态，桥梁健康监测将不断进行数据处理手段的更新，这将成为研究的主要热点。同时，随着相关领域科学技术的发展，通过采用更先进的硬件设备及软件程序，能够为数据挖掘提供高质量的数据来源。

2. 展望

目前，我国桥梁监测与分析技术相比于国外仍存在一些差距，在许多方面仍存在不足：①在关键参数的测量、关键参数的收集以及关键参数的分析方面存在不足；②我国在桥梁健康监测理论方面的储备相对匮乏，并且近些年在理论研究方法中缺乏实用有效的优化算法，造成测点数量大、系统规模大、数据量大，同时还缺乏对结构性能改变敏感参数的有效研究；③在桥梁与智能化的结合中做得还不够好，很多地方（如桥梁隐蔽危险部位的监控）还有待提高；④科学技术还需提高，一些监测设备的造价依然过高。

基于桥梁健康监测系统的发展需要及目前对桥梁监测系统功能的实际需求，未来一段时间内，桥梁模态自动化识别研究依然是桥梁健康监测领域的研究重点，桥梁结构的整体动力特性仍是最重要的监测部分，其中填补阻尼识别的空缺，挖掘温度、车辆荷载等外在因素对桥梁动力特性的影响将成为研究的可能方向；计算机视觉、人工智能的引入不仅将实现裂缝、脱落等结构外在损伤的自动精确识别监测，还将推进诸如混合监测、模型修正等领域的研究；在桥梁整体状态评估与损伤评估取得较大进展的基础上，如伸缩缝、吊索等具体桥梁构件的状态评估与损伤诊断也将成为研究的热点；在不同种类设备不断引入以及监测数据特点不断变化的情况下，数据分析手段以及数据融合方法也将不断地更新研究；在部署健康监测系统的桥梁的数量以及种类达到一定规模，所采集数据的种类及数量达到一定程度之后，基于大数据分析的桥梁状态识别以及区域桥梁评估研究将有更进一步的发展。总之，在不断深入了解桥梁自身特性的基础上不断与各学科进行融合，推进桥梁健康监测向实用化、精细化、自动化方向不断发展是研究的主旋律。

参考文献

[1] 李明洪，叶宁献. 桥梁水下桩基检测方法综述［J］. 公路交通科技（应用技术版），2017，13（4）：275-276.

[2] 苏交科集团检测认证有限公司，在役长大桥梁安全与健康国家重点实验室. 国评新面孔-苏交科新征程[J]. 中国公路，2020（19）：64-65.
[3] 马明宇. 内河环境下混凝土拱桥耐久性评估研究[D]. 南京：东南大学，2018.
[4] 吴彦奇，刘四新，傅磊，等. 探地雷达探测桥梁浅基础缺陷的正演研究[J]. 物探与化探，2017，41（1）：183-188.
[5] 吴林龙. 探地雷达技术在桥梁结构无损检测中的应用[J]. 四川建材，2017，43（12）：72-73.
[6] 胡晓丰. 超声波对桥梁基础检测的研究[J]. 林业科技情报，2012，44（1）：104-105.
[7] 庞娜，赵启林，芮挺，等. 基于机器视觉的桥梁检测技术现状及发展[J]. 现代交通技术，2015，12（6）：25-31.
[8] 林国章. 基于机器视觉的桥梁检测技术现状及发展[J]. 中国新技术新产品，2018（11）：9-10.
[9] 叶肖伟，张小明，倪一清，等. 基于机器视觉技术的桥梁挠度测试方法[J]. 浙江大学学报（工学版），2014，48（5）：813-819.
[10] 方亮，龙伦芳. 桥梁智能检测技术[J]. 科技创新与应用，2018（18）：147-148.
[11] 冯路佳. 智能检测为桥梁"把脉问诊"[N]. 中国建设报，2020-09-25.
[12] 孙宗军，刘静，张付各. 桥梁无损检测方法研究与展望[J]. 黑龙江科技信息，2016（35）：255-257.
[13] 陶东阳，毛国庆. 桥梁检测中的无损检测技术应用概述[J]. 黑龙江交通科技，2020，43（9）：130-131.
[14] 赵文胜. 桥梁无损检测技术的研究与应用[J]. 建材与装饰，2020（12）：232-233.
[15] 许宏元. 无人机在桥梁检测中的应用[J]. 中国公路，2017（10）：39-40.
[16] 陈金桥，李佳颖，李慧乐，等. 无人机在桥梁检测中的应用初探[J]. 交通世界，2018（32）：103-106.
[17] 朱志超，王勇，顾传焱. 无人机技术在桥梁养护检测中的应用[C]. 中国公路学会养护与管理分会第八届学术年会，中国福建厦门，2018.
[18] 徐懋刚. 跨海斜拉索大桥自爬行机器人研究及应用[J]. 科技与创新，2019（21）：145-148.
[19] 余朝阳. 斜拉索检测机器人的智能表观检测研究[J]. 公路交通技术，2020，36（2）：86-92.
[20] 高志勇，彭力明. 杭州湾跨海大桥斜拉索检测机器人本体设计[J]. 山西建筑，2012，38（22）：174-175.
[21] 陈辉，于力. 水下机器人在桥梁桩基检测中的应用[J]. 黑龙江交通科技，2019，42（3）：127-128.
[22] 宋福春，张兴，陈冲，等. 大跨预应力混凝土连续梁桥悬臂施工结构控制分析[J]. 沈阳建筑大学学报（自然科学版），2017，33（2）：226-234.
[23] 贺文波. 跨高铁800m半径PC连续箱梁顶推施工控制研究[J]. 铁道工程学报，2019，36（8）：56-61.
[24] 秦大燕，郑皆连，杜海龙，等. 斜拉扣挂1次张拉扣索索力优化计算方法及应用[J]. 中国铁道科学，2020，41（6）：52-60.
[25] 谢明志，卜一之，魏然，等. 千米级混合梁斜拉桥无应力索长及几何线形控制[J]. 重庆交通大学学报（自然科学版），2013，32（3）：374-378.
[26] 刘榕，伍英，丁延书，等. 多塔矮塔斜拉桥结构参数敏感性分析[J]. 铁道科学与工程学报，2018，15（5）：1224-1230.
[27] 邢德华，刘化涤. 基于MATLAB空间索面自锚式悬索桥主缆成桥线形精确计算[J]. 公路，2019，64（6）：131-135.
[28] 梁志磊，宋一凡，闫磊. 悬索桥基准索股定位与调整方法研究[J]. 公路交通科技，2019，36（5）：84-90.
[29] 韩玉，杜海龙，秦大燕，等. 平南三桥施工重难点及关键技术研发[J]. 公路，2019，64（10）：140-146.
[30] 李旭. 桥梁安全监测中的光纤光栅传感技术浅析[J]. 中国建材科技，2017，26（4）：3-4.
[31] 何武超，李劭晖，江震，等. 基于光纤传感技术的桥梁拉索健康监测技术试验研究[J]. 城市道桥与防

洪，2019（6）：140-142，163，17.

[32] 林源. 基于IOT技术的桥梁远程监控系统的开发与设计［J］. 自动化与仪器仪表，2018（7）：117-119.

[33] 吴巨峰，钟继卫. 桥梁结构云监测平台设计与实现［J］. 计算机时代，2017，02）：13-15，19.

[34] 吴杰，胡夏闽，赵吉先，等. 测量机器人系统在苏通大桥动态监测中的应用研究［J］. 公路，2016，61（1）：81-85.

[35] 田保慧，张擎天，张建. 全球卫星导航系统用于桥梁健康监测数据处理分析［J］. 时代农机，2017，44（7）：81-82，84.

[36] 梅文涵，杨建喜. 基于大数据的桥梁监测信息分类技术研究［J］. 科技创业月刊，2015，28（5）：95-98.

[37] 宋福春，段继鹏. 基于时序分析的桥梁健康监测数据预测研究［J］. 北方交通，2019（4）：5-7.

[38] 张立涛，张宇峰. 基于聚类分析的大型桥梁结构健康监测数据异常识别研究［C］. 第21届全国结构工程学术会议，中国辽宁沈阳，2012.

[39] 陈夏春，陈德伟. 多元线性回归在桥梁应变监测温度效应分析中的应用［J］. 结构工程师，2011，27（2）：120-126.

[40] 张立涛. 大型桥梁健康监测系统传感器异常诊断方法研究［J］. 现代交通技术，2011，8（4）：36-39.

[41] 孙利民，尚志强，夏烨. 大数据背景下的桥梁结构健康监测研究现状与展望［J］. 中国公路学报，2019，32（11）：1-20.

[42] 孙晏一. 道桥结构健康监测中的数据甄别处理技术研究［D］. 长春：吉林大学，2012.

[43] 南康. 基于内力包络的桥梁健康监测数据分析［J］. 北方交通，2014（9）：48-51.

[44] Ahmed H, La H M, and Pekcan G. Rebar Detection and Localization for Non-destructive Infrastructure Evaluation of Bridges Using Deep Residual Networks［M］. Advances in Visual Computing. 2019：631-643.

[45] Kullaa J. Robust damage detection using Bayesian virtual sensors［J］. Mechanical systems and signal processing，2020，135:106384.1-106384.15.

[46] Garg P, Nasimi R, Ozdagli A, et al. Measuring Transverse Displacements Using Unmanned Aerial Systems Laser Doppler Vibrometer(UAS-LDV)：Development and Field Validation［J］. Sensors，2020，20（21）：6051.

[47] Arjwech R. Electrical resistivity imaging for unknown bridge foundation depth determination［D］. Texas A&M University，2011.

[48] Michalis P, Tarantino A, Tachtatzis C, et al. Wireless monitoring of scour and re-deposited sediment evolution at bridge foundations based on soil electromagnetic properties［J］. Smart Materials and Structures，2015. 24（12）.

[49] Jeong Y, Kim W, Lee I, and et al. Bridge inspection practices and bridge management programs in China, Japan, Korea, and U.S［J］. Journal of Structural Integrity and Maintenance，2018，3（2）：126-135.

[50] Jeong E, Junwon S, and Wacker J. New Bridge Inspection Approach with Joint UAV and DIC System；proceedings of the Structures Congress 2020, 5-8 April 2020, Reston, VA, USA, F, 2020［C］. American Society of Civil Engineers.

[51] Xia Y, Lei X M, Wang P, Liu G M, Sun L M. Long-term performance monitoring and assessment of concrete beam bridges using neutral axis indicator［J］. Structural Control & Health Monitoring，2020，27（12）：1-18.

[52] Yamazaki F, Kubo K, Tanabe R, and et al. Damage assessment and 3d modeling by UAV flights after the 2016 Kumamoto, Japan earthquake；proceedings of the 2017 IEEE International Geoscience and Remote Sensing Symposium(IGARSS), 23-28 July 2017, Piscataway, NJ, USA, F, 2017［C］. IEEE.

[53] Shrestha A, Dang J, Wang X, et al. Smartphone-Based Bridge Seismic Monitoring System and Long-Term Field Application Tests［J］. Journal of structural engineering，2020，146（2）：04019208.1-04019208.14.

[54] Pham A Q, La H M, La K T, and et al. A Magnetic Wheeled Robot for Steel Bridge Inspection［M］. Advances in Engineering Research and Application. 2020：11-17.

[55] Kaloop M R, Jong Wan H, and Elbeltagi E. Time-series and frequency-spectrum correlation analysis of bridge

performance based on a real-time strain monitoring system［J］. ISPRS International Journal of Geo-Information, 2016, 5（5）: 61.

［56］ Puri N, Turkan Y. Bridge construction progress monitoring using lidar and 4D design models［J］. Automation in construction, 2020, 109:102961.1-102961.15.

［57］ Vicente M A, Gonzalez D C, Minguez J, and et al. A Novel Laser and Video-Based Displacement Transducer to Monitor Bridge Deflections［J］. Sensors, 2018, 18（4）: 739-753.

［58］ 王明俊，王湛，陈炳聪，等. 桥梁健康监测系统发展回顾［J］. 城市道桥与防洪, 2019,（11）: 53-56, 10.

［59］ Fujino Y, and Siringoringo D M. Bridge monitoring in Japan: The needs and strategies［J］. Structure and Infrastructure Engineering, 2011, 7（7-8）: 597-611.

［60］ Sun L M, Li Y X, Zhang W. Experimental Study on Continuous Bridge-Deflection Estimation through Inclination and Strain［J］. Journal of Bridge Engineering, 2020, 25（5）: 04020020-1-14.

［61］ D'Amico F, Gagliardi V, Ciampoli L B, et al. Integration of InSAR and GPR Techniques for Monitoring Transition Areas in Railway Bridges［J］. NDT & E International, 2020, 115: 102291.

［62］ Farhangdoust S, and Mehrabi A. Health monitoring of closure joints in accelerated bridge construction: A review of non-destructive testing application［J］. Journal of Advanced Concrete Technology, 2019, 17（7）: 381-404.

［63］ Scianna A M, and Christenson R. Probabilistic structural health monitoring method applied to the bridge health monitoring benchmark problem［J］. Transportation Research Record, 2009（2131）: 92-97.

［64］ Ngeljaratan L, Moustafa M A. Structural health monitoring and seismic response assessment of bridge structures using target-tracking digital image correlation［J］. Engineering Structures, 2020, 213: 110551.

［65］ Alani A M, Tosti F, Ciampoli L B, et al. An Integrated Investigative Approach in Health Monitoring of Masonry Arch Bridges Using GPR and InSAR Technologies［J］. NDT & E International, 2020, 115: 102288.

［66］ Hajializadeh D, Obrien E J, and Oconnor A J. Virtual structural health monitoring and remaining life prediction of steel bridges［J］. Canadian Journal of Civil Engineering, 2017, 44（4）: 264-273.

［67］ Cappello C, Zonta D, Laasri H A, and et al. Calibration of Elasto-Magnetic Sensors on In-Service Cable-Stayed Bridges for Stress Monitoring［J］. Sensors, 2018, 18（2）: 466.

［68］ Xia Y, Jian X D, Yan B, Su D. Infrastructure Safety Oriented Traffic Load Monitoring Using Multi-Sensor and Single Camera for Short and Medium Span Bridges［J］. Remote Sensing, 2019, 11（22）: 1-21.

［69］ Izumi C, Akutagawa S, Ravi Sekhar C, and et al. On-site visualization monitoring for long span bridge on Delhi metro project［J］. Current Science, 2014, 106（9）: 1280-1290.

［70］ Yang H, Omidalizarandi M, Xu X, and et al. Terrestrial laser scanning technology for deformation monitoring and surface modeling of arch structures［J］. Composite Structures, 2017, 169: 173-179.

［71］ Treacy M A, E Brühwiler. A direct monitoring approach for the fatigue safety verification of construction joint details in an existing post-tensioned concrete box-girder bridge［J］. Engineering Structures, 2015, 88: 189-202.

［72］ Oskoui E A, Taylor T, and Ansari F. Method and monitoring approach for distributed detection of damage in multi-span continuous bridges［J］. Engineering Structures, 2019, 189: 385-395.

［73］ Khan M A. Accelerated Bridge Construction: Best Practices and Techniques［M］. Elsevier Inc, 2014.

桥梁运维与管理发展研究

一、引言

桥梁工程全寿命周期包括规划、设计施工、运维管理三个阶段。桥梁工程交工后就进入通车试运行阶段，竣工验收后正式进入运营阶段。运维是"运营"与"维护"的简称。按照国际设施管理协会（International Facility Management Association，IFMA）的定义，运维管理是"以保持基础设施高品质使用和提高投资效益为目的，以最新技术对在役基础设施进行整备和维护管理的工作"。服役期内的桥梁在载荷疲劳效应、环境腐蚀和材料老化等因素的耦合作用下，将不可避免地出现桥梁结构损伤积累和抗力衰减，从而降低其抵抗灾变的能力。这些损伤若不能得到及时的发现和修复，轻则影响行车安全和缩短桥梁使用寿命，重则导致桥梁突然破坏和倒塌。通过维护措施确保桥梁工程的正常运营服务，在这个过程中，"管理"工作必不可少。桥梁运维与管理是桥梁工程建造过程的延续。

根据交通运输部统计显示，截至 2020 年 12 月底，我国在役公路桥梁总数达 91.28 万座、6628.55 万延米，比上年增加 3.45 万座、565.10 万延米，其中特大桥梁 6444 座、1162.97 万延米，大桥 119935 座、3277.77 万延米。截至 2020 年 12 月底，全国铁路营业里程 14.6 万千米，比上年末增长 5.3%，其中高铁营业里程 3.8 万千米。铁路中一般进行以桥带路，桥梁里程在铁路总里程中占比很高。根据国家统计局的统计，2019 年，我国城市桥梁数量达到了 7.62 万座，比上年增加 0.28 万座。综合上述数据，目前我国在役桥梁总数已突破 100 万座，桥梁数量及里程已经跃居世界第一，斜拉桥、悬索桥、拱桥、梁桥及跨海大桥类型全面，成为名副其实的大国。但是，桥梁老龄化问题逐步凸显，调查显示，我国四、五类危桥综述超过 9 万座，桥梁运维与管理工作任重道远。

检测、评估、养护、加固、管理是桥梁运维与管理的主要工作。桥梁检测（健康性检查）的核心任务是通过定期和不定期的检测监测掌握运营期内桥梁的健康状况，这是正常开展桥梁养护工作的基础，是保证桥梁养护得以科学开展的前提；评估（结构性能评估）的核心任务是对桥梁技术状况、承载能力与荷载、环境、结构性能退化之间的关系进行定性、定量评估，确定桥梁的使用状态与结构性能；养护的核心是采用最佳成本效益的养护措施确保桥梁资产的优化，强调养护工作的主动性、计划性、合理性；适时开展预防性养护，能延缓性能过快衰减、延长工程使用寿命，提高资金使用效益，是一种主动防护措施；加固（延续性再造）的核心是基于循环经济与可持续发展理念，通过合理的材料、结构及工艺措施，提升性能退化桥梁的安全服役水平；管理（社会性管理）更多地强调通过引入社会系统运行管理方法，对超载、船撞、火灾、人为破坏、交通事故、恐怖袭击等事件进行应急处置与管理，确保人 – 车 – 桥 – 环系统的安全，并通过防御性监控，实现风险隐患的监测与消除。

桥梁工程面临复杂的自然条件、地质环境和社会环境，创新技术首次在工程中应用也会暴露出一些新问题（建造的风险或认识之外的新挑战），这些情况需要采用对应的再建造技术与方法予以解决，继续保障和提升工程的服务水准。此外，智能传感、大数据、人工智能、物联网等技术的出现，为桥梁运维与管理技术的突破提供了良好的契机，成为近年来国内外研究的热点。

二、国内桥梁运维与管理发展现状

（一）结构状态评估方法与标准

1. 养护规范体系的建立与不断完善

（1）公路桥梁养护规范

随着公路网的形成，公路交通发展重点逐步由建设转向加强养护、规范管理、提升服务、完善路网支撑系统等方面。结合公路工程的实际需求和发展趋势，2013 年，《公路工程标准体系》进行修订，于 2017 年发布实施（以下简称"17 版体系"）。"17 版体系"立足公路交通发展实际，对原体系框架进行了全面调整，符合公路"建、管、养、运"协调发展的总体思路。"17 版体系"的体系结构图如图 167 所示，目前现行和在编标准共 240 本。公路桥梁工程标准规范体系涵盖其中，涉及桥梁养护方面的主要标准板块见表 36。

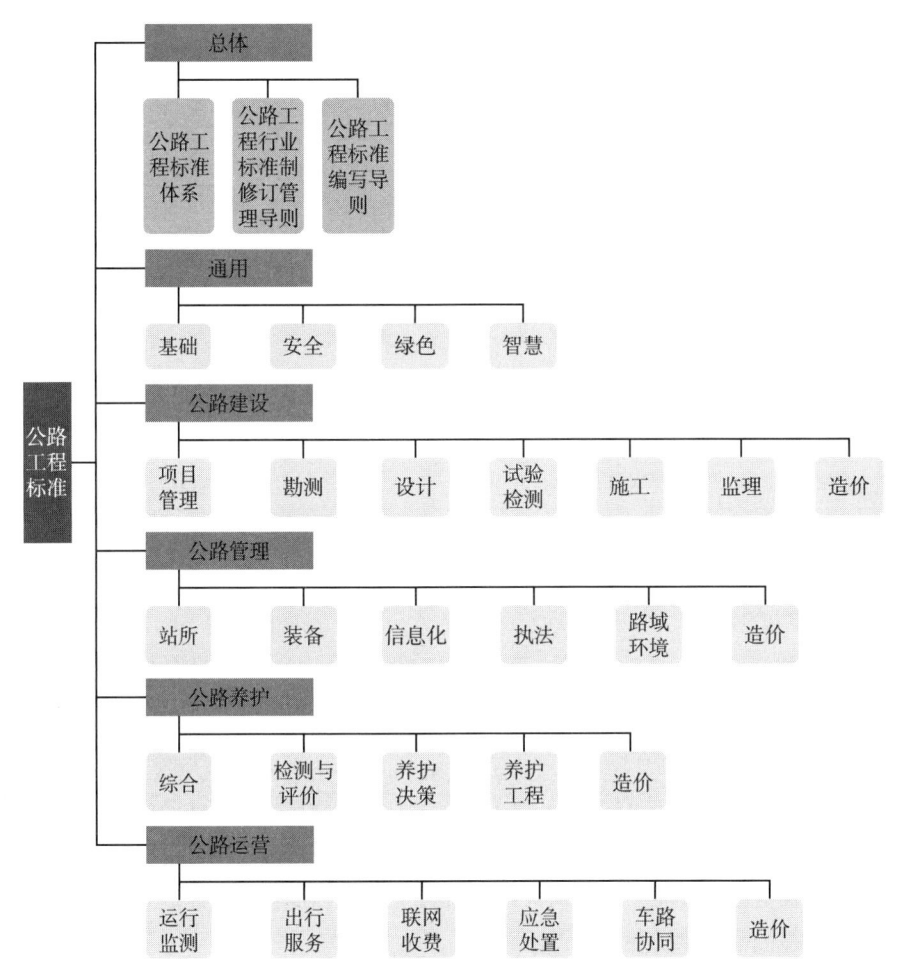

图 167　公路工程标准"17 版体系"结构框图

表 36　最新公路桥梁养护技术标准体系

板块	类型	数量	状况	标准名称
养护板块	综合	5 部	修订 1 部	《公路桥涵养护规范》（JTG H11-2004）
			在编 4 部	《公路桥梁预防性养护规范》
				《公路钢结构桥梁养护技术规范》
				《跨海桥梁养护技术规范》
				《公路缆索体系结构桥梁养护技术规范》
	检测与评价	6 部	现行 1 部	《公路桥梁荷载试验规程》（JTG/T J21-01-2015）
			修订 2 部	《公路桥梁技术状况评定标准》（JTG/T H21-2011）
				《公路桥梁承载能力检测评定规程》（JTG/T J21-2011）

续表

板块	类型	数量	状况	标准名称
养护板块	检测与评价	6部	在编3部	《公路桥梁耐久性检测评定规程》
				《公路桥梁现场检测技术规程》
				《公路桥梁加固工程质量检验评定标准》
	养护决策	0部	—	—
	设计	1部	修订1部	《公路桥梁加固设计规范》（JTG/T J22-2008）
	施工	3部	修订1部	《公路桥梁加固施工技术规范》（JTG/T J23-2008）
			在编2部	《桥梁支座和伸缩装置病害评估、维护与更换技术规范》（JTG/T 5532）
				《公路斜拉桥换索技术规程》（JTG/T 5533）
	造价	1部	在编1部	《公路桥梁加固工程预算定额》

1）养护板块综合规范。

桥梁养护综合类规范共5部。现行规范有《公路桥涵养护规范》（JTG H11-2004）以及含有部分桥梁养护的《公路养护技术规范》（JTG H10-2009）。另有《公路桥梁预防性养护规范》《公路钢结构桥梁养护技术规范》《跨海桥梁养护技术规范》《公路缆索体系结构桥梁养护技术规范》4部在编。

《公路桥涵养护规范》（JTG H11-2004）是我国第一部专门针对公路桥涵养护管理的技术规范，对干线公路上的桥涵构造物养护作了全面规定，包括建立检查制度、建立养护数据管理系统、灾害应急预案、新建或改建桥梁交工接养、技术状况评定等，有效规范和支撑了各级养护部门的管理工作。

2）养护板块检测评价规范。

桥梁检测评价规范共6部，现行标准主要有《公路桥梁承载能力检测评定规程》（JTG/T J21-2011）、《公路桥梁技术状况评定标准》（JTG/T H21-2011）和《公路桥梁荷载试验规程》（JTG/T J21-01-2015）。目前，《公路桥梁承载能力检测评定规程》（JTG/T J21-2011）、《公路桥梁技术状况评定标准》（JTG/T H21-2011）均处于修订状态。另有《公路桥梁耐久性检测评定规程》《公路桥梁现场检测技术规程》和《公路桥梁加固工程质量检验评定标准》3部在编。

桥梁检测与承载力评定是判定桥梁安全性的重要手段，涉及检测、荷载试验、评定方法和检测仪器设备等多方面内容。《公路桥梁承载能力检测评定规程》（JTG/T J21-2011）依据桥梁质量状况及耐久性参数和结构固有模态参数测试，采用旧桥检算、承载力恶化、截面折减及活载影响修正等多系数影响分析的方法，基于近似概率理论建立了承载力评定方法与参数体系，确定了相关评定指标、评定方法与评定标准。

《公路桥梁荷载试验规程》（JTG/T J21-01-2015）首次明确了荷载试验测试设备和技术

要求，明确了静载试验和动载试验内容、车辆要求、测点布置、数据分析和现场实施要求。

《公路桥梁技术状况评定标准》（JTG/T H21-2011）按不同桥型进行桥梁评定分类，细化不同桥型的部件分类，根据不同桥型的部件类型制定权重，根据病害损伤程度制定了相应得分，全桥评定采用分层综合评定和单项指标控制相结合的方法，将评定指标进行细分并提出了量化标准，提出了5类桥梁技术状况等级。该标准还完善了拱式桥、悬索桥、斜拉桥等特殊结构的技术状况评定方法。

3）养护板块设计施工规范。

桥梁设计施工规范有4部，现行标准有《公路桥梁加固设计规范》（JTG/T J22-2008）、《公路桥梁加固施工技术规范》（JTG/T J23-2008），另有《桥梁支座和伸缩装置病害评估、维护与更换技术规范》（JTG/T 5532）、《公路斜拉桥换索技术规程》（JTG/T 5533）在编。

《公路桥梁加固设计规范》（JTG/T J22-2008）和《公路桥梁加固施工技术规范》（JTG/T J23-2008）针对承载力不足和已产生病害的桥梁，依据现场检测数据对桥梁加固方案的选择、主要材料、主要工艺、主要计算方法、细部构造设计及施工过程作出了规定。

（2）公路桥梁养护制度

除了桥梁养护标准、规范外，在行业层面上，交通运输部还出台了许多有关桥梁养护管理的相关制度。为适应公路桥梁养护发展需要，规范和加强公路桥梁养护管理工作，进一步提高公路桥梁养护水平和公共服务能力，近年来交通运输部颁布了多项有关桥梁养护管理和安全运行的制度，旨在规范桥梁养护管理工作、保障桥梁结构安全运营、提高桥梁运营使用功能。目前，最为公路桥梁养护管理人员所熟知的有以下四项制度：《公路桥梁养护管理工作制度》（交公路发〔2007〕336号）、《交通运输部关于加强公路桥梁养护管理工作的若干意见》（交公路发〔2013〕321号）、《公路养护工程管理办法》（交公路发〔2018〕33号）、《公路长大桥隧养护管理和安全运行若干规定》（交公路发〔2018〕35号）。

（3）铁路及市政桥梁养护规范及制度

目前，铁路桥梁参考的养护规范主要是《铁路桥梁检定规范》（铁运函〔2004〕120号），相关制度主要包括中国铁路总公司印发的《铁路桥梁检定评估管理办法》（TG/GW275-2015）。

目前，我国城市桥梁养护主要依据的规范是《城市桥梁养护技术标准》（CJJ 99-2017），相关制度主要包括建设部发布的《城市桥梁检测和养护维修管理办法》（建设部令第118号）。

2. 检测和监测技术的发展与设备的提升

桥梁检测技术是一门多学科综合的应用技术，涉及桥梁的计算理论、实验测试技术、仪器设备性能、数据采集和传输技术、数理统计分析等方面，有较强的综合性、应用性和复杂性。桥梁检测主要借助现代检测手段，通过现场测试、病害诊断和分析，了解桥梁病害发生部位、严重程度、产生原因以及对桥梁安全的影响，评定其技术状况和承载能力，从而为桥梁养护维修提供可靠的技术数据和依据。目前，常用的检测方法主要有采用便携式测试设备的无损检测技术、测试结构力学性能的实桥荷载试验技术等。特殊情况下采用损伤检测。

我国检测仪器精度及稳定性还有待提高，高精度监测设备和隐蔽工程检测设备、远程非接触检测设备等大多依赖进口，目前缺乏针对常规桥梁的快速检测技术与设备以及针对大跨度索承桥梁关键构件的无损检测技术与设备，结构内部缺陷快速检测与诊断前沿技术、关键检测技术和自主装备等远不能满足桥梁养护管理的需求。

目前主要的检测对象包括：水下基础、桥面铺装、钢箱梁、主缆、吊索、斜拉索、混凝土结构等。

（1）水下基础检测

水下基础表观病害的检测方法包括：人工潜水检测、组合式水下摄像、水下机器人检测。组合式水下摄像检测仪的优点在于检测速度快、成本低，且检测人员作业较安全。但是，该设备对检测环境要求高，只在水质较清（水体透明度＞85cm、水体浑浊度＜20NTU）、基础表面无水草等微生物附着且基础在水中部分深度不超过5m的环境下，其检测效果较好。该方法适合检测山区桥梁及平原地区中、小跨径桥梁基础，不适用于平原地区大跨径桥梁及跨海大桥的基础检测。

水下基础冲刷的检测是通过水下地形测量实现的。根据水下地形现状图与施工时地形图、河床资料的比较，确定河床下切量及基础掏空情况，同时为水下目视检测提供参考，找出桥梁水下基础可能存在的冲刷病害。现行基础冲刷识别方法主要有三维激光扫描、GPS结合水深仪及水下三维全景成像声呐技术。

（2）桥面铺装检测

针对桥面铺装内部结构、表面性能多源数据同步采集及融合标定技术难题，探地雷达、激光扫描、无人机倾斜摄影等技术可作为钢桥面铺装病害信息化采集的手段。探地雷达技术作为一种新兴的无损检测工具，具有高效快速、简易操作、无损害、检测连续等诸多优点。激光扫描技术可以快速采集桥面铺装层表面的病害数据信息，目前的激光扫描检测装备可以实现高精度匀速、小型化、低振动的扫描检测。无人机倾斜摄影可通过自带拍摄像机、激光雷达等控制设备完成桥梁铺装浅表面病害的拍摄取证，同时还可以利用拍摄影像进行桥梁整体三维模型的空间三角计算，实现对铺装结构各关键阶段的服役数据快速采集，从而及时获悉桥梁运行状态。

（3）钢箱梁疲劳预防检查

钢箱梁构造复杂、构件数量多，且开裂前期表观特征不明显，肉眼很难观测。目前，由于现场检测工作体量大、检测针对性差及检测方案不尽合理，导致早期无法及时发现疲劳病害。为了解决该问题，根据国内外多座钢桥病害统计与成因分析，提出了钢箱梁疲劳的重点部位。通过经常检查和定期检查，把握钢箱梁疲劳状况。经常检查是对钢箱梁进行全面定性检查，判断基础状态，及时排查异常情况；定期检查是明确技术状况，对钢箱梁进行定量检查，并建立了钢箱梁"固定部位＋分层抽样部位"的定期检查方案，从而实现对钢箱梁进行分级检查。检查过程中优先对重点部位进行检查，及时发现问题，提高检查工作效率与效果。

（4）主缆监检测

主缆的监检测主要包括主缆外观检查、主缆锚跨拉力检查、主缆内部锈蚀状况检查、断丝检查等。从检测手段来看，目前主要是采用开缆目视检查，还缺少无损检测主缆内部腐蚀和断丝的技术手段。在监测方面，缆索结构的声发射监测研究主要集中在对钢丝断裂的识别，但目前钢丝的损伤断丝纵向定位还仅仅停留在一维时差定位，而且需要在钢丝端部固定两只传感器才能实现损伤断丝点的纵向定位，这给工程应用带来了极大程度的不便。

（5）其他无损检测技术和设备

随着测试方法和电子技术的发展，出现了许多新的测试方法，例如微波吸收、雷达扫描、红外热谱以及脉冲回波等新技术，无损检测仪器也发展到一个新的水平。近年来，高灵敏传感系统（如红外、微波、射线等系统）不断出现，使无损检测设备向集约化、小型化、数字化、智能化的方向发展；无人机、附着式攀爬机器人等载具平台的技术进步也带来了基于计算机视觉的桥梁外观病害自动识别技术的快速发展。由于桥梁结构复杂，环境多变，大量病害存在隐蔽性，其检测与评价有一系列特殊要求，其中仍有较多关键核心问题尚待解决。桥梁非接触式检测技术（如无人机桥梁外观检测、近景变形测量、基于微波雷达的桥梁变形检测技术等）、缆索腐蚀断丝检测技术、钢结构疲劳裂纹快速检测、有效预应力值检测、预应力孔道压浆密实度检测技术以及关键部件隐蔽部位新型无损检测技术也是近年来本领域的主要研究热点。

（6）荷载试验技术和设备

桥梁荷载试验是通过测试结构在试验荷载作用下的应力、挠度等响应值，分析和判定桥梁整体受力性能是否满足设计和规范要求，是评定桥梁结构工作状况最直接和最有效的手段。桥梁静载试验时，需要量测结构的反力、应变、位移、倾角和裂缝等物理量，常用的量测仪器有百分表、千分表、位移计、应变计（应变片）、应变仪、精密水准仪、经纬仪、全站仪、倾角仪和刻度放大镜等。动载试验量测动应变或动挠度，常用的测试仪器有动态数据采集仪、低频拾振器、激光挠度仪等。目前，随着静动态全无线应变、位移传感器和采集系统的推广应用，荷载试验逐步向"无人值守"化方向发展，相比传统荷载试验，其工作效率可得到了显著提升，大幅减少测试人员的投入，节省现场布线收线和测试的时间，减少对既有交通的影响。

（7）监测与预警技术

在桥梁传感与测试技术领域主要开展了以下几方面的研究工作：针对既有测试手段开

发新型传感器，使之适应桥梁监测对设备耐久性、稳定性的需求，例如光纤光栅应变传感器就是利用应变测试的原理开发且比振弦应变传感器等具有更好的耐久性、稳定性；应用其他领域的成熟技术监测桥梁的参数指标，以满足桥梁监测对实时性的需求，例如 GPS/北斗卫星定位技术应用于桥塔、主梁等方面的大变形监测；针对桥梁安全监测对某些参数指标的需求研发专用的监测设备，例如连通管原理的静力水准仪就是为了满足对桥梁下挠及整体线形的监测需求而专门研制的。此外，研发了低能耗的桥梁无线监测设备、无线数据传输与处理技术、损伤识别方法和安全评定与预警技术。目前，长大桥梁的安全评定与预警已经从单体大桥的预警向区域化、群组化、云端化的大数据方向发展。

3. 技术状况等级评定与专项性能评定

（1）评定技术

我国桥梁的技术状况评定技术包括承载能力评定、耐久性评定、适用性评定等。经过20年来的迅猛发展，目前已与国际先进水平的差距不大。在承载能力评定方面，以基于概率理论的极限状态设计方法为基础，采用引入分项检算系数修正极限状态设计表达式的方法，对在用桥梁承载能力进行评定；在耐久性评定方面，采用外观耐久状态与剩余耐久年限相结合的方法进行耐久性评定；在适用性评定方面，采用变形控制、裂缝宽度控制、振动舒适度控制等方法保证结构的正常使用状态。

（2）专项评估技术

1）钢桥面铺装结构性能数据评估。钢桥面铺装结构性能的评估方式与钢桥面铺装服役性能数据采集的方式相关，传统的人工巡检方式对人力资源的消耗较大，且得到的图像、病害位置、病害尺寸等数据间的关联性较差。在此基础上，近年来人工结合机器巡检的方式正在逐步取代完全人工式的巡检，人机结合式的巡检可以提升铺装病害识别检测的精度，专业的技术人员驾驶特定的性能检测仪器可同步提高检测效率与降低安全风险。钢桥面铺装养护的总体思路为病害识别与性状分析，使用性能评价、性能衰变规律总结，最终提出智能化养护决策方法。上述智能化养护决策方法背后的数据支撑需要建立在数据融合与深度挖掘的基础上。铺装性能结构的评估一是通过对新增病害、历史病害等数据进行全生命周期的采集，完成现有铺装服役性能的多尺度评估；二是通过对历史数据的分析与算法学习，得出未来一定期限内铺装结构服役性能的衰变规律。具体来说，这种评估体系应分为数据识别、数据提取与数据挖掘分析三个方面。

2）钢箱梁疲劳预防评定与决策。钢箱梁疲劳预防评估方法可依据《公路桥梁钢箱梁预防养护规范》（DB32-T 3820-2020）相关规定。基于国内各类桥型、各地域的钢箱梁病害类型、病害特征、分布规律、发展规律及对结构的影响进行统计分析，明确钢箱梁疲劳病害重点部位，为高效科学的检测、评估提供基础。在现有评定规范基础上，对疲劳损伤评定等级进行划分，如表37所示，并根据疲劳损伤评定等级，进行预防养护决策，如表38所示。

表 37 疲劳损伤预防评定等级

构件特征	评定等级	
	次要部位	重点部位
完好	1	2
存在表观质量缺陷	2	3
已出现涂层劣化、明显的局部变形，或局部应力幅较大	3	4
出现细小裂纹，裂纹处于扩展初期阶段	4	5

表 38 疲劳损伤预防养护决策

评定等级	养护决策
1、2	可仅进行经常检查
3	在定期检查中进行局部检测
4	参考 DB32-T 3820-2020 第 9 章内容，制定预防养护方案
5	参照 DB32/T 3644-2019 相关规定执行

3）主缆评估。目前，主缆评估主要参照2004年美国国家公路合作研究规划（NCHRP）第 534 号报告（以下简称"534 报告"）进行。该报告为悬索桥平行钢丝缆索的检测及强度评估提供了指南，成为世界各国悬索桥主缆评估借鉴的主要标准，如英国的塞文桥的主缆检测与评估即参照了 534 报告。

"534 报告"中对主缆钢丝的内部检查、腐蚀程度评级、断裂钢丝判别以及响应的标准检测流程均有涉及，并且对主缆的剩余强度评估方法提供了 3 种可以供工程选用的简化计算模型，具有较强的工程使用价值，但"534 报告"作为一部指南性文件，具有特定的适应性。更多的是针对欧美等发达国家的运营服役时间较长、主缆钢丝腐蚀较严重的某些悬索桥使用，不具有普遍适用性。对于我国总体数量庞大、运营时间较短的悬索桥并不十分适用，主要问题集中在钢丝取样数量较多、投入人力资源较大、检测评估费用较高等。

（二）桥梁预防性养护

1. 钢桥面铺装

根据钢桥面铺装工程多年的实践，预防性养护措施有裂缝填封、雾封层、微表处等。随着新型养护材料的出现与养护工艺的改进，高韧性树脂薄层罩面、水性环氧改性乳化沥青抗滑细表处等新型材料结构在铺装养护工程中逐步实践。随着人工智能、大数据、物联网、云技术的快速发展，铺装管养正在呈现智能化全面精准检测、高频动态评估与预警、多源异构数据融合评价、基于数据预防性的精准养护、全寿命周期管养的发展趋势。

2. 正交异性钢桥面板疲劳裂纹

正交异性钢桥面板疲劳裂缝的预防性养护主要有焊趾磨削、主动冲击等方法。焊趾磨削是使用手持式打磨工具，对焊趾处进行打磨，加大焊趾处的圆角，使过渡更加平滑，减少应力集中和消除焊缝夹渣，从而提高焊缝的疲劳性能。设置角撑板技术是在易疲劳部位设置附加构造，增加局部刚度，减小疲劳构件的面外变形和应力，降低疲劳构件应力幅，改善该细节的疲劳性能。冲击动力装置由空气压缩机或超声发生器及气动冲击锤头组成，通过对焊缝部位进行锤击，改善焊趾形状，使焊缝表面产生塑性变形，引入残余压应力，从而提高焊缝的疲劳性能。

3. 结构耐久性处置

（1）混凝土结构

近年来，混凝土结构耐久性能的提升主要表现在钢筋和混凝土抗腐蚀性两方面。

钢筋抗腐蚀性提高的方法主要有采用耐腐蚀筋材、表面防护和电化学保护等。耐腐蚀筋材主要有不锈钢筋、FRP 筋等；表面防护主要是环氧涂层、镀锌涂层、聚合物涂层等；电化学保护主要包括牺牲阳极保护法、阴极保护法、电化学再碱化法、电沉积修复法、电化学除氯法等，其中最常用的是阴极保护法。

混凝土抗腐蚀性提高主要包括提高混凝土抗渗性、使用阻锈剂、增大保护层厚度、混凝土表面涂层防护。使用低水胶比的高/超高性能混凝土、掺加火山灰材料降低混凝土孔隙率均可提高混凝土抗渗性；阻锈剂通过增加钢筋钝化膜的抗氯离子能力，延缓钢筋腐蚀；增加保护层厚度是提高混凝土结构耐久性最直接的方法；表面涂层防护可以阻断或减少有害离子的侵蚀。

（2）钢结构

钢结构的防腐措施包括预留腐蚀厚度、涂层防腐、金属热喷涂、牺牲阳极阴极保护、外加电流阴极保护、包覆层防腐及采用除湿系统等。预留厚度是指设计时预加腐蚀富余量，即对泥面以上区段或整个钢桩预留一定的厚度。涂层防腐是钢结构防腐蚀最普遍采用的方法。金属热喷涂保护系统包括金属喷涂层和封闭剂或封闭涂料，复合保护系统还包括涂装涂料。阴极保护是海水平均低潮位以下包括水下和泥下区的钢构件防腐的最有效方法，通常也与涂层联合保护。包覆层防腐技术采用优良的缓蚀剂成分并采用能隔绝氧气的密封技术。除湿系统主要应用于悬索桥主缆、鞍座和各种钢结构箱梁上，一般由干空气系统、密封系统、监控系统、管理养护系统等组成。

（3）关键设施

1）桥梁支座。目前，桥梁支座主要包括橡胶类支座和钢支座（盆式支座、球型支座、摩擦摆支座）等。橡胶类支座养护管理中关注焦点为板底脱空、剪切变形、橡胶开裂与老化、移位变形等方面。钢支座养护管理的重点与橡胶支座有相似之处，但存在钢件锈蚀、滑板磨损与挤出、螺栓松动等区别。桥梁支座的更换方法主要有枕木满布式支架法、整体同步顶升法、鞍型支架法、桥面钢导梁法、钢扁担梁法等几种类型,这些支座更换方法的适用范围不同,技术要求不一。

2)阻尼器。大跨度桥梁阻尼器主要包括黏滞阻尼器、金属阻尼器等。黏滞阻尼器养护管理关注重点为阻尼介质泄漏、部件锈蚀、锚固底板脱空、耳板转动受限等。金属阻尼器主要有软钢阻尼器、电涡流阻尼器,其主要病害为部件锈蚀、丝杆磨损等。现有养护措施都是针对上述病害展开针对性的处理。

3)伸缩缝。伸缩装置主要有模数式、梳齿板等类型,主要适应主梁受风荷载、汽车制动力、地震作用及温度变形等引起的自由伸缩。伸缩装置服役中主要关注焦点为橡胶止水带、缝隙宽度、噪声、钢件涂装层、螺栓紧固、连接混凝土结构等几方面。

(三)桥梁加固与改造

1. 中小梁桥拼宽改造技术

桥梁拼宽主要问题有:①合理的连接接缝构造;②拼宽后新旧桥梁受力特性变化分析,包括桥梁拼宽后旧桥受力性能,新桥和旧桥之间沉降差以及收缩徐变差对新旧桥整体和接缝局部受力特性的影响等;③桥梁拼宽拼接施工的问题,包括材料的合理选择、不中断交通施工工艺等。一般来讲,新旧桥连接主要有三种连接方式:一是上下部结构分离,是指桥梁的下部结构和上部结构主梁都分离的一种新旧桥拼宽方式,新旧桥桥面铺装可以有一定程度的连接;二是上下部结构均连接的方式,是指将桥梁的下部结构,主要是桥墩、盖梁等,以及上部结构主梁都进行连接,采用这种方式连接有效、可靠、整体性强;三是仅上部结构的连接形式,这是目前高速公路连接中比较常用的连接方式,其下部结构相互独立,而上部结构的主梁通过各种方式进行比较强的连接。

2. 关键结构维修与改造技术

(1)主缆密封防护性能提升与除湿系统增设

从全世界主缆防腐体系发展历程分析,总体上经历了三次重要的技术革新,分别为:腻子+圆形缠丝+涂料涂装结构的传统防腐体系创立、缠带+黏合层+缠带结构的合成护套防腐体系、主缆除湿技术。近年来,还出现了几次非常有代表性的技术创新,包括S缠丝代替圆形缠丝、缠包带作为新型的主缆密封材料替代涂层以及主缆除湿+缠包带的组合防腐方案。

(2)吊索更换及索夹螺杆补张

1)吊索更换。目前常用的吊索更换方法主要有临时支架法、临时兜吊法和临时吊索法。其共同原理就是采用临时替代系统,将待换吊索的索力转移到临时替代上,然后拆除旧吊索,安装新吊索,最后将临时替代上的索力转移到新吊索上。

2）索夹螺杆预紧力测试与补张。超声波拔出法是利用超声波回波长度来捕捉外加荷载与螺杆紧固力相同时螺杆"脱离"这一临界状态，从而通过外荷载的测量准确获得螺杆的紧固力。该方法将拔出法和超声波回波法有机结合起来，克服了两种方法各自的缺点，在悬索桥索夹螺杆应力测试中达到了很高的实用精度。索夹螺杆力的下降持续发生，初期较大，后期平缓，总体下降幅度较大，可能影响结构安全。对通车以来未进行过索夹螺杆补张的悬索桥，无论是大跨悬索桥还是中小跨径的自锚式悬索桥，均应尽快开展索夹螺杆力的检测及补张工作。可以采用抽检的方式，对不同位置的索夹螺杆和不同规格的螺杆进行检测，根据检测结果进行分析，确定是全面还是分批进行补张。

（3）斜拉索、吊索防振动改造

斜拉索、吊索的振动控制通常通过改变索结构的刚度、气动外形或者提升拉索阻尼比来实现。常见的控制措施包括三种：改变拉索气动外形、改变拉索刚度、安装阻尼装置。提升阻尼的措施对抑制所有的振动形式都有效。阻尼装置通常安装在近拉索下锚固端，常见类型有内部阻尼器、油阻尼器、磁流变阻尼器、黏性剪切型阻尼器。近年来出现了两种新型阻尼器，即惯质阻尼器、电涡流阻尼器。

（4）正交异性桥面板疲劳裂纹处治

正交异性板的疲劳开裂处治技术，根据实施效果大致可以分为临时维修措施和修复措施。临时维修措施主要是指钻孔止裂技术。修复技术目前以裂纹焊合、局部补强、冲击裂纹闭合修复等为主。钻孔止裂技术通过钻孔去除裂纹尖端的塑性区，消除尖端的应力集中，从而延缓或阻止疲劳裂纹继续扩展，延长构件的疲劳寿命。裂纹焊合法是一种常规的疲劳裂纹修复方法，主要用于气动冲击和钻孔维护后仍继续扩展且长度超过150mm的裂纹。局部补强技术通过对开裂部位实施一定的外部约束以提高局部的刚度，降低开裂部位应力幅，从而起到延缓裂纹扩展的效果。气动冲击技术主要是通过高速冲击使钢板表面产生明显的塑性变形，钢材表面的开口裂纹产生闭合，并在周围引入较大的残余压应力来抵消或者部分抵消焊接残余拉应力。新型疲劳处治措施包括高性能组合桥面体系整体改造、粘贴碳纤维布局部改造等。

3. 关键结构加固技术

（1）下部结构与基础加固

以桥墩、承台、基础等代表的下部结构的病害加固方法较多，按加固目的可分为一般维修、加固补强两类。按加固方式可分为缺陷修复法、冲刷监测与防护恢复、增大截面法（含高性能混凝土补强加固）、地基补强法、体外预应力法、改变体系法等，其中增大截面法最常用。按施工环境又可分为干法施工和带水作业。带水作业不需设置专门的围堰隔水，主要作业可直接在水中进行；干法施工则设置专门的围堰隔水形成干环境后再对下部结构实施加固。

（2）高性能纤维加固

现阶段桥梁混凝土加固纤维增强材料主要包括玻璃纤维、碳纤维、芳纶纤维及玄武岩纤维等增强聚合物。采用玻璃纤维复合材料进行结构加固，能够使原结构的承载力、延性等力学指标显著增强。芳纶纤维布加固法能够有效改善混凝土梁的弯曲性能。碳纤维加固技术主要应用于混凝土梁、桥墩或桥面的加固及维修。玄武岩纤维布抗拉强度的稳定性明显优于玻璃纤维布和芳纶纤维布，延伸率也更好，相对于碳纤维布价格更低廉。将不同纤维增强材料混杂，既可兼顾二者的强度和延伸率，又可提高材料的利用效率，同时降低成本。混杂纤维的平均断裂应变与单一纤维材料相比有明显的提高。而碳纤维布和芳纶布加固钢筋混凝土梁可减小其跨中挠度，提高整体抗弯刚度，并能有效地约束裂缝开展。

（3）桥梁整体顶升

通过对桥梁的顶升，能够有效提高桥下净高，满足发展需求。桥梁顶升采用刚性立柱支撑、顶升器集群、计算机控制系统，实现结构的液压同步顶升，将大吨位桥梁上部结构整体顶升到预定高度就位安装。顶升技术的应用形式基本可以分为直接顶升法、断柱顶升法两类。直接顶升法包括以承台为反力基础，以自然地面为反力基础，以盖梁为反力基础，顶升后直接支撑垫高。断柱顶升法包括承台－盖梁顶升托换体系、上下抱柱顶升托换体系、承台－上抱柱顶升托换体系、下抱柱梁－盖梁顶升托换体系，顶升后接高墩柱。顶升方法也出现了新的组合方式，如抬梁抱柱梁组合托换形式、钢抱箍、钢牛腿顶升法等。

（四）桥梁管理系统与标准

1. BIM+

基于BIM的建管养一体化平台开发迅速发展，基于建设阶段的纵向信息和基于运营期数据的横向信息将成为基于BIM的桥梁建管养一体化系统平台的数据基础。可以预见，BIM在未来将成为桥梁工程建管养一体化及管理系统的技术基础。但目前也存在一些不足：以BIM技术为代表的信息技术在桥梁建养应用中缺乏统一且完善的标准；以BIM模型为载体的系统信息集成在数据标准、数据存储及挖掘、数据分析及评估方面存在诸多有待突破的难题；BIM技术与结构的仿真分析、智能评估决策结合度亟须加强。BIM及智能信息技术在工程中的推广应用力度有待进一步加强。

2. 结构健康监测

结构健康监测（structural health monitoring，SHM）指利用现场的传感设备获取相关数据，通过对包括结构响应在内的结构系统特性分析，达到及时发现结构损伤或退化的目的。一般来说，结构健康监测系统包括传感、数据采集与传输、数据存储与处理、结构状态评估等。

在传感领域，近年来分布式传感技术、区域传感技术及其相应的分析理论体系得到快速发展，为损伤发现和大幅降低系统造价提供了新的有效手段。在数据采集与传输领域，分布式采集系统、低功耗的采集与通信系统、在不大幅增加成本前提下提高无线传输的稳定性、同步性可能是今后几年需重点面对的问题。在数据存储与处理领域，今后面临的核心问题将是如何在高噪声环境下分离信号以及进行知识挖掘，并以数据可视化技术展示为桥梁工程师可以理解的形式。在状态评估领域，近年来快速发展的人工智能与计算机仿真技术已为其提供了强大工具并取得了一系列重要突破，其进一步的进展值得期待。

3. 资产管理系统

交通基础设施资产管理是运营、维护、提升实物资产的战略性和系统性过程，重点是基于高质量的信息，通过工程和经济分析，确定维护、保养、修复、更换活动的结构性序列，使资产在全寿命周期内以最小的实际成本保持预期状态。

资产管理系统围绕检查、维护、评估等核心运维活动，以移动互联网、计算机、数据库、BIM 和 GIS 等技术为手段进行信息系统架构，以数据归集、管理、流转、展示和应用为功能主线，以数据资产（全资产静态数据和动态数据体系）为核心，以养护管理为功能核心构建系统体系，以唯一 ID 编号构件作为数据载体，通过业务流程和数据体系规范养护管理。

三、国内外桥梁运维与管理发展对比分析

（一）结构状态评估方法与标准

美国、日本、英国、德国等国家都根据养护需求建立了各自较完善的桥梁检查、检测、评定体系，对桥梁技术状况、性能进行评估。

1. 美国

美国桥梁检测分为初始检查、常规检查、损害检查、深入检查、断裂危险构件检查、水下检查和特殊检查。其中常规检查和断裂危险构件检查一般不超过 2 年，水下检查一般不超过 5 年，而深入检查则根据桥梁状况具体制定检测频率和检测范围。以上检查根据外观状况对桥梁进行分级，从 0~9 共 10 个级别（表 39）。

表 39　美国桥梁检测分级

级别	状态	描述
9	极好	—
8	非常好	—
7	好	无病害
6	满足要求	轻微病害
5	一般	所有基本结构完好，有局部损伤
4	差	进一步的截面损失、退化、龟裂等
3	严重	基本结构破损，可能导致局部失效

续表

级别	状态	描述
2	危险	基本结构严重破坏
1	即将失效	关键构件存在严重的损伤
0	失效	—

在评估方面，根据美国联邦政府要求，主要根据适用性对桥梁进行综合评估，评估值小于 80 时，就要考虑进行大修，小于 50 就要新建。

2. 日本

第二次世界大战后日本修建了许多混凝土桥梁，这些混凝土桥梁质量问题非常多。日本采取了一系列对策保证既有混凝土桥梁的安全性。日本桥梁的定期检测体系是为进行稳定性评估和退化预测而设计的，包括初始检测、周期检测以及常规检测（表40），耐久性检测是其中的重要内容之一。检测规范中给定了每种结构的检测方法以及频率。结构稳定评估、功能退化预测、寿命周期成本分析的功能均在定期检测数据的支撑下由桥梁管理系统来实现。

表 40 日本桥梁定期检测体系

	初始检测	周期检测	常规检测
用途	检测结构初始的损伤或修复质量	检测结构部分构件的损伤及养护维修质量	风险管理，预防任何突发损伤破坏
周期	新建结构或修复之后	根据不同的结构和构件的退化趋势选择检测频率	日常的目视检测以及针对指定重要结构每两年一次的远程观测
对象	结构的所有构件	老化构件以及指定的重要构件	—

3. 英国

英国桥梁的评价和养护管理标准由英国运输部制定和修改，主要包括桥梁的评价标准、管理规程、混凝土桥梁的检测和修复规程等。英国运输部在技术规程中对次等级桥梁，即承载能力不满足运输部标准要求的桥梁的养护管理给出了详尽的指南。将次等级桥梁的评价分级，并规定了详细的检测手段，即基本检查、详细检查、深入调查，类似于我国的经常检查、定期检查与特殊检查。英国公路桥梁评价标准 BD21/01 主要用于干线公路桥梁的评价，而用于评价非干线公路桥梁时，则需参阅运输部标准 BD34、BA34、BD46、BD50 和 BA79。英国的道路管理系统为 NATS。

4. 德国

德国养护、检测规范主要是德国工业标准 DIN1076，规定桥梁检查包括一般检查和常规监测，所有桥梁结构均应在每年几乎相同时间段内进行一般检测，主要检查明显的损伤和缺陷。常规监测每年2次，主要针对严重损伤和缺陷进行监测。

德国将桥上所有的组成部分分为14类。根据定义的目录，可以确定各类对桥梁的通行能力、交通安全、耐久性等造成的影响，并给予相应的评分。评分从0到4，其中0为最佳评分。此外，还要根据桥梁被破坏的程度增加权重。根据桥梁状况，最终评价等级被分为6级（表41）。

表41 德国桥梁状况评价表

评价等级	评分最小值	评分最大值	桥梁状况
1	1.0	1.4	结构状况很好
2	1.5	1.9	结构状况良好
3	2.0	2.4	结构状况一般
4	2.5	2.9	结构状况不满意
5	3.0	3.4	结构状况堪忧
6	3.5	4.0	结构状况非常差

5. 其他国家情况

法国把桥梁检测分为表观检测、评估检测、详细检测。依据IQOA规范的评估检测是一种应用于所有桥梁构件的快速视觉检测评级方法，IQOA规范把桥梁结构划分为多种构件类型，针对每类构件给出其相应病害的种类、病害发展的形态示意图、病害等级评价标准。

丹麦的病害分类较为笼统，把桥梁结构划分为15个部件，比较粗略且层次性较差，这也是导致后续病害等级评估标准模糊的原因之一。

（二）桥梁养护与改造

1. 公路桥梁预防性养护技术

第一，在桥梁性能指标体系方面，我国虽已有学者对桥梁性能指标体系进行研究，但大多处于理论阶段，性能指标体系的提出仍完全依赖现有规范。国外则由国家机构牵头，通过对现有桥梁数据进行收集、分析，基本建立了基于实际的数据的性能指标体系，国内相较于此还有很大差距。另外，因国外的桥梁工程已从建设阶段转入养护阶段，更注重环保，已经将环保纳入性能指标中，而我国对环保的重视程度还不高，环保在整个指标体系中占比不大。

第二，在性能演变模型方面，我国的理论基础研究与国外较接近，但在实用性上还有差距，我国只有少数系统配置了桥梁性能退化分析的功能，且功能尚不成熟。另外，国外已有对人工智能模型的实际应用，而国内还停留在理论研究的层面。

第三，在全寿命周期优化决策方面，与桥梁性能指标体系类似，国外发达国家更注重对全寿命周期中桥梁对环境的影响，我国则注重桥梁在全寿命周期中的性能表现和结构安全性。

第四，在预防性养护方法方面，主要体现在指导文件上的不同。FHWA已经针对预防性养护出台了相应的指导手册和指南，并且指出对不同形式的预防性养护提出了不同的养护方法，我国还没有出台国家层面上对桥梁预防性养护的标准，仅有少量地市出台了地方标准，虽然也针对基于技术状况评定的预防性养护提出了解决方法，但放眼全国还不具备普适性。

2. 混凝土结构耐久性能提升

对于桥梁混凝土机构的耐久性能提升，国内外都是从提升钢筋的防锈蚀能力（加强防护、采用不锈筋材、提高筋材临界氯离子阈值等）和提高混凝土抗渗性能两方面着手，研发了新的筋材和更高抗锈能力的钢筋。不锈钢筋的临界氯离子阈值相比于普通碳素钢均大幅度增加，国内学者研究表明，新型2205不锈钢筋提升75倍，2304双向型不锈钢提升60倍，304L和316L不锈钢分别提升20倍和60倍。国外Robert D研究了奥氏体、双相型、马氏体等高强不锈钢的临界氯离子浓度均大于0.25mol/L。FRP筋混凝土的抗冻融能力大于普通混凝土。

另外，针对既有钢筋混凝土结构研发了表面涂层，提高表面抵抗外界影响的能力和混凝土自身的抗渗透性。Zhou等人研发了新型自修复表面环氧涂层涂料，Singh研发了优异的耐腐蚀性改性水性环氧树脂防腐涂料。蔡伟成进行了牺牲阳极在水泥砂浆中的电化学性能试验研究，Mukherjee用辅助阳极为碳纤维复合网格布的阴极保护法使钢筋得到了很好的保护。郭远臣研究了渗透结晶型高抗渗生态水工混凝土，Celik发现矿渣和硅灰掺入会减低混凝土的渗透性。马建慧研究了混凝土保护层厚度越大，钢筋锈蚀的概率以及速率越小，聚脲涂层已成功应用于青岛海湾大桥承台结构防护工程。Chattopadhyay将具有一定功能的纳米复合材料加入聚氨酯涂料后，涂料的耐候性、抗侵蚀性能得到很大提高。

3. 钢结构防腐

钢结构的防腐措施国内外主要采用涂层防腐、涂料材质、金属热喷涂等形式。

涂层防腐方面，国内桥梁钢结构主要参照行业标准《公路桥梁钢结构防腐涂装技术条件》（JT/T 722-2008）、《铁路钢桥保护涂装及涂料供货技术条件》（Q/CR 730-2019）中规定的防腐体系进行，外表面多选择S09与S11体系，内表面多采用S12或S13体系。日本钢结构桥梁采用的C5涂装体系，在明石海峡大桥等工程多年的应用中证明了自身较好的防腐能力。

涂料材质方面，欧盟于1992年出台了"生态标签"体系进行绿色产品认证，对产品认证中的挥发性有机化合物（VOC）、含硫气体以及重金属含量进行了限定，美国各州也对涂料的 VOC 进行分类限制。

金属热喷涂方面，目前国内传统上采用环氧富锌和电弧锌铝合金加油漆的防腐工艺，近年来通过技术上的创新，钢桥的防腐蚀效果得到一定程度的改善。美国目前推荐通过桥面铺装及使用可消除腐蚀的材质来进行钢结构桥防腐，而针对易腐蚀的环境，推荐在钢桥面板上喷涂不易生锈金属。

另外，在桥梁用缆索、斜拉索高强钢丝防护方法方面，国内已从国内外广泛采用的锌层防护发展为涂锌铝合金防护。

4. 中小梁桥拼宽改造技术

（1）国外拼宽改造技术

国外旧桥拼接加宽的方式主要有以下几种：

1）分离式加宽，结构不连接。其中刚性桥面拼接采用钢板包边，这样可以解决桥梁啃边问题。而用纵向伸缩缝连接由于伸缩缝造价较高，在发展中国家没有得到大范围推广应用。

2）整体式加宽，横向钢筋连接。目前日本等发达国家采用此种拼接方式较普遍，即在桥梁拼接处重新做桥面铺装，纵缝处设置横向钢筋来实现新旧结构的连接。

3）箱梁拓宽的 SBwM、SGwM 法。在美国等公路体系较完善的国家，SBwM 法或 SGwM 法就是在桥梁建设时，充分预留梁高、间距等基本尺寸，使之能满足拓宽结构受力要求，在构造上预留预应力管道位置、斜撑支撑点，为后续拓宽提供便利。

4）钢-混组合梁桥的加宽。混凝土桥面板与钢梁存在不同的收缩徐变，通过剪力键进行调节连接，新旧桥梁可以实现良好的刚性连接，比较适用于城市桥梁建设。

（2）国内拼宽改造技术

国内大多数桥梁拼接工程采用同跨径、同结构进行加宽拼接，在连接缝处加强配筋，增加桩长，对新建桥梁进行预压处理，延缓接缝处浇筑时间，这样控制了新旧桥梁的不均匀沉降，提高了拼接处构造的安全性。

在桥梁拼宽过程中存在诸多技术问题，新旧桥梁结构的关系处理是关键之一，新旧桥梁基础不均匀沉降受自重、温度、结构受力的互相影响，宜采用桩基分离的拼接方式。

对于挠度较大的大桥和特大桥，直接拼接的技术难度较大，通常考虑在旧桥的旁边新建一座桥梁，路线同旧桥一致。对于中小桥梁的拼宽，则是在旧桥单侧或两侧进行拼宽。在桥梁拼接时，通常新建结构与旧桥按照同跨、同结构的原则进行设置，材料选择相同或近似的材料，这样可以保证新旧桥梁的竖向、横向刚度相同、变形统一。

综合国内外情况进行对比：在拼接方式上，国内外技术基本相同；在拼接处理上，国内主要采用接缝处配筋浇筑的方式，国外还有纵向伸缩缝、剪力连接件等连接方式；在构造及措施上，美国等会预留后期拓宽的构造，我国在前期规划时相关考虑较少。

5. 桥梁整体顶升与更换

国外对顶升技术研究较早，欧洲应用顶升技术曾成功地完成了某高速铁路的基础托换施工。20世纪，由于资金问题，该技术应用于大跨径桥梁的顶升工程比较少见，直至顶升液压技术的日益成熟，逐步开发了更为先进的同步顶升系统，此后同步顶升技术才广泛应用。

我国顶升技术初期应用为配合铁路桥梁架设、移位和落梁施工，后逐渐被应用于屋面及大型建筑结构物的整体移位和建造。随着顶升技术的进一步成熟，液压同步顶升技术在国内得到了更加广泛的使用。国内桥梁顶升技术目前可以实现复杂连续梁桥、斜拉桥、钢构桥和系杆拱桥顶升，也可以同时实现竖向顶升和水平平移。目前顶升方案由部分局部顶升向整体同步顶升发展，控制系统由人工千斤顶向PLC液压同步控制系统发展，但动力系统均为液压千斤顶。

国内桥梁顶升跨径、顶升重量、顶升托换结构方式明显比国外要灵活多变，工程人员对桥梁顶升技术的实践性也更强。目前国内桥梁顶升设计概念主要来自常年积累的施工经验，并没有系统、科学规范的理论支持，在设计理论、智能动力系统、临时支撑等方面还有待进一步研究。

6. 关键设施的养护

国内外桥梁支座运营过程中表现出的病害基本一致，养护方式基本相同，即滑板磨损采取更换新滑板、钢件锈蚀采取打磨涂刷油漆、底部脱空采取灌浆等。抗震支座方面，国内相关厂家已经开发了智能型支座。

桥梁阻尼器运营过程中表现出的病害主要有漏油、活塞杆磨损、钢件锈蚀、锚固件松动等，国内外相关规范对于阻尼器的病害仅有定性的描述，缺乏定量化指标且缺少具体养护措施。近年来国内先后研发了新型的静力纤维+动力阻尼的结构体系，研发了新型电涡流阻尼器并应用于大型桥梁工程。同时，在一些大型阻尼器上安装了压力传感器、位移传感器、温度传感器等，可根据阻尼器服役期内的监测数据并结合外观检测，实现阻尼器密封性能的综合评判，为阻尼器的养护以及养护效果的评价提供全面的数据支撑。

桥梁伸缩装置运营过程中表现出的病害主要有锚固区破损、伸缩缝堵塞卡死、两侧高低不平、钢构件锈蚀断裂、止水带破损老化等。近年来国内外学者提出了一种智能型伸缩装置，可实时监测并采集装置的运营状态及结构安全性数据，并对数据进行分析、向用户反馈，为伸缩装置的管养提供了有力支持。大型伸缩缝目前国内多数还是采用的进口缝。

7. 钢桥面铺装

（1）预防性养护时机

现有关于预防性养护时机的理论主要还是围绕沥青路面而言。美国密歇根州运输部（MDOT）采用破坏指数法（DI）和行驶质量指数法（RQI）进行路面预防性养护时机的确定。加利福尼亚州交通运输部运用决策矩阵和决策树来为路面养护选择预防性养护措施。

1997年，加拿大提出了柔性路面养护知识专家决策系统。国内对预防性养护时机及评价的研究多来自工程总结，用于选择预防性养护措施的主要方法有费用效益法、性能预测分析法。近年来随着人工智能算法的发展，性能预测分析法逐渐引入神经网络模型、灰色模糊综合评判模型等进行配合研究，部分大型桥梁建设的桥面协同检测评估系统也极大地支撑了国内钢桥面铺装的养护决策。

（2）病害检测手段

目前国内外钢桥面病害无损检测应用较主流与成熟的技术有探地雷达、CT扫描、桥梁检测车等。国外学者将探地雷达技术用于路面状态的检测，利用GPR技术及引用SIFT算法可提高探地雷达对物体的检测精度。国内结合探地雷达子系统研制开发了路基路面智能集成检测车。

（3）养护修复材料与工艺

针对钢桥面铺装层在使用期内出现的早期病害，国内养护技术的研究主要集中于病害分析及处治技术。除传统路面病害修复技术外，新型路面聚合物强化剂、高韧性超薄层罩面在钢桥面铺装预防性养护中也有所尝试应用。韩国汉江大桥尝试使用CAP含砂雾封层技术对桥面实行预防性养护，而钢桥面铺装层的预防性养护在国内还未得到足够重视。

（4）桥面快速养护设备

在桥面养护设备的研究方面，国外发达国家起步较早，我国经过多年发展，部分养护设备已经具有国际领先水平。养护设备可分为热补、冷补两种。现有较成熟的快速养护设备都是采取热补法设计而成的，如由美国阿苏·诺贝尔研制的TP4型养护设备、由长安大学工程机械学院和陕西秦川畅通公路机械开发有限公司共同研制的DLY90型沥青路面养护设备等。

8. 正交异性钢桥面板疲劳裂纹

（1）国内外疲劳裂纹检测方法

结合国内外的经验来看，在日常对钢桥面板结构检测和监测过程中，人工巡检依然是目前最有效的方式。日本研究使用增强型超声检测（PAUT）方法检测桥面板内部一些隐藏裂纹。美国除人工巡检外，还有磁粉检测（MT）、渗透检测（PT）等常见检测手段，但无损检测与操作设备的检测人员密切相关，其精确度目前尚难保证。国内针对钢桥面板肉眼无法观测到的地方建议借助衍射时差法超声检测（TOFT）、相控阵（PA）等超声检测方法，不仅能检测到裂缝的方位，还可直接确定裂缝形状等详细信息。

（2）国内外钢箱梁疲劳评估

在桥梁评价技术方面，美国采用了结构状态评估、综合性能评估、健全性评估和承载能力评估。日本采用耐负荷指标评估桥梁状况。我国在现有钢箱梁疲劳评估方法的基础上，提出了疲劳裂纹模糊综合评定技术。近几年，针对钢箱梁预防性养护，又提出疲劳开裂风险评估方法，根据构件的特征，如所处位置、构件质量等，对钢箱梁疲劳重点部位进行划分，并实施相应的预防措施，从而延缓病害发展，两种评估方法已纳入《公路桥梁钢箱梁疲劳裂纹检测、评定与维护规范》。

（3）国内外预防养护措施

国内技术人员建立了桥面系一体化联动感知系统，结合正交异性钢板本身的特性，通过减小横隔板间距等方式，改善焊接细部的疲劳强度及制造质量，并充分利用与混凝土的复合作用加以解决。美国则采用 UHPC、钢纤维增强高性能混凝土及聚合物改性水泥混凝土取代沥青作为铺装材料。

国内强调：①钢桥面铺装及防水层类型的选择与施工质量；②桥面板结构构件使用耐候钢加三层涂层；③定期检查排水口和合理设计桥面排水系统的方法。美国在防腐方面，对大多数正交异性桥梁结构表面使用涂料。

（4）疲劳裂纹处治

在钢桥面板疲劳维修加固方面，常采用止裂孔法、刨削打磨等临时性修复方法防止损伤进一步恶化，而后实施彻底的维修或加固。

目前，日本主要的维修加固法有将原有的铺装层清除，并实施钢纤维加固水（SFRC）铺装；在焊接面追加加固板并将 U 肋内部填充砂浆；更换开裂部位，重新焊接等。

美国在钢桥的维修加固过程中，不建议再使用任何新的焊接件，同时在制订实施策略时应先了解桥梁可通行的车辆类型，必须规划交通管控方案，以降低施工对正常交通的影响。

国内通常在疲劳开裂处使用增贴钢板或焊接修复的维修加固措施。此外，也有利用钢纤维混凝土加销钉以加强桥面铺装的方式。近几年，国内逐步开始采用在顶板 U 肋裂纹处治采用的刚性铺装法、在钢箱梁裂纹粘贴 CFRP 法等。

9. 索夹螺杆预紧力检测与更换

索夹螺杆预紧力损失是普遍性问题，日本关门大桥、若户大桥、大渡大坝大桥以及国内的江阴长江公路大桥、泰州长江大桥等悬索桥均在通车数年之后检测发现索夹螺杆预紧力下降超过 30%。关门大桥在施工期张拉结束 1200 天之后进行了第 5 次索夹螺杆张拉。若户大桥完成了全部索夹螺杆更换。大渡大坝大桥采用有特殊垫圈的 HTBF10T 螺杆对所有螺杆进行了更换。关于索夹螺杆预紧力管理，我国目前的做法是桥梁建成第一个 5 年内，每年均匀选取 40% 螺杆，2.5 年复拧 1 次。通车 5 年后可根据定期检测结果确定每年均匀选取的比例。

10. 主缆除湿系统设计与创新

自 1883 年美国建成现代第一座大跨度悬索桥以来，其采用的"镀锌层 + 腻子 + 圆形缠丝 + 涂层"主缆防护体系便一直沿用至今，该体系已经出现了一些问题。进入 20 世纪后，逐渐开始在原有防护体系上，陆续使用主缆除湿系统对主缆钢丝进行防护。欧洲等国的除湿发展历程与美国一脉相承。日本早期的悬索桥防腐手段与美国一致，但其悬索桥受盐雾腐蚀较严重，故受损较严重，后采用集钢丝镀层、干空气、密封、加强和油漆涂层等功能一体的五元主缆防护系统，改善了主缆内部密封环境。

20世纪90年代开始，我国也进入发展悬索桥的队伍当中，大量千米级超大跨度悬索桥逐步建成，国内早期建成的桥梁依旧沿用了传统主缆防护体系。2005年，润扬长江大桥采用了在其主缆上应用S型缠丝并加装主缆除湿系统。后来的四川雅康大渡河兴康大桥则采用了S型缠丝+除湿系统+聚硫密封胶组合。从云南龙江桥开始，国内开始采用缠包带+除湿系统方案。对既有悬索桥，国内第一座千米级悬索桥江阴大桥在2014年率先对既有主缆研究加装了除湿系统，多年来的监测数据显示，除湿效果显著。

11. 斜拉索、吊索防振动改造

（1）斜拉索防振动改造国内外对比分析

斜拉索振动控制技术的发展最初从国外开始。日本最早采用增加辅助索网改变索结构刚度，欧洲和日本也采用油阻尼器增加拉索阻尼比，随后日本开发了黏滞剪切型阻尼器。近年也有表面设置凹坑、螺旋线等改善拉索气动外形的手段。

我国的斜拉桥起步稍晚，目前应用表面螺旋线等气动措施，引进和开发了内置式橡胶阻尼器、外置式黏滞流体阻尼器、油阻尼器等技术。洞庭湖大桥在国际上首次采用了半智能的供电式磁流变阻尼器减振技术。湖南大学还率先开发了永磁式磁流变拉索减振技术，陈政清院士课题自主研发了拉索电涡流阻尼减振技术，在拉索减振技术国产化和耐久性方面跨出了重要一步。世界第一座千米级斜拉桥苏通大桥于2017年联合陈政清院士团队在部分斜拉索安装了电涡流阻尼器，对高阶涡振起到了显著抑制效果。

（2）吊索防振动改造国内外对比分析

日本明石海峡大桥吊索为平行钢丝吊索，采用在吊索上缠绕螺旋线的控制措施。丹麦大海带东桥为平行钢丝吊索，相继采用多种控制措施，如分隔架、螺旋线、辅助索以及TLD等，2005年以后采用在吊索端部加装液压阻尼器联合索股间分隔架的措施。2015年开始，韩国多座悬索桥采用安装减振锤（Stockbridge Damper）来抑制吊索风致振动。

我国最早采用的是在索股间安装阻尼器的控制措施，随后又在吊索底部6m高处安装索端阻尼器，2014年7月基于风洞试验测试结果安装了刚性分隔架，取得了较好的减振效果。

12. 下部结构与基础加固

下部结构与基础主要的加固措施包括：冲刷监测与防护、缺陷修复法、增大截面法（含高性能混凝土加固）、桩基增补与拆除等。

在冲刷监测与防护方面，美国建立了冲刷监测与防护技术体系，形成了包括雷达/声呐监测、光纤光栅监测系统在内的监测技术以及散砾石防护、床垫、混凝土围裙、土工布加固等防护技术。我国的桥梁冲刷监测与防护主要集中在长江流域及钱塘江口附近的大型桥梁工程。

在缺陷修复方面，主要包括裂缝修复、植筋、混凝土修复等。在增大截面法方面，国内外均在大力发展基于高性能材料的加固方法，国外在增大截面法加固方面呈现出新材料、新技术研发更广、更新的特点。

在桩基增强与拆除方面，我国的常用技术主要包括双壁钢围堰＋扩大承台＋增加钻孔桩方案技术、筑岛施工＋扩大承台＋增加钻孔桩技术等，国外主要是日本方面在耐震补强方面创新出In-Cap工法（Incremental Capacity）。

（三）桥梁管理系统与标准

1. BIM+结构分析

在国外，全球四大建筑软件开发商不断推出更新自己的BIM软件，美国计划在20年内统一NBI、Pontis等数据库，结合BIM和GIS等信息化技术，建立进一步标准化的桥梁健康数据库，为实现全寿命周期管养提供支撑。日本在20世纪90年代开发了桥梁检查资料系统（MICHI），收集全国范围内的桥梁基本信息和检测数据，以此系统数据为基础，开发了J-BMS系统。欧洲各国也建立了适合本国桥梁运维的制度和符合需求的系统，例如丹麦的Danbro系统、英国的NATS系统、法国的EDOUARD系统。

在国内，"十三五"规划以来，我国出台了一系列政策来推动BIM的发展，BIM技术被用于越来越多的实际项目中，同时结合大数据、云计算、虚拟现实等技术，BIM技术应用呈现出产业应用和融合应用特征。基于BIM等技术搭建的建管养一体化平台、IntelliBridge系统平台、桥梁病害库、管养知识库和运营养护系统等，可以有效促进桥梁管养过程中的标准化、可视化、自动化和智能化发展，为桥梁的日常检查、工程养护和计划性维护等提供决策参考，实现桥梁全生命周期内各项数据的智能管理和桥梁状态的实时评估，并保障交通安全。

2. 结构健康监测及资产管理系统

在桥梁管理系统的发展方面，国外起步较早。国内外现阶段管理系统的差异性主要体现在：

1）项目级和路网级管理系统目标划分较为模糊。国内桥梁管理系统在不同层次管理者中划分目标不明确，并且大多都针对特大桥建立，对中小跨径桥梁不能做到充分的信息管理。对比美国的BrM系统和日本的J-BMS系统以及多国联合建立的SeeBridge系统，国外的系统更加注重项目级桥梁在整个路网融合的管理，并且系统针对国家、地方、企业不同层级都有不同的业务需求和目标，以此来实现桥梁全寿命周期的安全管理工作。

2）养护检测数据质量不统一，系统数据孤岛化。国内各桥梁管理系统没有统一标准，系统之间数据信息无法实现互通和共享。国外的BrM系统数据都来源于NBI桥梁信息库，信息数据来源都有统一的格式，数据的融合、共享便得到更进一步发展。

3）健康监测系统、信息管理系统、资产管理系统三者融合程度有待完善。桥梁健康监测系统、信息管理系统、资产管理系统三者在对桥梁全寿命周期安全管理阶段的数据无法有效融合，无法实现不同系统对桥梁多维度信息管理数据的互通互联。

四、我国桥梁运维与管理发展趋势及展望

（一）检测评估"自动"

在检测数据采集及评估方面，5G 传输、基于 AI 的智能图像处理、云计算等技术应用可以提升监测数据的自动采集及评估，使检测评估向"自动""智能"发展。

随着建养大数据交流需求的不断提高，桥梁管养检测评估对数据高速传输的需求越来越旺盛，搭载以 5G 为代表的新一代信息通信技术进行系统升级，是今后的发展趋势之一。5G+ 北斗卫星、5G+AI、5G+ 云计算等非常适合应用于桥梁检测、评估、运维等服务，是桥梁检测评估"自动化""智能化"的利器。

基于 AI 的智能图像识别技术已经实现了各种各样的前沿应用。在桥梁管养方面，结合机器人、无人机等无人设备平台，智能图像识别技术已被初步应用于桥梁智能检测，相对于传统人工或传感设备检测，极大提高了桥梁检测的精度及效率，此类智能检测技术在我国的桥梁检测中均有涉及，但应用的深度、广度、系统化、自动化程度不高，当前桥梁检测对劳动力的依赖以及人工现场作业的占比仍较大。我国当前的桥梁检测内容主要有结构外观缺陷检测、内部及隐蔽性损伤检测、几何形状参数检测、力学参数检测、材料参数检测等。外观缺陷以手持数码相机或手持裂缝观测仪人工操作为主，也有一些采用辅助机械伸展臂搭载摄像头采集图像进行人机交互分析的尝试，以及采用基于无人机飞行控制系统的图像采集 – 智能识别 – 评估分析的初步尝试，但还亟待与基于深度学习的病害高精度识别、目标精确定位、图像矫正、缺陷三维还原、VR 演示等先进技术深入融合。

（二）预防性养护"精准"

在结构物某项性能指标达到临界水平之前，进行各种养护维修工作，以期有效地推迟临界状态的发生，称为预防性养护。在桥梁工程，尤其是复杂的特大型桥梁工程中，预防性养护应用尚不普遍。大多数桥梁的养护维修工作仍然围绕着已经产生的较大损伤开展。

为了精确确定预防性养护实施的时机，需要对典型损伤进行跟踪检测和实时监测，并结合理论分析和试验，逐步建立各类典型损伤的演变模型。通过对敏感性分析，建立各类损伤与作用、荷载、环境条件的相关关系。同时，构建基于材料、病害、构件、全桥的多层次性能演变模型，实现单尺度向多尺度性能演变模型转变是综合性能演变模型的发展趋势。

为了支撑预防性养护工作，针对不同损伤的演化规律，合理选择自动化监测项目。选

择可靠的自动化监测传感器及采集传输设备，合理拟定监测指标、监测时机、采集频率等是未来要做的重要工作之一。

同时，随着人工智能、自动化控制和视频识别技术的进步，自动观测损伤代替人工观测损伤是未来的发展趋势。如何建立一个多层次的路网决策优化模型也是目前亟须解决的问题之一。

为了使早期损伤得到有效的处治，未来预防性养护维修工艺有两个发展方向：一是研究开发智能维修设备，二是研发适用于结构补强的新型加固材料。

（三）加固与改造"快速"

未来在既有桥梁加固与改造实施时，将更加优先采用轻质高强材料，水泥基材料如高性能轻骨料混凝土、UHPC、HP-ECC等高性能混凝土，在使用效率上，可以实现在不增加太多恒载的情况下，更加有效实现对既有桥梁的性能提升；金属材料如超高强度钢、耐候钢、镍钛合金（形状记忆合金）等材料，在有效提升结构性能的同时，降低全寿命周期成本；在非金属材料方面，新型CFRP、FRP、GFRP等高强纤维材料等越来越多地用于桥梁改造与加固。

在施工效率方面，为减少加固改造对交通通行的影响，采用在工厂预制或制造加固构件、现场快速拼装的新型工艺将会大范围推广。具体可能的技术路径有以下几种。

（1）构件快速切割及整体更换技术

针对主梁或者桥墩等构件，采用水力切割等精密快速切割技术将不具备继续承载的部件切除，新构件在工厂整体预制或部分预制，采用自行式模块运输车（Self-propelled modular transporter，SPMT）将替换部件运输至现场快速安装。

（2）既有桥面铺装加固技术

针对中小跨径桥如空心板等承载力不足以及大跨径缆索桥梁钢箱梁主梁正交异性钢桥面板抗疲劳性能劣化等问题，可采用UHPC、高强度轻质混凝土、HP-ECC等高性能水泥基材料在桥面加铺混凝土层。混凝土层可通过现场湿作业浇筑，也可通过工厂预制铺装层板现场与既有桥面连接。

（3）既有墩柱套箍加固技术

针对桥梁墩柱的承载力不足以及耐久性问题，可通过工厂预制（制造）墩柱套箍，套箍现场与既有墩柱快速连接。套箍材料采用高性能耐候钢等金属材料，也可采用UHPC等超高性能水泥基材料。

（4）拉索不中断交通更换技术

针对悬索桥、斜拉索、拱桥等缆索支撑类桥梁，未来将更多依托智能化装备及智能化控制技术，在保证对既有拉索"0"损伤的前提下且不中断交通的条件下实现对损伤拉索的快速更换。

（四）桥梁管理系统与标准"智能"

未来的桥梁管理系统将是物联网、5G、云计算、大数据、人工智能等新一代信息技术与桥梁养护管理工作深度融合的产物。通过物联网技术实现万物互联、智能控制和数据协同采集；再利用5G通信网络将桥梁养管数据上传到云计算平台，汇聚多源数据，形成大数据资源；然后通过数据挖掘等人工智能算法实现智能决策，并控制桥梁智能维养设备，实现桥梁养护维修工作的自动化。

随着BIM技术的广泛应用，工程全生命周期信息数据结构及标准化逐步落地，BIM模型与结构计算分析之间的数据转换需求越来越强烈，若将BIM的可视化与有限元计算深入相结合，将避免重复建模，将BIM模型及平台集成的检测数据及结构相关属性信息与结构分析参数深度融合，会极大提高有限元计算和分析的效率，推动桥梁工程BIM管养系统的分析评估能力。

参考文献

[1] 刘林林，刘爱华，杨博凯，等. 超薄层罩面沥青混合料设计和技术发展研究综述[J]. 现代交通技术，2020，17（3）：6-10.

[2] 宋新斌. 高速公路沥青路面预防性养护研究[J]. 建筑技术开发，2020，47（4）：135-136.

[3] 赵玮. 高速公路预防性养护技术及管理探寻[J]. 智能城市，2020，6（15）：69-70.

[4] 施红伟，李清华. 公路沥青路面预防性养护分析[J]. 交通世界，2019（36）：72-73.

[5] 陈健康. 公路预防性养护技术综述与效果提高策略[J]. 交通节能与环保，2020，16（2）：109-112.

[6] 张春安，田智鹏. 基于高等级公路沥青路面的预防性养护决策研究[J]. 公路工程，2019，44（6）：77-80，85.

[7] 梁勇. 高速公路沥青路面的预防性养护措施[J]. 交通世界，2020（36）：117-118.

[8] 李根. 改性乳化沥青稀浆封层技术在沥青路面养护中的应用[J]. 公路交通科技（应用技术版），2019，15（3）：59-61.

[9] 孙仲谋. 稀浆封层技术在公路养护中的应用[J]. 交通世界，2020（29）：61-62，65.

[10] 王璨. 高速公路建设中路面下封层稀浆封层施工技术探讨[J]. 交通世界，2020（Z2）：78-79.

[11] 茹嘉利. 浅析改性乳化沥青稀浆封层在公路工程中的应用[J]. 民营科技，2018（12）：174.

[12] 邵重阳. 公路养护中稀浆封层技术的应用研究[J]. 城市建筑，2020，17（2）：173-174.

[13] 张君. 纤维改性稀浆封层在路面养护中的应用[J]. 山西建筑，2016，42（34）：141-142.

[14] 高阳，张燕. 水稳基层磨耗层稀浆封层技术应用[J]. 交通世界，2020（29）：70-71.

[15] 周贵宝，周明强. QMS薄层罩面在深汕东高速公路中的应用研究[J]. 湖南交通科技，2019，45（4）：30-32.

[16] 熊巍，颜加俊，雷宗建，等. 低噪抗滑超表处在桥面铺装养护中的应用及效果评价[J]. 四川建材，2020，46（7）：166-167.

[17] 曹炜，王世昌，商德望，等．纤维微表处技术在京港澳高速沥青路面预防性养护中的应用［J］．山东交通科技，2020（5）：1-5，9.
[18] 曹军．钢渣微表处组成设计与路用性能研究［J］．山西建筑，2020，46（18）：114-115，118.
[19] 李林萍，李文博，胡帮艳，等．纳米 TiO_2 环氧树脂微表处光催化分解尾气型路面材料［J］．科学技术与工程，2017，17（31）：328-333.
[20] 朱建平．含砂雾封层技术在沈彰高速公路中的应用［J］．北方交通，2020（5）：36-40.
[21] 魏显权，刘谭，严超．沥青路面预防性养护雾封层措施应用效果对比研究［J］．广东公路交通，2019，45（6）：6-11.
[22] 朱文杰．抗滑雾封层工艺在公路养护中的应用［J］．中国设备工程，2020（20）：94-96.
[23] 杨建萍，黄静，吴英，等．绿色环保新材料在道路预防性养护行业中的应用前景［J］．低碳世界，2020，10（12）：213-214.
[24] 杨云，赵金国．纳米 TiO_2 含砂雾封层路面降解汽车尾气影响分析［J］．天津建设科技，2019，29（1）：6-10.
[25] 盛燕萍，张镇，李亮亮，等．憎水雾封层的制备及其防冰性能［J］．筑路机械与施工机械化，2019，36（4）：35-40，51.
[26] 刘克非，李超，朱俊材，等．氧化石墨烯-改性竹纤维复合改性乳化沥青稀浆封层混合料性能研究［J］．新型建筑材料，2020，47（10）：93-97，146.
[27] 韦靖峰，王奔宇，童戴舟．极薄磨耗层用于桥面沥青铺装预防性养护的应用研究［J］．北方交通，2021（1）：58-61.
[28] 黄海滨．沥青路面高韧超薄磨耗层预防性养护的应用［J］．福建建设科技，2020（6）：88-91.
[29] 林宇明．超粘精罩面（NovaPave）应用于高速公路沥青路面预防性养护的研究［D］．广州：华南理工大学，2020.
[30] 叶李水，畅卫杰，闻洁静，等．高韧性树脂薄层罩面在跨海大桥钢桥面环氧沥青铺装预防性养护中的应用研究［J］．上海公路，2020（1）：9-14.
[31] 胡艳民，马松松．微罩面技术在高速公路养护中的应用［J］．北方交通，2020（4）：80-83.
[32] Pan Y, Han D, Yang T, et al. Field observations and laboratory evaluations of asphalt pavement maintenance using hot in-place recycling［J］．Construction and Building Materials，2021，271（1）：121864.
[33] Wu S, Tahri O, Shen S, et al. Environmental impact evaluation and long-term rutting resistance performance of warm mix asphalt technologies［J］．Journal of Cleaner Production，2020，278（1875）：123938.
[34] 吴波．浅谈美国公路路面养护新技术［J］．北方交通，2012（11）：120-121.
[35] 凌佳燕．新型不锈钢筋耐蚀性及不锈钢筋混凝土构件力学性能研究［D］．杭州：浙江大学，2018.
[36] 景强，方翔，倪静姁，等．2304不锈钢钢筋在港珠澳大桥的应用——钢筋耐蚀性能研究［J］．公路交通科技，2017，34（10）：51-56.
[37] 曾志文，陈龙，汤雁冰，等．304L不锈钢钢筋在模拟混凝土孔溶液中的钝化行为［J］．广东化工，2013，40（22）：39-40.
[38] 陈龙，瞿彧，汤雁冰，等．不锈钢钢筋的临界氯离子浓度［J］．腐蚀与防护，2014，35（5）：446-449.
[39] Moser R D, Singh P M, Kahn L F, et al. Chloride-induced corrosion resistance of high-strength stainless steels in simulated alkaline and carbonated concrete pore solutions［J］．Corrosion Science，2012，57（4）：241-253.
[40] Wang H, Belarbi A. Flexural durability of FRP bars embedded in fiber-reinforced-concrete［J］．Construction and Building Materials，2013，44（7）：541-550.
[41] Chengliang Z, Zhao L, Ji L, et al. Epoxy composite coating with excellent anticorrosion and self-healing performances based on multifunctional zeolitic imidazolate framework derived nanocontainers［J］．Chemical Engineering Journal，2020，385：123835.
[42] Singh A P, Gunasekaran G, Suryanarayana C, et al. Fatty acid based waterborne air drying epoxy ester resin for

coating applications [J]. Progress in Organic Coatings, 2015, 87: 95-105.

[43] 蔡伟成, 徐洲, 朱雅仙. 牺牲阳极在水泥砂浆中的电化学性能试验研究[J]. 混凝土, 2015 (8): 123-126.

[44] S Gadve A M S N. Active Protection of Fiber-Reinforced Polymer-Wrapped Reinforced Concrete Structures Against Corrosion [J]. Corrosion, 2011, 67 (2): 25001-25002.

[45] 郭远臣, 谢波, 王鸿东, 等. 渗透结晶型高抗渗生态水工混凝土性能研究[J]. 混凝土, 2013 (6): 120-123.

[46] Ozyildirim C. Laboratory Investigation of Low-Permeability ConcretesContaining Slag and Silica Fume [J]. Aci Materials Journal, 1994, 91 (2): 197-202.

[47] 高颖波, 胡娟, 刘青, 等. 钢筋阻锈剂的应用与展望[J]. 厦门大学学报（自然科学版）, 2015, 54 (5): 713-720.

[48] 马景才, 姚继涛. 混凝土结构耐久性及各国最小保护层厚度对比分析[J]. 四川建筑科学研究, 2008 (4): 110-112.

[49] 马建慧, 徐锋, 刘伟庆, 等. 保护层厚度对混凝土中钢筋锈蚀的影响[J]. 混凝土, 2017 (5): 8-11.

[50] 黄微波, 谢远伟, 胡晓, 等. 海洋大气环境下纯聚脲重防腐涂层耐久性研究[J]. 材料导报, 2013, 27 (6): 23-26.

[51] Chattopadhyay D K, Raju K. Structural engineering of polyurethane coatings for high performance applications [J]. Progress in Polymer Science, 2007, 32 (3): 352-418.

[52] 丰月华, 孙斌, 肖汝诚. 大跨径钢结构桥梁耐久性现状调研与思考[J]. 大桥养护与运营, 2020 (1): 6-12.

[53] 李建刚, 蒋文志, 王桂智, 等. 钢桁架桥梁防腐体系及应用[J]. 城市道桥与防洪, 2020 (12): 96-97.

[54] 张作华. 钢结构防腐新材料——天冬聚脲[J]. 涂层与防护, 2020, 41 (10): 28-30.

[55] 陈刚. 高附着力高柔韧性硅酸盐重防腐涂料[D]. 武汉: 武汉工程大学, 2019.

[56] 周纯. 海上钢结构浮体动态服役行为腐蚀防护与设计研究[D]. 宁波: 宁波大学, 2019.

[57] 王立卿. 预应力钢筒混凝土管道外防腐喷涂机器人设计及性能研究[D]. 邯郸: 河北工程大学, 2018.

[58] 周强. 水性复合双组份环氧型防腐涂料的制备及其在钢表面的防腐应用[D]. 马鞍山: 安徽工业大学, 2018.

[59] 田晗旭. 新型钢结构防火、保温、防腐一体化涂层的研究[D]. 绵阳: 西南科技大学, 2018.

[60] 方永桥. 钢结构桥梁除锈防腐施工技术[J]. 黑龙江交通科技, 2018, 41 (2): 131-132.

[61] 陈小燕. 常温固化水性化钢结构重防腐涂料[D]. 武汉: 武汉工程大学, 2018.

[62] 杨宏启. 海洋工程防腐涂层/碳钢体系的力学化学行为研究[D]. 大连: 大连理工大学, 2017.

[63] Totev D, Rufo M. High-Solids Epoxy Systems for Protective and Marine Coatings [J]. Journal of Protective Coatings & Linings, 2014, 31 (2): 50.

[64] Soldatov M A, Sheremet'Eva N A, Kalinina A A, et al. Synthesis of fluorine-containing organosilicon copolymers and their use for the preparation of stable hydrophobic coatings based on the epoxy binder [J]. Russian Chemical Bulletin, 2014, 63 (1): 267-272.

[65] 裴岷山, 陈艾荣. 桥梁管养信息化的发展与展望[J]. 公路, 2019, 64 (10): 209-215.

[66] 石秋君. 既有铁路桥梁支座病害分析及改造方法[J]. 铁道建筑. 2017, 57 (10): 13-14.

[67] 万田保. 改善桥梁结构耐久性的阻尼器性能要求[J]. 桥梁建设, 2016, 46 (4): 29-34.

[68] 张宇峰, 陈雄飞, 张立涛, 等. 大跨悬索桥伸缩缝状态分析与处理措施[J]. 桥梁建设, 2013, 43 (5): 49-54.

[69] Ala N, Power E H, Azizinamini A. Predicting the Service Life of Sliding Surfaces in Bridge Bearings [J]. Journal of Bridge Engineering, 2016, 21 (2): 4015035.

[70] Freire L M R, Brito J D, Correia J R. Inspection Survey of Support Bearings in Road Bridges [J]. Journal of Performance of Constructed Facilities, 2013, 29 (4): 4014098.

[71] Branco F, Brito J. Handbook of Concrete Bridge Management [M]. ASCE, 2004.

[72] Luís M R F, Jorge D B, João R C. Management system for road bridge structural bearings [J]. Structure and Infrastructure Engineering, 2014, 10 (8): 1068–1086.

[73] Lima J M, Brito J D. Inspection survey of 150 expansion joints in road bridges [J]. Engineering Structures, 2009, 31 (5): 1077–1084.

[74] João M L, Jorge D B. Management system for expansion joints of road bridges [J]. Structure and Infrastructure Engineering, 2010, 6 (6): 703–714.

[75] Standardization E C F. BS EN 1337-10-2003 Structural Bearings – Part 10: Inspection and maintenance [S]. Brussels: 2003.

[76] AASHTO. Manual for Bridge Element Inspection (First Edition) [S]. US-AASHTO, 2013.

[77] 中华人民共和国交通运输行业标准：JTG-H11-2004 公路桥涵养护规范 [S]. 北京：人民交通出版社，2004.

[78] 中华人民共和国交通运输行业标准：JTG/T H21-2011 公路桥梁技术状况评定标准 [S]. 北京：人民交通出版社，2011.

[79] 中华人民共和国交通运输行业标准：JT/T 926-2014 桥梁用黏滞流体阻尼器 [S]. 北京：人民交通出版社，2014.

[80] 中华人民共和国交通运输行业标准：JG/J 297-2013 建筑消能减震技术规程 [S]. 北京：人民交通出版社，2013.

[81] The British Standards Institution Anti-seismic devices [S]. Brussels: BS EN 15129, 2018.

[82] 中华人民共和国交通运输行业标准：JTG/T H21-2011 公路桥梁技术状况评定标准 [S]. 北京：人民交通出版社，2011.

[83] 中华人民共和国交通运输行业标准：CJJ/T233-2015 城市桥梁检测与评定技术规范 [S]. 北京：人民交通出版社，2015.

[84] 江苏省地方标准：DB32/T3153-2016 公路桥梁伸缩装置病害评定技术标准 [S]. 北京：人民交通出版社，2016.

[85] 凤懋润，赵正松. 桥梁工程运营维护方法论 [J]. 工程研究：跨学科视野中的工程，2016，8 (6): 644-644.

[86] Deng L, Cai C S. Bridge Scour: Prediction, Modeling, Monitoring, and Countermeasures—Review [J]. Practice Periodical on Structural Design & Construction, 2010, 15 (2): 125–134.

[87] Reggia A, Morbi A, Plizzari G A. Experimental study of a reinforced concrete bridge pier strengthened with HPFRC jacketing [J]. Engineering Structures, 2020, 210 (5): 110351–110355.

[88] Zhang D, Li N, Li Z X, et al. Rapid repair of RC bridge columns with prestressed stainless-steel hoops and stainless-steel jackets [J]. Journal of Constructional Steel Research, 2021, 177: 106441.

[89] Yuye Z, Armin T, Yu M, et al. Seismic performance of precast segmental bridge columns repaired with CFRP wraps [J]. Composite Structures, 2020, 243: 112218.

[90] 何凡，陈占力，李丙涛. 日本桩基础工程新技术的发展与启示 [J]. 公路，2018，63 (6): 133–137.

[91] Markia N, Jrade A. Integrating an expert system with BrIMS, cost estimation, and linear scheduling at conceptual design stage of bridge projects [J]. International Journal of Construction Management, 2019, DOI: 10.1080/15623599.2019.1661572.

[92] Shim C S, Dang N S, Lon S, et al. Development of a bridge maintenance system for prestressed concrete bridges using 3D digital twin model [J]. Structure and Infrastructure Engineering, 2019, 15 (10): 1319–1332.

［93］ Wan C F, Zhou Z W, Li S Y, et al. Development of a bridge management system based on the building information modeling technology［J］. Sustainability, 2019, 11（17）：1-17.

［94］ 裴岷山, 陈艾荣. 桥梁管养信息化的发展与展望［J］. 公路, 2019, 64（10）：209-215.

［95］ 刘天成, 程潜, 刘高, 等. 基于BIM平台的平塘特大桥结构健康监测信息融合技术研究［J］. 公路, 2019, 64（9）：18-22.

［96］ 黄照广. 基于BIM的桥梁养护管理系统构建与开发［D］. 南京：东南大学, 2018.

［97］ 张贵忠, 赵维刚, 张浩. 沪苏通长江公铁大桥数字化运维系统的设计研发［J］. 铁道学报, 2019, 41（5）：16-26.

［98］ 潘永杰, 魏乾坤, 赵欣欣, 等. 铁路桥梁病害库和管养知识库的构建及应用研究［J］. 铁道建筑, 2019, 59（1）：23-27.

［99］ 李志锋. 桥梁同步顶升技术的研究与展望［J］. 山西建筑, 2010, 36（28）：297-298.

［100］ 候顺川. 桥梁改造工程中同步顶升技术应用及控制重点［J］. 山西建筑, 2010, 36（15）：335-336.

［101］ 于慧楠. 整体同步顶升梁板更换桥梁支座的应用研究［D］. 长春：吉林大学, 2007.

［102］ 李吉林, 李雄标. 公路桥梁顶升技术［J］. 工程质量, 2002（7）：41-43.

［103］ 冯满耀. 济南燕山立交桥PLC控制液压同步顶升的施工技术［D］. 济南：山东大学, 2011.

［104］ 王冬, 刁志莹, 王荣. 天津海河开发改造中的桥梁建设［J］. 基础设施建设, 2004（6）：14-18.

［105］ 董亚辉. 桥梁顶升技术研究与应用前景［J］. 筑路机械与施工机械化, 2011, 28（6）：21-27.

［106］ 周祥吉. 岜风大桥整体顶升工程为我国桥梁改造创新路［J］. 城市道桥与防洪, 2008（1）：90.

［107］ 丁毅, 刘波. 济南燕山立交顶升改造施工的总体设计［J］. 中国市政工程, 2003（5）：34-38.

［108］ 陈舟, 余晓琳, 等. 北江大桥引桥整体顶升施工技术［J］. 桥梁建设, 2014, 44（1）：114-120.

［109］ 袁诗佳. 梁式桥结构顶升关键技术研究［D］. 重庆：重庆交通大学, 2014.

［110］ Du S J, Chen J, Zhu J D. Numerical Modeling of Jacking Process for Underpass Bridge Through Railway Line［J］. Underground Construction and Ground Movement, 2006：128-133.

［111］ 居艮国, 黄凯赞, 吴志刚, 等. 综合顶升支撑系统在美国亚历山大–汉密尔顿大桥改造中的应用［J］. 世界桥梁, 2011（3）：78-81.

［112］ 赵晓平, 沈文辉. 吉隆坡新捷运工程二期地下工程C标段盾构顶升施工［J］. 施工技术, 2020（47）：55-57.

［113］《中国公路学报》编辑部. 中国桥梁工程学术研究综述·2014［J］. 中国公路学报, 2014, 27（5）：1-96.

［114］ 傅栋梁, 钱振东. 钢桥面铺装预防性养护对策分析［J］. 公路, 2010（1）：201-206.

［115］ 王超, 刘衍锋, 晏冬阳, 等. 正交异性钢桥面环氧沥青铺装养护方案［J］. 公路, 2018, 63（3）：217-221.

［116］ 朱琼. 探究桥梁养护中桥面铺装病害成因及预防措施［J］. 中国水运（下半月）, 2019, 19（5）：191-192.

［117］ 韩超, 李浩天, 贾渝, 等. 基于现代化检测的环氧沥青钢桥面铺装病害研究［J］. 公路工程, 2011, 36（1）：50-54.

［118］ 王学义. 大跨度桥梁智能检测系统初探［D］. 广州：华南理工大学, 2017.

［119］ 张子琛. 桥面铺装层隐性病害的无损检测方法及其养护设备的研究［D］. 西安：长安大学, 2017.

［120］ 姜海强. 基于探地雷达技术及卷积神经网络理论的公路路基病害评价［D］. 西安：长安大学, 2018.

［121］ 童峥. 基于深度学习和探地雷达技术的路面结构病害检测研究［D］. 西安：长安大学, 2018.

［122］ 宋云记, 王智. 利用三维激光扫描技术进行地铁隧道施工质量管控及病害检测［J］. 测绘通报, 2020, 518（5）：150-154.

［123］ 颜鲁鹏, 吴逸飞, 陈波, 等. 融合BIM与现实捕捉技术的高速公路病害检测信息化技术研究［J］. 中外公路, 2020, 40（2）：300-306.

[124] 彭瑶瑶，王思远，傅兴玉，等．无人机影像辅助下的路桥病害智能检测［J］．测绘通报，2017，485（8）：67-70，105．

[125] 陈显龙，陈晓龙，赵成，等．无人机在路桥病害检测中的设计与实现［J］．测绘通报，2016，469（4）：79-82．

[126] 王春清．京秦高速公路沥青路面预防性养护技术研究［D］．西安：长安大学，2007．

[127] 董瑞琨，孙立军，彭勇，等．基于沥青路面功能性能的预防性养护时机指标［J］．地下空间与工程学报，2005（2）：292-295．

[128] 王春红，魏远．基于预防性养护的沥青混凝土路面使用性能预测模型研究［J］．公路，2011（3）：111-115．

[129] 刘红遍．基于神经网络的高速公路沥青路面预防性养护预测模型研究［D］．西安：长安大学，2015．

[130] 王巍，张春霞，乔国栋．基于灰色模糊综合评判的桥梁预防性养护后评估体系研究［J］．公路，2014，59（1）：153-157．

[131] Muhammat，Naman，Wang，et al．Research on Probing and Predicting the Diameter of an Underground Pipeline By Gpr During an Operation Period［J］．Tunnelling and Underground Space Technology，2016，58（Sep.）：99-108．

[132] Karem A，Khalifa AB，Frigui H．A Fisher Vector Representation of Gpr Data for Detecting Buried Objects［C］//Detection and Sensing of Mines，Explosive Objects，and Obscured Targets Xxi：Spie-int Soc Optical Engineering，2016．

[133] Solla M，Lagueela S，Gonzalez-jorge H，et al．Approach to Identify Cracking in Asphalt Pavement Using Gpr and Infrared Thermographic Methods：Preliminary Findings［J］．Ndt & E International，2014，62：55-65．

[134] 赵勐．基于探地雷达的铁路路基病害识别技术研究［D］．石家庄：石家庄铁道大学，2012．

[135] 张彦杰．探地雷达在道路检测中的应用研究［D］．长春：吉林大学，2007．

[136] Wang Z，Gao J，Ai T，et al．Quantitative Evaluation of Carbon Fiber Dispersion in Cement Based Composites［J］．Construction and Building Materials，2014，68（15）：26-30．

[137] Wu J，Wang L，Hou Y，et al．A Digital Image Analysis of Gravel Aggregate Using Ct Scanning Technique［J］．International Journal of Pavement Research and Technology，2018，11（2）：160-167．

[138] Dinh BH，Park D，Le THM．Effect of Rejuvenators on the Crack Healing Performance of Recycled Asphalt Pavement By Induction Heating［J］．Construction and Building Materials，2018，164：246-254．

[139] Zhang C，Wang H，You Z，et al．Compaction Characteristics of Asphalt Mixture with Different Gradation Type Through Superpave Gyratory Compaction and X-ray Ct Scanning［J］．Construction and Building Materials，2016，129：243-255．

[140] 傅栋梁，钱振东．钢桥面铺装预防性养护对策分析［J］．公路，2010（1）：201-206．

[141] 冯铨，陈仕周，陈富强，等．钢桥桥面沥青铺装层病害处治方法研究［J］．公路交通技术，2007，64（1）：53-55．

[142] 汪名玉，胡德勇，王民，等．钢桥面铺装薄层罩面养护技术试验研究［J］．工程与建设，2013，27（4）：496-498．

[143] 邵鹏康．功能型超微表处路面养护材料设计研究［D］．西安：长安大学，2014．

[144] 王玉顺，杨永占，付丽琴，等．改性乳化沥青稀浆封层在高速公路桥面铺装施工中的应用［J］．公路交通科技，2001（5）：42-45．

[145] 李伟华，薛志超．TL2000第三代路面强化剂在桥面铺装预防性养护中的应用［C］//中国公路学会养护与管理分会第七届学术年会论文集，2017：339-346．

[146] 叶李水，畅卫杰，闻洁静，等．高韧性树脂薄层罩面在跨海大桥钢桥面环氧沥青铺装预防性养护中的应用研究［J］．上海公路，2020，156（1）：9-14．

[147] 付健．LX-2多功能沥青路面修补车［J］．建筑机械，2005（2）：96-97．

［148］宋建安，魏立基，郑昆．DLY90型沥青路面多功能养护车［J］．建筑机械，2004（8）：38．

［149］黄冀卓，王湛．钢框架结构鲁棒性评估方法［J］．土木工程学报，2012，45（9）：46-54．

［150］Agarwal J, Blockley D, Woodman N. Vulnerability of structural systems［J］. Structural Safety, 2003, 25（3）: 263-286.

［151］Starossek U, Haberland M. Robustness of structures［J］. International Journal of Lifecycle Performance Engineering, 2012, 1（1）: 3.

［152］高扬．结构鲁棒性定量计算中的构件重要性系数［D］．上海：上海交通大学，2009．

［153］Lind N C. A measure of vulnerability and damage tolerance［J］. Reliability engineering & system safety, 1995, 48（1）: 1-6.

［154］Ghosn M. System Factors for Highway Bridge Superstructures［J］. Transportation research record journal of the transportation research board, 2005, 11s: 113-120.

［155］应静华，肖英杰．桥梁通航孔船舶通行能力研究［J］．中国航海，2007（2）：48-51．

［156］梁锡．内河大桥水域通航环境安全评价方法的研究［D］．大连：大连海事大学，2011．

［157］程健，黎恩华．基于粒子群算法的桥梁多目标维护决策优化［J］．工程与建设，2020，34（4）：767-769．

［158］高文博，袁阳光，黄平明，等．大件运输车载下考虑强度退化过程的钢绞线斜拉索安全评估［J］．中国公路学报，2020，33（8）：169-181．

［159］张翔．中小跨径混凝土桥梁的性能与维护策略研究［D］．杭州：浙江大学，2015．

［160］项贻强，吴强强．基于性能的混凝土桥梁全寿命养护策略方法研究［J］．重庆交通大学学报（自然科学版），2013，32（5）：918-925．

［161］项贻强，程坤，郭冬梅，等．基于热力耦合的钢筋混凝土锈胀开裂分析［J］．浙江大学学报（工学版），2012，46（8）：1444-1449．

［162］郭冬梅，项贻强，程坤，等．沿海混凝土桥氯离子扩散修正模型及其应用［J］．中国公路学报，2012，25（5）：89-94．

［163］Strauss A, Ivankovic' A M, Mold L, et al. Performance-Indikatoren für die Bewertung von Strukturen aus Konstruktionsbeton auf europäischer Ebene nach COST TU1406［J］. Bautechnik, 2018, 95（2）: 123-138.

［164］Chen Z, Wu Y, Li L, et al. Application of Artificial Intelligence for Bridge Deterioration Model［J］. The Scientific World Journal, 2015, 2015.

［165］刘阳，张磊，王超凡．公路混凝土桥梁性能退化预测方法综述［J］．交通世界，2019（35）：99-101．

［166］宋瑞瑞．混凝土梁式桥技术状况评定及预防性养护研究［D］．开封：河南大学，2018．

［167］朱三凡，呼明亮，陈树辉，等．桥梁技术状况退化模型研究现状与展望［J］．市政技术，2020，38（2）：56-60．

［168］马军海．基于全寿命的桥梁设计过程及其在混凝土连续梁桥中的应用［D］．上海：同济大学，2008．

［169］Wei S, Bao Y, Li H. Optimal policy for structure maintenance: A deep reinforcement learning framework［J］. Structural Safety, 2020, 83: 101906.

［170］夏小勇．基于可靠度的桥梁网络性能评估与维护决策优化［D］．武汉：武汉理工大学，2017．

［171］Christopher D E, Elin A J, Nabil F G, et al. Life-Cycle Cost Analysis of Alternative Reinforcement Materials for Bridge Superstructures Considering Cost and Maintenance Uncertainties［J］. Journal of Materials in Civil Engineering, 2012, 24（4）: 373-380.

［172］Nili M H, Taghaddos H, Zahraie B. Integrating discrete event simulation and genetic algorithm optimization for bridge maintenance planning［J］. Automation in Construction, 2021, 122: 103513.

［173］Helena G, Luís S D S. Comparative life-cycle analysis of steel-concrete composite bridges［J］. Structure and Infrastructure Engineering, 2008, 4（4）: 251-269.

［174］张春霞，王巍．基于费用效益最优的桥梁预防性养护时机确定方法研究［J］．公路，2013（7）：259-262．

[175] 傅栋梁，钱振东. 钢桥面铺装预防性养护对策分析［J］. 公路，2010（1）：201-206.

[176] 罗炎波. 跨海斜拉桥拉索冷铸墩头锚退化分析及预养护［J］. 城市道桥与防洪，2017（5）：211-214.

[177] 李鹏飞，毛燕，董振华，等. 公路配筋混凝土梁式桥预防性养护综述［J］. 公路交通科技（应用技术版），2018，14（11）：249-251.

[178] 马新颖. 桥梁技术状况评定方法、退化模型及巡检养护管理系统的集成与开发［D］. 西安：长安大学，2016.

[179] 段兰，王春生，翟慕赛，等. 基于声发射技术的钢桥面板疲劳损伤监测与评估［J］. 交通运输工程学报，2020，1（20）：60-73.

振动、冲击与控制发展研究

一、引言

本专题主要针对桥梁结构振动、冲击与控制范畴，包括风致振动与控制、抗震与控制、船撞与防控、噪声与减噪四个领域。主、被动风致振动控制理论与技术主要针对桥梁风致振动发散与收敛型振动形态，包括颤振、驰振、涡振和抖振，结合桥梁断面采用的多种气动措施以及绕流形态机理分析。结构抗震设计理论由性能、位移乃至概率设计方法逐一论述，突出震后功能快速恢复能力；在桥梁减震耗能技术实践环节，强调结构抗震新体系构建等。在防撞理论与技术方面，由船撞力动力时程简化模型入手，介绍桥梁防撞系统中的多种技术手段，涉及光电预警系统和被动防船撞设施等。在轨道交通减振降噪理论与技术方面，首选回顾轨道交通减振降噪理论与技术，介绍系列噪声控制技术，涵盖轮轨噪声和桥梁结构噪声两方面内容。在上述理论与控制策略论述的基础上，分别结合国内外最新研究进展实施技术细节与参数比较分析，并对未来技术发展提出展望与发展对策，突出强调智能化主动风致振动控制、韧性抗震设计理论与新型结构减震体系、新型防撞理论与技术等多个环节。

二、国内桥梁结构振动、冲击与控制发展现状

（一）主、被动风致振动控制理论与技术

随着现代高强材料和施工技术的发展，桥梁结构正朝着大跨、轻柔的方向发展，这些无疑会导致桥梁对风的敏感性不断增加，桥梁结构的风致振动成为大跨度桥梁设计不可忽略的控制因素之一。桥梁的振动中，颤振和驰振为发散性振动，可能导致桥梁失稳甚至毁灭；涡振和抖振为收敛性振动，通常为限幅振动，一般不会导致桥梁毁灭，但若不加以控

制，仍会造成结构出现损伤和行车不平顺等不良现象。因此，考虑桥梁风致振动类型以及控制经济性可行性等因素，桥梁主要风致振动控制原则如表 42 所示。

表 42　桥梁主要风致振动控制原则

振动类型	位置	控制目标
驰振	主梁	绝对控制
颤振	主梁	
风雨激振	拉索	尽量控制
涡激振动	主梁	
	桥塔	考虑控制
随机抖振	主梁	

根据以上风致振动控制原则，一系列振动控制措施被逐渐应用到实际工程中。由于颤振为发散性的气动失稳现象，设计过程中必须采用一定的抗风设计以避免实际结构出现颤振失稳，最常用的设计手段是依据断面颤振性能对其气动外形进行优化。然而某些情况下，为了提高颤振临界风速而采取的断面优化措施可能对结构涡振性能产生不利影响。桥梁抗风设计的首要任务是保证结构的颤振稳定性，在断面颤振性能满足要求的基础上，才会考虑结构涡振性能。为了更好地保证桥梁结构在各种条件下的抗风性能，一系列风致振动控制技术发展起来。

按照桥梁工程实际应用和试验探索性研究，其振动控制措施可分为三大类别：结构措施、气动措施和机械措施。

易发生风致振动的大跨度悬索桥刚度通常由主缆、加劲梁和桥塔三部分提供，其中主缆提供了悬索桥竖弯和扭转刚度的主要部分。对于传统悬索桥，加劲梁对整体扭转刚度的贡献要大于对整体竖弯刚度的贡献。但随着跨度的增加，加劲梁对桥梁整体刚度与质量的贡献相对于主缆而言逐渐减小，对于大跨度悬索桥的侧弯扭转刚度影响不大。因此，对大跨度悬索桥的缆索进行调整是调整其结构刚度的有效措施，主要通过增加主缆或者增加辅助钢索的方式提高桥梁刚度。另外，通过在横桥方向构造几何稳定的封闭三角形能有效地耦合桥梁侧向运动和扭转运动，提高扭转刚度。桥梁结构的质量参数主要由桥梁形式和使用材料决定。对于大跨度悬索桥，要降低质量仅能使用新型轻质高强材料。钢材的比强度远高于混凝土材料，被广泛地应用于土木工程。其他优秀的轻质高强材料，如碳纤维材料或玻璃纤维材料等还未能取代钢材。因此，降低桥梁系统质量目前没有较好的办法。但是，由于颤振主要以扭转振型为主，通过改变加劲梁重心位置而减小气动升力力臂，从而改变气动力力矩的方法是可行的。调整质量分布以提高颤振临界风速的方法最早出现于航空航天领域，之后 Brancaleoni 和 Brotton 将其引入桥梁工程，用于悬索桥颤振控制。

此后，很多学者都对结构风致振动控制技术进行了研究。其中，英国的 Humber

Bridge 在施工阶段使用水箱作为偏心质量，颤振临界风速由 28m/s 提高到 35m/s。

在桥梁主要构件表面附加小规格的气动控制措施具有简便、易用且工作状态较稳定的特点。目前在大跨桥梁施工和运营过程中，除长、大柔性缆索等利用气动措施（表面凹坑及螺旋线等）与机械措施（各类主、被动阻尼器）并重的风致振动效应控制策略外，大多数构件单独采用气动措施进行风致振动控制。

结构风致振动控制技术也可按是否能够自适应地应对不同来流和是否需要额外注入能量分为被动控制技术和主动控制技术。

被动控制技术是人为改变桥梁主梁的外部形状或者是在其表面增加一些附属的构件和装置，从而达到预期抑制风致振动的效果。常用的被动控制技术中，有稳定板和风嘴、波纹板和翼板类措施（如导流板、分离板、抑流板等）等被动气动措施，通过在缆索承重桥梁主梁上安装固定附属设施以改善截面的气动性能，减小作用在主梁上的气动力，从而减小或抑制危害性振动的发生。

此外，也有如调谐质量阻尼器（TMD）、黏滞阻尼器、电涡流阻尼器等被动机械措施。调谐质量阻尼器是一种广泛应用于大跨度桥梁抑振的机械措施，由弹簧、阻尼器和质量块组成，一般支撑或悬挂在结构上，在结构发生风致振动时，调谐质量阻尼器与结构一起振动，质量块产生的惯性力使振动能量转移，并通过阻尼器耗散，从而有效地减小结构风致振动响应。电涡流阻尼单元作为调谐质量减振器的阻尼单元，很早就在结构的振动控制中得到应用，出力来源可选择外接电源，也可以选择永磁体。

惯容是 21 世纪初由 Smith 教授提出的一种具有两个独立的自由端点、且类似于弹簧和阻尼器的元件，又称惯性储能器或惯性质量储能器，类似电容器的等效电流，具有产生的力与其节点之间的相对加速度成比例的性质，本质上是力的一种放大机构。近年来，学者们通过对惯容的研究发现其在减振方面有很好的应用，克服了一般阻尼器减振时需要较大位移空间的问题，使阻尼器的应用条件更加宽泛。

主动控制技术是通过外界注入能量，从而改变桥梁结构主梁周围流场，改善结构气动力分布，进而可以抑制主梁风致振动。常见的主动控制技术有主动翼板控制、主动吸吹气控制等。主动翼板控制通过在结构上安装可实时调整姿态的气动翼板，改变主梁周围流畅特性，进而减小其风致振动响应。主动吸吹气也是一种研究广泛的主动控制措施，其在结构上布置一系列吸吹气孔，通过一定的吸吹气控制律，扰动因气流分离产生的旋涡脱落规律，对涡激振动达到了很好的控制效果。

（二）结构抗震设计理论发展与实践

1. 结构抗震设计理论发展

（1）基于性能抗震设计理论

20 世纪 90 年代初，美国学者在深刻剖析传统抗震理念的基础上，提出了基于性能的抗震设计思想（Performance-Based Seismic Design）。近年来，基于性能的抗震设计理论正在逐步得到完善，并形成相应的技术规范和标准。美国应用技术协会（ACT32）编制了针对桥梁抗震设计的指南。我国于 2004 年颁布了《建筑工程抗震性态设计通则（试用）》（CECS 160：2004），主要面向工业与民用建筑以及部分构筑物基于性能的抗震设计。2011 年颁布的《城市桥梁抗震设计规范》（CJJ 166-2011）也引进了基于性能的抗震设计思想。

（2）基于性能的桥梁概率抗震设计与评估方法

基于性能的地震工程全概率决策框架将结构的抗震性能评估分为四部分研究内容：地震危险性分析、结构地震响应分析、结构损伤分析及地震灾害损失评估。图 168 所示为概率性抗震性能评估的框架。

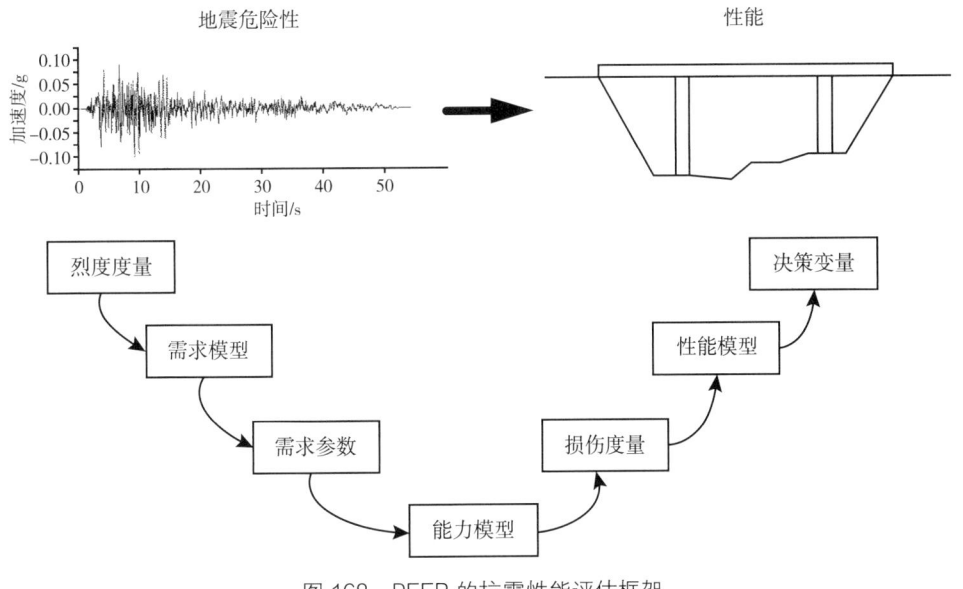

图 168 PEER 的抗震性能评估框架

概率地震损伤分析主要是通过桥梁地震易损性分析来确定结构在不同地震强度（IM）下发生超过某个损伤程度的条件概率。随着计算机技术的迅速提升，概率地震损伤分析得以迅速发展。近年来，概率性抗震工程分析的框架已基本建立并正在逐步得到完善，如 PDF 差值技术、贝叶斯原理等多种概率性分析方法被提出，另有一些分析方法甚至还能将已有的试验数据纳入结构损伤评估中。

（3）面向震后功能快速恢复的抗震设计理论发展

近年来，全球地震灾害频发，具有高密度人口、建筑、财富的现代城市群对地震等强灾害作用的脆弱性也在不断展现，引发工程抗震界对传统抗震设计理念和设计方法的反思，促进了抗震设计理论和技术的不断进步。针对近年来现代城市地震灾害导致的越来越大的经济损失问题，一些学者前瞻性地提出了柔性城市的概念。不再简单地基于生命安全和减小直接经济损失为目标，并以结构的破坏程度作为性能的划分标准，而是更加注重提高现代城市在极端灾害事件发生后的恢复能力，以求在最短的时间内恢复城市的正常功能，即结构的抗震理念由抗震减震向性能可恢复设计转变。未来更多直接以结构震后功能快速恢复为目标的性能划分标准以及更系统、全面的指标体系将得以建立。此外，减、隔震设计也将突破传统的延长周期、增加耗能的设计理念，转变为低损伤、免修复或者微修复的直接面向震后功能恢复的设计目标。

2. 结构抗震减震设计实践

（1）桥梁减震耗能技术实践

近年来，随着基于性能的结构抗震设计理论与实践的不断发展，桥梁减震耗能技术也由降低结构地震响应向优化结构性能控制的方向发展。

基于汶川地震中小跨度梁式桥型的震害，李建中提出了中小跨径板式橡胶支座梁桥横桥向准隔震体系。准隔震体系由板式橡胶支座和X形弹塑性阻尼器组成，强震作用下通过板式橡胶支座摩擦效应和X形弹塑性阻尼器屈服，控制下部结构地震内力响应，同时通过摩擦和弹塑性耗能机制控制墩梁相对位移。通过数值分析和振动台试验验证，结果表明，在强震作用下通过板式橡胶支座滑移和X形板弹塑性阻尼器的耗能，可以有效减小上、下部结构间传递的梁体惯性力，保护墩柱和基础等下部结构免遭严重损害，同时能有效控制墩梁相对位移，防止过大梁体位移导致的交通阻断，甚至落梁，进而最大限度提升震后的结构性能，满足震后桥梁功能快速恢复。

大跨度桥梁结构体系较柔，结构阻尼效应一般较小，多采用液压黏滞阻尼器等以增补结构在地震下的阻尼效应。李建中以沪苏通长江公铁大桥为背景，进一步研究了大跨度桥梁在综合考虑地震偶然荷载作用下的性能控制、列车运行和列车制动等正常使用荷载条件下的性能控制，优选黏滞阻尼器的设计参数。管仲国等提出将弹性索、弹塑性索与黏滞阻尼器组合的新型强震区大跨度桥梁横向减震体系，并用于一座强震区混凝土主梁的斜拉桥抗震设计中，实现了强震条件下的大跨度桥梁塔－梁横向减、隔震体系设计。该体系解决了常规减隔震支座或者钢阻尼器难以同时满足大吨位约束力（≥10000kN）和大变形能力（≥±500mm）的问题，对满足结构震后性能快速恢复和结构全寿命期性能控制具有明显优势。

（2）震后功能可恢复的桥梁结构抗震新体系

为提高震后桥梁结构的使用功能，快速恢复交通，进入21世纪以来，美国、日本等国越来越注重桥梁震后使用功能的要求。为提高震后桥梁结构的使用功能，快速恢复交通，国内外许多学者进行了具有自复位性能的桥墩体系（Self-Centering Structural Systems）探索研究。较早的研究可追溯为Priestley等提出的摇摆式结构，工程应用案例如1981年建成的新西兰Rangitikei铁路桥。Mander等学者对地震下利用摇摆的减震、自复位机制、计算模型和控制桥墩摇摆幅度的方法进行了系列研究。为了改善摇摆式桥墩的耗能性能，Pollino 对摇摆钢桁架桥墩使用附加防屈曲支撑（BRB）耗能，并研究了桥墩的滞回性能。

近年来，伴随着混凝土预制工业和装配技术的发展，预制节段拼装桥墩得到了越来越广泛的应用。结合预应力预制节段拼装桥墩抗震性能的研究，利用在桥墩中合理配置体外预应力提供自复位能力，形成自复位桥墩体系。美国 NCHRP 发展了三种配置体外预应力和普通钢筋的混合预制桥墩：普通混合桥墩、钢管混合桥墩、双薄壁混合桥墩。结果表明，采用体外预应力筋和普通钢筋混合配筋，在柱塑性区域采用钢筒约束混凝土不仅有效控制震后残余位移，还可以有效改善柱的耗能能力、减少塑性区域混凝土的损伤，是一种有效的自复位结构体系。

（三）防撞理论与技术

近年来，我国桥梁船撞事故频发，造成人员伤亡、结构损坏及较大的经济损失。在此背景下，我国学者对桥梁船撞分析方法、防船撞装置与措施、风险设计方法方面开展了较为广泛的研究，推动了桥梁船撞设计与防护工作的发展。

1. 桥梁防撞理论发展

碰撞试验是桥梁防撞分析方法与理论发展的基石。尽管近几十年有不少的船撞事故发生，但只有较少的试验被开展，尤其是针对性的船 – 桥碰撞试验。近年来，随着桥梁船撞问题被广为关注，陆续有学者开展针对桥梁或防撞结构的船撞试验。总体上，类似桥梁车撞研究，现有桥梁船撞试验可以分为四类：足尺实船碰撞试验、缩尺水平碰撞试验、基于摆锤的冲击试验、基于落锤的冲击试验。王贝壳等针对非通航孔桥墩拦截网防撞装置开展了实船碰撞试验，将试验结果与数值分析结果进行了对比。Wan 等基于水平碰撞试验设备开展了桥梁船撞缩尺试验，该试验中在碰撞水平小车上增加了模拟船首刚度的模型，使其区别以往的刚性碰撞试验，结果表明，考虑船首模型的试验与刚性锤头结果有所差异。Guo 等基于缩尺水平碰撞试验装置开展了近海非通航桥梁船撞试验，探讨了缩尺模型撞击下桥梁模型动力响应。这些试验是非常重要的一手资料，为揭示船舶与被撞结构相互作用机理以及船撞下结构的力学行为提供了帮助。

AASHTO 最新版船撞规范指出，相比桥梁抗风和抗震研究，桥梁船撞研究处于一个非常初级的阶段。然而，现有大量的试验与数值表明规范静力法不能反映碰撞过程中船 – 桥动力相互作用的本质，没有考虑结构惯性效应的影响，将导致结构响应被低估。利用非线性接触有限元技术建立精细化的船舶与桥梁模型来模拟船 – 桥碰撞过程，可以反映船 – 桥动力相互作用的全过程，较真实地估计船撞下桥梁结构的需求与能力。近年来，有学者致力于研究介于两者之间的分析方法，将船撞力动力简化计算方法效率与准确度均折中，是目前的研究热点之一。例如，Fan 等建立了考虑谱近似的荷载时程法、考虑荷载模式的等效静力法、冲击谱法及船撞冲击谱分析的组合方法等。王君杰等基于非线性有限元分析不同船舶的力－位移曲线，探讨了船撞冲击时程荷载等。对于船舶撞击桥梁事件，本质上为概率事件，而船撞力需求的确定对后期工程造价也有较大影响。因此，基于性能的桥梁船撞设计概念已被提出，这对桥梁船撞力的概率模型提出了更高的要求。近年来，也有学者逐步关注桥梁船撞可靠度设计、考虑其他因素影响的船撞分析等工作，已有学者提出了非线性弹簧概率模型与船撞力时程概率模型。在这些工作的促进下，我国颁布出台第一部《公路桥梁抗撞设计规范》（JTG/T 3360-02-2020），用以规范我国桥梁防船撞设计与研究工作。

2. 桥梁防撞系统

中国公路学会2018年发布了《公路桥梁防船撞装置技术指南》，以此来规范公路桥梁防船撞装置的技术要求，提升桥梁防船撞产品的质量水平。目前，桥梁防撞系统可分为非结构性防撞措施和结构性（被动）防撞措施两大类。

（1）桥梁主动防船撞系统

通过对历年船撞桥事故的统计分析，发现导致船撞桥事故主要有三方面因素：①人为因素导致的事故率为64%；②机械故障导致的事故率为21%；③自然环境因素导致的事故率为15%。人为因素是导致船桥相撞的罪魁祸首，而桥梁主动防撞系统可以很好地降低人为因素所导致的船桥相撞事故率。例如，随着特大桥梁的建设以及国家对桥梁防撞的重视，光电预警系统的桥梁主动防撞研究得到迅猛发展。桥梁光电式预警系统主动防撞装置突破了桥梁防撞在船舶和土木、桥梁工程方面的局限性，充分利用了光电探测和信息融合领域的全新技术手段，以图像处理的方式进行目标识别，完成了从发现、监视到报警的三级立体监控预警体系，具有定位精度高、抗干扰能力强和实时性好的特点。当然，船撞通常发生在恶劣天气与人为失误叠加因素下，且船舶一般机动性能较差，这些预警系统能否克服这些影响起到预期的效果尚需实际工程进一步检验。

（2）桥梁被动防船撞设施

经过30多年的发展，多种形式的防撞策略和措施被提出并应用到实际工程中。就物理（被动）的防撞措施而言，大体上有护舷式结构（包括橡胶和套箱式等）、桩承式结构、重力式防撞墩、人工岛、浮式防撞系统等。目前运用较广泛的防护措施为套箱式、桩承防撞结构、重力式防撞墩以及人工岛。在我国近年建设的大型桥梁（如飞云江大桥、润扬长江大桥）中主要采用了套箱形式的防撞措施。在湛江海湾大桥建设过程中，学者们研制了一种由外浮箱、钢丝绳防撞圈和内浮箱组成的防撞结构，船撞下防撞圈吸收一部分能量，同时将船头往外推移，改变撞击角度，减小船撞力。Fang等研制了新型纤维增强复合材料防撞系统，开展了复合材料和构件的冲击性能试验，并将其运用于实际工程中。由于复合材料力学的复杂性，不同学者该方面研究的结论差异较大。针对传统钢防护结构的缺点（易腐蚀、面板易刺穿等），Fan等提出了一种新型的钢-UHPC防撞结构，其利用UHPC板的超高耐久性能和耐撞性作为传力面板，利用波折钢板作为耗能构件吸收碰撞能量。近年来也有学者研究了独立式防撞桩与套箱式组合的防撞结构，提升防撞结构的耗能能力及导向能力等。

（四）轨道交通减振降噪理论与技术

1. 噪声预测理论

噪声预测是噪声控制的基础和前提，也是对减振降噪措施进行评价与优化的重要手段。20 世纪 60 年代，日本和欧美国家一些城市的轨道交通噪声污染问题非常严重。Remington 等自 20 世纪 70 年代开始建立轮轨噪声预测方法，Thompson 随后对其进行改进，奠定了噪声预测软件 TWINS 的理论基础。虽然 TWINS 软件已经过大量实测验证，Thompson 教授团队仍在持续研究轮轨噪声预测模型的合理性，如考虑了地面反射和吸声作用对钢轨和轨枕声辐射的影响，并开展了 1/5 轨道模型的试验验证。我国学者在轮轨噪声方面也做了大量工作。雷晓燕和圣小珍较早地对轮轨噪声的研究现状、预测模型、计算实例及主要结论进行了较为详细的总结。徐志胜和翟婉明基于车辆 – 轨道耦合动力学理论、噪声辐射与传播理论建立了轮轨噪声预测模型，并与 TWINS 模型进行了对比验证。刘林芽采用有限元法与边界元法计算车轮、钢轨的振动与声辐射，并基于遗传算法对车轮进行了低噪声优化。

早期的桥梁结构噪声预测研究通常针对钢桥或钢 – 混凝土组合结构桥梁进行，所采用的主要方法是统计能量分析（SEA）。这是因为对于钢桥的高频振动响应，振动模态密集，采用有限元法的求解效率极低且精度不易保证。Remington 和 Wittig 提出的高架系统噪声预测方法覆盖了轮轨噪声和桥梁结构噪声，分为基于轮、轨导纳计算轮轨相互作用力及钢轨振动三个步骤；采用 SEA 方法计算由钢轨通过扣件传入桥梁的振动功率；基于轮、轨、桥各部件振动功率、声辐射效率和简单声源模型预测噪声。Janssens 与 Thompson 也提出了一种基于 SEA 的桥梁噪声预测方法，仅仅在计算桥梁各部件振动功率时采用 SEA 方法，而在计算通过扣件传入桥梁的总振动功率时采用更精确的导纳方法。Li 等结合车轨桥耦合振动时域分析结果和 SEA 方法进行了有砟轨道情况下钢 – 混凝土组合桥梁的噪声预测，分析频率高达 5000Hz。SEA 方法在大型复杂结构振动噪声的宽频段、快速预测中非常有效，但经典 SEA 方法在低频段适应性较差。对此，Poisson & Margiocchi 在 200Hz 以下采用有限元法、200～5000Hz 频率范围采用 SEA 方法对某铁路钢桥进行了噪声分析。罗文俊等和 Zhang 等则运用有限元与 SEA 混合方法在混凝土桥梁低频振动和噪声预测上做了有益探索。

有限元、边界元等数值方法在噪声预测中效率远低于 SEA 方法，但是在混凝土桥梁结构噪声产生与传播的细观规律研究上更精确，其竞争力也随着计算机能力的提高和算法的改进而逐渐增强。较精细的一类噪声预测方法是采用有限元模型计算桥梁各节点的振动，并作为声学边界条件进行噪声预测，采用这种思路的有李增光、李小珍等、刘林芽等。这类噪声预测方法的另一种形式是：采用模态叠加法计算桥梁振动，并以模态振型作为声学边界条件求得模态声传递向量，结合车轨桥耦合振动分析得到的模态坐标响应进行噪声预测。Li 等采用这种技术用以提高噪声预测效率，随后又提出了模态声传递向量计算的 2.5 维边界元算法用以进一步提升计算效率。采用这种 2.5 维技术，Song 等得以分析多跨简支梁的噪声传播规律，并对比了桥梁结构噪声与钢轨噪声在 1000 Hz 内的主导频率范围及空间区域。

在基于有限元和边界元等数值方法的噪声预测模型中，扣件力学模型对预测结果有较大影响，因为它对轮轨接触力、轮轨振动在钢轨中的传播以及传递到路基（或桥梁）的振动有重要作用。由于胶垫材料非线性及带肋、带钉胶垫的构造非线性，扣件刚度强烈依赖于所受准静态荷载，也与所受车轮动载的激励频率和幅度有关，这就是扣件胶垫材料固有的载变、频变和幅变效应。最近，扣件刚度随温度变化的特性也引起了国内外的重视。韦凯等人的研究表明，采用常刚度扣件模型与考虑其幅频变特性相比会严重低估 65~150Hz 的轮轨系统响应。Zhu 等人的研究也表明，与常刚度扣件模型相比，考虑扣件的频变和幅变效应使得计算的轮轨力在 55~300Hz 变大，但在 1500 Hz 以上降低。

2. 噪声控制技术

轨道交通噪声控制可从减小激励源、振动控制、吸声和隔声等几个途径进行，也可以从车轮、轨道和桥梁等参数优化方面使总的辐射噪声最小化。

在轮轨噪声方面，Janssens 等及 Thompson 的研究表明，轮轨组合粗糙度和轨道衰减率是影响轮轨噪声的两个主要因素。修复性和预防性钢轨打磨和车轮旋修是目前一种应用广泛的减小激励源的养护维修技术。它通过提高轨面和轮面平顺性来降低轮轨力，从而减小轮轨及轨下桥梁的振动和噪声，特别对钢轨出现波浪磨耗或车轮出现多边形磨耗时的减振降噪非常有效，但难以在正常粗糙度水平情况下进一步降低振动和噪声。在钢轨上安装调谐质量阻尼器可以减小钢轨振动，并提高轨道衰减率，从而降低钢轨噪声。在车轮上也可以安装调谐质量阻尼器，但由于行车安全的风险考虑较少采用。约束阻尼是一种不改变原始结构而又能增加结构阻尼的一种方式，对钢轨具有较宽频段的减振效果，特别在扣件刚度较小的情况下减振降噪效果更好。不过，此类阻尼器的橡胶等高分子材料的耐久性较差、寿命周期成本较高，且通过钢轨减振来控制桥梁结构噪声的效果不明显。在钢轨附近设置吸声板和吸声块，可以降低轮轨噪声，但受油污或其他污染后吸声效果会受影响，在列车风作用下也可能带来高速行车的安全风险。声屏障是一种常用的隔声降噪措施，也可同时增加吸声的功能，研究表明，非封闭式声屏障对轮轨噪声的降噪作用明显，但对桥梁结构噪声的降噪效果不佳，其在列车气动力和桥梁振动下的声屏障连接构件疲劳问题也影响其寿命和使用性能。

在桥梁结构噪声方面，优化扣件刚度和阻尼参数是一种减小桥梁振动的重要方式，更为高等级的隔振方式还有梯形轨道和浮置板轨道结构。采用高弹性扣件来减小桥梁振动与噪声理论上很有效，但会增大钢轨振动而加剧轮轨噪声，还会导致轮轨磨耗增加，使总的降噪效果受到影响,为此常常要配合使用钢轨约束阻尼。梯形轨枕、浮置板轨道均能使桥梁振动和结构噪声显著降低,但是轮轨噪声有所增大,轨道板也成为新的噪声源,还增加了桥梁二期恒载。改变桥梁结构形式也是一种减小桥梁噪声的方式,例如采用小箱梁代替大箱梁、调整腹板与钢轨的位置、增加板厚、腹板开孔、设置加劲肋等,但它们对桥梁结构设计与施工的影响较大。约束阻尼在钢桥和组合结构桥梁减振降噪上有一些研究和应用,但其材料价格较高、桥梁表面积很大,还难以推广。调谐质量阻尼器也可用于桥梁减振降噪,其优势在于可以根据需求调整减振频率,缺点是减振频带较窄、与桥梁的连接构造复杂、寿命周期的养护维修费用高。

三、国内外桥梁结构振动、冲击与控制发展比较分析

(一)风致振动控制机理与应用

大跨度桥梁结构具有体积大、多因素耦合等特点,单因素小比例(<1:200)模型往往不能揭示在多因素耦合作用下足尺桥梁结构的真实行为,风洞试验手段和测控设备通常有许多限制条件,桥梁结构风致效应的理论分析也存在许多假设前提,因此,桥梁结构风致振动研究一直是在许多假设和理想化的模型框架内进行,势必与真实结构和真实场地存在偏差。现有理论和试验条件下,通过理论分析和风洞试验得到的桥梁结构风致振动性能并不能做到完全模拟真实结构在真实场地条件下的性能。总体而言,现有结构风致振动控制机理研究过程中主要存在三方面的不足:

1)理论算法。现有桥梁结构风致效应研究主要基于片条理论假设,且现有气动力表达式为线性表达式,难以考虑气动力非线性的效应,而实际情况下试验室出现的一些诸如软颤振的现象很难用现有理论解释。

2)物理模型试验尺度效应。已有研究结果表明,不同缩尺比例的物理模型其试验结果可能存在较大的出入,可能的原因包括雷诺数效应的模拟、积分尺度的差异等。

3)来流流态复杂情况。现有风洞只能较好地再现均匀来流和良态低紊流脉动风场,而真实结构所处的场地环境可能面临超强/台风的强紊流作用,另外一些特异风效应对桥梁结构的作用也难以在实验室再现模拟。

传统风致振动控制技术中,气动控制技术的效果具有结构外形尺寸的敏感性:通过多座实际桥梁工程系列风洞试验研究发现,主梁断面钝化引发的风激振动具有随结构气动外形尺寸微小变化的极强敏感性。主跨1650m西堠门悬索桥风洞试验模型由于主梁中央开槽细部构造的缩尺模拟难度及其近似性,在施工过程存在短期的超出风洞试验预期的限幅涡振;福建厦门至漳州跨海斜拉桥和舟山连岛工程金塘大桥均由于桥面人行道栏杆截面和栏杆底部垫块尺寸的微小差异(≤5cm),在风洞试验研究阶段发现截然不同的涡振现象。对系列典型主梁断面风洞试验研究表明,风嘴迎风向夹角和中央稳定板竖向尺寸的变化对

桥梁颤振临界风速的改变最大可超出100%。而对于质量阻尼器，虽然能在已知桥梁动力特性的情况下有效地减弱风致振动振动响应，但其有效频段较窄，一旦桥梁随着服役期限增长而发生动力特性改变，则该控制技术便会失效。

随着进一步规划方案中建设超大跨度桥梁的需求，上述风致振动控制技术的不足之处显露出来，表现为以下几点：

1）控制能力仅针对特定来流条件。桥位所处来流条件复杂性在往会超出风洞试验中的流场工况，风洞试验对大跨桥梁进行以颤振和涡振为主的风致稳定性验证，多数情况集中考虑来流角度在±5°攻角范围内。近年来，针对沿海和山区强风特性的观测分析与风洞模拟研究表明，以较大概率条件存在介于±5°~±15°攻角范围的来流风场条件，大攻角条件桥梁断面进一步钝化更容易产生不利风致稳定性的气动失稳现象，如果考虑以强紊流台风、具有强烈上升或下降气流为特征的雷暴风和龙卷风为代表的特异风效应，这一问题会变得更加复杂。

2）随着工程技术人员对桥梁技术发展的深入理解，超大跨桥梁风致振动的关注点逐渐倾向基于安全性能和使用性能并重的桥梁结构风致振动效应进行总体评价和优化工作。利用风洞试验和数值计算试图寻找到某种通用的可以满足抗风综合性能的气动措施难度较大。以目前风洞试验研究经验来看，各种传统风致振动技术均不具备复杂来流和风致振动的强鲁棒性和普适性控制。有鉴于此，研究人员开展了基于能自适应地应对不同来流条件和结构本身性能退化的智能化风致振动控制技术的相关研究。

3）对于主动翼板控制技术，较早提出的可动气动措施是Ostenfeld和Larsen的主动控制翼板，虽然其应用效果并未得到验证，却成为后续研究主动控制的模型蓝本。1992年，Kobayashi设计了一种主动控制模型，人为选定增益系数，通过节段模型的风洞试验将原始断面的临界风速提高到原来的两倍。在此基础上，1999年，Fujino提出了一种远离桥梁断面的主动控制面模型，在桥梁梁底两侧装一对控制面，通过拉线与内部的单摆相连，在桥梁运动过程中，单摆会与主梁反向运动，带动迎风侧与背风侧的翼板运动，从而达到抑制主梁颤振的目的。Omenzetter提出了另一种主动控制模型，利用数值模拟研究不同宽度的控制面对颤振控制效果的影响，结果表明，当控制面宽度达到3m宽时主梁的颤振临界风速最高可以提高202%。

4）在前期研究的基础上，一些学者也在逐步研究主动控制过程中的理论分析。Huynh根据主梁与翼板距离较远作出两者互不干扰的假定，继而将两者的气动力相互叠加来进行颤振分析。Nissen在此基础上考虑了主梁与翼板有相互干扰时的主动控制理论描述，扩充完善了Huynh的理论。Bera在主梁与翼板互不干扰的假设下研究了常增益反馈控制与变增益反馈控制，结果表明变增益反馈控制更有效。郭增伟结合现代控制理论，利用开环控制的方法研究了翼板振动的频率与相位对主梁颤振控制的影响。李珂进一步利用类似的模型建立了主动控制系统的闭环反馈控制理论框架，利用数值的方式证明了闭环控制的有效性，并通过节段模型的风洞试验说明了对主梁翼板系统的开环控制的无效性以及闭环的必要性；控制效果较好的情况下均匀流条件下颤振临界风速可以提高33%。詹昊通过计算流体力学研究了主动风嘴模型的颤振控制效果，结果表明，迎风侧风嘴运动相位滞后于主梁运动，背风侧翼板运动相位超前于主梁运动的时候，颤振控制效果较好。

5）主梁、斜拉索和拉杆是桥梁结构中主要的结构构件，同时也是最容易受到风致振动破坏的构件。主动吸吹气技术应用到桥梁风工程领域，控制结构的风致振动，具有十分重要的现实意义，其在桥梁风工程已经有一些初步研究。例如辛大波等首先提出了在桥梁上使用吸气控制的设想，并采用数值模拟手段研究吸气对平板风致静力特性及桥梁主梁颤振的控制效果，研究了吸气对平板风致静力的影响。结果显示，在吸气使平板的阻力系数明显降低，扭矩系数增大，迎风端的压力随着吸气能量的增大而减小，背风端的压力基本不受吸气影响。在对平板边界层进行研究的基础上，进一步研究了桥梁断面进行吸气控制的可行性，并结合比较典型的梁箱梁断面模型，采用数值模拟的方法，研究了在桥梁断面底面沿流向分别施加定常吸气与定常吹气对桥梁断面风致静力作用的影响。研究表明，在断面底面迎风端施加定常吸气基本不改变断面升力、扭矩，但断面的阻力大大降低，随着吸气能量的增加，阻力减少效果越来越好，随着吸气源由迎风端移向背风端，吸气的减阻效果越来越好。吸气方法有效提高了大跨桥梁气动稳定性。陈文礼等采用PIV技术研究吸气控制对拉索旋涡脱落影响。在试验中，测量了圆柱表面风压分布、圆柱的受力情况以及圆柱周围流场。试验结果表明，吸气抑制了圆柱的旋涡脱落，减小了圆柱表面脉动风压幅值和圆柱阻力。加大吸气量和减小吸气间隔对控制有利，吸气角度对控制效果起决定作用。陈文礼、辛大波等采用吸气方式抑制拉索涡激振动，测量了吸气控制下圆柱涡激振动的振幅和表面风压分布。结果表明，很小流量的定常吸气可以抑制圆柱涡激振动，降低圆柱升力以及圆柱表面脉动风压。在一定范围内，吸气流量的增大对控制效果没有明显的效果。桥梁吊杆和斜拉索等实际工程的构件可以从力学和几何学的角度看成普通圆柱的三维拓展，将实际工程中流体绕流的角度进行分解，等效于来流垂直于圆柱轴线的情况。

（二）桥梁抗震韧性设计理论

在城市抗震韧性的相关研究中，建筑工程的抗震韧性评价已取得较多研究成果。2012年，美国联邦应急管理局（FEMA）发布了《FEMAP-58建筑抗震性能评估》报告（以下简称FEMA P58），提出了修复费用、修复时间和人员伤亡三个韧性评价指标，并给出了基于构件易损性曲线的指标计算方法，为建筑韧性评估提供了有效实用的工具，得到了广泛认可与应用。2013年，奥雅纳（ARUP）公司发布了《面向下一代建筑的基于韧性抗震设计的倡议》报告，以建筑丧失功能的时间（Downtime）作为韧性评价指标，并引入"延阻因素"（Impeding Factors）和公共设施的影响。在国内，清华大学编制了《建筑抗震韧性评价标准》（报批稿），采用了修复费用、修复时间和人员伤亡三个韧性指标，而韧性评价方法采用了与 FEMA P58 相似的基于构件易损性曲线的方法。

桥梁工程的抗震韧性评价和建筑工程有显著的不同。首先，桥梁结构具有和建筑结构明显不同的动力性能和震害特点；其次，桥梁工程隶属于交通系统，其震后功能会影响所在线路乃至整个交通系统的震后功能，因此，桥梁结构因地震破坏所导致的经济损失除其自身的修复费用外，更主要的是因影响交通服务功能而导致的间接经济损失，而人员伤亡不宜作为桥梁结构的韧性评价指标；最后，桥梁结构所处的场地环境更复杂，影响其修复方案、修复费用和修复时间的因素也更多。目前，桥梁结构的韧性评价标准和评价方法还是一个亟待解决的问题，国内外都鲜有研究。

目前，有关桥梁结构抗震韧性方面的研究主要集中在各类新型低损伤、自复位桥梁结构体系的研究。其中较有代表性的有美国太平洋地震工程中心（PEER）和美国多灾害地震研究中心（MCEER）研发的各类无黏结预应力自复位桥墩、新西兰坎特布雷大学和中国台湾地震工程研究中心等结合桥梁预制装配化建造技术研发的带附加耗能器的摇摆隔震桥墩；同济大学基于汶川地震震害经验提出了面向板式橡胶支座的中小跨径桥梁"拟减隔震"系统，以及面向群桩基础的低损伤、自复位可提离式隔震基础的桥梁结构新体系；北京工业大学将摇摆隔震桥墩技术首次应用于北京黄徐路跨线桥工程。此外，清华大学、北京交通大学、天津大学等还提出了不同的具有震后自恢复或易恢复性能的新型减震措施。总体而言，这些研究都是采用减隔震策略，主要偏重结构地震响应，并以控制和减小结构震后残余位移作为评价指标，没有涉及桥梁结构抗震韧性评价标准和指标，也没有涉及基于韧性的抗震设计理论和方法。

由此可见，目前国内外对桥梁抗震韧性设计问题都予以了大量关注，开展了许多卓有成效的研究。国内的相关研究与国外相比处于跟跑和并跑的态势，在少数节点处又稍呈现领跑优势。

（三）防撞技术与效果

在国外，早期研究主要是针对船-船碰撞的问题，直到 1980 年阳光大桥在船撞下发生严重的倒塌事故之后，才开始真正重视桥梁船撞问题，除将上述船-船碰撞研究成果加以发展运用于桥梁船撞问题，又开始制定富有针对性的桥梁结构船撞设计规范。在此背景下，1983 年，美国国家研究委员会（NRC）成立了专门的货船和驳船船撞研究委员会，完成了跨越航道桥梁船撞风险与损失的研究。1984 年，路易斯安那州运输与发展部制定了船撞下桥墩的设计标准。1988 年，由美国 11 个州与 FHWA 共同提供联合基金用于制定桥梁工程师使用的船撞设计指南，最终于 1991 年形成了第一版 AASHTO《公路桥梁船舶碰撞设计规范与说明》。1994 年，该规范的主要内容被新修订的 AASHTO 桥梁设计规范所采用，正式成为桥梁总体设计中不可或缺的一项内容。2009 年，在总结第一版船撞设计规范的使用经验和过去二十多年的研究成果的基础上，AASHTO 出版了第二版《公路桥梁船舶碰撞设计规范与说明》。在此期间，尽管有学者认识到桥梁船撞问题隶属于动力问题范畴，但等效静力的方法仍然被新版 AASHTO 规范和大多数实际工程采用。2002 年，美国 I-40 公路桥船撞倒塌之后，以 Consolazio 教授为代表的美国学者广泛开展了驳船碰撞研究，提出并发展了包括相互作用模型法、反应谱法和考虑等效静力法等一些方法，推动了桥梁船撞分析理论的发展。

在防撞装置方面，目前运用较广泛的防护措施为护舷式（包括钢套箱、复合材料套箱等）、桩承防撞结构、重力式防撞墩以及人工岛等。此外，我国在防撞设施选用上与国外的工程有着较为明显的区别，国外主要选用耗能可靠性较高、偏保守的独立防撞结构（如桩承防撞结构、重力式防撞墩和人工岛），而我国近年来则广泛采用护舷式的措施，部分预警主动式防撞装置也逐步得到研究与重视。

总体来说，近十年国外学者相对较少桥梁船撞问题，致力于开展该方面研究的课题组不多，采用的防撞技术大多以保守方式为主。而我国由于近年来桥梁船撞事故频发，关注与研究桥梁船撞学者逐步增多，在桥梁船撞分析理论与技术方面都取得了较好的进展。国内的相关研究与国外相比处于并跑的态势，在部分方面呈现出领跑优势。

（四）轨道交通减振降噪分析与应用

欧美国家自 20 世纪 70 年代开始开展轨道交通噪声研究，相关研究主要集中在轮轨噪声方面，目前研究已较为成熟，但是对桥梁结构噪声研究较少。在工程应用上，欧美国家在 20 世纪修建了大量轨道交通钢桥，其产生的噪声污染问题难以根治，目前的高架线路修建也较少，故在减振降噪上的研究并不多见。

我国轨道交通减振降噪研究起步于 20 世纪 90 年代，并在最近十年得到快速发展，以适应我国高速铁路和城市轨道交通的建设和运营需求，其主要标志是在列车–轨道–桥梁系统动力相互作用研究的基础上发展了具有不同适应性的桥梁结构噪声预测理论。基于理论仿真分析，为轨道交通工程减振降噪新型结构设计及产品开发提供了理论依据。不过，目前减振降噪中还常常将轨道、桥梁和环境专业的需求割裂开来，缺乏从系统工程的角度解决振动和噪声问题，导致实际减振降噪效果、效益不足。

轨道交通噪声辐射问题本质上是流固耦合问题，一般采用"两步走"的方法进行噪声预测。第一步是得到振动响应或流场结果，第二步是基于已求得的振动响应和流程结构计算远场声辐射，这两步共同决定了噪声预测的精度和效率。

轮轨和结构噪声方面，振动计算可以分为时域方法和频域方法，时域方法计算量大，但可以考虑轮轨接触及轨道结构非线性效应；频域方法通常采用移动粗糙度激励来实现轮轨激励，不能考虑轨道和桥梁引起的参数激励，也只能采用等效线性化的模型，其优点是计算效率高，便于考虑轨道特性随频率的变化特性。时域方法一般采用有限元法进行建模，而频域方法则可以更灵活地运用有限元法、波数有限元法、统计能量分析、功率流法及各种混合方法进行分析。

在声场分析方面，主要有简单声源模型和基于频域边界元或有限元的复杂声场模型两类，后者又可分为3维、2.5维及2维几种不同的形式。

在噪声控制方面，通常有三种途径：一是降能；二是抑振；三是阻噪。在设计阶段，可以通过桥梁结合理选型、桥梁结构声学优化、轨道减振优化设计、附加阻尼减振、气动外形优化等措施减小振动或对空气的扰动，也可以设置声屏障或吸音材料阻断噪声传播。在运营管理阶段，通常采用钢轨声学打磨、镟轮、区段限速等措施降低系统振动能量来进行噪声控制。

四、我国桥梁结构振动、冲击与控制发展展望与对策

（一）智能化主动风致振动控制发展

桥梁风致振动的两个鲜明特点（横风向振动和依赖于风与结构的相互作用）给风致振动控制既带来了方便，又带来了更大的挑战。方便是可以适当改变桥梁的外形布置或者附加一些导流装置以减小风与结构相互作用力，从而减小风致振动振幅；更大的挑战则是针对主梁而言，主梁竖向约束条件很难改变，要改变结构的频率特征只能通过改变结构的刚度体系，主梁内部可供利用的空间非常有限，甚至不能满足被动质量阻尼器的安装空间，更不用说被动质量阻尼器发挥作用需要的质量块的行程空间，因此，对于主梁的风致振动控制，传统的机械制振措施显得无能为力，应该针对其独特的风致振动特点寻找更合适的控制措施。

传统控制技术的应用对大跨缆索承重桥梁跨径突破发挥了不可忽视的作用，但各种传统风致振动控制措施均不具备复杂来流和风致振动的强鲁棒性与普适性控制。智能化主动风致振动控制技术可以巧妙地通过破坏"桥梁－流场的耦合共振体系"而从根本上消除桥梁风致振动的诱因，抑振思路较被动风致振动控制措施更积极主动，控制效果也更明显，控制成本和代价更小。但面对大跨桥梁抗风应用过程，在数值计算领域、风洞试验室和工程现场等多尺度验证比较存在一定的差异，各种传统气动措施均不具备复杂来流和风致振动的强鲁棒性和普适性控制效应。与此同时，应用于桥梁结构的主动风致振动控制技术尚处于初步研究阶段，已报道的控制效应虽取得了令人满意的研究结果，但缺少控制效果在桥梁服役期内满足综合强健性能要求的合理性论证，具体表现为以下几点：

1）试验控制效应通常以经验尝试为主，控制效应机理不完全清楚，尚未完全实现自适应的智能控制目标。

2）研究过程建立的理论体系过多地采用简化分析手段，缺少现代结构控制理论的有力支撑。

3）有待建立结构和气动力荷载参数的识别和优化分析算法，进一步验证主动控制技术应对复杂来流条件的有效性。

应对超大跨度桥梁发展的需要，未来桥梁风致振动控制宜着眼于发挥气动控制措施轻巧、稳定、易用的特点和机械措施应对能力强、可操纵性好的结合优势，有必要结合现代主动控制理论进一步探讨更有效的智能化主动控制技术，具备条件时需努力向实际桥梁工程应用层面转化和推广。

（二）韧性抗震设计理论与新型结构减震体系

实现桥梁结构的韧性抗震必须首先解决两个关键性问题：一是建立桥梁抗震韧性设计理论体系，二是发展具有显著韧性特征的新型结构体系。

实现桥梁的可恢复性设计在结构性能控制上不能以不倒塌或简单地以结构自身的损伤程度为性能设计目标，而是要从结构的震后功能保持和功能恢复需要入手，建立新的结构抗震设计目标体系，同时完善结构功能损失与恢复需要评估方法。结构的损伤程度一般与结构的最大响应相关，但从结构震后修复需要的角度，更关注结构的残余裂缝和残余位移等，如日本道路协会明确规定桥梁结构满足可修复的性能标准，其墩柱残余位移不应超过1%。由此可见，既有的桥梁抗震设计理论在结构的性能目标上偏重考虑结构的损伤与安全，并不能直接反映结构震后功能快速恢复的需要，因此有必要建立新的结构性能目标与控制指标体系。另外，除结构的损伤程度外，震后桥梁的修复需要综合桥址环境和可能的修复措施等，有必要面向桥梁结构震后功能快速回复的实际需要，建立新的桥梁结构抗震理论体系。

减、隔震技术被认为是一种高效的结构减震技术，通过减、隔震装置发生弹塑性变形可以保护桥梁主体结构基本保持弹性，但当减隔震支座发生破坏，结构的竖向承载机制也随之遭到破坏，即使不发生落梁震害，也势必会影响桥梁的通行功能。此外，减隔震装置的设计寿命一般低于主体结构，尤其是橡胶类减隔震产品，其实际使用寿命一般为20~30年，更换减隔震支座势必会影响既有交通。近年来，一些学者提出将桥梁的竖向承载系统（自重和活载）与水平承载系统（地震作用）分离设计的理念，即竖向承载系统主要承载竖向荷载作用，地震作用下的水平力由独立的水平承载系统承担。水平承载系统在正常使用条件下即可视为非结构性构件，其损伤不会影响结构的竖向承载性能，因此可以最大限度保证震后桥梁的通行功能。此外，震后对水平承载系统的修复或者更换也不会影响结构的竖向承载性能，进而达到对既有交通免干扰或者微干扰的目标。

（三）新型防撞理论与技术

船舶或漂流物与桥梁结构的碰撞过程十分复杂，受碰撞时的环境因素（风浪、气候、水流等）、船舶特性（船舶类型、船舶尺寸、行进速度、装载情况以及船首、船壳和甲板室的强度和刚度等）、桥梁结构因素（桥梁构件的尺寸、形状、材料、质量和抗力特性）及驾驶员的反应时间等因素影响很大，因此，精确确定船舶或漂流物与桥梁的相互作用十分困难。同时，考虑桥梁结构防撞的风险、防撞设计的投入和产出效益等，使船撞桥梁的问题非常复杂，对其未来发展展望如下：

1）建立基于性能的桥梁防撞设计理论，允许设计者或桥梁所有者根据结构物的重要性和用途选择目标性能水平，由不同的性能目标提出相应的设防标准，以使结构具有预期的功能，推动桥梁防撞相关理论的发展。

2）桥梁碰撞过程与碰撞力分析方面，静力计算方法各计算公式差异很大，高精度有限元计算方法虽然精度高，但对于工程设计人员使用难度较大，不方便推广应用，建立兼具高的计算效率和结果的准确度的方法或模型是亟待解决的问题。

3）船舶桥梁碰撞风险综合控制措施，即基于模糊逻辑的船桥碰撞预警方法在考虑各种危险源的前提下，综合考虑各种主被动防撞措施及其投入和收益，建立桥梁防船撞风险的综合设计方法。

（四）新型减振降噪理论与技术

轨道交通减振降噪是一个传统的困难课题，其痛点在于减振降噪需要付出很大的代价，但效果不一定理想，并且还可能带来维修养护的副作用或增加噪声源的反作用。随着人们环保意识的逐渐提高，轨道交通沿线居民对噪声问题的投诉日益增多。如何有效地降低轨道交通桥梁结构噪声对沿线居民生活的影响仍是轨道交通桥梁噪声研究的热点问题。在既有研究基础上，对未来理论和应用上的发展趋势展望如下：

1）进一步发展高效、快速和准确的噪声预测理论，深入研究振动产生、传递机理及随时间的演变规律发展考虑减隔振装置非线性效应的噪声预测与控制方法，为大型复杂结构的减振降噪提供理论支撑。

2）基于声学超材料、声子晶体、声学黑洞和噪声智能控制理论开展轨道交通噪声控制研究，在桥梁和轨道结构既有设计方法的基础上发展面向减振降噪需求的结构优化设计方法。

3）深入研究约束阻尼、散粒体材料及吸声材料的减振降噪机理，提升既有材料减振降噪效益并开发新型减振材料与结构，通过桥梁、轨道和声屏障的合理组合实现轨道交通全频段噪声的协同控制。

对于大跨桥梁风致振动与控制，考虑桥梁风致振动类型以及控制经济性、可行性等因素，在研究和工程应用领域主要采用主、被动风致振动控制方法，对比结构措施、气动措施和机械措施，绝大多数构件单独采用气动措施进行风致振动控制，其中被动气动控制技术是人为改变桥梁主梁的外部形状或者在其表面增加一些附属的构件和装置，从而达到预期抑制风致振动的效果，主动控制技术是通过外界注入能量，从而改变桥梁结构主梁周围流场，改善结构气动力分布，进而可以抑制主梁风致振动。以目前风洞试验研究经验来看，各种传统风致振动技术均不具备复杂来流和风致振动的强鲁棒性和普适性控制。有鉴于此，研究人员开展了基于能自适应地应对不同来流条件和结构本身性能退化的智能化风致振动控制技术的相关研究。

对于大跨桥梁抗震与控制，目前地震导致的经济损伤也越来越大，这引起各国学者对结构抗震设防理念进行反思，认识到过去只以生命安全和防倒塌的结构性能目标是远远不够的，由此引入了基于性能的抗震设计思想，该理念是一种基于投资和效益平衡的多级抗震设防思想，其中基于性能的地震工程全概率决策框架和基于性能的概率性抗震设计方法受到广泛关注，更加注重提高现代城市在极端灾害事件发生后的恢复能力，以求在最短的时间内恢复城市的正常功能。

对于大跨桥梁船撞与防控，其分析方法可分为半经验半理论方法和偏重于理论的方法，涉及船撞力动力时程简化模型和质量–弹簧–结构动力耦合简化模型等。通过对历年船撞桥事故的统计分析，归结了导致船撞桥事故的主要因素，由此推荐了光电预警系统桥梁主动防船撞系统和桥梁被动防船撞设施等，避免了主动防船撞装置无法完全避免船舶撞击的发生问题，发挥了被动防撞系统在桥梁防撞领域不可替代的作用。

对于大跨桥梁噪声与减噪，鉴于噪声预测是噪声控制的基础和前提，详细介绍了轮轨噪声方面国内外科研工作的进展，在噪声预测效率、噪声传播规律等方面取得了一定的进展，分析过程考虑了扣件力学模型和胶垫材料非线性及带肋、带钉胶垫的构造非线性。在噪声控制技术方面，可以从减小激励源、振动控制、吸声和隔声等几个途径进行，也可以从车轮、轨道和桥梁等参数优化方面使总的辐射噪声最小化，提出优化扣件刚度、阻尼参数和调谐质量阻尼器是一种减小桥梁振动的重要方式。如何有效地降低轨道交通桥梁结构噪声对沿线居民生活的影响仍是轨道交通桥梁噪声研究的热点问题，解决问题的办法是进一步发展高效、快速和准确的噪声预测理论，基于声学超材料、声子晶体、声学黑洞和噪声智能控制理论发展面向减振降噪需求的结构优化设计方法，并通过深入研究约束阻尼、散粒体材料及吸声材料的减振降噪机理，利用桥梁、轨道和声屏障的合理组合实现轨道交通全频段噪声的协同控制。

参考文献

[1] GE Y J, TANAKA H. Aerodynamic Stability of Long-Span Suspension Bridges under Erection [J]. Journal of Structural Engineering, 2000, 126 (12): 1404-1412.

[2] XIANG H F, GE Y J. On Areadynamic Limits to Suspension Bridges [J]. China CivilEngeering Journal, 2005, 38

（1）：60-68.

[3] 葛耀君. 大跨度悬索桥抗风［M］. 北京：人民交通出版社，2011.

[4] BRANCALEONI F, BROTTON D M. Analysis and prevention of suspension bridge flutter in construction［J］. Earthquake Engineering & Structural Dynamics，1981，9（5）：489-500.

[5] 项海帆，葛耀君. 悬索桥跨径的空气动力极限［J］. 土木工程学报，2005，38（1）：60-70.

[6] 杨咏昕. 大跨度桥梁二维颤振机理及其应用研究［D］. 同济大学；同济大学土木工程学院，2002.

[7] 邹小洁. 超大跨度悬索桥颤振控制措施及其机理研究［D］. 上海：同济大学，2005.

[8] El-Gammal M, Hangan H, King P. Control of vortex shedding-induced effects in a sectional bridge model by spanwise perturbation method［J］. Journal of Wind Engineering & Industrial Aerodynamics，2007，95（8）：663-678.

[9] Savage M G, Larose G L. An experimental study of the aerodynamic influence of a pair of winglets on a flat plate model［J］. Journal of Wind Engineering & Industrial Aerodynamics，2003，91（1-2）：113-126.

[10] Liu G, Meng F C, Wang X W. Mechanism of flutter control of suspension bridge by winglets［C］//Proceedings of the Fourth International Symposium on Computational Wind Engineering. Yokohama, 2006：489-492.

[11] 禹见达，陈政清，曹宏，等. 永磁调节式MR阻尼器试验研究及工程应用［J］. 振动工程学报，2006，19（4）：532-536.

[12] LAROSE G L, LARSEN A, SVENSSON E. Modelling of tuned mass dampers for wind-tunnel tests on a full-bridge aeroelastic model［J］. Journal of Wind Engineering and Industrial Aerodynamics，1995，54：427-437.

[13] 方重，吴和霖，楼梦麟. 电磁涡流耗能调谐质量阻尼器研制与性能试验［J］. 同济大学学报（自然科学版），2001，29（6）：752-756.

[14] 陈政清，黄智文. 一种板式电涡流阻尼器的有限元模拟及试验分析［J］. 合肥工业大学学报（自然科学版），2016，39（4）：499-502.

[15] 邴辉，汪志昊. 调谐惯容阻尼器对斜拉索振动控制的研究［J］. 华北水利水电大学学报（自然科学版），2020，41（1）：70-75.

[16] 李壮壮，申永军，杨绍普，等. 基于惯容-弹簧-阻尼的结构减振研究［J］. 振动工程学报，2018，31（6）：1061-1067.

[17] Lazar I F, Neild S A, Wagg D J. Using an inerter-based device for structural vibration suppression［J］. Earthquake Engineering & Structural Dynamics，2013，43（8）：1129-1147.

[18] Chen M Z Q, Papageorgiou C, Scheibe F, et al, Themissing mechanical circuit element［J］. Circuits andSystems Magazine, IEEE，2009，9（1）：10-26.

[19] Zhang H, Xin D, Ou J. Wake control using spanwise-varying vortex generators on bridge decks：A computational study［J］. Journal of Wind Engineering and Industrial Aerodynamics，2019，184：185-197.

[20] BILLAH A H M M, ALAM M S. Seismic Fragility Assessment of Highway Bridges：A State-of-the-Art Review［J］. Structure and Infrastructure Engineering，2015，11（6）：804-832.

[21] STEFANIDOU S P, KAPPOS A J. Methodology for the Development of Bridge-Specific Fragility Curves［J］. Earthquake Engineering & Structural Dynamics．2017；46：73-93.

[22] 项乃亮，李建中. 非规则梁桥横向X形弹塑性阻尼器合理参数分析［J］. 同济大学学报：自然科学版，2015，43（7）：980-986.

[23] 李建中，汤虎，管仲国. 中小跨径板式橡胶支座梁桥新型隔震系统［J］. 中国公路学报，2015，28（3）：35-43.

[24] 吕龙，李建中. 粘滞阻尼器对地震、列车制动和运行作用下公铁两用斜拉桥振动控制效果分析［J］. 工程力学，2015，32（12）：139-146.

[25] LV Long, LI Jian-zhong. Study on Vibration Control Effect of Viscous Dampers for Rail-Cum-Road Cable-Stayed

Bridge During Earthquake, Train Braking and Running [J]. Engineering Mechanics, 2015, 32（12）: 139-146.

[26] 管仲国, 游瀚, 郭河. 近断层斜拉桥弹塑性索与阻尼器组合横向减震 [J]. 同济大学学报（自然科学版）, 2016, 44（11）: 1653-1659.

[27] GUAN Zhong-guo, YOU Han, GUO He. Responses of Cable-Stayed Bridge Transversely Isolated with Elasto-Plastic Cable Pairs and Fluid Viscous Damper Subjected to Near Fault Ground Motions [J]. Journal of Tongji University, 2016, 44（11）: 1653-1659.

[28] 管仲国, 杨彬, 董凯, 等. 可提离式群桩基础桥梁滞回性能模型试验 [J]. 中国公路学报, 2017, 30（10）: 62-68.

[29] GUAN Zhongguo, YANG Bin, DONG K, et al. Jian-zhong. Experiment on Hysteretic Properties of Bridges with Pile-group Foundations Allowing Rocking and Uplift of Pile Cap [J]. China Journal of Highway and Transportation, 2017, 30（10）: 62-68.

[30] GUO T, CAO Z, XU Z, et al. Cyclic Load Tests on Self-Centering Concrete Pier with External Dissipators and Enhanced Durability [J]. Journal of Structural Engineering. 2016, 142（1）: 1-15.

[31] GUAN Z G, ZHANG J H, LI J Z. Multilevel Performance Classifications of Tall RC Bridge Columns toward Postearthquake Rehabilitation Requirements [J]. Journal of Bridge Engineering, 2017, 22（10）: 1-12.

[32] Fang H, Mao Y, Liu W, et al. Manufacturing and evaluation of Large-scale Composite Bumper System for bridge pier protection against ship collision [J]. Composite Structures, 2016, 158: 187-198.

[33] 刘波. 热成像技术在桥梁防船撞预警系统中的应用研究 [D]. 广州: 广州大学, 2016.

[34] 王贝壳, 陈涛, 杨黎明, 等. 非通航孔桥墩自适应拦截网防撞装置实船拦截试验与水动力计算 [J]. 海洋工程. 2017, 35: 90-96.

[35] Wan Y, Zhu L, Fang H, et al. Experimental testing and numerical simulations of ship impact on axially loaded reinforced concrete piers [J]. International Journal of Impact Engineering, 2019, 125: 246-262.

[36] 樊伟, 刘斌. 高桩承台桥梁驳船撞等效侧向荷载作用模式 [J]. 中国公路学报, 2016, 29: 72-80.

[37] 王君杰, 刘慧杰, 尹海蛟. 驳船-圆柱碰撞的修正半波正弦荷载模型 [J]. 中国公路学报, 2018, 31: 82-93.

[38] 中国公路学会. 公路桥梁防船撞护舷技术指南 [M]. 北京: 中国公路学会, 2018.

[39] Zhu L, Liu W, Fang H, et al. Design and simulation of innovative foam-filled Lattice Composite Bumper System for bridge protection in ship collisions [J]. Composites Part B: Engineering, 2019, 157: 24-35.

[40] Wang JJ, Song YC, Wang W, et al. Evaluation of flexible floating anti-collision device subjected to ship impact using finite-element method [J]. Ocean engineering, 2019, 178: 321-30.

[41] Fan W, Guo W, Sun Y, et al. Experimental and numerical investigations of a novel steel-UHPFRC composite fender for bridge protection in vessel collisions [J]. Ocean engineering, 2018, 165: 1-21.

[42] Chen XJ, Yu W, Wu GH, et al. A static position-adjustment method for the motion prediction of the Flexible Floating Collision-Prevention System [J]. Marine Structures, 2018, 57: 152-64.

[43] 包龙生, 陶天阳, 张远宝, 等. 大体积桥墩防撞钢套箱施工仿真分析及关键技术 [J]. 沈阳建筑大学学报（自然科学版）, 2019, 35: 1051-1058.

[44] 陈国虞. 深水航道桥梁防船撞方法 [J]. 船舶与海洋工程, 2019, 35: 1-7.

[45] 张景峰, 李小珍. 钢套箱-群桩组合防撞结构防撞性能仿真分析 [J]. 桥梁建设, 2018, 48: 47-52.

[46] D Thompson. Railway noise and vibration: mechanisms, modelling and means of control [M]. Elsevier, 2009.

[47] X Zhang, D J Thompson, G. Squicciarini, Sound radiation from railway sleepers [J]. Journal of Sound and Vibration, 2016（369）: 178-194.

[48] 雷晓燕, 圣小珍. 铁路交通噪声与振动 [M]. 北京: 科学出版社, 2004.

[49] 徐志胜，翟婉明. 轨道交通轮轨噪声预测模型［J］. 交通运输工程学报，2005（5）：14-18.
[50] 刘林芽. 轮轨振动与噪声［M］. 成都：西南交通大学出版社，2016.
[51] P.J. Remington, L E Wittig. Measurement and analysis of the noise from and vibration in rapid transit elevated structures［J］. The Journal of the Acoustical Society of America, 1980（67）：S62–S62.
[52] X Z Li, Q M Liu, S L Pei, et al. Structure–borne noise of railway composite bridge: Numerical simulation and experimental validation［J］. Journal of Sound and Vibration, 2015（353）：378–394.
[53] 罗文俊，雷晓燕，练松良. 基于 FE—SEA 混合法的无砟轨道桥梁系统垂向振动分析［J］. 铁道学报，2013（35）94-101.
[54] 李增光. 轨道交通高架结构振动噪声建模、预测与控制研究［M］. 上海：上海交通大学，2010.
[55] 李小珍，张迅，李亚东. 高速铁路简支箱梁结构噪声的边界元方法［J］. 土木工程学报，2012（44）：95-101，185.
[56] 刘林芽，许代言，李纪阳. 轨道交通箱型梁腔室结构的减振降噪研究［J］. 应用声学，2016，35（4）：302-308.
[57] Q Li, Y L Xu, D J Wu. Concrete bridge–borne low–frequency noise simulation based on train–track–bridge dynamic interaction［J］. Journal of Sound and Vibration, 2012（331）：2457–2470.
[58] Q Li, X D Song, D J Wu. A 2.5–dimensional method for the prediction of structure–borne low–frequency noise from concrete rail transit bridges［J］. The Journal of the Acoustical Society of America, 2014（135）：2718–2726.
[59] X D Song, D J Wu, Q Li, et al. Structure–borne low–frequency noise from multi–span bridges: A prediction method and spatial distribution［J］. Journal of Sound and Vibration, 2016（367）：114–128.
[60] X D Song, Q Li, D J Wu. Investigation of rail noise and bridge noise using a combined 3D dynamic model and 2.5 D acoustic model［J］. Applied Acoustics, 2019（109）：5–17.
[61] G Squicciarini, D J Thompson, M G R Toward, et al. The effect of temperature on railway rolling noise, Proceedings of the Institution of Mechanical Engineers［J］. Part F: Journal of Rail and Rapid Transit, 2016（230）：1777–1789.
[62] K Wei, Z Liu, Y Liang, et al. An investigation into the effect of temperature–dependent stiffness of rail pads on vehicle–track coupled vibrations, Proceedings of the Institution of Mechanical Engineers［J］. Part F: Journal of Rail and Rapid Transit, 2017（231）：444–454.
[63] 韦凯，杨帆，王平，等. 扣件胶垫刚度的频变性对地铁隧道环境振动的影响［J］. 铁道学报，2015（37）：80–86.
[64] S Y Zhu, C B Cai, P D Spanos. A nonlinear and fractional derivative viscoelastic model for rail pads in the dynamic analysis of coupled vehicle–slab track systems［J］. Journal of Sound and Vibration, 2015（335）：304–320.
[65] M H A Janssens, M G Dittrich, F G De Beer, et al. Railway noise measurement method for pass–by noise, total effective roughness, transfer functions and track spatial decay［J］. Journal of Sound and Vibration, 2006（293）：1007–1028.
[66] X b. Xiao, Y g. Li, T s. Zhong, et al. Theoretical investigation into the effect of rail vibration dampers on the dynamical behaviour of a high–speed railway track［J］. Journal of Zhejiang University–SCIENCE A, 2017（18）：631–647.
[67] 李纪阳，刘林芽，尹学军. 迷宫式约束阻尼钢轨减振降噪试验分析［J］. 华东交通大学学报，2016，33（4）：31–36.
[68] 赵才友，王平. 带槽扩展层静音钢轨理论与试验研究［J］. 铁道学报，2013，35（1）：80–86.
[69] 尹镪，蔡成标，郭宇. 高速列车引起的负风压对轨道吸声板稳定性的影响［J］. 铁道建筑，2017（2）：

109-112.

[70] 何宾, 肖新标, 周信, 等. 声屏障插入损失影响因素及降噪机理研究[J]. 浙江大学学报(工学版), 2017, 51(4): 761-770, 783.

[71] 罗文俊, 徐海飞. 高速铁路吸声声屏障插入损失影响因素的分析[J]. 华东交通大学学报, 2017, 34(3): 1-6.

[72] 罗文俊, 李恒斌. 脉动风荷载作用下声屏障动力响应分析[J]. 噪声与振动控制, 2016, 36(2): 162-165, 184.

[73] 王党雄, 李小珍, 张迅, 等. 轨道结构形式对箱梁中高频振动的影响研究[J]. 土木工程学报, 2017, 50(8): 68-77.

[74] 孙晓静, 张厚贵, 刘维宁, 等. 调频式钢轨阻尼器对剪切型减振器轨道动力特性的影响[J]. 振动与冲击, 2016, 35(14): 209-214.

[75] 宋瑞, 刘林芽, 徐斌, 等. 铁路箱梁辐射结构噪声测试与开孔影响分析[J]. 噪声与振动控制, 2017, 37(6): 12-16, 22.

[76] 刘全民. 铁路结合梁桥结构噪声预测及约束阻尼层控制研究[D]. 成都: 西南交通大学, 2015.

[77] 张迅, 李小珍, 刘全民, 等. MTMDs控制高速铁路简支箱梁桥车致振动噪声的研究[J]. 振动与冲击, 2013, 32(13): 194-200.

[78] Simiu E, Scanlan R H. Wind effects on structures: fundamentals and applications to design[M]. 3rd ed. New York: John Willey & Sons, 1996.

[79] 李加武, 林志兴, 项海帆. 桥梁断面雷诺数效应[J]. 空气动力学学报, 2005, 23(1): 123-128.

[80] 周玉芬, 赵林, 葛耀君. 紊流积分尺度对桥梁抖振响应作用效应分析[J]. 振动与冲击, 2010, 29(8): 87-93.

[81] 邹小洁. 超大跨度悬索桥颤振控制措施及其机理研究[D]. 上海: 同济大学, 2005.

[82] 庞加斌. 沿海和山区强风特性的观测分析与风洞模拟研究[D]. 上海: 同济大学, 2006.

[83] 孙建åº. 土木工程相关的近地台风特性观测研究[D]. 哈尔滨: 哈尔滨工业大学, 2006.

[84] KOBAYASHI H, NAGAOKA H. Active control of flutter of a suspension bridge[J]. Journal of Wind Engineering and Industrial Aerodynamics, 1992, 41(1-3): 143-151.

[85] WILDE K, FUJINO Y, KAWAKAMI T. Analytical and experimental study on passive aerodynamic control of flutter of a bridge deck[J]. Journal of Wind Engineering and Industrial Aerodynamics, 1999, 80(1-2): 105-119.

[86] FUJINO Y. Vibration, control and monitoring of long-span bridges—recent research, developments and practice in Japan[J]. Journal of Constructional Steel Research, 2002, 58(1): 71-97.

[87] OMENZETTER P, WILDE K, FUJINO Y. Suppression of wind-induced instabilities of a long span bridge by a passive deck-flaps control system: Part I: Formulation[J]. Journal of Wind Engineering and Industrial Aerodynamics, 2000, 87(1): 61-79.

[88] OMENZETTER P, WILDE K, FUJINO Y. Suppression of wind induced instabilities of a long span bridge by a passive deck flaps control system. Part II: Numerical simulations[J]. Journal of Wind Engineering and Industrial Aerodynamics, 2000, 87(1): 81-91.

[89] OMENZETTER P, WILDE K, FUJINO Y. Study of passive deck flaps flutter control system on full bridge model. I: Theory[J]. Journal of Engineering Mechanics, 2002, 128(3): 264-279.

[90] NISSEN H D, SORENSEN P H, JANNERUP O. Active aerodynamic stabilisation of long suspension bridges[J]. Journal of Wind Engineering and Industrial Aerodynamics, 2004, 92(10): 829-847.

[91] 郭增伟, 杨詠昕, 葛耀君. 大跨悬索桥颤振主动控制面理论研究[J]. 中国公路学报, 2013, 26(2): 119-126.

[92] 郭增伟, 葛耀君, 赵林, 等. 基于主动控制面的大跨悬索桥颤振控制[J]. 中国公路学报, 2017, 30（2）: 57-68.

[93] LI K, GE Y J, GUO Z W, et al. Theoretical framework of feedback aerodynamic control of flutter oscillation for long-span suspension bridges by the twin-winglet system[J]. Journal of Wind Engineering and Industrial Aerodynamics, 2015, 145: 166-177.

[94] LI K, GE Y J, ZHAO L, et al. Numerical simulation of feedback flutter control for a single-box-girder suspension bridge by twin-winglet system[J]. Journal of Wind Engineering and Industrial Aerodynamics, 2017, 169: 77-93.

[95] LI K, ZHAO L, GE Y J, et al. Flutter suppression of a suspension bridge sectional model by the feedback controlled twin-winglet system[J]. Journal of Wind Engineering and Industrial Aerodynamics, 2017, 168: 101-109.

[96] 李珂, 葛耀君, 赵林. 基于可调姿态气动翼板的大跨度悬索桥颤振主动抑振方法[J]. 土木工程学报, 2019, 52（12）: 93-103.

[97] 詹昊, 廖海黎. 基于流固耦合的加劲梁上部翼板颤振主动控制分析[J]. 桥梁建设, 2018, 48（4）: 62-67.

[98] 詹昊, 廖海黎. 桥梁主梁端部翼板颤振主动控制流固耦合计算[J]. 振动工程学报, 2018, 31（2）: 276-282.

[99] 辛大波. 桥梁风雨致颤振稳定性分析及边界层控制方法[D]. 黑龙江: 哈尔滨工业大学, 2008. DOI: 10.7666/d.D272200.

[100] 辛大波, 欧进萍. 定常吸气改善桥梁断面风致静力特性的数值[J]. 沈阳建筑大学学报（自然科学版）, 2008, 24（1）: 1-5.

[101] 辛大波, 欧进萍. 基于流场定常化的桥梁颤振分析简化数值方法[J]. 计算力学学报, 2009, 26（2）: 162-166.

[102] 辛大波, 张明晶, 欧进萍, 等. 定常吸气作用下的平板风致静力特性[J]. 防灾减灾工程学报, 2010, 30（z1）: 22-25.

[103] Chen W L, Li H, Hu H. An experimental study on a suction flow control method to reduce the unsteadiness of the wind loads acting on a circular cylinder[J]. Experiments in Fluids, 2014, 55（4）: 1-20.

[104] Chen W L, Xin D B, Xu F, et al. Suppression of vortex-induced vibration of a circular cylinder using suction-based flow control[J]. Journal of Fluids & Structures, 2013, 42: 25-39.

[105] 陶仕博. 基于涡流发生器的大跨桥梁风致振动控制[D]. 黑龙江: 哈尔滨工业大学, 2017.

[106] Wilde K, Fujino Y, Kawakami T. Analytical and experimental study on passive aerodynamic control of flutter of a bridge deck[J]. Journal of Wind Engineering and Industrial Aerodynamics, 1999, 80: 105-19.

智能建造与运维发展研究

一、引言

桥梁智能建造与运维是指通过信息技术和现代人工智能化技术促进桥梁建设和养护技术的智能化的实现，涵盖桥梁设计、建造和管养全过程。

二、国内外智能建造与运维发展现状

（一）智能设计（含智能材料）

1. 参数化、自动化设计与分析软件

我国近年来在参数化、自动化桥梁设计与分析软件的研发和应用方面取得了一些积极进展。

2017年2月，中交公路规划设计院有限公司发布了自主研发并具有知识产权的《桥梁三维非线性分析软件》，该软件适用于梁桥、斜拉桥、悬索桥等多种桥型，能够精确进行特大跨度斜拉桥及其他各类桥型的成桥分析和施工全过程分析。

上海同豪土木工程咨询有限公司研发了一套桥梁智能设计与自动绘图系统——"方案设计师"，该系统能协助工程师智能、快速建立桥梁设计方案，建立全桥的全关联、数字化的建筑信息模型，能自动完成桥梁方案图、施工图的全自动绘制，并实现设计团队多个角色在该系统上高效协同工作。

与此同时，国外的迈达斯公司推出的 midas SmartBDS 集建模、分析、设计和施工图绘制为一体的智能化桥梁解决方案，集成了 PSC 箱梁、RC 箱梁、下部结构的施工图纸。Autodesk 公司针对不同领域的实际需要，推出了面向建筑全生命周期的 Autodesk Revit 软件、面向基础设施全生命周期 AutoCAD Civil 3D 软件；Bentley 公司针对 AEC 电气设计领域开发了 Bentley Building Electrical Systems；达索公司推出项目协同管理平台 ENOVIA、设计建模平台 CATIA 及 Digital Project、建筑性能分析平台 SIMULIA（Abaques）、施工模拟平台 DELMIA、虚拟现实交互平台 3DVIA 五大类软件平台；Graphisoft 公司针对三维建筑领域推出设计软件 ArchiCAD。

2. 基于 BIM 技术的桥梁设计

建筑信息模型（Building Information Modeling，BIM）由美国佐治亚理工大学 Eastman 教授于 1975 年提出。应用 BIM 技术可以排除 90% 设计图纸错误，减少 60% 返工，缩短 10% 施工工期，提高项目效益。BIM 技术作为提高桥梁信息化水平的有效手段，已得到国家、行业、企业和项目业主的高度重视，随着我国桥梁的大量建造，BIM 技术在桥梁设计等领域取得了一定进展。

河北工业大学孙建诚等基于 IFC 标准领域层思路，建立了 BIM 桥梁设计及 BIM 桥梁施工管理标准化技术模型，并应用于河北延崇高速公路红河大桥的设计当中。北京建筑大学杜一丛等分析了 BIM 技术"正向应用"模式的价值及发展阻碍，针对"正向应用"推广中主要存在的建模效率低、软件专业性不足等主要问题，借助 Civil3D、Revit 及其可视化编程插件 Dynamo，探究"正向应用"在桥梁设计中的具体应用方法，并以某互通式立交工程为例，验证了方法对应用效率及准确率的提高。中交公路规划设计院有限公司张秋信等在平塘特大桥设计阶段利用 BIM 技术进行了桥塔及组合桥面中剪力钉、普通钢筋及预应力钢筋的碰撞检查和设计方案及关键施工工艺的虚拟现实（VR）展示，有效提高了桥梁设计质量及技术交底效果。

近期国外一些学者也基于 BIM 技术做了相应的研究。Markiz 等将 BrIM 技术与 Navisworks 技术和概率模糊逻辑策略方法相结合，实现了施工中的材料管理及成本估算，有效减少了构件在设计中的碰撞。Kiviniemi 等将桥梁结构的实时风险分解处理系统集成到 3D/4D BIM 中，并在风险数据和 BIM 之间建立联系，提出了基于 BIM 的风险可视化和信息管理方法。Shim 建立了 3D 维护信息管理和图像处理的数字检查系统，用于对桥梁全生命周期中所有相关信息进行不断地交互和更新。

除了研究方面，桥梁 BIM 设计已经在工程上得到较广泛的应用。例如中国铁路总公司工程管理中心、中国铁道科学研究院、中铁大桥勘测设计院集团有限公司、中铁二院工程集团有限责任公司等中国铁路 BIM 联盟单位分别开展了中国铁路 BIM 技术体系、基于 Inventor 的常泰长江大桥主塔 BIM 正向设计、基于 Bentley 平台的宁淮铁路桥梁 BIM 正向设计等方面的研究。

3. 基于人工智能技术的桥梁设计

基于人工智能技术的桥梁设计可以简单分为基于人工智能技术的桥梁结构设计和气动外形优化设计。

基于人工智能技术的桥梁结构设计主要利用拓扑优化算法和深度学习算法，优化主梁结构以减少结构的自重，从而建造更大跨度的桥梁。拓扑优化作为一种结构优化算法在航空航天、机械和土木工程中具有广泛的应用，其主要目的是在给定荷载和边界条件下寻找设计域中最优的材料布局方案。在桥梁的初步设计阶段，即桥梁布局设计，大连理工大学刘书田等提出一种新的多材料的拓扑优化模型以适应桥梁结构的多材料性质，并将其用于桥梁布局设计。河海大学陈国荣等提出了一种新的方法，解决了将拓扑优化结果解释为混凝土结构拉压杆模型（STM）的关键问题，并以简支深梁和牛腿的设计实例验证了基于移动可变形组件（MMC）的拓扑优化方法作为混凝土结构设计工具的有效性。随着基于人工智能的拓扑优化方法的进一步发展，国内已开始有学者将深度学习有效地结合到拓扑优化方法中，大幅度提高计算效率，在大规模桥梁结构设计中有着广泛的应用前景。

基于人工智能技术的桥梁气动外形设计主要利用深度强化学习算法和深度卷积生成对抗网络去优化桥梁截面的气动外形以减少桥梁的风致振动。良好的气动性能是桥梁设计中重点关注的内容，颤振稳定性已经成为超大跨度悬索桥实现跨径突破的决定性因素之一。由于桥梁结构气动措施的复杂性（如中央开槽、风嘴、中央稳定板和襟翼等）及其对气动性能强烈的非线性影响，一直以来对大跨度桥梁气动优化的研究只能基于少量的风洞试验或数值模拟，严重依赖于工程经验而缺乏理论方法指导。近几年国内已有学者在基于强化学习在大跨度桥梁气动措施优化设计上进行了探索，通过训练强化学习智能体作出最优策略，获取最优的气动措施外形参数或主动控制策略，大幅提高大跨度桥梁颤振稳定性。

同时，国外学者也在人工智能的桥梁设计技术方面做了相应的研究。Tabarak等介绍了如何利用神经网络选择合适的结构体系。Jooto等在桥梁结构初步设计相关问题上采用机器学习算法，运用机器学习进行桥梁选型。Yu等提出了一种利用深度神经网络来预测在给定边界和优化参数下拓扑优化结构的方法。还有一些学者利用人工智能进行了智能流动控制方面的初步研究。

4. 智能材料

近年来，智能材料在我国被广泛应用于桥梁的无损检测、健康监测以及减振控制等方面，取得了良好的效果。目前，在桥梁工程中应用较多的智能材料主要为智能混凝土等。

智能混凝土方面，哈尔滨工业大学肖会刚研发了应变自感知智能混凝土，并应用于重庆广阳岛大桥，对箱梁的压应变进行监测。大连理工大学韩宝国等研究具有自感知功能的桥梁路面结构，由自感知混凝土材料层、电极和引出导线组成，所述自感知混凝土材料层内部埋设有多个电极，每个电极通过导线引出至自感知混凝土材料层外，适用于监测交通参数。武汉理工大学徐家云等在梁底布设短切碳纤维混凝土层，通过改变梁底温度，控制温度应力，抵消了荷载作用下产生的弯矩和挠度，并实现智能控制，从而提高了桥梁的承载能力和变形能力。浙江交工高等级公路养护有限公司温腾等将短切碳纤维混凝土应用于318国道湖北荆州观音垱小桥维修改造，实践研究表明了碳纤维混凝土的高力学性能及优良的机敏性，指出良好的导电和导热性能使其成为智能混凝土的最佳复合材料之一。上海建科工程咨询有限公司庄国方等为促进智能混凝土材料在桥梁上的应用，研究了纳米碳纤维混凝土的压敏特性，结果表明将其作为具有应变监测功能的智能混凝土材料应用于桥梁结构中非常可行。

同时，国内已有一些智能索的研究报道，大多数采用的是光纤传感器。对智能索研究报道最多的是哈尔滨工业大学欧进萍院士等将FRP筋封装成光纤光栅传感器，制成光纤光栅－纤维增强塑料复合筋（FRP-OFBG），将复合筋通长埋设到拉索中，制成智能拉索。然而目前智能索仍然没有成熟的产品，离实用还有一段距离，存在许多问题。智能索的研究集中于将传感器内置于缆索内部，监测其内部温度、应力等参数，而能监测其内部锈蚀情况的集成传感器智能索是未来的另一个重要发展方向。

此外，纳米材料、生物材料等其他智能材料在桥梁工程中的研究和应用仍亟待加强。

总体而言，目前我国对智能材料的研究十分重视，也已取得一定的研究成果，虽然智能材料在桥梁工程中的应用具有非常广阔的发展前景和社会经济价值，但仍有许多技术问题有待解决。通过重视桥梁工程中智能材料的应用，积极开展智能材料用于结构减震、抗震抗风、降噪自适应控制等方面的研究，将智能材料的研究与桥梁结构分析紧密结合，可以有效提高工程质量，为智能桥梁的发展打下坚实的基础。

国外也有很多学者在桥梁智能材料上作出了相应的研究。碳纤维是指含碳量在90%以上的高强度高模量纤维，主要用途是作为增强材料与其他材料一起制成先进的复合材料，在桥梁工程中得到了广泛应用。Mahsa等将超高性能纤维混凝土（UHPFRC）应用于桥梁快速施工（ABC）项目，采用的钢－混凝土－钢夹芯结构（SCSS）体系具有先进的结构性能以及高效的施工速度。

国外除了研究方面外，一些智能混凝土已经应用于实际工程中。光纤传感智能混凝土是在混凝土结构的关键部位埋入了纤维传感器或其阵列，以探测混凝土在碳化以及受载过程中内部应力、应变的变化，并可对由于外力、疲劳等原因产生的变形、裂纹及扩展等损伤进行实时监测。加拿大Caleary公司在其建设的Beddington Trail双跨公路桥的内部应变状态监测中应用了光纤传感智能混凝土。

（二）智能施工

1. 智能施工技术

在桥梁智能施工技术方面，湖南联智桥隧技术有限公司梁晓东等人在桥梁的预应力张拉施工中引入计算机技术，形成了桥梁施工中的智能张拉系统，并与传统张拉系统进行对比分析，得到了智能张拉系统具有操作简单方便、精确施加张拉力、对称同步张拉、规范化张拉、自动平衡的缓释泄压技术、自动故障检测以及远程监控功能等优点，真正做到了张拉施工质量管理的"智能施工、实时跟踪、及时纠错"。中国水电建设集团十五工程局有限公司的祝卫星等根据以往的工作经验，对桥梁预应力智能张拉压浆系统原理进行总结,并从准备工作、操作要点、张拉结束、压浆施工四方面论述了桥梁预应力智能张拉压浆施工技术的应用方法。招商局重庆交通科研设计院有限公司的廖强与罗斌等针对桥梁预应力施工中普遍存在的"控制精度差、施工效率低和质量管理难"等问题,结合桥梁预应力张拉技术的发展,介绍了预应力智能化张拉技术的发展及其应用。

同时,某些桥梁智能施工技术也被编写为技术指南,逐步开始应用于实际工程中。湖南联智桥隧技术有限公司、天津公路工程总公司、中铁四局第三建设有限公司等单位联合编制的《桥梁工程预应力混凝土智能张拉施工技术指南》已正式发布实施,该智能施工技术应用于桥梁工程中,有效提高了桥梁施工质量,取得了良好的阶段性成果。

在国外,很多智能施工技术被应用到工程当中。国外一些企业已经开始利用BIM模型作为AMG的施工控制信息代替施工放样测量,以提高施工质量和效率,目前该技术主要尝试应用于桥面铺装施工中。例如美国北卡罗来纳州U-0071东联络线工程项目中,部分设备就采用了这一技术。

2. 智能化施工控制

在桥梁建设全过程中,风险因素无处不在。由于桥梁工程项目投资大、工期长、施工环境复杂,在建设过程中,工程事故一旦发生,造成的损失及社会影响巨大,因此,进行智能化施工控制中的风险控制就显得尤为重要。北京交通大学刘朝阳等以高速公路桥梁施工高空坠落事故为研究对象,构造事故树模型,分析基本事件不同失效概率,并建立了预警机制。同济大学陈利民等介绍了一种桥梁施工过程风险智能化管理方法,该方法运用超宽带(UWB)定位技术以及运用Web端BIM模型实时接收位置坐标的方法,实现了对现场施工人员安全的自动化监测和控制。

此外,中铁十九局集团第六工程有限公司李继伟等还对桥梁智能化施工控制进行了深入分析,并从质量、进度、成本和安全上对比分析了传统方法与智能化方法的施工效果,总结得到了桥梁智能化施工的优点,对桥梁工程的实际施工具有借鉴意义。

同时,国外发达国家也利用智能化施工控制的相关技术进行数据的采集,例如,日本在建造多多罗大桥上部结构的施工过程中安装了自动测量系统。此外,国外在数据传输方面也实现了自动化的无线数据传输,例如,日本在修建chichby斜拉桥和Yokohama海湾斜拉桥时,架设通信电缆将现场计算机与远程计算机联网,进行数据传输。

3. 智能化施工装备

在智能化施工装备方面,国内许多学者进行了相应的研究。燕山大学赵静一等利用提梁机组、多台运梁车、架桥机等方面的联合作业,实现了大型桥梁的建设的智能控制,主要包括单通道的智能控制到多通道的协调控制、协同作业的闭环控制和PID控制等技术。同时,再利用各种类型的传感器,让整套设备根据传感信息进而作出控制和决策,可以实现远程在线监控和遥控。

国内的工程上已有一些智能化施工装备的应用,例如,深中通道沉管隧道安装采用世界首创的自航式沉管运输安装一体船作业方式，极大提高了施工精度和效率。深中通道伶仃洋大桥东塔塔柱采用钢筋部品化和一体化智能筑塔机（集钢筋部品调位、自动浇筑、智能养护和自动控制于一体）施工，基本上实现了塔柱工业化建造，使施工速度快、效率高、经济性好。在国外，为了实现桥梁建设的快速化、高质化及标准化，必须有大量高生产率、高质量、高性能和成套系列化的新型桥梁建设施工机械设备，如打桩船、液压打桩锤、大型浮吊、大直径钻机、地下连续墙铣槽机、架桥机等大型施工设备。例如，日本在建造明石海峡大桥之前开发了包括多功能自升式平台、海底检测潜水艇、大型挖泥船、大型灌浆船等大型装备以及测力传感器、水深仪、流向仪等智能监测装备，保证了基础设施安装的精度。

4. 智能化施工管理

在桥梁智能化施工管理方面，BIM技术得到了较广泛的应用。广西路桥工程集团有限公司蒋赣猷等以平南三桥为依托工程，在全桥精细三维模型基础上采用了工程量统计、虚拟仿真漫游、4D施工模拟、协同管理平台等BIM技术，研究了BIM技术在特大钢管拱桥施工管理中的应用，有效保障了施工质量、安全及效率。贵州省公路开发有限责任公司马白虎等将现代施工管理4D理论引入桥梁施工期安全管理中，以桥梁的BIM模型为载体，借助移动互联网技术，研发了平塘特大桥施工BIM信息管理系统及移动应用终端，实现了大桥建设期的远程、动态、可视化管理。石家庄铁道大学张文胜等研究提出了BIM与三维地理信息系统（3DGIS）的集成技术，并在蒙华铁路某特大桥施工项目中进行实际应用，解决了设计、施工与管理不同阶段之间的数据共享与挖掘利用的难题，实现了从3DGIS可视化、漫游和三维空间分析到BIM施工管理、施工动态模拟和施工进度总览等功能。

同时，人工智能也得到了十分广泛的应用。华中科技大学丁烈云通过计算机视觉中的深度学习目标检测算法，对施工现场监控视频进行自动预警，自动识别现场人员有无不安全操作、有无佩戴安全帽、是否执行其获得执业证书的工作。哈尔滨工业大学李顺龙等近期也提出了计算机视觉的施工现场人体姿态估计辅助安全帽佩戴检测方法，可以准确识别施工人员安全帽的佩戴情况。

在国外施工现场管理领域中，人工智能也有着十分广泛的应用。例如，美国密歇根大学的Behzadan等使用了增强现实技术，令现场人员轻松访问项目的计划、图表、进度和预算等信息。

5. 桥梁3D打印

在桥梁3D打印方面，我国研究起步较晚，基本上是从2010年以后开始的，但发展比较迅速，已有一些实践研究。

同济大学实现了国内首个3D打印人行天桥，但是由于其材质选用的是工程塑料，承载能力不足，故暂时只能作为观赏。

上海市机械施工集团有限公司于桃浦智创城中央公园中制造了一座3D打印曲面桥，

其制造材料中添加了一定比例的玻璃纤维和抗老化材料的 ASA 工程塑料,并通过室内试验分析证明了该桥的耐久性和力学性能均能满足普通建造的人行桥的技术标准。

清华大学徐卫国教授团队利用混凝土材料建造了目前世界上最大的 3D 打印人行桥。该桥采用古代赵州桥的设计形式,利用单拱结构承载,采用两台机器臂式 3D 打印系统建造整体桥梁工程,共计花费 450 小时打印完成全部混凝土构件。与同等规模的桥梁相比,其造价总计减少了 1/3 左右。

河北工业大学制造了一座混凝土 3D 打印的赵州桥,该桥按照赵州桥 1∶2 的比例打印后进行现场装配式组装。这座混凝土 3D 打印石拱桥综合考虑了各项桥梁设计中的荷载因素,安全系数较高,且在 3D 打印桥梁过程中内嵌了传感器用于 24 小时监测桥梁健康。

从目前的研究现状看,桥梁 3D 打印主要为以下三类:①基于材料分层叠加方法的研究;②由建筑设计理论驱动的数字建造研究;③以技术研究应用综述和相关理论为主的研究。国内企业的研究侧重于技术的产业化应用探索,个别企业的研究起步较早,已经取得了明显的研究成果,并付诸实践应用。

2016 年 12 月,西班牙马德里一座城市公园里诞生了世界上第一座 3D 打印人行桥梁,长 12m,宽 1.75m,由加泰罗尼亚高级建筑研究所(ICCA)建筑师设计,由一座巨大 3D 打印机利用精炼微粒混凝土为原料一层一层打印而成。

2017 年 10 月 19 日,在荷兰 Gemert 镇东南部出现了一座 3D 打印混凝土桥梁,全长 8m,宽 3.5m,主要供骑自行车的人使用。桥梁厚 0.9m,共 800 层,是用加了钢筋的混凝土采用专用水泥打印机打印的,6 月初开始打印,耗时 3 个月,能承担 40 辆卡车的重量,至少可以使用 30 年。建造时,先打印出 6 个建筑块,然后用钢丝加固,运到现场组装并胶合在一起。BAM Infra 建筑公司参与建造工作,并对桥梁的安全性进行测试。

Joris Laarman 成立的荷兰 MX3D 研究和发展公司研发了建筑用先进六轴 3D 打印机器人,并与 Autodesk 公司合作,采用代尔夫特大学新研制的新型复合钢材,打印具有复杂曲线、12m 跨度的一座人行复合钢桥,并且已经于 2018 年年底在阿姆斯特丹 Oudezijds Achterburgwal 运河上安装。

(三)智能运维

1. 智能化管养

近年来,我国在桥梁监测、检测与养维护技术方面得到了快速发展,主要分为桥梁智能监测与检测技术、桥梁管养的智能算法和智能化管养系统三个部分。

(1)桥梁智能监测与检测技术

在桥梁智能监测技术方面,厘米级实时动态差分式全球定位系统、全系列光纤光栅计等一系列传感器和监测产品得到广泛应用,形成了基于双环冗余光纤环网和工业以太网的分布式监测等技术,建成了不少长大桥梁健康监测系统,系统集成技术日臻成熟,我国

500余座桥梁已安装了实时健康监测系统。

此外，为促进桥梁监测和检测向高精度、便捷、快速、非接触、数据自动采集分析等智能化方向发展，近年来我国桥梁科研单位自主研发了一系列桥梁健康状态智能监测与检测技术与装备，包括无损检测、雷达扫描、损伤识别、无人机技术、机器人技术等，不仅使桥梁检测手段更加丰富，还大幅提高了桥梁检测的广度、精度及效率。但是高精度监测设备和隐蔽工程检测设备、非接触性检测设备等特殊检测设备大多依赖进口，缺乏针对中小桥的快速检测技术与设备，缺乏针对大跨度缆索桥梁关键构件的无损检测技术与设备，结构内部缺陷快速检测与诊断前沿技术、关键检测技术和自主装备等方面远不能满足养护管理的需求。

无人机是一种价格便宜、操作方便的空中检测设备，通过在其上安装高清摄像头、红外热成像相机、GPS、测距仪等检测设备，可以实现对目标区域图像的快速传输。无人机技术近年来被广泛应用于桥梁结构的外观检测。湖南科技大学钟新谷等以旋翼无人机为工作平台，设计适于无人机成像的图像预处理程序，构建基于支持向量机（SVM）的桥梁裂缝形态智能提取训练模型，实现了结构表面裂缝形状与宽度的智能识别。中国地震局地震研究所梁亚斌等利用多轴旋翼无人机搭载的高清云台相机，批量密集地采集桥索的表观图像，通过图像处理提取有效信息，并依照现有相关规范对桥索的健康状况作出了全面综合的评价。北京化工大学林伟国等设计了一种基于实时综合图像处理算法的检测系统，将其携带在小型无人机上进行数据的采集和处理，可以实现桥梁裂缝的自动检测。武汉天兴洲长江大桥采用基于无人机航拍技术的大桥斜拉桥索表观损伤检测技术，成功进行了桥索表层PE保护套外观检测。然而，基于无人机的桥梁裂缝评估存在以下问题：①无人机系统从桥梁表面采集的裂缝图像中，通常会出现透视畸变和非平面结构表面的几何畸变；②近距离检查时，无人机系统拍摄的裂纹图像是部分成像的，阻碍裂纹定位。为解决以上问题，可以将无人机技术与三维建模技术相结合。首先使用无人机获取高分辨率和近距离的图像，然后利用计算机视觉等智能识别技术进行图像处理，最后进行三维立体重建。基于无人机三维建模技术的桥梁检测方法，可以对病害进行多视角、全方位的观察，并可进行定量化量测和描述。

尽管无人机技术已经实现了对桥梁缺陷的自动化检测，但其仍然需要操作员通过远程操作来进行控制。为实现桥梁检测数据的自动采集与处理，智能机器人技术得到了发展。苏州科技大学徐丰羽等通过分析爬升机构驱动轮和从动轮的动态越障模型，设计了一种双轮缆索攀爬机器人，对其进行斜拉桥爬升越障试验，提高了攀爬机器人在高空的稳定性，在郧阳汉江公路大桥实际应用测试效果良好。针对不同类型的桥底复杂环境，湖南桥康智能科技有限公司研制了一套以机器视觉技术为核心的多传感器信息融合的BIR-X桥梁智能快速无损检测机器人，已完成了湖南的高速公路大桥、安徽铜陵长江大桥、广昆高速公路广东云浮段新庆高架桥等许多桥梁的检测工作。中铁大桥局集团有限公司下属桥梁科学研究院基于大量实践研发改进的第五代拉索智能检测机器人"探索者-V",实现了桥梁拉索检测的自动化、标准化、规范化,提高了检测效率,避免了对交通的干扰,有力推动了桥梁各类复杂、隐蔽、高空部位检测技术的发展,提高了处于交通命脉核心位置的现代大跨桥梁的健康和安全水准。此外,桥梁科学研究院自主研发了梁底自动检测机器人,同时搭载了5个超高清照相机、激光测距、雷达等大量智能传感器,能对照片进行全自动拼接并分析裂缝、蜂窝麻面等损伤,实现图片与桥梁坐标的自动对应,在作业时能自动防撞和自动回避桥墩等障碍。

此外,雷达、声发射、磁学、红外热成像、射线等智能检测技术也得到了广泛应用,可以实现对桥梁局部缺陷的非接触无损检测。大连理工大学的唐福建等发展了一种基于磁芯混凝土球智能岩石的桥梁冲刷深度监测技术,测试结果表明该技术的定位误差在 $0.26 \sim 0.33 m$,最大测量深度可达 $8.5 \sim 11.5 m$(图169)。

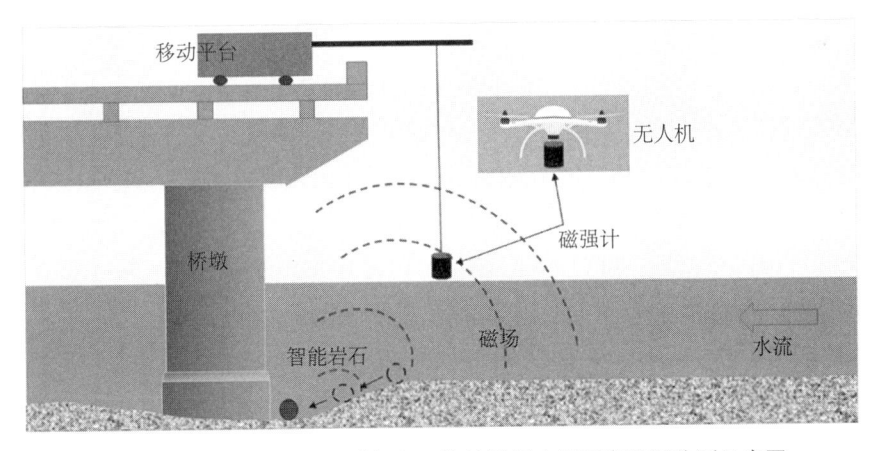

图169 基于磁芯混凝土球智能石块的桥梁冲刷深度现场监测示意图

随着雷达技术的发展,雷达设备从军用领域越来越多地进入民用领域。雷达设备发射经过特殊调制的无线电波适用于微小形变和振动测量,具有响应速度快、测量精度高等优异性能,并且适用于复杂环境,可以实现多个目标同步实时测量,其在我国桥梁工程领域的应用主要有大跨度桥梁结构的振动变形测量与模态分析、斜拉索索力非接触高精度检测等。声发射技术是一种动态的无损检测技术,能够对裂缝进行定位,实时检测结构内部的裂缝缺陷变化情况,使用撞击、事件和能量等声发射参数可以定量评估桥梁结构的内部损伤。金属磁记忆技术主要通过检测和分析铁磁性材料表面漏磁场的变化,确定材料内部缺陷的方位及区域,可以解决常规技术难以检测的桥梁结构构件内部腐蚀问题。红外热成像检测利用待检构件的热辐射特性的差异进行其内部不均匀或异常的检测,根据红外图像的颜色分析缺陷的位置和大小,可有效进行现役桥梁钢结构涂装质量的表征。

上述众多智能检测和监测技术,由于其远程化、低维修费用、少安装时间、受环境影响程度低等特点，被广泛应用于桥梁工程中。但是由于系统设计不同，其在适用条件、检测对象上都存在一定的局限性，应用的深度、广度仍待加强，系统化、自动化程度不高，定量标准化检测将是未来发展的方向。随着物联网、云计算等信息化技术的发展，自动化程度更高的机器将更多地替代人工开展传统的桥梁结构检测工作。

在桥梁智能监测与检测技术方面，国外很多学者也进行了相应的研究。无人机在桥梁智能监测与监测技术的应用方面，Reagan等提出了一种结合使用无人机和三维数字图像相关性进行非接触式光学测量以监测桥梁健康状况的方法。Gillins等展示了俄勒冈州一座桥梁使用多机无人机进行检查的方法和结果。Sankarasrinivasan等提出了集成无人机、图像处理和数据采集程序，用于裂缝检测和表面退化评估的方法。Carrio等提出一种无人机热成像图像在建筑修复和异常检测中的应用。Yoon等提出了一种使用运动的无人机来获取结构振动的方法。Morgenthal等采用配备相机的无人机采集桥梁结构高清图像数据，其飞行路径通过3D模型自动计算，并基于机器学习实现典型损坏模式的识别，实现了对大型基础设施的智能安全评估。国外学者在智能机器人技术用于桥梁智能监测检测方面也进行了有关研究。La等利用自行研制的攀爬机器人携带传感器，采集数据并实时处理，对桥梁结构进行可视化和三维结构检测，实现了基于计算机视觉的表面缺陷自动检测。Sanchez-Cuevas等研发了一种使用无人机进行桥梁检测的机器人系统，利用多旋翼接近桥面时的空气动力学顶棚效应，在空中平台和桥梁表面之间进行物理接触，通过光束偏转分析和超声波传感器测量裂缝深度。

除了研究上的进展，国外一些国家已经开始在桥梁检测中使用检测机器人，以降低作业风险和提高了检测结果的客观性。日本大阪市立大学的工程师研发了一种名为"配磁铁的桥梁检测机器人（BIREM）"，BIREM上装备了激光测距仪、摄像头及其他检测工具，能以7.8英寸（1英寸=2.54厘米）/秒的速度爬壁，通过远程遥控能够及时发现桥梁裂缝或者腐蚀情况。日本札幌市开发了蛇颈龙桥梁检测机器人"桥龙"，其机械手臂长约20m，最前端的"面部"装载有摄像机，拍摄到的场景会清晰地呈现在驾驶席前的屏幕上。

FHWA2008年启动了桥梁长期性能研究计划（LTBP），并于2013年研发了桥梁检测评估机器人RABIT^{TM}，集成了高清摄像、腐蚀电位检测、探地雷达、超声检测等多种功能于一体，可实现桥梁多种性能参数的实时快速同步检测和评估。

（2）桥梁管养的智能算法

无人机、机器人等智能监测与检测技术在桥梁工程中的广泛应用获取了大量数据，但采集到的图像可能含有复杂的周围背景信息作为干扰，如何从这些图像和数据中快速识别和定位桥梁损伤，并对其结构性能进行预测，已成为桥梁工程界共同关注的问题。目前，计算机视觉和机器学习算法等人工智能技术的快速发展，为海量图像、数据的处理提供了条件。

计算机视觉技术是图像智能处理的主要方法之一，该技术由计算机代替人眼对目标进行图像识别、运动跟踪、场景重建、图像恢复、图像测量等任务处理，大量应用于桥梁结构的损伤识别。浙江大学叶肖伟等基于数字图像处理相关性理论和多点模板匹配算法，提出了基于计算机视觉的大跨桥梁远距离非接触分布式结构位移监测方法，实现了千米级现场结构位移监测。湖南大学晏班夫、邵旭东等采用数字图像相关（DIC）技术、傅里叶变换的互相关整像素匹配算法与反向组合高斯-牛顿迭代亚像素匹配算法，实现了无须人造靶标、可远距离测试且具有较高测试精度的非接触无靶标桥梁结构形变测试，进而采用位移场后处理方式实现了结构连续与非连续应变场的计算。重庆大学李新科等针对大跨度斜拉桥拉索表面损伤的检测问题，开发了一种视觉检测系统，该系统基于尺度不变特征变换（SIFT）算法，进行不同缺陷图像的多图像拼接，并利用图像处理技术实现了缺陷识别。

在车辆荷载识别方面，计算机视觉也有相应应用。哈尔滨工业大学陈智成和李惠等率先研究了融合摄像和动态地秤的桥梁车辆时空分布识别方法，并进一步建立了基于马尔科夫随机场的车辆荷载空间联合概率模型。同济大学孙利民等提出了一种将计算机视觉技术与影响线相结合的交通感知方法，能够自动识别车辆的载荷和速度，实现了桥梁的动态称重。同济大学淡丹辉等提出了一种基于信息融合的桥梁荷载识别方法，实现了全桥面上横向和纵向荷载的同时识别，并通过多视点三维仿真视频数据和匝道桥实测数据验证了该方法的可靠性和准确性。

近年来，神经网络也被广泛应用于计算机视觉中的图像分类和目标检测。天津大学朱劲松等利用转移学习和卷积神经网络对采集到的大量图像进行自动分析和识别，研究结果表明，基于机器学习的桥梁缺陷检测方法具有较高的精度和效率。哈尔滨工业大学的徐阳等首先针对复杂背景强干扰下桥梁钢箱梁微小疲劳裂纹的识别难题，建立了多层级特征融合深度卷积神经网络模型，实现了疲劳裂纹与复杂背景干扰的特征空间分簇，提高了识别精度和鲁棒性；利用改进的快速区域卷积神经网络，对地震后受损钢筋混凝土柱图像进行分析，实现了震后结构损伤的快速识别和定位。哈尔滨工业大学的李惠等通过基于支持向量滤波与特征点匹配的计算机视觉算法连续跟踪结构位置，实现了斜拉桥桥塔动态位移识别，该算法利用支持向量滤波大幅减少了训练量。

机器学习理论的发展，同样为海量桥梁监测时序信号数据的有效利用和挖掘提供了契机。通过数据处理和深度学习，可以实现检测数据从计算机语言到结构状态指标的智能化转换，使其能够更加直观地与结构检测、维护和管理相联系。东南大学丁幼亮和李爱群等利用长短期记忆网络和聚类算法对桥梁活载应变数据进行提取和分类，实现了对预应力混凝土箱梁桥的状态评估和开裂预警。同济大学夏烨和孙利民等通过对区域内既有桥梁数据进行神经网络训练与验证，系统地提出了基于多源信息的桥梁网级评估与预测方法，并利用算例验证了该方法的系统性和有效性。东南大学王浩等提出了基于稳态图的模态参数识别方法和自动化提取框架，解决了在役大跨度斜拉桥近频模式的自动耦合模态分析难题。重庆交通大学周建庭等综合基于均匀设计的逐步回归模型和基于混沌搜索的智能优化算法，提出了一种新的桥梁结构损伤识别方法，提高了对桥梁结构损伤位置和损伤程度的识别精度。

国外学者在智能算法方面也作出了相应的贡献。Hüthwohl等基于大数据集对三个单独的深度神经网络进行训练，并且得到一个三阶段的混凝土缺陷分类器，该分类器可将潜在不健康的桥梁区域分为特定的缺陷类型。Dung等提出了采用深度卷积神经网络进行传递学习的方法，该方法既提高了裂纹识别的准确性，又提高了神经网络的鲁棒性。Ni等提出了一种新颖的支持深度学习的数据压缩和重构框架，可实现对数据压缩后异常数据的高精度检测。

以上桥梁管养的智能算法为桥梁的管养工作提供了新的有效手段和指导决策的依据。然而，当前技术仍然存在不足：大多数算法仅针对某一种或几种特定的缺陷，对各种缺陷混杂甚至重叠的情况很难进行识别；许多研究基于自身特定数据集，使用的方法和得到的结果各异，导致最终不能形成统一、普适的结构损伤识别评价模型。

（3）智能化管养系统

我国关于道桥智能化管理的早期探索始于20世纪80年代，最具有代表性的是"七五""八五"期间由交通部组织研究的中国道路管理系统（CPMS）和中国桥梁管理系统（CBMS）。此后，全国各地许多部门在道桥智能管理化方面不断探索，利用地理信息系统（GIS）应用于道桥的智能化管理维护，并取得了不小的成绩。

国内学者在桥梁智能化管养系统中引入BIM等现代化信息技术，将建设阶段的纵向信息与运营期数据的横向信息相结合，打造桥梁建管养一体化平台，实现协同办公、工程信息标准化、工程信息参数化，促进我国管养模式的自动化和智能化发展，提高了维护效率，提升了管养工作层次。

山东大学张贵忠等利用物联网、BIM等现代化信息技术，以沪苏通长江公铁大桥运营维护方案为依托，针对大跨径铁路桥梁现代化运维和管养需求，提出了具有多源信息获取及管理、结构智能分析与状态评估、智能养修管理等功能的数字化大桥管养平台设计方案，明确了平台的基本功能和物理架构。东南大学万春风等通过研究和扩展行业基础类（IFC）和国际词典框架（IFD）标准，设计了集成GIS基于BIM技术的维护管理系统，并应用于京杭运河大桥，有效提高了桥梁管养效率。中国铁道科学研究院集团有限公司潘永杰等设计了基于BIM的维护管理系统，并基于此利用IFD形成了检查库及维修库，升级了检养修管理模式，为铁路桥梁全生命周期信息互反馈和预防性维修提供了条件。

智能化管养技术已经在相关工程中得到应用。在四川南溪大桥中，北京建筑大学李爱群等将动态称重系统收集的大桥交通负荷数据输入有限元模型中并进行分析，再利用支持向量机建立疲劳损伤与交通负荷参数之间的回归模型，实现吊杆疲劳损伤预测，此方法无须昂贵的传感器并显著降低了测试的费用和时间，既省时又省力；在张家庄大桥运营维护中，石家庄铁道大学段晓晨等采用粒子群优化算法、BP神经网络等人工智能方法建立了其成本预测模型，运用三维非线性智能控制技术，提高了运维管理的时效性、高效性和经济性；武汉青山长江大桥构建了基于BIM的大型桥梁管养平台，集成了设计施工资料，实现竣工BIM模型电子化交付，为养护管理提供了多方面的参考数据。

2. 智能防灾减灾

桥梁项目的全生命周期中存在强风、地震、洪水、海浪等诸多灾害风险，可能会造成结构倒塌、生命与财产损失等严重后果。因此，有必要对桥梁项目进行风险管理，其实施的过程包括应用逻辑和系统方法来识别、分析和减轻风险，并促进改进和沟通。风险管理实际上是一个复杂的优化决策问题，而计算机技术的发展为解决这一问题带来了新的思路。

哈尔滨工业大学李惠教授团队长期致力于基于原型监测数据的足尺桥梁风效应数据挖掘、风灾智能识别、建模和机理分析。基于大跨度桥梁现场长期监测数据，首次提出以桥梁振动加速度10分钟均方根值和主频能量比（第一大主频能量与第二大主频能量之比）为特征变量，建立大跨度桥梁主梁涡激振动聚类自动识别模型，准确快速识别了西堠门大桥多次涡振事件。基于涡振识别结果，采用支持向量机算法和NARX架构建立了时变不均匀风场下的桥梁涡激振动机器学习预测模型，该模型学习到了涡激振动的风速和风向锁定等非线性物理机制，克服了自然风场无法准确建立原型桥梁涡振模型的难题，提出了基于非线性动力系统稀疏识别算法的桥梁涡激振动时变动力特性识别方法，揭示了桥梁涡激振动动力特性的时变过程和时变机理，并基于聚类算法研究了桥梁涡激振动的动力特性模式。

桥梁在长期运营过程中还可能面临地震、洪水等自然灾害的严重威胁。如何制定有效的维护策略以降低此类关键风险，保障复杂自然环境下重大基础设施的服役安全，成为当前研究的重点。西南交通大学蒲黔辉、勾红叶等基于高速铁路海量自然灾害监测数据，搭建了灾害大数据分析平台，系统阐述了人工智能算法在风、雨、雪、地震及滑坡等灾害监测和预警中的应用。在此基础上，哈尔滨工业大学李惠课题组近期提出了结构智能风险管控的强化学习框架。考虑结构全寿命服役下的长期和短期风险、综合维修管养花费设计管养花费或奖励规则，基于马尔科夫决策过程模型，将结构风险管控表述为通过维修等动作在花费最小的情况下维护结构安全的优化控制过程；基于深度强化学习算法，架构结构智能风险管控系统，系统基于结构维修的真实历史数据或由结构退化模型、灾害模型和维修花费模型等生成的模拟数据进行网络训练，以监测或检测得到的结构状态信息为输入，建立考虑结构状态和服役年限的结构维修价值网络，并输出某服役年内的维修动作。方法在桥面板系统的风险管控决策中得到验证，在相似的维修效果下，花费要低于人工设计的基于状态的管控策略。

国外学者在智能防灾减灾方面也有相关研究。例如，Mahmood等在地理信息系统环境下，结合水文工程中心河流分析系统（HEC-RAS）和水文工程中心地理河流分析系统（HEC-RAS），提出了一种综合水文概率分析方法，实施了针对具体地点的有效洪水风险降低战略。Ann等利用火灾动力学模拟（FDS）对144座桥梁进行了基于时间的火灾模拟计算，并且根据桥梁温度引起的表面损伤程度提出了相应的风险等级。

在实际工程中，智能防灾减灾技术也已经得到了应用。由于川藏铁路自然灾害频发，因此造成大量人力物力的损失，西南交通大学朱庆等建立了统一的多粒度实体要素分类编码体系，可为灾害监测预警、风险定量评估和灾后应急处置等提供智能化的数据–模型–知识服务；郑万高铁大宁河大桥由于地处复杂山区，其风力作用更加复杂多变。中铁二院工程集团苏延文等建立了复杂山区铁路大跨桥梁施工大风监测预警技术，保障了复杂山区铁路桥梁施工过程中的抗风安全。

三、国内外智能建造与运维发展比较分析

（一）智能设计（含智能材料）

智能设计主要分为参数化、自动化设计与分析软件、基于BIM技术的桥梁设计、基于人工智能技术的桥梁设计以及智能材料四个部分。

1）在参数化、自动化桥梁设计与分析软件的研发和应用方面，国内外均取得了一些积极进展。但是相比于国内，国外桥梁辅助设计软件仍有较大先发优势，其技术成熟、分析功能齐全、商业化程度高、市场占有率高，一些软件已实现了参数化自动化。虽然国内与国外在该方面相比还有着较大差距，但是国内近几年也逐渐开始进行参数化、自动化设计与分析软件的自主研发。

2）在基于BIM技术的桥梁设计方面，国内外近几年的研究和发展尤为迅速。虽然国内相关学者对BIM技术进行了相关研究，但是由于BIM技术在我国桥梁领域的应用刚刚起步，相比于国外，国内缺乏桥梁BIM技术标准，主要以试点工程的局部应用为主，且侧重于方案设计、施工模拟等个别阶段，在桥梁规划设计、建造和运营管理的应用中以及BIM技术所具有的信息共享、减少能耗、降低成本、缩短工期和实现建养一体化的价值方面做得仍然不足。

3）在基于人工智能技术的桥梁设计方面，虽然目前正处于起步阶段，但已经展示了很好的前景。国内外学者利用神经网络进行桥梁的设计，尤其对基于深度学习和强化学习的结构拓扑优化设计方法进行了初步探索。可以预见，通过深度学习和强化学习现有设计资料大数据，结合用户需求参数，未来计算机将实现建筑、桥梁、隧道等基础设施的设计方案自动生成。

4）在智能材料方面，虽然国内学者对智能混凝土进行了相关研究，且一些研究已经逐步应用于实际工程之中，但是应用范围不广，相比于国外还亟待加强。

（二）智能施工

智能施工主要分为智能施工技术、智能化施工控制、智能化施工装备、智能化施工管理以及桥梁 3D 打印五个方面。

1）在智能施工技术方面，国内的研究已经比较深入，且一些智能施工技术在我国已经被应用于实际工程中。但是相比于国外，由于国外发达国家存在着人工成本高、人力资源不足等问题，为降低工程成本，国外一些企业已经开始利用 BIM 模型作为 AMG 的施工控制信息代替施工放样测量，以提高施工质量和效率。

2）在智能化施工控制方面，国内已取得了一定的发展。但国外的桥梁施工技术已经发展到自动监控、分析预报、调整的计算机自动控制，并形成了较完善的桥梁施工控制系统，而且国外也早已经在开展以数据高速采集系统、数据双向传输系统、智能参数识别系统与计算分析决策控制系统为核心的智能施工控制系统研究，并正在研发集液压、微电子及信息技术于一体的智能系统。同时，国外发达国家数据采集的自动化程度也相对较高。

3）在智能化施工装备方面，尽管我国在打桩船、液压打桩锤、大型浮吊、大直径钻机、架桥机等大型装备方面均已实现了自主研发，但在这些装备的效率、吨位、可靠性、故障率等方面与国外装备还有一定差距，部分装备存在寿命期较短、需要频繁修理和更换等问题，控制系统、液压系统、行走系统等关键核心部件还没有实现自主研发，因此不得不依赖进口。同时，我国的自动化智能化施工装备研发和应用还处在起步阶段，除在钢箱梁数字化制造生产线、钢箱梁机器人焊接、多工位智能化步履式顶推、预应力智能张拉等方面有一些实践外，桥梁施工其他方面的智能化程度相比国外仍有较大差距，亟待提升。

4）在智能化施工管理方面，国内外学者广泛运用人工智能方法，实现了施工现场的自动预警以及找寻近似最优的进度计划。

5）在桥梁的 3D 打印方面，国内相对于国外研究起步较晚，但发展较迅速，且已有一些实践研究。国外由于发展时间较长，已经在桥梁 3D 打印技术方面取得了实质性的突破，国内相比于国外仍有一定差距。

（三）智能运维

智能运维主要分为智能化管养以及智能防灾减灾两个方面。

国内外学者在智能化管养方面均作出了较突出的研究贡献，但相比于国外，国内在智能建管养一体化技术开发和平台建设方面做得还不充分，预防性养护技术研究缺乏系统性，在基础数据积累和挖掘方面利用不够；关键管养设备主要依赖发达国家进口，自主创新能力还有待提高。此外，国内目前还缺乏专门针对国家级或区域级桥梁群的桥梁资产管理系统和智能化信息化技术的开发和应用，相应的管理体制、标准、管理平台系统等方面都落后于发达国家。

在智能防灾减灾方面，国内外学者均取得了一定的进展，其中国内学者对足尺桥梁风效应数据挖掘、风灾智能识别、建模和机理分析等方面作出了较突出的贡献，但是国内外对桥梁风险管理中的智能化、信息化、网络化研究较少，并且对智能方法的应用缺乏目的性和系统性。

四、我国桥梁智能建造与运维发展趋势与对策

（一）新一轮科技革命与桥梁产业范式变革

历史表明，需求是桥梁工程发展的第一动力。近年来，国内外需求的变化与新需求的提出让中国桥梁工程的发展站在了新的起点上，而在这个背景下我国也正面临着新一轮的科技革命与桥梁产业的范式变革。

1）应对增量需求变化。"一带一路"、长江经济带和京津冀协同发展等一系列国家发展战略的提出使桥梁建设的需求依然十分旺盛。然而，未来桥梁建设的发展方向逐渐向中国及欧亚大陆的重要跨海通道、深山峡谷转变。而这一转变将使施工条件变得更加复杂，桥梁跨度和结构规模也变得更大。而且，我们必须要同时考虑多种灾害，而不是像转变之前那样只考虑单一灾害。在确保桥梁使用寿命和性能的基础上，未来桥梁工程将更加注重质量安全、经济耐用、环保和节能。因此，这也使得许多新问题和新技术都亟待解决。

2）应对存量需求变化。截至2017年年底，中国公路桥梁总数达8325万座，居世界第一。以目前中国桥梁3%的年增加率计算，预计到2025年中国公路桥梁总数将超过100万座。同时，桥梁"老龄化"和服役条件恶化等问题的日渐突出使得大量桥梁病害问题越来越突出，这也直接导致了安全事故的日益增多。因此，我国老旧桥梁的修复工作对桥梁养护技术提出了新的要求。

3）应对管理需求变化。中国社会的发展正经历着从高速发展向高质量发展的转变。因此，桥梁工程发展的主要理念已经从之前的"能建"（can be built）向"能建并能管理好"（canbe built and managed well）进行转变，而这一转变也对施工质量和管理质量提出了更高要求。因此，国内桥梁工程的发展必须由质量改革、效率改革、动力改革进行指导，同时，国内也必须通过技术创新来提高桥梁的建设效率和工程质量。

总之，未来中国桥梁工程产业的范式变革必须要解决国内对施工技术、养护技术、科学决策的需求问题，同时还要解决质量改进、快速建立和创新的管理需求问题。因此，中国桥梁产业的长期生存和健康发展需要对整个产业链进行改革。

目前，新一轮科技革命和桥梁产业范式变革正在兴起，全球科技创新的发展趋势呈现出智能化以及信息化。新一代信息技术正在改变人类的生活方式，并给传统产业带来了革命性的变化。而桥梁建设和养护技术是材料、设备制造、信息、节能和环保等产业发展的

重要载体。因此，在新科技革命和产业范式变革的浪潮中，我们应抓住时代的机遇，并实现桥梁建设和养护技术与新一代信息技术的全面融合，促进桥梁产业的全面转型升级，从而促进"第三代桥梁工程"的发展。

（二）前沿研究方向

智能建造与运维是桥梁的前沿研究方向，可大致分为 BIM 技术、人工智能技术、机器人技术以及智能材料，学者们应该及时跟进，掌握关键技术，抢占制高点。

1）BIM 技术方面。在国内，近年来 BIM 技术在桥梁设计等领域取得了一定进展，在桥梁智能化施工管理方面得到了较广泛的应用，也被集成到桥梁智能化管养系统中。当前，如何利用数字信息技术，提高设计效率与质量，保障施工质量、安全及效率，提高维护效率，提升管养工作层次，已成为比较热门的研究方向。不过 BIM 技术目前主要以试点工程的局部应用为主，尚未应用于覆盖桥梁规划设计、建造和运营管理的全寿命周期，在实现 BIM 技术所具有的信息共享、减少能耗、降低成本、缩短工期和实现建养一体化的价值方面仍具有较大的潜力。

2）人工智能技术方面。人工智能技术具有较强的数据处理和优化决策能力，是科学研究的热点方向，已多点应用在桥梁设计、施工管理、智能管养和防灾减灾中，但其在桥梁工程领域的研究和应用仍处于起步阶段，大多数算法仅针对某一种或几种特定的使用场景甚至特定的数据集，其应用角度仍需进行广泛探索与大量尝试，以实现新的理论与技术突破，为桥梁行业赋能，未来具有很大的发展空间。

3）机器人技术方面。主要分为机器人技术在智能施工和运维上的应用。在智能施工方面，我国的自动化智能化施工装备研发和应用还处在起步阶段，仅仅在钢箱梁数字化制造生产线、钢箱梁机器人焊接、多工位智能化步履式顶推、预应力智能张拉等方面有一些实践。在智能运维方面，机器人技术能够提高桥梁检测的广度、精度及效率，随着物联网、云计算等信息化技术的发展，自动化程度更高的机器将更多地替代人工开展传统的桥梁结构检测及长期监测工作，而定量标准化检测也将是未来发展的方向。

4）智能材料方面。智能材料在桥梁工程中的应用具有非常广阔的发展前景和社会经济价值，同时我国对智能材料的研究也十分重视。而在桥梁工程中应用较多的智能材料主要是智能混凝土等，这也是一个十分热门的前沿研究方向。此外，纳米材料、生物材料等其他智能材料也属于较新颖的前沿研究方向，但是我国在这些智能材料在桥梁工程中的研究和应用仍亟待加强。

（三）关键技术

自改革开放 40 年来，中国在桥梁工程方面取得了辉煌成就。然而，与发达国家相比，中国桥梁工程在材料技术、勘察设计、施工以及养护与管理这四个关键领域还明显存在着一些问题和不足，而这些问题和不足也阻碍和影响了中国桥梁工程的发展，具体情况如下。

1）材料技术领域。在先进材料的研发和应用方面，中国跟西方国家仍然存在着一定的差距。其中，国内高性能混凝土材料的研究仍处于模仿国外产品的初级阶段，且高性能钢材的力学性能指标相比于国外也处于较低的水平。此外，国内在钢材的焊接性、强度、板材厚度和耐候性方面与西方国家相比都存在较大差距。而且，基于高性能、大型FRP和形状记忆合金（SMA）的产品做不到自主研发和生产，仍需要依赖进口。

2）勘察设计领域。中国在基础理论、前瞻性研究、智能化技术以及具有自主知识产权的软件等方面的研究和应用与西方国家相比仍存在着一定的差距。

3）施工领域。中国的施工技术产业化程度不高，施工设备的性能和可靠性亟待提高，智能化施工技术和设备也有待开发。此外，施工质量的稳定性也亟待提高。

4）养护与管理领域。在该领域，国内的监测和检测技术与装备、结构状态评估理论与方法、养护与维修加固技术、智能化技术发展等方面与国外相比仍存在着一定的差距。

总之，核心技术与装备的缺乏限制了中国桥梁工程的进一步发展，同时也对中国桥梁工程产业的竞争力构成风险。

（四）重点工程与示范

针对以上趋势及问题，应进一步注重发挥好港珠澳大桥、深中通道等一系列建成和在建的重点工程的示范引领作用，系统充分探索桥梁的智能建造与运维技术方法体系。

以港珠澳大桥工程为例，数字化港珠澳大桥工程科研攻关已纳入交通强国战略实施项目，是广东交通"十四五"规划的重点项目和"新基建"建设的代表性项目。项目立足于港珠澳大桥的运营实际，以数字化为驱动，从信息感知、结构评估、维养决策、交通运行、安全管控等方面入手，引入物联网、大数据、人工智能等新技术，建立数字化大桥数据标准及技术方法体系，以打造一流的数字化大桥来构建智能化运维平台。研究成果将全面提升港珠澳大桥的智能化运维水平，降低大桥全生命周期维养成本，延长大桥使用寿命，为用好管好大桥提供坚实技术支撑和保障。应确保项目构建的智能运维数据标准及技术方法体系，为交通基础设施的数字化建设及智能化运维提供标准导则，引领桥梁智能运维技术的创新发展。通过在港珠澳大桥的应用示范及转化推广，进一步服务于智能桥梁产业体系，助力桥梁智能建造与运维的高质量发展。

（五）体制与政策保障

应发挥好我国的体制优势，进一步完善体制与政策保障。可以看到，我国为了解决国内桥梁产业在智能设计、制造、建造、管养等关键技术和设备方面缺乏核心技术等问题，已提出了一系列政策来解决这一问题，希望可以通过相应的体制与政策突破目前影响桥梁智能建设和养护技术装备的关键共性和产业化问题。

以"智能桥梁"为主题的"中国桥梁2025"科技计划是中国桥梁工程未来10~20年的顶层科技发展规划。该科技计划按照加强顶层设计、注重全产业链一体化实施的原则，以需求为出发点，涵盖桥梁设计、施工、管养、材料、装备和软件等全产业链。同时，该科技计划还包括了"桥梁智能化设计建造技术及装备""桥梁智能化管养技术及装备"和"桥梁智能化建设和养护一体化技术及平台"三个项目。同时，按照基础前沿、共性关键技术、系统集成及产业化示范布局29个项目，并且通过桥梁建设和养护技术与互联网、物联网、大数据和云计算等新一代信息技术的深度融合，研究将侧重于桥梁智能化设计建造技术及装备、智能化管养技术及装备、智能化建设和养护一体化技术及平台。

此外，国家发展和改革委员会、交通运输部和中国交通建设集团共同搭建了"公路长大桥建设国家工程研究中心"这一高端平台，以较好地解决科技创新要素相对孤立、创新平台水平相对较低、创新体系不完善、创新成果转化渠道不畅等问题。而作为国内公路桥梁产业唯一的国家级桥梁技术研究与产业化平台，该中心的主要任务是围绕国家重点工程和行业需求，推动符合桥梁深水基础、长大桥梁结构体系与关键结构、桥梁高效装配、长大桥结构安全监测与检测和风险评估这四大发展方向的业务发展，参与技术标准制定，促进国际合作与交流，向相关企业提供技术咨询服务，以及提升我国桥梁建造产业的核心竞争力和创新能力。

五、结语

桥梁信息化及智能桥梁的研究热点主要集中在"BIM+"技术、无人机、检测机器人、计算机视觉、大数据深度学习等。声波、雷达、电磁、图像、激光等先进传感技术也越来越多地应用于智能桥梁检测中，物联网、云计算等信息化技术的引入将显著提升桥梁检测及监测的效率和效果，机器将更多地替代人工开展传统的桥梁结构检测及长期监测工作。

为促进桥梁向安全、长寿、绿色、高效、智能的前瞻性可持续方向发展，以下几方面的研究是下一阶段的研究重点。

1）桥梁信息化方面，应深度融合"BIM"+"资产管理"，逐渐实现由设施管理向资产化养护管理的转变和发展，发展桥梁预防性养护技术，完善基于BIM养护、健康度评估和资产管理的一体化信息化管理系统。数字孪生（DigitalTwin）模型将大量引入桥梁养维护领域，用于实现物理资产优化、智能运维决策和预防性维修加固。

2）桥梁智能化方面，应研发更先进的桥梁智能检测装备以及轻型化、快速化的试验检测技术，建立基于多源数据的更精准、更科学的智能诊断评估理论，构建立体化、信息化、智能化的桥梁检测、评估、加固一体化的桥梁维护体系。同时，智能工程装备，基于网络的桥梁智能化、信息化施工控制技术，以及轻质高强材料和面向智能建造的数字化控制技术也是目前的研究热点。

3）面向重大自然灾害应急救援和交通设施抢通、保通与恢复重建的国家重大战略需求方面，应开展重大自然灾害下大型桥梁灾后性能快速检测与评估技术研究，提出灾后性能指标体系及快速检测方法，研发与集成灾后性能快速检测的智能化装备，建立灾后性能智能化评估技术体系，提高中国自然灾害应急管理的科学化、专业化、智能化、精细化水平。

未来10～20年是中国桥梁工程创新、转型、升级的重要战略机遇期，应紧紧围绕"桥梁信息化及智能桥梁"这个主题开展核心理论创新、技术装备攻关和工程示范应用，培养更多的专业人才，以更好地支撑国家重大发展战略，保障桥梁安全长寿。

参考文献

[1] 孙建诚，蒋浩鹏，杨文伟，等. 基于BIM的三维参数化桥梁标准建模方法研究［J］. 重庆交通大学学报（自然科学版），2019，38（10）：19-24.

[2] 杜一丛，王亮. 基于BIM参数化在桥梁工程设计阶段应用初探［J］. 建筑结构，2019，49（S2）：972-978.

[3] 张秋信，刘天成. BIM技术在平塘特大桥设计中的应用［J］. 公路，2019，64（9）：27-31.

[4] Zou Y, Kiviniemi A, Jones S W, et al. Risk information management for bridges by integrating risk breakdown structure into 3D/4D BIM［J］. KSCE Journal of Civil Engineering，2019，23（2）：467-480.

[5] 傅战工，张金涛，张锐. 基于Inventor的常泰长江大桥主塔BIM正向设计［J］. 铁道标准设计，2020，64（S1）：190-194.

[6] 陈洪春，黄武，陈航. BIM技术在宁淮铁路桥梁设计中的应用［J］. 铁道标准设计，2020，64（S1）：187-190.

[7] Shutian Liu, Heting Qiao. Topology optimization of continuum structures with different tensile and compressive properties in bridge layout design［J］. Structural & Multidisciplinary Optimization，2011，43（3）：369-380.

[8] Wenzheng Qiao, Guorong Chen. Generation of strut-and-tie models in concrete structures by topology optimization based on moving morphable components［J］. Engineering Optimization，2020，4：1-22.

[9] Tabarak M A B, William D S. Artificial neural network for the selection of buildable structural system. Engineering［J］. Construction and Architectural Management，2003，10（4）：263-271.

[10] Jootoo A, Lattanzi D. Bridge type classification: supervised learning on a modified NBI data set［J］. Journal of Computing in Civil Engineering，2017，31（6）：04017063.

[11] Yu Y, Hur T, Jung J, et al. Deep learning for determining a near-optimal topological design without any iteration［J］. Structural and Multidisciplinary Optimization，2019，59（3）：787-799.

[12] N. Gautier, J L. Aider, T Duriez, et al. Closed-loop separation control using machine learning［J］. Journal of Fluid Mechanics，2015，770：442-457.

[13] Park Jonghwan, Choi Haecheon. Machine-learning-based feedback control for drag reduction in a turbulent channel flow［J］. Journal of Fluid Mechanics，2020，904（A24）：1-27.

[14] 徐家云，余乐卿，许建军. 碳纤维混凝土智能桥梁研究［J］. 武汉理工大学学报，2008（10）：81-84.

[15] 温腾,柏占军. 碳纤维混凝土智能材料在桥梁中的应用初探[J]. 城市建设理论研究（电子版）,2012（15）：1-7.

[16] 庄国方. 纳米碳纤维混凝土在劈裂及抗弯试验中的压敏特性研究[J]. 世界桥梁,2012,40（4）：69-72.

[17] Farzad M, Shafieifar M, Azizinamini A. Experimental and numerical study on an innovative sandwich system utilizing UPFRC in bridge applications[J]. Engineering Structures, 2019, 180：349-356.

[18] 梁晓东,吴涛,刘德坤. 预应力智能张拉与传统张拉的比对试验研究[J]. 公路,2012（4）：144-147.

[19] 祝卫星. 桥梁预应力智能张拉压浆系统原理与施工技术[J]. 智能城市,2019,5（20）：156-157.

[20] 廖强,罗斌. 桥梁预应力智能张拉技术与设备发展及应用[J]. 中国公路,2015（9）：110-111.

[21] 刘朝阳,吕永波,刘步实,等. 高速公路桥梁施工过程安全评估及预警研究[J]. 北京交通大学学报,2019,43（2）：131-136.

[22] 陈利民,吴涛洮. 桥梁施工人员及车辆风险智能化管理[J]. 土木工程与管理学报,2020,37（4）：84-88,100.

[23] 李继伟. 机械与智能化施工在桥梁工程中的应用及效果分析[J]. 建筑机械,2020（3）：30-33.

[24] 赵静一,张志华,冯扶民,等. 大型高端桥梁施工装备协同作业控制技术的发展[J]. 工程机械,2019,50（12）：73-79.

[25] 邹威,宋神友,陈焕勇. 深中通道伶仃洋大桥超高混凝土桥塔施工关键技术[J]. 桥梁建设,2020,50（6）：97-103.

[26] 蒋赣猷,罗伟,孙辉,等. BIM技术在特大钢管拱桥施工中的应用[J]. 中外公路,2019,39（4）：176-180.

[27] 马白虎,钟荣炼,刘天成,等. 平塘特大桥施工BIM信息管理系统研发及应用[J]. 公路,2019,64（9）：31-35.

[28] 张文胜,吴强,祁平利,等. BIM与3DGIS的集成技术及在铁路桥梁施工中的应用[J]. 中国铁道科学,2019,40（6）：45-51.

[29] Lieyun Ding, Weili Fang, Hanbin Luo, et al. A deep hybrid learning model to detect unsafe behavior: Integrating convolution neural networks and long short-term memory[J]. Automation in Construction, 2018, 86：118-124.

[30] Qi Fang, Heng Li, Xiaochun Luo, et al. Detecting non-hardhat-use by a deep learning method from far-field surveillance videos[J]. Automation in Construction, 2018, 85：1-9.

[31] Qi Fang, Heng Li, Xiaochun Luo,et al. A deep learning-based method for detecting non-certified work on construction sites[J]. Advanced Engineering Informatics, 2018, 35：56-68.

[32] Behzadan A H, Aziz Z, Anumba C J, et al. Ubiquitous location tracking for context-specific information delivery on construction sites[J]. Automation in Construction, 2008, 17（6）：737-748.

[33] 苏立超. 混凝土3D打印拱桥[J]. 中国公路,2020（5）：63-65.

[34] 钟新谷,彭雄,沈明燕. 基于无人飞机成像的桥梁裂缝宽度识别可行性研究[J]. 土木工程学报,2019,52（4）：52-61.

[35] 梁亚斌,蔡思佳,冯谦,等. 基于无人机航拍的武汉天兴洲长江大桥桥索PE外观检测技术[J]. 大地测量与地球动力学,2019,39（11）：1207-1210.

[36] Weiguo Lin, Yichao Sun, Qiaoning Yang, et al. Real-time comprehensive image processing system for detecting concrete bridges crack[J]. Computers and Concrete, 2019, 23（6）：445-457.

[37] 梁亚斌,蔡思佳,冯谦,等. 基于无人机航拍的武汉天兴洲长江大桥桥索PE外观检测技术[J]. 大地测量与地球动力学,2019,39（11）：1207-1210.

[38] Yufei Liu, Xin Nie, Jiangsheng Fan, et al. Image-based crack assessment of bridge piers using unmanned aerial vehicles and three-dimensional scene reconstruction[J]. Computer-Aided Civil and Infrastructure Engineering,

2020,35(5):511-529.

[39] Siyuan Chen, Debra F Laefer, Eleni Mangina, et al. UAV bridge inspection through evaluated 3D reconstructions [J]. Journal of Bridge Engineering, 2019, 24(4):1-15.

[40] Yue Pan, Yiqing Dong, Dalei Wang, et al. Three-dimensional reconstruction of structural surface model of heritage bridges using UAV-based photogrammetric point clouds [J]. Remote Sensing, 2019, 11(10):1-20.

[41] 方留杨,陈华斌,吴晓南,等. 基于无人机三维建模技术的桥梁检测方法研究 [J]. 中外公路, 2019, 39(1):109-113.

[42] Fengyu Xu, Quansheng Jiang. Dynamic obstacle-surmounting analysis of a bilateral-wheeled cable-climbing robot for cable-stayed bridges [J]. Industrial Robot: The International Journal of Robotics Research and Application, 2019, 46(3):431-443.

[43] Elias Abdoli Oskoui, Todd Taylor, Farhad Ansari. Method and monitoring approach for distributed detection of damage in multi-span continuous bridges [J]. Engineering Structures, 2019, 189:385-395.

[44] Fujian Tang, Yizheng Chen, Chuanrui Guo, et al. Field application of magnet-based smart rock for bridge scour monitoring [J]. Journal of Bridge Engineering, 2019, 24(4):04019015.

[45] 王鹏,邢诚,项霞. 地基干涉雷达 IBIS-S 桥跨结构振动变形测量与模态分析 [J]. 测绘通报, 2019(10):35-39.

[46] 王翔,潘中明,王波. 基于雷达的斜拉索索力非接触遥测技术研究 [J]. 世界桥梁, 2019, 47(3):49-53.

[47] 邵泽龙,张祥坤,李迎松,等. 基于微波干涉雷达的悬索桥振动监测 [J]. 现代电子技术, 2019, 42(16):140-143,148.

[48] 袁明,黄练,彭卓,等. 基于声发射技术的混凝土梁桥弯剪受力状态下损伤试验 [J]. 长安大学学报(自然科学版), 2019, 39(2):73-81.

[49] 周建庭,赵亚宇,何沁,等. 基于磁记忆的镀锌钢绞线腐蚀检测试验 [J]. 长安大学学报(自然科学版), 2019, 39(1):81-89.

[50] 孙杰,甄宗标. 红外热成像技术在桥梁钢结构涂装检测中的应用 [J]. 世界桥梁, 2019, 47(5):69-73.

[51] Reagan D, Sabato A, Niezrecki C. Feasibility of using digital image correlation for unmanned aerial vehicle structural health monitoring of bridges [J]. Structural Health Monitoring, 2018, 17(5):1056-1072.

[52] Gillins M N, Gillins D T, Parrish C. Cost-effective bridge safety inspections using unmanned aircraft systems(UAS) [C/OL] //Proceedings of Geotechnical and Structural Engineering Congress. Phoenix, Arizona, United States, 2016.

[53] Sankarasrinivasan S, Balasubramanian E, Karthik K, et al. Health monitoring of civil structures with integrated UAV and image processing system [J]. Procedia Computer Science, 2015, 54:508-515.

[54] Carrio A, Pestana J, Sanchez-Lopez J L, et al. UBRISTES:UAV-based building rehabilitation with visible and thermal infrared remote sensing [C] //Robot 2015:Second Iberian Robotics Conference. New York:Springer, 2016:245-256.

[55] Yoon H, Hoskere V, Park J W, et al. Cross-correlation-based structural system identification using unmanned aerial vehicles [J]. Sensors, 2017, 17(9):2075.

[56] MORGENTHAL G, HALLERMANN N, KERSTEN J, et al. Framework for automated UAS-based structural condition assessment of bridges [J]. AutomationinConstruction, 2019, 97:77-95.

[57] LA H M, DINH T H, PHAM N H, et al. Automated robotic monitoring and inspection of steel structures and bridges [J]. Robotica, 2019, 37(5):947-967.

[58] SANCHEZ-CUEVAS P J, RAMON-SORIA P, ARRUE B, et al. Robotic system for inspection by contact of

bridge beams using UAVs [J]. Sensors, 2019, 19（2）, 305.

[59] 鲍跃全, 李惠. 人工智能时代的土木工程 [J]. 土木工程学报, 2019, 52（5）: 1-11.

[60] Xiaowei Ye, Yiqing Ni, et al. A vision-based system for dynamic displacement measurement of long-span bridges: algorithm and verification [J]. Smart Structures and Systems, 2013, 12（3/4）: 363-379.

[61] Xiaowei Ye, Chuanzhi Dong, et al. Image-based structural dynamic displacement measurement using different multi-object tracking algorithms [J]. Smart Structures and Systems, 2016, 17（6）: 935-956.

[62] 晏班夫, 李得睿, 徐观亚, 等. 基于快速DIC与正则化平滑技术的结构形变测试 [J/OL]. 中国公路学报, 2020, 33（9）: 193-205.

[63] Xinke Li, Chao Gao, Yongcai Guo, et al. Cable surface damage detection in cable-stayed bridges using optical techniques and image mosaicking [J]. Optics and Laser Technology, 2019, 110: 36-43.

[64] Zhicheng Chen, Hui Li, Yuequan Bao, et al. Identification of spatio-temporal distribution of vehicle loads on long-span bridges using computer vision technology [J]. Structural Control and Health Monitoring, 2016, 23（3）: 517-534.

[65] Xudong Jian, Ye Xia, Jose A. Lozano-Galant, et al. Traffic sensing methodology combining influence line theory and computer vision techniques for girder bridges [J]. Journal of Sensors, 2019, 2019: 1-15.

[66] Danhui Dan, Liangfu Ge, Xingfei Yan. Identification of moving loads based on the information fusion of weigh-in-motion system and multiple camera machine vision [J]. Measurement, 2019, 144: 155-166.

[67] Jinsong Zhu, Chi Zhang, Haidong Qi, et al. Vision-based defects detection for bridges using transfer learning and convolutional neural networks [J]. Structure and Infrastructure Engineering, 2020, 16（7）: 1037-1049.

[68] Yang Xu, Yuequan Bao, Jiahui Chen, et al. Surface fatigue crack identification in steel box girder of bridges by a deep fusion convolutional neural network based on consumer-grade camera images [J]. Structural Health Monitoring, 2019, 18（3）: 653-674.

[69] Yang Xu, Shiyin Wei, Yuequan Bao, et al. Automatic seismic damage identification of reinforced concrete columns from images by a region-based deep convolutional neural network [J]. Structural Control and Health Monitoring, 2019, 26（3）: 1-22.

[70] Jin Zhao, Yuequan Bao, Zhongguo Guan, et al. Video-based multiscale identification approach for tower vibration of a cable-stayed bridge model under earthquake ground motions [J]. Structural Control and Health Monitoring, 2019, 26（3）: e2314.

[71] 夏烨, 王鹏, 孙利民. 基于多源信息的桥梁网级评估方法 [J]. 同济大学学报（自然科学版）, 2019, 47（11）: 1574-1584.

[72] Jianxiao Mao, Hao Wang, Yuguang Fu, et al. Automated modal identification using principal component and cluster analysis: Application to a long-span cable-stayed bridge [J]. Structural Control and Health Monitoring, 2019, 26（10）: e2430.

[73] Jingzhou Xin, Hong Zhang, Jianting Zhou, et al. Damage identification of bridge system based on a hybrid algorithm [J]. International Journal of Robotics and Automation, 2019, 34（2）: 104-111.

[74] Hüthwohl P, Lu R D, Brilakis I. Multi-classifier for reinforced concrete bridge defects [J]. Automation in Construction, 2019, 105: 1-15.

[75] Dung C V, Sekiya H, Hirano S, et al. A vision-based method for crack detection in gusset plate welded joints of steel bridges using deep convolutional neural networks [J]. Automation in Construction, 2019, 102: 217-229.

[76] 裴岷山, 陈艾荣. 桥梁管养信息化的发展与展望 [J]. 公路, 2019, 64（10）: 209-215.

[77] 张贵忠, 赵维刚, 张浩. 沪苏通长江公铁大桥数字化运维系统的设计研发 [J]. 铁道学报, 2019, 41（5）: 16-26.

[78] Chunfeng Wan, Zhenwei Zhou, Siyuan Li, et al. Development of a bridge management system based on the

building information modeling technology [J]. Sustainability, 2019, 11（17）: 1-17.

[79] 潘永杰, 魏乾坤, 赵欣欣, 等. 铁路桥梁病害库和管养知识库的构建及应用研究[J]. 铁道建筑, 2019, 59（1）: 23-27.

[80] Deng Y, Zhang M, Feng D M, Li A Q. Taylor & Francis, 2021. Predicting fatigue damage of highway suspension bridge hangers using weigh-in-motion data and machine learning [J]. Structure and Infrastructure Engineering, 2021, 17（2）: 233-248.

[81] 段晓晨, 喇海霞, 胡天明, 等. 桥梁工程运维成本三维非线性智能控制研究[J]. 铁道工程学报, 2020, 37（9）: 102-107.

[82] 吴巨峰, 石峻峰, 赵训刚, 等. 基于BIM技术的大型桥梁管养平台研究[J]. 土木建筑工程信息技术, 2021, 13（2）: 92-96.

[83] Hui Li, Shujin Laima, Jinping Ou, et al. Investigation of vortex-induced vibration of a suspension bridge with two separated steel box girders based on field measurements [J]. Engineering Structures, 2011, 33（6）: 1894-1907.

[84] Hui Li, Shujin Laima, Qiangqiang Zhang, et al. Field monitoring and validation of vortex-induced vibrations of a long-span suspension bridge [J]. Journal of Wind Engineering and Industrial Aerodynamics, 2014, 124: 54-67.

[85] Shanwu Li, Shujin Laima, Hui Li. Cluster analysis of winds and wind-induced vibrations on a long-span bridge based on long-term field monitoring data [J]. Engineering Structures, 2017, 138: 245-259.

[86] Shanwu Li, Shujin Laima, Hui Li. Data-driven modeling of vortex-induced vibration of a long-span suspension bridge using decision tree learning and support vector regression [J]. Journal of Wind Engineering and Industrial Aerodynamics, 2018, 172: 196-211.

[87] Shanwu Li, Kaiser Eurika, Laima Shujin, et al. Discovering time-varying aerodynamics of a prototype bridge by sparse identification of nonlinear dynamical systems [J]. Physic review E, 2019, 100（2）: 1-14.

[88] 蒲黔辉, 杨长卫, 勾红叶, 等. 高速铁路防灾减灾——大数据智能化技术与应用[M]. 科学出版社, 2020.

[89] Shakeel Mahmood, Atta-ur Rahman, Rajib Shaw. Spatial appraisal of flood risk assessment and evaluation using integrated hydro-probabilistic approach in Panjkora River Basin, Pakistan [J]. Environmental Monitoring and Assessment, 2019, 191（9）: 573.

[90] Hojune Ann, Youngjin Choi, Jin Hyuk Lee, et al. Semiquantitative fire risk grade model and response plans on a national highway bridge [J]. Advances in Civil Engineering, 2019, 2019: 1-13.

[91] 朱庆, 李函侃, 曾浩炜, 等. 面向数字孪生川藏铁路的实体要素分类与编码研究[J]. 武汉大学学报（信息科学版）, 2020, 45（9）: 1319-1327.

[92] 苏延文, 颜永逸, 曾永平, 等. 复杂山区铁路大跨桥梁施工大风监测预警技术[J]. 铁道标准设计, 2020, 64（S1）: 204-207.

ABSTRACTS

Comprehensive Report

Advances in Discipline of Bridge Engineering

Bridge is the structures erected on the water or in the air to cross obstacles to achieve traffic functions. Bridge is the economic arteries and traffic carriers related to the national economy and the people's livelihood. In recent years, China's bridge engineering has developed rapidly and has achieved world-renowned achievements. China's bridge has become one of the main driving forces for the advancement of international bridge technology and technological innovation, and it is developing from "follow runner" to "leader runner". China has built 910,000 highway bridges with more than 66 million meters, and about 90,000 railway bridges with a length of about 30,000 kilometers, ranking first in the world in the number of bridges. Among the 10 world widely largest span bridges in each bridge type, China has 5 beam bridges, 7 arch bridges, 7 cable-stayed bridges, and 6 suspension bridges.

Bridge engineering refers to the working process of planning, design, construction, operation, and dismantling in the life of bridges. The main content of the research of bridge engineering discipline includes survey, design, construction, monitoring, maintenance, verification, testing, etc. This development report on bridge engineering discipline conducted nine special researches, and summarized the development status of bridge engineering discipline in China. In addition, this report conducted a comparative analysis of bridge engineering discipline between our country and abroad, and proposes the prospects and proposal for the advance in China's bridge engineering discipline.

1. Research Development in Recent Years in China

1.1 Important progress in scientific research

In terms of bridge structure and span research, reasonable systems for a 5000m-span suspension bridge and a 1500m-span cable-stayed bridge were proposed, and a 600m-span arch bridge has already been under construction. Several key technologies have achieved breakthrough developments, including multi-functional large-span bridges, steel box or truss girder and steel-concrete composite beam, design and construction of deep-water foundation.

In terms of new materials and structures, a lot of research has been conducted on the materials, structural performance, strengthening of existing structures and new structure related to ultra-high performance concrete (UHPC). Technical standards related to UHPC have been promulgated and gradually applied to practice. In terms of high-performance steel, Q690 high-performance bridge steel and high-tensile steel wire with a strength of 2000MPa have been successfully applied.

In terms of loading and effects, the corresponding vehicle load model was established and a new calculation method of impact factor was proposed. For the train-track-bridge coupled vibration problem with rail transit bridges, significant progress has been achieved in analysis models and efficient algorithms, random vibration and coupling vibration under multi-dynamic forces (wind, earthquake), etc. A bridge wind vibration and control theory based on structural robustness has been proposed, and the bridge wind resistant design theory has been changed from the traditional "current safety design" to the theory of "life-cycle performance design". The performance-based seismic design theory and methods for large-span bridges have been proposed. New types of damping and energy consumption system or self-healing structure have been developed. The multi-field coupling effects of wind, waves, and currents in the marine environment have been studied.

In terms of monitoring and testing, high-precision automated monitoring systems predicated upon Beidou, optical fiber sensing, and fully automatic intelligent robots have been developed, realizing the real-time monitoring of structural effects, cracks, corrosion, and environment of important bridge structures. Besides, cloud monitoring platforms predicated upon cloud computing and cloud services have been established.

In terms of vibration and control, inertial capacity technology was introduced for passive control of bridge structure vibration. Active and passive control technology for wind vibration, self-centering earthquake-resistance pier system, bridge impact and shock vibration control technology and rail transit bridge noise control technology have all achieved important progress.

1.2 Innovation achievements in technological development

In terms of design methods and standards, the current design of bridge structures in China mainly adopts the limit state method. In recent years, highway, railway, and municipal industries have promulgated new design standards. In terms of life-cycle performance design, the stress-limited design method of prestressed concrete girder bridge under complicated stress was established. The design theory of the large-span steel structure bridge based on system reliability has been proposed, and the concrete structure durability design standard has been promulgated. The research of durability design of orthotropic steel deck and the basic design based on environmental protection have been conducted.

In terms of construction and equipment, the construction technology with proprietary intellectual property rights of large sea / river crossing bridge, prefabricated highway and railway bridge and mountainous bridge has been developed. A Series of foundation construction equipment have been developed. The management concept of "people-oriented", "quality engineering "and "delicacy management" have been implemented. Informational technologies of bridge construction management have been wildly applied.

In terms of bridge operational and maintenance management, portable non-destructive detection equipment and bridge loading experimentation applied to various types of bridges have been developed. The structural health monitoring system and the field of sensing, data storage and processing have great progress. In the performance and condition assignment of the bridge, the long-term assignment rules of time-varied reliability for the life-cycle bridge structure were clarified, and condition assignment, failure mode prediction and safety warning mechanism of the structure were proposed. The anti-corrosion ability of concrete structures was enhanced by the improvement of corrosion resistance of steel and concrete. The anti-corrosion ability of steel structure and steel cable was improved by coating and dehumidification. The asset management system using information technology predicated upon the maintenance management system has been established. In terms of intelligent maintenance, fast identification and intelligent analysis of bridge inspection data have been realized, and BIM was gradually becoming the technical basis for the integration of bridge construction, management and maintenance.

In terms of intelligent construction, operation and maintenance, the research of artificial intelligence-based bridge structure design and aerodynamic shape optimization design technologies have been studied, and intelligent concrete and intelligent cables have been developed. The information management methods of the entire construction process based on the new generation of information technology such as BIM technology and "Internet +" have been developed. Intelligent detection technologies with unmanned aerial vehicles (UAVs) and intelligent robots have been developed, and significant progress has been achieved in intelligent disaster prevention and mitigation.

1.3 Significant achievements in bridge construction

China's bridges are constantly breaking world records, and major achievements in China's bridge engineering construction continue to emerge. In recent years, Quanzhou Chenggong Bridge with a main span of 300m has been built. The largest concrete arch bridge, Beipanjiang Bridge in Shanghai-Kunming High-speed Railway, and the largest concrete-filled steel tube arch bridge, Guangxi Pingnan Third Bridge, have been built successively. The second and largest suspension bridge in China, Wuhan Yangsigang Bridge and Nansha Bridge, the longest sea-crossing bridge, Hong Kong-Zhuhai-Macao Bridge, and China's first rail-cum-road sea-crossing bridge, Pingtan Straits Bridge, have been built. The world's first rail-cum-road cable-stayed bridge over 1000m, Shanghai-Sutong Yangtze River Bridge, and world's first rail-cum-road suspension bridge over 1000m, Wufengshan Yangtze River Bridge, have been open to traffic. The world's first three-tower cable-stayed bridge with all-steel-concrete composite structure, Nanjing Jiangxinzhou Yangtze River Bridge, has been also built.

Series of super-large-span bridges will be constructed in the 14th Five-Year Plan period. The construction of the cable-stayed Changtai Yangtze River Bridge with a main span of 1176m has started, and the Guanyinsi Yangtze River Bridge with a main span of 1160m and the Ma'anshan 2×1120m three-tower rail-cum-road Yangtze River Bridge have been under design. The above-mentioned bridge will once again refresh the world record of cable-stayed bridges. Furthermore, Guangxi Longtan Tianhu Bridge will promote the world arch bridge span record to 600m. The Zhang Jinggao Yangtze River Bridge with a main span of 2,300m, and the Shiziyang Sea-crossing Channel with the main span of 2,180m will break the world record for suspension bridges.

1.4 Successful practice of operational and maintenance management

Chinese bridge construction is in a critical transition period from "construction as theme" to "equal emphasis on construction and maintenance". On the one hand, with the rapid development of new bridges, the contradiction between the high requirements for service safety or quality of in-service bridges and the insufficient structural performance has become increasingly prominent. On the other hand, the bridge operational and maintenance management has the characteristics of long time and complexity, and the evolution process of structural performance has the characteristics of time-varied, many influencing factors and complex mechanisms. Therefore, it is necessary to establish a complete bridge operation and maintenance support system.

In terms of systematic monitoring and safety evaluation, Shanghai Xupu Bridge, Poyang Lake Bridge and three major bridges in Hongkong have achieved great success in the early-stage bridge health monitoring systems. After that, standardized maintenance management and ensuring driving safety have become the development direction of bridge operation and maintenance management. Nanjing Dashengguan Yangtze River Bridge, Sutong Yangtze River Bridge and Guangzhou Huangpu Bridge have achieved great success in this area. In terms of preventive maintenance and performance improvement, Jiangyin Yangtze River Bridge, Donghai Bridge and Junshan Bridge have improved the safe service level of degraded bridges by adopting reasonable materials, structures and technological measures. In terms of intelligent detection and digital twin, Hong Kong-Zhuhai-Macao Bridge and Wuhan Tianxingzhou Yangtze River Bridge have made many explorations in intelligent detection.

2. Comparison of the Research Development at Home and Abroad

2.1 Bridge structure and new materials

In terms of large-span girder bridge, China has 5 bridges among the 10 largest-span girder bridges in the world. The 2nd Chongqing Shibanpo Yangtze River Bridge built in 2006 has created and maintained the world record for girder bridge spans. In terms of large-span arch bridges, China has 12 bridges among the 15 largest-span arch bridges. Guangxi Pingnan Third Bridge is the largest arch bridge in the world. In terms of large-span cable-stayed bridges, China has 7 bridges among the 10 largest cable-stayed bridges in the world. The Shanghai-Sutong Yangtze River Highway-Rail Bridge is the world's first rail-cum-road cable-stayed bridge with a span of over 1000m. In terms of large-span suspension bridges, China has 6 among the 10 largest suspension bridges in the world. Yangsigang Yangtze River Bridge and Nansha Bridge are the second and third largest suspension bridges in the world, respectively. The Wufengshan Yangtze River Bridge is the world's first rail-cum-road suspension bridge with a span of over 1000m. In terms of sea-crossing bridges, China has 6 bridges among the 10 longest sea-crossing bridges. The Hong Kong-Zhuhai-Macao Bridge is now the longest sea-crossing bridge in the world. The Pingtan Straits Rail-Cum-Road Bridge is China's first rail-cum-road sea-crossing bridge. In terms of large-scale deep-water foundations, while China's pile foundation has made great achievements in construction technology, it faces the dilemma of outdated theoretical methods and design specifications. There are extremely high construction risks and long construction periods behind the brilliant achievements of the deep-water foundation. In addition, the insufficient construction technology with high integration of mechanization, automation and intelligence needs to be improved.

In terms of high-performance materials, Chinese UHPC research started relatively late, but it has developed rapidly in material and structure. Compared with Japan, the United States, Europe and South Korea, Chinese high-performance bridge steel has a large gap in strength, performance and application volume, but the gap in steel-concrete composite bridges is gradually narrowing.

2.2 Load effect and vibration control

In terms of bridge load effects, the loading determination methods applied to super long-span multipurpose bridges and specific-purpose bridges are needed to be established currently. The method for determining bridge load and effect applied to different regions, especially economically developed regions and heavy industrial areas should be formulated. Multi-hazard bridge effect research should be conducted, and keep up with the progress of foreign research.

In terms of bridge disaster-resistant design and control, the number of wind tunnel laboratories and earthquake simulation shaking tables in China ranks first in the world. Flutter and vortex-induced vibration control mainly adopted passive control methods, and all countries are exploring active control methods. Domestic and foreign researches on the resilience evaluation of bridge structures, pier anti-collision design, and noise control of rail transit bridges are still in the preliminary stage.

2.3 Design methods and standards

In terms of design methods and index, most bridge designs used limit state design methods. The structural reliability index during the design reference period specified in the Chinese standard is generally higher than that of the European and the American.

The design value of the load effect calculated in accordance with the Chinese standard is about 20% larger than that of the Japanese standard. The design service life of highway bridges in the United States is 75 years, while that of China is 100 years.

2.4 Construction technology and major equipment

In the construction of large-span bridges, China has several technologies that are in a leading position in the world, such as the stiff skeleton construction methods of arch bridges, climbing formwork construction methods, steel tower hoisting methods, large-segment steel beam hoisting technology, rotation construction, etc.

In terms of bridge prefabricated construction technology, China's research mainly focuses on piers, cap beams and superstructures, but foreign research on foundation is more in-depth. For bridge hoisting construction equipment, large hydraulic piling hammers are almost entirely monopolized by foreign companies, and key components of domestic equipment are still imported.

In terms of deep-water foundation construction technology, China has been at the forefront of the world in traditional bored pile foundations and caisson foundations, but there is still a gap in the application of setting foundations, composite foundations and inclined pile foundations.

In terms of large-scale bridge construction management, China is still dominated by the general contractor mode, while foreign countries usually adopt DB (design and build) or EPC (engineering procurement construction) mode.

2.5 Monitoring, inspection and operational and maintenance management

In terms of monitoring and testing technology, foreign scholars are in a leading position in health and safety monitoring, non-destructive detection technology and intelligent detection technology. In addition, foreign scholars have proposed many new technologies and conducted pilot applications.

In terms of structural condition assignment methods, all countries have established their bridge inspection and assignment systems according to their maintenance needs. The condition assignment methods have also tended to be diversified.

In terms of preventive maintenance methods, the Federal Highway Administration of the United States has promulgated corresponding instruction manuals and guidelines. However, China has only promulgated a few local standards.

Bridge operational and maintenance management systems have gradually developed in China. However, China's bridge management systems have problems such as unclear goals and inability to achieve intercommunication and sharing of data and information between systems. Foreign system information data sources generally have a unified format, and data integration and sharing have been further developed.

2.6 Intelligent construction and digital integration

In terms of bridge design and analysis software, although the research of bridge parameterization, automatic design and analysis software has been conducted, there is still a gap compared with abroad in analysis software.

Domestic research on intelligent bridge construction has been more in-depth, but there is still a gap compared with foreign countries in terms of 3D printing, intelligent bridge construction control technology, and the development of automated construction equipment.

In terms of intelligent bridge operation and maintenance, the research of structural health monitoring data science and engineering has been established in China, which leading the international research direction in this field. However, the development for the integration of intelligent construction, management and maintenance technology is needed to be improved. The development and application of bridge asset management systems and intelligent information technology specifically for national or regional bridges are needed to be further improved.

3. Developing Trends and Prospect

3.1 Integrate and optimize resources, strengthen general basic research

With the implementation of national development strategies such as "the Belt and the Road", "the Yangtze River Economic Belt and Beijing-Tianjin-Hebei collaborative development", the "Made in China 2025" and the "innovation-driven development", it is necessary to realize the dream of leading the country by technology and talent, under the premise of the safety and durability of bridges. Therefore, the bridge high-performance materials industrialization, the bridge information technology originality, the bridge construction technology industrialization, and improvement of the intelligence of bridge operation and maintenance technology need to rely on the integration and optimization of the resources and strengthened common basic innovation.

3.2 Reform mechanisms and systems, promote innovation-driven development

In the past 40 years, China's bridge engineering has made great achievements that have attracted worldwide attention, which is inseparable from Chinese unique system. According to the goals by the strategy of building a strong transportation nation, it is extremely necessary to deepen the structural reform, fully stimulate innovation, promote the transformation of achievements, and establish a bridge engineering development mechanism guaranteeing system with Chinese characteristics. In addition, it is a major strategic demand for the high-quality development of China's bridge engineering and the in-depth promotion of the strategy for building a strong transportation country in the new era. Therefore, it is necessary to give full play to the guiding role of systems and policies, improve the mechanism for sustainable and high-quality development of bridges, strengthen original and leading scientific and technological research on bridges, and promote the engineering application of new bridge structural systems.

3.3 Improve scientific and technological strength, lead innovation in major projects

During the "13th Five-Year Plan" period, China's bridge engineering relies on the ever-increasing comprehensive national strength and independent innovation capabilities. China's bridge construction scale has been continuously improved, and creating a number of the world's largest bridges. The improvement of China's bridge construction scale has played a significant role in "the Belt and the Road" and "Dual Circulation". During the "14th Five-Year Plan" period, many major bridge projects under construction will break world records. Therefore, it is necessary to closely focus on the high-quality and sustainable development of bridge engineering, and use major projects to surpass and lead international bridge engineering. In accordance with the concept of sharing and collaborative development, we need to follow the development principles of "resource sharing, complementary advantages, joint development, and win-win cooperation" to achieve a win-win situation for collaborative innovation.

3.4 Benchmarking international and domestic, accelerate the building of a powerful nation of bridge

China has become a country with a large population of bridges in terms of the number, construction scale and technology of bridges. However, the status of the development of China's bridge engineering is "big" rather than "strong". Therefore, it is necessary to further develop and improve the relevant fields of bridge engineering disciplines, formulate standards for building a powerful bridge country, and strengthen the international role of Chinese bridges. We must further promote the creation of more original innovations in bridge technology, and improve the system for training or selection of outstanding talents. We need to attach importance to the training of international talents based on English or foreign languages, and increase the international influence of Chinese bridge engineering disciplines. We must create an international brand of Chinese bridge standards, and realize the international generalization and leadership of bridge engineering standards.

Report on Special Topics

Advances in Bridge Structure and Span Development

The report of the first special report entitled "Evolution of structural types and main span length of bridges" reviewed state-of-the-art of structural types for both super-and sub-structures of the bridges as well as the records of main span length for different types of the bridges in the Section 2, following a brief introduction of this report in Section 1. In Section 3, we compared current developments in China and abroad, including girder bridges, arch bridges, cable-stayed bridges, suspension bridges, sea-crossing bridges and bridge foundations. Main conclusions as well as future prospects are summarized and raised in Section 4. For girder bridge, the main span record does not change during the past decade for concrete girder bridge and steel girder bridge, while significant progress has been made for steel-concrete composite and combined bridges in China; For arch bridge that is more economical in mountain areas, the current longest main span length is near to 600m and technology for concrete filled steel tube arch bridge with the main span of 700m has been studied; For cable-stayed bridge, several projects with the main span length of 1200m-level are constructed, which will create the new record for the cable-stayed bridge; Besides, feasibility for a design scheme with the main span of 1500m has been investigated through the "973 project"; For suspension bridge, our country has prepared well for constructing suspension bridge with 2000m-level main span length and the record for the main span will be definitely broken in the near future. Meanwhile, new structural systems such as multiple-span suspension bridge, cable-stayed suspension bridges will be realized recently; For the high-speed

ABSTRACTS

railway bridge, with the increasing main span length, the structure become more flexible that raised higher requirements for design theory, material, construction, facility and technology; For the century projects crossing Qiongzhou strait and Bohai strait, multiple-span cable-stayed bridge with each span length from 1300m to 1500m will be more competitive than the suspension bridge scheme; For the deep-sea bridge foundation, innovative foundation types with better load bearing capacity and construction feasibility need to be provided and studied, such as seismic isolated foundation, combined foundation and suction caisson foundation, to meet the new challenges of extreme large-scale sea crossing bridge projects.

Advances in New Materials and Structures

The longer span development of bridges in China puts forward higher requirements for construction materials. This special report focuses on the new materials developed and researched of bridge engineering in recent years, mainly including ultra-high performance concrete (UHPC), self-compacting concrete (SCC), high-performance steel and composite structures formed from different materials. It consists of the following three parts.

The first part introduces the development and current situation of UHPC, SCC, high-performance steel and composite structure in scientific research and engineering construction at home and abroad. Among them, high-performance steel also includes high-strength and high-toughness structural steel, high-strength weathering steel, high-strength steel wire, and high-strength steel supporting connecting materials. The composite structure also includes steel-concrete, steel-UHPC, concrete-filled steel tubular arch, concrete-filled steel tubular rigid skeleton, UHPC-RC and other combination methods.

According to the development and current situation of new materials, along with the existing shortcomings of new bridge materials in China, the comparative analysis at home and abroad is carried out. Compared with foreign countries, the number of bridges using UHPC in China ranks first in the world. In terms of SCC, the time of research and application at home and abroad is sooner or later, but there is no great difference in general. In terms of the strength of high-strength steel wire, China has already ranked among the top in the world, and China's construction level and span of composite bridges have also led the world. Through the comparative analysis on the development and current situation of research and application in new bridge materials at home and abroad, it is clear that these achievements in China are originated from the rapid increase in infrastructure investment and the amount of actual projects in recent years, as well as the improvement on the level of research and development in building materials.

Finally, based on the current situation and differences at home and abroad, the prospects and countermeasures on new materials of bridges in China are put forward from the aspects of higher performance, higher strength, larger span, longer life, broadened application fields, and formation of technical standards and systems. Relying on the theoretical research level, innovation ability of talent, strong industrial foundation and policy advantages, it is possible to realize the worldwide and overall leadership in Chinese bridge engineering.

Advances in Loads and Effects

Within the designed service life, the bridge structures are supposed to safely survive from human activities and natural environment, which are called load or action. Whether the provisions of different load or action are appropriate is not only related to the investment of bridge construction, but also concerned with the safety and durability of the bridge structure. In addition, with the development of bridge engineering, the types of load or action may increase, and the relevant load standards need to be revised timely.

Based on the research achievements in recent years, the research progress of the action and effects of vehicle load, impact load, environmental action and extreme load and comparisons of the relevant regulations of bridge loads at home and abroad are summarized in this special report. And the development trend and countermeasures of the effects of bridges in China is pointed out.

Vehicle load is one of the main live loads sustained by bridges. The specified value of vehicle load and impact coefficient prescribed in the current highway and urban bridge codes is introduced. And the development of highway vehicle load model and impact coefficient is discussed. Based on the research and application of load schema and impact coefficient of railway (including high-speed railway) in China, the research progress of vehicle-line-bridge coupling vibration, beam-rail interaction and fatigue load of railway bridge are introduced.

In the process of construction and service, bridges may subject to impact loads such as ship collision, vehicle collision, flow ice, rock fall and debris flow. This special report introduces and reviews the research progress of the effects of various impact loads and protection technology, and discusses the formulation of standards of various impact loads.

Bridge structures exposed to natural environment will inevitably be affected by the external environment, which will cause the deterioration of the performance of structural materials and reduce the security or durability of the structure. In this special report, the relevant design regulations and the latest research progress are discussed from the three aspects: the thermal effect, concrete shrinkage and creep and structural durability of the bridge structure.

With the development of long-span bridge and sea-crossing bridge, the bridges face increasing risks of extreme load (such as strong wind, fire, wave flow, etc.) day by day. In this special report, the research progress of wind characteristics of bridge position, nonlinear flutter and buffeting calculation theory and vortex-induced vibration calculation in recent years are summarized. The high temperature characteristics of materials, cross section temperature field, structural response, test and simulation related to fire load are introduced. The complex wave-flow load and multi-field coupling in marine environment are discussed.

In short, this special report is a preliminary summary of the research progress of bridge load action and effect. The inevitable mistakes and omissions in this report are expected to be criticized and corrected.

Advances in Design Methods and Standards

In recent years, bridge engineering industry developed rapidly. In 2020, a large number of world-class bridges opened in China. July 1st, 2020, Shanghai-Suzhou-Nantong Yangtze River Bridge with main span of 1092m opened, and becomes the world's first rail-cum-road cable-stayed bridge with main span of more than 1km. At the same time, the design work of Zhangjiagang-Rugao Yangtze River Bridge, which is a suspension bridge with main span up to 2300m, started. It will be the world's largest span bridge in the future.

In this part, the development of design technic and standards in China are discussed in terms of standards system, highway bridge, railway bridge, civil bridge, urban light rail bridge, risk assessment and life cycle design. Probability-based limit state design method is adopted in Chinese standards system. By 2021, China has issued up to 10 material and test national standards, 100 railway standards, 300 highway standards, and dozens of civil bridge standards.

Furthermore, the comparison between Chinese and foreign standards was conducted. Ultimate limit state, serviceability limit state, and accident situation are considered in both Chinese and European code. The reliability index of Chinese code and Eurocode are 4.7 and 4.3, respectively. Both Chinese code and Eurocode adopt yield strength of steel as steel label. However, the Japanese code use material strength. The load effect design value of Chinese code is about 20% greater than that of Japanese code. Different from AASHTO and Eurocode, Chinese code specified different design service life for different structures and components.

Finally, prospects and countermeasures of bridge design are discussed. The reliability-based design is the most popular design method at this period. Reliability-based design can be divided into 4 levels (Level I: semi-probabilistic design, Level II: Approximate probabilistic design, Level III: full probabilistic design, and Level IV: risk design) based on the application depth of probability theory. And we are now at level II. Much more work should be done to reach Level IV. To make the structure design more environmental friendly and more efficient, Green low carbon design, intelligent design, AI aided design will be the future trend. Many kinds of high performance material will be applied in bridge construction, like FRP (Fiber Reinforced Polymer) bar, self-compact concrete (SCC), ultra-high performance concrete (UHPC), carbon fiber rebar, stainless steel, weathering steel, et al. Although, foreign design software is more popular in the market, several domestic design software, for example: GQJS, BNLAS, WISEPLUS, OSIS, Bridge Doctor, et al. occupies part of the market.

ABSTRACTS

Advances in Construction Technology and Equipment

Bridge construction is a process to realize a design idea. To build a bridge, we need technologies, facilities and methodologies. In recent years, the bridge construction market in China is flourishing due to the expansion of national road and railway networks and the improvement of urban infrastructure. A large number of bridges that are among the ranking lists of world tops have been built, which either overcome the harsh marine environments, or cross congested urban roads, fly over deep valleys or travel through mountainous regions. The construction technologies and facilities have been evolved over decades of engineering practice. Diverse giant foundations have been used in many long-span bridges, including the large-diameter pile foundation, concrete-filled steel tubular column foundation, large-dimension open caisson foundation, gravity-based caisson foundation, and super-deep diaphragm wall foundation. The construction of lofty bridge towers has never been a daunting task, no matter it is a tower of high-strength concrete, steel tower or steel-concrete composite tower. Digital and intelligent manufacturing, offshore transportation and erection of steel girders have been implemented, and steel girders can be erected by using underslung launching gantry, in span-by-span manner or in segmental assembly manner. The creative implementation of two-stage vertical rotation of semi-arches and the utilization of form travelers in arch rib casting facilitate the construction of arch bridges. Due to the rapid development of the industrialized and intelligent manufacturing of bridge components, the portion of prefabricated and built-up components in bridges has been steadily enlarged. Facilities that are independently researched and manufactured by China have been applied, including the large-scale drilling rigs, pile-driving barges, and ram machine for foundation construction, smart climbing formwork and D5200 tower crane for bridge tower construction and large-scale lifting crane, gantry crane, derrick crane and cableway crane for superstructure construction. However, China still has a long way to go to compete with the top countries, in terms of the construction of gravity-based foundations in deep water and the practice of modular construction. We still face challenges, for instance, the bottleneck of low manufacturing rate of core components of construction facilities in China, gap between design and construction, and improvement of intelligent level of bridge construction. To meet the demands of bridge construction market in

China, we will put more efforts in the research and development of construction technologies and facilities for the large deep-water foundations that are over 100m deep, and expand the utilization of segmental assembly method in bridge substructure. And further efforts should also be made to realize the manufacturing of core components of construction facilities in our country, merge the gap between design and construction and enhance the intelligent level of bridge construction.

Advances in Testing, Inspection and Monitoring

Development continues in bridge structural tests, inspections and monitoring in China between the year 2015 to 2020. This special report provides the systematic introduction of the three aspects as mentioned above. In the beginning, the definitions of bridge structural tests, inspections and monitoring are introduced. Then, a review is conducted on the 5-year period development situations of relevant technologies of bridge structural tests, inspections and monitoring in China. Further, it compares and analyzes the development situations of three aspects of technologies at home and aboard. Finally, the development trends and prospects of three aspects of technologies are addressed.

At present, the development of bridge structure testing technology shows a clear trend of multi-disciplinary integration. Except for improving test theory and simulation calculation, the field test field is gradually expanding and increasing. As for the application of testing equipment, more and more high-tech equipment has been used in field tests. Along with the rapid development of machine vision technology and intelligent equipment, bridge field test methods based on a new generation of intelligent testing equipment is becoming more widespread.

Bridge inspections are crucial for maintaining key infrastructure and ensuring safety, allowing engineers to identify small defects and potential problem areas in bridges before they develop into major issues. More and more technologies have been adopted in bridge inspection. These emerging technologies have significantly improved the efficiency and quality of bridge inspection work, including detection and acquisition of stress states, minor deformation and cracking, and breakage of steel and concrete materials.

Due to the popularization of information technology, the application of new equipment, and the introduction of big data and artificial intelligence, bridge structural monitoring has been evolved in the direction of digitization and intelligence. China has made remarkable progress in structural monitoring and technology, sensor research and development, and the establishment of monitoring and assessment platforms in the past 5 years.

Advances in Maintenance and Management

The facility operation, maintenance and management is a profession which uses the most advanced technologies to maintain the high quality of utilize of facility and improve the investment benefit. This special report discusses the development status and trend of bridge operation, maintenance and management through summarizing and comparisons on methods and codes of bridge condition assessment, preventive maintenance, reinforcement and retrofitting and management system. In methods and codes of bridge condition assessment, the maintenance codes and maintenance system for highway, railway and municipal road are summarized. The development of testing technology and equipment, such as nondestructive testing technology and equipment, underwater inspection technology, bridge deck pavement inspection technology and monitoring and warning technology, are summarized in detail. Preventive maintenance of steel deck pavement, fatigue crack of orthotropic steel deck and structural durability are discussed, in which new materials and technologies for pavement maintenance, methods for reducing the fatigue crack of orthotropic steel deck and materials for improving the durability of concrete and steel structures are introduced. In reinforcement and retrofitting, the development of widening and reconstruction of small to medium span bridge is summarized. Special maintenance technologies for main cable, hanger and orthotropic steel deck are also summarized. Reinforcement technology on pier foundation and use of high-performance fibers are summarized. The software system and code for bridge management are also summarized, and developments of building information model (BIM), structural health monitoring (SHM) and asset management are summarized. In the end, comparisons on these technologies and codes between China and other countries, such as the USA, Japan, the UK and Germany, are conducted. Trends of development are also discussed, and automatic inspection and assessment, precise preventive maintenance, fast reinforcement and retrofitting and intelligent management system are concluded to be the promising development trends in the future.

Advances in Bridge Vibration, Impact and Control

Wind-related aerodynamic instability performances, including vortex-induced vibrations (VIVs) and flutter of main girders of long-span bridges, belong one of core technical issues in bridge engineering field, and also one of key scientific problems which need further investigation. A critical review aiming the development of VIVs and flutter of main girders of long-span bridges are systematically and thoroughly conducted, involving some aspects such as field measurement, wind tunnel test, theoretical analysis and aerodynamic mitigation. The state-of-the-art development achieved in triggering mechanisms, influence factors, analysis methods and countermeasures are also summarized. In order to mitigate the aerodynamic instability, passive aerodynamic control methods with fixed shapes and installation positions have been widely involved in researches and applications in bridge wind engineering. Development of aerodynamic control methods, especially for main girder of bridge, for wind-induced vibration is reviewed.

The recent progress in seismic isolation for bridges is introduced and discussed. The design objective of bridge seismic isolation is changing from seismic responses alleviation to structural performance control, including the performance of the isolation system under non-seismic loading, the post-earthquake structural performance and rehabilitation requirements during life cycle. The recent research focused on the resilient structural systems and the advantages of resilient systems in post-earthquake performance are analyzed. Furthermore, the major concerns in bridge seismic design in the near future are discussed. New design method that is able to maximize the post-earthquake structural functionality or achieve rapid servicing ability recovery for bridges and new earthquake resisting systems that have reentering capacity and low damage features are primarily concerned.

The recent progress in vessel collisions with bridge structures is presented. It is found that vessel collision accidents have been increasing in recent years with the increase of bridge structures crossing waterways. Vessel collision is becoming one of the leading causes of bridge failures. In terms of the analysis and design methods, the dynamic analysis method (or the static method considering dynamic amplification) is gradually replacing the traditional static method in most of the current design specifications because the latter ignores the dynamic amplification to underestimate vessel-impact-induced response considerably. Various anti-collision measures, including intelligent monitoring anti-collision systems, have been proposed and applied to practical projects, promoting the protection field's development. The performance of many anti-collision measures and devices still needs to be provided by the actual protection effect.

Regardless of section types, high levels of rolling noise and structure-borne noise from the viaducts may lead to complaints from nearby residents. To investigate the noise radiated from railway bridges, many methods have been proposed to combine the vibrational and acoustical parts of the noise prediction procedure. Recently, some studies have compared the acoustic performance of different types of bridge. Suggestions are then provided for the selection of bridge sections for urban rail transit traffic. Different types of track structures have been compared for viaduct noise with both field measurement and numerical simulation. The softer fastenings and floating slab tracks have significant effects on the reduction of bridge vibration and noise. However, they are founded to have adverse effects on rolling noise and interior noise in the trains. Integrated measures including noise barrier, soft tracks and optimized bridges, are therefore always needed for the control of both bridge and rolling noise in practice.

Advances in Intelligent Construction, Operation and Maintenance

Intelligent bridge construction, operation and maintenance refers to the realization of intelligentizing bridge construction, operation and maintenance technology through information technology and modern artificial intelligence technology, covering the whole process of bridge design, construction, operation and maintenance.

This special report mainly introduces the research of intelligent construction, operation and maintenance, which is generally divided into three aspects: development status of intelligent construction, operation and maintenance at home and abroad, comparison of the development of intelligent construction, operation and maintenance at home and abroad, and development trend and countermeasures of intelligent bridge construction, operation and maintenance in China.

This special report firstly introduces the development status of intelligent construction, operation and maintenance at home and abroad from three aspects of intelligent design, intelligent construction and intelligent operation and maintenance. In the aspect of intelligent design, a series of parameterized and automatic software for design and analysis have been developed and applied. Meanwhile, great progress has been made in BIM based bridge design, artificial intelligence-based bridge design and intelligent material application. In the aspect of intelligent construction, at home and abroad, some intelligent bridge construction technology has been applied to practical engineering and some intelligent construction control technology has been used to realize the risk control in the process of bridge construction. At the same time, intelligent construction equipment, intelligent construction management and bridge 3D printing technology have been studied at home and abroad, and have been applied more and more; In the aspect of intelligent operation and maintenance, intelligent technologies such as UAV, robot and radar technology are used to realize intelligent detection and monitoring of bridges. At the same time, great progress has been made in the intelligent algorithm, intelligent management system and intelligent disaster prevention and mitigation of bridge management and maintenance.

Then, this special report compares and analyzes the development of intelligent construction, operation and maintenance at home and abroad from the above three aspects. Although some positive progress has been made in these three aspects at home and abroad, due to the early start of foreign countries, there is still a certain gap between China and foreign countries in the degree of automation of data collection, intelligent degree of construction, as well as technology development and integrated platform construction for intelligent construction, management and maintenance.

Finally, this special report elaborates the development trend and countermeasures of intelligent bridge construction, operation and maintenance in China in detail from five aspects: a new round of scientific and technological revolution and bridge industry paradigm change, frontier research direction, key technologies, major projects and demonstration, and system and policy guarantee.

索 引

BIM 技术　17，19，31，32，47，150，151，278，290，308，311，324，325，365，375，378，410，414，420，422，425，428

B

被动控制　6，11，22，38，195，388
波浪流荷载　9

C

超高性能混凝土　7，35，53，115，118，119，154-157、159，362
车辆荷载　8，9，29，36，37，160-165，169，170，180，181，207，208，211，218，219，257，349，419
车撞作用　213
沉井基础　7，15，23，35，42，93，94，105，281，282，294，305，308，309，312
城市轻轨桥梁　254
传感器　10，17-19，28，29，31，32，43，44，175，222，309，316，321-324，326，328-331，334，336-338，340-346，348，359，360，371，377，412-418，420
船撞力　12，13，39，170，171，213，386，391，392，403
船撞作用　213

D

打桩设备　16，278，288，303，309
大跨径悬索桥　82，84，85，131
大直径钻孔灌注桩　90，304，308
地下连续墙基础　25，95-97，308，312
地震作用　13，39，111，168，205-207，256，335，363，401
低碳设计　268
多塔斜拉桥　49，78，242

F

风洞试验　38，194，195，197，301，320，336，337，374，395-397，400，403，411
风荷载　9，13，40，161，168，194-196，241，252，258，262，321，363

浮式基础　35，98，106

G

钢—UHPC组合结构　8，36，137，138，147，152，153

钢拱桥　69，70，71，125，333

钢管混凝土拱桥　5，19，21，22，33，53，67，73，74，100，107，138-140，148，153，177，180-183

钢管混凝土结构　73，121，138-140，147，148，159，183，254

钢管混凝土劲性骨架　6，33，100，101，140，235

钢管桩基础　35，91，97，105，305，308

钢—混凝土组合结构　20，22，36，53，113，134-137，146，147，152，153，251，252，309，393

钢混组合梁桥　20，58，62，63，229

钢结构梁桥　20，33，58，61，62，99

钢桥　5，12，14，23，27，31，36，37，39，98，121，123-129，132-134，137，143，146，147，149，150，153，160，170，190，191，193，194，212，220，250，258，259，263-265，274，275，285，310，319，323，340，358，360-362，369，370-373，377，393，395，399，415

高强钢　7，8，24，25，36，80，113，115，121，122，124，131，140，145，146，151，193，224，370

高强钢丝　7，8，24，25，36，113，122，131，146，151，193，224，370

高塔施工　16，288，289，303，305，307，309，310

高塔施工装备　16，288，289，303，307

高性能钢　7，8，24，36，113，122-124，145，146，150-152，426

高性能混凝土　7，35，53，113-115，118-120，136，142，149，185，187，224，273，274，362，364，373，374，377，426

高性能耐候钢　125，128，129，132，150，151，377

根式基础　94，95，304

工程建造重大成就　4，5，19

公路桥梁　3，5，6，12，13，16，28，32，36，37，40，43，103，126，135，152，153，161-164，170-172，187，205-207，211-213，218，221，227，248，250-255，260，263，265，267，270，275，283，296，318-320，333，342，353-357，360，367-369，373，392，398，399，413，424，427

公铁两用斜拉桥　19，22，23，34，78，97，103，107，108，110，247，281，320

管柱基础　89，97，309

H

荷载作用与效应　4，8，160，161，170，194，207，213，217，218，220，223

环境激励　167，332

混凝土拱桥　5，6，19，21，22，33，41，67，71-74，100，101，107，138-140，148，153，177，180，181，183，287，302

混凝土主梁斜拉桥　77

火灾荷载　197

索 引

J

基础施工　16，42，89，282，288，298，303，304，306，308，309，311，312

基础施工装备　16，288，303，306

架梁吊机　16，281，290，304，307

监测检测与试验　10

检测机器人　11，19，32，43，325，326，339，340，350，416-418，427

减、隔震　390，401

结构检测　43，317，323，324，337，338，372，418，419，425，427

结构温度效应　177，181，234

结构噪声　12，39，386，393-395，399，402，403

结合梁斜拉桥　77，78，231，285

精细化管理　17，290，307，311

K

抗风性能　9，108，110，153，240，310，320，387

抗震韧性　11，38，397，398，401

跨海桥梁　10，14，15，18-20，26，27，31，34，57，104，133，160，161，200，203，204，218，225，226，275，279，280，288，291-293，355，356

跨江桥梁　170，326

跨线桥梁　285，299，311

L

轮轨噪声　386，393-395，399，403

M

模态参数　178，329，331，332，342，349，356，419

模型试验　5，28，177，197，204，222，316，318，319，328，335-337，345，346，395

N

耐久性设计　14，177，187，189，217，223，255，259，267，268

Q

气动措施　18，320，374，386-388，396，400，402，411

千米级悬索桥　16，87，285，374

桥梁风险评估　247，255，263

桥梁工程　3-5，7，10，13，14，16，18，19，29，32，35，36，44，46，57，78，91，105，111，113，114，117，121，122，125，131-134，136-138，140，144，146-149，151-153，160，168，170，174，177，198，201，218，225，226，247，249，251，253-255，262-264，269，270，273-275，290，312，313，317，318，320，335-337，345，353，354，365，366，368，371，374，376，378，387，392，395，398，401，411-413，415，417，418，424-428

桥梁工程学科　3-5，46，47，50-52，57，317，345

桥梁景观设计　272，273，277

桥梁运维与管理　4，17，353，354，366，376

桥型结构与跨度　4，5，57，58，99，106

全寿命性能设计　5，9，13，15，255，264

457

S

山区桥梁　16，51，135，153，194，196，285，288，300，306，310，311，358

设计方法与标准　4，12，32，39，247，256，266

设置基础　42，91，92，304，305，309

石拱桥　67，68，70，415

市政桥梁　13，254，357

收缩徐变效应　183，185-187，217

数据处理　328，329，345，348，349，419，425

索辅梁桥　58，64-66，106

T

塔式起重机　16，289，303

铁路桥梁　3，5，6，9，12，16，19，29，30，32，43，103，107，110，135，142，165-170，179，209，210，219，253，254，262，263，271，283，284，298，311，318，320，337，357，371，410，420，422，428

W

无损检测　17，31，32，43，47，48，316，322，325，337，343，345，346，350，358，359，372，411，416，417

物联网　10，313，316，330，331，354，361，378，418，420，425-427

X

纤维增强水泥基复合材料　120，121

新型材料与结构　4，7，113，142，149

旋挖钻机　16，41，288，303，306

Y

预应力混凝土刚构桥　无

预应力混凝土梁桥　20，58，59，184

预制装配化　16，38，41，283，284，296，297，304，306，311，312，398

原位试验　173，321，337

Z

振动冲击与控制　4，11

智慧化管理　278，311

智能材料　18，47，409，411，412，422，425，429

智能防灾减灾　421-424

智能化管养　32，46，415，420，423，425，427

智能建造　4，18，32，45，46，313，409，422，424-427

智能建造与运维　4，18，409，422，424-426

智能桥梁　273，328，412，426-428

智能设计　269，270，409，422，426

智能运维　31，415，423，425-427

主动控制　6，11，18，22，38，195，197，233，330，388，396，401，402，411

自密实混凝土　7，36，113，120，121，144，157，184，224，274

组合基础　35，97，105，106，111

组合结构桥梁　8，13，36，113，134-138，141，146-149，151-153，191，199，254，271，335，337，393，395